Fritz Löffler

DAS ALTE DRESDEN

Meiner Frau Jaroslava
in Dankbarkeit
für gemeinsame Arbeit
durch sechs Jahrzehnte
gewidmet.

I

FRITZ LÖFFLER

DAS ALTE DRESDEN

GESCHICHTE SEINER BAUTEN

VERLAG WEIDLICH
FRANKFURT

Verwendete Abkürzungen
bei den Bilderläuterungen:

Aufn. =
Fotografische Aufnahme

B. u. K. Sa. =
Bau- und Kunstdenkmäler
in Sachsen (Gurlitt),
Heft 21 bis 26

I. f. D. =
Institut für
Denkmalpflege
Dresden

L. H. A. =
Landeshauptarchiv
Dresden

Kuka =
Kupferstichkabinett
Dresden

St. G. G. =
Staatliche
Gemäldegalerie
Dresden

S. L. B. =
Sächsische
Landesbibliothek
Dresden

D. F. D. =
Deutsche Fotothek
Dresden

St. M. =
Stadtmuseum Dresden

1 Dresden, vom rechten Elbufer unterhalb der Augustusbrücke aus gesehen

Die Terrasse mit der Brühlschen Galerie und dem Palais, dazwischen die Kuppel der Frauenkirche, anschließend das Palais Fürstenberg, noch mit dem Giebelaufbau vom Ende des 16. Jahrhunderts, rechts dahinter der Turm der alten Kreuzkirche. Es folgt die Hofkirche mit eingerüstetem Turm, der zur Zeit der Entstehung des Gemäldes noch gar nicht hochgetrieben war, sondern vom Maler aus den Plänen Chiaveris entnommen wurde, dahinter der Schloßturm, das Schloß mit der westlichen Giebelfront, abschließend an der Elbe die Bastion Sol

Ölgemälde von B. Belotto, 1748, St. G.G. (V.G. 52)

2 Das Zentrum der Altstadt um den Altmarkt vom Ring bis zur Elbe

Der rechteckig angelegte Altmarkt mit der an der Südostecke in geschlossene Häuserwände eingebundenen Kreuzkirche; nordöstlich der vielseitige, locker gegliederte und gewachsene Neumarkt mit der beherrschenden Frauenkirche; westlich die entscheidende Straßenachse Seegasse, Altmarkt, Schloßgasse bis zum Brückenkopf. Großartiger Zusammenklang der barocken Türme des Schlosses, der Hofkirche, der Frauenkirche und der Kreuzkirche. Rechts unten das Neue Rathaus von K. Roth und E. Bräter. Blick auf das Neustädter Ufer vom Japanischen Palais bis zu den Ministerialgebäuden

Luftaufnahme W. Hahn

2

INHALT

AUS DEN VORWORTEN ZUR ERSTEN BIS FÜNFTEN AUFLAGE

Der vorliegende Band soll einen Überblick über die baugeschichtliche Entwicklung der Stadt Dresden vermitteln und sie durch Bilddokumente belegen. Ein umfangreicher Registerteil will darüber hinaus Unterlagen zur Beantwortung von Fragen beisteuern, die sich bei intensiverer Beschäftigung mit den Problemen von selbst ergeben. Es ist dies nach mehr als dreißig Jahren der erste Versuch einer Gesamtbetrachtung. Nach den Schreckenstagen im Februar 1945, in denen die Stadt an den Rand des Untergangs gebracht wurde, bedarf es zu einem solchen Unternehmen keiner besonderen Rechtfertigung.

Im Bildteil erscheinen keine Trümmer. Der Verfasser hat sie nicht deshalb beiseitegelassen, weil er weiß, wie schmerzlich und niederdrückend der Anblick dem Betrachter ist, sondern weil er seine historische Betrachtung vor dem Februar 1945 abschließt. Doch sind im Registerteil der Zerstörungsstand und der Stand des Wiederaufbaus vermerkt. Die innerhalb der vielhundertjährigen Geschichte der Stadt bereits in älteren Epochen verschwundenen namhaften Bauwerke wurden ebenfalls untersucht. So sind auch die bedeutendsten Bauten Dresdens aus früheren Jahrhunderten aufgenommen, von denen uns nicht mehr als ein bildliches Zeugnis gegeben ist, gleichviel, wann sie versanken. Doch mußte in jedem Falle ausgewählt werden, wenn der ohnehin umfangreiche Band nicht zum Kompendium anschwellen sollte. Dabei wurde dem Barock als dem klassischen Zeitalter der Stadt etwas mehr Raum als anderen Perioden zugebilligt. Wie bei jeder Auswahl wird es verschiedene Meinungen darüber geben, was wichtig und was weniger wichtig ist.

Der Band wendet sich zuerst an alle, die mit der Stadt noch vor ihrer Zerstörung durch eigenes Erleben verbunden waren. Er wendet sich aber auch an die, die ihre frühere Größe und Herrlichkeit nur nach Bildern oder von Erzählungen her kennen und niemals das Glück hatten, „diesen heiteren Morgenstern, der der Welt leuchtete", wie es der greise Gerhart Hauptmann im Februar 1945 ausdrückte, zu sehen. Er wendet sich besonders an die junge Generation, damit sie aus dem Glück und Unglück dieser Stadt ihre Erkenntnisse ziehe. Nicht zuletzt hofft der Verfasser mit dieser Zusammenfassung auch der Fachwissenschaft zu dienen.

Die vorliegende Arbeit entwickelte sich aus einem Auftrage der Deutschen Bauakademie, des Instituts für Theorie und Geschichte der Baukunst, erst allmählich. Ihr und dem Institut für Denkmalpflege Dresden, der Dienststelle des Verfassers, gebührt herzlicher Dank. Dank gebührt auch den Kollegen, die das Feld der Dresdner Kunstgeschichte beackern und deren Arbeiten ausgiebig benutzt wurden. Die Deutsche Fotothek Dresden war nicht nur unermüdlich tätig, die alten Negative in die beste Verfassung zu bringen, sondern sie lieferte auch die Neuaufnahmen nach Plänen und Stichen aus dem Besitze des Instituts für Denkmalpflege. Nicht zuletzt gebührt der Dank dem Sachsenverlag Dresden, der bei der Vorbereitung der Drucklegung dieses umfangreichen Bandes beratend und helfend zur Seite stand und der die typographische Gestaltung vornahm.

Im Laufe der Jahre hat die Beschäftigung mit den aufgeworfenen Problemen, vor allem der Baugeschichte des Barock, erfreulicherweise weitere Fortschritte gemacht. Die Anschauungen des Verfassers über diesen Zeitraum haben sich ebenfalls vertieft. So konnten nicht nur Teile des Textes neu geschrieben, sondern auch der Registerteil wesentlich verbessert und erweitert werden. Neuerscheinungen des Buchmarktes und Zeitschriftenaufsätze wurden in das Literaturverzeichnis aufgenommen, soweit sie dem Verfasser zur Verfügung standen. Eine Reihe von Tafeln wurde durch charakteristischere Vorlagen ersetzt. Der Bilderteil blieb im wesentlichen unverändert. Nach Auflösung des Sachsenverlages betreute der bewährte Verlag VEB E.A.Seemann in Leipzig die fünfte Auflage.

Dresden
1955, 1956, 1957, 1962, 1965 *Fritz Löffler*

VORWORTE ZUR SECHSTEN UND SIEBENTEN AUFLAGE

Der Band hat in seinem Aufbau in der 6. Auflage eine Reihe von Veränderungen erfahren. Die Abbildungen wurden hinter jedem Kapitel eingefügt, ferner wurden die Erläuterungen gleich zu den Abbildungen gesetzt, so daß ein Nachschlagen wegfällt. Damit war auch die Möglichkeit gegeben, die Abbildungen insgesamt einheitlich durchzunumerieren. So wurde dem Wunsche vieler Freunde, die der Band seit seinem ersten Erscheinen 1955 gefunden hat, Rechnung getragen. Auch macht der wesentlich erweiterte Umfang die Veränderung im Vergleich zur 5. Auflage schon äußerlich sichtbar.

Daß die Forschungen der letzten Jahre wiederum ausgewertet wurden, ist selbstverständlich. Die wesentliche Erweiterung ergab sich aber durch die Aufnahme der Bauten bis zur Zerstörung der Stadt 1945. Aus mancherlei Gründen hatten die vorangehenden Auflagen mit den Bauten Gottfried Sempers geendet. Mit Recht gab es hier kritische Einwände. Inzwischen ist das gesamte 19. Jahrhundert auch mit seinen historisierenden Bauten in den Mittelpunkt des Interesses gerückt. Hierzu kommt, daß gerade diese Epoche in Dresden durch hervorragende Architekten und bedeutende Bauten einschließlich wichtiger städtebaulicher Konzeptionen vertreten ist. Diese Entwicklung wurde jetzt voll berücksichtigt. Die Entwicklung des Baugeschehens schließt mit dem frühen 20. Jahrhundert ab. Die notgedrungen bauarmen zwanziger Jahre in der durch die Inflation und die Wirtschaftskrise besonders schwer getroffene Stadt brachten nur noch wenige öffentliche Bauten hervor, während der private Sektor fast völlig ruhte. Die zwölf Jahre der faschistischen Herrschaft blieben unfruchtbar und ohne positive Gesichtspunkte im Baugeschehen.

Der Bildteil fand ebenfalls eine entsprechende Dokumentation. Seine Ergänzungen betreffen aber nicht nur das letzte Jahrhundert, sondern es wurden auch die Kapitel Renaissance und Barock bereichert. Dabei sei an die besondere Situation erinnert, die im wesentlichen historische Aufnahmen voraussetzt und selten erlaubt, Neuaufnahmen anzufertigen. Daß die Stadt nie systematisch fotografisch dokumentiert wurde, erweist sich als tragisch. Es bewirkt auch, daß einige Objekte mit nur mangelhaften Aufnahmen und andere im Bild überhaupt nicht dargeboten werden können.

Der Verlag wünschte zusätzlich eine Bereicherung durch farbige Tafeln. Diesem Wunsch konnte nur in begrenztem Rahmen nachgekommen werden, da vor dem zweiten Weltkrieg die Farbfotografie noch wenig entwickelt war. Großformatige Aufnahmen aus dieser Zeit standen nicht zur Verfügung oder erwiesen sich als unbrauchbar. Farbige Wiedergaben beschränken sich vor allem auf Bauten der Umgebung oder auf Gemälde.

Frau Christa von Craushaar danke ich für alle Hilfe bei der Herstellung dieser Auflage.

Dresden, September 1981 *Fritz Löffler*

Die siebente Auflage blieb in ihrem Bildteil unverändert. Dagegen konnten die Bildlegenden teilweise erweitert, das Literaturverzeichnis wie die Register ergänzt und kleine Fehler berichtigt werden.

Dresden, Mai 1983 *Fritz Löffler*

3 

3 Dresden, vom Neustädter Ufer oberhalb der Carolabrücke gesehen, mit dem Ministerialgebäude im Bau

Das Gemälde zeigt noch die klassische Silhouette Dresdens mit dem Turm der Kreuzkirche und der Kuppel der Frauenkirche über der Brühlschen Terrasse, den Hausmannsturm des Schlosses und die Katholische Hofkirche sowie die alte Augustusbrücke Pöppelmanns

Ölgemälde von Gotthardt Kuehl, 1902, St. M.

MEMENTO

Als das „auf dem höchsten Gipfel seiner Vollkommenheit prangende Dresden" hatte der barocke Chronist Iccander in der üppigen und blumigen Sprache seiner Zeit die Stadt an der Elbe in den Tagen ihres Glanzes im ersten Viertel des 18. Jahrhunderts beschrieben und ihre sieben Wunderwerke „das unvergleichliche Zeughaus, die in aller Welt berühmte Kunstkammer, den recht königlich ausgezierten Stall, die in ganz Europa jetzt berühmteste Elbbrücke, das mit allen japanischen Kostbarkeiten versehene ostindianische Palais am Weißen Tor, den seinesgleichen in Europa nicht habenden Zwingergarten und das große und trefflich ausmöblierte Jägerhaus" gerühmt. Nach dem Chronisten war wenige Jahrzehnte später der Maler gekommen und hatte mit dem Pinsel festgehalten, was die Reisenden aus ganz Europa von den Schönheiten der Stadt am Strom zu berichten wußten. Bernardo Belotto, genannt Canaletto, der Neffe und Schüler des großen Venezianers Giovanni Antonio Canaletto, schuf in der minutiösen Art des spätbarocken Realismus mit allen Hilfsmitteln der exakten Wissenschaft, wie der Camera obscura, die großen Veduten, die die Stadt in dem Augenblick der letzten Vollendung der Nachwelt überliefern. Diese Gemälde bilden noch heute einen der Hauptanziehungspunkte der Galerie, die Stiche nach ihnen sind ein begehrtes Objekt der Sammler aus aller Welt geblieben.

Noch war der Firnis auf den spätesten Bildern nicht getrocknet, als während des Siebenjährigen Krieges ein wesentlicher Teil der Stadt der Beschießung durch die Artillerie Friedrichs II. von Preußen zum Opfer fiel. Zu den glücklich erhaltenen Denkmalen zählte die Kuppel der Frauenkirche, von deren Laterne der jugendliche Goethe 1768 diese leidigen Trümmer übersah: »Die Mohrenstraße (Moritzstraße) im Schutt sowie die Kreuzkirche mit ihrem geborstenen Turm drückten sich mir tief ein und stehen noch wie ein dunkler Fleck in meiner Einbildungskraft... Nun lagen die königlichen Schlösser zerstört, die Brühlschen Herrlichkeiten vernichtet, und es war von allem nur ein sehr beschädigtes herrliches Land übriggeblieben... Da rühmte mir der Küster die Kunst des Baumeisters, welcher Kirche und Kuppel auf einen so unerwünschten Fall schon eingerichtet und bombenfest erbaut hatte. Der gute Sakristan deutete mir alsdann auf Ruinen nach allen Seiten und sagte bedenklich lakonisch: „Das hat der Feind getan!“ Doch fünfundvierzig Jahre nach diesem Ereignis, während der Befreiungskämpfe von 1813, zwischen dem gemeinsamen Einzug des russischen Zaren und des Preußenkönigs Friedrich Wilhelm III. und einer letzten Begegnung mit Napoleon vor dem Brühlschen Palais an der Augustusstraße, bestieg Goethe zum zweiten Mal die Kuppel. Die Schäden des vergangenen Krieges waren inzwischen vernarbt, wenn auch manche der architektonischen Perlen für immer verloren waren, und es bot sich dem Dichter der friedliche Anblick des Spieles der Mücken in der Abendsonne dar, den er im Tagebuch vermerkte.

Wer im Herbst des Jahres 1944, in der Jahreszeit, in der Dresden seine Reize zum letzten Male in der ganzen Üppigkeit seines Farben- und Formenreichtums wunderbar offenbarte, die Chancen der Stadt in dem verbrecherischen Krieg sorgsam abwog, konnte nicht ganz ohne Hoffnung für ihr künftiges Schicksal bleiben. Ihre besonderen Schönheiten lagen im wesentlichen abgetrennt von den übrigen Bezirken, von der Brühlschen Terrasse bis zum Zwinger, vom Neustädter Markt bis zum Japanischen Palais hingezogen. Kilometerweit war dieser Stadtkern von jeder kriegswichtigen Tätigkeit entfernt. Der modernen Kriegstechnik wäre es ein leichtes gewesen, diese architektonischen Kostbarkeiten, die der ganzen Welt gehörten und die länger als ein Vierteljahrtausend im Brennpunkt der künstlerischen Auseinandersetzungen gestanden hatten, von jeder Beschädigung sorgsam auszunehmen. Aber wie der Preußenkönig im Sommer 1760 aus Abneigung gegen seinen persönlichen Gegner Brühl gerade die kostbarsten Kunstwerke zerstörte, so vernichteten in der Nacht vom 13. zum 14. Februar 1945 800 englische Bomber systematisch die Kleinodien der Stadt und ließen die kriegswichtigen Industrien in den weiteren Vorstädten unberührt. Nicht einmal das inmitten weiter Parkanlagen sich ausbreitende und von jeder Besiedlung ferne Barockpalais des Großen Gartens blieb vor den Angriffen aus der Luft verschont. Und wie damals der jugendliche Goethe die Worte des Erinnern für seine Autobiographie „Dichtung und Wahrheit“ festhielt, so fand jetzt der greise Gerhart Hauptmann, schon selbst vom Tod gezeichnet, Worte der Klage und der Trauer für das Schicksal der geschlagenen Stadt: „Wer das Weinen verlernt hat, der lernt es wieder beim Untergang von Dresden. Dieser heitere Morgenstern der Jugend hat bisher der Welt geleuchtet. ... Ich habe den Untergang Dresdens unter den Sodom- und Gomorrha-Höllen der feindlichen Flugzeuge persönlich erlebt. Wenn ich das Wort ‚erlebt‘ einfüge, so ist mir das jetzt noch wie ein Wunder. ... Ich stehe am Ausgangstor meines Lebens und beneide meine toten Geisteskameraden, denen dieses Erlebnis erspart geblieben ist. ... Ich bin nahezu dreiundachtzig Jahre alt und stehe mit meinem Vermächtnis vor Gott, das leider machtlos ist, und nur aus dem Herzen kommt: es ist die Bitte, Gott möge die Menschen mehr lieben, läutern und klären zu ihrem Heil als bisher!“ Zu einem Dresdner Freund sagte er in diesen schrecklichen Tagen, daß er sein Leben nur bis zu dem Untergang dieser Stadt datiere.

Diese Zerstörung, welche die Innenstadt und eine Reihe der Vorstädte fast ausgelöscht und in eine Steinwüste verwandelt hatte, bedeutete die schwerste Katastrophe in der Geschichte dieser Stadt, aber sie bedeutete nicht das Ende Dresdens. In der seit der Schreckensnacht des 13./14. Februar 1945 verflossenen Zeitspanne wurden die Trümmermassen beseitigt und der Neuaufbau der Innenstadt sowie der Vorstädte weitgehend vollendet. Im Süden wuchs mit den Bauten der Hörsäle und Institute der Technischen Universität ein umfangreicher Stadtteil. So stehen wir heute am Beginn einer weiteren Epoche Dresdens, von der wir hoffen, daß sie ruhmvoll ihre ganz neuen Aufgaben lösen und damit die große Tradition fortführen wird.

4

4 Herkules, die Weltkugel tragend

Symbolische Huldigung für August den Starken, entstanden im schwersten Jahr des Nordischen Krieges, 1704, als die Schweden unter Karl XII. den größten Teil von Polen unterworfen und Stanislaus Leszczyński zum König ausgerufen hatten. Mit dem Motto „Sustinendo“ (durch Beharrlichkeit).

Silberne Medaille von Ch. Wermuth, 1704. Aufn. I.f.D., früher Münzkabinett

5 Die Münzgasse mit der Frauenkirche

Eine der ältesten Gassen der Stadt, um 1550 unter Kurfürst Moritz als Große Fischergasse angelegt, in der Mitte der Turm des Neuen Rathauses von K. Roth, 1910, im Vordergrund die Treppe W. Hermanns zur Brühlschen Terrasse, 1843

Aufn. D.F.D., um 1930

5

6

7

6 Die Altstadt, von der Carolabrücke aus gesehen, zwischen Brühlscher Terrasse und zweiter Semperoper

Aufn. W. Hahn, um 1930

8 Blick vom Turm der Frauenkirche nach Westen mit Schloß und Hofkirche. Links Schloßturm, Mitte Katholische Hofkirche, im Vordergrund Augustusstraße, links Stallhof mit langem Gang, rechts Landtagsgebäude

Aufn. D. F. D.

8

7 Blick von der Marienbrücke auf die Turmfront der Altstadt

Aufn. D.F.D., 1934

9 Die Alt- und Neustadt, Plan von M. Seutter

Mit den vollständigen Festungswerken der Alt- und Neustadt sowie Legende, 1758

Kupferstich von P. Schenck, Stadtbibliothek Dresden

10 Die Elbfront oberhalb der Augustusbrücke

In der Höhe der Mönchswiesen, vom Hause der Malerin Sartori aus. Schrägansicht nach Vorbild barocker Theaterkulissen. Mit J. C. Knöffels Bauten für den Grafen Brühl, die Ende des 19. Jahrhunderts sämtlich abgebrochen wurden, der Gemäldegalerie, der Bibliothek, dem Palais sowie dem Gartensaal, dem späteren Atelier Rietschels, auf der Kleinen Bastion, hier seit 1872 Rietschel-Denkmal von Johannes Schilling. Dahinter die Frauenkirche, rechts die Katholische Hofkirche vor Vollendung des Turmes. Bei Belotto Darstellung der Platz- und Straßenräume mit Hilfe eines wissenschaftlichen Instrumentes, der Camera obscura. Auch die Elbe ist als Straße gesehen, über die die Augustusbrücke, der „sächsische Rialto", führt

Ölgemälde von B. Belotto, 1747, Ausschnitt aus der ersten Dresdner Vedute des Malers, St. G.G. (V. G. 50)

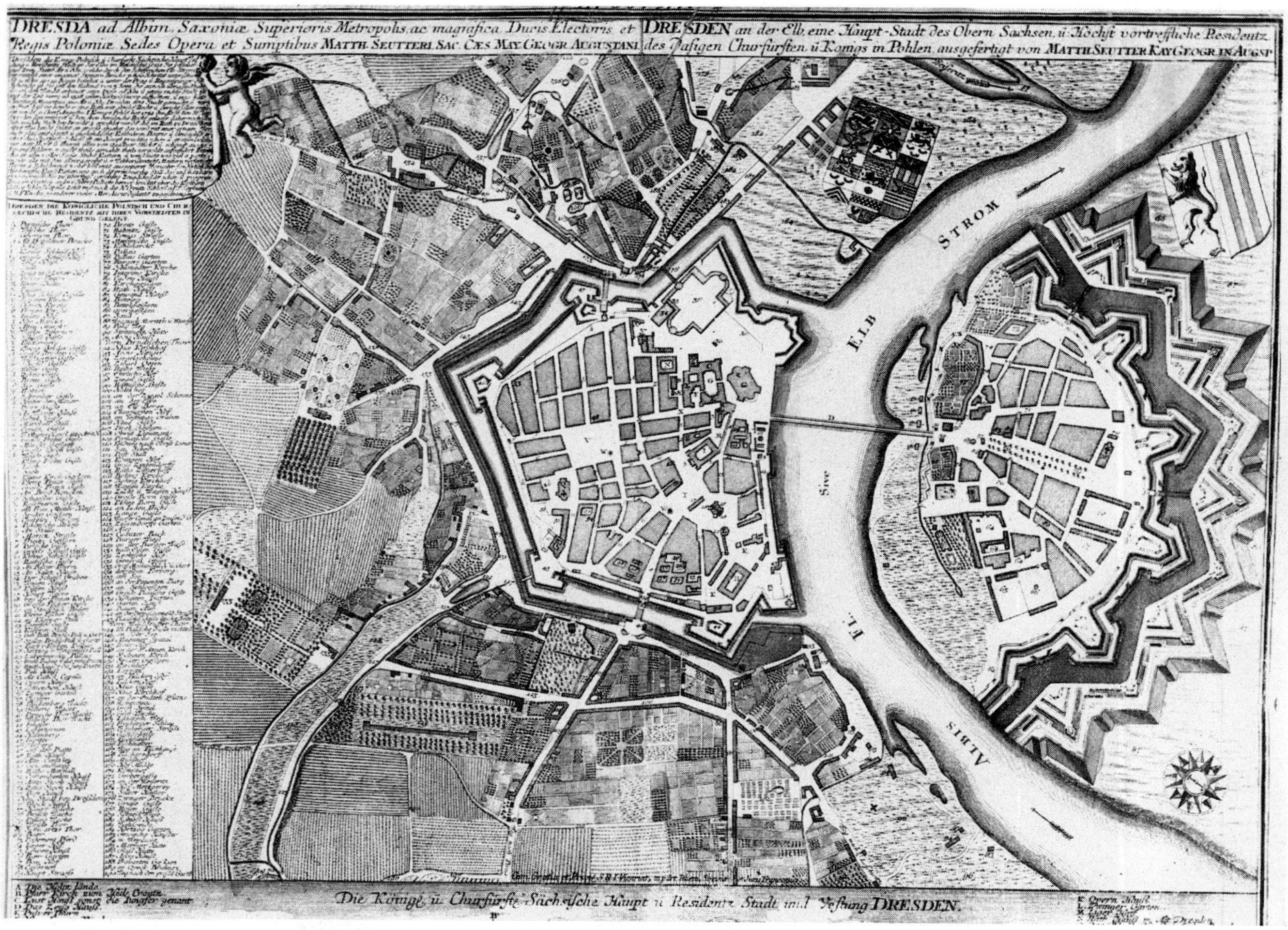

9

11 Die Elbfront unterhalb der Augustusbrücke

Vom Blockhaus aus, zwischen Frauenkirche und Katholischer Hofkirche mit vollendetem Turm, dahinter der Hausmannsturm des Schlosses, links über dem Palais Brühl der Turm der alten Kreuzkirche kurz vor dem Einsturz. Im Vordergrund die Elbbrücke von M. D. Pöppelmann, 1727 bis 1731 als Augustusbrücke erweitert, in der Mitte der Kruzifixus Ch. A. Walthers mit dem Sockel Z. Longuelunes. Die Brücke wurde 1907 als Opfer des steigenden Verkehrs abgebrochen und durch den Bau der Friedrich-August-Brücke (jetzt Dimitroff-Brücke) von Wilhelm Kreis ersetzt

Ölgemälde von B. Belotto, 1765, Ausschnitt aus der spätesten Dresdner Vedute des Malers, früher St. G.G. (V.G. 56)

Seite 16:

12 Dresden bei Mondschein

Die Romantik liebte es, die Abend- und Nachtstimmung beim Schein des Mondes darzustellen. Wichtige Vertreter der Darstellung des Architekturbildes bei Nacht waren C. D. Friedrich, C. G. Carus und Chr. Cl. Dahl. Mit der Einbeziehung der Stimmung wurden die Probleme der barocken Landschaftsmalerei wiederaufgenommen und weitergeführt

Ölgemälde von Chr. Cl. Dahl, 1839, St. G.G.

13 Die Elbfront vom Neustädter Ufer mit „Großem Bär" (Baierwall)

Linkselbisch der 1853 zugeschüttete Gondelhafen. Auf der Brühlschen Terrasse das Belvedere von Ch. F. Schuricht, die nach 1820 angelegte Appareille führt zur Brücke empor

Kolorierter Stich nach O. Wagner von Ch. G. Hammer, 1837, St. M.

10

11

12

13

14

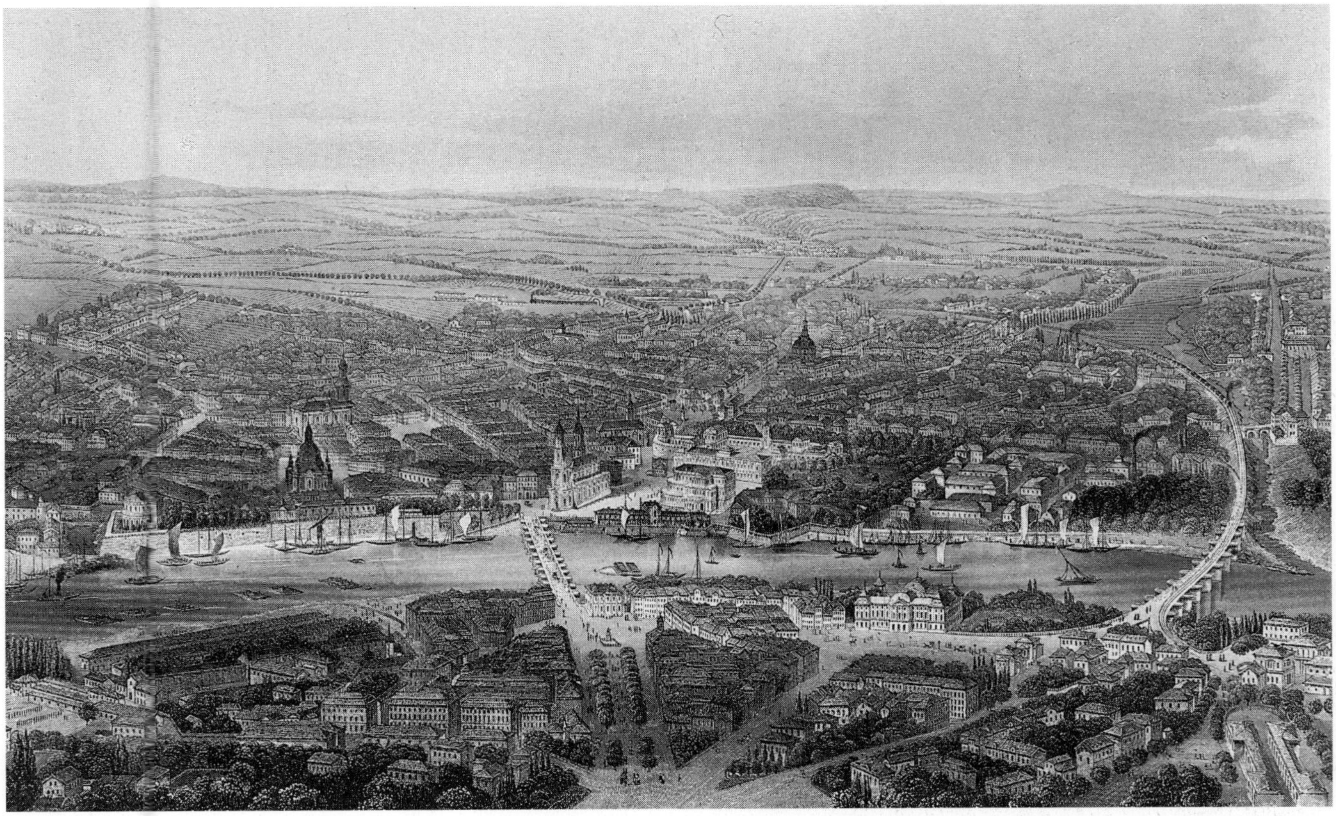

15

14 Ballonansicht auf die Stadt und ihre Umgebung

Von der Neustadt nach der Altstadt, im Vordergrund der Bautzner Platz (später Albertplatz, heute Platz der Einheit) mit seinen sternförmig ausstrahlenden Straßen, rechts die 1846 bis 1852 erbaute Marienbrücke und Mündung der Weißeritz. Die Ballonansicht war eine beliebte Form der Stadtdarstellung in der Mitte des 19. Jahrhunderts. Hier ist die barocke Sicht aus der Vogelperspektive wieder-aufgenommen

Lithographie von H. Walter nach A. Eltzner, 1852, St. M.

15 Die Elbfront der Altstadt, vom Garten der „Stadt Wien" in der Klostergasse aus

Das Stadtbild von der Synagoge G. Sempers und dem vierten Belvedere O. v. Wolframsdorfs bis zur ersten Oper G. Sempers und dem Hôtel Bellevue, das Terrassenufer seit 1852 ausgebaut. Gärten in den typischen Formen des Biedermeier

Lithographie, um 1860, St. M.

16 Die Elbe mit der Brühlschen Terrasse, der Gemäldegalerie Brühls von 1744, dem Gartensaal von 1743 von J. C. Knöffel, weiter die Katholische Hofkirche G. Chiaveris sowie die Augustusbrücke, im Hintergrund das erste Opernhaus G. Sempers

Aufn. Krone, 1857, Repro D.F.D.

16 17

17 Die innere Neustadt von Norden mit der Hauptstraße und dem Neustädter Markt als Zentrum bis zum Blockhaus und dem Anfang zur Augustusbrücke, rechts und links die Wohnquartiere des 18. Jahrhunderts mit der Ränitzgasse, der Königstraße, der Kasernenstraße und dem Jägerhof, um 1930

Luftaufnahme D.F.D.

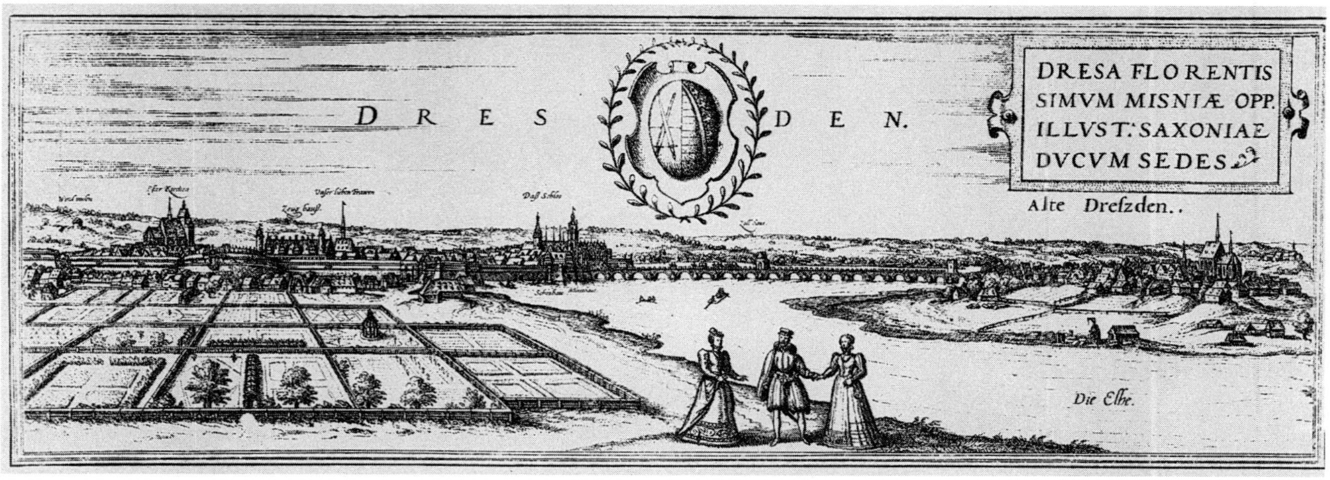

18

18 Dresden und Altendresden, vom linken Elbufer aus gesehen

Ansicht von der Windmühle auf dem Hahneberge bis zur Dreikönigskirche, an der Festung nahe der Elbe das von C. Voigt von Wierandt nach 1550 angelegte Ziegel- oder Schiffstor

Kupferstich von F. Hogenberg aus G. Brauns „Civitates Orbis Terrarum", 1572, I.f.D.

19 Die zweitälteste Ansicht der Stadt Dresden

Die Elbbrücke noch zinnenbekrönt, links die alte Frauenkirche mit Dachreiter, in der Mitte die Kreuzkirche, rechts der Schloßkomplex, davor die damals gerade fertiggestellten Befestigungsanlagen Voigt von Wierandts

Stich nach Heinrich van Cleef, 1565 von Ph. Gallein 1587, Kuka

DIE STADT DES MITTELALTERS

Mehr als siebeneinhalb Jahrhunderte umfaßt das historisch erforschte Geschehen der Stadt. Es ist zu Beginn die Geschichte des Elbüberganges an der großen Handelsstraße vom Westen nach dem Osten, die über Zwickau, Chemnitz, Freiberg und weiter über Bautzen, Görlitz bis nach Krakau führte, zunächst mit je einem dörflichen Siedlungskern an den beiden Ufern. W. Rauda vermutet, daß der ursprüngliche Elbübergang an der Frauenkirche vorbei durch die Große Fischergasse (Münzgasse) über die schmalste Stelle des Stromes nach der rechtselbischen Wiesentorstraße verlief. Später verlagerte sich der Übergang nach dem westlich davon auf der linkselbischen Seite begründeten befestigten Platz, der neben der alten Dorfsiedlung lag, sowie den zwei Hauptstraßen, der Wilschen (Wilsdruffer) Gasse, die nach Freiberg, und der Elbgasse, die zum Fluß führte. Markgraf Dietrich muß um 1200 die Anlage vergrößert haben. Seine Nachfolger begannen wenig später die westliche Fährverbindung über den Fluß durch eine Brücke wohl zunächst mit hölzernen Gefachen, später mit Steinpfeilern zu ersetzen. 1275 wird diese Brücke erstmals genannt, 1287 ist sie bereits als steinern bezeugt.

Aus der städtischen linkselbischen Siedlung samt dem Dorfkern um die älteste Frauenkirche und einer Reihe späterer Eingemeindungen sowie der dörflichen Siedlung auf der rechten Elbseite wuchs im 19. und 20. Jahrhundert, nach Schleifung der Festungswerke, die Großstadt Dresden. Der rechtselbische Dorfteil nannte sich später Altendresden. Ihm wurde 1403 das Stadtrecht verliehen, das er indessen 1549 zu gunsten der linkselbischen Siedlung, nunmehr Sitz des einzigen Magistrats, wieder verlor. Nach dem vernichtenden Brand von 1685 ließ August der Starke Ende des 17. und Anfang des 18. Jahrhunderts Altendresden in Umkehr der ursprünglichen Verhältnisse als Neue Königsstadt, später vereinfacht in Neustadt, wiedererstehen. Unverändert lag das Schwergewicht der Stadt durch alle Entwicklungsstufen auf der linkselbischen, der heutigen Altstädter Seite.

Die Brückenstadt, die Stadt am Strom, Dresden, von Teichen umgeben, entlehnte ihren Namen der alten slawischen Ansiedlung: Drezdany nannten sich die Bewohner der linkselbischen sumpfigen Niederung. Der Name der rechtselbischen Ansiedlung ist nicht überliefert. R. Michaelis vermutet in ihr den Namen Nisan oder Nisani, den der ganze Gau trug. Der ursprünglich slawische Gau Nisani erscheint erstmals 1013, und am Ende des 12. Jahrhunderts findet er sich unter Kaiser Barbarossa im Tafelgüterverzeichnis des Römischen Königs. Er umfaßte die Elbtallandschaft von oberhalb Meißen bis etwa Pirna. 1227 ist sein Name letztmals belegt. Unter Kaiser Heinrich IV. fiel das Gebiet an den Böhmenherzog Wratislaw, der es 1084 Wiprecht von Groitzsch als Heiratsgut für seine Tochter Judith überließ. Nach dem Aussterben des Hauses Groitzsch gelangte diese mittlere Elblandschaft vor 1144, nunmehr der Mark Meißen zugehörig, an die Wettiner unter Markgraf Konrad, dem Begründer des wettinischen Territorialstaates.

Die linkselbische Stadt erweist sich als typische deutsche Gründung der Kolonisationszeit, zur Sicherung des Elbüberganges nach dem Vorbild der römischen Castra, wenn auch entsprechend der lokalen Situation nicht in der rein quadratischen Form angelegt. In der östlich angrenzenden dörflichen Siedlung dominierte die Frauenkirche, deren

20 Plan von Altendresden

Brücke, Markt, erste Dreikönigskirche, rechts das 1404 gegründete und 1539 aufgehobene um 1550 abgebrochene Augustinerkloster inmitten von Weinbergen (Klostergasse)

Ausschnitt aus dem Plan von M. Oeder, nach 1586, L.H.A.

erste Anlage zeitlich nur vermutbar bleibt. Sie dürfte jedoch im 11. Jahrhundert, vielleicht vom Kloster Hersfeld aus als Missionsstützpunkt oder aber über den Burgward Pesterwitz von Meißen aus gegründet worden sein. Sie blieb auch später Mittelpunkt des kirchlichen Lebens der Stadt, und bis zur Einführung der Reformation 1539 war sie die einzige Stadtkirche als Sitz des Erzpriesters des Archidiakonats des Bistums Meißen. Wie diese früheste Kirche aussah, wissen wir nicht. Bis 1525 blieb sie noch außerhalb der eigentlichen Stadt. Erst mit der Erweiterung der Festung durch Caspar Voigt von Wierandt fielen Zwischenmauer und Tor zum Dorf um die Kirche. 1366, also sehr spät, wird sie zum ersten Mal urkundlich erwähnt. Als sie 1727 abgebrochen wurde, zeigte sie ein dreischiffiges Langhaus in quadratischer Form, wohl romanischen Ursprungs, mit einer gotischen Choranlage. Ihr Grundriß war nach den verschiedenen Umbauten kein Meisterwerk. Die Außenansicht hat unter anderem M. Bodenehr kurz vor dem Abbruch im Stich überliefert. Erst 1497 erhielt sie einen Dachreiter.

Die neue Stadt, deren Anlage gleicherweise aus wirtschaftlichen wie aus politischen Gründen erfolgte, wurde nur wenige Meter stromabwärts der Dorfsiedlung um die Frauenkirche gegründet, an einer Stelle, an der sich eine kleine, hochwasserfrei gelegene Erhebung, Taschenberg genannt, befand. Hier am Brückenkopf entstand als architektonische Mitte das bescheidene Kastell des Markgrafen mit dem Hausmannsturm als westlichem Abschluß der großen Straße, die von Osten über Altendresden und die Brücke lief. Hinter dem Brückentor wurde später das Georgentor errichtet. An das Kastell schloß sich die befestigte, zunächst nur umwallte Siedlung der markgräflichen Beamten und der Kaufleute an. Die Hauptansicht des Schlosses war von Anfang an dem Fluß und der Brücke zugekehrt, legte doch der mittelalterliche Städtebau bereits auf die Silhouette Wert, wenn auch der Fluß in dieser Zeit mehr trennte als verband und als Straße bei dem geringfügigem Schiffsverkehr nur wenig Bedeutung hatte.

Neben Brücke und Kastell kam dem Stadtmarkt, dem späteren Altmarkt, die größte Bedeutung im städtischen Leben zu. Er wies eine dem Quadrat angenäherte Form auf und umfaßte eine Fläche von 130 × 100 Meter. Über ihn floß von der Kreuzgasse her der Kaitzbach der Elbe zu. Vielleicht ist der Markt ursprünglich in östlicher Richtung nach der dörflichen Siedlung erweitert gewesen. Aber da die Siedlungsgeschichte der Frühzeit Dresdens weitgehend in Dunkelheit gehüllt bleibt, sind wir auch hier auf Vermutungen angewiesen. Die einzige gerade Verkehrsstraße Seegasse – Markt – Elbgasse wurde zunächst wenig benutzt; sie gelangte erst in der Mitte des 18. Jahrhunderts zu größerer Bedeutung. Der Hauptverkehr lief durch die Wilsche Gasse und bog auf dem Markt im rechten Winkel zur Elbgasse ab, deren Knüppeldamm die archäologische Forschung feststellte. An dem Schnittpunkt der beiden Hauptstraßen wurde um 1380 auf dem Markt das Rat- und Kaufhaus errichtet, das, mannigfach verändert, bis 1709 dort verblieb. Es war ursprünglich ein schlichter Fachwerkbau mit Schindeldach auf einem massiven Untergeschoß. W. Rauda vermutet, daß es nicht das erste war. Er will einen Vorläufer in dem Gebäude der späteren Ratsbaderei im „Loche“, der späteren Badergasse, erkennen, an dem der Fernverkehr vorbeilief, als der alte Fährübergang zwischen Münzgasse und Wiesentorstraße noch benutzt wurde.

In der westlichen Hälfte der Stadt, entlang der

19

20

See- und Elbgasse, zeigen die Straßen eine regelmäßige Anlage, in der die Baublöcke ostwestlich orientiert sind. Der östliche Stadtteil dagegen wurde unregelmäßig angelegt, die Baublöcke verlaufen hier nordsüdlich, und die Straßenführung weist nach dem Frauentor und zu der vor der Stadt gelegenen Frauenkirche, bei der auch der Friedhof lag. Diesem östlichen Teil der Stadt kam nach Verlegung des Elbüberganges weiter nach Westen wirtschaftlich nur noch eine untergeordnete Bedeutung zu. Allein der Verkehr nach Pirna und Böhmen ging wohl weiter vornehmlich vom Markt an der Kreuzkirche vorüber durch „des Heiligen Kreuzes Pforte" nach Süden. Erst Ende des 19. Jahrhunderts veränderte sich diese Situation wieder grundlegend, als mit dem Durchbruch der König-Johann-Straße durch das „Loch" ein Ausfallstor nach den östlichen Vororten geschaffen wurde, das den Altmarkt wenig glücklich aufriß. Die Wahl dieses kürzesten Weges befriedigte wohl kommerziell, ließ aber städtebauliche Gesichtspunkte außer Betracht.

Durch vier Tore konnte die mittelalterliche Stadt verlassen werden. Das erste Elbtor oder Brückentor stand auf dem ersten Landpfeiler der Brücke, bis es dort 1553 abgerissen wurde. Es folgte im Osten das Frauentor als Zugang zum wendischen Altendresden am Ende der Frauengasse. Sein Turm wurde 1427 errichtet. Es fiel 1548 mit der Einbeziehung der Vorstadt. Das Wilsche Tor (Wilsdruffer Tor) am Ende der Wilschen Gasse im Westen war der für den Verkehr wichtigste Ausgang. Es wurde 1416 errichtet und blieb nach wiederholten Umbauten bis zur Schleifung der Festungswerke 1815 erhalten. Das im Süden am Ende der Seegasse gelegene Seetor war dagegen von so geringer Bedeutung, daß es 1550 wieder vermauert wurde und der Turm als Gefängnis diente. Hierzu kam die schon genannte Kreuzespforte am Ende der Kreuzgasse, die 1559 durch das Salomonistor einen Ersatz fand. Vor diesen Toren, die die Stadtmauern unterbrachen, lief der Stadtgraben, über den die Zugbrücken führten, die nachts hochgezogen wurden.

Die Nikolaikirche, hinter der Südostecke des Marktes gelegen und nach dem Schutzpatron der Fischer und der Kaufleute benannt, wurde wohl schon als Genossenschaftskirche einer Fernhandelssiedlung vor der Stadtgründung um 1170 – wie die anderen Nikolaikirchen auf Handelsstraßen nach Osten – an dem wichtigen Elbübergang als Markt- und Wegekirche errichtet. Nach der archivalischen Überlieferung entstand sie erst zu Beginn des 13. Jahrhunderts. Als 1234 Constantia, die Gemahlin Heinrichs des Erlauchten, einen Splitter vom Kreuz Christi mit in die neue Heimat brachte, wurde der Nikolaikirche eine erstmals 1319 erwähnte Kreuzkapelle (Capella sanctae crucis) hinzugefügt, die bald ein bedeutender Wallfahrtsort wurde. Dieser Splitter vom Kreuz Christi und der „Schwarze Heiland von Dresden", der um 1280 auf der Elbe angeschwommen sein soll, bewirkten mit der Zeit einen Patrozinienwechsel der Kirche. Nach 1371 findet sich nur noch der Name Kreuzkirche. Der letzte Nachfolger des Urbaues befindet sich heute noch an gleicher Stelle, nur ist er seit 1953 aus der Südostecke in die östliche Platzwand des erweiterten Altmarkts gerückt.

Von dem ältesten Bau der Nikolai-Kreuzkirche ist so wenig wie von dem der Frauenkirche bekannt. Er wird als romanische Basilika entstanden sein. Der gotische Neubau des Chores mit Fünfachtelschluß erfolgte wohl im Zusammenhang mit der nach 1400 unter Markgraf Wilhelm geplanten Umwandlung in ein Kollegiatstift, die aber aus unbekannten Gründen scheiterte. Der Chorbau selbst scheint zwischen 1401 und 1402 durchgeführt worden zu sein. Die Vollendung des reich gestalteten Chores geschah aber erst mit der Berufung von Hans Kumoller im Jahre 1447, der mit seinem Sohne Matthes als Baumeister der Kreuzkirche wirkte. Anschließend erfolgte auch der Umbau der basilikalen Anlage zur dreischiffigen Hallenkirche. Die Westtürme behielten wohl ihre ursprüngliche Gestalt bei. Im Inneren trennte ein Lettner Chor und Halle.

Manche baulichen Besonderheiten weisen auf die Prager Parlerschule des 14. Jahrhunderts hin, wie überhaupt zwischen Prag und Dresden wie zwischen Böhmen und Sachsen in dieser Zeit enge nachbarliche Beziehungen bestanden haben.

Kirche und Kapelle blieben auch nach Beendigung ihrer Aufgaben für die Fernhandelskaufleute weiter in engster Beziehung zur Brücke durch das Brückenamt und die Brückenkasse, in welche jetzt die Spenden der Wallfahrer flossen, galt doch der Brückenbau im Mittelalter als eine besonders christliche Tat. Wiederholt gewährten die Päpste Ablässe zur Behebung der Schäden, die durch Hochwasser verursacht worden waren. Die Dresdner Elbbrücke zählte mit der Regensburger Donaubrücke in dieser frühen Zeit zu den berühmtesten Brücken der europäischen Welt. Am 15. Juni 1491 wurde der eben vollendete Bau der Kreuzkirche beim großen Stadtbrand weitgehendst mit zerstört. Sie brannte bis auf die Sakristei aus, und die Gewölbe wie die Pfeiler stürzten ein. Als erstes wurde 1492/93 der Chor wiederhergestellt, der anscheinend nur wenig Schaden erlitten hatte. Den Entwurf zum Neubau auf den Grundmauern fertigte wohl noch Matthes Kumoller. Die Bauleitung als Werkmeister hatte zu Beginn der Meißner Hans Reinhart inne, der schon seit 1478 den Dresdner Schloßbau betreute. 1497 scheint der westliche Teil des Langhauses durch Conrad Pflüger mit Pfeilern versehen und eingewölbt gewesen zu sein. 1499 wird Pflüger als Bauleiter und Nachfolger Reinharts bestellt. Im Herbst des gleichen Jahres konnte der Bischof von Meißen die im wesentlichen vollendete Kirche weihen. Das neue Langhaus, ein dreischiffiger Hallenbau mit 6 Jochen, vertrat den Typus der neuen Predigtkirche. Auch die Giebel zwischen den beiden Türmen dürften damals hochgezogen gewesen sein. Die Fertigstellung der Ausstattung dagegen benötigte noch weitere Jahrzehnte.

Von den kirchlichen Bauwerken reichte die ursprünglich in typischer Bettelordensarchitektur als langgestreckter, flachgedeckter, einschiffiger Saalbau mit geradem Chorabschluß errichtete Franziskanerkirche, der dritte Kirchbau der Stadt, bis vor 1265 zurück. 1351 erfuhr er eine umfassende Erweiterung. Unter Beibehaltung der gesamten Nordwand wurde dieser Nachfolgebau zu einer zweischiffigen, symmetrischen, sechsjochigen Hallenkirche mit Chordoppelpolygon. Die Errichtung des Blendnischengiebels im Westen erfolgte 1421, während die Einwölbung der Kirche erst in der zweiten Hälfte des 15. Jahrhunderts geschah. Die Franziskanerkirche erhielt nach mancherlei schweren Schicksalen in der Zeit nach der Reformation, während der sie als Getreideboden und Pferdestall Verwendung fand und in der auch das dazugehörige Kloster des einstigen Bettelordens aufgelöst wurde, 1598 durch Sophie, die Witwe Kurfürst Christians I., wieder ihre Aufgabe zurück und wurde 1602 als protestantische Sophienkirche neu geweiht. Die Ende des 14. Jahrhunderts am Südchor errichtete Busmannkapelle besaß als kostbarstes figurales Werk die Konsolenfiguren mit den Bildnisbüsten der Stifter. Sie sind, wie unter anderem auch der dazugehörige Engel, im ersten Jahrzehnt des 15. Jahrhunderts entstanden und zeigen eine enge Verwandtschaft zu Werken der Prager Dombauhütte und vor allem zu den Parlerschen Triforiumbüsten. Sie sind neben dem zerstörten Heiligen Grab in der gleichen Kapelle aus derselben Zeit die frühesten Bildwerke von Bedeutung, die Dresden aufzuweisen hat.

So wenig wie von der ältesten Frauenkirche, der Kreuzkirche und der Dreikönigskirche blieb auch von den mittelalterlichen Kapellen erhalten. Eines besonderen Rufes erfreute sich die bereits 1305 erwähnte Leichnam-Christi-Kapelle auf dem Brükkenpfeiler, die später als Alexiuskapelle erneuert wurde. Sie ging ebenso wie die Marienkapelle am wundertätigen Queckbrunnen, der bis heute einen Storch als Schmuck trägt, und eine Antonius-Kapelle in der Heide, nahe dem Neustädter Bahnhof gelegen, mit der Reformation ein. Auch die mittelalterliche Schloßkapelle, erst 1480 mit dem neuen Westtrakt Arnold von Westfalens entstanden, und in der Luther 1517 gepredigt hatte, wurde 1547 abgebrochen und durch den an den Hausmannsturm grenzenden und bis 1737 benutzten Neubau ersetzt, während die Maternikapelle, zum

21

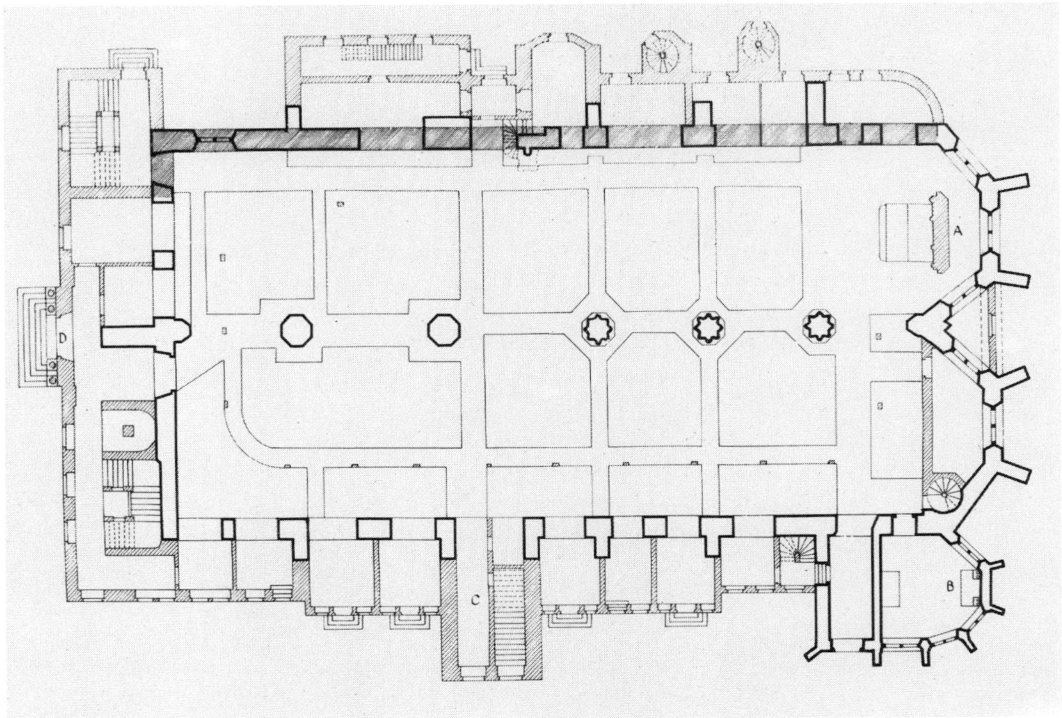

21 Grundriß der Franziskanerkirche II nach dem Umbau von 1351

1351 als zweischiffige, symmetrische, sechsjochige Hallenkirche mit Chordoppelpolygon ausgebaut. Von dem vor 1265 errichteten Bau wurden die gesamte Nordwand und Teile des Westgiebels übernommen, 1421 wurde der abschließende Blendnischengiebel im Westen hinzugefügt. Die Strebepfeiler entstanden bei Einwölbung nach Mitte des 15. Jahrhunderts. Dargestellt auf dem Grundriß ist der Zustand vor dem Umbau von 1864 durch C. F. Arnold

Aufmaß-Zeichnung von R. Ziesler und J. Seifert 1964. Aufn. I.f.D.

22 Das Stadtbild von 1520

An der Brücke der Schloßkomplex, in der Mitte der Marktplatz mit dem Rathaus, in der SO-Ecke, vom Markt abgebunden, die Kreuzkirche, im westlichen Teil regelmäßige Anlage der Straßenzüge, die Straßen des Ostteiles führen zum Frauentore und zum Fischerdorfe um die Frauenkirche, die noch außerhalb der Stadtmauern liegen. Rekonstruktion von O. Richter. Rechts oben das Wappen der Stadt, gespaltener goldener Schild, links mit schwarzem, aufrechtem Löwen, rechts mit zwei schwarzen Pfählen

Farbiger Druck nach einem Holzmodell, um 1900, St. M.

gleichnamigen Hospital gehörig und neben der Frauenkirche gelegen, 1563 verschwand. Die Reformation überdauerten die kleine Kapelle im Rathaus auf dem Altmarkt (sie fiel erst 1709 der Spitzhacke zum Opfer) und das Bartholomäuskirchlein von 1408 in der Nähe des Freiberger Platzes, das sogar, nach wiederholten Erneuerungen, erst im 19. Jahrhundert abgebrochen wurde. Alle diese Bauwerke blieben, soweit wir uns von ihnen überhaupt noch ein klares Bild verschaffen können, bescheiden im Umfang und in ihrer architektonischen Ausführung. Eine besondere Erwähnung verdient die inmitten eines Kirchhofs gelegene erste Dreikönigskirche im rechtselbischen Dresden, deren Anfänge bis auf das Jahr 1404 zurückreichen, die aber erst 1421 eine urkundliche Erwähnung findet. Sie war ein gotischer Bau mit flachgedecktem Langhaus und einem Turm in der Nordwestecke. Auf Chor wie Langhaus stand ein spitzer Dachreiter. Nach 1500 begann ein weitfassender Umbau, unter anderem unter Leitung von Konrad Pflüger.

Die Anfänge einer Burganlage bleiben zeitlich ungewiß. Sicher werden sie vorhanden gewesen sein, als im Jahre 1144 die Landschaft um Dresden an die Mark Meißen unter Konrad gefallen war. Doch erst 1289 wird die Burg als castrum genannt. Sie dürfte als eine der typischen Uferrandburgen anzusprechen sein. Bei der urkundlichen Erwähnung der Stadt 1206 und 1216 muß ein bereits nicht unbedeutender Komplex gestanden haben, der unter Heinrich dem Erlauchten in den folgenden Jahrzehnten erweitert wurde. Nach 1382, im Ergebnis der Chemnitzer Teilung, baute Markgraf Wilhelm I. Dresden zu seiner Residenz aus. Eine weitere umfassende bauliche Entwicklung erfuhr das Schloß, als seit 1464 Kurfürst Ernst und sein Bruder Herzog Albrecht, als Markgraf von Meißen 1485 der Begründer der albertinischen Linie des Hauses Wettin, vor allem in den Jahren seit 1470 in Dresden residierten.

Nach Mitte des 15. Jahrhunderts, am Ende einer Entwicklung von etwa 400 Jahren, ist zum Schloß folgendes festzustellen: Von der ältesten Anlage, wohl nur einem Fachwerkbau, war ebensowenig erhalten wie von den ersten, nur ungenügenden Befestigungen. Der Hausmannsturm, damals noch an der Nordwestecke gelegen, erscheint als das älteste steinerne Baudenkmal der Stadt, von dem noch Reste im heutigen Unterbau erhalten sind. Er reicht auf das Ende des 12. Jahrhunderts zurück, gehört zum Typ des Bergfrieds und wurde wohl als Wohnturm genutzt. Er zeigte nach bereits erfolgter Erhöhung in der zweiten Hälfte des 15. Jahrhunderts in den Untergeschossen ein Quadrat, darüber ein Oktogon und schloß mit einer flachen Haube ab. Im Südosten entstand ein kleiner Turm mit kreisförmigem Grundriß, den ein oktogonaler Aufsatz mit Giebeln und spitzlaufendem Helm bekrönt. In welcher der Bauperioden der dreigeschossige Vierflügelbau um einen unregel-

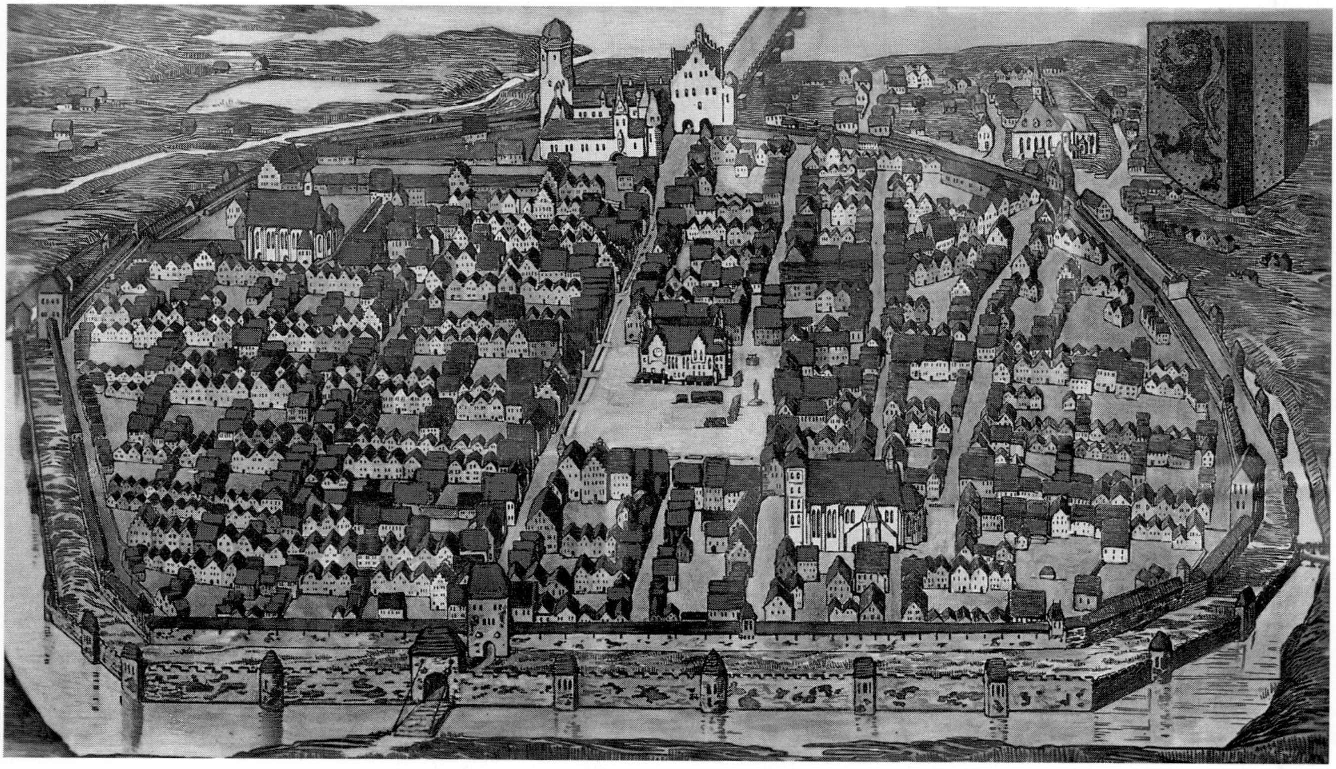

22

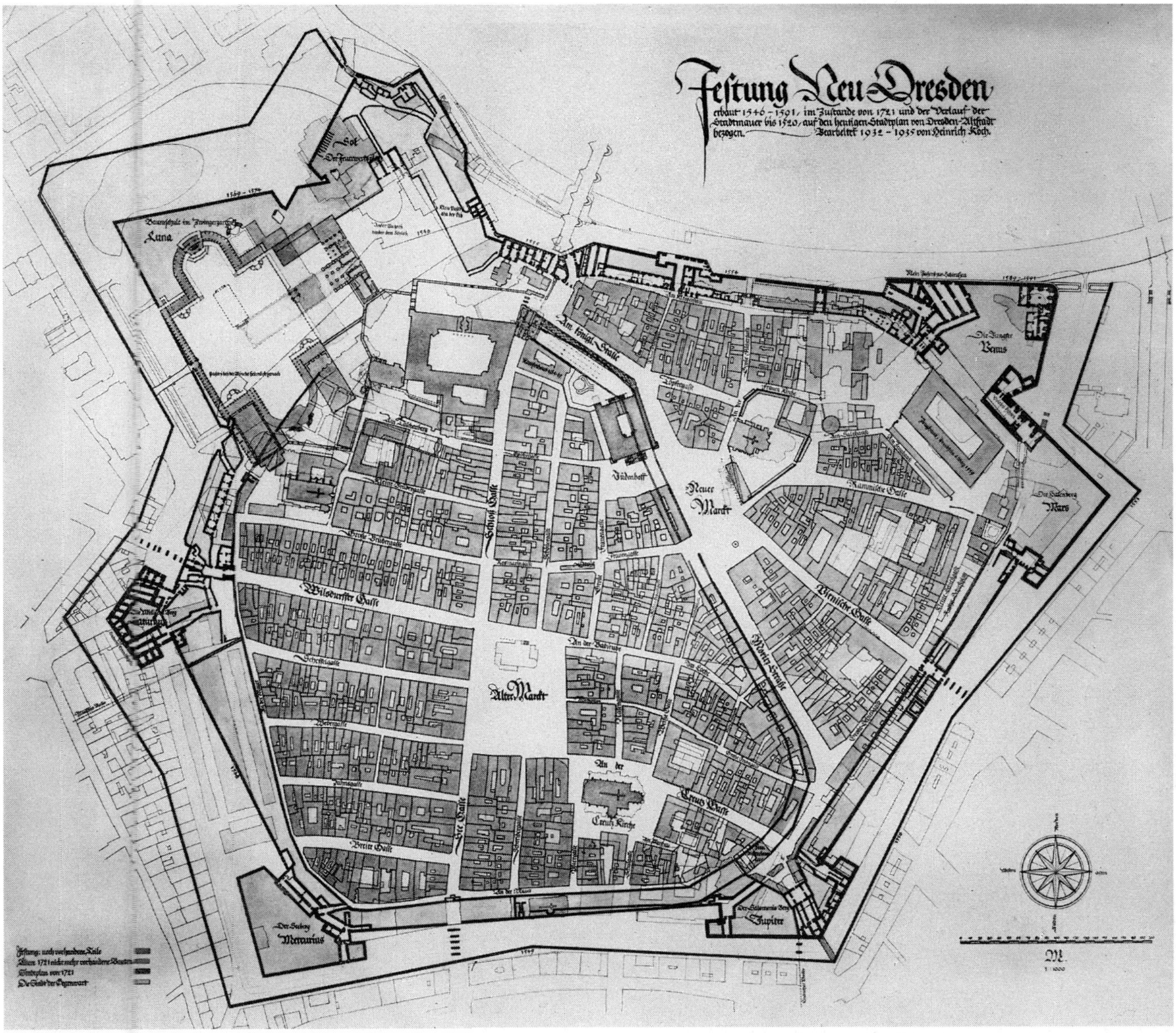

23

23 Die Festung Neu-Dresden (Altstadt)

Erbaut 1546 bis 1591, im Zustande von 1721, mit dem Verlauf der alten Stadtmauer am Neumarkt und an der Moritzstraße bis 1520, in den Stadtplan von Dresden-Altstadt des Jahres 1932 eingezeichnet

Rekonstruktion und Zeichnung von Heinrich Koch, 1935

mäßigen Hof als eine geschlossene Anlage ausgeführt wurde, ist nicht mehr feststellbar, doch finden sich bis heute im Nord- und Ostflügel noch mittelalterliche Bauelemente (B. Werner-Gonschor). Schon seit dem späten Mittelalter gehört der Vierflügelbau als idealer Schloßtypus nach dem Vorbild Italiens in unsere Landschaft.

Die letzte umfassende mittelalterliche Bauperiode des Schlosses begann 1471 mit der Berufung Arnolds von Westfalen, des Hauptes der sächsischen Architektenschule, dessen Name vor allem mit der Albrechtsburg in Meißen verbunden ist. Er schuf unter anderem den neuen Westflügel mit der dazugehörigen Treppe, den Moritz bereits 1549 zur Schaffung des großen Turnierhofes wieder abbrechen ließ. Längeren Bestand hatte das vorgekragte Torhaus im Süden, das durch ein spitzes Dach abgeschlossen war. Das Portal selbst bekrönte ein Spitzbogen, über dem ein polygonaler Erker angebracht war. 1608 setzte Hans Steyer diesem Torhaus eine Laterne auf. So erscheint es auch auf dem zweiten Stadtmodell und allen älteren Ansichten. Es gehörte zum Wahrzeichen der Stadt, bis es unter Johann Georg III. den Portalbauten Johann Georg Starckes weichen mußte. Mit der Erhöhung des Turmes an der Südostecke, dem Schössereiturm, um 1528, der einmal als Befestigungsanlage, vor allem aber mit seinen Aussichtsmöglichkeiten nach allen Seiten als Wachturm diente, ist die mittelalterliche Bauperiode, die nach den neuesten Forschungen von B. Werner-Gonschor nicht weniger als fünf wichtige Entwicklungsstufen umfaßte, abgeschlossen. Während der folgenden Regierungszeit Georgs I., des Bärtigen, blieb das Schloß selbst im wesentlichen unverändert. Die entscheidende Zäsur erfolgte erst mit der Thronbesteigung von Herzog Moritz 1541.

Die frühesten bürgerlichen Baudenkmale, die uns bis 1945 überliefert blieben, waren die vor dem Brand von 1491 entstandene, aber später oft veränderte Marienapotheke an der Ostseite des Altmarktes mit einem bemerkenswerten Portal und einem Marienstandbild von 1460 sowie der spätgotische Erker Wilsdruffer/Ecke Schloß-(Elb-) Gasse mit seinem plastischen Schmuck, der schon dem Beginn des 16. Jahrhunderts angehört.

Wie wenig bedeutend Dresden in dieser Zeit als Gesamterscheinung gewesen ist, geht aus einem Spruch um 1520 hervor, der besagt: Leipzig die Beste, Freiberg die Größte, Chemnitz die Feste, Annaberg die Liebste. Dresdens wird überhaupt keine Erwähnung getan.

Ein künstlerischer Aufschwung setzte erst mit den veränderten politischen Verhältnissen ein, als Dresden nach der Teilung der sächsischen Lande mit Herzog Albrecht 1485 dauernd Residenz der albertinischen Wettiner wurde, und noch mehr, als Moritz 1547 nach der Schlacht bei Mühlberg und der Wittenberger Kapitulation die sächsische Kurwürde erwarb. Moritz stellte sich damit nicht nur an die Spitze der protestantischen Reichsstände, sondern begründete auch einen fürstlichen Territorialstaat, der nach Luthers Staatslehre grundsätzlich aus der mittelalterlichen Abhängigkeit von der Kirche gelöst war und diese als weltliche Einrichtung nunmehr selbst dem Staat unterordnete. Eine weitere Stärkung der landesherrlichen Gewalt erfolgte durch die Einsetzung bürgerlicher Beamter, die in keiner Beziehung zum Adel des Landes standen. Diese Beamten waren in den damals begründeten Landesschulen Meißen, Pforta und Grimma oder in den Lateinschulen der Städte, wie der Kreuzschule in Dresden, erzogen worden und überragten den Adel an Kenntnissen und Bildung. Nachteilig wirkte es sich aus, daß diese humanistisch-theologische Bildungsaristokratie sich auch von der Masse des Volkes entfremdete. Wurden auch das Ansehen und der Aufgabenkreis der bürgerlichen Beamten im Verlauf des 17. Jahrhunderts immer weiter zurückgedrängt, so blieb doch Sachsen von einer schrankenlosen Adelsherrschaft, wie sie in den benachbarten böhmischen Ländern und in Polen herrschte, bis ins 18. Jahrhundert hinein verschont.

24/25 Die Konsolen der Busmannkapelle

Mit Bildnisbüsten des Stifters und der Stifterin aus der Bürgermeisterfamilie Busmann. In der an den Chor der Sophienkirche südlich anschließenden Kapelle gleichen Namens vom Anfang des 15. Jahrhunderts, die frühesten plastischen Bildwerke in Dresden, unter Einfluß der Prager Parler-Schule, nach 1400. Zu den Konsolenbüsten gehörten vier weitere Konsolen mit den Darstellungen der Evangelisten-Symbole. Der geflügelte Kopf des Matthäus ist ebenfalls erhalten. 1945 aus den Trümmern der Kapelle geborgen, heute im Stadtmuseum

Aufn. I.f.D., nach 1900

24

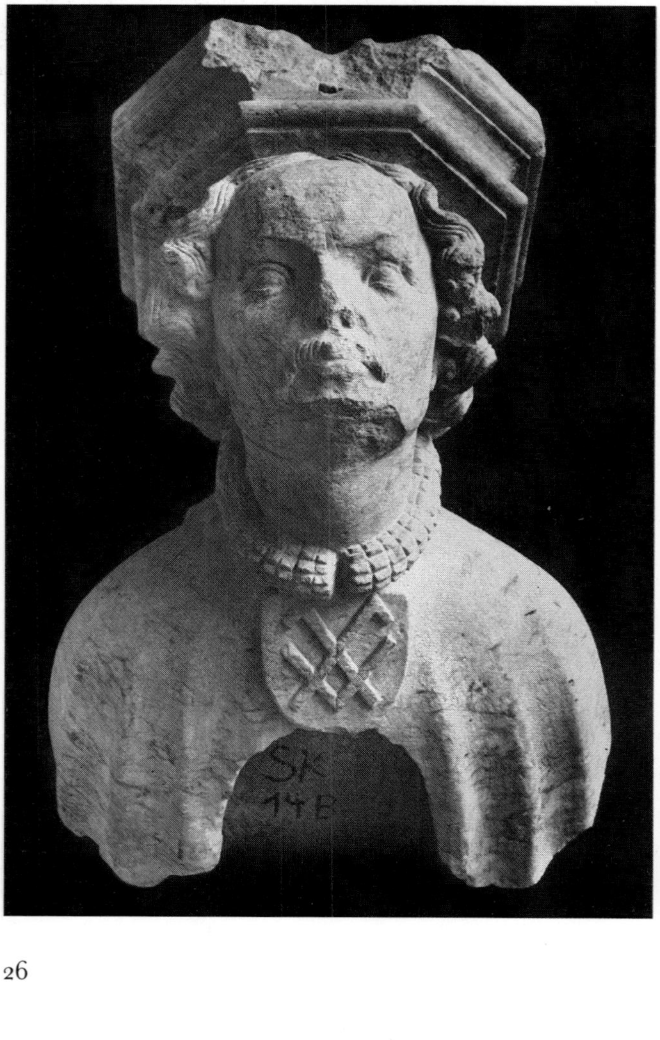

25

26

27

26 Die Franziskanerkirche mit Busmannkapelle

1602 als Sophienkirche neu geweiht. Glockenturm von J. C. Knöffel, 1736/37, links die 1819 bis 1823 abgetragenen Grüfte, dahinter der Renaissancegiebel des 1842 abgerissenen Hofstallamtes, 1864 bis 1866 neue Westfront mit zwei Türmen und Seitenschiffen von C. F. Arnold in Neugotik, Abbruch des Glockenturmes

Aquarellierte Zeichnung von Kannegießer, um 1810, St. M.

27 Das Franziskanerkloster und die Kirche um 1550

Das Kloster wurde vor 1272 gegründet, 1539 aufgehoben. Ein Teil der Gebäude im 17. Jahrhundert, der Rest 1775 und 1820 abgebrochen. An der Kirche südlich

28

Anbau der Busmannkapelle, vor 1400

Zeitgenössische Zeichnung, L.H.A.

28 Innenansicht der 'Franziskanerkirche III. (Sophienkirche)
Blick auf den Altar nach Osten

Die zweischiffige Hallenkirche mit Chordoppelpolygon von 1351, nach Mitte des 15. Jahrhunderts gewölbt. Nach 1530 aufgelassen, seit 1598 im Auftrage der Kurfürstinwitwe Sophie wiederhergestellt. Der Hauptaltar aus farbigem Marmor, ein Hauptwerk von G. M. Nosseni und Sebastian Walther, 1606/07. Die Kirche enthielt ferner hervorragende Grabdenkmale

29

30

des 15. bis 18. Jahrhunderts und eine Orgel G. Silbermanns von 1720/21. Nach 1864 neugotisch verändert, 1945 ausgebrannt, die Gewölbe eingestürzt. 1962/63 abgebrochen, Teile geborgen

Aufn. D.F.D. 1935

29 Die alte Frauenkirche

Ursprüngliche Anlage romanisch, gotische Choranlage, 1477, Dachreiter von 1497, abgebrochen 1727, daneben der alte nach 1715 aufgelassene Friedhof. Bis 1539 einzige Pfarrkirche der Stadt, rechts das Maternihospital

Kupferstich von M. Bodenehr, vor 1720, Kuka

30 Der Gewölbegrundriß der Kreuzkirche III

Gotische Hallenkirche mit Netzgewölbe, Vorbild für Sankt Wolfgang in Schneeberg, H. und M. Kumoller, Netzgewölbe von Conrad Pflüger, 1492 bis 1499

Gewölbegrundriß des 16. Jahrhunderts (nach B. u. K. Sa.)

Vuë, de l'Eglise et de la Rue de Sainte Croix,
ainsi que d'une partie de l'Hôtel de S. E. Mons.r le Comte Rutowski, Feld Marechal General

31

31 Der Westturm der zweiten Kreuzkirche mit der Kreuzgasse

Turm auf dem mittelalterlichen Unterbau errichtet, dessen Fenster mit neuen Gewänden und Renaissanceverdachungen versehen wurden, Glockenstube in zwei Geschossen und mit breitem Austritt, darüber zweigeschossiger, quadratischer Turm mit Austritt im zweiten Geschoß, bekrönt von Dreieckgiebel und dahinter aufsteigender Kuppel mit hoher Laterne. Rechts und links neben der Kuppel hinter Giebeln kleinere Kuppeln, die die schwere Turmfront auflockern. Über der Glokkenstube waren Geschütze aufgestellt, die der Stadtbefestigung dienen sollten, aber nur zum Salutschießen verwendet wurden. Den Turm errichteten, nach Entwurf von Hans Walther, Melchior Barthel, Martin Richter und Benedix Schmied 1579 bis 1584, den umfangreichen plastischen Schmuck, vor allem des Portals, lieferten die Werkstatt Christoph Walther IV und Melchior Jobst 1589. Wiederherstellung in ursprünglicher Form nach Blitzschlag 1669 bis 1674. Turmfront 96 m hoch, 1760 beschädigt, 1765 eingefallen. Links Kreuzgasse mit überdecktem Kaitzbach, Ecke Weiße Gasse das Palais Vitzthum-Rutowski von Pöppelmann, 1720. 1786 ausgebrannt und abgebrochen. Bürgerbauten nach 1720

Kupferstich von Bernardo Belotto, 1757 (V. R. 19)

32 Kirche in Leubnitz-Neuostra, Innenansicht mit Blick aus dem Schiff in den Chor

Das flachgedeckte Schiff mit dem Triumphbogen in spätgotischen Formen, vor 1437 errichtet, der zweijochige rechteckige Chor 1511 angefügt, Erweiterung des Schiffs nach Norden 1720, Dekkenbemalung mit Aposteln und Engeln durch Gottfried Lucas 1671, die zweigeschossige Nordempore und die Orgelempore 1720/21, rechts im Chor Sandsteinkanzel in Formen der Renaissance 1577/78, der holzgeschnitzte Schalldeckel 1662, der barocke Altar 1736 hinzugefügt

Aufn. D.F.D.

32

33

33 Der Eckerker Wilsdruffer Gasse 2 und Schloßgasse

Haus des Bürgermeisters Gleinig, gotischer Erker Anfang des 16. Jahrhunderts, mit Johannes, Maria mit Kind und Christophorus. Neugotische Architekturfassung nach 1880 hinzugefügt, 1945 zerstört, später abgebrochen

Aufn. I.f.D.

34

34 Tierhetze auf dem Altmarkt unter Christian II.

Ein völlig geschlossenes Platzbild mit den charakteristischen bürgerlichen Giebelbauten aus dem 16. Jahrhundert. Die gegenüberliegende Front zeigt die ersten vier Häuser von der Webergasse bis zur Scheffelgasse, teilweise noch mit den großen Toreinfahrten für die Ackerbürger; links Front von der Seegasse über die Schreibergasse bis Ecke Kreuzgasse. Vor der Längsseite des Rathauses mit dem Anbau der Kapelle die Tribüne für die Zuschauer (s. Abb. 115)

Aquarell von D. Bretschneider, 1609, früher Historisches Museum

DIE STADT DER RENAISSANCE

Anfänge

Zwischen den Annaberger und den Magdeburger Steinmetzen war 1518 während des Annaberger Kirchenbaus ein heftiger Streit ausgebrochen. Neben der Verkürzung der Lehrzeit, die nach der Straßburger Hüttenordnung fünf Jahre und ein Jahr der Wanderschaft betrug, ging es dabei um die Einführung der Renaissanceformen. Die Annaberger traten für die Verkürzung der Lehrzeit auf vier Jahre und für die Einführung der neuen Renaissanceformen ein, während die Magdeburger in beiden Fällen die Tradition vertraten. Zwischen Fortschritt und Überlieferung gestellt, entschied sich Herzog Georg, später der Bärtige genannt, zugunsten des künstlerischen Fortschritts. Georg war nicht nur ein außerordentlich kunstliebender, sondern auch ein kunstverständiger Mann. Wir können das aus dem Briefwechsel mit Adolf Daucher in Augsburg herauslesen. Georg erteilte ihm und seinem Sohn Hans unter anderem den Auftrag für den Hochaltar in Annaberg und beschäftigte den Jüngeren 1519 bis 1521 auch für den Dom in Meißen. Es war eine kühne Tat, durch die den Dresdner Baumeistern unter Hans Schicketanz die Führung in Sachsen zufiel. Erst mit dem Einzug der Renaissancebewegung läßt sich von einer eigenständigen Dresdner Kunst sprechen. Sie führte die erste große Blüteperiode herbei, die ungefähr mit dem Dreißigjährigen Kriege ein Ende fand. Die Renaissancestadt Dresden, die sich um das Jahr 1530 zu entwickeln begann, stand in ihrer künstlerischen Bedeutung in keiner Weise der späteren Stadt des Barock nach, die 1694 mit dem Regierungsantritt Augusts des Starken ihrem Höhepunkt entgegenging. Architektur, Plastik, Malerei und alle Gebiete des Kunsthandwerks brachten bedeutende Leistungen hervor. Doch gingen die folgenden Jahrhunderte mit diesem alten Besitz nicht allzu glimpflich um, so daß wir nach zeitgenössischen Bildern, Zeichnungen und Stichen greifen müssen, wenn wir uns die Fülle des in dieser Zeit Geschaffenen wenigstens annähernd vergegenwärtigen wollen.

Georgs bedeutendste Tat als Bauherr war die Erweiterung des Schlosses nach dem Osten durch den Georgenbau 1530 bis 1535. Der neue Trakt fügte sich an den alten an und bezog das Elbtor in den Gesamtkomplex des Schlosses mit ein. Als Baumeister gilt Bastian Kramer, der uns als Erbauer der Empore der Kreuzkirche und des Zollhauses auf der Brücke wieder begegnet. Doch fällt der Georgenbau mit seinen abgetreppten dreizonigen Giebeln, dem der Elbseite vorgelegten Erker und seinem reichen, farbig gefaßten und vergoldeten figuralen und ornamentalen Renaissanceschmuck so aus dem Rahmen der Dresdner Architektur, daß er nicht auf Dresdens Boden gewachsen sein kann. Die lombardischen Einflüsse sind unverkennbar, ohne daß wir den Namen des deutschen Meisters nennen könnten, der sie übermittelte.

Vom Georgenbau des Schlosses, dessen Innenausstattung der spätere Kaiser Ferdinand I. 1538 „mit Entzücken" betrachtete, blieb nur das köstliche Mitteltor, ein Rundbogenportal, das der Brücke zugekehrt war und den Verkehr zur Elbe vermittelte, als das sichtbare Zeichen dieser frühen Zeit bis heute am Ausgang nach der Hofkirche erhalten. Reicher dekorativer Schmuck bedeckt das Ganze. Ein zierlich-heiteres Element scheint hier seinen Einzug gehalten zu haben. Doch dann fällt der Blick auf die Zwickel, in denen das erste Menschenpaar um den Verlust des Paradieses trauert, und auf die Inschrift am Sims, die besagt, daß durch die Mißgunst des Teufels der Tod in die Welt gekommen sei. Das Gesamtprogramm beider Fassaden bezeugte die Frömmigkeit Georgs I. Dem Formwandel ist der Wandel des Inhalts noch nicht gefolgt, das mittelalterliche Denken wirft weiter seine Schatten in die anbrechende neue Epoche.

Das mittelalterliche Denken erlebte noch eine weitere starke Manifestation in dem Totentanz, den der vom Unglück verfolgte Herzog Georg der Bärtige am zweiten Geschoß des Schlosses über dem Georgentore als ständiges Memento mori anbringen ließ. Das Meisterwerk des Dresdner Totentanzes, die einzige plastische Darstellung dieses Motivs, führt heute am alten Neustädter Friedhof ein verborgenes Dasein. Sein Schöpfer war ein Mitglied der weitläufigen Bildhauerfamilie Walther, mit Vornamen Christoph I. Er läßt im Reigen seiner über 12 Meter langen Reliefdarstellung auch Kaiser Karl V. und Herzog Georg mitziehen. Wie der andere Schmuck des Georgentores, so war auch der Totentanz ursprünglich farbig gefaßt, doch ging diese Fassung im Laufe der Zeit völlig verloren. Als ein Gegenbeispiel zu dieser weltabgewandten Darstellung wirkt der Fries mit der fröhlichen nackten Kinderschar des gleichen Meisters am Runderker der Frauenstraße Ecke Neumarkt, an dem die Renaissance sich in ihrer Weltfreudigkeit rein entfaltet.

Protestantische Metropole

Georg der Bärtige war ein Feind des neuen, lutherischen Glaubens gewesen. Noch über den Tod hinaus hatte er durch Beeinflussung der Thronfolge für sein Land den Glaubensabfall zu verhindern versucht. Doch bereits wenige Monate nach seinem Ableben führte 1539 sein Bruder und unerwünschter Nachfolger, Herzog Heinrich der Fromme, auch in Dresden die Reformation durch. Das verspätet eingetretene Ereignis nahm einen durchaus friedlichen Verlauf. Die Klöster wurden aufgelöst, die Altäre abgebaut. Soweit die Geistlichen sich nicht dem neuen Bekenntnis anschlossen, zogen sie sich mit einer Pension zurück. Heinrich verstarb nach einer Regierungszeit von nur zwei Jahren. Ihm folgte sein Sohn Moritz 1541. Dieser staatsmännisch bedeutenden Erscheinung auf dem Thron der Wettiner gelang es unter Ausnützung der machtpolitischen Situation, den Ernestinern im Bündnis mit dem Kaiser nach der Eroberung von Wittenberg in der Wittenberger Kapitulation 1547 Kurkreis und Kurhut abzunehmen. Mit der Erwerbung der Kurwürde für das albertinische Sachsen durch Moritz und dem Abschluß des Vertrages von Passau 1552, der den Bestand des Protestantismus und die Unabhängigkeit der Reichsfürsten sicherte, war Dresden die Hauptstadt des führenden protestantischen Staates und Mittelpunkt des evangelischen Lebens in Deutschland geworden.

Unter seinem Nachfolger August erfolgte dann 1555 im Augsburger Religionsfrieden die endgültige Anerkennung des lutherischen Glaubens. Moritz selbst kann als ein typischer Renaissancefürst gelten. 1547 nach der Schlacht bei Mühlberg errichtete er den ersten Triumphbogen in spätantiken Formen auf der Elbbrücke. Als ihn 1548 auf dem Reichstag von Augsburg Kaiser Karl V. mit der Kurwürde und dem Erzmarschallamt belehnte, ließ er sich von dem anwesenden Tizian malen. 1552 besiegte er die Türken bei Gran. Erst 32 Jahre alt, fiel er 1553 in der Schlacht bei Sievershausen.

Eine fieberhafte Bautätigkeit begann. Alt- und Neustadt wurden wieder vereint. Für die Stadt wurde 1545 eine neue Bauordnung erlassen. Diese verwies vor allem auch auf die Notwendigkeit der Erneuerung der Befestigungsanlagen. Moritz begründete sie „Als gegen den Erbfeind christlichen Namens und Glaubens, den Türken" gerichtet. Sie diente in Wahrheit der Festigung der neuen Machtverhältnisse. Schon vorher waren Caspar Voigt von Wierandt und Hans Dehn-Rothfelser zu obersten Baumeistern bestellt, Melchior Trost und Hans von Görlitz als Polier mit der praktischen Durchführung der umfassenden Aufgaben betraut worden. 1546 begonnen, waren die Befestigungsanlagen vor allem nach Antwerpener, Genter und Veroneser Vorbild ausgeführt, nach Abbruch der alten Stadtmauern, 1556 mit der Südostecke nahe der Kreuzkirche im wesentlichen beendet. Neue Stadttore entstanden, darunter das Elbtor von Melchior Trost vor der Brücke, das Ziegel- oder Schifftor nach dem Osten und das Salomonistor mit plastischem Schmuck von Hans Schenck nach dem Süden. Die Moritzstraße und der Neue Markt wurden angelegt, die Neue Elbgasse, die spätere Augustusstraße, nach der Brücke geführt. Als Architekt wirkte Caspar Voigt von Wierandt weit über Dresden hinaus. Unter anderem verdankt ihm Leipzig seine großartige Moritzbastei und die Anfänge der Pleißenburg.

Der neuen Kurwürde entsprechend ging Moritz an die Erweiterung des Schlosses; galt doch der Schloßbau als die zentrale Raumaufgabe des frühabsolutistischen Staates des 16. Jahrhunderts. Die zwischen 1547 und 1556 erfolgte Durchführung dieses umfassenden Bauvorhabens lag ebenfalls in den Händen Voigts, während Bastian und nach ihm Hans Kramer es ausführten. Französische Anlagen dienten weitgehend als Vorbilder. Der alte Westbau Arnolds von Westfalen von 1480 wurde wieder abgebrochen, der quadratische Hof auf das Doppelte zur heutigen Größe zum Turnierhof erweitert. 1549 und 1550 wuchsen in drei Hofecken die Treppentürme mit den Wendelsteinen oder Schnecken empor. Den vierten dieser Treppentürme im Südosten fügte Starcke erst mehr als ein Jahrhundert später in genauer Nachbildung hinzu. Vor die südliche Längswand des Nordflügels nach dem Hof legte Voigt eine viergeschossige, fünfachsige Laube, den „Altan", nach dem Vorbild italienischer Loggien, mit reichen Säulenordnungen. Die eingeschobenen beschrifteten Reliefplatten zeigen Szenen der Kämpfe Josuas gegen die Amoriter, symbolisch für die Taten von Moritz gegen die Türken. Große Zwerchhausgiebel im Hof wie auf den Außenseiten schlossen den Bau in der Dachzone ab. Auch der an der Elbgasse gelegene Schössereiturm mit der Wachstube in der Spitze, heute nur noch im Keller erkennbar, wurde nochmals verändert und der älteste der charakteristischen, das Dresdner Stadtbild beherrschenden Türme, der Hausmannsturm, erhöht. Seine barocke Haube ist eine spätere Zutat Wolf Caspar von Klengels.

Der reiche plastische Schmuck an den Treppentürmen und dem Altan ist eine Gemeinschaftsarbeit deutscher und italienischer Künstler. Zum ersten Male waren diese über Prag und Krakau in der Stadt erschienen und hatten die Tür zu einer neuen, fernen Welt aufgetan. Als deutscher Künstler wird Hans Walther genannt. Sgraffitomalereien, mit Kalkfarbe schwarz auf weißem Grund ausgeführt, die bald auch andere namhafte Gebäude der Stadt wie ein Teppich überzogen, gaben dem Dresden der Renaissance ein festliches Aussehen. Die Meister des Bilderzyklus am Schlosse sind uns be-

35

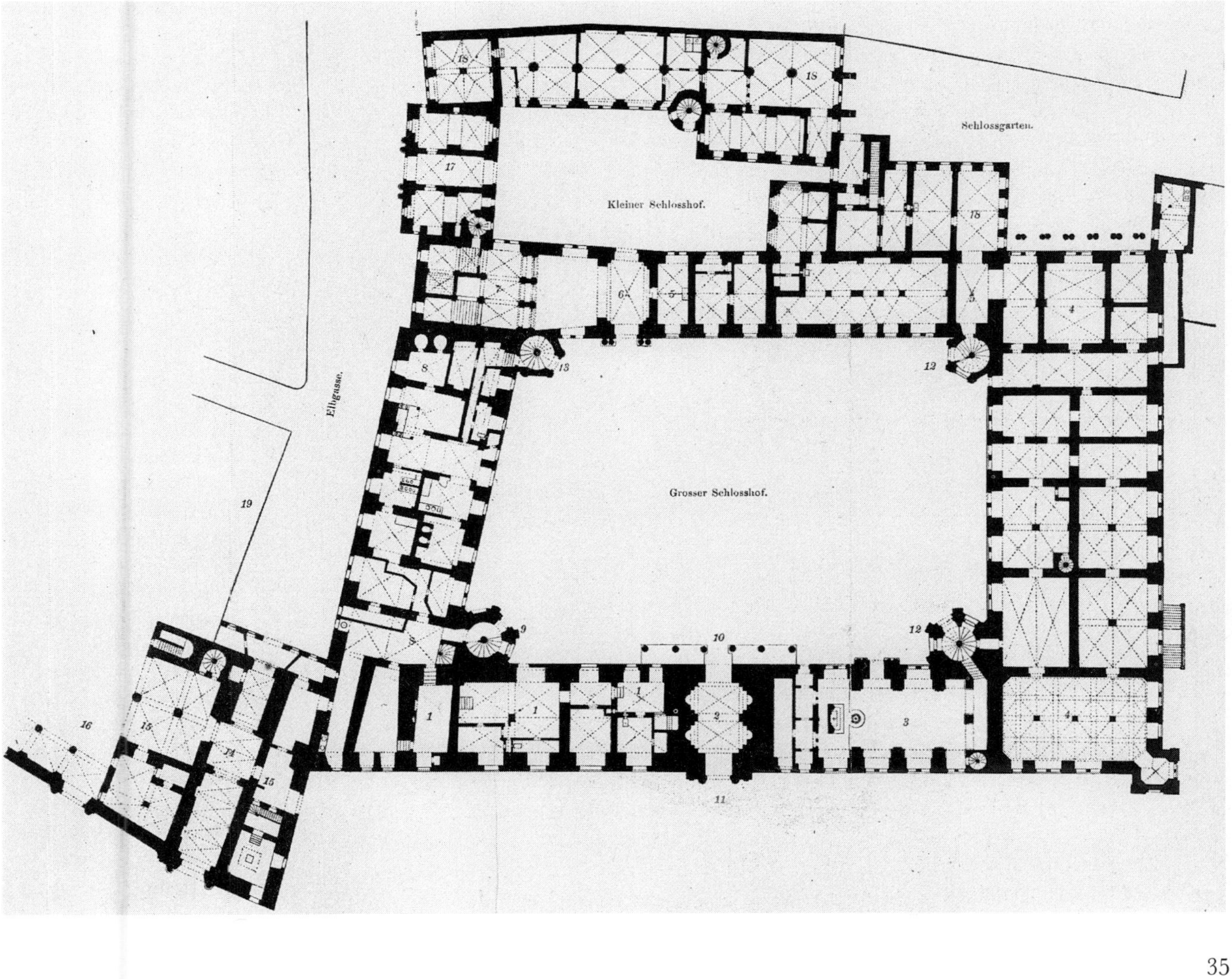

35 Das Residenzschloß zu Beginn des 18. Jahrhunderts

Grundriß der Bebauung zwischen Augustusstraße, Schloßgasse, Taschenberg, Theaterplatz und Elbfront durch das Erdgeschoß. Zustand bis zum Umbau von Dunger und Frölich anläßlich des Wettin-Jubiläums 1887 bis 1901

Aufmaß I.f.D., um 1900 (nach B. u. K. Sa.)

kannt: Francesco Ricchino sowie die Brüder Benedikt und Gabriel da Tola. Ihnen eiferten deutsche Maler, wie Heinrich Göding, nach. Leider waren in dem rauhen und feuchten Klima der Elbestadt alle malerischen Kunstwerke an Außenwänden schon nach wenigen Jahrzehnten dem Untergang geweiht. Der Fürstenzug, Ende des 19. Jahrhunderts an dem Langen Gange der Augustusstraße angebracht und später durch Porzellankacheln ersetzt, eine Arbeit Wilhelm Walthers, mag noch ein schwaches und verspätetes Abbild dieser Malwerke vermitteln.

Im Inneren erfreuten sich vor allem der im Erdgeschoß in der Nordwestecke des neuen Flügels gelegene Pretiosensaal wie das Turmzimmer des Nordflügels im zweiten Obergeschoß, in dem die Festräume angeordnet waren, und der später Riesensaal genannte Tanzsaal, der sich durch den zweiten Stock des gesamten Ostflügels bis zur Elbe hinzog, einer kostbaren Ausstattung. Im Pretiosen-

36

36 Der Altar der Schloßkapelle

1554/55 mit der Kapelle entstanden, die seitlichen Architekturteile und die Predella von Hans Walther, der in Alabaster ausgeführte mittlere Säulenbau mit dem Aufsatze ist dagegen das Werk eines niederländischen Meisters aus dem Kreise des Cornelis Floris, die Rahmung mit dem verkröpften Gebälk und dem Dreipaß sowie die Figuren des Johannes und Moses wurden erst nach 1602 durch G. M. Nosseni hinzugefügt. Seit 1662 in der Torgauer Schloßkapelle, mit Mensafiguren von St. Hermsdorf und S. Schröter, 1544, 1945 zerschlagen, Teilstücke erhalten, Rekonstruktion durch W. Hempel. Der Altar wurde 1662 durch einen neuen von W. C. von Klengel ersetzt, der 1738 in die Busmannkapelle der Sophienkirche überführt und 1945 zerstört wurde

Aufn. Institut für Denkmalspflege Halle

37 Der Altar der Sophienkirche

Zwischen Postamenten mit Spruchinschriften ein Relief mit Abendmahldarstellung, auf den Postamenten vier korinthische Säulen; über dem Abendmahl in Bogen die Kreuzigungsgruppe, seitlich gerahmt von den in Nischen gestellten Figuren des Moses und des Petrus; im folgenden Stockwerke wieder zwischen Säulen ein Relief mit der Beweinung Christi, darüber Giebelbekrönung. Hauptwerk des Manierismus in farbigem Marmor aus der Schule des Giovanni da Bologna; der dreistaffelige Altaraufbau war das Hauptthema der kursächsischen Bildhauer um

37

saal waren und sind es vor allem die weiß getünchten Flachreliefs, die die Gewölbe aus Stuck mit erotischen Darstellungen aus der antiken Mythologie überziehen. Auch das Turmzimmer schmückten stukkierte Flachreliefs. Doch das Thema zeigte sich hier bei gleicher Technik verändert, Ornamentik, Girlanden und Grotesken, wie sie ebenfalls italienische Vorbilder vermittelten, herrschten vor. Der Riesensaal war schon in der Bauperiode bis 1480 als Mittelpunkt der Hoffeste entstanden. Jetzt schmückte Lucas Cranach d.J. den Raum, und die Brüder Tola malten die Zwischenwände mit riesenhaften römischen Kriegern aus. Sie waren es, die dem Raum dann den neuen Namen gaben. 1627 bis 1633 baute Wilhelm Dilich den Raum nochmals um und ließ ihn mit sächsischen Landschaften ausmalen. 1701 ging der Riesensaal beim großen Schloßbrand mit zugrunde.

Niemals wieder sind Architektur, Plastik und Malerei in Dresden zu einer solchen Einheit verschmolzen worden wie in diesem Schloßbau. Nur der Barock hat zwei Bauwerke hervorgebracht, die hier mit gleicher Berechtigung genannt werden können: den Zwinger und die Hofkirche. An dem einen Bau haben sich Permoser und Pöppelmann, an dem anderen Chiaveri und Mattielli zu einer einzigartigen künstlerischen Gemeinschaft verbunden, aber sie haben in der Außenarchitektur auf die dritte der bildenden Künste, die Malerei, verzichten müssen. Auch weiter nahm der weltliche Bau, Schlösser, Rathäuser und Wohnbauten, und nicht der Kirchbau im 16. Jahrhundert die erste Stelle ein. Außer der Erweiterung der Dresdner Residenz, dem Neubau von Zeughaus, Stallhof, Jägerhof und Schloß Moritzburg, entstanden von 1568 bis 1573 die Augustusburg bei Schellenberg, 1571 bis 1573 die Annaburg und 1573 bis 1581 die Lichtenburg, beide im heutigen Kreis Jessen gelegen.

Die Lehre Luthers hatte den Kirchbau vor neue Aufgaben gestellt. Bei der Überfülle der vorhandenen Gebäude, von denen zahlreiche, wie die Franziskanerkirche in Dresden, der Säkularisierung zum Opfer fielen, bestand zunächst kein Bedarf an Neubauten. Es blieb den protestantisch gewordenen weltlichen Fürsten vorbehalten, für ihre persönlichen Zwecke in ihren Schlössern neue Kapellen einzurichten. Die erste, von Luther noch selbst 1544 geweihte Kapelle, ein einfacher Saalbau, schuf Nickel Grohmann für Schloß Torgau, eingebunden in den Schloßtrakt. Als zweiter Bau entstand die Dresdener Schloßkapelle im westlichen Nordtrakt, die damit die vormalige katholische Kapelle von 1480 im abgerissenen Westtrakt ablöste. Unter Kurfürst August folgten seit 1566 die inzwischen zerstörte Kapelle im Schloß Freudenstein in Freiberg von Hans Irmisch, der sich 1569 in Schloß Augustusburg die des Holländers Erhard van der Meer anschloß.

Die neben dem Hausmannsturm wahrscheinlich von Melchior Trost errichtete Dresdner Schloßkapelle folgte dem Vorbild Torgaus. Ein besonders reiches, noch ganz spätgotisches Netzgewölbe mit plastischem Sandsteinschmuck von Drachen und Engeln sowie figuralen Malereien in den Zwickeln schloß den Raum. Die Strebepfeiler waren nach innen gesetzt; sie endeten in den Emporen durch Dreiviertelsäulen. Das kostbarste Stück dieser überreich ausgestatteten Kapelle war der Altar, der nach dem Umbau der Kapelle durch Klengel 1662 nach Torgau überführt wurde, wo er 1945 in Trümmer ging. Nur Teile von ihm konnten noch gerettet werden. Aber er war auch vorher schon kein ganz einheitliches Werk. Entstanden ist er in den Jahren 1554/55. Die Predella mit dem Abendmahl und die Seitenstücke waren in Sandstein gearbeitet und werden wie das Portal zur Kapelle auf Hans Walther zurückgehen. Dagegen sind die Alabasterreliefs des Mittelteiles mit Säulen und Aufsatz niederländischen Ursprungs und gehören dem Kreis des Cornelis Floris an. Es ist das einzige Mal, daß sich in Dresden ein niederländischer Einfluß nachweisen läßt, in einer Zeit, in der niederländische Bildwerke das Land beinahe überschwemmten. 1602 wurde der Altar durch Nosseni um die beiden Alabasterfigürchen erweitert.

Ein Werk höchster Kunst wuchs in dem plastischen Schmuck für das Außenportal der Schloßkapelle von 1556. Nach dem Übertritt Friedrich August II. zur katholischen Kirche ist es 1738 aus inhaltlichen Gründen vom Schloßhof verbannt worden und fand nach mancherlei Irrfahrten am Jüdenhof neben dem Johanneum ein Unterkommen, wo es die Schreckensnacht vom 13. zum 14. Februar 1945 beschädigt überstanden hat. Es trägt die Devise der Wettiner: Verbum domini manet in aeternum (Gottes Wort bleibt in Ewigkeit). Italienische und deutsche Künstler unter Führung von Juan Maria da Padua und Hans Walther dürften sich in die Gestaltung geteilt haben. Schon früh erkannte die Kunstgeschichte seine Bedeutung, und Wilhelm Lübke nannte das kostbare Werk, das römische Triumphbögen zum Vorbild genommen hatte, die weitaus edelste Portalkomposition der ganzen deutschen Renaissance, in Schönheit der Verhältnisse, Klarheit der Komposition, Anmut der Ornamente und Freiheit der Gliederung den Geist durchgebildeter Hochrenaissance verkündend. Die Rückführung in den Schloßhof ist geplant.

Das zweite Schloßmodell veranschaulicht diesen Bauzustand, mit dem zum ersten Mal im mitteldeutschen Raume der Typus Schloß im Sinne der Renaissance verwirklicht wurde.

Die Neudisposition nach Einführung der Reformation durch die Wortverkündung, durch Predigt und Sakrament, erforderte auch die Veränderung der kirchlichen Ausstattung in den Altbauten. Die Kreuzkirche, nunmehr alleinige Pfarrkirche der Stadt, ist ein typisches Beispiel für die Entwicklung. 1543/44 baute Meister Bastian die steinernen Emporen für die nunmehr sitzend geeinte Gemeinde ein. Nach Entfernung sämtlicher Altäre, den Marienaltar eingeschlossen, schuf Hans Walther II 1574 bis 1579 als kostbarstes Stück der neuen Ausstattung einen zweigeschossigen Altar nunmehr mit dem Abendmahlsrelief im Mittelfeld, das theologisch bestimmt war, das Marienbild abzulösen. Der Altar besteht aus kostbaren farbigen sächsischen Gesteinen und ist mit seinem umfangreichen figuralen Schmuck das letzte Hauptwerk der Dresdner Bildhauerschule des 16. Jahrhunderts, in der die Familie Walther durch vier Generationen dominierte. 1760, nach Zerstörung des gotischen Baues durch preußische Kanonenkugeln, wurde Walthers Werk zum Kanzelaltar verändert, in die neue Annenkirche übernommen, bis es 1906 in der Schandauer Kirche eine neue Aufstellung fand.

Im gleichen Jahr, in dem Hans Walther II den Altar lieferte, begann man mit der baulichen Veränderung der Westturmfront, die für die alte Stadt so charakteristisch war, wie es später auch die Kuppel der Frauenkirche und der Turm der Hofkirche im 18. Jahrhundert wurden. Für diese Turmfront soll Hans Walther den Entwurf geliefert haben. Der Steinmetz Melchior Berthold leitete bis 1584 den Bau, Martin Richter verrichtete die Zimmermannsarbeiten. Die Türme dienten gleichzeitig der Stadtbefestigung, und Paul Buchner bestückte sie mit vier halben Schlangen, die man in Gotha 1567 erobert hatte. 1669 brannte ein Teil des Turmes ab, und es dauerte bis 1676, ehe der Schaden behoben war. Damals entstanden dort auch die Teufelsfratzen von der Hand eines anderen Mitgliedes der Familie Walther, des Christoph Abraham. Es ist der gleiche, der das Brückenkruzifix und den Justitiabrunnen auf dem Altmarkt schuf. Die Freude nach der Fertigstellung war groß, wie aus der Inschrift am Eingangstor hervorging. Die neue Westturmfront maß in der Höhe 91,81 Meter. Ähnlich wie in der Kreuzkirche verhielt man sich nach der Reformation in der Dreikönigskirche. Die Altäre wurden abgerissen, 1565 ein neuer Taufstein aufgestellt und 1568 eine Empore eingebaut. Merkwürdig entwickelten sich die nachreformatorischen Verhältnisse in der Frauenkirche. Zunächst einmal wurde alles Metall einschließlich der Glokken an den Münzmeister verkauft, dann blieb die Kirche, da sie ihrer Aufgaben zugunsten der Kreuzkirche verlustig gegangen war, leer stehen. Erst 1556 begann man mit der Neueinrichtung und dem

1600. G. M. Nosseni und S. Walther, 1606. 1945 teilweise zerstört, 1963 gesichert, Wiederverwendung vorgesehen

Aufn. D.F.D. 1935

38 Das Pirnaische Tor, Stadtseite

1590/91 von P. Buchner errichtet, das Reiterstandbild Christians I. sowie der sonstige plastische Schmuck von Andreas Walther III und seiner Werkstatt. Kräftige Rustikal-Architektur wie am Schloßportal, die Seitenportale von je einer Säule gerahmt, über dem Architrav Dreieckgiebel mit Postament und wappentragendem Krieger, über dem hohen Mittelportal auf kräftigem Schlußsteine die vollplastische Figur Christians I. in Nische, Christian in Küraß auf springendem Rosse, frühestes Beispiel hierfür in Deutschland; gleicher Giebelabschluß wie über den Seitenportalen

Kupferstich aus der Weckschen Chronik, 1679, I.f.D.

39 Das Portal des Residenzschlosses in der Schloßgasse, Eingang zum Kleinen Schloßhofe

1589 von P. Buchner errichtet, plastischer Schmuck im Stile des Manierismus von Andreas Walther III, kräftige Rustika-Architektur mit je zwei Halbsäulen, darüber Architrav mit Triglyphen und Löwenköpfen in den Metopen, im Schlußstein des Bogens ein Pelikan. Die Standbilder auf den Postamenten stellen Glauben, Großmütigkeit, Stärke und Dankbarkeit dar und sind mit entsprechenden Attributen versehen. Über der Gesamtanlage eine Balustrade mit je einem Engel an den Ecken, in der Mitte der nach dem Brand von 1701 1725 abgetragene Kuppelbau mit einer Justitia als Bekrönung. Im 19. Jahrhundert weiter vereinfacht

Kupferstich aus der Weckschen Chronik, 1680, I.f.D.

38

39

Einbau von zwei Emporen und festen Kirchensitzen. Die Glocken stiftete Kurfürst August aus dem säkularisierten Zisterzienserkloster Altenzella bei Meißen. 1559, nach zwanzig Jahren, konnte der Gottesdienst wieder aufgenommen werden. Auf den neuen Sandsteinaltar mit den Reliefdarstellungen von Geburt, Abendmahl, Kreuzigung, Auferstehung und Jüngstem Gericht, dem gesamten Altarprogramm des Protestantismus, von Christoph Walther II mußte man noch bis 1584 warten. Nach dem Abbruch der alten Frauenkirche kamen Reste des Altars zuletzt in die Matthäuskirche der Friedrichstadt.

Außer der Schloßkapelle entstanden trotz der reformatorischen Ereignisse im 16. Jahrhundert noch einige kirchliche Neubauten. Das Jakobs-Kirchlein aus dem Jahre 1539 war ein rechteckiger, bescheidener Bau von 11,04 Meter Länge und 7,65 Meter Breite. Es lag an der Annenstraße und Am See und blieb nach mancherlei Veränderungen mit dem dazugehörigen Spital bis 1857 erhalten. Von nur untergeordneter Bedeutung blieben die Lazarett-Kapelle, die ein Kruzifix von Hans Walther besaß und die erneuert bis 1897 stand, sowie die alte Johannes-Kapelle, die seit 1575 auf dem Begräbnisplatz vor dem Pirnaischen Tor angelegt wurde. Hier fand später George Bähr seine letzte Ruhestätte. Wichtiger als diese Kapellen war der Bau der Annenkirche für die Gemeinde vor dem Wilschen Tor. 1578 errichtet, trug sie ihren Namen sowohl nach der Kurfürstin Anna wie auch nach der Heiligen Anna. Ihre Ausstattung muß äußerst bescheiden gewesen sein, da Nosseni noch 1598 ihr einen Altar aus der Nikolaikirche in Freiberg verschaffte. Anfang des 17. Jahrhunderts besaß sie einen Dachreiter mit Laterne und Haube, 1727 wurde ihr der Walthersche Altar nach dem Neubau der Frauenkirche überlassen. 1760 brannten sie die preußischen Jäger nieder.

Ausbau der Residenz

Der jähe Tod seines Bruders Moritz in der Schlacht bei Sievershausen hatte August den Kurhut gebracht. Unter ihm nahm in einer über dreißigjährigen friedlichen Regierungszeit das Land einen wirtschaftlichen und kulturellen Aufschwung. August war von Charakter eng, philiströs und hart, aber wirtschaftlich tüchtig, selbst ein trefflicher Handwerker. Seine Drehbank mit allen notwendigen Werkzeugen in einer ebenso praktischen wie künstlerisch vollendeten Ausführung zählt heute als technisches Kulturdenkmal zu dem wertvollsten Besitz des Museums Cluny in Paris. Er legte in der Stadt vor dem Schloß an der Elbe 1556 nicht nur die Münze mit dem Schmelzwerk an, sondern begründete auch an der unteren Weißeritz den Kupferhammer und die Pulvermühle. Das Ostravorwerk entstand seit 1568 als ein landwirtschaftliches Mustergut. August setzte seinem Bruder ein Denkmal, das erste, das in Dresden entstand, eine Arbeit von Hans Walther II. Das an der Brühlschen Terrasse erhaltene Monument ist nur ein Teil eines umfassender geplanten, farbig behandelten Bildwerkes, das ursprünglich an der Spitze der Hasenbastei in das Mauerwerk eingelassen war, an der Stelle, an der der Tod Moritz gezwungen hatte, den Bau der Festungswerke zu beenden. Es zeigt einen dorischen Säulenbau mit Triglyphengebälk, unter dem Kurfürst Moritz seinem Bruder das Kurschwert überreicht. Seitlich hinter ihnen sind ihre Gattinnen Agnes und Anna dargestellt.

1559 erschien der Schraubenmacher Paul Buchner aus Nürnberg in Dresden. Ihm gelang es sehr schnell, alle wesentlichen Festungsbauvorhaben in seiner Hand zu vereinigen. Ab 1576 bekleidete er das Amt des Oberzeugmeisters. Wieder begann ein neues Kapitel der Dresdner Architekturgeschichte. Die reife Renaissance hielt ihren Einzug. Die immerwährend drohenden militärischen Verwicklungen machten den Neubau eines Zeughauses notwendig. Das Depot in der 1539 nach Einführung der Reformation aufgelassenen Franziskanerkirche und die Harnischkammer hatten sich als ungenügend erwiesen. Der in Torgau bewährte Melchior Trost wurde mit der Ausführung des Baues beauftragt, der in der Folgezeit zu den „weltberühmten" zählte. Die Pläne hierzu stammen von Caspar Voigt von Wierandt und wohl auch von Paul Buchner. 1559 wurde der Grundstein gelegt, aber schon im folgenden Jahr starb Trost. Sein Nachfolger war Hans von Dieskau, und nach dessen Tode führte Melchior Hauffe den Bau bis 1563 zunächst zu Ende. Das Zeughaus zeigte sich für die Zeitgenossen „einem ziemlich wichtigen Schlosse nicht unähnlich". Es weist vier Flügel auf, die sich in Form eines verschobenen Vierecks um einen Hof legten. Zwei Treppentürme führten in das Obergeschoß, das an den Längsseiten von vier, an den Schmalseiten von drei dreigeschossigen Giebeln bekrönt wurde. Im Verlauf der Jahrhunderte erfuhr das Zeughaus immer neue Umbauten, den bedeutendsten unter Maximilian von Fürstenhoff nach 1740. Im 19. Jahrhundert erhielt es neue Aufgaben. Als „Albertinum" dient es seit 1887 Museumszwecken. Nur die beiden westlichen Tore sowie die mächtigen Keller und das gewölbte, von Säulen getragene Erdgeschoß sind von dem ursprünglichen Bau erhalten geblieben. Wenige Jahre später entstand neben dem Zeughaus auch der dazugehörige, auf den alten Ansichten hervorragende Pulverturm.

Voigt hatte die Festungsanlagen 1546 bis 1555 auf die Höhe seiner Zeit gebracht. Das neue Ziegeltor erschloß den Bewohnern der weiter östlich gelegenen Pirnaischen Vorstadt den Weg in die Stadt. Mit dieser Ausweitung war die Uranlage der Festung an der Elbe vollendet. Noch heute kann man das Werk Caspar Voigt von Wierandts an dem prächtigen Wulstprofil erkennen, mit dem er um 1550 ursprünglich das aufgehende Mauerwerk abschloß, über dem dann die Erdwälle mit den Geschützscharten folgten. Voigts Nachfolger Rochus von Lynar setzte die Verstärkung der Befestigungsanlagen vor allem vom Wilschen Tor aus über den Zwingerwall hinter dem Schloß bis zur Elbe fort.

1589 erhielten der Stadthauptmann Hans Claus von Russwurm und der Oberzeugmeister Paul Buchner als Bauleiter den Auftrag, die Arbeiten Voigts im Nordosten weiterzuführen und zu verstärken. Im gleichen Jahr wurde der Grundstein zur „Neuen Vestung", zum „Berge am Ziegelschlag", gelegt. Bei dieser Erweiterung mußte das

40

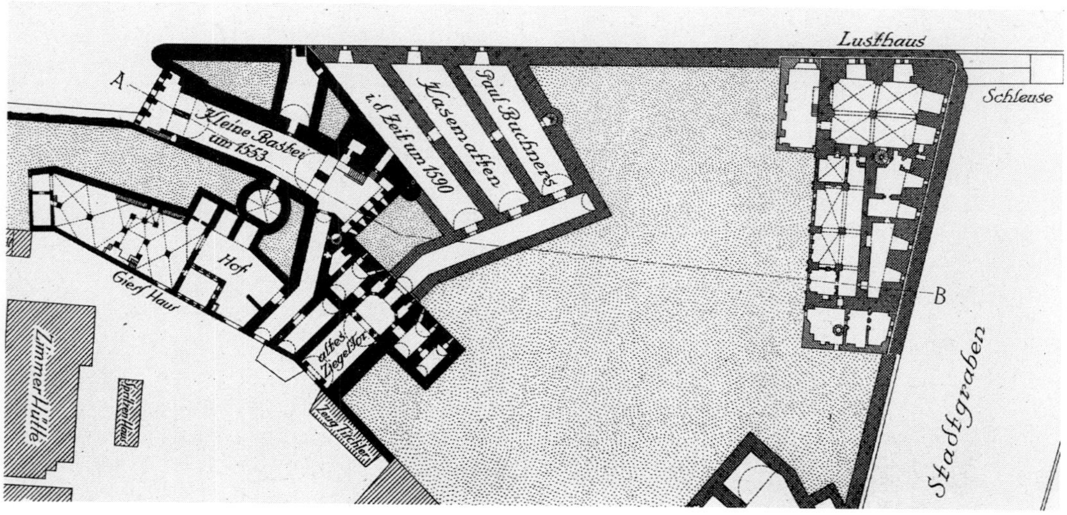

40 Der Grundriß der Befestigungsanlagen der Brühlschen Terrasse bis zur Hasenbastei, mit P. Buchners Neuer Bastei und dem Lusthause G. M. Nossenis sowie der Schleuse und dem Stadtgraben

Aufmaß Walter Bachmann nach P. Buchner, Ausschnitt, um 1930, I.f.D.

41 Schnitt durch das Lusthaus G. M. Nossenis auf der Jungfernbastei und die Kasematten der Neuen Bastei Buchners

Höhe des dreigeschossigen Gebäudes einschließlich Dach 24 m. Im unteren Geschoß, den Vulkanshöhlen, befand sich seit 1701 die Werkstatt J. F. Böttgers, dem 1709 die Erfindung des weißen Porzellans gelang

Aufmaß von W. Bachmann, I.f.D.

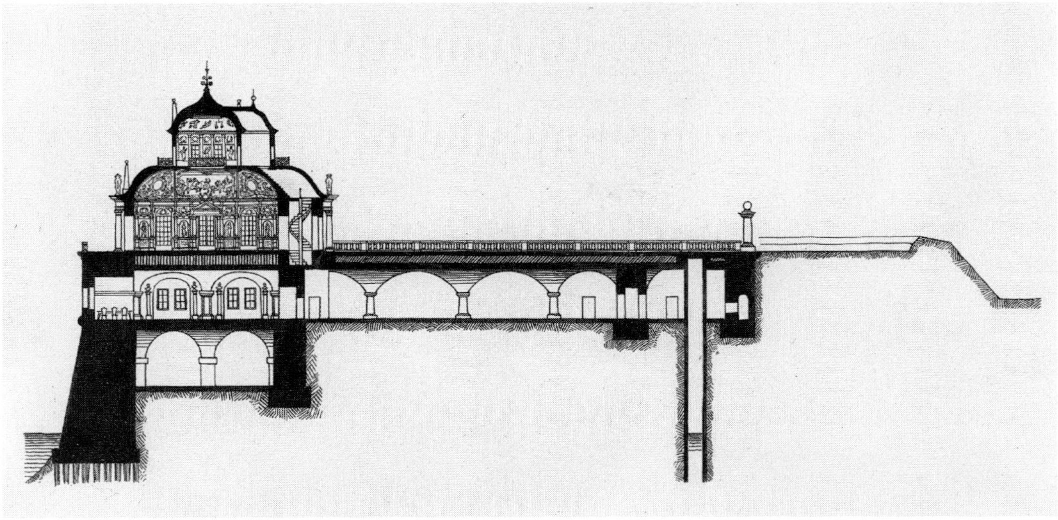

41

42

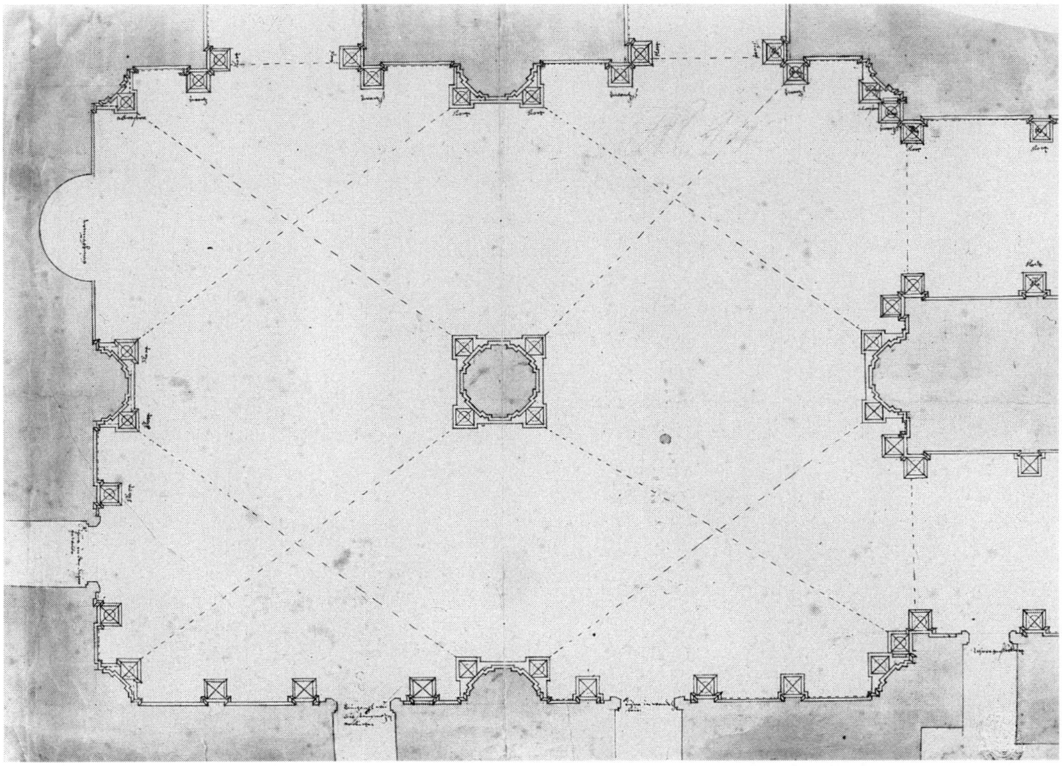

42 Das Lusthaus auf der Jungfernbastei, Grundriß zum Mittelsaal des Obergeschosses

Originalplan von G. M. Nosseni, 1589, I.f.D.

erst vor wenigen Jahrzehnten errichtete Ziegel- oder Schifftor wieder aufgelassen werden. Es blieb aber unter der Neuanlage mit seinen Unterbauten bis heute am Georg-Treu-Platz hinter der Treppe erhalten. 1591 arbeiteten nicht weniger als siebenhundert Menschen an der Vollendung des neuen Werkes. Die Kasematten wurden angelegt, die später unter August dem Starken den theatralischen Namen „Vulkanshöhlen“ trugen, und die 140 Meter lange Elbfront in pirnaischem Sandstein hochgeführt, nur durch die kleine Bastion unterbrochen, auf der heute das Denkmal Ernst Rietschels steht. Die Elbe trieb man durch einen Graben tief in die Stadt hinein. Das später als „Gondelhafen“ genutzte Stück dieses alten Grabens war durch eine Schleuse mit dem Fluß verbunden. Vom Hof des Zeughauses führte ein mit Kähnen befahrbarer Stichkanal, das sogenannte „Arsenal“, durch das heute noch erkennbare Tor ebenfalls zur Elbe. Viele Male hat diese Festungsanlage ihren Namen gewechselt, sie hieß der Reihe nach: Neue Bastei, Lusthausbastei, Jungfernbastei nach einer Justitia, die einmal dort stand, oder auch kurz „die Jungfer“, seit 1721 Bastei Venus, bis sie als Brühlsche Terrasse, nach den Gebäuden und Gärten benannt, die der allmächtige Premierminister Kurfürst Friedrich Augusts II. (als König von Polen August III.) hier von 1739 an hat anlegen lassen, ein fester

Begriff geworden ist und im 19. Jahrhundert wegen ihrer überragenden Lage als „Balkon Europas" in die Literatur einging. Von den großartigen Festungswerken der Stadt sind uns nur der Brühlsche Terrasse genannte Teil sowie der Rest der Festungsmauer unter dem Kronentor und den Langgalerien des Zwingers sichtbar erhalten geblieben.

Das seiner Aufgabe entledigte Ziegeltor Voigts ersetzte Buchner durch das weiter südlich gelegene Pirnaische Tor. Wie die früher entstandenen Tore so gab auch dieses willkommene Gelegenheit, an die Bildhauer bedeutende Aufträge zu erteilen. Andreas Walther III war Inhaber einer umfangreichen Werkstatt. Er kann als der namhafteste Künstler des Manierismus in Sachsen gelten. Das von ihm am Pirnaischen Tor gefertigte Reiterbildnis Christians I. ist eine meisterliche Leistung gewesen. Es zeigt den Kurfürst im Küraß auf springendem Pferd und war das erste seiner Art in Deutschland.

Das Elbtor an der Brücke, das Wilsche Tor nach dem Westen und das Pirnaische Tor nach dem Osten blieben von nun an die Mittelpunkte des Verkehrs nach und von der Stadt. Mit der Beendigung dieser Arbeiten war der Festung Dresden das endgültige Gesicht verliehen. Die folgenden zwei Jahrzehnte haben die Werke nur erhalten, grundsätzliche Veränderungen traten bis zum Abbruch nach 1815 nicht mehr ein. Nur das Elbtor fiel bei der Anlage des Schloßplatzes 1738. Dabei wurden von den ursprünglich 25 Pfeilern der Brücke nochmals zwei weitere abgetragen, so daß nur noch 18 verblieben. 1747 machte es sich notwendig, das 1550 geschlossene Seetor wieder zu öffnen, um den Verkehr nach dem Süden für die rasch zunehmende Bevölkerung der Vorstädte zu erleichtern.

Die Befestigung von Altendresden (Neustadt), die lange vernachlässigt geblieben war, ging in einem etwas späteren Zeitraum in drei Etappen vor sich. Voigt hatte bereits 1545 den Grund gelegt, aber erst W. Dilich schuf 1632 eine Anlage, die bei kriegerischen Ereignissen Schutz gewährleistete. W. C. von Klengel verstärkte in den Jahren nach 1684 die Festung weiter, ohne daß man sie nun als vollendet hätte bezeichnen können. Erst im 18. Jahrhundert erreichte man verspätet dieses Ziel. Von den vier Altendresdner Toren erlangten das Schwarze oder Bautzner Tor im Norden und das von Fürstenhoff 1718 architektonisch ausgestaltete Weiße oder Leipziger Tor im Westen als Verkehrsmittelpunkte besondere Bedeutung. Hierzu kamen das Jäger- oder Wiesentor, das oberhalb zur Elbe führte, das Wasser- oder Wiesentor im Südwesten und die Räbnitzpforte, durch die man zum Friedhof gelangte.

Unter Christian I. erfolgte die nächste Erweiterung des Schlosses. Anstelle des bisherigen Zuganges durch das Tor bei der Schösserei ließ er 1589 bis 1590 einen neuen Portalbau an der Elbgasse errichten. Dieses bedeutende und reiche Werk aus kräftiger Rustika wird von je zwei dorischen Halbsäulen flankiert. Die Metopen des Architravs ziert eine Reihe von Löwenköpfen, den Schlußstein beherrscht ein Pelikan mit geöffneten Flügeln. Es sind Arbeiten des Bildhauers Andreas Walther III. Während dieser Portalteil bis heute erhalten blieb, sind die darüber auf Postamenten stehenden figuralen Gruppen samt der Fensterarchitektur und des dahinter liegenden Kuppelbaues über acht Halbsäulen dorischer Ordnung mit bekrönender Justitia 1725 abgebrochen worden. Hinter diesem Portal erfolgte 1593 eine Erweiterung des Schlosses nach Süden durch die Anlage des Kleinen Schloßhofes. Ein zweigeschossiger, reich dekorierter Umgang in derben Renaissanceformen auf toskanischen Säulen umzieht den östlichen und südlichen Trakt des Hofes. Ein Wendelstein mit Haube schließt den Hof in der Südostecke ab. Als Architekt der Bauten um den Kleinen Schloßhof gilt ebenfalls Paul Buchner.

Als ein überragendes Bauwerk aus dem letzten Viertel des 16. Jahrhunderts entstand auch der „kurfürstliche Reissige Stall" mit dem Stallhof, der längs des Mauerzuges der alten äußeren Stadtumfriedung mit dem Langen Gang den Georgenbau fortsetzt und bis zum Jüdenhof reicht. Das Stallgebäude schloß den Jüdenhof durch eine Schauseite mit einem Obergeschoß und zwei Zwerchgiebeln über den seitlich gelegenen Toren mit Löwenköpfen als Schlußsteinen sowie zwei Eckbastionen als ein Repräsentant des deutschen Renaissancestiles süddeutsch-sächsischer Prägung ab. Als Mittelpunkt ritterlicher Spiele und Schauturniere in prunkvollen Rüstungen stand es bald in europäischem Ruf und brachte zahlreiche Fremde nach Dresden. „Das deren gleich nicht

43

43 Der Neumarkt mit der alten Frauenkirche und dem Pulverturm

Die erste Frauenkirche wurde durch den Bau von Bähr 1727 ersetzt, der Pulverturm war 1565 an Stelle einer Windmühle errichtet worden und verschwand 1744. An seiner Stelle entstand das Coselpalais. Die Wohnbauten des 16. und 17. Jahrhunderts wurden im 18. Jahrhundert, meist nach der Zerstörung von 1760, erneuert

Stich aus der „Durchlauchtigsten Zusammenkunft" 1678, I.f.D.

gefunden wirdt im Heiligen Römischen Reich", dichtete der früheste Lobsprecher des Hauses, Daniel Wintzenberger, der seit 1591 als Postbereiter in der Stadt wirkte, weniger schön als wahr. 1586 wurde der Grundstein gelegt, und schon fünf Jahre später war das Riesenprojekt vollendet, an dem bis zu zweitausend Arbeiter gewerkt hatten. Der Stallhof ist ein Dreiflügelbau mit zwei Geschossen mit einem eingeschlossenen Hof und je einem Wendelstein in den Hofecken. Das durch Kappengewölbe abgeschlossene Erdgeschoß für die Ställe wird durch zwei Reihen kräftiger toskanischer Säulen getrennt. Ist dieses Erdgeschoß auch noch in seiner originalen Form erhalten, so fehlen doch die kostbaren Brunnen für die Traufen.

Ein bedeutender Anteil an dem Bau fällt Hans Irmisch zu, der schon das benachbarte Kanzleihaus errichtet hatte und dessen Schaffen im Schloß Freudenstein in Freiberg gipfelt. Er hatte sich auch sonst seit fünfundzwanzig Jahren in vielen, über ganz Sachsen verbreiteten Bauten als hervorragender Architekt bewährt, so daß ihm die Ausführung eines solchen Riesenprojektes wie des Stallgebäudes zugetraut werden kann. Merkwürdigerweise hat die Dresdner Kunstgeschichtsschreibung nicht diesem bewährten Mann den Bau zugeschrieben, sondern Paul Buchner, der von Haus aus ein Schraubenmacher und nicht Architekt war. Nachweislich fand Buchner in Sachsen nur bei Festungsbauten sowie in der Bauverwaltung Verwendung. Walter Bachmann hat zum ersten Mal auf diesen Tatbestand hingewiesen. Der Grund für das Mißverständnis dürfte in der geschickten und reichlich skrupellosen Art zu suchen sein, mit der Buchner es verstanden hat, sich in jedes Unternehmen zu mischen. Er verdrängte auch seinen Vorgesetzten, den Grafen Rochus von Lynar, aus dem Amt und trat an dessen Stelle.

Mit dem Stallgebäude gleichzeitig entstand auch der anschließende „Lange Gang". Sein Urheber ist noch immer nicht sicher identifiziert. Wahrscheinlich hat Nosseni zum mindesten den Ideenentwurf geschaffen, denn ohne die italienischen Vorbilder wie die des Kreuzganges in der Abtei Grottaferrata dürfte eine solche weitläufige Bogenhalle nicht zu erklären sein.

Nach der Hofseite zeigt der 100 Meter umfassende Lange Gang zweiundzwanzig geöffnete Rundbogenarkaden in toskanischer Ordnung. Der lange Saal des darüberliegenden Geschosses diente als Ahnengalerie der Wettiner und von 1731 bis 1945 als Gewehrgalerie. Kostbar war auch der Schmuck des eigentlichen Stallhofes, von dem die beiden Bronzesäulen für das Ringelstechen, nach Entwürfen Nossenis von Benedix Bachstädt und Specht ausgeführt und von M. Hillger 1601 gegossen, bis heute erhalten blieben. Die Schwemme wurde im 18. Jahrhundert durch Knöffel wesentlich verändert. Das Jagdtor neben dem Georgenbau mit dem plastischen Schmuck Andreas Walthers III weist mit dem bereits genannten Tor der Schloßstraße enge Verwandtschaft auf. Heinrich

44

44 Die Sophienkirche (ehem. Franziskanerkirche)

Dem Westgiebel Niclas Mollers von 1421 mit dem Portal der Schloßkapelle wurde das kostbare Portal Hans Walthers 1738 vor die einfache Giebelfront gesetzt, der seitliche Glockenturm ist eine Zutat G. Ch. Knöffels von 1737, rechts Klostertor, links ins Bild stoßend das schmucklose Opernhaus M. D. Pöppelmanns von 1719, dessen Haupteingang im Porzellan-Pavillon des Zwingers lag, weiter hinten das Taschenbergpalais, Schloßturm und Turm der Hofkirche

Kolorierter Stich von C. F. Sprinck, vor 1810, St. M.

45 Die Bastei Merkur, von der Brücke am Seetor gesehen

Die Häusergruppe in der Verlängerung des Grabens gehört zur Straße Am See, die angeschnittene rechte Ecke zum Saulschen Hause J. Ch. Knöffels, dem späteren Ministerhotel. Die Staffage auf der Bastion wie die Bebauung der Vorstädte zeigen, daß den Werken keine militärische Bedeutung mehr zukam. Zustand nach 1800

Gemälde von J. von Leypold, 1872, St. G.G.

45

Gödings Sgraffiti umzogen den ganzen Komplex. Diese wurden 1972/79 nach alten Stichvorlagen rekonstruiert.

Das dreiflügelige eigentliche Stallgebäude hat im 18. Jahrhundert eine ganze Reihe von Umbauten erfahren. M. von Fürstenhoff setzte 1729 bis 1731 ein zweites, etwas niedrigeres Geschoß auf, wobei die Giebelaufbauten entfernt wurden. Dafür erhielt die Fassade nach dem Jüdenhof 1729 die doppelläufige Freitreppe ebenfalls durch Fürstenhoff vorgelegt sowie eine Giebelbekrönung mit sächsisch-polnischem Wappen. Bodenehr hat diesen Zustand gestochen. In welchem der Jahre nach 1731 die Gemälde aus dem Schloß in den Stallhof überführt wurden und damit die Gründung der Dresdner Gemäldegalerie erfolgte, bleibt ungeklärt. 1744 bis 1746 machte sich durch die neuen Bilderkäufe für die Galerie ein weiterer Umbau erforderlich, den dieses Mal Knöffel leitete. Auch der Entwurf der Fassade stammt von Knöffel. Die beiden oberen Stockwerke wurden jetzt zu einem einzigen Geschoß zusammengezogen, durch dessen hohe Rundbogenfenster ein genügender Lichteinfall zur Betrachtung der Gemälde gesichert war. Nur die seitlichen Rustikaportale nach dem Jüdenhof blieben von der ursprünglichen Gestaltung übrig. Dieser zweite Umbau ist auf Belottos Gemälde des Neumarktes dargestellt. Hier erlebte auch Goethe bei seinen Dresdner Besuchen seit 1768 die Schätze der Galerie. „Ich trat in dieses Heiligtum, und meine Verwunderung überstieg jeden Begriff, den ich mir gemacht hatte." Erst 1794, nachdem bereits 1745 die Pferde in das neue Marstallgebäude hinter dem Zwinger übergesiedelt waren, zogen die Gipse in die untere Osthalle ein, während die Westhalle auch ferner Remise blieb. 1856 wanderten Gemälde und Gipse weiter in den neuen Semperbau am Zwinger. Ein letzter Umbau wurde von Oberlandbaumeister Haenel 1872 bis 1876 vorgenommen, wobei der Zugang wieder nach dem Tor an der Augustusstraße verlegt wurde, so daß die Freitreppe nur noch dekorative Zwecke erfüllte. In dem nach dem Bauherrn „Johanneum" umbenannten Gebäude fanden wieder, wie schon vor 1722, die Bestände der Rüstkammer, der größten und bedeutendsten Waffensammlung Deutschlands, als Historisches Museum Aufstellung. Die jüngste Zeit war darangegangen, Stallgebäude und Langen Gang im ursprünglichen Sinne zu erneuern. Eben waren die Bogengalerien wieder geöffnet worden, als die Bomben am 13. und 14. Februar 1945 ihr Werk verrichteten. So schwer die Zerstörungen sich auch an dem umfangreichen Gebäudekomplex auswirkten, sie konnten inzwischen behoben werden. Heute dient der Bau dem Verkehrsmuseum für Ausstellungszwecke.

Vom Hof des Stalles an der alten Mauer war ein weiteres Gebäude zugänglich, dessen Renaissancecharakter durch seine Giebelaufbauten unverkennbar ist, das Kanzleihaus. Es wurde von Hans Irmisch 1567 errichtet. Der dreiflügelige Bau mit den zwei Wendelsteinen in den Hofecken, dessen weitere Flügel längs des Kanzleigäßchens und der Schloßgasse liefen, diente Verwaltungszwecken. Im Flügel der Schloßgasse war seit 1581 die Hofapotheke untergebracht. Im 18. Jahrhundert wurde das Kanzleihaus mehrfach verändert. Bis 1945 beherbergte es im Untergeschoß das Münzkabinett. Der reiche Freskenschmuck, der das Gebäude umzog, von Benedikt da Tola geschaffen, verschwand bei einem Umbau von 1737.

Vom letzten Viertel des 16. Jahrhunderts an wirkte ein weiterer bedeutender Künstler in Dresden, der schon genannte Giovanni Maria Nosseni aus Lugano. Er war vor allem auch Bildhauer. Sein Hauptwerk befindet sich nicht in Dresden, sondern in Freiberg. Zusammen mit Irmisch schuf er dort 1584 bis 1594 im Chor des Domes die Fürstengruft, die Grabstätte für die protestantischen wettinischen Fürsten von Heinrich dem Frommen bis zu Johann Georg IV., als umfangreichstes Zeugnis des Manierismus.

Die alte Franziskanerkirche hatte nach Einführung der Reformation zuerst als kurfürstliches Zeughaus gedient, dann war sie dem Rate überlassen worden, der sie ungenutzt liegenließ. 1598 nahm sich die Witwe des Kurfürsten Christian I. ihrer an. Sie ließ Emporen einbauen und ein neues Gestühl aufstellen. 1602 wurde die Kirche als Sophienkirche wieder geweiht und weiterhin vorwiegend als Begräbniskirche benutzt. Den Aufbau des neuen Hauptaltars, den bedeutendsten seiner Zeit in Sachsen und in seinen Formen schon dem Manierismus zugehörig, schuf Nosseni 1606 aus verschiedenen sächsischen Marmoren, aus Serpentin und Alabaster. Als Inhalt wählte er den typischen protestantischen Themenkreis. In das bildhauerische Werk teilten sich Sebastian und Christoph Walther IV. Das durch vier Säulenpostamente gegliederte Sockelgeschoß zeigt neben den seitlichen, auf das Thema hinweisenden Sprüchen im mittleren Teil ein überaus dramatisches Relief des Abendmahles inmitten eines Säulensaales. Über ihm erheben sich vier korinthische Säulen mit dem Hauptgeschoß, in dessen Mitte die dreifigurige Kreuzigungsgruppe dominiert, während die Apostel Paulus und Petrus in Rundbogennischen zwischen den Säulen ihren Platz gefunden haben. Im folgenden, darüberliegenden Geschoß, von je einer Säule gerahmt, erscheint die Grablegung wiederum als Relief. Abgeschlossen wird das Altarwerk durch Christus als Richter auf der Weltkugel. Reicher Kleinfigurenschmuck wie Engel schließt sich an den Seiten mit dekorativen Elementen im Rollwerk zusammen.

Aus der großen Reihe hervorragender Grabdenkmale und Epitaphien ist das für Nosseni zu nennen, das sein Mitarbeiter Sebastian Walther schuf. Der Bildhauer hat den großen Künstler, wie er auf einem Kissen kniet, durchaus porträtähnlich im Zeitkostüm in Relief aus Alabaster dargestellt. Ikonographisch bemerkenswert ist, daß S. Walther die drei Frauen Nossenis, ebenfalls kniend, auf einem Relief vereinigte. Im Mittelpunkt des Grabmals steht vor einer Flachnische die bewegte, lebensgroße Gestalt eines Ecce homo. 1606 schufen zwei unbekannte Künstler die Gemälde an den Emporenbrüstungen. Sie haben sich zum Teil im Stadtmuseum erhalten.

Aus den ferneren Schicksalen, die die Sophienkirche erlebt hat, wäre noch zu erwähnen, daß ihr Knöffel 1736 einen Glockenturm hinzufügte, den Bähr und Fehre ausführten. Schon vorher hatte sie die erste Orgel erhalten, die Silbermann für Dresden schuf und auf der Johann Sebastian Bach spielte, wenn er hier weilte. Als Friedrich August II. die alte protestantische Schloßkapelle auflöste, fanden nicht nur Altar, Taufstein und Kirchengeräte in der Busmannkapelle ein Unterkommen, sondern auch das Portal erhielt für mehr als ein Jahrhundert einen Platz an ihrer Westfront, bis man es 1864 an den Jüdenhof versetzte. Nach dem Wiederaufbau des Schlosses wird es an seine alte Stelle im großen Hof zurückkehren.

Nach 1589 bekam Nosseni einen merkwürdigen Auftrag. Er sollte auf der Ecke der eben fertiggestellten Jungfernbastei ein „Lusthaus" errichten. Vorbild wird das Belvedere auf dem Prager Hradschin gewesen sein. Der Gedanke, ein Gebäude ohne praktischen Nutzungszweck, nur zu Vergnügungen auszugestalten, war italienischen Ursprungs. Seinen Höhepunkt erlebte dieser Gedanke in Dresden in der Schöpfung des Zwingers. Bauherren und Architekten gab er die Möglichkeit, souverän und nach Laune zu verfügen. Mehr als sechzig Jahre währte die Bauzeit dieses Lusthauses. Nach Nossenis Tode folgte ihm Sebastian Walther als Baumeister, aber auch bei dessen 1645 erfolg-

46 Das Pirnaische Tor mit Torbrücke und Festungsmauer, Grabenseite.
1590/91 von P. Buchner errichtet mit barocken Dachaufbauten versehen

Zeichnung von F. Kannegießer, um 1810

46

tem Tode war das Gebäude noch immer nicht vollendet, und der Maler Christian Schiebling wurde mit neuen Aufträgen versehen. Dieses erste Gebäude auf der späteren Brühlschen Terrasse figuriert nicht nur auf allen Stadtansichten, sondern spielt auch in den zeitgenössischen Reiseberichten eine wichtige Rolle. Nosseni lieferte den Plan des Gebäudes, der Bildhauer Carlo de Cesare, ein Schüler Giovanni da Bolognas, und nach ihm Sebastian Walther sorgten für die Ausstattung, die von noch nicht gesehener Kostbarkeit war. Als Schmuck fanden ausschließlich sächsische edle Gesteine Verwendung. Auf den ursprünglich eingeschossigen Bau setzte Sebastian Walther 1617 ein zurückspringendes zweites Geschoß mit einem haubenartigen Dach. 1629 erzählt uns Philipp Hainhofer aus Augsburg, daß er dort achtundvierzig Säulen und Bänke in buntem Marmor, 20 Bilder von Sandstein in Lebensgröße, nämlich die fünf letzten Kaiser von Karl V. bis Ferdinand II., die sächsischen Kurfürsten von Moritz bis Johann Georg I. und 10 Tugenden, ferner sechzig Büsten, einen Brunnen in Alabaster, eine große Orgel und Pfeifen aus Serpentinstein, Gemälde mit Geschichten aus dem Trojanischen Krieg, an den Decken Planeten, Elemente, Himmelszeichen und Tageszeiten in allegorischen Darstellungen gefunden habe. Neben Sebastian Walther wirkten auch seine Brüder Christoph IV. und Michael, sein Schwiegersohn Zacharias Hegewald und sein Großneffe Wolf Ernst Brohn als Bildhauer mit (W. Hentschel).

Wenige Jahrzehnte später richteten in den Kellerräumen des ersten „Belvedere“ E. W. von Tschirnhaus und der Alchimist Johann Friedrich Böttger ihr Laboratorium ein. Hier suchten sie das „Arkanum“ und Böttger gelangte dabei 1709, ein Jahr nach dem Tode von Tschirnhaus, zu der epochemachenden Entdeckung des Porzellans für Europa. So ist die Brühlsche Terrasse nicht nur die Wiege der Meißner, sondern auch aller anderen europäischen Porzellanmanufakturen geworden. Doch von der Pracht des ersten Lusthauses ist nichts auf die Nachwelt gekommen. 1747 brach ein Brand in der unter der Bastei befindlichen Pulverniederlage aus, und mit einem Teil von Augusts „Vulkanhöhle“ flog auch dieses Haus des Vergnügens in die Luft.

In den Anfang des letzten Jahrzehnts des 16. Jahrhunderts fällt ein Ereignis, das für die Gartenkultur von größter Bedeutung geworden ist, die Anlage des ersten Pomeranzengartens in der Herzogin Garten, jenseits des Grabens in westlicher Richtung. Mit ihm und dem bereits 1576 angelegten Schloßgarten begannen die kostbaren großen und kleinen Gartengestaltungen in der Stadt, vor allem aber in den Vorstädten und der näheren Umgebung. Die erste Gartenschöpfung, die weit über Sachsens Grenzen hinaus bekannt wurde, war der vor dem Seetor nach Plauen gelegene und von zwei italienischen Sängern 1664 geschaffene „Italienische Garten“. Er ging 1668 in den Besitz Johann Georgs II. über und stand, seit der 1719 erfolgten Neueinrichtung des von Starcke erbauten Lusthauses, als „Türkischer Garten“ im Mittelpunkt der höfischen Festlichkeiten. Er zeigte Ansätze zum französischen Gartenstil und wurde unter anderem auch das Vorbild des „Großen Gartens“. Andere bedeutende Anlagen waren der Rechenbergsche und der Taubesche Garten, die 1688 zum Zinzendorfschen Garten zusammengeschlossen wurden. Er diente seit 1715 der Dresdner Bevölkerung als beliebtes Ausflugsziel. Alle diese Gärten halfen mit, den Ruhm Dresdens als Kulturstadt zu verbreiten. Kurfürst und Adel, aber auch die Bürger trugen zu ihrer Anlage nach ihrem Vermögen bei, wie wir bereits auf dem aus der Vogelperspektive aufgenommenen und als Lithographie erhaltenen Gemälde von Andreas Vogel aus dem Jahre 1634 erkennen können. Bis in die Gegenwart hinein bleibt Dresden, jeden Gestaltungswandel überdauernd, nun eine ausgesprochene Stadt der schönen Gärten.

Anschließend an die Bauten des Hofes ist auch der bedeutendste bürgerliche Bau der Zeit anzuführen, das Städtische Gewandhaus am Jüdenhof und Neumarkt, wie es die beiden Gemälde und Stiche Belottos zeigen. Über einem Untergeschoß mit breiten Rundbogenportalen erhob sich ein Obergeschoß, das mit zwei mächtigen Zwerchgiebeln von zwei Stockwerken nach jeder Seite der drei Fronten abgeschlossen wurde. Außer den Fleischbänken und den Verkaufsständen für Schuhmacher beherbergte es im Untergeschoß den Ratskeller und in einem Obergeschoß einen Saal, der als Mittelpunkt der festlichen Veranstaltungen, vor allem auch den Theatervorstellungen der Neuberin diente. Als Opfer der preußischen Beschießung von 1760 wurde es 1791 abgebrochen, nachdem das neue Gewandhaus Knöbels an der Gewandhausstraße fertiggestellt war.

47 Die Elbbrücke mit dem Neuen Zollhaus von 1542 von B. Kramer und dem Torhaus von Altendresden

Brücke seit 1287 als Steinbrücke bezeugt. Zinnenbekrönung bis zum Umbau 1727 erhalten

Federzeichnung G. da Tola, um 1570, Ausschnitt, St. M.

48 Ansicht von Altendresden (Neustadt)

Mit der ersten, nach 1404 errichteten gotischen Dreikönigskirche, die beim Brande 1685 mit vernichtet wurde, sowie mit dem Augustinerkloster

Federzeichnung G. da Tola, um 1570, Ausschnitt, St. M.

47

48

Zoll haus

Die Stad. alte Dresden.

49 Dresden, von der Pirnaischen Vorstadt aus

In der Bildmitte die Stadtmauer mit dem 1554 errichteten Moritzmonument am Hasenberg, links dahinter die gotische Kreuzkirche III von 1492 bis 1498, die 1760 zerstört wurde, rechts das Zeughaus von 1563, heute Albertinum, links die Windmühle auf dem Hahneberge. Im Vordergrund die Vorstadt mit kleinen Renaissancegärten

Federzeichnung, G. da Tola, um 1570, Ausschnitt, St. M.

50 Dresden, von der Pirnaischen Vorstadt aus, Elbansicht

Mit Festungsanlagen, Schießhaus, Münze und Brückenanfang, dahinter das Schloß mit Schloßturm und befestigtem Schössereiturm im Zustande von 1553. Er wurde 1701 beim Brande des Schlosses zerstört und anschließend abgetragen. Befestigungsanlagen von C. Voigt von Wierandt mit Einfahrt in das „Arsenal", 1545 bis 1555

Federzeichnung, G. da Tola, um 1570, Ausschnitt, St. M.

49

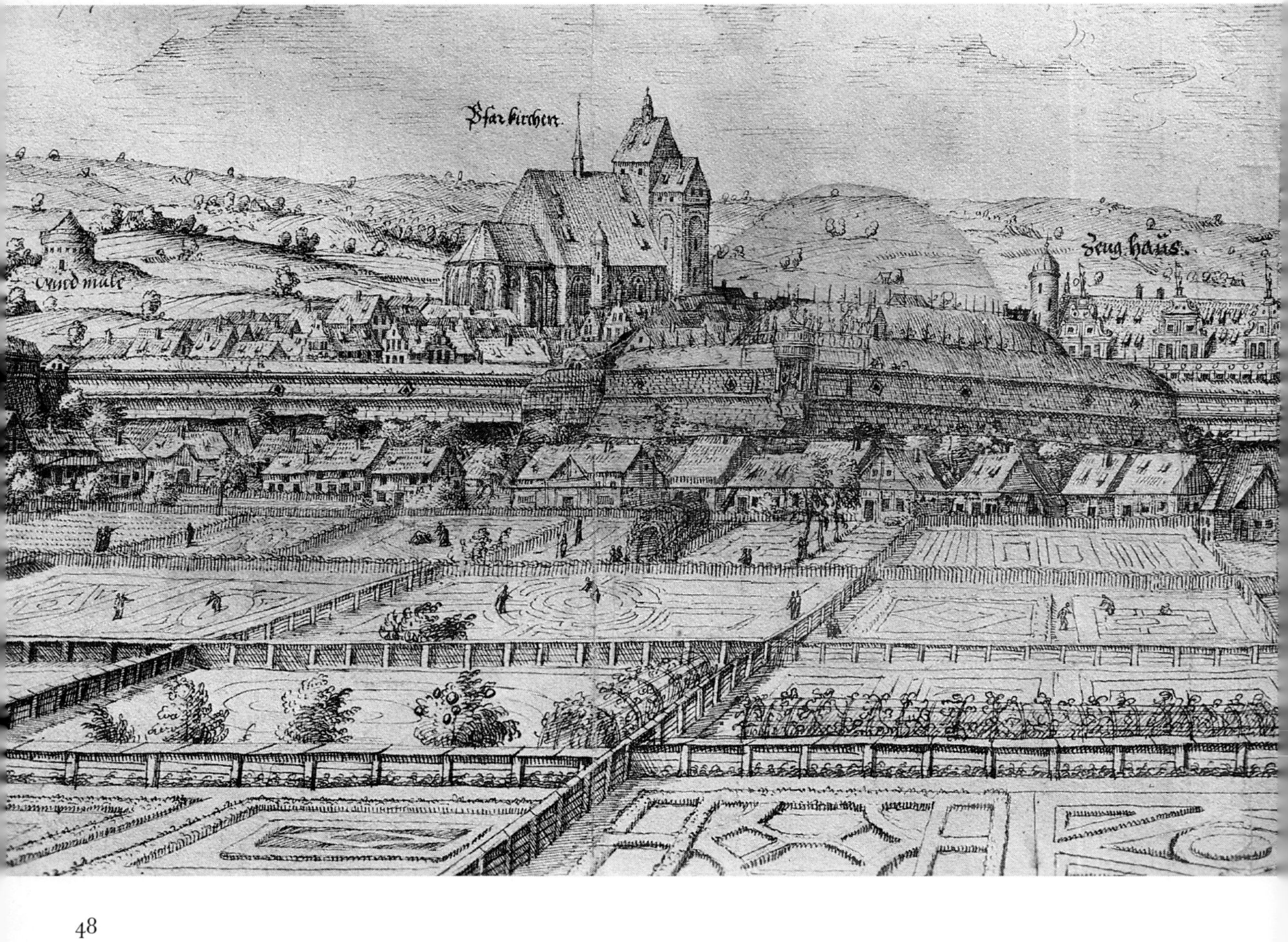

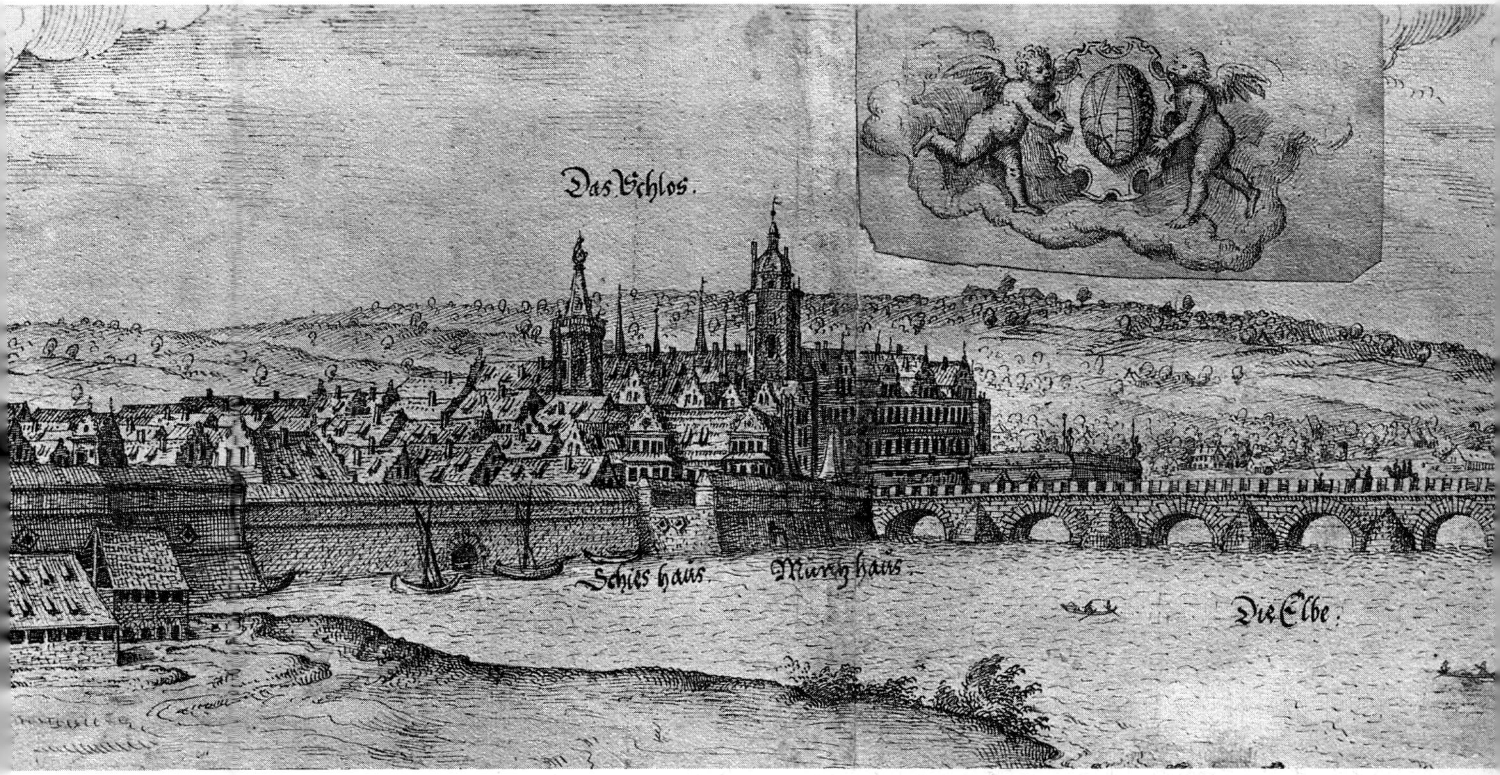

50

51 Modell des Schlosses, das „Alte Haus“ vom Süden

Der im Obergeschoß achteckige Hausmannsturm nach dem Brande von 1530, bereits mit welscher Haube versehen, schloß den vierflügeligen Bau nach Westen ab, seine Maße betrugen etwa 48,5 × 14 m. Der Eckturm an der Südostecke der Schloßgasse trug später den Namen „Schösserei-turm“, errichtet wohl erst 1528. Der Eingang von der Stadt erfolgte im Süden durch das Torhaus Arnolds von Westfalen, das 1608 die „Laterne“ erhielt. Der alte Westflügel wurde 1547 durch Kurfürst Moritz abgebrochen und nach Anlage des Großen Schloßhofes durch das „Große Haus“ Caspar Voigt von Wierandts ersetzt

Holzmodell, um 1535, zerstört, früher Grünes Gewölbe, Aufn. I.f.D.

51

52 Der Georgenbau des Schlosses, Elbseite

1530 begonnen, Verbindung des Schlosses mit dem Elbtor. Erbauer wohl Bastian Kramer. Der Georgenbau fiel 1701 einem Brande zum Opfer. Ansicht der Nordseite mit Renaissanceportal, Erker, Wappenfries und Totentanz. Portal und Erker sind aus der Mittelachse gerückt, Abschluß durch Staffelgiebel mit Voluten und neun Freifiguren auf den Eckpilastern (Portal Abb. 56)

Kupferstich der Weckschen Chronik Nr. 168, 1680

53 Der Georgenbau des Schlosses, Stadtseite

Südseite, entsprechend der Nordseite mit drei Geschossen, in der Mittelachse Rankenwerk, das bis in den durch einen Engel bekrönten Giebel führt, Scheinarchitektur aus Pilastern und Gesimsen. Zeigte der plastische Schmuck der Elbseite Sünde und Tod, so die Stadtseite die Erlösung. Reste des Portals an der Stirnseite des Langen Ganges vermauert

Kupferstich der Weckschen Chronik Nr. 168, 1680

54 Der Totentanz am Georgenbau

Früher am 2. Stock der Nordseite des Georgenbaues über dem Georgentore, seit 1733 im Inneren Friedhof der Neustadt aufgestellt. Sandsteinrelief mit 27 Figuren, 1,22 m hoch, 12,47 m lang, unterbrochen durch einen Erker. Ausschnitt mit Kaiser Karl V., König Ferdinand und Herzog Georg dem Bärtigen mit Goldenem Vlies und Rosenkranz, Bildhauerarbeit von Christoph Walther I, 1535, farbig gefaßt. Teilweise erneuert, Kopie im Stadtmuseum

Aufn. D.F.D., 1935

55 Georg der Bärtige 1535, im Alter von 64 Jahren

Sandsteinmedaillon, wohl von Christoph Walther I, früher Kleine Schießgasse 3

Aufn. I.f.D., um 1900

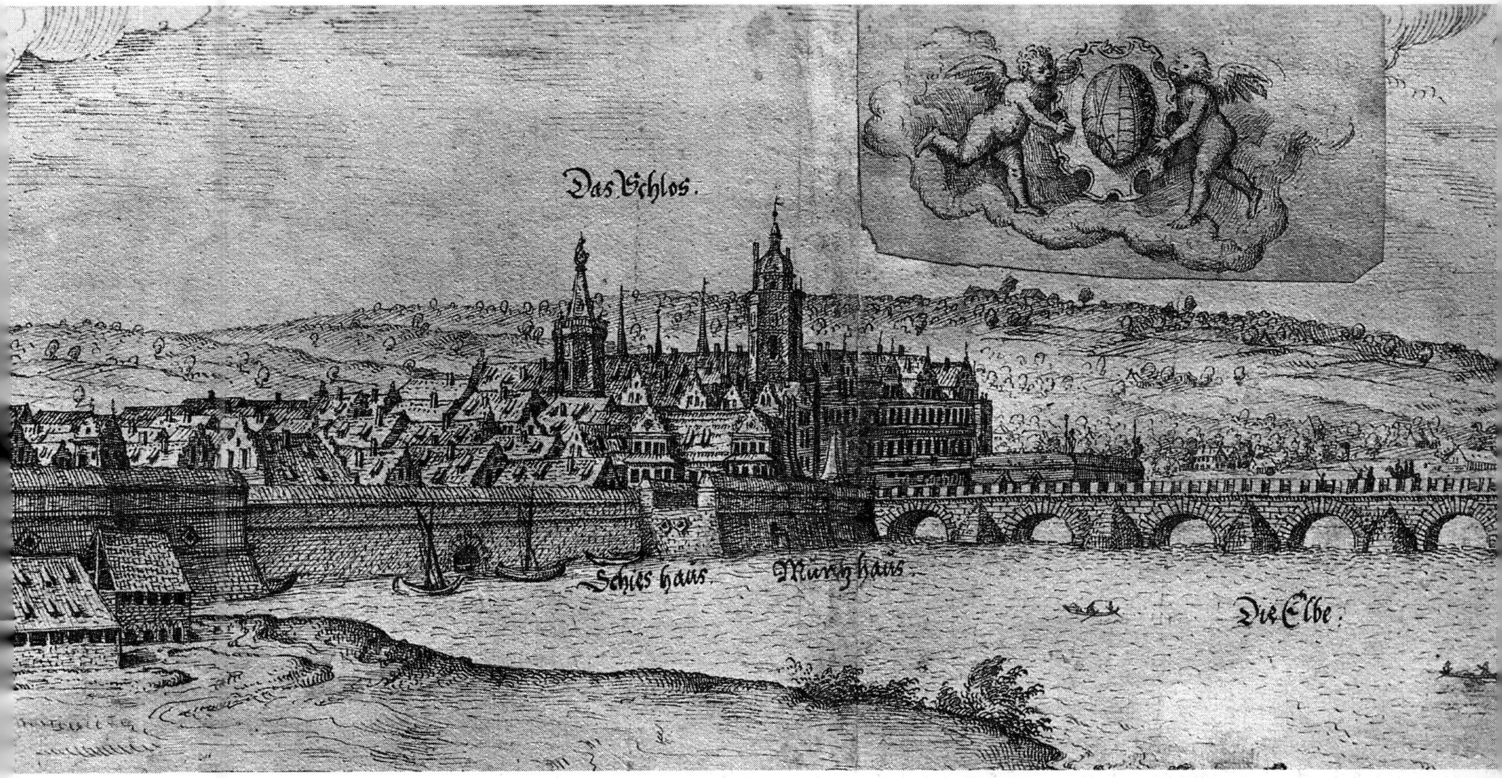

50

51 Modell des Schlosses, das „Alte Haus" vom Süden

Der im Obergeschoß achteckige Hausmannsturm nach dem Brande von 1530, bereits mit welscher Haube versehen, schloß den vierflügeligen Bau nach Westen ab, seine Maße betrugen etwa 48,5 × 14 m. Der Eckturm an der Südostecke der Schloßgasse trug später den Namen „Schössereiturm", errichtet wohl erst 1528. Der Eingang von der Stadt erfolgte im Süden durch das Torhaus Arnolds von Westfalen, das 1608 die „Laterne" erhielt. Der alte Westflügel wurde 1547 durch Kurfürst Moritz abgebrochen und nach Anlage des Großen Schloßhofes durch das „Große Haus" Caspar Voigt von Wierandts ersetzt

Holzmodell, um 1535, zerstört, früher Grünes Gewölbe, Aufn. I.f.D.

51

52 Der Georgenbau des Schlosses, Elbseite

1530 begonnen, Verbindung des Schlosses mit dem Elbtor. Erbauer wohl Bastian Kramer. Der Georgenbau fiel 1701 einem Brande zum Opfer. Ansicht der Nordseite mit Renaissanceportal, Erker, Wappenfries und Totentanz. Portal und Erker sind aus der Mittelachse gerückt, Abschluß durch Staffelgiebel mit Voluten und neun Freifiguren auf den Eckpilastern (Portal Abb. 56)

Kupferstich der Weckschen Chronik Nr. 168, 1680

53 Der Georgenbau des Schlosses, Stadtseite

Südseite, entsprechend der Nordseite mit drei Geschossen, in der Mittelachse Rankenwerk, das bis in den durch einen Engel bekrönten Giebel führt, Scheinarchitektur aus Pilastern und Gesimsen. Zeigte der plastische Schmuck der Elbseite Sünde und Tod, so die Stadtseite die Erlösung. Reste des Portals an der Stirnseite des Langen Ganges vermauert

Kupferstich der Weckschen Chronik Nr. 168, 1680

54 Der Totentanz am Georgenbau

Früher am 2. Stock der Nordseite des Georgenbaues über dem Georgentore, seit 1733 im Inneren Friedhof der Neustadt aufgestellt. Sandsteinrelief mit 27 Figuren, 1,22 m hoch, 12,47 m lang, unterbrochen durch einen Erker. Ausschnitt mit Kaiser Karl V., König Ferdinand und Herzog Georg dem Bärtigen mit Goldenem Vlies und Rosenkranz, Bildhauerarbeit von Christoph Walther I, 1535, farbig gefaßt. Teilweise erneuert, Kopie im Stadtmuseum

Aufn. D.F.D., 1935

55 Georg der Bärtige 1535, im Alter von 64 Jahren

Sandsteinmedaillon, wohl von Christoph Walther I, früher Kleine Schießgasse 3

Aufn. I.f.D., um 1900

54

55

Seite 52:

56 Das Georgentor des Georgenbaus, früher an der Elbseite

Jetzt dem südöstlichen Eingang der Katholischen Hofkirche gegenüber. Rundbogen mit Flachreliefs. Entwurf nach Vorbildern oberitalienischer Meister in den Formen der Renaissance, die Ausführung weist stilistisch auf deutsche Hände, 1534. In den Zwickeln trauern Adam und Eva um das verlorene Paradies. Die kleine Scheibe des Schlußsteins zeigt einen Totenkopf. Die Inschrift am Sims lautet: per invidiam diaboli mors intravit in orbem (Durch den Neid des Teufels ist der Tod in die Welt gekommen). Entstanden nach dem Tode der Herzogin Barbara, der Gattin Georgs des Bärtigen. Die Bekrönung des Portals fehlt

Aufn. I.f.D., um 1900

PER·INVIDIAM·DIABOLI·MORS
INTRAVIT·IN·ORBEM

57 Das Tor zur Schloßkapelle 57

Früher im Schloßhof neben dem Schloßturm, nach Auflassung der Kapelle 1738 bis 1864 an der Westfront der Sophienkirche, seit 1872 am Jüdenhof. Als Triumphbogen errichtet. Auf zwei Paar korinthischen Säulen über Sockeln ein Architrav mit reichem Fries, darüber Attika mit Relief im Mittelfeld und Nischenfiguren zwischen Pilastern an den Seiten. Bekrönt wird das Sandsteinportal durch drei Freiplastiken, in der Mitte Christus mit der Fahne, links der Glaube, rechts die Stärke. Zwischen den Säulen in durch Rundbogen geschlossenen Nischen links Johannes der Täufer und der Evangelist Johannes, rechts Moses und Petrus. Im Rundbogen hölzerne Tür mit reicher Schnitzerei, im Mittelrelief Christus mit der Ehebrecherin. In der Attika Wahlspruch der protestantischen Wettiner VDMIA = verbum domini manet in aeternum (Das Wort Gottes bleibt in Ewigkeit). Entstehungszeit 1555/56, Entwurf von Juan Maria da Padua. Ausführung wohl von Hans Kramer, bildhauerische Arbeit von Hans Walther II und Werkstatt, Teile später erneuert. 1945 beschädigt, inzwischen wiederhergestellt. Rückkehr an den alten Ort im Schloßhof geplant.

Aufn. I.f.D., um 1900

Seite 54:

58 Der Altan im Großen Schloßhof

Architekt Caspar Voigt von Wierandt. Dreigeschossiger Verbindungs-

58

gang über Säulenhalle. Reicher Reliefschmuck und Inschriften aus der Geschichte Josuas mit Bezug auf die Siege von Kurfürst Moritz über Johann Friedrich von Hans Walther II, Anlage 1547 bis 1556, 1896 stark verändert, 1945 zerstört

Aufn. D.F.D.

59 Der Große Schloßhof, 1547 bis 1556, mit dem NO-Wendelstein von 1549 Architekt Caspar Voigt von Wierandt unter Hans von Dehn-Rothfelser. Weiterentwicklung der Treppentürme von Meißen, Wittenberg und Torgau, fünfgeschossiger Bau mit schräg ansteigenden Fenstern, der von einer Kuppel mit Laterne abgeschlossen wird. Der reiche figurale und ornamentale Reliefschmuck von italienischen und deutschen Künstlern, Hauptmeister wohl Hans Walther II. Links Giebel und Verbindungsgang, moderne Zutaten des Umbaues von G. Dunger und G. Frölich, 1889 bis 1901, 1945 schwer beschädigt

Aufn. I.f.D.

60

Prospect der einen Seiten des Churfurstl: Sachsische
Schloß: Gebaude: nebenst dem daran neuer bauten
Steinern Altane über Welche die Chur: und Fürstliche
Personen in das neuerbaute Comedien Hauß zu
gehen pflegen.

61

Ander Prospect des Churfl: S:
Schloshofes Worbey das ander
Lust: und Wilde Schweins Ja:
gen zusehen.
DEI GRATIA DVX SAXONIA SACRI ROMAN
IMPERII

62

Dritter Prospect des Churf. S
Schloshofes worbey das dritte Lust
Behren Wolff Fuchs: und Dachs
Jagen Zusehen.
ARCHI MARSCHALCVS ET ELECTOR LANDGRAVIVS

63

64

60 Das Residenzschloß, Ansicht der westlichen Südseite

Offener Gang mit je zwei auf Sockel gestellten toskanischen Säulen, darüber steinerner Altan zum links anschließenden Komödienhause W. C. von Klengels, 1664 bis 1667. Sämtliche Schauseiten und Giebel des „Großen Hauses", Anlage um 1550, sind mit Sgraffiti auf schwarzem Grund überzogen. Arbeiten italienischer Meister, wie Francesco Ricchino und Gabriele da Tola. Vor dem Altan der 1576/77 angelegte „Neue churfürstliche Garten", rechts das Ballhaus W. C. von Klengels, 1668/69

61 Der Große Schloßhof während einer Sauhatz

Ansicht des Ostflügels mit der NO-Schnecke von 1549 und dem Schösserturme mit der taubenschlagartigen Wachstube von 1553 über dem Steildach rechts. Reiche Bemalung mit Sgraffiti.

62 Der Große Schloßhof während eines Wolf-, Fuchs- und Dachsjagens

Ansicht des Südflügels mit zwei Zwerchgiebeln, links das Torhaus mit der 1608 von Hans Steyer aufgesetzten Laterne (abgebrochen 1682), in der Hofmitte Brunnen von um 1560

60–62 Kupferstiche aus der „Durchlauchtigsten Zusammenkunft" 1678, Nürnberg 1680
Aufn. D.F.D.

Seite 57:

63 Der Große Schloßhof nach Nordwesten mit Altan und nordwestlicher Schnecke vor dem Umbau 1890 ff.

Aufn. D.F.D., um 1885

64 Der Kleine Schloßhof, Ost- und Südtrakt

Mit zweigeschossigem offenem Umgang in Renaissanceformen, Verbindung des neuen Südtraktes mit der ehemaligen Schösserei, in der SW-Ecke Wendelstein, 1592/93 wohl von Hans Irmisch und Paul Buchner errichtet. Das neue Schloßtor an der Schloßgasse mit plastischem Schmuck von Andreas Walther III war schon 1589 bis 1590 entstanden

Aufn. D.F.D., 1928

65 Ansicht der Elbfront des Schlosses vom rechten Elbufer aus mit den Befestigungsanlagen

Links die Kreuzkirche mit anschließendem Georgenbau und dominierendem Hausmannsturm zwischen den Zwerchgiebeln

65

66

Ölgemälde von Lucas Cranach d.J., um 1580, Ausschnitt aus einem Jagdstück

66 Das Schloßmodell, Ansicht von der Stadtseite (Südosten)

Wahrscheinlich von Paul Buchner, um 1580, mit späteren Veränderungen des Turmes von Andreas Gärtner, Hausmannsturm mit altem Nord- und Ostbau Schössereiturm von 1553 mit Wachstube und Schösserei, das „Lange schmale Haus" mit der 1608 von Hans Steyer errichteten Laterne (abgebrochen 1682), das den Hof nach Süden abschließt, das „Große Haus" im Westen mit dem Grünen Gewölbe, der Kapellenflügel am

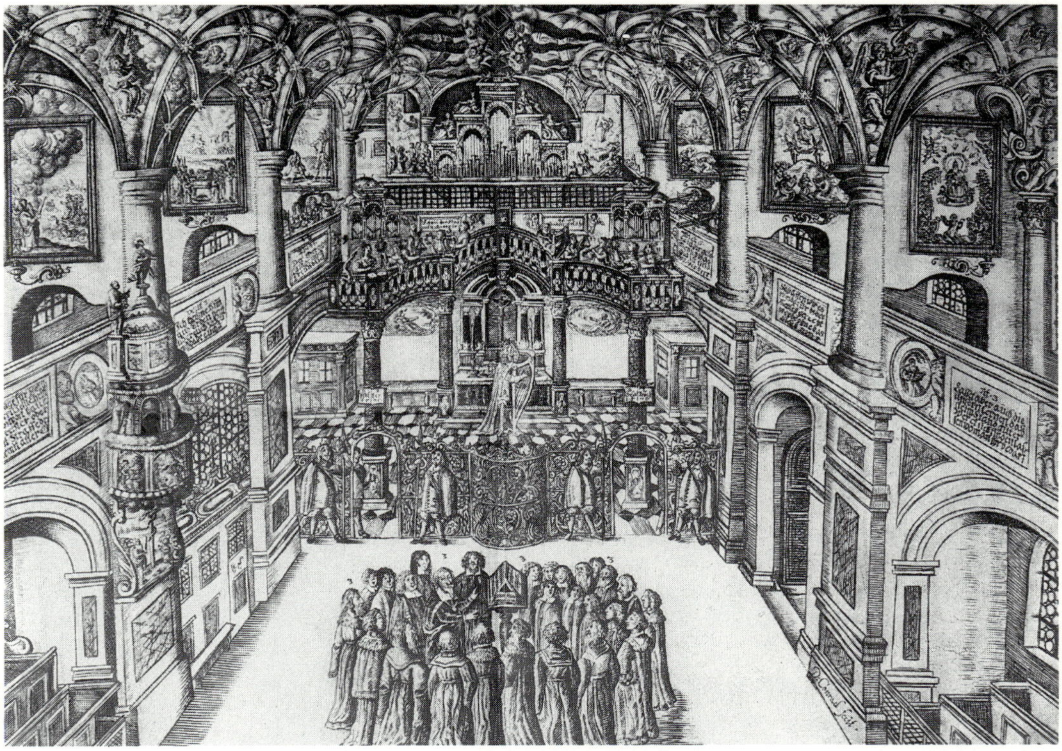

67
68

Hausmannsturm mit dem Portal, die Schnecken in NO, NW und SW. Die fehlende Schnecke in SO wurde erst 1683 von J. G. Starcke hinzugefügt

Holzmodell, Historisches Museum, 1945 zerstört

67 Das Innere der Schloßkapelle

1551 bis 1553 vielleicht von Melchior Trost errichtet, Typ der von M. Luther 1544 geweihten Torgauer Kapelle, 10,2 m breit, 21,8 m lang. Mischung spätgotischer Elemente mit Renaissanceformen. Die dargestellten Personen sind Heinrich Schütz im Kreise der Kantorei. Die Kapelle nach dem zweiten Umbau von 1662 durch W. C. von Klengel, der die Singechöre über dem an den Hausmannsturm stoßenden Altar und diesen selbst hinzufügte. 1737 wurde die Kapelle aufgelöst, Altar und Taufstein in die Busmannkapelle der Sophienkirche überführt

Kupferstich von D. Conrad, 1676, Gesangbuchtitel

68 Das Jagdtor am Langen Gang mit dem Georgenbau und der

Neuen Elbgasse an der Festungsmauer Architektur wohl von P. Buchner, schwere Rustika mit plastischem Schmucke über dem Gebälk. Das Kurwappen zwischen zwei Löwen, neben ihnen auf Sockeln zwei Landsknechte, darüber Huldigungstafel an Christian I., in reichem Rollenwerk, Arbeit von Andreas Walther III, 1587/88. Die beiden Landsknechte beim letzten Umbau phantastisch verändert, sie trugen ursprünglich Lanzen. Sgraffiti von H. Göding. Rechts Eingang zum Elbtor, dahinter Georgenbau. Kurfürst Moritz ließ das Georgentor vermauern und führte den Verkehr durch die neu angelegte Elbgasse in das Stadtinnere, rechts Verbindungsgang zum Palais Fürstenberg

Kupferstich aus der „Durchlauchtigsten Zusammenkunft" 1678, Nürnberg 1680

69 Residenzschloß, Decke im Pretiosensaal, Arbeit italienischer Stukkateure, Ausschnitt, Ganymed den Adler tränkend, um 1550

Aufn. D.F.D.

70 Das Moritzmonument an der Brühlschen Terrasse

An der Hasenbastei, an der nach Moritzens Tode 1553 der Festungsbau unterbrochen wurde, errichtet, 1822 an die Moritzallee versetzt, seit 1896 unter der Jungfernbastei angebracht. Erstes Denkmal in Dresden, Kurfürst Moritz übergibt seinem Bruder August das Kurschwert, seitlich hinter ihnen ihre Gattinnen Agnes und Anna, unter einem dorischen Säulenbau mit Triglyphengebälk. Bau von C. Voigt von Wierandt, bildhauerische Arbeit Hans Walther II, 1555, wesentliche Teile bereits unter Christian I. 1590 erneuert, Kriegsschäden durch W. Hempel 1956 behoben

Aufn. D.F.D., um 1930

71 Der Renaissance-Eckerker Frauengasse 14 und Neumarkt (Heinrich-Schütz-Haus)

Über einem reichprofilierten Unterbau ein Fries mit 32 tanzenden Kindern, Sandsteinrelief, Christoph Walther I zugeschrieben, um 1535. Nach 1945 aus den Trümmern geborgen, 1961 Wiederanbringung von Teilen am Eckhaus Ringstr. 1

Aufn. D.F.D.

72 Erker am „Fürstlichen Haus", P. Kummer d. J., Schloßgasse 30

Mit Bildnissen Christians II und seiner Gemahlin Hedwig von Dänemark sowie reichem dekorativem Schmuckwerk in Flachrelief, Sandsteinarbeit von Hans Steyer (?), 1610, 1945 zerstört

Aufn. I.f.D.

71/72

73

74

73 Der Riesensaal im zweiten Stock des Ostflügels des Schlosses

Anlage von Caspar Voigt von Wierandt, um 1550, seit 1627 von Wilhelm Dilich neu ausgestattet. Trug seinen Namen von den in die Fensterleibungen als Fresko gemalten Riesen, wohl von Kilian Fabritius. An den Wänden 17 Ansichten sächsischer Städte von K. Fabritius nach Unterlagen W. Dilichs, seit 1638 von Ch. Schiebling, frühestes Beispiel sächsischer Landschafts- und Vedutenmalerei, die Holzdecke in flachem Bogen 1627 gewölbt und mit den Tierkreiszeichen geschmückt, 1650 vollendet, Hauptwerk des Manierismus. Beim Brand von 1701 mit dem anschließenden Georgenbau zerstört

Deckfarbenblatt, 1678, anläßlich des Festes zur Verleihung des Hosenbandordens an Johann Georg II.

74 Das Zeughaus am Zeughausplatz

Vierflügeliger Bau um einen Hof in Form eines verschobenen Vierecks, an den Schmalseiten drei, an den Längsseiten vier dreigeschossige Giebel, Bau in Renaissanceformen unter niederländischem Einfluß, 1559 bis 1563 von Melchior Trost, Caspar Voigt von Wierandt, Hans von Dieskau, Melchior Hauffe und wohl auch von Paul Buchner errichtet, 1573 von Rochus von Lynar in Teilen ergänzt, 1740 bis 1747 durch M. v. Fürstenhoff erweitert und umgebaut, 1884 bis 1887 von A. Canzler zum Albertinum umgestaltet

Kupferstich aus der Chronik von Anton Weck, 1679

75 Die kurfürstlichen Gebäude um den Stallhof

Grundrisse des eigentlichen Stallgebäudes, des Langen Ganges, der Schwemme, des Kanzleihauses und des Georgenbaues

Zeichnung von P. Buchner, 1586, L. H. A.

Seiten 64, 65:

76 Das Stallgebäude mit der Schauseite nach dem Jüdenhof

Zweigeschossige Anlage, hohes Satteldach zwischen zwei Giebeln, unter ihnen Tore in derber Rustika mit einem Löwenkopf als Schlußstein, zu beiden Seiten die befestigten Altane. Die Umbauten der folgenden Jahrhunderte von M. v. Fürstenhoff, 1722 bis 1729, und von Knöffel, 1744 bis 1746, haben nur die beiden Tore im ursprünglichen Zustande belassen. 1872 bis 1876 von K. M. Haenel zum Johanneum umgebaut, 1945 ausgebrannt, seit 1957 Wiederaufbau als Verkehrsmuseum

Kupferstich aus der „Durchlauchtigsten Zusammenkunft" 1678, Nürnberg 1680

77 Das Stallgebäude und der Lange Gang, Schauseite nach der Augustusstraße

Das eigentliche Stallgebäude, von Hans Irmisch und Paul Buchner 1586 bis 1588 errichtet, ist ein dreiflügeliger zweigeschossiger Bau mit der Hauptfassade nach dem Jüdenhof und zwei Wendeltreppen im Süden, an den Längsseiten je drei, an den Schmalseiten je zwei dreigeschossige Giebel mit hohem Satteldach, an den Ecken nach dem Jüdenhof zwei Altane, die Verteidigungszwecken dienten. In der Mitte des Langen Ganges kleiner, zweigeschossiger Giebel, rechts das Jagdtor. Die Schauseiten waren entsprechend dem Schlosse mit Sgraffiti, wohl von H. Gödings Hand, überzogen. Seit 1876 hier der später in Porzellankacheln ausgeführte Fürstenzug W. Walthers. Im Hofe Stechbahn und Schwemme, dahinter der lange Söller und rechts das Kanzleihaus H. Irmischs. Aus der Vogelschau gesehen

Kupferstich aus der Chronik von Anton Weck, 1679

78 Das Innere des Stallhofes, vom langen Söller

Mit der Auffahrtsrampe und der 1745 von J. Ch. Knöffel umgebauten Schwemme, dahinter das Kanzleihaus H. Irmischs

Ölgemälde von G. Pulian, 1855, St. M.

75

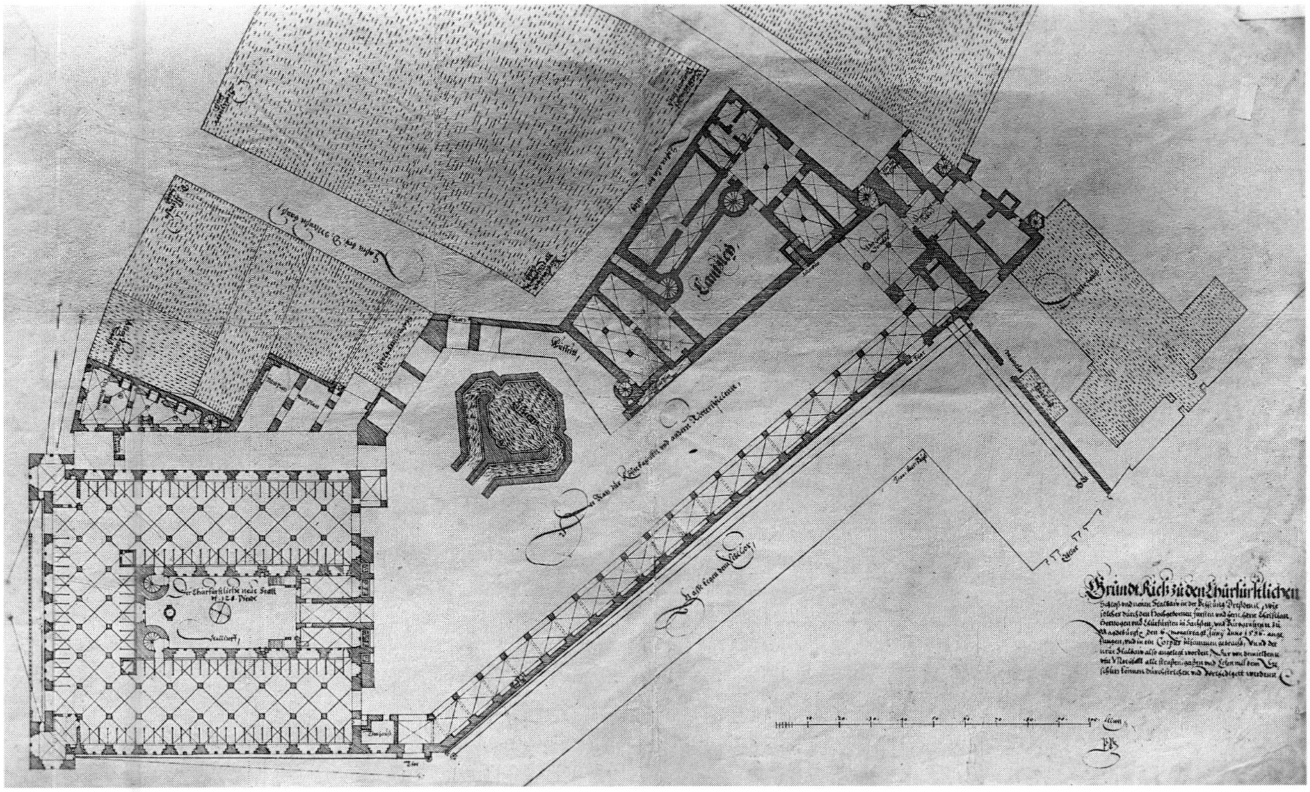

Prospect der einen Seiten des Chur
Fürstlichen Sächs: Stalles sampt der
unter Guardia Auffführung zur
Musterung.

76

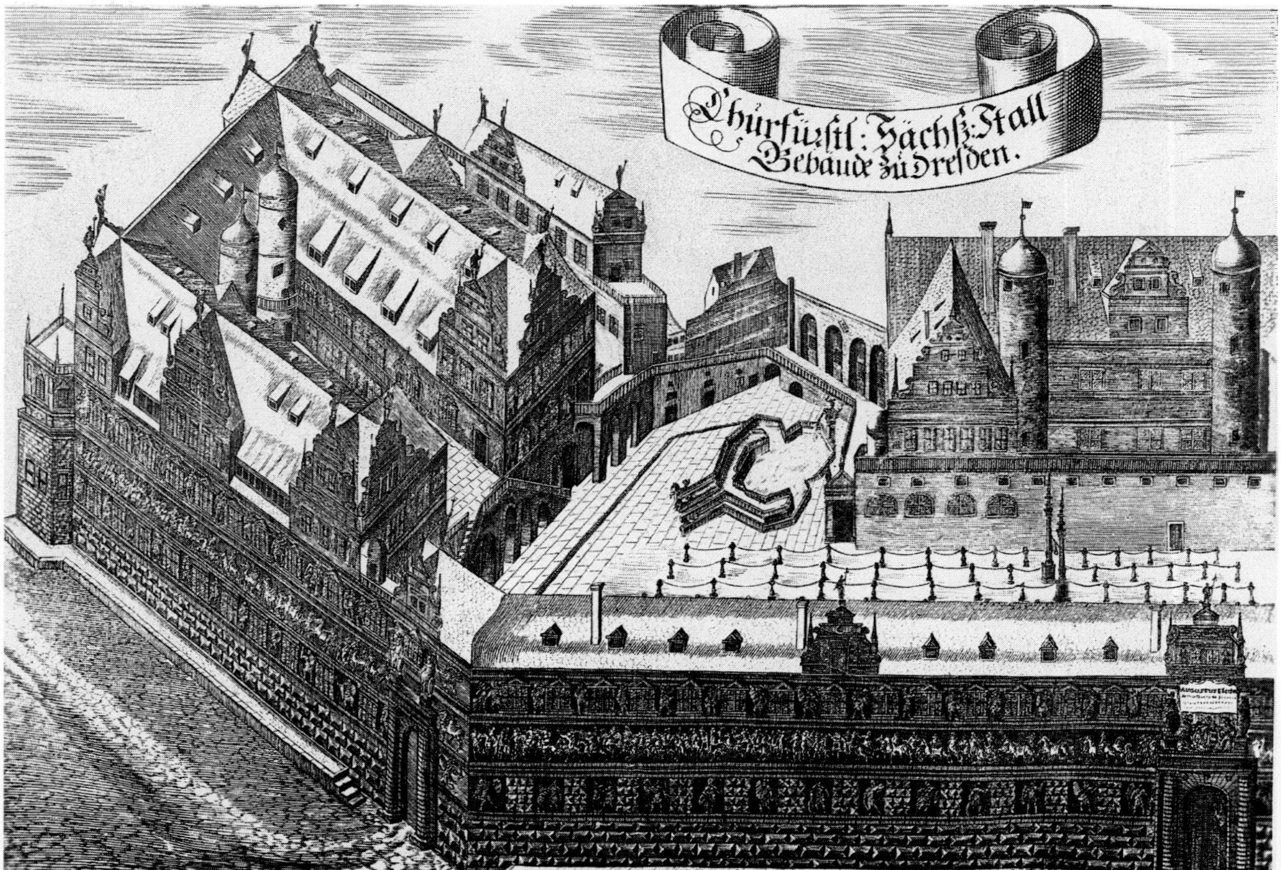
Churfürstl: Sächsz: Stall
Gebäude zu Dresden.

77

78

79

79 Der Lange Gang, Verbindung von Schloß und Stallhof

Die Hofseite mit der von 22 toskanischen Säulen getragenen offenen Bogenhalle, über den Säulen Wappenschmuck der sächsischen Länder, in den Bogen Sgraffiti mit Pferdedarstellungen, zwischen den Fenstern des ersten Stockes desgleichen die Taten des Herkules sowie eine Sonnenuhr. Die Bogenhalle kann ohne italienische Vorbilder nicht entstanden sein, wohl von G. M. Nosseni 1586 bis 1588 errichtet, Sgraffiti wohl von Heinrich Göding, 1979/80 rekonstruiert. Der Lange Gang wurde 1945 stark beschädigt, Wiederaufbau seit 1957

Kupferstich aus der Chronik von Anton Weck, 1679

80 Das Kanzleihaus, Fassade nach dem Stallhof

Ältester Verwaltungsbau in Dresden, drei Flügel um einen Hof, je ein Flügel längs des Kanzleigäßchens und der Schloßgasse, im Hofe zwei Wendelsteine. Die rundbogigen Nischen über dem Erdgeschoß dienten den Preisrichtern der ritterlichen Spiele auf der davorliegenden Ringstechbahn. Gegiebelter Renaissancebau mit ursprünglich reichem Sgraffitoschmuck von Benedikt da Tola, errichtet von Hans Irmisch 1565 bis 1567. 1731 und später verändert, seit 1908 Münzkabinett. 1945 ausgebrannt, später abgebrochen

Aufn. D.F.D., 1937

81 Die Gewehrgalerie im Langen Gang des Stallhofes

Ursprüngliche Ausgestaltung des Inneren von Heinrich Göding sowie Dresdner Hofbildhauern, 1588/89, Zapfendecke mit reicher dekorativer Bemalung in den Formen des Rollwerks. Ahnengalerie des Hauses Wettin, seit 1732 Gewehrgalerie, 1945 ausgebrannt

Aufn. D.F.D., 1935

82 Die Bogenhalle des Langen Ganges

Nach der Wiederherstellung des ursprünglichen Zustandes von 1588 im Jahre 1935

Aufn. D.F.D., 1935

Seite 68

83 Die westliche Erdgeschoßhalle des Stallgebäudes

80
81

82

Mit toskanischen Säulen P. Buchners, Marstall, von 1934 an Wagenburg des Historischen Museums, rechts grüne Prunkgondel, Ch. F. Schuricht, F. Pätzold, nach 1806

Aufn. D.F.D., 1935

84 Der Jägerhof in Altendresden

Seit 1568, als Kurfürst August die Jägerei nach Altendresden verlegte, in Renaissanceformen mit reichem Giebelschmuck an Stelle des 1546 abgetragenen Augustinerklosters errichtet. 1582 bis 1611 erweitert (dieser Zustand Abb. 90), im 18. Jahrhundert neue Gebäude hinzugefügt. 1830 als Jägerhof aufgelöst und bis 1877 als Kavalleriekaserne benutzt. In den folgenden Jahrzehnten Abbruch der meisten Gebäude. Rest seit 1913 Museum für Volkskunst (Gründer Oskar Seyffert). Im Hintergrunde das Palais Wackerbarth (Ritterakademie) von J. C. Knöffel, 1723 bis 1729. Aquarell von O. Meusel, nach 1850

85 Der Jägerhof. Der allein erhaltene Westflügel, heute Staatliches Museum für Volkskunst. 1945 ausgebrannt, später wiederhergestellt

Aufn. D.F.D., um 1930

86

87

86 Der obere Festsaal des Lusthauses auf der Jungfernbastei

Saal 19 × 13 m, mit 12 Fenstern und 4 Portalen zur Außenterrasse. Entwürfe zu Architektur und farbige Marmorarbeiten von G. M. Nosseni, der plastische Figurenschmuck, 10 Kaiser- und Kurfürstenbildnisse sowie 10 Tugenden von S. Walther und seiner Werkstatt. Deckenmalereien mit Szenen aus dem Trojanischen Kriege von K. Fabritius und Chr. Schiebling. Mit der Ausstattung des Riesensaales das wichtigste Zeugnis des Dresdner Manierismus unter Prager Einfluß

Zeichnung, nach Angaben von Walter Bachmann ausgeführt von Paul Reißig nach einem zeitgenössischen Plane von Nosseni, um 1930, früher I.f.D.

88

87 Das Lusthaus auf der Jungfernbastei P. Buchners (Brühlsche Terrasse)

Das erste Belvedere, begonnen 1590 von Giovanni Maria Nosseni für Christian I., bündig auf der Festungsmauer errichtet, 1621 von Sebastian Walther fortgeführt, der auch das zweite Geschoß über dem großen Festsaal in Holz aufsetzte, 1646 von Christian Schiebling übernommen. Abschluß durch geschweifte, gebrochene Kupferdächer mit Haube, 1660 nach Dachschäden um oberstes Geschoß verkürzt. Gesamthöhe 24 m. „Einziges Renaissancebauwerk von rein italienischer Formensprache" (W. Bachmann). Das sächsische Wappen an der Stirnseite stammt von Andreas Walther III, Bau 1747 durch Explosion zerstört. Auf der Spitze die „Jungfer", nach der die Bastion ihren Namen trägt. Links Einfahrt in den Stadtgraben

Gemälde, Rekonstruktion von F. Hagedorn, 1889 (im Untergeschoß drei gekuppelte Fenster statt zwei), St. M.

88 Weinberggrundstück Hoflößnitz, Außenansicht Hofseite, Ezechiel Eckardt, 1650 ff.

Zweigeschossiger Bau, das Obergeschoß in Fachwerk mit abschließendem Walmdach, achtseitiger Treppenturm an der Nordseite, erbaut für Kurfürst Johann Georg I.

Aufn. D.F.D.

89

89 Das alte Rathaus auf dem Altmarkt

Rathaus und Kaufhaus, 1380 erstmalig erwähnt, 1473 und 1564 in den Formen der Renaissance umgebaut, zwei Dachreiter, der östliche über der seit 1407 erbauten Kapelle mit dem spitzen Helm, der westliche mit welscher Haube. 1707 abgebrochen

Modell, um 1910, früher St. M.

90

90 Die Elbfront der Stadt mit der Brücke anläßlich einer Hetzjagd auf der Elbe, 1614

Im Vordergrund der Jägerhof in Altendresden (Neustadt), 1568 auf dem Gelände des Augustinerklosters errichtet

Ölgemälde, Schloß Moritzburg

91

91 Das X. Gebot, aus den zehn Gebotstafeln der Kreuzkirche mit Signatur des Stifters, Bürgermeister Biener, seiner Hausmarke und Jahreszahl 1529

Ölgemälde von Meister Hans, Museum für die Geschichte der Stadt Dresden. Foto W. Zorn, Dresden

92 Schloß Hoflößnitz, Großer Festsaal, 1653 ff.

Holzdecke mit freiliegenden Balken und dazwischengezogenen Leisten. Die rechteckigen Felder mit Darstellung tropischer Vögel, vor allem aus Brasilien und den Inseln der südamerikanischen Ostküste, von Albert van Eyckhout. An den in gleicher Weise geteilten, holzverkleideten Wänden in der unteren Zone ganzfigurige weibliche Figuren der Tugenden neben biblischen und allegorischen Darstellungen in nur halber Feldergröße. Durch Pilaster gefaßte Eingangstür mit gesprengtem Giebel und sächsischem Wappen, Sandsteinkamin der Zeit. Malereien von Centurio Wiebel und Christian Schiebling (s. Abb. 110)

Foto P. Garbe, Berlin

93

93 Ansicht von Dresden Frontalansicht der Residenz über den Markt von Altendresden und die Brücke. Von links: Pirnaische Vorstadt, Graben, Jungfernbastei mit Lusthaus, Zeughaus, Pulverturm, Frauenkirche, Kreuzkirche, das spätere Palais Fürstenberg, die Brücke, der Schloßkomplex bis zu der Bastion Sol und dem Graben, rechts die Mündung des Weißeritz-Mühlgrabens

Stich von M. Merian nach W. Dilich, 1650, St. M.

VOM MANIERISMUS ZUM FRÜHBAROCK

Wolf Caspar von Klengel und die Bauten am Schloß

Die kommenden Ereignisse warfen ihre Schatten voraus. Der Streit über die Rechtfertigungs- und Abendmahlslehre zwischen Kalvinisten und strengen Lutheranern verschärfte sich immer mehr. Der hervorragende Kanzler des noch jugendlichen Kurfürsten Christian I., Nikolaus Krell, vertrat die vermittelnde Linie der Philippisten, die ihren Namen nach Melanchthon trugen und in der Universität Wittenberg ihren geistigen Rückhalt hatten. Sein politisches Ziel war eine umfassende Union der protestantischen Reichsstände, die Frieden und Unabhängigkeit garantiert hätte. Nach dem Tode Christians I. stürzte die lutherische Reaktion im Bündnis mit dem Kuradministrator und dem Adel, den der bürgerliche Beamte Krell zurückgesetzt hatte, den Kanzler. Christian II. ließ ihn nach zehnjähriger Haft 1601 auf dem Neumarkte enthaupten. Ein einfacher Stein mit dem Namen Krell erinnert noch heute an das blutige Verbrechen. Auch innenpolitisch wirkte sich das Ereignis aus. Der Adel drückte schwer auf die Bauern, deren Zinsen und Fronen immer mehr zunahmen. In den Städten mißbrauchten die Zünfte ihre Machtstellung.

Christian I. war ein leidenschaftlicher Verehrer der Baukunst. In den wenigen Jahren seiner Regierungszeit entstanden das schon beschriebene Stallgebäude mit dem Langen Gang, das Portal zum Schloß an der Elbgasse mit dem anschließenden Kleinen Hof, die Jungfernbastei sowie das Pirnaische Tor an der Pirnaischen Gasse. Beide Portale waren mit reichem plastischen Schmuck von Andreas Walther III versehen. Gleich nach seinem Regierungsantritt 1586 zog Christian I. auch zu den großen Bauaufgaben Paul Buchner heran, der unter seinem Vater auf den Festungsbau beschränkt geblieben war. Das Kunsthandwerk nahm einen bedeutenden Aufschwung. Schon fünf Jahre später starb er an einem „kalten Trunke". Es folgte die ein Jahrzehnt währende wenig segensreiche Verwaltung durch den Kuradministrator Friedrich Wilhelm von Sachsen-Weimar für den minderjährigen Christian II., der 1601 zur Regierung gelangte. Dieser förderte, wie die meisten Wettiner, alles, was zur Jagd gehörte. Großartige Inventionen fanden auf dem Altmarkt und im Schloßhof statt. Beide Christiane erfreuten sich keines guten Rufes. Bis nach England drangen die Erzählungen von ihren alkoholischen Vergnügungen. Kein Geringerer als Shakespeare nahm dieses Thema im „Kaufmann von Venedig" auf.

Die Regierungszeit der beiden Christiane deckt sich nahezu mit der Kaiser Rudolfs II. Der „rudolfinische Kreis" der Manieristen in Prag wurde nicht nur in der Ausstattung des Lusthauses auf der Jungfernbastei wirksam, sondern er beeinflußte das gesamte geistige Leben Dresdens unter anderem durch die Förderung allen „Spiels", das als besonders starke gruppenbildende Kraft eines der wesentlichen kulturformenden Elemente in dem folgenden Jahrhundert bis zu August dem Starken wurde. Ebenso wirkte sich der Manierismus im Kunsthandwerk in den Sammlungen der Kunstkammer aus. Ein bedeutender Glasschneider wie Kaspar Lehmann war am Prager und Dresdner Hof tätig. Untersuchungen über den Einfluß manieristischen Gedankengutes auf die Kunst in Dresden fehlen noch fast vollständig.

Die Leistungen Johann Georgs I., des 1611 zur Regierung gelangten Sohnes Christians I., beschränkten sich auf die Jagd. Unter ihm wurde 1617 der Jägerhof in Altendresden vollendet. Den großen politischen Ereignissen zeigte er sich nicht gewachsen. Als er 1631 seine Neutralität aufgab und sich den Schweden zuwendete, zog er den Krieg, der sich bis dahin außerhalb der sächsischen Grenzen abgespielt hatte, ins Land. Doch gelang ihm im Frieden von Prag 1635 die für Sachsen wichtige Erwerbung der beiden Lausitzen, deren Besitz ihm auch im Westfälischen Frieden bestätigt wurde. Das Bauschaffen erlag den Ereignissen des Dreißigjährigen Krieges fast vollständig. An seinem Ende wurde auf dem Neumarkte ein Brunnen mit der Figur der Irene, einer Friedensgöttin, als Bekrönung errichtet. Sie wurde 1683, anläßlich der siegreichen Rückkunft Johann Georgs III. aus dem Türkenkriege, gegen die Viktoria von C. M. Süssner ausgetauscht und erhielt eine andere Inschrift. 1866 versetzte man den Türkenbrunnen nach dem Jüdenhofe, wo er die Zerstörung überstand.

Um so mehr hob sich in diesen unglückseligen Kriegsjahren das musikalische Schaffen, das sich von jeher, besonders aber nach Einführung der Reformation und der Begründung der Hofkantorei unter Johannes Walther, der Pflege erfreute. So konnte die Dresdner Hofkapelle, seit 1918 unter dem Namen Staatskapelle, 1948 auf ein vierhundertjähriges Bestehen zurückblicken. Heinrich Schütz, von 1617 an Hofkapellmeister, wurde der Begründer der frühbarocken protestantischen Kirchenmusik und schuf 1627 mit seiner „Daphne" die Anfänge der deutschen Oper. Oper und Opernballette mythologischen und allegorischen Inhalts traten neben die traditionellen ritterlichen Spiele und Schauturniere und standen mehr als ein Jahrhundert im Mittelpunkt der höfischen Festlichkeiten.

1664 ließ der kunstfreudige Kurfürst Johann Georg II. in Dresden den Grundstein zum ersten festen Opern- und Komödienhaus legen, das in unmittelbarer Nähe des Schlosses seinen Platz fand. Mit diesem Hause wurde nicht nur die Dresdner Operntradition begründet, sondern mit ihm zog auch der Barock, über das leicht bewegbare Theater, in Dresden ein.

Entwurf und Ausführung des Theaters lagen in den Händen von Oberlandbaumeister Wolf Caspar von Klengel, der in den folgenden Jahrzehnten für die meisten Bauvorhaben verantwortlich zeichnete. Ein Zuschauerraum von mehr als 16 Meter Breite und 20 Meter Länge fand einen achteckigen Abschluß unter einer flachen Decke. Zwei Ränge, von zwei Säulen und vier Pfeilern getragen, führten hufeisenförmig um den Zuschauerraum. Die Decke schloß der gleich Klengel in Italien ausgebildete Theatermaler Oswald Harms mit einer großartigen Plafondmalerei ab, die ähnliche zeitgenössische Unternehmen weit übertraf. Als Thema wählte er Helios mit dem Sonnenwagen, dem die rosenfingrige Eos mit einer Schar von Genien voranfliegt. Zwischen dem Zuschauerraum und der Bühne lag ein Proszenium, auf dem die Leibgarde Aufstellung fand. Die Bühne selbst verfügte über eine Tiefe von 25 Metern zur Aufnahme von nicht weniger als zehn Kulissenpaaren, während die Kreuzflügel als Kulissenhaus dienten. Das Gebäude erlebte merkwürdige Schicksale. 1691 wurde es von Starcke erheblich verändert und 1707 durch J. C. Naumann zur ersten katholischen Hofkirche umgestaltet und von R. Leplat eingerichtet, nachdem August der Starke den Konfessionswechsel vollzogen hatte. Für den Dreifaltigkeitsaltar dieser neuen Kirche schuf Balthasar Permoser die beiden überlebensgroßen Kirchenväter aus Lindenholz, die jetzt wieder in der Hofkirche in Dresden stehen. Nach Fertigstellung von Chiaveris Neubau wurde das Gebäude 1755 erneut zum Ballhaus umgestaltet. 1802 endlich erhielt es eine klassizistische Fassade durch den Oberlandbaumeister Hauptmann, bis es am Ende des 19. Jahrhunderts mit der Veränderung der gesamten Platzanlage der Spitzhacke zum Opfer fiel. An seiner Stelle stand bis 1945 der Wettin-Obelisk von Johannes Schilling.

Klengel war nicht nur in Dresden geboren, sondern stand auch als Enkel von Buchner in engen Beziehungen zu allen Architekturfragen der Stadt. Schon sehr früh unternahm er eine Kavalierstour durch ganz Europa. In Rom trat er mit Francesco Borromini und Lorenzo Bernini in Verbindung und zeichnete in sein Tagebuch die wichtigsten Bauten, die er besuchte. Sicherlich war er damals noch zu unfertig, um die Bedeutung dieser beiden Meister voll ermessen zu können. Doch entstanden in diesen Jahren gerade Berninis Kolonnaden für den Petersplatz und eine Reihe der Brunnen. Borromini hatte San Carlo alle quattro fontane eben vollendet und mühte sich um Sant Ivo alla Sapienza. Diese epochemachenden Bauten haben auf den jungen Architekten auch in ihrer städtebaulichen Auswirkung einen tiefen und nachhaltigen Eindruck gemacht. Seine Sporen verdiente er sich im Dienst der Republik Venedig, als Kurfürst Johann Georg II. im ersten Jahre seiner Regierung 1656 den erst Siebenundzwanzigjährigen als Nachfolger des Oberlandbaumeisters W. Dilich nach Dresden zurückberief.

Mit den Unternehmungen der Bernini und Borromini verglichen, wirken die Dresdner Bauten, mit denen der Name Klengels in den folgenden Jahrzehnten verbunden ist, reichlich provinziell. Die Möglichkeiten, die das Rom des 17. Jahrhunderts dem Architekten bot, können sich nicht gut mit denen Dresdens im gleichen Zeitraum messen. Hierzu fehlte es an der Kontinuität der Entwicklung, aber das Ziel ist später doch noch erreicht worden. Aus Klengels Schule wuchsen Starcke und Karcher mit dem Palais im Großen Garten, aus

94 Der Jägerhof in Altendresden

Seit 1568 von Kurfürst August angelegt, 1611 von Christian II. erweitert. Charakteristischer zweigeschossiger Renaissancegiebel mit reichem figuralem plastischen Schmuck im Stile des Manierismus, auf der Konsole in der Höhe des Giebels ein springender Hirsch. Als Verglasung ist die Butze verwendet. Eine der Figuren befindet sich heute im Museum für Volkskunst

Kupferstich aus der „Durchlauchtigsten Zusammenkunft" 1678. Ausschnitt, I.f.D.

95 Das kurfürstliche Reithaus und Schießhaus im Westen des Schlosses

Das Reithaus, ein umfänglicher Bau von 94 × 28 m Länge und Breite, von W. C. von Klengel 1677/78 erbaut, im Inneren mit zwei Seitengalerien versehen. Reiche zweigeschossige Fassade mit Attika und bekrönendem Giebelaufsatz mit Kurwappen, darüber Justitia, seitlich Flammenvasen und Pyramiden. Über dem Eingangsportal Reiterstandbild Johann Georgs II., 1710 abgebrochen. Das reichdekorierte Portal zeigt ebenfalls die Formen Klengels, Dagegen wies das rechts daneben stehende Schießhaus von 1673 mit dem Palladio-Motiv der Fenster und dem klassizistischen Giebel auf J. G. Starcke. Es wurde ebenfalls 1710 abgebrochen.

94

95

Beide Bauten gehörten nach ihrem Charakter der Spätrenaissance an, sie wurden ohne axiale Bindung an das Schloß am Wall errichtet. Es ist der Feuerwerksplatz genannte Festungsteil, der später den Namen Bastion Sol erhielt. Erst nach Veröffentlichung des umfassenden Zeichnungsmaterials aus dem Nachlasse Klengels, dessen Entdeckung Walter Boll in Stuttgart gelang, durch E. Hempel ist es möglich geworden, Klarheit über das Werk Klengels zu gewinnen und seine Bedeutung für die gesamte deutsche Architektur des Frühbarock herauszuarbeiten

Kupferstich aus der Chronik von Anton Weck, 1679 (Ausschnitt) Aufn. DFD

der Schule Starckes entwickelten sich Dietzes Schloßprojekte und Pöppelmanns Zwingerbau. Doch Klengels Einfluß wurde auch weit über Sachsen hinaus wirksam. Der Zwinger und sein Erbauer Pöppelmann stehen somit am Ende dieser Epoche des Hochbarock, die Klengel einleitete. Die Betrachtung der Zeichnungen Klengels, die ein merkwürdiges Schicksal nach Stuttgart geführt hat, macht das noch viel deutlicher. Für Dresden zeigt sich unter anderem, daß das, was man geneigt war, als Stil Pöppelmanns zu bezeichnen, sich als Stil des Bauamtes von W. C. von Klengel an stetig entwickelte. Klengel war es auch, der den jungen Prinzen Friedrich August, den späteren August den Starken, in die Geheimnisse der großen Architektur einführte.

Es ist nicht oft in der Geschichte vorgekommen, daß die Architekten und der regierende Herr von dem gleichen Lehrer erzogen wurden. Hier liegt ein wichtiger Faktor für den großen Aufschwung der Architektur im augusteischen Zeitalter begründet. 1672 wurde Klengel als Nachfolger des Obristen von Liebenau zum Oberinspektor aller Fortifikations- und Zivilgebäude, wenig später zum Kommandanten von Alt- und Neu-Dresden ernannt. Das war ein Aufgabenkreis, der ihn von der eigentlichen Bauausführung trennte.

Im Schloß wurde der Hausmannsturm auf 97 Meter erhöht. Er erhielt 1676 eine welsche Haube und eine offene Laterne. Bei dieser Gelegenheit erneuerte O. Harms auch die verblaßten Sgraffiti. 1682 wurden die beiden wichtigen Verbindungsportale zwischen Großem und Kleinem Schloßhof sowie 1692 das sogenannte Grüne Tor unter dem Turm zwischen Großem Schloßhof und Elbfront als Denkmal des Türkenkrieges für den „sächsischen Mars" Johann Georg III. angelegt.

Bleibt die Urheberschaft des Turmbaues sowie des Entwurfes zum Grünen Tor noch klar bei Klengel, so gehören die Tore zwischen Großem und Kleinem Schloßhof sicher schon seinem Nachfolger im Amt, Johann Georg Starcke, den hervorragendes Können auszeichnete. 1663 war Starcke nach Dresden gekommen, 1672 wurde er als Nachfolger Klengels zum Oberlandbaumeister ernannt und stand seit 1681 als Generalquartiermeister allen zivilen Gebäuden vor.

Starcke schuf die Entwürfe und sorgte jetzt für die Ausführung der anfallenden Bauten des Schlosses. Das Portal zwischen dem Großen und dem Kleinen Schloßhof zeigt vom Kleinen Schloßhof aus zwei Säulenpaare toskanischer Ordnung vor Pilastern, im Schlußstein trägt es das Kurwappen, über dem Gesims ein reiches schmiedeeisernes Gitter mit dem Namenszug Johann Georgs III. zwischen den überlebensgroßen Sandsteinfiguren eines Herkules und einer behelmten Minerva vor einer profilierten und ornamentierten Fenstergruppe. Die bildhauerische Ausgestaltung dürfte auf die Brüder Jeremias und Conrad Max Süssner zurückgehen. Das Portal vom Großen Schloßhof aus ist schlichter ausgefallen. Es begnügte sich bei vereinfachter Komposition mit einem mächtigen Schlußstein. Das Grüne Tor an der Elbfront dagegen ist schwerer gehalten. Ein riesiges Kurwappen betont die Mittelachse. Zwischen den gequaderten Halbsäulen und den Pilastern sowie über der Attika hat der Bildhauer plastischen Trophäenschmuck angebracht. Es ist bisher die einzige nachweisbare bildhauerische Arbeit Markus Conrad Dietzes. Mit dem Grünen Tor fand die großartige Portalarchitektur Dresdens ihren Abschluß. Im 18. Jahrhundert bleibt das Portal nicht mehr Selbstzweck, es ordnet sich jetzt entsprechend der Auffassung des Barock als ein Glied der Gesamtarchitektur unter.

Mit der vierläufigen Englischen Treppe, die Starcke 1692 mit Beyer anläßlich des Besuches einer englischen Gesandtschaft zur Überreichung des Hosenbandordens an Kurfürst Johann Georg IV. errichtete, und dem vierten Wendelstein in der Südostecke des Großen Schloßhofes von 1683, der sich den drei anderen genau angleicht – wir erleben hier das früheste Beispiel einer historisierenden Architektur –, sind die baulichen Veränderungen am Dresdner Schloß im 17. Jahrhundert im wesentlichen beendet.

1701 brannte der Georgenbau nieder. Er wurde 1715 bis 1717 zwischen Brücke und Schloßstraße von einem bescheidenen Bau mit einer einfachen Lisenenarchitektur wohl durch M. Fürstenhoff ersetzt. Dieses Gebäude blieb, später noch um ein drittes Geschoß erhöht, bis zur völligen Erneuerung durch Dunger und Frölich, erhalten. Eine Reihe von anderen Bauten hinter dem Schloß auf dem freien Platz zwischen den später Luna und Sol genannten Bastionen hatte nur eine kurze Lebensdauer. Klengels Ballhaus von 1668/69 stand im „Klostergärtchen". Es fiel 1756, als Schwarze seinen neuen Flügel an das Taschenbergpalais setzte. Ihm folgte 1673 das Schießhaus Starckes und neben diesem zuletzt 1677/78 das Große Reithaus, wiederum ein Bau Klengels. Beide ließ Pöppelmann 1710 abbrechen, da sie ihm beim Zwingerbau im Wege standen. Die Frage nach den Architekten kann archivalisch nicht geklärt werden, Den Namen für das Reithaus gab Klengel als Oberlandbaumeister, er sorgte auch bei ihm noch für die Planung, die Ausführung fiel aber wohl Starcke zu. Das Schießhaus dürfte Starcke allein gehören. Die Zimmermannsarbeiten führte Matthäus Schumann aus, der sich durch seine trefflichen Konstruktionen erst des Kapellenturmes in Moritzburg und dann des Schloßturmes um die Dresdner Baukunst hoch verdient gemacht hat. Die wenigen noch erhaltenen Stiche unterrichten uns nur unvollkommen über das Aussehen der dem Schloß benachbarten kurfürstlichen Bauten.

Glückliche Umstände haben es gefügt, daß wenigstens ein kleiner Bau mit seiner Inneneinrichtung uns überliefert blieb, das Weinbergschlößchen der Hoflößnitz, heute Heimatmuseum von Radebeul, das Johann Georg I. und Johann Georg II. seit 1650 errichteten und ausstatteten. Das Gebäude selbst besteht nur aus Unter- und Obergeschoß unter einem hohen Walmdach. Der der Längsfront vorgesetzte achteckige Turm mit Helmbekrönung enthält den Wendelstein. Die kurfürstlichen Räume liegen im Obergeschoß. Der einfache Grundriß zeigt einen mittleren Saal mit je zwei anschließenden Räumen, in denen das Wohn- und Schlafzimmer des Kurfürsten und der Kurfürstin untergebracht waren. Der besondere Reiz all dieser Zimmer besteht in der farbenfreudigen Ausgestaltung der Einschubbretter, der Deckenbalken und der holzverkleideten Wände durch Gemälde alle-

96

96 Der Türkenbrunnen am Jüdenhof

Achteckiger Brunnentrog, ursprünglich mit Figur einer Irene (Friedensgöttin). 1649 auf dem Neumarkt errichtet, 1683 nach den Türkensiegen Johann Georgs III. durch eine Viktoria ersetzt; 1866 nach dem Jüdenhof versetzt. Sandsteinfigur, Konrad Max Süssner 1968/69 erneuert

Aufn. D.F.D., um 1936

97 Das Portal ehemals Sporergasse 2, jetzt im Kleinen Schloßhof

Typisches reiches Dresdner Sandsteinportal der Renaissance, nur für Fußgänger bestimmt, mit runden Sitzen an den konkaven Gewänden, in den Gewänden Muscheln, darüber profilierte Archivolten, die eichene Tür mit reichem architektonischem Schnitzwerke und bemerkenswertem schmiedeeisernem Türklopfer. 1560 bis 1570 (s. Abb. 64)

Aufn. I.f.D.

97

gorischen, mythologischen, symbolischen Inhalts, andere tragen den Schmuck exotischen Getiers, das eine sächsische Expedition aus Brasilien in zahlreichen Erinnerungsblättern eben heimgebracht hatte. Eine Reihe sächsischer Hofmaler haben hier gewirkt, ohne daß man Namen für die einzelnen Stücke nennen könnte. Sicher war Chr. Schiebling darunter, doch dürften die Exoten an der Decke des Saales auf den Holländer Albert Eyckhout zurückgehen, der acht Jahre in Brasilien malte und sich seit 1653 vorübergehend in Dresden betätigte. Der Baumeister der Hoflößnitz war Ezechiel Eckhardt, der zu gleicher Zeit auch die Kirche im nahen Kötzschenbroda errichtete und nach 1658 den Umbau der Moritzburg sowie seit 1661 den Bau der Schloßkapelle daselbst nach den Plänen Klengels leitete.

1684 war Klengel darangegangen, die 1632 von Dilich nur in groben Umrissen angelegten Festungswerke von Altendresden zu verstärken. Im Sommer 1685 legte ein gewaltiger Brand Altendresden, dem bis dahin jede planmäßige Anlage fehlte, in Schutt und Asche. Nur wenige massive Gebäude, darunter das Rathaus am Markt, von Melchior Trost 1527 bis 1528 errichtet, blieben verschont. Eine umfassende städtebauliche Aufgabe wartete damit auf eine Lösung. Es ist das Verdienst der universalen Persönlichkeit W. C. von Klengel, noch im gleichen Jahre einen Wiederaufbauplan mit einem großzügigen Straßennetz entworfen zu haben, von dem die 540 Meter lange Hauptstraße bis zum Schwarzen Tor durchgeführt wurde. Dann geriet der Plan ins Stocken, erst August der Starke nahm ihn wieder auf und führte ihn verändert zu einem glücklichen Ende.

Bürgerliche Wohnhäuser

Die Entwicklung des bürgerlichen Wohnhauses vom 15. bis zum 17. Jahrhundert wird zunächst gekennzeichnet durch die Veränderung der Baumaterialien. Ursprünglich bestand es aus Fachwerk und war mit Schindeln gedeckt, was sich für eine enge Bebauungsweise als ungeeignet erwies. Jeder Brand brachte, wie der größte von 1491, die Gefahr mit sich, ganze Viertel zu erfassen und zu vernichten. So stellte der Rat Kalk und Ziegel zur Verfügung und veranlaßte die Bürger, die Straßenseiten ihrer Häuser bis zum ersten Stock und die Eckhäuser ganz in Stein zu errichten sowie die Dächer mit Ziegeln zu decken. In immer neuen Bauordnungen versuchte man nicht nur, der Brandgefahr Herr zu werden, sondern auch städtebauliche Gesichtspunkte durchzusetzen, damit ein Bau nicht der Stadtzierde zuwiderlaufe oder dem Nachbarn zum Schaden gereiche. Auch durfte die Traufe nicht mehr nach der Grenze des Nachbarn geführt werden. Als alle Ratsverordnungen nichts fruchteten, übernahm endlich unter Kurfürst Johann Georg II. der Oberinspektor des Fortifikationswesens und der Zivilgebäude, Wolf Caspar von Klengel, die Aufgabe, jedes Gebäude vor seiner Errichtung zu überprüfen. Zuwiderhandlungen wurden mit hohen Strafen belegt. Durch eine von Moritz 1545 erlassene Bauordnung verschwanden langsam die breiten Hoftore der Ackerbürger aus der inneren Stadt. Das Vieh durfte nur noch in den Vorstädten gehalten werden. Die Bürgerhäuser, die an den Straßenfronten auf zwei und drei Stockwerke beschränkt blieben, wuchsen am Altmarkt jetzt bis zu vier Geschossen empor. Sie waren schmal, aber sehr tief gegliedert und beherbergten neben dem Hausflur meist einen Laden, in dem die Besitzer ihre Waren feilhielten. Über dem Laden wurde ein kleines Dach angebracht. Die Fensterprofile behielten noch lange den spätgotischen Charakter bei, bevor sie die Renaissanceformen der kurfürstlichen Bauten übernahmen. Als Verglasung wurde bis Ende des 17. Jahrhunderts die Butze verwendet. Mit dem Ende des 16. Jahrhunderts bildeten die immer reicher werdenden Giebel den Hauptschmuck der Fassaden neben den reizvollen Sandsteinportalen mit Sitznischen rechts und links in den Gewänden. Sie zeigten sich oft trefflich profiliert und trugen zudem manches Mal plastischen Schmuck neben

Schlußsteinen oder Kartuschen. Das charakteristische Merkmal der Dresdner Bürgerhäuser aber bildeten die Erkervorbauten vor dem Mittelfenster, die bei gleicher Fensterzahl seitlich gerückt wurden und bei Eckbauten die Ecken schmückten. Es gab Erkervorbauten, die durch alle Stockwerke führten, aber auch solche, die nur zwei Stockwerke umfaßten oder sogar nur ein einzelnes Fenster hervorhoben. Sie bestanden nur in wenigen Fällen aus Steinmaterial, meist waren sie aus Holz errichtet. Plastischer und ornamentaler Schmuck, letzterer aus Stuck hergestellt, bereicherte die Wirkung der Erker und sorgte für ein durchaus individuelles Gesicht der Straßenzüge.

98

98 Das Tor im kleinen Schloßhof

Durchgang nach dem Großen Schloßhof, Tor in derber Rustika aus Sandstein mit Wahlspruch des Bauherrn, Johann Georgs III. in besonders betontem Schlußstein, darüber kostbares schmiedeeisernes Gitter, Tür- und Fenstergruppe mit Segmentgiebel. Anlage von J. G. Starcke, 1682. 1945 zerstört

Aufn. I.f.D.

Die Erker ersetzten die nicht ausgebildete Fassadenarchitektur, deren Anfänge in Dresden erst um 1680 liegen. Sie war auf niederländische Vorbilder zurückzuführen, wie es den Gegebenheiten der Hauptstadt eines protestantischen Landes entsprach. Nach dem frühesten, noch in gotischen Formen gehaltenen Eckerker Wilsdruffer Gasse 2 befanden sich die ältesten und zugleich kostbarsten Erker aus Sandstein an der Ecke Schloßgasse 11, mit sächsisch-brandenburgischem Doppelwappen von 1582, sowie an dem „Fürstlichen Hause", der Schloßgasse 30 vorgekragt. Letzterer trug die von Hans Steyer geschaffenen Bildnisse des Kurfürsten Christian II. und seiner Gemahlin Hedwig von Dänemark in Hochrelief. Reiche Ornamentik in Flachrelief mit dem sächsischen Kurwappen im Kragstein umzog den Vorbau. Aus der Fülle der manieristischen Giebel des 17. Jahrhunderts ist der reiche, mit Roll- und Schweifwerk versehene des Zimmerschen Hauses Wilsdruffer Gasse 14 von etwa 1660 ein besonders kostbares Beispiel des Typus, wie er sich bereits vor dem Dreißigjährigen Krieg unter niederländischem Einfluß Geltung verschafft hatte. Einen persönlichen Stil zeigten lediglich die Bauten J. G. Starckes, so die Fassade des ehemaligen Hôtel de France, Wilsdruffer Gasse 15, die einen älteren Zustand voraussetzt, und sein Wohnhaus auf der Pirnaischen Gasse.

Ebenso wie die Erkervorbauten diente die reiche Ausgestaltung der Sandsteintore zur Befriedigung des Schmuckbedürfnisses. Sie trugen zu beiden Seiten Sitznischen, die durch eine Muschelform nach oben abgeschlossen wurden. Über ihnen spannte sich die mehr oder weniger reich profilierte Archivolte. Zahn- und Diamantschnitt erfreuten sich besonderer Beliebtheit. Meist gab noch ein kräftiger Schlußstein dem Tor eine besondere Note. Die holzgeschnitzten Doppeltüren nahmen die Schmuckmotive auf und entwickelten sie nach ihren besonderen Gesetzlichkeiten weiter.

Als charakteristisch für die bürgerlichen Bauten sind bis ins 17. Jahrhundert hinein auch die Wölbungen der Zimmer im Erdgeschoß sowie die Wendeltreppen, die „Schnecken", nach den Obergeschossen anzusprechen. Im allgemeinen bildete jedes der Geschosse eine abgeschlossene Wohnung mit den Hauptzimmern zur Straßenseite und einem überaus großen Flur, der ebenfalls Wohnzwecken diente. Die in den oberen Geschossen üblichen profilierten Balkendecken waren auf ihren Einschubbrettern oft mit umfangreichen Malereien versehen. Stuckdecken fanden sich auch Ende des Jahrhunderts noch äußerst selten. Viele der Bürgerhäuser trugen, wie wir aus Tzschimmers Chronik und der Vogelschen Stadtansicht ersehen, auch Sgraffitoschmuck, von dem Ende des 18. Jahrhunderts aber schon nichts mehr erhalten war.

Als August der Starke die Regierung antrat, bot Dresden innerhalb der Festungsmauern das einheitliche Bild einer farbig reichbewegten bürgerlichen Renaissancearchitektur, zu der Plastik und Malerei wesentlich beitrugen, inmitten weniger monumentaler kurfürstlicher Bauten, wie Schloß, Stallhof und Zeughaus.

Das Palais im Großen Garten

Der Dreißigjährige Krieg hatte Dresden verschont, seine Bewohner aber vor dem Raubgesindel, das sich überall herumtrieb, fest innerhalb der engen Mauern gehalten. Nach Beendigung des Krieges strebten Adel und Bürgertum in gleicher Weise vor die Tore ins Freie. Der Drang nach der Weite, die Einbeziehung der Landschaft in die Stadt, gehörte zu dem neuen, auch in Dresden aufkommenden Lebensgefühl. Es fand in der frontal aufgenommenen Stadtvedute, von der der Stich Merians ein Beispiel gibt, einen sichtbaren Niederschlag. Als erstes bedeutendes Gebäude außerhalb der Stadt entstand 1652 das Lusthaus im Rechenbergischen Garten noch im charakteristischen manieristischen Stil der Vorkriegszeit. Es lag am Kaitzbach in der Höhe der späteren Zinzendorfstraße. Der Architekt dieses wenig geschickten und antiquierten Gebäudes mit geöffnetem, laubenähnlichem Untergeschoß, drei Zwerchgiebeln und seitlichen Türmen mit welschen Hauben ist unbekannt. Lediglich ein Stich unterrichtet uns noch von dem Aussehen des Bauwerkes. Ihm folgte zeitlich J. G. Starckes Lusthaus im Italienischen, später Türkischen Garten 1668 bis 1672. Die Vollendung des Gedankens, ein Gebäude zu schaffen, das lediglich den sommerlichen ländlichen Vergnügungen gewidmet war und keinen Anspruch erhob, Wohnzwecken zu dienen, erfüllte sich erst im Palais des Großen Gartens in großartiger Weise. Etwas später als das Palais entstanden die acht Kavalierhäuser, die ersten ihrer Art. Es waren ursprünglich eingeschossige Saalbauten, die man zu Spielen verwendete und denen später ein Halbgeschoß aufgesetzt wurde. Neu für Dresden erscheint bei ihnen der Abschluß durch ein Mansarddach. Auch hier ergibt sich der enge Anschluß Johann Georg Starckes an französische Vorbilder, die er wohl aus eigener Anschauung kannte. In den gleichen Jahren erschienen zum ersten Mal französische Stukkateure in den Seitensälen des Palais und brachten eine neue Ornamentik, das charakteristische Laubwerk des Spätbarock, mit.

In der Nacht vom 13. zum 14. Februar 1945 brannte das Palais aus. Die kostbare Innenausstattung, darunter die Deckengemälde Samuel

Bottschildts und Christian Fehlings, mit denen die barocke Monumentalmalerei in Dresden einen ersten Höhepunkt erreichte, die reichvergoldeten Stukkaturen sowie die Marmorarbeiten sind unwiederbringlich verloren. Der Baukörper aber blieb im wesentlichen unangetastet. Das Äußere konnte inzwischen wiederhergestellt und mit dem Dach versehen werden. Das Innere wiederherzustellen gehört zu den Aufgaben, die der Dresdner Denkmalpflege gestellt sind.

In einer grundlegenden Arbeit schreibt Gerhard Franz: „In den Jahrzehnten des Überganges am Ende des 17. Jahrhunderts entstand in Dresden der Bau, in dem das Ringen eines deutschen Architekten um die Bewältigung der monumentalen Formenwelt des europäischen Barock besonders klar zu verfolgen ist und in dem sich zugleich die Blütezeit des 18. Jahrhunderts keimhaft ankündigt. Es ist der früheste Barockbau in Kursachsen, das Palais im Großen Garten in Dresden. Als ein Markstein in der Entwicklung, und zwar nicht allein des sächsischen, sondern auch des gesamtdeutschen Barock, ist es noch keineswegs erkannt und gewürdigt. Es erscheint in ganz neuem Licht, wenn man die Herkunft der Formen untersucht, die hier vereinigt sind und die weiterwirken auf die große Architektur des 18. Jahrhunderts."

Die Entstehungsgeschichte des Palais hat erst in jüngerer Zeit W. Bachmann auf Grund des archivalischen Materials zu klären versucht. Die ersten Ankäufe zum Garten setzten 1676 ein. Kurz danach, 1678, ging man an den Bau, der 1683 wenigstens im Rohen vollendet gewesen sein muß. Zwei der kleinen seitlichen Portale tragen die Jahreszahlen 1679 und 1680. Der Baubeginn fällt in die Regierungszeit des Kurfürsten Johann Georg II. Palais und Garten gehen aber nicht auf ihn zurück, sondern auf den damaligen Kurprinzen und späteren Kurfürsten Johann Georg III. Dessen Verdienst ist es, Starcke mit den großen Aufgaben in der Residenz betraut zu haben. Überlieferung und Urkundenmaterial weisen eindeutig auf den Oberlandbaumeister Johann Georg Starcke als ausführenden Architekten.

Der Grundriß des Palais, das im Schnittpunkt der zwei Hauptalleen des Großen Gartens liegt, ist H-förmig. Die Mitte nimmt oben ein zweigeschossiger Saal, im Erdgeschoß ein durch Stützen unter-

99 Palais im Großen Garten, Ausschnitt aus dem Untergeschoß der Südwestfassade

Aphrodite mit Amorknaben in der Mittelnische, Abschluß durch umgekehrte Muschel, darüber Schlußstein mit Zweigen im Flachrelief; die seitlichen Rundbogenfenster ebenfalls mit Muschelabschluß, vor den Fenstern schmiedeeisernes Gitterwerk der Zeit, Sandsteinarbeit von George Heermann (nach S. Asche)

Aufn. I.f.D.

teiltes Vestibül ein. Seitlich setzen drei Räume an, nach denen sich der Große Saal an einer Schmalseite in einer dreifachen Bogenstellung öffnet. Eine doppelläufige Freitreppe fügt sich unter zweimaliger Wendung in die beiden dreiflügeligen Höfe ein, und ein mittlerer Risalit faßt den Bau in der Vertikalen straff zusammen.

Die Schule Cornelius Gurlitts glaubte hier Eindrücke der genuesischen Palastarchitektur verarbeitet zu finden, und auch Georg Dehio hat sich dieser Meinung angeschlossen. Daß die Formen des Palais nicht aus einer deutschen Tradition erwachsen sind, war dabei nie zweifelhaft. Doch nicht im Süden liegen die Quellen, sondern im Westen: Die Grundform des Palais im Großen Garten ist französisch! Im Grundriß und in der Gesamtanlage entspricht es einem geläufigen Schloßtypus des 17. Jahrhunderts, was bei einem Vergleich, z. B. mit Schloß Blérancourt, einleuchtet. Dieses Schema, das sich in zahllosen Varianten in Frankreichs Schlössern findet, lag dem Dresdner Bau zugrunde, wurde aber keineswegs kopiert. Aus den Änderungen, die Starcke an dem französischen Vorbild vorgenommen hat, läßt sich deutlich das selbständige Stilgefühl des deutschen Architekten ablesen. Der entscheidende Unterschied ist dieser: Während für den französischen Bau die Zartheit und Flächigkeit aller Formen bezeichnend ist, sind diese am deutschen Bau mit barocken Akzenten durchsetzt. Die gleichmäßige, durchlaufende Gliederung des französischen Baues lag Starckes barockem Empfinden nicht. Das homogene Aufrißsystem ist ersetzt durch eine malerische Kontrastwirkung der einzelnen Baukörper.

100 Palais im Großen Garten, Schlußstein

Im Rundbogenportal des östlichen Mittelbaus als kräftiger Schlußstein Kopf eines Bacchus mit Weinlaub im Haar, vielleicht von M. C. Dietze

Aufn. I.f.D.

100

Die Tatsache, daß die hohen Kamine im Palais des Großen Gartens so stark ausgestaltet sind, weist ebenfalls auf den französischen Ursprung der Baugedanken. Aber es zeigt sich ebenso, daß jede Anregung in durchaus selbständiger Weise verarbeitet worden ist. Ein barockes und ein unbarockes Architektursystem sind in Starckes Bau vereinigt. Aus den Fensterrahmen des Kernbaues mit den schweren Giebeln scheint sich ein italienisches Vorbild zu ergeben, doch kennt gerade auch Frankreich solche italienische Perioden am Louvre und am Palais Luxembourg. Das Palais im Großen Garten vereinigt den Typus des Lusthauses mit den neuen, in Frankreich entstandenen Formen des Schloßbaues. Es läßt sich nicht nur zeigen, wie der Architekt zu den Formen des Palais gelangt ist, sondern auch seine eigene Leistung und somit auch das spezifisch Deutsche des Baues werden dabei deutlich. Denn darüber kann kein Zweifel bestehen: Trotz aller Ableitungsmöglichkeiten im einzelnen wäre der Bau in dieser Form außerhalb Deutschlands nicht denkbar.

Die Fassaden des Palais sind mit figuralem Schmuck überzogen. Hier kulminiert die Dresdner Plastik der Vorzwingergeneration nicht weniger bedeutend als am Schloß. Die Brüder Jeremias und Conrad Süßner, Abraham Conrad Buchau, Marcus Conrad Dietze und George Heermann sind die Hauptbeteiligten an diesen Fassadengestaltungen. Dominieren in den Seitenflügeln des Untergeschosses und in den Mittelrisaliten des ersten Obergeschosses die in Nischen gestellten, überlebensgroßen Vollfiguren aus Sandstein, so sind es im zweiten, dem Halbgeschoß, die Büsten aus gleichem Material. Das Thema bleibt im wesentlichen der Antike verpflichtet. Die Verteilung der Werke auf die einzelnen Künstler ist schwierig und beruht im wesentlichen auf stilgeschichtlichen Vergleichen, die wir S. Asche verdanken. Wir heben die vier Statuen des Parisurteils aus der Erdgeschoßfront von George Heermann hervor, dem auch die beiden Portalmasken zuzuschreiben sind. Die zwölf Cäsarenbüsten und die der vier Kaiserinnen dürften Werke Jeremias Süßners sein, der bei der Ausführung dieses umfassenden Auftrages sicher Mitarbeiter beschäftigte. Der stadtseitige Giebel mit dem Tympanon erscheint als ein Werk von Conrad Süßner, in dem künstlerisch schwächeren Giebel nach dem Teich ist Buchau zu vermuten. Sind die Bildwerke am Außenbau erhalten, so fielen die innerhalb des Hauses, hier in Stuck gefertigt, wie die vier lebensgroßen Allegorien in antiker Gewandung im Hauptgeschoß und die zwei weiblichen Büsten in den inneren Seitenportalen, Werke Jeremias Süßners, der Zerstörung zum Opfer. Zu erwähnen seien wenigstens noch die beiden erhaltenen antiken Kopien „Herakles und Telephos“ sowie „Seleinos und Dionysos“ vor dem Palais, erst später um 1725 entstanden, Marmorwerke Paul Heermanns. Hierzu kommen noch die vier großfigurigen Darstellungen der Taten des Herkules, von denen wenigstens zwei als erste Originalarbeiten Permosers in Dresden um 1690 anzusprechen sind. Sie gehören aber nicht mehr zum Palais selbst, sondern zu der Zahl von Gartenplastiken, deren größter Teil 1760 bei der preußischen Besetzung zugrunde ging oder unter anderem nach Charlottenburg verschleppt wurde.

An der Wirkung des Palais ist auch die Ornamentik entscheidend beteiligt. Die Naturnähe und die Verselbständigung des Schmuckwerkes kommen in Frankreich so nicht vor. Nirgends finden wir dort diese pralle Plastizität. Die dekorative Ausgestaltung der niederländischen Bauten Pieter Posts und Philip Vinckeboons macht sich hier geltend, auch schlägt eigendeutsches Ornamentgefüge durch, wie es um 1680 im ganzen deutschen Raum zu beobachten ist. Wie sehr deutsche Auffassung dahintersteht, zeigt ein Blick auf die Folgezeit des Dresdner Barock, wo diese plastische Dekoration immer wieder erscheint, zuerst in Pöppelmanns 1707 begonnenem Taschenbergpalais und weiter in der Zwingerarchitektur.

In der Zeit nach dem Palais dürfte die Fassade des Hauses Rampische Gasse 9 entstanden sein. Verwandtes bemerkt man an dem Gebäude Hauptstraße 22, das Johann Gregor Fuchs (nach Heckmann) zuzuschreiben ist. Auch an die beiden Portale des Residenzschlosses, das Grüne Tor Klengel-Dietzes und das Tor Starckes zwischen den beiden Schloßhöfen, muß erinnert werden. Auffallend ist, daß auch Schlüters Formenschatz dem Dresdner Palais sehr nahestehende Elemente aufweist. Vor allem hat er die so charakteristische Fensteranordnung der Kopfbauten am Berliner Schloß aufgegriffen, wie Franz nachgewiesen hat.

Seit dem 17. Jahrhundert trat die Bedeutung des Schlosses als befestigtes Gebäude völlig zurück. Es diente seit diesem Zeitpunkt, inmitten von umfangreichen Gartenanlagen gelegen, allein repräsentativen und anderen zivilen Zwecken. Im Hochbarock Italiens und seiner französischen Nachfolger entsprach die Anlage solcher modernen Schloßbauten auf einer Höhe oder einem bewegten Gelände den natürlichen Gegebenheiten dieser reichgegliederten Landschaft ebenso wie den künstlerischen Auffassungen. Die zu den Gebäuden emporführenden Terrassen entwickelten sich folgerichtig als überragendes gartenarchitektonisches und landschaftliches Element. Im Gegensatz zu dieser italienischen Auffassung hatte sich nördlich der Alpen in den geistig führenden Niederlanden eine völlig andere Landschaftsauffassung durchgesetzt. In der Ebene entwickelte sich eine Landschaftsgestaltung, die dann ebenso wieder von Frankreich aufgenommen und fortgeführt wurde. Es bedurfte nur weniger Jahrzehnte, bis dieser spätbarocke Gartenstil in seiner vollendetsten Gestaltung von Le Nôtres Anlagen in Vaux le Vicomte und Versailles seinen Siegeszug durch ganz Europa antrat. Dieser nunmehr französische Garten wurde um ein zentral gelegenes Gebäude angelegt. Der Schematismus der Anlage ging so weit, daß jede vorhandene Bodenerhebung, ohne Rücksicht auf die Höhe der entstehenden Kosten, abgetragen und die Höhenunterschiede durch Treppenanlagen ausgeglichen werden mußten. Mit seinen schnurgeraden Alleen und Kanälen, den scharfgefaßten rechteckigen Teichanlagen und regelmäßigen Wasser-, Gras- und Broderieparterres übte dieser Gartenstil in Europa eine unbedingte Herrschaft bis zum Ende des zweiten Viertels des 18. Jahrhunderts aus.

Auch der Begriff des „Großen Gartens“ ist aus den Niederlanden gekommen. Die Anlagen von Herrenhausen und Oranienburg entstanden mit Dresden fast gleichzeitig. Der „Große Garten“ zeigt eine Weiterentwicklung von Le Nôtres Gedankenwelt. Die weitläufigen Dimensionen bekunden das gesteigerte Majestätsbewußtsein, aber nach holländischen Begriffen umgeprägt und vereinfacht (W. Boeck).

Es besteht kein Zweifel, daß auf dem Gebiet der Gartenarchitektur die bürgerliche Aufklärung einen Sieg über die absolutistischen Prinzipien errungen hat, fast fünf Jahrzehnte vor der großen Revolution in Frankreich. Das Ideal des nunmehr geforderten sogenannten Landschaftsgartens versuchte Landschaft und Garten in Übereinstimmung zu bringen und den Menschen in ein empfindsames Verhältnis zur Natur zu setzen. Der Garten entsprach der liberalen Auffassung, Gelände und Gewächsen ließ er ihre natürlichen Formen und zwang sie nicht mehr unter ein übergeordnetes Gesetz. Im Prinzip hielt dieses neue Gartenideal in mancherlei Varianten bis zum Beginn des 20. Jahrhunderts an. Erst mit der Wiederentdeckung des Barock wuchs auch erneut das Verständnis für die noble Strenge einer französischen Gartenanlage.

Zwischen dem französischen Ziergarten und dem Landschaftsgarten, der aus England auf den Kontinent kam und auch chinesische Einflüsse verarbeitete, bewegte sich auch die Gartenarchitektur des 18. Jahrhunderts in Dresden.

Es entspricht genau den idealen Forderungen des Stiles Ludwigs XIV., der Gartenkomposition in der Ebene, daß Starcke Palais und Großen Garten, kaum ein Vierteljahrhundert nach der Entstehung seiner Vorbilder, plan auf die in die Weite des Flachlandes verlaufende Flur des Elbeschwemmlandes nach Strehlen zu legte. Starcke benutzte nicht die ebenso nahen Loschwitzberge, die er in großartigen Terrassenanlagen mit der Elbe hätte verbinden können, wie es italienischer Auffassung entsprochen hätte, wie es noch in Saint-Germain an der Seine in italienisierendem Geschmack geschehen ist und wie es dann im 19. Jahrhundert der romantische Spätklassizismus in den beiden Albrechtsschlössern nachempfindend verwirklicht hat. Mit der Gestaltung des Großen Gartens war der französische Einfluß in Dresden für mehr als siebzig Jahre gesichert.

Nicht nur vom Stilwollen des Spätbarock und von Starckes ursprünglichem Plan, sondern auch von Karchers, des bedeutendsten Gartengestalters der augusteischen Zeit, eigentlicher Gartenanlage geben uns die Stiche von den Festlichkeiten des Jahres 1719 einen genauen Begriff. Sie sind aus der Vogelperspektive gesehen, einer barocken Erfindung, die Grundriß und Aufriß vereinigen will, und zeigen neben Schloß und acht Kavaliershäusern die Begrenzung der Anlage, die Führung der Achsen, den Teich nach der Land- und die Broderieparterres nach der Stadtseite, die Gesamteinteilung in Ziergarten, Bosketts und Waldquartier. Die Broderieparterres können als Vorbild für ähnliche Gestaltungen in Pillnitz und Übigau sowie für das Japanische Palais und viele kleinere Anlagen der Stadt bis zum Palais Mosczynska und dem Palais in der Friedrichstadt gelten. Auch Pöppelmann sah in seinem unausgeführt gebliebenen Plan für den Zwingergarten von 1729 die Wasser-, Gras- und von Buchsbaum eingefaßten Broderieparterres vor. Nach völliger Wiederherstellung des Zwingers wird dieser Plan Pöppelmanns seine Realisierung finden.

Wurden auch im Anfang des 19. Jahrhunderts alte Teile des Großen Gartens im Sinne des Landschaftsgartens verändert, später noch neue Teile hinzugewonnen und Schlängelwege nach englischem Vorbild angelegt, so hat das doch die Hauptpartien, die Achsen, das Strahlungsmotiv und die Umgebung des Palais, nur wenig berührt, so daß diese einzigartige frühe Gestaltung des 18. Jahrhunderts als uns überliefert betrachtet werden kann. Es wird die Aufgabe der lebenden und der kommenden Generationen sein, dieses kostbare Erbe eines Kunstgartens ungeschmälert zu erhalten und sinngemäß weiterzugestalten.

101

101 Das Palais im Großen Garten, von der Stadtseite gesehen

Mit der 1831 aus dem Garten des Japanischen Palais übernommenen Marmorgruppe Pietro Balestras „Die Zeit entführt die Schönheit“ (Boreas entführt Orithya)

Aufn. D.F.D., um 1930

102 Der Schloßturm

Originalentwurf von Wolf Caspar von Klengel, 1674

Aquarellierte Zeichnung, L.H.A.

103 Der Schloßturm, vom Dache der Hofkirche aus gesehen

Der höchste der alten Türme Dresdens, Pirnaer Sandstein, in den Fundamenten älteste vorhandene Baumasse Dresdens, 1674 bis 1676 von 88 auf 97 m erhöht, umgestaltet und mit acht Blendbogen sowie einer kupferbedeckten welschen Haube mit offener Laterne versehen. Zimmermannsarbeiten von Matthäus Schumann. Schlaguhr von A. François Poncet, 1741. Erster Blitzableiter in Dresden durch T. Wöhler, 1778. 1945 ausgebrannt, Haube zerstört, 1946 durch M. Gaul und W. Henn gesichert. Wiederherstellung vorbereitet

Aufn. I.f.D.

102/103

104

105

104 Das Redoutenhaus

Nördlich des Schlosses gelegen, 1690 von J. G. Starcke errichtet, wegen der Schloßprojekte und des Zwingerbaues nach 1710 bereits abgerissen, charakteristische dekorative Elemente Starckes sind die gerafften Tücher und die Muscheln

Entwurf von J. G. Starcke, L.f.D.

105 Das Proszenium im Klengelschen Opernhause

Nach dem Umbau zu einem Logentheater um 1691 durch J. G. Starcke. Reiche Portalkomposition mit verkröpftem Giebel und dem für Starcke charakteristischen schweren Schlußstein, das kursächsische Wappen mit beflügelten Genien, vielleicht von M. C. Dietze

Tuschzeichnung, L.H.A.

106 Der Zuschauerraum des Opern- und Komödienhauses am Taschenberg

Frühestes festes Theater in Norddeutschland, Bühnenraum und Zuschauerraum getrennt, letzterer achteckig mit zwei hufeisenförmigen Rängen, getragen von vier Pfeilern und zwei Säulen und flacher Decke, Plafondmalerei von J. O. Harms, Helios im Sonnenwagen, umgeben von geflügelten Genien. Zuschauerraum 16,6 m breit, 20 m tief; Tiefe der Bühne 25 m. Vor den Säulen die Plätze des Kurfürsten, auf dem Proszenium das Trompeterkorps. Ursprünglicher Zustand mit den beiden Obelisken an den Seiten. Erbaut von W. C. von Klengel in Pirnaer Sandstein, 1664 bis 1667, 1691 von J. G. Starcke zu einem Theater mit vier Rängen umgebaut. Ausführung und Zimmermannsarbeiten von Matthäus Schumann. Hier nach Umbau durch J. Ch. Naumann 1707 erste Katholische Hofkirche, 1755 Ballhaus, 1804 Umbau durch J. G. Hauptmann zum Hauptstaatsarchiv, 1896 abgetragen

Kupferstich von J. O. Harms, 1678, St. M.

107 Der Zuschauerraum des Opern- und Komödienhauses am Taschenberg

Das gleiche Theater nach dem Umbau zu einem Theater mit vier Rängen durch J. G. Starcke, 1691

Farbige Zeichnung, L.H.A.

106

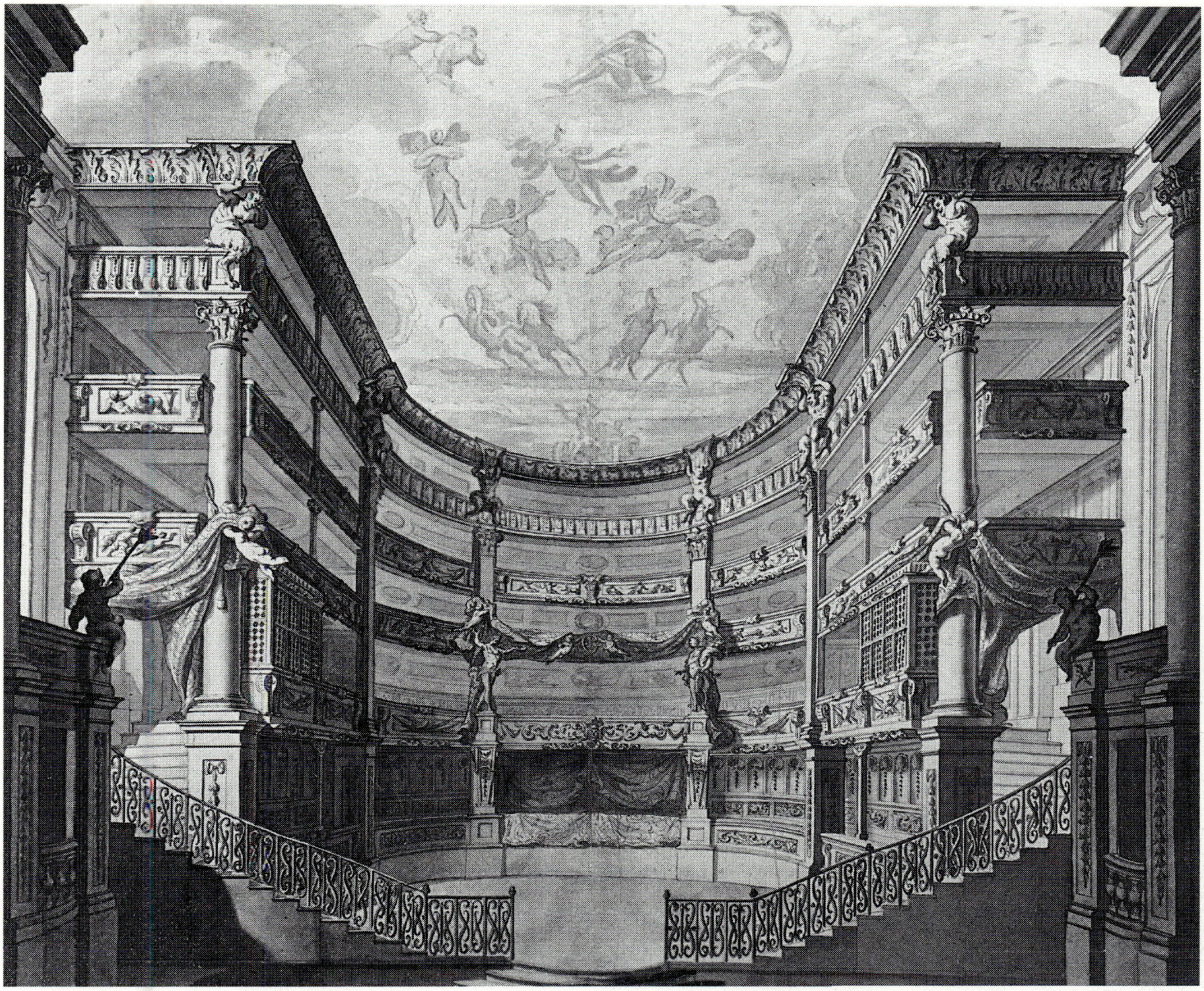

107

Seiten 90, 91, 92:

108 Das Portal vom Großen zum Kleinen Schloßhofe

Rundbogenportal zwischen Doppelpilastern, schwerer Schlußstein mit Kartusche und Kurschwertern. Vorgestellt auf gemeinsamem Sockel zwei Säulenpaare toskanischer Ordnung mit Architrav und Triglyphenfries, die offenen Austritt tragen, die mittleren Metopen mit Rosettenschmuck. Auf Postamenten über den Säulen vollplastische Sandsteinfiguren des Herkules und der Minerva zwischen schmiedeeisernem Gitter, dahinter Gruppe von drei Fenstern, das mittelste mit reichem dekorativem Schmuck und von Segmentgiebel mit einem Junokopf bekrönt. Bau von J. G. Starcke, 1682, figurale Arbeiten (nach Angabe von S. Asche) von Conrad Max Süssner. (Gegenseite s. Abb. 98). 1945 zerstört

Aufn. I.f.D.

109 Das Grüne Tor des Schlosses

Unter dem Hausmannsturm nach der Elbe zu gelegen. Rundbogen mit kräftiger Rustika und mit großem Kurwappen als Schlußstein. Über dem Architrav reicher Trophäenschmuck, Mittelfenster mit Gehängen sowie einem Segmentgiebel mit sächsischem Wappen und zwei Putten dekoriert, Entwurf von W. C. v. Klengel im Auftrage Johann Georgs III. als Denkmal der Türkenkriege, Bildhauerarbeiten von M. C. Dietze 1692/93 (Angabe von W. Hentschel)

Aufn. D.F.D., 1929

110 Schloß Hoflößnitz, das Wohnzimmer der Kurfürstin

Letztes Beispiel einer Ausstattung des Dresdner Manierismus, nach 1650. Holzverkleidung der Wände mit rechteckiger Feldereinteilung, bemalt mit nackten Putten, über dem Gebälk die 12 römischen Sibyllen (Hinweis auf die Namen zweier Kurfürstinnen) in Gestalt weiblicher Büsten. Zapfendecke mit Unterzügen, bemalt mit 24 in Wolken gehüllten Putten. Grün und weiß glasierter Ofen mit reichem plastischem Schmucke (Unterteil neu). Architekt des einstöckigen Fachwerkhauses mit Walmdach war Ezechiel Eckhardt, die Malereien verfertigten Centurio Wiebel, Albert Eyckhout und Christian Schiebling, Bauherren waren Johann Georg I. und II.

Aufn. I.f.D., um 1904

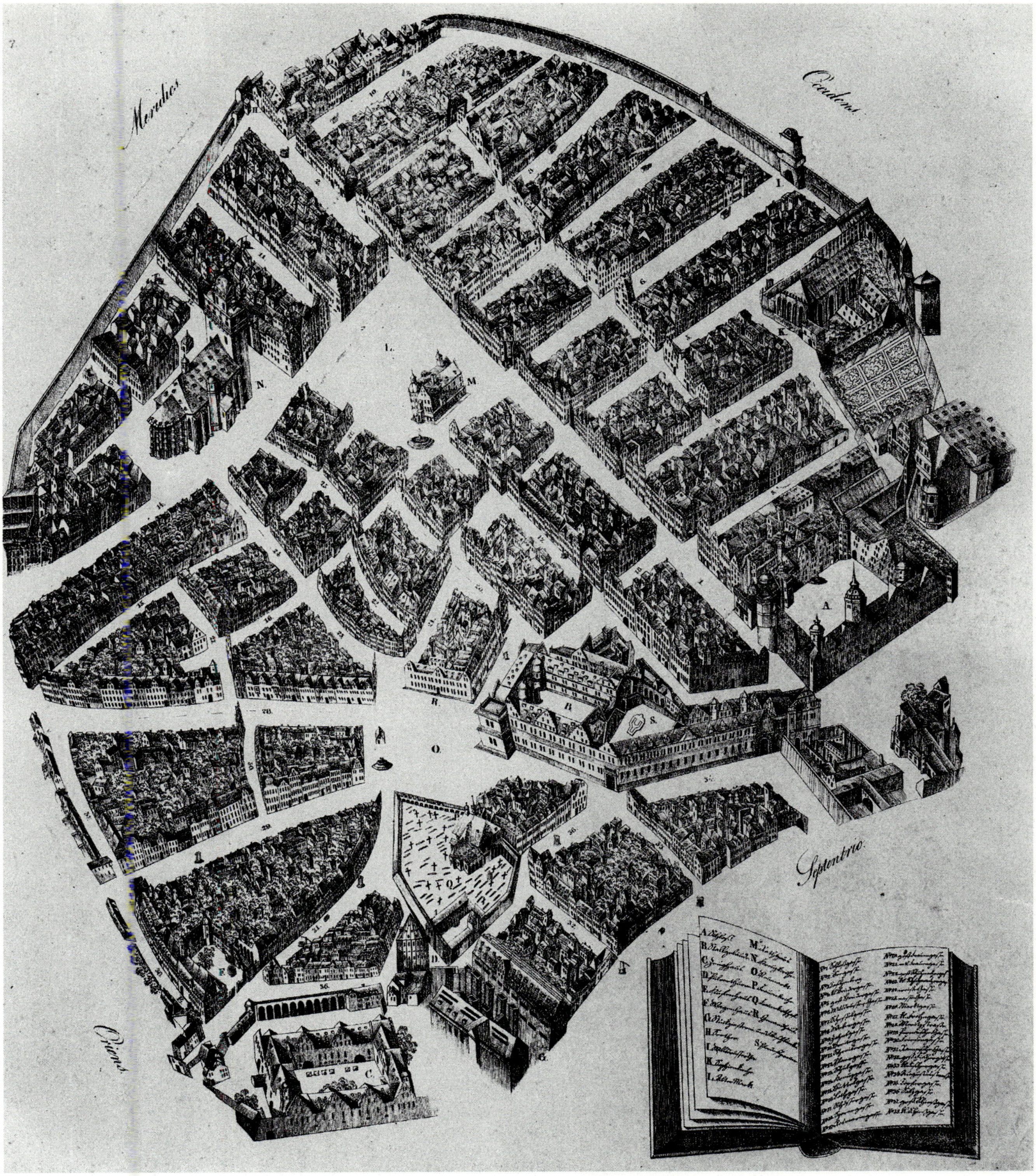

111

111 Dresden aus der Vogelschau

Zustand des linkselbischen Dresdens, 1634, das Fischerdorf um die Frauenkirche ist 1520 in die Stadt einbezogen worden, mit Legende

Lithographie von F. M. Reibisch, 1827, nach einem jetzt zerstörten Gemälde von A. Vogel, 1634

112 Das Fraumutterhaus in der Kreuzgasse am Salomonistor

Vornehmes Dresdner Wohnhaus, 1555 von Melchior Hauffe erbaut, an der Ecke nach dem Salomonistor Runderker, nach der Kreuzgasse zwei Giebel. Seit 1571 in kurfürstlichem Besitz. Geburtshaus Christians II. und seines Bruders Johann Georg I. Name seit 1611 nach dem Witwensitz der Gattin Christians I., Sophies von Brandenburg. Seit 1705 Sitz der Malerakademie, 1760 zerstört. An gleicher Stelle Samuel Lockes Reformierte Kirche von 1779, 1907 abgebrochen, heute an seiner Stelle ein Teil des Neuen Rathauses

Kupferstich aus der „Durchlauchtigsten Zusammenkunft" 1678, Nürnberg 1680

113 Fachwerkhäuser in der Pirnaischen Vorstadt

Während in der Innenstadt entsprechend den seit 1491 erlassenen Bauordnungen der Fachwerkbau in stetiger Entwicklung durch geputzte Ziegelbauten ersetzt wurde, blieb in den von Ackerbürgern bewohnten Vorstädten das Fachwerk bis ins 19. Jahrhundert hinein erhalten. Das Blatt zeigt einen Ausschnitt aus der ältesten Darstellung des beliebtesten Volksfestes, der Vogelwiese

Kupferstich von D. Conrad, 1660, St. M.

114 Die Holzgalerie im Hofe Breite Gasse 13

Hölzerne Galerien waren bis ins 17. Jahrhundert hinein als Verbindung zu den Seitengebäuden üblich, ursprünglich offene Umgänge, später verbrettert, Docken gedreht, wohl Anfang des 17. Jahrhunderts. Abgebrochen 1898

Aufn. I.f.D.

112/113

114
115

115 Der Altmarkt zwischen Weber- und Scheffelgasse nach 1600

Charakteristische Wohnhausgruppe mit Renaissancegiebeln vom Ende des 16. Jahrhunderts. Das linke Gebäude an der Ecke der Webergasse, kurz nach 1500 erbaut, erhöhte T. Weinlig um 1790 für den Buchhändler Arnoldi (s. Abb. 403). Das nachfolgende Gebäude mit breiter Toreinfahrt gehörte ehemals dem wohlhabendsten Manne Dresdens mit Namen Schmeisser. An Stelle dieses Gebäudes errichtete J. Fehre d. Ä. 1703 das Gasthaus „Goldener Ring“ (s. Abb. 344 und 379). 1840 nochmals umgebaut, beherbergte es das Hôtel de l'Europe. Als dritter folgt der schmalfenstrige Bau mit dem hohen Giebel „Cantade domino“

Rekonstruktion von H. Sulze, 1954, Stadtplanung

116 Der Renaissancegiebel Große Brüdergasse 8

Zweigeschossig, im ursprünglichen Zustande, Ende des 16. Jahrhunderts, reiche Fensterprofile, Fenster mit alter Sprosseneinteilung. 1945 zerstört

Aufn. I.f.D.

117 Die Arkaden im Hofe Schloßgasse 24

Charakteristische zweibogige Dresdner Arkadenform in drei Geschossen, Arkaden des Untergeschosses profiliert, die je drei tragenden einfachen Sandsteinsäulen durch quadratische Deckplatten bereichert, Ende des 16. Jahrhunderts. Abgebrochen 1899

Aufn. I.f.D.

116
117

118 Giebel des Manierismus Altmarkt 16

Reicher zweigeschossiger Giebel über viergeschossigem Bau. Die seitlichen Voluten durch Pyramidenschmuck bereichert. (Die Fenstergewände aus Sandstein auf der Abbildung wegretuschiert.) Anfang 17. Jahrhundert, abgebrochen 1899

Aufn. I.f.D.

119 Giebel des Manierismus Schloßgasse 34

Herzog Augusts Haus, zuletzt Geistliches Haus. Besonders reiche dreigeschossige Anlage des Giebels mit Nische im obersten Geschoß, die Geschosse durch verkröpfte Gesimse geteilt und durch Voluten verbunden, dreistöckiger, doppelfenstriger Mittelerker, Eckquaderung, um 1620. 1945 ausgebrannt, später mit dem ganzen Viertel abgebrochen

Aufn. D.F.D., 1937

118

119

120 Die Stuckdecke Schloßgasse 34

Die üblichen Balkendecken wurden Mitte des 17. Jahrhunderts durch Stuckdecken ersetzt, besonders kostbare Arbeit italienischer Künstler, wohl für den Herzog von Sachsen-Weißenfels, um 1660. 1945 zerstört

Aufn. I.f.D.

121 Der Eckerker Galeriestraße 9 und Frauengasse

Konsole mit Diamantquaderung, von sich krümmender Schlange abgeschlossen, obere Teile mit Renaissanceprofilen, die lateinischen Inschriften auf den Spiegeln bei der Wiederherstellung des Gebäudes 1720 hinzugefügt, Erker um 1671. 1945 zerstört, später abgebrochen

Aufn. I.f.D.

120
121

122

122 Die Fassade
Wilsdruffer Gasse 14

Kostbare dreigeschossige Anlage für den Stadtprediger Christian Zimmermann errichtet. Hauseingang links, zweistöckiger Holzerker vor dem zweiten Fenster rechts, Fenster entsprechend der Zimmer zusammengefaßt, zweigeschossiger manieristischer Giebel mit verschiedenen Pilasterordnungen und reichem Roll- und Schweifwerk, um 1660. 1945 zerstört, später mit der Straße abgebrochen

Aufn. I.f.D., 1931

Seiten 100, 101:

123 Die Fassade
Rampische Gasse 9

Dreifenstriger, dreigeschossiger Bau mit zweigeschossigem Erker vor dem Mittelfenster und Altan im dritten Geschoß mit Brüstungsgitter aus späterer Zeit, reicher dekorativer Schmuck in Stuck, Blattgirlanden, Muscheln und Tuchgehänge, Putzbänder, charakteristisch für J. G. Starcke, vor 1690, hervorragende Arbeit. 1945 zerstört, später abgebrochen

Aufn. D.F.D., 1937

124 Landhausstraße 13
(Innere Pirnaische Gasse), Hoffront (seit 1708 „Alte Post“)

Wohnhaus J. G. Starckes, Vorderfront um 1690 neu erbaut, Hinterhaus wohl nur baulich verändert, Imperatoren-Büste von J. Süssner, um 1683. 1945 zerstört, später abgebrochen

Aufn. I.f.D.

124

125 Die Fassade Wilsdruffer Gasse 15 (seit 1820 Hôtel de France), Ausschnitt

Über Erdgeschoß mit gequadertem Mittelportal drei sechsfenstrige Geschosse, Fensterverdachungen des ersten Geschosses mit Segmentgiebeln, des zweiten mit Dreieckgiebeln, des dritten, niedrigeren mit gebrochenen Giebeln und Büstenschmuck. Die reichen Sgraffiti der Fassade sind verschwunden, über den Quaderstreifen der Ecken Sandsteinfiguren der Pomona und der Athena von C. A. Buchau, von J. G. Starcke vor 1678 verändert, ursprünglicher Bau wohl wesentlich älter, Ausbau des Dachgeschosses modern. 1914 abgebrochen

Aufn. I.f.D.

126 Das Palais im Großen Garten, Stadtseite

Palais 1678 bis 1683 und Kavalierhäuser 1694 von J. G. Starcke für den Kurprinzen Johann Georg III. errichtet, Gartenanlagen bis 1683 von M. Göttler, anschließend von J. F. Karcher im Stile Le Nôtres verändert. – Die Stadtseite mit den Broderieparterres anläßlich der „Bauernwirtschaft" 1709. Darstellung aus der Vogelperspektive, die Grundriß und Aufriß verbindet. 1945 ausgebrannt, 1946 gesichert, 1954ff. wiederaufgebaut, Bauleitung Zwingerbauhütte, Bildhauerarbeiten Werner Hempel

Deckfarbenblatt von S. Mock, 1709, Kuka

125

127 Der Große Garten mit dem Kaitzbach im Südwesten

Generalplan 1719, regelmäßige französische Gartenanlage mit Heckentheater und Teich von J. F. Karcher

Kupferstich, 1719, S.L.B.

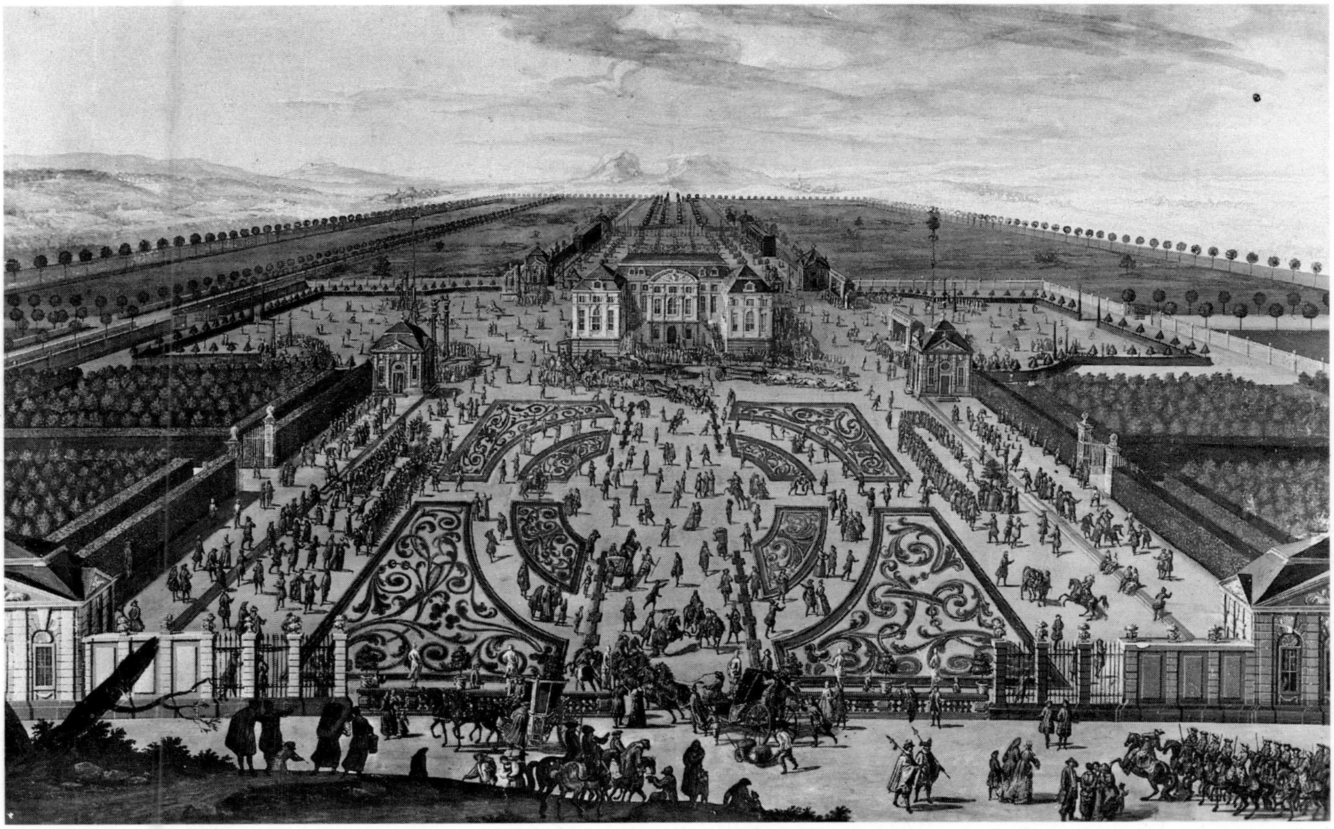

126

127

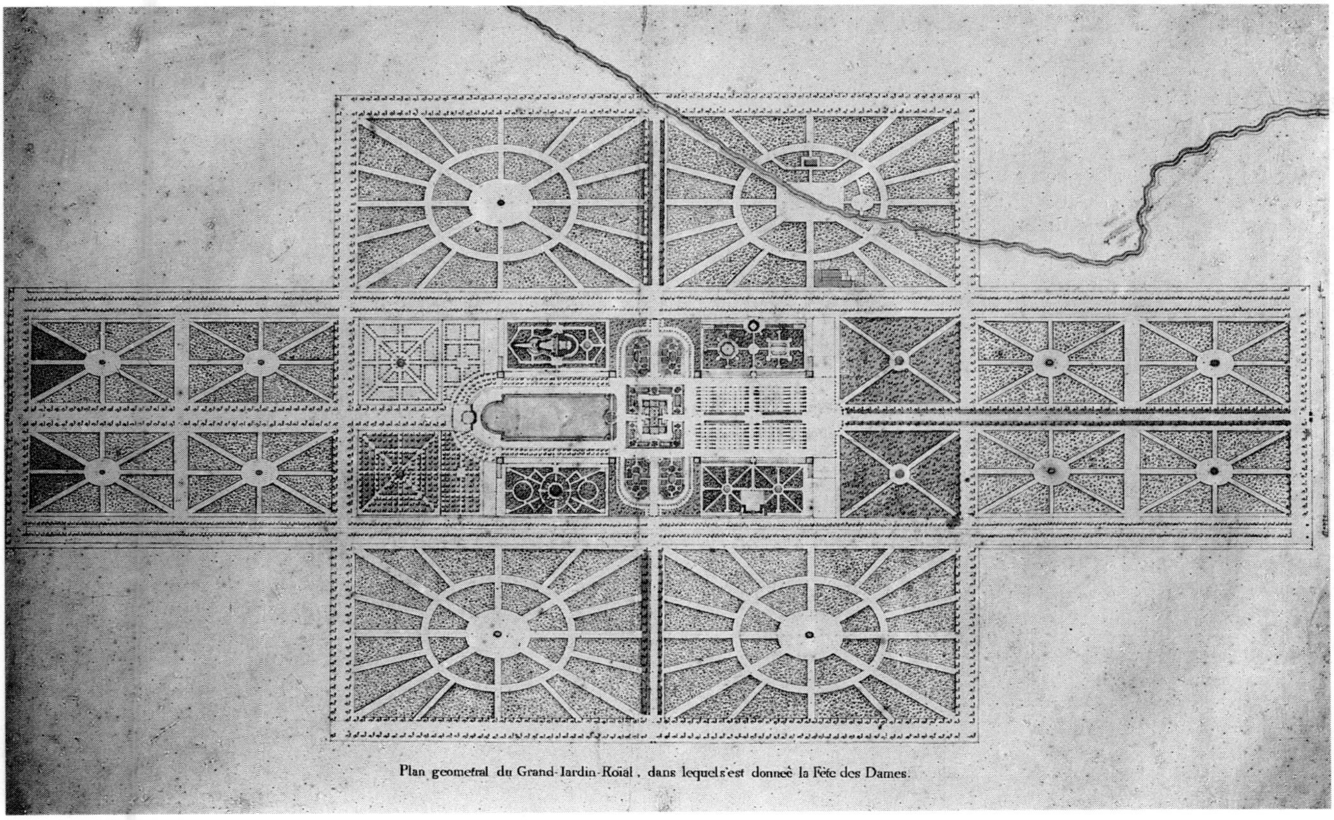
Plan geometral du Grand-Iardin-Roïal, dans lequels'est donneè la Fête des Dames.

128

129

128 Das Palais im Großen Garten, Landseite

Die Landseite mit dem Palaisteich J. F. Karchers von 1715 und dem Venus-Pavillon, wohl von Z. Longuelune, anläßlich des Nachtfestes 1719, im Hintergrunde die Stadt. Darstellung aus der Vogelperspektive

Lavierte Federzeichnung von C. H. J. Fehling, Kuka

129 Das Palais im Großen Garten, die Fassade der Teichseite

Aufmaß Anfang des 18. Jahrhunderts, früher Oberhofmarschallamt

130

130 Das Palais im Großen Garten, die Stadtseite

Der H-förmige Grundriß des dreigeschossigen Baues wird deutlich erkennbar. Die zweiläufige Treppe führt zum Mittelrisalit in den Festsaal des ersten Stockes und bindet die Seitenflügel nochmals an den Mitteltrakt. Der reiche plastische Schmuck, der das Palais überzieht, verteilt sich auf die Bildhauer Jeremias und Conrad Max Süssner, Abraham Conrad Buchau, Markus Conrad Dietze und George Heermann. Die Kaiserbüsten in den Nischen sind Arbeiten J. Süssners (nach Asche). Die Gruppen an den Treppenaufgängen „Herakles und Telephos“ und „Seleinos und Dionysos“ nach antiken Vorbildern von Paul Heermann geschaffen, wurden erst im 18. Jahrhundert aufgestellt

Aufn. D.F.D., 1937

131

131 Das Palais im Großen Garten, der Mittelrisalit der Ostfassade, Teichseite

Nach dem Vorbild des Louvre; zwischen den gekuppelten Säulen des Untergeschosses ein Bacchuskopf als Schlußstein, der in seiner Schwere für M. C. Dietze charakteristisch erscheint. Links und rechts neben den gekuppelten Säulen mit römischen Kapitellen im ersten Geschosse, über den Nischen mit weiblichen Gottheiten, Blattgirlanden und geraffte Tücher. Im oberen Halbgeschoß, zwischen den volutenartig vorgezogenen doppelten Pilastern, weibliche Büste in Rundmedaillon, durch Blattgehänge eingerahmt, von J. Süssner. Darüber ein Segmentgiebel mit männlicher Gestalt, die das Kurwappen hält, neben spielenden Kindern. Der Giebel wird von Früchtevasen flankiert und von einer der Jahreszeiten bekrönt. Das Ganze ein reiches Programm, das noch nicht zu einer geschlossenen Einheit zusammengewachsen ist. Auf der Stadtseite entsprechend bärtiger Faunkopf

Aufn. I.f.D., um 1930

132

132 Das Palais im Großen Garten, der Nordflügel

Ausschnitt einer von Pilastern eingefaßten Dreifenstergruppe des ersten Stockes, Frauenkopf als Schlußstein des mittleren Rundbogenfensters, Fruchtgehänge als plastischer Schmuck auf den Spiegeln und den mittleren Pilastern

Aufn. D.F.D., 1937

133

134

133 Das Palais im Großen Garten, die Nordfassade

Mit neun Fenstern Front, dreifenstrigem Mittelrisalit und reliefgeschmückter Giebelbekrönung

Aufn. D.F.D., 1937

134 Das Haupttor zum Großen Garten im Osten

Zwei mächtige gequaderte Torpfeiler (Orthostaten) mit vorgelegten Pilastern aus Sandstein, 1720 errichtet und bis 1813 durch ein vergoldetes Tor verbunden, darauf zwei Statuengruppen von J. C. Kirchner oder P. Balestra, links Meleager und Atalante, rechts Adonis, Venus und Amor. Die den Garten seit 1720ff. umgebende Mauer wurde nach 1814 niedergelegt, das zweite westliche Haupttor abgebrochen

Aufn. D.F.D.

135 Herkules besiegt König Busiris, Großer Garten, B. Permoser, nach 1690

Herkules stehend, den Kopf des Besiegten zwischen den Beinen, Sandstein, etwa 2,60 m hoch; aus einer Gruppe von ehemals 12 (?) Herkulesdarstellungen

Aufn. D.F.D.

135

136 Das Palais im Großen Garten, der große Mittelsaal im Obergeschoß

Entwurf von J. G. Starcke oder Oberlandbaumeister Christoph Beyer, reiche Arbeit italienischer Stukkateure, u. a. von Gabriele Minetti. Deckengemälde mit Apotheose Johann Georgs III. als jungem Gotte, auf Wolken thronend mit Minerva und den Kurschwertern, im Mittelstück, von Samuel Bottschildt und Heinrich Christian Fehling als Gehilfen, wohl erst nach 1690

Aufn. St. F., 1935

137 Das Palais im Großen Garten, ein Saal im Flügelbau

Die Stukkaturen zeigen zum ersten Male französisches Laubwerk neben italienisch-deutschen Barockelementen, um 1690

Aufn. I.f.D., um 1910

138 Einer der Pavillonbauten im Großen Garten

Acht quadratische dreiachsige Bauten umgeben das Palais als ein frühes Beispiel des aufgelösten Systems in Deutschland. Ursprünglich eingeschossig, mit Dreieckgiebel oder Dachgaupen, später um ein Halbgeschoß erhöht, erstes Vorkommen eines Mansarddaches in Dresden (nach W. Hentschel), einfache Gliederung durch gequaderte Wandstreifen, von J. G. Starcke, um 1690. Verwendet als kleine Spielsäle für die Hofgesellschaft, mit orientalischer Bemalung, 1730 bis 1786 hier die Antiken, 1834 zu Wohnungen umgestaltet

Zeichnung Rekonstruktion des ursprünglichen Zustandes, I.f.D.

Seite 112:

139 Das Lusthaus im Italienischen, seit 1719 Türkischen Garten

Mittelbau und zwei Seitenbauten, 1668 bis 1672 von J. G. Starcke nach seiner Italienreise errichtet, klassisches Gebälk mit Dreieckgiebel. Die doppelläufige Treppe nach dem Waldquartier sowie die Eingangstore wurden von M. D. Pöppelmann 1719 anläßlich des Umbaus des Palais hinzugefügt. Die Wände

136

137

des Saales blieben ungegliedert. Weiterbildung im zeitlich folgenden Palais des Großen Gartens, Gartenanlage von M. Göttler. 1760 fast zerstört. Hier nach 1770 Palais Riesch, später Blochmannsches Haus und Vitzthumsches Gymnasium. Darstellung des Nachtschießens vom 17. September 1719. Der Obelisk jetzt in Neschwitz

Getönte Federzeichnung von C. H. J. Fehling

138

140 Das Lusthaus im Italienischen, später Türkischen Garten, Front nach der Plauenschen Gasse

Einstöckiger Mittelbau mit geschweiften Bohlenbinderdächern über gequadertem Sockel, sieben Achsen Front, Mittelrisalit mit drei Rundbogenfenstern und Abschluß durch Dreieckgiebel mit ovalem Fenster. Davorgelegt eine doppelläufige englische Treppe, wie die nach dem Waldquartier, ebenfalls von Pöppelmann 1719. Die durch Balustrade verbundenen Seitengebäude hier nur angedeutet

Rekonstruktion, W. Bachmann, I.f.D.

139

140

141 Der Zwinger, Wand- und Deckenmalerei für den Deutschen Pavillon

Huldigung für August den Starken, in der Mitte Eingang zum Redoutenhaus. Während des Aufstandes von 1849 zerstört

Entwurf von G. A. Pellegrini, 1725 Pinselzeichnung, I.f.D.

DIE STADT DES BAROCK

August der Starke

Mit dem unerwarteten Tode des jugendlichen Johann Georg IV. und dem Regierungsantritt Augusts des Starken begann 1694 für die Residenzstadt Dresden eine neue Epoche. Seit Moritz war er der erste Wettinerfürst, der die Erweiterung seiner Hausmacht in umfassendem Rahmen wiederaufnahm. Zwischen Österreich und dem aufstrebenden Kurbrandenburg gelegen und eingeklemmt, suchte Sachsen als dritter deutscher Staat europäische Politik zu treiben. 1697 glückte es August, die polnische Königskrone zu erwerben. Damit stieg Dresden zu dem Rang einer europäischen Hauptstadt empor. Den Höhepunkt äußerer Macht erreichte August, als er 1711, nach dem Tode Kaiser Josefs I., als Vikar die Geschäfte des Reiches führte, und 1719, als es ihm gelang, den Kurprinzen mit der Tochter des Kaisers, Maria Josepha, zu vermählen – ein Ereignis, das dem Haus Wettin für die Zukunft große politische Perspektiven versprach, die sich aber nie erfüllten. Auch die Hoffnung des sächsischen Hofes, den Auseinandersetzungen zwischen Preußen und Österreich durch die Erweiterung der eigenen Machtsphäre begegnen zu können, scheiterten auf die Dauer an der ungünstigen geographischen Lage, an der mangelnden militärischen Bereitschaft und der politischen Unfähigkeit von Augusts Nachfolger und dessen Premierministers Graf Brühl. Die Eroberung Schlesiens durch Friedrich II. beschnitt 1742 die lebensnotwendigen Verbindungen nach Polen. Während des folgenden Siebenjährigen Krieges blieb Sachsen dauernder Kriegsschauplatz. 1758/59 brannten die Preußen die Dresdener Vorstädte nieder, 1760 erfolgte die verheerende Beschießung der Stadt. Der Frieden von Hubertusburg ließ 1763 nur ein entmachtetes und verarmtes Land zurück, das aufgehört hatte, eine politische Potenz von europäischer Bedeutung zu sein.

Mit der Erwerbung der polnischen Königskrone war der Glaubenswechsel zunächst für den Kurfürst-König selbst, 1717 für den Kurprinzen und für das ganze Haus verbunden. Damit verlor Sachsen die Führung der evangelischen Reichsstände an Preußen. Es gewann dafür den Anschluß an die internationalen katholischen Länder. Diese hatten im Verlaufe der gegenreformatorischen Bewegung auf dem Gebiet der bildenden Künste eine glanzvolle Vormachtstellung entwickelt, während die den bildenden Künsten gleichgültiger gegenüberstehenden protestantischen Staaten auf diesem Gebiete zurückgeblieben waren. Dem Protestantismus war es nicht einmal gelungen, außer für die Schloßkapellen einen eigenen Kirchenbaustil zu entwickeln, der seinen besonderen Erfordernissen entsprochen hätte. Man begnügte sich zunächst mit Reformen im Inneren der Kirchen. Der Hauptstadt Dresden kamen nunmehr alle diese Vorteile, die sich aus dem politischen Kurswechsel ableiten ließen, zugute.

Die Personalunion mit Polen brachte für die Dresdner Gesellschaft eine völlige Neuorientierung durch die Rolle, die der Adel nach polnischem Vorbild zu spielen begann. Der unermeßliche Reichtum, den einige Dutzend Familien in Polen angehäuft hatten, und die absolute Macht, die sie über ein in bitterer Armut vegetierendes Landvolk ausübten, war für Sachsen, das in weitestem Umfange entwickelte Produktionsverhältnisse besaß, sich eines bürgerlichen Wohlstandes erfreute, in dem sich frühbürgerliche Elemente bereits im 16. Jahrhundert herausgebildet und gefestigt hatten und dessen wohlhabende Stände sich durch ein hohes und ausgeglichenes Bildungsniveau auszeichneten, zunächst fremd. Noch im 17. Jahrhundert war es Johann Georg I. gelungen, der schrankenlosen Adelsherrschaft, wie sie sich in den böhmischen Ländern entwickelt hatte, an seinen Grenzen Halt zu gebieten. Erst die Verschwägerung der sächsischen Adelsfamilien mit der polnischen Aristokratie gab in Dresden diesem Einfluß Raum.

Aus dem 1704 anonym erschienenen „Portrait de la Cour de Pologne", das den Verfasser, Johann Friedrich von Wolfframsdorff, die Freiheit und später sogar das Leben kostete, und den dazugehörigen Prozeßakten wird die eingetretene Veränderung des Lebensstiles klar. Paul Haake faßte in seiner Biographie August des Starken den Bericht über die inzwischen eingetretenen Ereignisse in dem Satz zusammen: „Die Allmacht des alteinheimischen Adels ist in Sachsen wie in Polen der Grund allen Übels".

Bis zu Augusts des Starken Regierungsantritt hatte sich in Sachsen die Patrimonialherrschaft erhalten. Jetzt erst, im Zeitalter des Absolutismus, wurde einer, was er ist, durch den Auftrag des Königs und der in ihm zusammengefaßten Staatsgewalt. Auch diese Entwicklung wurde durch das Vorbild Polens veranlaßt. Hier hatte der Feudalismus mit Folgerichtigkeit zum Ersatz des Erbkönigtums durch das Wahlkönigtum des Feudaladels geführt. Dieser Wahlkönig mußte sich nicht nur die Gunst seiner Wähler teuer erkaufen, sondern sich diese auch weiter durch dauernde schwere Opfer gefügig erhalten. Ein wesentlicher Teil der Einnahmen aus den sächsischen Erblanden wurde von diesen Opfern aufgesogen.

Hier liegen auch die gesellschaftlichen Voraussetzungen für die Palastarchitektur, die vor dem 18. Jahrhundert in Dresden nicht bestanden hat. Während der Regierungszeit Augusts des Starken war die Verbindung zwischen Regenten und Bürgertum noch nicht abgerissen. Zu den großen Festlichkeiten, die sein Zeitalter auszeichneten und für die ein Bau wie der Zwinger errichtet worden war, hatte der Bürger noch in weitestem Maße nicht nur als Steuerzahler, sondern auch als Mitwirkender und Zuschauer beigetragen. Erst unter seinem Nachfolger, Friedrich August II., wurde diese neue adlige Gesellschaft exklusiv und zog sich auf ihre Besitzungen zurück, wohin kein Bürgerlicher mehr gelangte, um sich im engen Zirkel unbeobachtet zu ergötzen und ihre Feste zu feiern. Um so eifriger ging die Elite des ausgeschlossenen Bürgertums daran, die aufgespeicherten geistigen und künstlerischen Schätze zu erkennen, sie sich anzueignen und dienstbar zu machen.

So verheerend sich auch der politische Großmachttraum mit seinem Zusammenbruch für Sachsen ausgewirkt hat, für Dresden bedeutet diese Spanne von etwa sechs Jahrzehnten den Höhepunkt seiner Entwicklung. In dieser Zeit erwarb es seinen Weltruf als Kunststadt, als ein deutsches Florenz. Bauten und Kunstschätze haben an diesem Ruhme gleichen Anteil. Was auf den Gebieten der Architektur und der bildenden Künste in späterer Zeit entstand, ist oft im einzelnen sehr interessant und auch bedeutend. Die Fülle der schöpferischen Kraft, die Sicherheit des Ausdrucks der ersten Hälfte des 18. Jahrhunderts hat es jedoch nicht mehr aufzuweisen.

Das Kunstleben im Dresden des 17. Jahrhunderts hatte nicht nur durch die Ereignisse des Dreißigjährigen Krieges stagniert und erst in den letzten Jahrzehnten das Versäumte aufgeholt. Es kam hinzu, daß man Anregungen auf dem Gebiet der bildenden Künste zunächst aus den calvinistischen Niederlanden bezog, da die führenden Länder, wie Italien und neuerdings Frankreich, geistesgeschichtlich gesehen, im gegnerischen, gegenreformatorischen Lager standen. Aber schon unter Johann Georg II. war, wie wir sahen, bereits wieder eine Erweiterung des Blickwinkels eingetreten, und die bedeutendsten in Dresden tätigen Architekten und Maler hatten sich in Italien gebildet, während in der folgenden Generation der französische Einfluß dominierte.

August hatte als Prinz auf seiner Kavalierstour durch Frankreich und Italien ebenfalls die neue Entwicklung kennengelernt, sie hatte ihn begeistert und in ihm den Wunsch geweckt, die erhaltenen Anregungen in Sachsen zu verwirklichen. Nach dem plötzlichen Tode seines Bruders sah er sich in Dresden und nach der Erwerbung der polnischen Krone auch in seiner zweiten Hauptstadt Warschau in die Lage versetzt, diesen Wünschen Raum geben zu können. August war ein ausgesprochen musischer Mensch, das beweisen seine eigenen architektonischen Entwürfe und die Korrekturen der Risse in den Archiven. „Der König von Polen ist vielleicht der einzige Souverän, welcher imstande ist, für sich selbst zu erfinden und auszu-

142 Entwurf zu einer Medaille für ein neues Zeughaus in der Neustadt nach Z. Longuelune

Augusts Zeughausentwurf in quadratischer Form und mit Kuppelanlage in der Mitte ist hier aufgenommen

Zeichnung, 1731, ehemals Münzkabinett

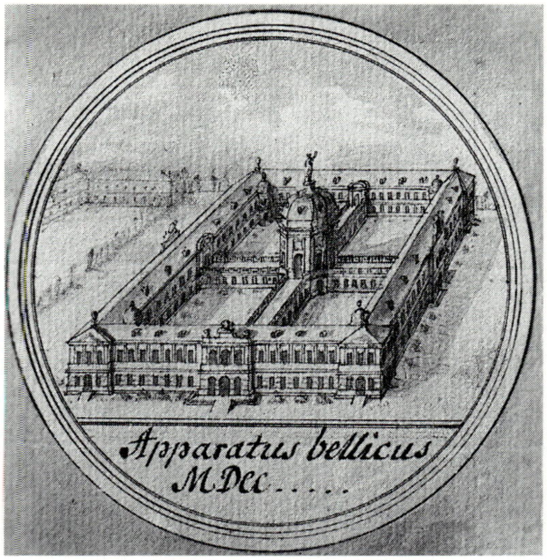

142

führen, was man nur irgendwie unternehmen will", schrieb der Graf von der Schulenburg 1730 über ihn. „Nach Seiner Majestät eigenem dessin inventiret" steht auf vielen der Pläne vermerkt. Seiner natürlichen, überall gerühmten Liebenswürdigkeit gelang es, gerade die Künstler an sich zu fesseln. Was ihm mangelte, war Stetigkeit. Impulsiv ließ er sich von Phantasie und Laune treiben. Dabei verlor er häufig den Boden unter den Füßen. Politisch führte das bereits zu seinen Lebzeiten zur Überflügelung Sachsens durch Preußen, wirtschaftlich in der Folgezeit zu einer Verarmung des Landes, während es künstlerisch bedeutete, daß eine Reihe der von August begonnenen Bauwerke Fragmente blieben.

Von dem Umfang der trotz dieses negativen Urteils bewältigten Leistungen kann man sich ein Bild machen, wenn man die Bautätigkeit des alternden Königs, der sein Leben zwischen Dresden und Warschau teilte, auch nur für Dresden betrachtet. Die Moritzburg entstand von Grund auf neu, desgleichen das Japanische Palais. Brücke und Brückenköpfe wurden ausgebaut und für Pillnitz, Großsedlitz und Übigau in großzügigster Weise geplant. Ein neues Zeughaus sollte erstehen. Wohin der König seinen Fuß setzte, wurde entworfen, gewerkt und gebaut. 1730 war auch seine Heeresreform beendet. Im Lustlager von Zeithain stellte er diese wohlgeordnete Truppe in einer für ihn charakteristischen Weise Friedrich Wilhelm I. von Preußen vor. Noch Goethe hat in „Dichtung und Wahrheit" von diesem Ereignis anerkennend berichtet.

Das neue Zeitalter des Barock sah seine Bauaufgaben nicht mehr nur vom Gesichtspunkt des einzelnen zu errichtenden Gebäudes. Der städtebauliche Gedanke fing an, zum ersten Mal seit der Antike, Architekten und Bauherrn zu beherrschen, und stellte das einzelne Bauwerk dienend unter eine großartige Gesamtplanung. Ganze Städte, Stadtviertel und Straßenzüge wurden unter diesem neuen Willen zum Gesamtkunstwerk errichtet. An Stelle des Koordinationsgedankens der Renaissance, in der wichtige und unwichtige Bauglieder gleichberechtigt nebeneinander gestanden hatten, trat im Barock die strenge Subordination, der sich nicht nur der letzte Bauteil, sondern auch jedes Möbelstück und jeder Zierrat an ihm, im Garten jeder Baum und jede Hecke zu fügen hatte.

Augusts nachhaltigstes Erlebnis auf seiner Tour durch Europa blieb Venedig mit dem Canale Grande. Jetzt suchte er in seinen beiden an Flüssen gelegenen Hauptstädten die Idee der von prächtigen Gebäuden eingefaßten Wasserstraße zu verwirklichen. Es galt, das Trennende des Flusses aufzuheben und an seiner Stelle ein neues, repräsentatives, einheitliches Gebilde zu schaffen. Durch drei Jahrzehnte bemühte er sich mit seinen Architekten, die Elbe zu dieser repräsentativen Straße auszugestalten. Die Anlagen von Übigau über das Japanische Palais bis Pillnitz und die Gesamtgestaltung der Brücke legen davon Zeugnis ab. Es ist zweifellos der genialste städtebauliche Gedanke, der je für Dresden aufgetaucht ist. So unvollkommen auch in späterer Zeit die weitere Verwirklichung dieser Idee erfolgt ist, noch immer gewährt die Elbfront der Altstadt den großartigsten Eindruck von der Stadt. Jeder moderne Städtebauer wird von ihr als dem entscheidenden Punkt ausgehen und die historische Nord-Süd-Achse von der Hauptstraße über die Brücke zur Schloßstraße und zum Bahnhof als wichtigste Gegenbewegung beibehalten. Der Durchgangsverkehr würde dann seinen Weg über die Dr.-Rudolf-Friedrichs-Brücke (Carolabrücke), die Ringstraßen und die Marienbrücke nehmen und am Rande des historischen Stadtzentrums entlanglaufen, ohne dieses jedoch zu berühren.

Spielten vor 200 Jahren die Wellen der Elbe bis zu den Mauern der Terrasse, so hat sie heute ihr Bett so tief gegraben, daß nur die Zeit des Hochwassers das ursprüngliche Bild des die Mauern umspülenden Stromes zeigt, wie es uns von Belottos Gemälden und Stichen vertraut ist. Der von Hans Nadler wiederaufgegriffene großartige Plan, unterhalb von Pieschen eine Staustufe zu errichten, die die Elbe im Gebiet der Stadt um zwei Meter hebt, würde, abgesehen von den primären wirtschaftlichen Vorteilen, die seine Durchführung mit sich bringt, der Stadt am Strom auch dauernd ihr ursprüngliches Gesicht zurückgeben.

Bauordnungen und Grundsätze zum Städtebau

Durch immer neue Bauordnungen suchte August der Stadt ein zeitgemäßes Gesicht zu geben. 1718 wurde das Oberlandbauamt, dem alle Zivilgebäude unterstanden, eingerichtet. Es war das Jahr der fieberhaften Vorbereitungen für die Hochzeit des Kurprinzen, die alle schöpferischen und handwerklichen Kräfte zusammenraffen ließ. Dem neuen Oberlandbauamt waren alle Pläne und Unterlagen vor Beginn eines Baues vorzulegen. Zunächst ließ man die letzten Fachwerkhäuser, die eine dauernde Gefahr für ihre Umgebung gebildet hatten, abreißen und sie in gegebener Frist durch steinerne Gebäude ersetzen. Die meist hölzernen, mit Stuck überzogenen Erker wurden nur noch selten angebracht und später sogar ganz verboten. Sie blieben als Schmuck den Straßenecken vorbehalten. Die behördlichen Eingriffe gingen bis zur genauen Vorschrift von Material, Farbe des Anstrichs und der Stockwerkhöhe. Sie trugen zur Vereinheitlichung und damit zur Verschönerung des Stadtbildes bei. Die Geschlossenheit, die das alte Dresden in seinen Straßenzügen, wie der Großen Meißner, der Wilsdruffer und der Rampischen Gasse, seinen Plätzen, wie dem Altmarkt, dem Neumarkt und dem Neustädter Markt, bei der gewahrten Individualität jedes einzelnen Baues auszeichnete, war das Resultat dieser verschiedenen Bauordnungen. Sie wirkten sich wohltätig bis zur Schwelle des 20. Jahrhunderts aus. Das hohe Satteldach wich der französischen Mansarde. Damit gehörte der ehedem so charakteristische Giebel der Vergangenheit an. An die Stelle der „Schnecken" traten gerade Treppen, die Balustraden aus Holz begrenzten. Die bis in die Gegenwart gültige Verordnung, die Treppen bis ins oberste Geschoß in Stein auszuführen, hat in der Nacht vom 13. zum

143 Plan der Neuen Königstadt Altendresden

Mit den Festungswerken, der Dreikönigskirche noch vor der Hauptstraße, deren Linden eben gepflanzt sind, dem Holländischen Palais mit dem Ehrenhof vor Anlage der Königstraße und dem alten Friedhof. Entstanden anläßlich der Vermählung des Kurprinzen Friedrich August mit Maria Josepha

Stich von J. A. Corvinus, Ausschnitt, 1719, I.f.D.

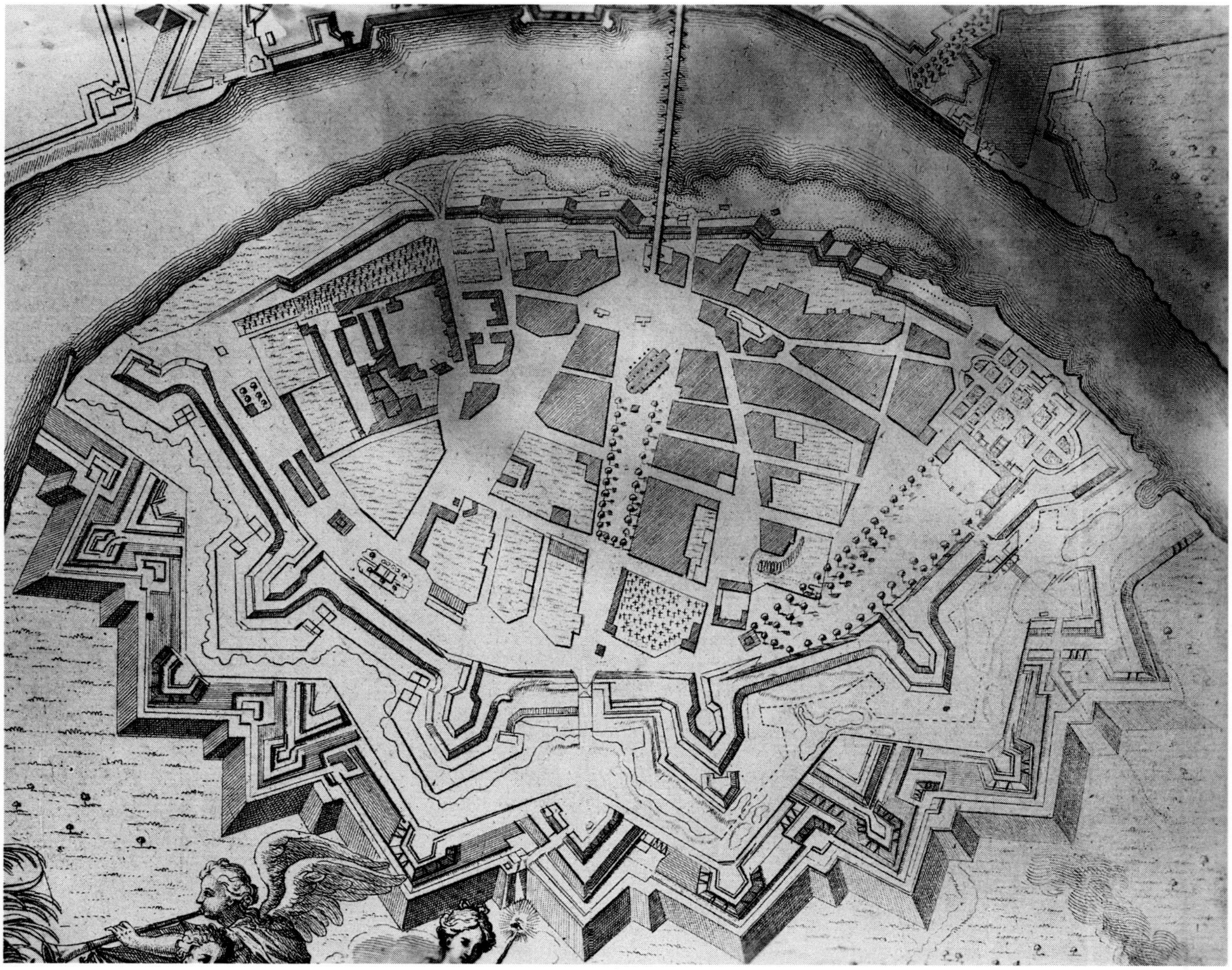
143

144 Porträt Augusts des Starken

Idealisierte Darstellung, Kopf aus der Sandsteinkomposition der Apotheose Augusts des Starken von B. Permoser, 1722. 1945 zerstört

Aufn. I.f.D., früher Französischer Pavillon des Zwingers

144

14. Februar 1945 vielen Tausenden von Dresdnern das Leben gerettet. Feuerpolizeiliche Gründe waren es auch, die die Stukkierung der Decken anordnen ließen. Waren Giebel und Erker sowie die mehr oder weniger reichen Portale der Schmuck der sonst ungegliederten Renaissancegebäude, so ging man auch bei der bürgerlichen Architektur des 18. Jahrhunderts zu einer Gesamtkomposition

145

145 August der Starke im polnischen Krönungsornat von 1697

Der Kopf Augusts wurde im 34. Lebensjahre abgeformt. Das Ornat hat er am Krönungstage in Krakau getragen

Aufn. D.F.D., 1932. Ausschnitt von Kopf und Brust

Historisches Museum

der Fassaden, meist mit Betonung der Mittelachse, über. An der Errichtung der bürgerlichen Wohnquartiere wirkten die bedeutendsten Baumeister der Zeit mit. Ein halbes Jahrhundert intensiver Bautätigkeit genügte, das Gesicht der Stadt vollkommen zu verändern.

Ein charakteristisches Beispiel ergibt sich bei der Betrachtung des Bauwollens im rechtselbischen Dresden. August ließ den Wiederaufbauplan Klengels für den 1685 abgebrannten Stadtkern verändert weiterführen. Keine nennenswerten Schwierigkeiten standen der neuen städtebaulichen Gestaltung entgegen, da in Altendresden mit wenigen Ausnahmen nur unbedeutende Fachwerkgebäude gestanden hatten, die meist nicht einmal unterkellert waren. Nur die gerade fertiggestellte Dreikönigskirche, die in die Hauptstraße hineinragte, mußte noch einmal abgebrochen und weiter nördlich in die Straßenfront zurückgenommen werden. Eine besondere Bauordnung regelte die Ausführung der Gesamtplanung, deren Gesichtspunkte der französisch-italienischen Stadtbaukunst entsprachen. Ausgangspunkt wurde das Schwarze Tor, von dem aus die Königstraße zur Mittelachse des Holländischen, später Japanischen Palais führt. Ihre Gebäude durften nur Erdgeschoß, Hauptgeschoß und ein Halbgeschoß bei gleicher Fluchtlinie erhalten. Als zweite Straße wurde vom Schwarzen Tor die Hauptstraße zum Blockhaus gezogen, deren Gebäuden eine höhere Geschoßzahl zugebilligt werden mußte. Das hat sich zum Nachteil für das Blockhaus und die städtebauliche Gesamtsituation ausgewirkt, vor allem, nachdem der Plan Longuelunes, diesem eine hohe Pyramide aufzusetzen, gescheitert war. Nach Fertigstellung dieser für das enge Dresden großartigen Straßenzüge verlieh August 1732 dem rechtselbischen Dresden den Namen der Neuen Königstadt, einen Namen, den die Zeit in Neustadt kürzte.

Lichte und Weite gehörten zu den Idealen der barocken Stadtbaukunst wie der menschliche Maßstab, der auch bei den größten Projekten nicht verletzt wurde. In der Altstadt und in den Vorstädten setzte das Oberlandbauamt die Anzahl der Stockwerke und die Haushöhen ebenfalls fest. Sie schwankten je nach der Breite der Straßen zwischen 15,91 Metern, 14,96 Metern und 13,29 Metern einschließlich des Daches. Diese Maßstäbe wurden bis zum Ende des 19. Jahrhunderts aufrechterhalten. Erst den beiden am Neustädter Ufer errichteten Ministerialgebäuden war es vorbehalten, den Wohlklang der rechtsseitigen Elbfront zu zerstören, und in die architektonische Harmonie der Bauten auf der Brühlschen Terrasse drang ein Mißton durch die unruhige und protzenhafte Kunstakademie, welche die Festungswerke zum Sockel degradiert. Es gehört zu den tragischen Tatsachen des 13. und 14. Februar 1945, daß die Kostbarkeiten in Trümmer sanken, während diese und einige andere Bausünden erhalten blieben. Die Beachtung der Maßstäbe für die alte Innenstadt bleibt auch die Voraussetzung für den Wiederaufbau eines Dresdens, das den Traditionen des nationalen Kulturerbes gerecht werden will. Im einzelnen kann der Architekt dann zu neuen Lösungen schreiten, ohne daß das Gesamtbild darunter leidet.

Die Baumeister

Man hat August der Sprunghaftigkeit in der Durchführung mancher seiner Bauvorhaben geziehen. Das Versagen machte sich vor allem beim Schloßbau in Dresden bemerkbar. 1701 zerstörte ein Feuer den Georgenbau mit dem Riesensaal, ein Grund zur Planung und Errichtung eines großartigen neuen Baues, der würdig gewesen wäre, die neue, königliche Macht zu repräsentieren. Es wurde zwar in einem bisher in Dresden noch nicht dagewesenen Umfang geplant, aber zur Errichtung eines neuen Schlosses ist es nicht gekommen, so daß die merkwürdige Tatsache besteht, daß der glänzendste und verschwenderischste Fürst, den das deutsche 18. Jahrhundert gesehen hat, mit dem Bau seiner eigenen Residenz nicht zu Rande kam und in dem altmodischen Schlosse seiner Väter sitzenblieb. Um die Dresdner Verhältnisse hier richtig zu beurteilen, bedarf es der Berücksichtigung des gleichlaufenden Schloßproblemes in Warschau, wie ja nicht nur der Kurfürst-König, sondern ebenso seine Architekten – Dietze, Pöppelmann und Knöffel mit ihren Schülern – zum Teil für beide Städte tätig waren und sich monatelang an der Weichsel aufhielten oder von Dresden aus die Bauten planten, wobei sie die Mittel und die Kräfte erschöpften.

Betrachten wir kurz zunächst einmal die Organisation des sächsischen Bauwesens. Die architektonischen Aufgaben verteilten sich am Hof der beiden Augusti folgendermaßen: Die Oberinspektion über die Zivil- und Militärgebäude lag seit 1695 in den Händen des Generalintendanten und späteren Feldmarschalls Graf August Christoph von Wackerbarth. Er war ein hochgebildeter und weitgereister Mann, der, am glanzvollen Heidelberger Hof aufgewachsen, selbst ein umfassendes Architekturstudium in Rom getrieben hatte, bevor er die Nachfolge Starckes antrat. Starcke hatte das Amt eines Oberlandbaumeisters bereits seit 1672 innegehabt und 1692 dazu die Aufsicht über das Festungsbauwesen erhalten. In beiden Funktionen war er wiederum der Nachfolger Klengels gewesen.

146

146 Pöppelmann, Mathias Daniel, Miniatur, um 1725

Arbeit eines unbekannten Künstlers. Ehemals Besitz St. M., Kriegsverlust

Aufn. D.F.D.

Als erster Hofarchitekt erscheint vor der Jahrhundertwende Markus Conrad Dietze, der uns eine Reihe von bedeutenden Schloßbauplänen und einen Entwurf für ein Stall- und Reithaus hinterlassen hat und von dem auch der Gedanke zur Anlage der Moritzburger Großterrassen stammt. Aber Dietze verunglückte schon 1704 in Warschau. Seine Bedeutung ist viel größer, als es nach dem spärlich erhalten gebliebenen Entwürfen den Anschein hat. Auch das Schaffen des Oberlandbaumeisters Christoph Beyer, eines Kavalierarchitekten, bleibt bis auf den Bau der Englischen Treppe in der Residenz und des Kleinen Schauspielhauses am Zwingerwall noch wenig geklärt. H. E. Scholze wies aber nach, daß seine Bauten ein Mittelmaß nicht überschritten und so wahrscheinlich dem Geschmack Augusts nicht genügten. Das mag erklären, warum sich Beyer bereits 1706 vom Amt zurückzog.

Das Erbe konnte Matthäus Daniel Pöppelmann, der zu Dietzes Nachfolger ernannt wurde, zu voller Wirksamkeit bringen. Seit 1718 stand Pöppelmann auch dem neugegründeten Oberlandbauamt als Oberlandbaumeister vor, nachdem er schon seit 1680 in Dresden an untergeordneter Stelle gewirkt hatte. Sein Name und sein Werk repräsentieren das Zeitalter Augusts des Starken nach außen. In Wirklichkeit liegen die Probleme tiefer, und wir können nur von einem Teil der ihm zugeschriebenen bürgerlichen Bauten mit Sicherheit sagen, daß sie von seiner Hand stammen. Er schuf die folgenden umfangreichen Entwürfe für das neue Schloßprojekt.

Unter Friedrich August II., zwischen 1735 und 1740, trat das Dresdner Schloßproblem noch einmal in den Vordergrund. Für das Gelände zwischen Zwinger und Elbe lieferten Longuelune, Chiaveri und Knöffel gigantische Pläne. Sie blieben ebenso unverwirklicht wie die der vergangenen Jahrzehnte. Als 1760 Dresden in Trümmer gesunken war, entwarf der bayrische Oberhofbaumeister Cuvilliés einen umfassenden Plan, der nicht nur den gesamten alten Schloßkomplex der Spitzhacke opferte, sondern auch den Abbruch der Festungswerke vorsah und sogar Schloß Übigau städtebaulich mit einband. An Stelle der alten Festungswerke sollte eine vierreihige Baumallee die Stadt umziehen. Wer sich dieses großzügige Projekt betrachtete, kann die klägliche Ringlösung des 19. Jahrhunderts nur schmerzlich bedauern. Sie ist in erster Linie dem mangelnden Mut und der fehlenden Möglichkeit, in bestehende Besitzverhältnisse einzugreifen, zuzuschreiben.

Neben Pöppelmann wirkte seit 1698 der Franzose Raymond Leplat als Ordonneur du cabinet, d. h. als Innenarchitekt. Ihm danken wir nicht nur die Inneneinrichtung des Schlafzimmers und des Thronsaales im Schloß, um 1700 entstanden, sondern er leitete auch zwischen 1721 und 1724 die kostbare Ausstattung der acht Prunkräume des Grünen Gewölbes an, von der der Brand 1945 Teile übrigließ. Zur Ausgestaltung von Pillnitz und Moritzburg wie zur neuen Schloßkapelle trug er wesentlich bei. Sein Sohn wirkte in gleichem Sinne an den großen Aufgaben der Innenraumgestaltung.

147

147 Permoser, Balthasar, Selbstbildnis, 1728

Rückseite des Bildwerkes des gegeißelten Christus mit Inschrift „Balthasar Permoser hats gemacht in Salzburg in seinem 77. Jahr 1728". Salzburger Marmor.

Katholische Hofkirche Dresden, Aufn. D.F.D.

Dem Oberlandbaumeister Johann Friedrich Karcher, schon seit 1684 in Dresden tätig, war die Aufsicht über die Gärten übertragen. Sein Hauptwerk bleibt die Gestaltung des Großen Gartens im Sinne Le Nôtres, aus dessen Schule er gekommen ist. Er hat sich auch als Architekt verdient gemacht. Nach dem Scheiden Beyers aus dem Amt war er von 1706 bis 1718 alleiniger Oberlandbaumeister.

Mit Karcher erreichte die Gestaltung der französischen Gärten in Dresden ihren Höhepunkt. Sein Einfluß war noch lange Zeit nach seinem Tode spürbar, bis eine neue Kunstauffassung den französischen Gartenstil ablöste und auch in Dresden der englische Landschaftsgarten Einzug hielt. Pläne und Stiche unterrichten uns noch heute über den Reichtum der gartenarchitektonischen Phantasie Karchers.

1715 trat Zacharias Longuelune in sächsische Dienste. Er war ein Schüler der französischen Akademie unter Lepautre, hatte unter de Bodt am Berliner Zeughaus gearbeitet und übernahm später einen Lehrauftrag an der Ingenieurakademie. Dresden gewann in ihm einen Mann von außerordentlichen Fähigkeiten. Er verfügte auch über die künstlerische Gabe des Zeichnens, die ihn in die Lage versetzte, seinen Bildhauern und Kunsthandwerkern Anweisung bis ins Detail geben zu können. Longuelune wird uns als ein bescheidener Mann geschildert, der in seiner Lehrtätigkeit aufging und dem es schwerfiel, sich gegen seine Kollegen durchzusetzen. Er genoß das Vertrauen Augusts des Starken, aber erst unter der Leitung de Bodts rückte er nach 1722 in die Stellung eines Oberlandbaumeisters auf. Longuelune war ein ausgesprochener Vertreter des klassischen Barock der französischen Akademie, der in Dresden den deutschen Hochbarock Pöppelmanns ablöste und bedeutende Nachwirkungen bis ins 19. Jahrhundert hinein hatte. Er war es, der die Lisene als wichtigstes Schmuckglied der Fassade zur Geltung brachte.

Gestützt wurde Longuelune durch seinen Landsmann Jean de Bodt, der 1728 aus Berlin kam und die Nachfolge Wackerbarths als Generalintendant aller Zivil- und Militärgebäude antrat. De Bodts Name bleibt vor allem verbunden mit dem Umbau des Japanischen Palais und der Errichtung der Kasernen auf der Hauptstraße. Auch de Bodt war ein Vertreter des klassischen Barock aus der Schule der französischen Akademie.

Aber die Wirkung beider wurde schon nach wenigen Jahren lahmgelegt. Als Graf Brühl die Geschäfte als allmächtiger Minister Friedrich Augusts II. übernommen hatte, ging praktisch das Schwergewicht der Entscheidungen an Johann Christoph Knöffel über. Dieser war aus dem Oberlandbauamt herausgewachsen, Schüler Pöppelmanns sowie Longuelunes gewesen und 1723 an Karchers Stelle getreten. Er wurde 1728 zum Oberlandbaumeister ernannt. Nach dem Tode de Bodts 1745 leitete er auch dem Namen nach das Amt, seit 1748 als „Surintendant" des Zivilbauwesens, eine Stellung, die er bis zu seinem Tode 1752 innebehielt. Doch wurde er nicht mehr Chef des Militärbauamtes. Die Machtbefugnisse über Zivil- und Militärbauamt, die seit 1692 erst unter Starcke, dann unter Wackerbarth und zuletzt unter de Bodt in einer Hand vereinigt waren, wurden 1744 wieder getrennt. Im Oberlandbauamt, dem weiter die Zivilbauten unterstanden, ging aber insoweit eine Veränderung vor, als in ihm nicht mehr die Oberlandbaumeister gleichberechtigt nebeneinander wirkten, sondern einer mit der Leitung der Geschäfte betraut wurde.

Knöffel war unter den führenden Architekten der einzige geborene Dresdner. Er galt bis zu W. Hentschels Forschungen zu Unrecht als ein wenig erfreulicher Charakter. In Wirklichkeit war er ein überragender Architekt, der in seinen späteren Lebensjahren aus Barock und französischem Akademiestil das typisch sächsische Rokoko entwickelte, nachdem er sich in seiner mittleren Periode als ein treuer Schüler Longuelunes erwiesen hatte. Vom Kopfbau der Ritterakademie bis zum Palais Brühl sind die meisten großen Palaisbauten mit seinem Namen verknüpft. Die gesamte bürgerliche Architektur steht bis fast zur Jahrhundertwende unter seinem Einfluß.

1737 trat Gaëtano Chiaveri in das Oberlandbauamt ein, ohne mit den allgemeinen Aufgaben in Berührung zu kommen. Ihm fiel als einzige Aufgabe zu, das Gebäude zu errichten, das seit 40 Jahren geplant war: die Katholische Hofkirche. Chiaveri brachte ein völlig neues Element nach Dresden, den römischen Barock in seiner letzten Phase. Es entsprach nur der Dresdner Gesamtsituation, wenn ihm keinerlei Auswirkung auf die sächsische Architektur beschieden blieb.

Als Nachfolger Knöffels übernahm Julius Heinrich Schwarze das Oberlandbauamt, in dem er schon seit 1729 unter de Bodt, Longuelune und Knöffel wirkte. Auch er war ein Vertreter des sächsischen Rokoko, das er auf seinen Höhepunkt führte. Das Palais Mosczynska von 1742 sowie das kleine Komödienhaus von 1755 sind längst der Spitzhacke zum Opfer gefallen. Erhalten blieb der westliche Flügel des Taschenbergpalais, in dessen Erweiterungsbau er sich 1756 bis 1763 mit Exner, dem der östliche Trakt zufiel, teilte. Sein Name ist auch mit der Vollendung der Katholischen Hofkirche verbunden. Nach dem Ausscheiden von Chiaveris Nachfolgern Wetzel und Knöffel übernahm er die Bauleitung und erhöhte über Chiaveris Plan hinaus glücklich den Turm. Sein Werk bedarf noch genauer Untersuchungen. Vielleicht zählen sogar die ovalen Säle der Brühlschen Kleinbauten und das Palais Boxberg dazu.

Auf Schwarze folgte Christian Friedrich Exner 1766 als dritter und letzter Vertreter des Rokoko, der zum Klassizismus überleitete. Als sein Hauptwerk gilt das Josephinenstift mit der dazugehörigen Kapelle von 1760 bis 1764. Später führte er die vier Flügelbauten in Pillnitz aus, zu denen Christian Traugott Weinlig oder Johann Daniel Schade die Pläne geschaffen hatten. Zu dem langwierigen und unerfreulichen Neubau der Kreuzkirche lieferte Exner 1774 die Entwürfe für den Außenbau und leitete die Ausführung bis zur Attika. Beide Aufgaben hatten nichts mehr mit dem Rokoko zu tun. Die Flügelbauten in Pillnitz entwickelten historisierend und angleichend die Ostasienmode von 1720 weiter. Die Kirche geht im Grundriß auf den Barock des George-Bähr-Schülers Johann Georg Schmid zurück, nimmt aber nun im Außenbau klassizistische Elemente auf.

Exners Nachfolge übernahm 1799 für wenige Monate die interessante Erscheinung Christian Traugott Weinlig. Er entwickelte sich im Verlauf

148

148 Glas mit Emailbildnis August des Starken und Wasserpalais Pillnitz im ersten Bauzustand von 1720

Dieser erste Zustand, der die drei Bauten getrennt nebeneinander zeigt, erhielt sich nur wenige Monate.
August der Starke ließ bereits 1720 den Mitteltrakt wieder verändern und 1724 die Verbindungsgänge zu den Flügeln errichten. Glas der Dresdner Hütte, Emailarbeit von Joh. Heinrich Meyer, 1720

Aufn. D.F.D., früher Schloß Moritzburg

149 Das Lusthaus im Italienischen, später Türkischen Garten, Grundriß und Gartenplan

Gartenanlage nach italienischen Vorbildern noch in den Formen der Renaissance, doch schon mit Parterres, charakteristische Teilung in Lustgarten und Baumgarten. Durch den Haupteingang an der Großen Plauenschen Gasse führt eine Mittelachse auf das Palais Starckes (1668 bis 1672) mit den Treppenvorlagen M. D. Pöppelmanns von 1719. Einer der im mittleren Quartiere

für Johann Georg II. aufgestellten Obelisken heute im Parke von Neschwitz. Die hier durch das Waldquartier laufenden Linien bezeichnen den Flug der Kanonenkugeln bei der Beschießung Dresdens im Juli 1760

Farbige Zeichnung, nach 1760, I.f.D.

150 Der Große Garten, Uranlage

Quadratisch axiale Anlage von 3250 Dresdner Ellen = 1830 m, vom H-förmigen Palais J. G. Starckes als Mittelpunkt aus in horizontaler, vertikaler und diagonaler Richtung geführt

Plan von Martin Göttler, 1676, L.H.A.

seines Lebens vom Rokoko-Klassizisten zum reinen Klassizisten. Sein Name bleibt vor allem mit dem reizvollen Rundtempel im Englischen Garten des Schlosses Pillnitz und der neuen Reithalle verbunden. Zwischen 1800 und 1815 zeichnete der weniger bedeutende Klassizist Johann Gottlob Hauptmann für das Oberlandbauamt verantwortlich, ihm stand Christian Adolph Franck als zweite Kraft zur Seite. Hauptmann wiederum wurde von Friedrich Schuricht abgelöst, der unter anderem das Neue Palais und den Chinesischen Pavillon in Pillnitz schuf und über einen reichen Ideenschatz verfügte, der auch in seinem Zeichnungswerk sichtbar wird.

Mit Friedrich August Krubsacius kam 1776 die zweite Generation des Klassizismus im Oberlandbauamt zum Zuge. Er war noch Schüler Longuelunes und Knöffels, verfolgte aber bereits die neue, gräzisierende Linie des Dorismus und hatte den Einfluß Winckelmanns erfahren. Die „edle Einfalt und stille Größe" wird in seinen Bauten bereits sichtbar, Krubsacius kann in seinen theoretischen Schriften als bahnbrechend nicht nur für Dresden bezeichnet werden. Schon 1745 erschienen die „Betrachtungen über den Geschmack der Alten in der Baukunst", 1759 die „Gedanken von dem Ursprung, Wachstum und Verfall der Verzierungen in den schönen Künsten" mit der scharfen Wendung gegen Barock und Rokoko. Auch gegen Goethes Aufsatz über Erwin von Steinbach richtete er einen Angriff. In der 1764 begründeten Dresdner Kunstakademie übernahm er die Professur für Baukunst. Seine Schüler und Enkelschüler beherrschten die sächsische Architektur für mehr als ein halbes Jahrhundert. 1764 bis 1770 baute er das Prinzenpalais der Sekundogenitur an der Langen Gasse, der späteren Zinzendorfstraße, 1770 bis 1776 entstand sein Hauptwerk, das Landhaus, das einzige monumentale Gebäude dieser Jahrzehnte. Trotz aller Theorien war auch Krubsacius noch kein konsequenter Klassizist. Die großartige Treppenhausanlage in seinem Landhaus, die letzte in Dresden, weist in der zweiläufigen Führung die typischen Rokokoelemente auf, während er die Dekoration klassizistisch vereinfachte und die Decke flach abschloß.

149

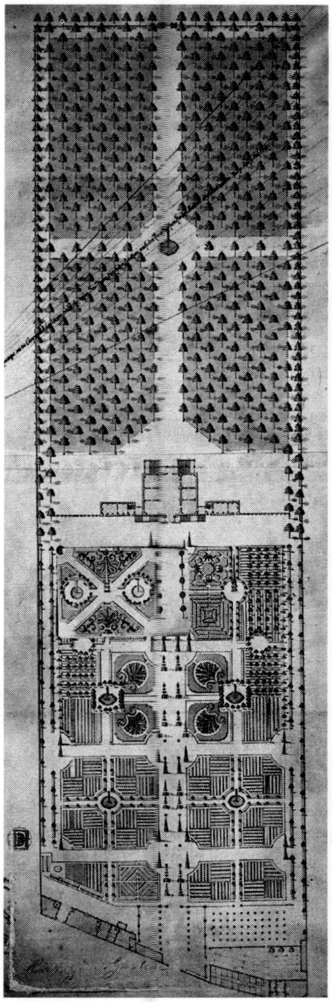

150

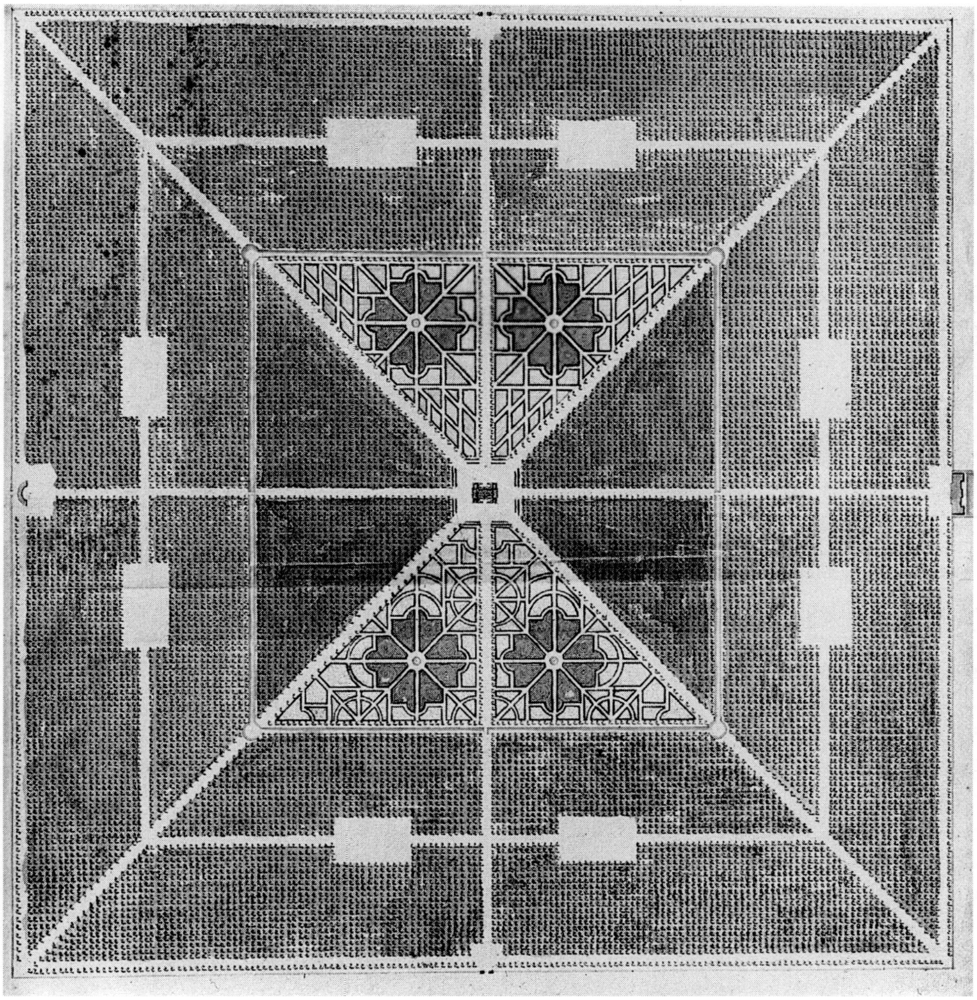

Nach dem Siebenjährigen Krieg trennten sich die besonderen Anliegen des Hofes von den Aufgaben des Oberlandbauamtes, das nunmehr nur noch die Staatsbauten ausführte. Es wurde ein besonderes Hofbauamt gegründet, das bis 1831 bestand und im Hausmarschallamt aufging. 1763 erhielt Krubsacius als erster die Ernennung zum Hofbaumeister. Das Amt bot in den verarmten Zeiten, in denen der Gesichtspunkt der Sparsamkeit voranstand, nur bescheidene Entwicklungsmöglichkeiten. Doch sehen wir unter den nachfolgenden Amtsträgern so bedeutende Persönlichkeiten wie den Klassizisten G. F. Thormeyer und den Zeitgenossen G. Sempers O. von Wolframsdorf wirken, deren Bauten die Dresdner Architektur beachtlich bereicherten. Krubsacius' Nachfolger als Hofbaumeister sowie im akademischen Amt war Gottlob August Hölzer. Sein Wirken vollzog sich im Schatten seines Lehrers und Vorgängers. Sein Hauptwerk ist uns im Turm der Kreuzkirche erhalten geblieben.

Abschließend muß festgestellt werden, daß die Fülle der schöpferischen Phantasie bei den Vertretern des Barock lag, bei Dietze, Pöppelmann und Bähr, bei Chiaveri, Knöffel und Schwarze, ebenso wie bei der überragenden Persönlichkeit Longuelunes, während die architektonischen Ideen der Klassizisten wesentlich dünner flossen. Die ursprüngliche Genialität der Barockmeister überspielt das intellektuelle Akademische der nachfolgenden Generation, das, wie man es auch betrachten mag, erst aus zweiter, wenn nicht dritter Hand kam.

In den vorstehenden Ausführungen sind nur die führenden Kräfte genannt worden. Da es üblich war, daß die Amtschefs die Baurisse signierten, ist die Scheidung der Hände nicht immer leicht vorzunehmen. Vor allem bereitet die Klärung der Urheberschaft bei Pöppelmann und Longuelune bedeutende Schwierigkeiten, und der letztere ist zugunsten des ersteren sicher wiederholt um sein Recht als Autor gekommen. Diese Frage hatte bereits im Oberlandbauamt zu fortlaufenden Auseinandersetzungen geführt. Sie wurde von Wackerbarth so gelöst, daß die rivalisierenden Architekten in der Reihenfolge ihres Dienstalters die Risse signierten: Karcher, Pöppelmann, Longuelune und Knöffel.

Der Ablauf der praktischen Arbeit ging im neubegründeten Oberlandbauamt auf die folgende Weise vor sich: Der Amtschef übertrug nicht einem Architekten die Bauausführung, sondern zu jedem Projekt wurden ein oder mehrere Gegenprojekte gefertigt. Aus ihnen entwickelte sich der zur Ausführung bestimmte Plan. Sichtlich hat dieser Wettbewerb zu ausgezeichneten Resultaten geführt und die Qualität gesteigert. Die beiden Gegenspieler waren zunächst Pöppelmann, dessen Barock süddeutscher Prägung mit seiner überschäumenden Phantasie sich beruhigte, und Longuelune, dessen klassischer Barock französischer Herkunft an Strenge verlor. Dem jungen Knöffel war es bestimmt, die Synthese beider Meister und beider Stile zu finden, mit ihr bis zum Ende des Jahrhunderts wirksam zu bleiben und das Durchschnittsgesicht der Stadt zu prägen.

Neben den Bauten des Oberlandbauamtes liefen die des 1702 gegründeten Ingenieurkorps. Die Anstalt wurde 1742 unter de Bodt in den Rang einer Ingenieurakademie emporgehoben. Die Ausbildung des Nachwuchses erfolgte im Ingenieurkorps, entsprechend den besonderen Aufgaben, selbst. Es wird davon noch zu berichten sein.

Alle Architekten, die sich am Hof betätigten, hatten eine internationale Ausbildung erfahren. Sie waren in Rom und Paris, oft auch in den Niederlanden gewesen, sie reisten während ihrer Amtstätigkeit weiterhin und befanden sich auf der Höhe ihrer Zeit. Dresden war in diesen Jahrzehnten die Durchgangsstelle für Krakau und Warschau, aber auch weiter für Petersburg und Moskau. Dagegen hatten die bedeutendsten Baumeister, die die Stadt beschäftigte, nur eine handwerkliche Ausbildung genossen. Im Zeitalter der Gotik waren sie aus dem Steinmetzhandwerk gekommen, im 18. Jahrhundert finden wir vor allem Baumeister aus dem Maurer- und Zimmermannshandwerk. Mit Recht spricht man im Dresdner Kirchenbau des 18. Jahrhunderts von einer Zimmermannsarchitektur. Doch auch andere Handwerke lieferten Architekten, so kam Karcher vom Gärtnerberuf her. Die in Süddeutschland häufig erscheinenden Schreiner- und Stukkateurbaumeister treffen wir dagegen nicht an. Diese Handwerksbaumeister waren dann in den Zünften gebunden, während die Hofarchitekten außerhalb der Schranken der Handwerksinnungen standen. So ist George Bähr, der Erbauer der Frauenkirche, der eine Lehre als Zimmermann durchlaufen hat, bis er 1705 Ratszimmermeister wurde, vermutlich nicht im Ausland gewesen. Er blieb auf das Studium von Rissen und das allerdings sehr umfangreiche und leicht zu beschaffende Stichmaterial für seine Studien angewiesen. Johann Gottfried Fehre, der Erbauer des Altstädter Rathauses wohl nach Plänen Knöffels, hatte wie sein Vater als Maurer begonnen und war seit 1715 Ratsmaurermeister, später Innungsältester. Auch er ist über die engere Heimat nicht hinausgelangt. Haben gerade diese beiden Männer die handwerklichen Beschränkungen, in denen sie aufwuchsen, überwunden, so wissen wir doch von George Bähr, daß die meisten Schwierigkeiten, denen er sich bei seinem Bau ausgesetzt sah, gerade die schmälere Basis, die das Handwerk ihm bot, zur Ursache hatten. Was erfahrene Lehrer und eigene An-

151 Die Uranlage des Zwingers, hölzernes Amphitheater

Errichtet von J. F. Karcher und M. D. Pöppelmann anläßlich des Besuches des Königs Friedrich IV. von Dänemark 1709. Darstellung eines Reiteraufzuges, im Hintergrund der Schloßbau mit den mächtigen Zwerchgiebeln und dem Hausmannsturm, rechts das Opernhaus von W. C. v. Klengels

Deckenfarbenblatt von G. Ch. Fritzsche, 1709, Kuka

schauung vermitteln können, mußte er sich mühevoll als Autodidakt erwerben. Ähnliche Erfahrungen blieben auch Bährs Nachfolger im Amt als Ratsbaumeister, Johann Georg Schmid, nicht erspart.

Die Loslösung der Architektur und des Architekten des Hofes aus dem Zwang der Innungen hatte Ludwig XIV. nur gegen den härtesten Widerstand durchgesetzt. Sie war notwendig geworden, um unabhängig von den oft kleinlichen Beengungen die Großbauten des Hofes überhaupt zu verwirklichen. Dresden war hierin dem Beispiel der französischen Könige gefolgt. Von den Einschränkungen, denen sich ein Handwerksmeister durch die Innungen ausgesetzt sah, mag der Innungsartikel der Dresdner Steinmetzen von 1668 Zeugnis ablegen. Nach ihm durften Maurer nur „Orthsteine, harte Taffeln, Keller Stuffen, Kracksteine, so verdünchet werden" anfertigen, das sind Stücke, die, wie 1704 festgesetzt wurde, nur mit Spitzeisen und Steinaxt zu bearbeiten waren. Dagegen war den Steinmetzen die Arbeit mit „Klippel und Eisen" vorbehalten. Die Bruchsteinmaurer und Putzmaurer standen als untergeordnete Handwerker außerhalb der Bauhütte (nach E. Hempel). Die Kehrseite zu der Enge der Innungen, dem unter den höfischen Barockarchitekten nunmehr auftretenden akademischen Dünkel, erleben wir zum ersten Mal bei dem auf die Dresdner protestantischen Kirchenbauten so einflußreichen Architekturtheoretiker Leonhard Christoph Sturm, der sich scharf gegen alle „Empirici" wendete, unter denen er alle Arten von ungebildeten, sich in die hohe Kunst eindrängenden Handwerkern verstanden wissen wollte.

Zu diesen drei Möglichkeiten der Ausbildung durch das Oberlandbauamt wie durch internationale Erfahrungen auf Studienreisen, durch das Ingenieurkorps mit seinen besonderen technischen Anliegen und durch die Handwerkslehre kam nach 1764 noch als vierte die Ausbildung an der neubegründeten Dresdner Kunstakademie. Fußten die ersten Methoden mehr oder weniger auf Anschauung und praktischer Tätigkeit, so stand in dieser Anstalt die reine Theorie, ästhetisch begründet, obenan. Die Ausbildung blieb lehrhaft-akademisch und war so reichlich blutlos. Kunsttheoretische Betrachtungen wurden wichtig und verschafften ein höheres gesellschaftliches Ansehen als schöpferische künstlerische Gestaltung. Dieser Zustand ist charakteristisch für die Zeit nach dem für Sachsen verlorenen Siebenjährigen Krieg. Obwohl große Teile der Stadt seit 1759 in Trümmern lagen, gab es in dieser Zeit nur wenige bedeutende Bauaufgaben zu lösen. Doch erst die zusätzliche Betrachtung der in diesen Jahren gefertigten Entwürfe im

Institut für Denkmalpflege und im Staatsarchiv, die als Vorbildersammlung oft auch gestochen im Druck erschienen sind, gibt das volle Bild des Wollens einer Dresdner klassizistischen Architektur. Als erster Professor der Baukunst wirkte hier F. A. Krubsacius. Ihm folgte 1790 sein schon oben genannter Schüler G. A. Hölzer. Mitte der zwanziger Jahre waren die einheimischen Kräfte erschöpft, und man war genötigt, sich im übrigen Deutschland umzusehen. Auf Empfehlung des bekannten Kunstfreundes und Mäzens Gottlob von Quandt kam der Schüler Karl von Fischers in München, Joseph Thürmer, nach Dresden. Der hochbegabte, allzu jung verstorbene Joseph Thürmer steht am Anfang einer neuen Zeit. Er ebnete Gottfried Semper den Weg. Erst mit dessen Berufung auf den akademischen Lehrstuhl im Jahre 1834 begann noch einmal ein großes Kapitel der Dresdner Architekturgeschichte. Nach der Flucht Sempers führte sein Schüler Hermann Nicolai die Schule Sempers würdig weiter. Am Ende dieser Periode wirkten an der Dresdner Kunstakademie Paul Wallot, Hans Poelzig, Heinrich Tessenow und Wilhelm Kreis.

Doch das war im 19. Jahrhundert noch nicht die letzte Möglichkeit eines Architekturstudiums. 1875 begründete Rudolph Heyn am Sächsischen Polytechnikum, seit 1890 Technische Hochschule, die Hochbau-Abteilung. An ihr lehrten später unter anderen Karl Weißbach, Ernst Giese, Fritz Schumacher, German Gestelmeyer und Martin Dülfer, um nur die wichtigsten Vertreter zu nennen. Einige von ihnen waren auch gleichzeitig mit dem Lehrkörper der Kunstakademie verbunden. Das Ziel der Hochbau-Abteilung bestand darin, dem werdenden Architekten nicht allein die wissenschaftliche, technische und allgemeine Bildung zu vermitteln, sondern ihm auch die letzte künstlerische Schulung im Atelier für Entwerfen zu ermöglichen. Die Bauingenieur-Abteilung kann als älteste Fakultät der 1828 gegründeten Technischen Bildungsanstalt, des späteren Sächsischen Polytechnikums, angesprochen werden. Sie ist praktisch eine Fortsetzung der alten, oben geschilderten Ingenieur-Akademie von 1742. Hierüber umfassender zu berichten, würde bei dem zunehmenden Vorrang der Technik im 19. und 20. Jahrhundert den Rahmen des Buches sprengen. Nur ein Name aus der frühesten Zeit sei genannt, der von Johann Andreas Schubert.

152 Der Zwinger, Plan für die Erweiterung nach der Elbe mit neuem Schloßprojekt und Anlage der Langgalerien am Stadtgraben

Die Gruppe der Orangeriebauten wird einbezogen in die Schloßplanung. Die Hauptachse ist um 90 Grad gedreht und verläuft vom Kronentor nach der Elbe. Zweite bauliche Entwicklungsphase des Zwingers

Entwurf von M. D. Pöppelmann, 1714, Zeichnung, Kuka

152

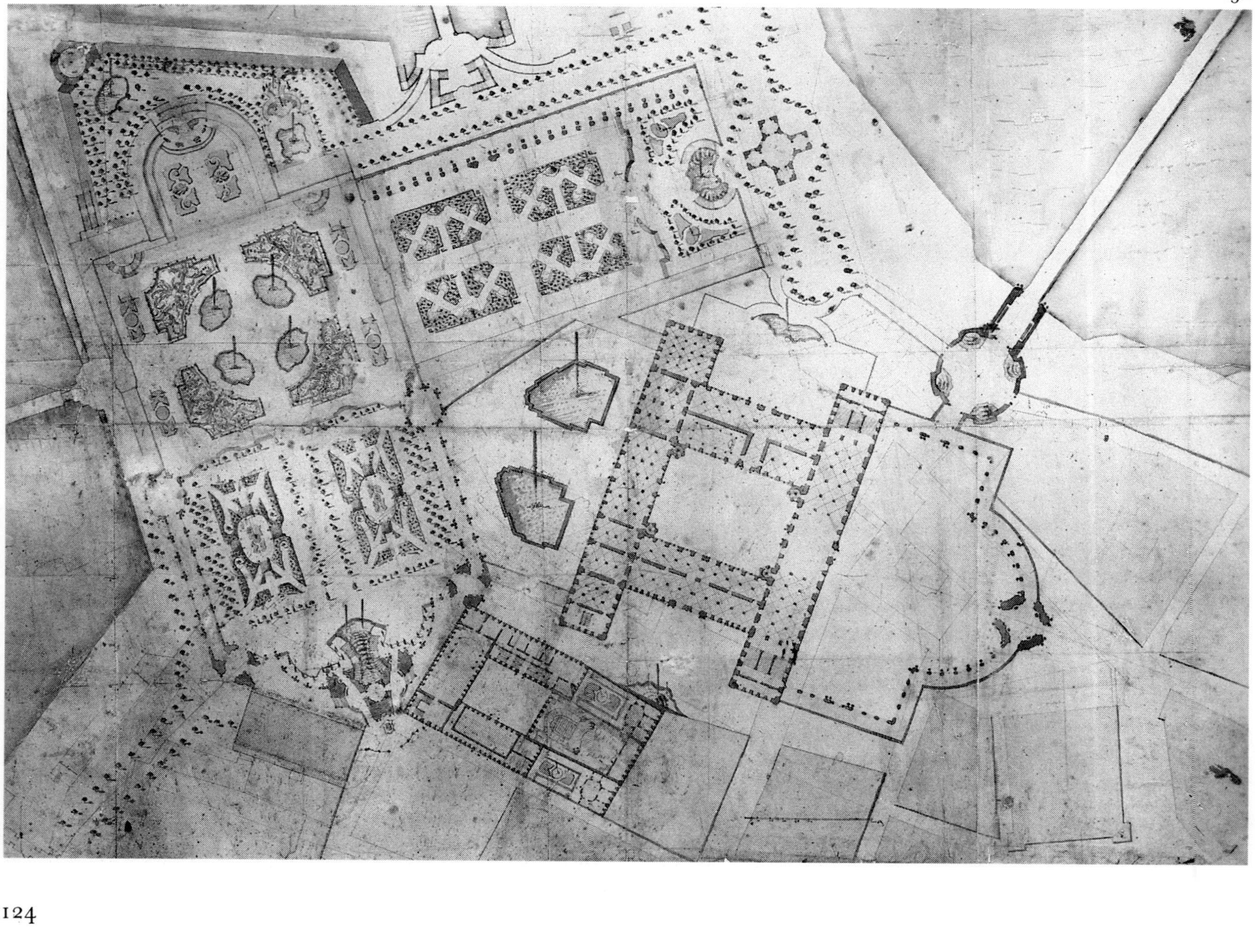

153

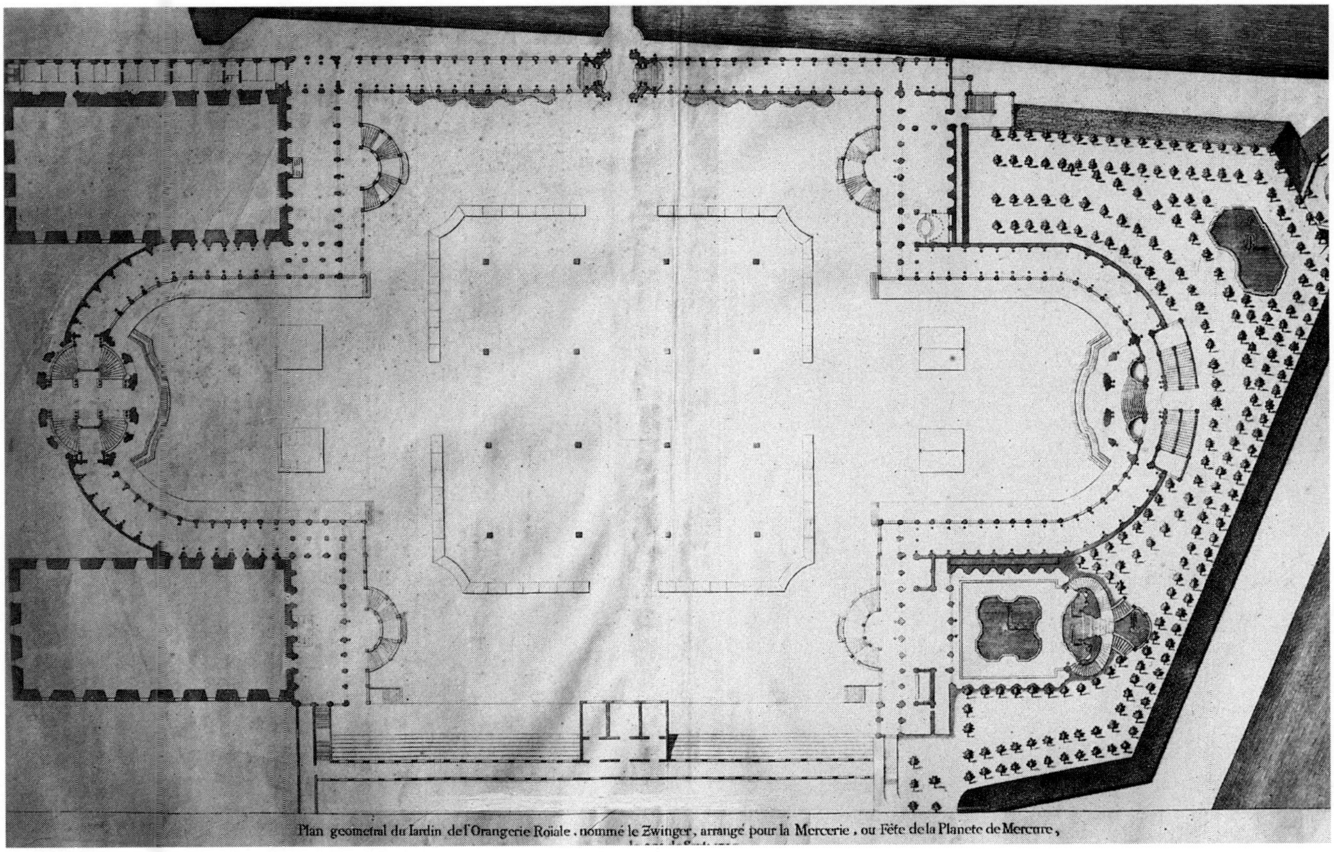

153 Der Zwinger, Gesamtplan des Zustandes anläßlich der Festlichkeiten von 1719

Die vierte Zwingerseite ist durch eine Tribüne mit Mittelloge geschlossen, die Orangeriebauten sind auf der Stadtseite wiederholt. Der Grundriß des M. D. Pöppelmannschen Opernhauses hinter dem Pavillon am Stadtgraben zeigt ebenso wie der des gegenüberliegenden Redoutenhauses einfache Rechteckform. Dritte und letzte bauliche Entwicklungsphase des Zwingers

Kupferstich, 1719, Kuka

Das Taschenbergpalais

Von Starckes Palais im Großen Garten führte ein direkter Weg zum Taschenbergpalais, das seinen Namen nach einer einseitigen Erhöhung am linken Elbufer trägt. Der heutige Mittelbau war der erste große Auftrag, den August der Starke an Matthäus Daniel Pöppelmann erteilte. Nach zeitgenössischen Angaben Marpergers ist auch Karcher an dem Bau beteiligt gewesen. Das bedeutet, daß Starckes engster Mitarbeiter die im Palais des Großen Gartens gemachten Erfahrungen mit einbrachte. Das Taschenbergpalais entstand in der Zeit seit 1706 und war für die Geliebte Augusts, die Gräfin Cosel, bestimmt. Damals trug es noch den Namen „Türkisches Haus", nach seiner „orientalischen" Einrichtung, die 1718 durch Leplat ausgewechselt wurde. Zum zweiten Mal wurde hier nach Starckes Lusthaus vor der Stadt der orientalischen Mode Tribut gezollt. Der Architekt des Zwingers zeigt zwar in diesem Bau noch nicht die bewegten und gekurvten Formen, die für sein späteres Werk charakteristisch werden, aber auf der Oberfläche spiegelt sich schon das reiche ornamentale Leben ab, wie es später in den langen Zwingergalerien wiederkehrt. Gerade diese reichen Dekorationsformen sind charakteristisch für die heimische Tradition; verwandte Ranken- und Blattgehänge traten schon im Palais des Großen Gartens auf und bleiben auch typisch für das kommende Halbjahrhundert. Die ornamentierten Reliefplatten überziehen den ganzen Mitteltrakt mit ihrer köstlichen, leichten Lineatur und machen diesen zu einem der beschwingtesten Bauten Dresdens. Besonders stark spürt man die Hand Pöppelmanns in den schräg vorgezogenen Säulenstellungen an den Seiten des Portals und in den beiden darüber vorbauchenden Balkonen, die die Mittelachse betonen. Mit Recht nimmt man wohl an, daß diese Portalarchitektur erst ein halbes Jahrzehnt später entstanden ist, nach dem Besuch Pöppelmanns in Wien, wo er das soeben vollendete Portal des Palais Lobkowitz von Johann Bernhard Fischer von Erlach gesehen hatte, in einer Zeit, als der Zwingerbau in vollem Gang war. Nicht minder großartig erhob sich hinter der stattlichen Vorhalle eine doppelarmige Treppenanlage, die zweite nach Starcke-Beyers Englischer Treppe im Schloß. Von ihr hatte sich zuletzt nur noch die Hälfte erhalten. Sie im Sinne der Bauidee und Planvorlage Pöppelmanns wiederherzustellen, bleibt eine selbstverständliche Pflicht beim Wiederaufbau.

Nach der Verbannung der Gräfin Cosel fand das

Palais am Taschenberg eine neue Bestimmung. Von 1719 an bewohnte es die jeweilige kurprinzliche Familie. Notwendigerweise ergab sich für diese umfassenderen Zwecke eine Erweiterung des Baues, sie wurde aber erst nach der Jahrhundertmitte, 1756 bis 1763, mit der Anlage der Seitenflügel und des Hofes von Schwarze und Exner vorgenommen. Es wird davon noch zu sprechen sein.

Der Zwinger

Pöppelmanns Hauptwerk ist der Zwinger. An Planung und Ausführung hat Permoser unzweifelhaft einen bedeutenden Anteil. Als Pöppelmann erkannte, daß sein geniales Werk ein Torso bleiben würde, faßte er 1729 Verwirklichtes und Erdachtes in dem Kupferstichwerk „Vorstellung und Beschreibung des Zwingergartens" zusammen.

Der Zwinger gehört nicht nur zu den bekanntesten, sondern durch seine Form und seine ursprüngliche Zweckbestimmung bis in die Gegenwart auch zu den befremdendsten Kunstdenkmalen in ganz Mitteleuropa. Das erscheint erstaunlich, denn er ist unter den berühmten deutschen Bauwerken eines der spätesten. Aber schon wenige Jahrzehnte nach seiner Errichtung fiel er der Vergessenheit anheim, als die Entwicklung die Stilphase des Hochbarock, zu dem der Zwinger stilistisch zählt, überwandt. Die Kühle und Klarheit des klassischen Barock der französischen Akademie begann sich fast zur gleichen Zeit in Dresden auszuwirken, und der Geist, aus dem der Zwinger entstanden war, wurde dieser neuen Zeit fremd.

Erst kurz vor Beginn unseres Jahrhunderts öffneten sich einem späteren Geschlecht mit der Wiederentdeckung des Barock auch erneut die Augen für die musikalische Schönheit und die künstlerische Bedeutung dieses einzigartigen Bauwerks. Der Zeit nach dem ersten Weltkrieg blieb es dann vorbehalten, den Zwinger wieder für das öffentliche Leben zu erschließen und dem geistigen Leben der Nation einzugliedern. So lesen wir bei Georg Dehio: „Kein Bau des Jahrhunderts zeigt ein gleiches Maß von spontaner Genialität. Man darf am Zwinger nicht die bezaubernde Fülle und den romantischen Übermut der Einzelform als das allein Wesentliche sehen, ebenso ist es die Klarheit und Größe des Grundrisses. Es liegt hier nicht nur ein dekoratives, sondern auch ein architektonisches Meisterwerk vor." Wilhelm Pinder schreibt: „Der Zwinger ist als Architektur um ihrer selbst willen nur mit den Türmen der gotischen Kathedralen zu vergleichen", und Hans Weigert faßt sein Urteil in dem lapidaren Satz zusammen: „Der Zwinger ist der Gipfel des Barock in Europa."

Bereits der Name Zwinger erscheint geheimnisvoll. Selbst der von geschichtlichen Tatsachen ganz unbeschwerte Besucher wird bei der Betrachtung sofort von der Heiterkeit und Festlichkeit des Bauwerkes überwältigt, das nichts von der Schwere und Kälte spüren läßt, die der Begriff eines Zwingers gemeinhin einschließt. Die auf dem Mauerkranz der westlichen Bastion Luna der alten Festung Dresden errichtete Gebäudegruppe bezog ihren Namen von ihrer Lage her. Zwinger nannte sich in der Festungsbaukunst der Platz hinter der Mauereinfassung, der sich gerade durch seine Geräumigkeit bei der sonstigen Enge der Städte für allerlei Spiele als geeignet erwies.

Schon 1696 tauchte der Plan auf, ein „Colosseum" zur Abhaltung festlicher Spiele am Reithaus zu errichten. Seine praktische Verwirklichung

154 Der Eingang zum Wallpavillon des Zwingers mit Mittelbrunnen, baulicher Zustand nach 1719

Kupferstich von J. G. Schmid nach M. D. Pöppelmann für das Zwingerwerk, vor 1729, Kuka

154

155

155 Reichsadler vom Gebälk des Mathematisch-Physikalischen Salons, westlicher Pavillon des Zwingers am Graben

Im Jahre des Reichsvikariats Augusts des Starken, 1711, entstanden die Reichsadler als Symbole seiner kaiserlichen Machtbefugnisse

Aufn. I.f.D., um 1928

verdankte der Bau dann einem höfischen Ereignis, dem Besuch des Dänenkönigs im Jahre 1709 bei seinem sächsischen Verwandten. Damals war er nur in Holz für die Hofgesellschaften, als Festplatz für ihre Turniere und Spiele, für Wirtschaften, Jahrmärkte, Mummereien, Gepränge und andere Lustbarkeiten, die das Zeitalter liebte, gegenüber dem Schloß errichtet worden. Erst 1714 hat man diesen Holzbau abgebrochen.

Dazwischen schob sich die Verwirklichung einer zweiten, seit langem vordringlichen Aufgabe. August gehörte zu den leidenschaftlichsten Sammlern seltener südländischer Gewächse, darunter von Lorbeerbäumen und der bei den Zeitgenossen so beliebten Orangen. Für diese gab es in Dresden keine geeigneten Unterkünfte, und der Kurfürst-König war genötigt, sie vorläufig in Leipzig in Apels Garten zu belassen. 1710 erhielt Pöppelmann den Auftrag, am Wall eine Orangerie zu errichten. Sie sollte den mittleren Wallpavillon, den Mathematisch-Physikalischen Salon und den Französischen Pavillon mit den beiden verbindenden Bogengalerien umfassen. 1711 wurde die Verwirklichung der Baugruppe energisch betrieben. Als Material diente Elbsandstein, dessen leuchtend goldener Ton zu allen Zeiten für Dresdens Gesamtarchitektur so charakteristisch geblieben ist. Anläßlich der Planung gigantischer Neubauten für repräsentative Zwecke des Königs, die weit über die Wälle ins Ostragehege hinausgriffen und ein neues Schloß, museale Anlagen und Gärten enthalten sollten, wurde seit 1714 die Orangerie durch Langgalerien und einen bekrönenden mittleren Torbau nach Osten erweitert. Die Langgalerien sollten als abschließende Kulisse des Stadtgrabens dienen und parallel zur Elbe entsprechend wiederholt werden. Die überdimensionierte Planung des neuen Schlosses blieb aber nach der Fertigstellung der Bauten am Graben stecken. Als die bevorstehende Vermählung des Kurprinzen mit der Erzherzogin von Österreich Maria Josepha noch einmal alle Kräfte zusammenraffen ließ und für die Festlichkeiten ein geeigneter Spielplatz fehlte, beschloß man 1718 kurzerhand, die ursprüngliche Dreiergruppe der Orangeriebauten an der Stadtseite zu wiederholen. Dem heutigen Zwingerkomplex liegt so keine ursprüngliche Planung zugrunde, sondern er entwickelte sich erst im Laufe eines Jahrzehnts mit der Wandlung seiner Verwendungszwecke.

Der Porzellan-Pavillon und der Deutsche Pavillon wurden 1719 zu den Vermählungsfeierlichkeiten fertiggestellt. Hinter dem ersteren entstand Pöppelmanns massives Opernhaus, das, wiederholt verändert, in den Maikämpfen von 1849 niedergebrannt ist, hinter dem zweiten das Redoutenhaus aus Holz auf massivem Unterbau. Die fehlenden Teile, vor allem am Glockenspielpavillon mit den verbindenden Bogengalerien, wurden behelfsmäßig in Holz errichtet, desgleichen die Tribüne mit der Königsloge an der Längsseite nach der Elbe zu. Dann herrschte aus Mangel an Geld bis 1722 Bauruhe. Noch einmal griff man die Arbeit auf, Glokkenspielpavillon sowie Bogengalerien wurden bis auf die bildhauerischen Arbeiten 1728 vollendet, kleinere Arbeiten zogen sich bis 1732 hin. In diesem Jahre blieb der Zwinger unfertig liegen. Die offengebliebene vierte Seite nach der Elbe zu riegelte zunächst eine Mauer mit einer Pforte ab, bis mehr als hundert Jahre später Gottfried Semper die Lücke mit dem Neubau der Gemäldegalerie schloß.

Seit 1728 erhielten die Zwingerbauten eine neue Aufgabe, sie wandelten sich weiter von Orangerie und Festplatz zu Unterkunftsstätten für eine Reihe der wertvollsten Dresdner Sammlungen, nachdem die großen Projekte für Errichtung besonderer musealer Bauten in Verbindung mit dem Schloßbau gescheitert waren. Dieser musealen Aufgabe dienen sie noch heute. Seiner zweiten Bestimmung als Festplatz wurde der Zwinger erst nach seiner Wiederherstellung 1926 in begrenztem Rahmen wieder zugeführt. In jenem Jahre fand die erste der musikalischen Serenaden vor dem hufeisenförmigen Platz am Wallpavillon statt. Sie gehören heute zu den stärksten künstlerischen Erlebnissen, welche die Barockstadt Dresden überhaupt zu bieten hat.

Mehr noch als jede andere künstlerische Äußerung ist ein Bauwerk der Spiegel seiner Zeit. Der Zwinger entstand als architektonisches Bauwerk in der Epoche des Absolutismus, in der August der Starke Mittelpunkt alles staatlichen und gesellschaftlichen Lebens in Sachsen bedeutete, er also auch jede Kunstregung und Kunstentfaltung seinem persönlichen Willen, seiner Neigung und Laune untertänig machte. Die Errichtung des Zwingers entsprang aber nicht nur der Laune eines absoluten Fürsten, sondern fußte auf recht handfesten Realitäten. Das 18. Jahrhundert war gleichzeitig das Zeitalter des Merkantilismus. In Sachsen wurden sowohl aus wirtschaftlichen als auch aus politischen Gründen die mannigfachsten Manufakturen gegründet, die sich bald eines internationalen Rufes erfreuten, wie die Porzellanmanufaktur in Meißen, die Teppichwirkerei und Tapetenfabrik sowie die umfangreiche Edelstein- und Glasschleiferei in Dresden, die sächsischen Spiegelschleifereien und Glasfabriken. Das Zusammenwirken dieser Kunstmanufakturen ermöglichte es, Bauten wie dem Zwinger eine künstlerische Vollkommenheit aus eigener Kraft zu geben, die das Interesse der Kenner aus ganz Europa erweckte. Die prunkhaften Festlichkeiten, die August veranstaltete, dienten nicht nur der Selbstdarstellung des absoluten Fürsten, sie zogen auch das Geld der nach Tausenden zählenden reichen Fremden in das Land, förderten den Export und waren für die Wirtschaft von höchster Bedeutung.

Doch hat schon Hans Rose darauf hingewiesen, daß das merkantilistische Kunstgewerbe mit seiner Synthese der Dekoration, in die sämtliche Künste mit gleichen Rechten und Pflichten einbezogen sind, mit seiner Serienherstellung und der dadurch bedingten Verbequemlichung und Verweltlichung des Lebensstils, nicht nur zur Entwertung der großen individuellen Qualitätskunstwerke vergangener Zeiten, wie der Renaissance, sondern auch zu einer weitgehend genormten Standes- und Klassenkunst führte.

Die spätbarocke Fülle höfisch-souveräner Kunst, die aus diesen Veranstaltungen spricht, verebbte schon nach wenigen Jahren. Die folgende Generation des Rokoko zog intime und exklusive Festlichkeiten vor, die sich fern von der großen Masse des Volkes, das man nicht einmal mehr als Zuschauer benötigte, in den Schlössern des Landes, wie Hubertusburg und Pillnitz, abspielten. Damit kam auch eine intime Kunst zum Zuge. So verödete der Zwinger, bevor er noch vollendet war, und wurde anderen Zwecken, wie der Aufnahme der Sammlungen, zugeführt. Auch hierin zeigt sich das veränderte Lebensgefühl. Dazu kam, daß Friedrich August II., selbst ein frommer Mann, mit seinen vielen Kindern ein glückliches Familienleben führte. Ihm war die Mätressenwirtschaft seines Vaters ein Greuel, und niemand aus seiner Umgebung hätte sich wagen dürfen, was noch ein Jahrzehnt früher am sächsisch-polnischen Hofe zum gemäßen Lebensstil gehörte. Der Hof Friedrich Augusts II. war nicht mehr galant.

Der Zwinger ist mit den Namen zweier der größten Meister des Barocks verbunden, außer mit dem aus Herford in Westfalen gebürtigen Matthäus Daniel Pöppelmann mit dem in einem kleinen Ort bei Traunstein geborenen Bildhauer Balthasar Permoser. 1710 schickte August der Starke Pöppelmann auf eine große Studienreise nach Prag, Wien, Salzburg und Italien, der sich 1715 eine zweite nach Frankreich anschloß. Er war der zweite der großen Dresdener Architekten, den wir die Fahrt nach der Seinestadt antreten sehen. Pöppelmann selbst hat den Zwinger eine „römische Erfindung" genannt und dabei besonders an das Marsfeld gedacht. Er hat in Italien ferner die Ideen in sich aufgenommen, wie man das Wasser zur Belebung der Architektur verwenden kann. Die Villen in Frascati und Tivoli gaben ebensoviel Anregung wie die zeitgenössischen Stichwerke, die er eifrig benutzte. Aber vor allem dürfen, wenn man von Anregungen spricht, nicht die Anlage von Le Vau d. J. Trianon de Porcelaine, die für ganz Europa vorbildliche Orangerie Ludwigs XIV. in Versailles,

156 Japanerherme im Hofe des Japanischen Palais

Sandsteinplastik von J. M. Oberschall um 1733/34

156

und J. Hardouin-Mansarts Grand Trianon vergessen werden. Die längst verschwundene Orangerie war ein niedriger Mittelbau mit zwei vorgezogenen seitlichen Pavillons.

In Dresden selbst gab es keine Vorgänger für die Zwingerarchitektur. Die Quellen liegen nach Rom vornehmlich in Wien. In zwei Jahrzehnten eines beispiellosen Wirkens hatten J. B. Fischer von Erlach und der jüngere Lucas von Hildebrandt hier unter zwei Kaisern, Leopold I. und Joseph I., einen neuen Stil geschaffen, den Otto Brunner „Kaiserstil mit einer Tendenz zum Reichsstil" nannte und der italienische und deutsche Formen verschmolz. Geboren aus der gemeinsamen, siegreichen Überwindung der Türkengefahr vor Wien 1683, machte seine Ausstrahlung sich überall dort bemerkbar, wo sich die Reichsidee wirksam zeigte. Sie war es besonders in Dresden. August der Starke fühlte sich schon als sächsischer Kurfürst, dem das Amt des Reichsvikars traditionell oblag, als ein Repräsentant des Reiches. 1711, nach dem Tode des jungen Kaisers Joseph I. und den daraus sich ergebenden Ambitionen auf eine spätere Nachfolge für das Haus Wettin, fühlte sich August fast als legitimer Erbe. Im Zwingerbau fand der sächsische Kaisertraum seine erste architektonische Dokumentation.

Es ist das große Verdienst von Gerhard Franz, die Barockforschung auf ein weiteres wichtiges Gebiet gewiesen zu haben, das ihr bis dahin entgangen war, nämlich auf Böhmen. In diesem an Sachsen unmittelbar angrenzenden Land ist am Anfang des 18. Jahrhunderts eine besonders reiche, neue Barockarchitektur entstanden. Aus dem extremen italienischen Hochbarock der Borromini und Guarini ist hier in den Bauten des Christoph Dientzenhofer und des Johann Santini Aichel ein Spätstil entwickelt worden, bei dem vor allem die Umsetzung jeder architektonischen Schwere in Bewegung und Krümmung auffällt. Der Vergleich mit böhmischen Werken zeigt freilich, daß Pöppelmann deren Anregungen weiterentwickelt hat, indem bei ihm die in kompakten und großen, einfachen Kurven geschwungenen böhmischen Architekturen eine sprühend reiche, fast bizarre Bewegtheit erhalten. So hat der Zwingerarchitekt eine Fülle von Vorbildern verarbeitet und in genialer Weise die Summe aus der gleichzeitigen Architektur Europas gezogen.

Pöppelmann konnte für die plastische Ausschmückung des Zwingers kaum einen Geeigneteren finden als Balthasar Permoser. Dieser hatte in Salzburg gelernt und war über Wien nach Italien gegangen, wo er zuletzt in Florenz umfangreiche Arbeiten verrichtete. Er hatte die Werke Michelangelos und Berninis, den er vielleicht noch persönlich kennenlernte, sowie die seiner Schüler studiert. Als er 1689 nach Dresden als Hofbildhauer Johann Georgs III. berufen wurde, war er ein anerkannter Meister, der nicht nur ein umfangreiches Werk von Großplastiken in Stein, sondern vor allem auch Kleinplastiken in Elfenbein geschaffen hatte.

Aber nur wenige Plastiken des Zwingers können wir heute mit einiger Bestimmtheit auf Permoser zurückführen, und nur eine hat er eigenhändig signiert, den Herkules hoch oben auf dem Giebel des Wallpavillons. Von seinen Mitarbeitern wollen wir nur Paul Heermann, Benjamin Thomae, Johann Christian Kirchner, Johann Joachim Kretzschmar, Johann Matthäus Oberschall und zuletzt Paul Egell nennen. Da die Baurechnungen des Zwingers im Landeshauptarchiv am Ende des 19. Jahrhunderts vernichtet wurden, bleibt uns zur Identifizierung der verschiedenen Meister nur noch die Stilkritik. Die Namen der zahlreichen Stukkateure, Marmorierer usw., die halfen, das grandiose Werk zu vollenden, sind leider für immer verlorengegangen.

Der Zwinger bildet in seinem Mittelteil einen rechteckigen Hof von 170 Meter Breite und etwa 116 Meter Länge. Vor jede der Längsseiten legt sich ein weiterer Hof von etwa 47 Meter Breite und 32 Meter Länge, so daß die Gesamttiefe des Hofes etwa 204 Meter mißt. Ihn begrenzen auf drei Seiten die auf hohe Sockel gestellten Bogen- und Langgalerien. In der Mittelachse dominieren zwei querovale Pavillons, der kostbare Wallpavillon und der später entstandene Glockenspielpavillon, der auch Stadttor genannt wird. An der Längsseite erhebt sich das Tor mit der Königskrone. Es ist durch den Wallgraben von der Stadt getrennt, zu der aber eine hölzerne Interimsbrücke führt. Sie war bei kriegerischen Ereignissen schnell zu beseitigen. Die Pavillons werden von einstöckigen saalartigen Eckbauten flankiert. Sie tragen seit langem ihren Namen nach ihrem musealen Verwendungszweck. So steht der Wallpavillon zwischen dem Mathematisch-Physikalischen Salon und dem Französischen Pavillon, während der Glockenspielpavillon von dem Naturwissenschaftlichen – jetzt Porzellan-Pavillon – und dem Deutschen Pavillon mit seinen Gemälden eingeschlossen wird.

Der Bau begann 1710/11 mit dem Mathematisch-Physikalischen Salon. Das Auftreten des Reichsadlers als Giebelschmuck weist darauf hin, daß er während des Reichsvikariat Augusts des Starken entstanden ist. Es folgte die Bogengalerie mit dem Französischen Eckpavillon. Beide Pavillons zeichnen sich durch reichen Schmuck an Malereien und Marmorarbeiten aus. Hinter dem Französischen Pavillon, wo die Erhöhung des Zwingerwalles dem Gewässer ein natürliches Gefälle verleiht, schuf Pöppelmann eines der köstlichsten Wasserwerke, das die Zeit des Barock in Europa ersann, das

Nymphenbad. Von einer Kaskade stürzen die Wasser in ein Becken, Delphine und Tritonen schleudern es dem Strom wieder entgegen. Springbrunnen in der Mitte, rauschende Wasserbecken und Wandbrunnen in den Nischen mit Tropfsteingebilden beleben das Werk der unerschöpflichen Phantasie, zu dem Permoser mit seinen Gehilfen den Figurenschmuck schuf.

Das Kronentor errichtete Pöppelmann in der zweiten Bauperiode seit 1714 auf der Festungsmauer. An ihm erkennt man am deutlichsten die künstlerische Herkunft aus dem italienischen Hochbarock und dem antiken Erbe. Es ist der späte Nachfahr antiker Triumphbögen. Das stark verkröpfte Gebälk überreicher Pilaster- und Säulenarchitektur trägt über zwei offenen Stockwerken ein kupfergedecktes Dach, über dem die von vier polnischen Adlern getragene vergoldete Königskrone den Abschluß bildet. Zu beiden Seiten des Kronentores ziehen sich Langgalerien hin, die nach der Hofseite mit Brunnenwerken zwischen den Fenstern besetzt sind, während die vorkragenden Konsolsteine von reizvollen Faunsgestalten gestützt werden. Die Langgalerien entsprechen den Bogengalerien, die den Mathematischen Salon und den Französischen Pavillon mit dem Wallpavillon verbinden. Ihr architektonischer Charakter und ihr plastischer Schmuck sind die gleichen, nur verzichten sie auf die Brunnenanlagen.

Den Höhepunkt seines Schaffens erreichte Pöppelmann aber in dem spätesten Torbau, dem Wallpavillon seit 1716. Es ist ein ovaler Festsaal, zu dem eine geschwungene Treppe führt. Der Baukörper ist anscheinend in völlige Auflösung geraten, die Mauermasse plastisch gebogen, alle Horizontalen sind gesprengt, und die Architektur bewegt sich sichtlich aufwärts zu dem die Welt tragenden Hercules, der den Pavillon bekrönt und den gesamten Zwinger überragt, eine Darstellung des sächsischen Augustus als Hercules Saxonicus. Wie ein kostbares Rankenwerk umzieht die Plastik Permosers und seiner Mitarbeiter den Bau, in dem Architektur und Bildwerke sich zu einer Einheit zusammenschließen.

157 Der Grundriß des Holländischen Palais und der Gartenanlagen

Das Palais mit zwei Seitenflügeln und Ehrenhof im Norden nach dem ersten Umbau durch M. D. Pöppelmann. Die Gartenanlagen J. F. Karchers in französischem Stile in axialer Anlage mit Gras-, Wasser- und Broderieparterres stoßen im Westen bis an die Festungswerke und im Süden an die Elbe

Stich nach R. Leplat, 1719, Kuka

157

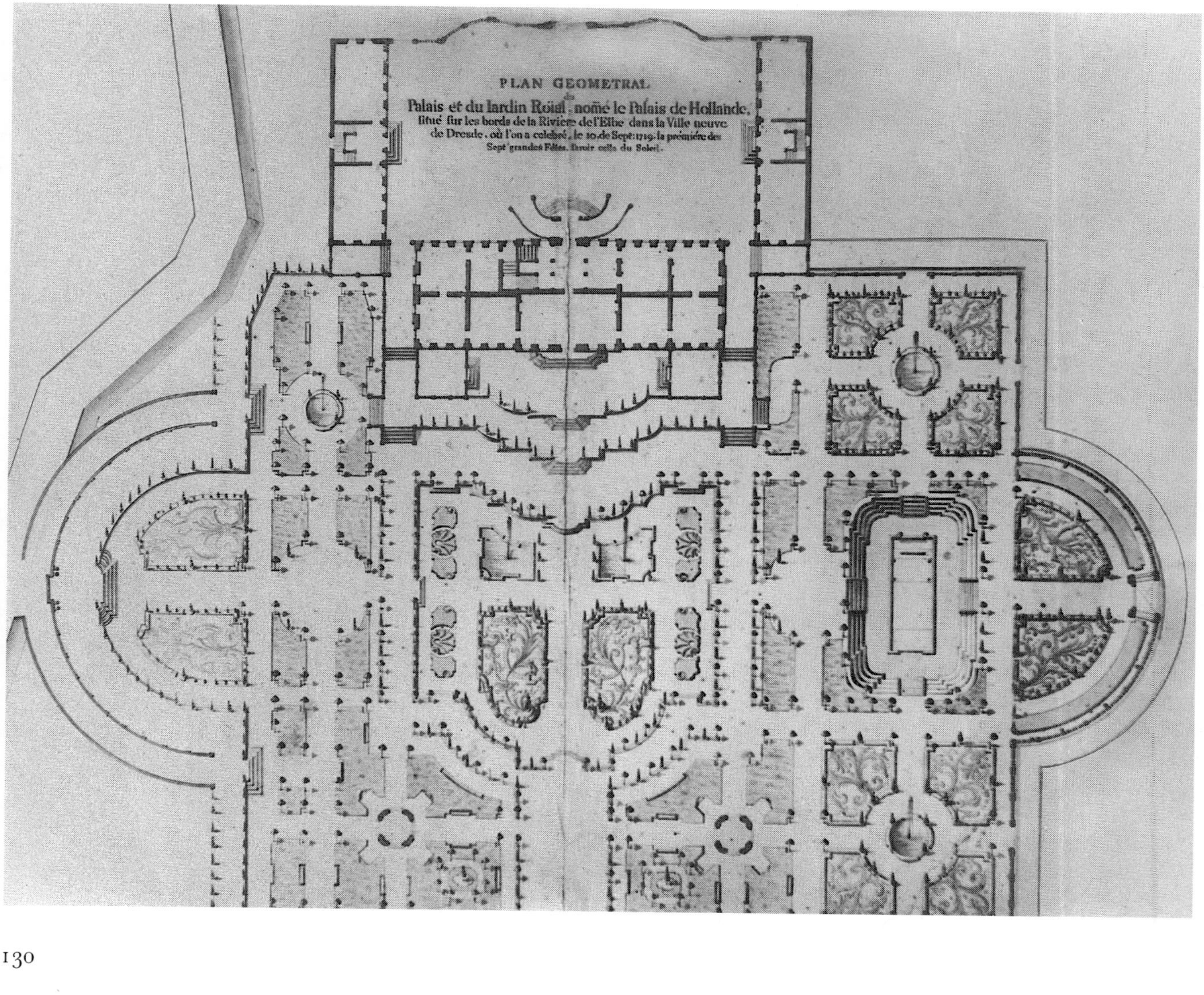

158

158 Das Palais Vitzthum-Rutowski in der Kreuzgasse

Elfachsiger Bau mit fünffenstrigem Mittelrisalit, Untergeschoß mit Putzstreifen, zwei Obergeschosse, Mansarde und Mansarddach, Ecken und Risalit durch Pilaster gefaßt; Risalit mit dreiachsiger Torkomposition, darüber Balkon mit vier plastischen Gruppen, Fenster der Obergeschosse durch Giebel und Schmuck bekrönt, Abschluß durch Dreieckgiebel mit hochovalem Fenster und seitlichen Wappenkartuschen. Gesellschaftsräume mit Festsaal längs der Kreuzgasse. Nach der Weißen Gasse siebenachsige Front, im Inneren quadratischer

Die Vermählung des Kurprinzen mit der Erzherzogin Maria Josepha von Österreich gab 1718 Anlaß zu der dritten Bauperiode des Zwingers. Unter Aufgabe der Schloßgroßplanung wurde jetzt die Gruppe um den Wallpavillon nach der Stadtseite wiederholt. Damit erhielt der Zwinger den Abschluß, den er heute zeigt. Jetzt entstanden der Stadtpavillon oder Glockenspielpavillon als Mitte, der sich vom Wallpavillon durch seine Lage zu ebener Erde auf Straßenhöhe unterscheidet. Ihm sind seitlich der Deutsche Pavillon und der jetzige Porzellan-Pavillon zugeordnet. Auf den Stadtpavillon führte ursprünglich von der Straßenfront aus eine doppelläufige Freitreppe in das Obergeschoß, die bereits 1826 aus Verkehrsgründen abgebrochen wurde.

Das Schicksal des Zwingers während der folgenden zweihundert Jahre gestaltete sich wechselvoll. Nur durch ein Wunder blieb er uns erhalten, wenn auch mit vielen Einbußen. Im Siebenjährigen Krieg ist er bei dem Angriff der Reichsarmee durch Beschuß stark in Mitleidenschaft gezogen worden. Die preußische Besatzungsarmee benutzte ihn jahrelang als Stapel- und Zimmerplatz. Erst in den achtziger Jahren konnte man an eine energisch betriebene Wiederherstellung denken. Ebenso ist in den Napoleonischen Kriegen mancher Schaden angerichtet worden. Mit der Schleifung der Festungswerke wurde auch der Graben zugeschüttet, damit versiegten zugleich die Wasserkünste des Nymphenbades. Das Revolutionsjahr 1849 brachte durch den Brand des Opernhauses am Naturwissenschaftlichen Pavillon neues Unglück über den Zwinger. Das Feuer verschlang den Glockenspielpavillon, der 1856 wenig glücklich wiederaufgebaut wurde. Aber all der Schaden, den frühere Kriegsereignisse sowie der Einfluß von Wind und Wetter dem kostbaren Bau zugefügt hatten, war geringfügig gegen die Schäden, die wohlgemeinte Erhaltungsversuche mit Portlandzement, Eisenklammern und Ölanstrich am Ende des letzten Jahrhunderts verursachten. Unter diesen modernen „Latwergen“ barst, morschte und faulte der Zwinger dahin. So entschloß man sich zu einer Generalüberholung und betraute Hubert Ermisch mit ihrer Durchführung. Zwischen 1924 und 1936 wurde der ganze Bau gründlich gesichert.

Der innere Ausbau des Zwingers war noch nicht vollendet, als am 14. Februar 1945 die Katastrophe über ihn hereinbrach. Der größte Luftangriff, der während des zweiten Weltkrieges von den britischen Bombengeschwadern geflogen wurde, galt der Zerstörung der Kunststadt Dresden. Zu Tode getroffen, lag auch der Zwinger. Ausgebrannt, beklagten die Trümmer den unwiederbringlichen Verlust aller kostbaren Deckenmalereien Silvestres und Fehlings. Die Sprengbomben hatten den Wallpavillon und die angrenzenden Galerien zerrissen. Es gehört zu den denkmalpflegerischen Taten eines durch den Krieg verarmten Volkes, daß noch im gleichen Jahre die Bergung der Bildwerke und der Wiederaufbau der Gebäude mit Hilfe der Sowjetischen Militäradministration begonnen wurde. Kronentor, Langgalerien, Mathematischer Salon, die Bogengalerien, das Stadttor wurden nacheinander wiederhergestellt. 1964 fand mit dem Wallpavillon auch der letzte Bau des Zwingers seine Vollendung.

Chinoiserien

Die aufflammende Sehnsucht nach dem Orient gehörte seit der zweiten Hälfte des 17. Jahrhunderts einer der wichtigsten Erscheinungen im europäischen Kulturleben. Seit dieser Zeit ist das Eindringen nah- und fernöstlicher Elemente auf allen Gebieten der Kunst und des Kunsthandwerks festzustellen. August der Starke war dem Zauber, den der Osten auf alle phantasiebegabten Zeitgenossen ausübte, schon als Prinz auf seiner Kavalierstour erlegen. So ließ er das zuerst für die Gräfin Cosel errichtete Taschenbergpalais entsprechend der ersten Orientmode „türkisch" umbauen und mit Halbmonden sowie anderen Emblemen versehen. 1719 schenkte er dieses Palais seiner Schwiegertochter. Die Umgestaltung von Übigau in „persischer Art" blieb in der Planung stecken. Aber bald faßte ihn die Sehnsucht nach noch fernere Gegenden, und als August befahl, oberhalb der Elbe in Pillnitz ein Lustschloß zu errichten, hieß er es „indianisch" gestalten. Unter indianisch verstand man damals indisch und meinte damit den gesamten Fernen Osten, Japan und China eingeschlossen. Mit keinem dieser Länder aber verband sich ein exakter Begriff, und so stellte sich dem Baumeister nicht die Aufgabe, nach architektonischen Prinzipien der östlichen Länder historisch treu seine Bauvorhaben zu vollenden, sondern er griff ein ihm und der Zeit besonders charakteristisch erscheinendes Element heraus, formte es nach seinen Gesichtspunkten und verfuhr im übrigen schöpferisch nach den Stilprinzipien, denen er sich unterstellt sah. Von China hatten die Reisenden die Kunde mitgebracht, daß die charakteristischen Zeichen dortiger Architektur das geschweifte und doppelte Dach sowie die Hohlkehle darunter seien. Für Pöppelmann galt es nun, in Pillnitz als dringendstes Problem zu lösen, „wie das Dach auf orientalische Weise anzubringen sei". Ein halbes Jahrzehnt nach Vollendung von Pillnitz bewegte sich beim Umbau des Holländischen zum Japanischen Palais das Problem wiederum um das Dach, wie die zahlreichen Entwürfe mit ihren Varianten deutlich beweisen. Auch für das Dach in Moritzburg gibt es eine Reihe von Versuchen nach dieser Richtung. Wir stehen hier zum ersten Male vor dem Versuch einer Adaption fremder Stile, veranlaßt durch die Erlebnisse mit der Entdeckung neuer Welten.

Als Weinlig oder Schade nach 1788 für das Wasser- und das Bergpalais in Pillnitz die Flügelbauten planten, setzten sie ihnen ebenso wie noch Schuricht seinem Neuem Palais von 1818 bis 1826 „chinesische" Dächer auf. Aber vielleicht war das historisierende Element, der Wunsch, sich den alten Bauten anzugleichen, ebenso stark wie die noch immer anhaltende Begeisterung für Ostasien. Weinlig hat darüber hinaus 1783 und schon vorher eine ganze Reihe umfangreicher chinoisierender Schloßpläne für Pillnitz geschaffen. Wichtig ist es, wie der klassizistische Theoretiker Weinlig sich über die chinesische Baukunst im Vergleich mit der der Alten äußert. Dabei kommt er zu der auch heute noch bemerkenswerten Feststellung, daß die hohen chinesischen Dächer dem hiesigen Klima angemessener seien als die flachen der Griechen. Schuricht baute 1804 den reizvollen chinesischen Pavillon, an der Parkmauer gelegen, der sich nunmehr, nach den englischen Stichen von Chambers, den Gesetzen ostasiatischer Baukunst weitgehend nähert.

Das für Dresden so bedeutende und fruchtbringende Intermezzo der Ostasienmode – das Porzellan wäre ohne sie nicht wieder entdeckt worden –, die sich im Spätbarock mit Übernahme einiger Formelemente und symbolischer Darstellungen und Embleme begnügte, gehörte auch zu den Wegbereitern der Innenarchitektur des Rokoko. Dieses Zeitalter schuf ganze chinesische Zimmer, die angefüllt waren mit östlichen und heimischen Porzellanen der Kändler und Höroldt, mit östlichen Lackarbeiten, die bald die Dresdner Hoftischler und Lackierer überzeugend nachgestalteten, und mit bemalten Seidentapeten, die wiederum aus Importen und heimischen Manufakturen stammten. Wie souverän östliche Anregung sich mit schöpferischer Phantasie verband, beweist Johann Melchior Dinglingers goldenes und silbernes Zauberwerk: Das Geburtstagsfest des Großen Moguls Aurang-Zeb. Die literarische Anregung gab

Hof mit Kaskaden. Entwurf M. D. Pöppelmann, Ausführung G. Bähr, 1720 bis 1724, 1786 durch Brand zerstört

Schauriß von M. D. Pöppelmann, um 1719, I.f.D.

die 1699 erschienene Beschreibung des François Bernier. Hier vereinigte sich das Ideal absolutistischen Regimes mit den Träumen vom Fernen Osten. Dinglinger schuf das Werk von 1701 bis 1708 mit vierzehn Gehilfen. Auch in den Gartenanlagen machten sich die Einflüsse geltend. So kamen die Schlängelwege, die als Teile des englischen Gartens den französischen Architekturpark verdrängten, ebenso aus dem Osten wie viele Pflanzen, darunter die älteste Kamelie (Camellia Japonica), das Glanzstück des Pillnitzer Gartens noch heute. „Denn der Geschmack der Chineser verdient bei Anlegung großer Gärten zur Richtschnur genommen zu werden", schrieb Sulzer, der erste deutsche Theoretiker des Landschaftsgartens.

Im Klassizismus endlich wird den Gesetzlichkeiten historisch getreuer nachgegangen. Das Wissen bestimmte aber das künstlerische Schaffen noch nicht in dem Maße, daß die eigenschöpferische Tätigkeit in sklavischer Nachahmung erstarrt wäre. Enge Verbindungen ergaben sich auch zwischen den Anfängen der Neugotik und den Chinoiserien. Wieder waren es englische Schriftsteller, die beide Stile von einem gemeinsamen Gesichtspunkt aus betrachteten. Im erhaltenen chinesischen Zimmer des Marcolinipalais der Friedrichstadt hat um 1800 diese Vermischung zwischen klassizistischen, neugotischen und chinesischen Elementen einen Niederschlag gefunden.

Stukkaturen

Die Stilwandlungen lassen sich an der Behandlung der dekorativen Elemente der Decke deutlicher als irgendwo anders erkennen. Selbst was eine grenzenlose Phantasie gebiert, ist im Stuck schnell, fast spielerisch verwirklicht. So ist es möglich, hier das Wollen von Künstler und Auftraggeber weitgehend nachzuprüfen. Doch wie leicht es Gestalt annahm, so schnell fiel es oft dem veränderten Geschmack der nachfolgenden Generation zum Opfer, und wir müssen uns glücklich schätzen, wenn wenigstens einige Beispiele dieser Stukkaturen erhalten blieben. Bis zum Ende des 17. Jahrhunderts arbeiteten die Stukkateure ausschließlich nach italienischen Vorbildern. Ein kostbares Beispiel zeigte die Schloßstraße 36. Erst in den Decken des Palais im Großen Garten setzt sich der neue, französische Einfluß durch, und wir begegnen hier dem französischen Laubwerk neben italienisch-deutschen Barockelementen. Mit der Berufung Leplats 1698 wird der französische Geschmack alleinherrschend, wenn auch als Stukkateure nach wie vor meist geborene Italiener, wie im Palais des Großen Gartens Francesco, Abondio und Gabriele Minetti, Verwendung finden. Thronsaal und Schlafzimmer des Schlosses, um 1698 stukkiert und ausgestattet, erscheinen als die kostbarsten repräsentativen Beispiele. Die schweren Stuckdecken trugen figuralen und ornamentalen Schmuck in reicher Vergoldung. Ihr Inhalt wurde, wie im Brühlschen Palais, der antiken Mythologie entlehnt oder, wie im Palais des Großen Gartens und in den Pavillons des Zwingers, als Apotheose des Herrschers gestaltet. Neben diesen Deckengestaltungen durch Auftragen verschiedener Mörtel entwickelten die italienischen Handwerker als eine Spezialität den marmorähnlichen Stuckmarmor und den Stucco lustro. Ersterer, auf Gips aufgebaut, fand Verwendung für die Innenräume, während der wetterfeste Stucco lustro, aus Kalkmörtel und Kalkfarben aufgebaut, auch für die Fassaden bestimmt war. Für den Gebrauch des Stuckmarmors zeigt die Hofkirche hervorragende Beispiele.

Das Baureglement von 1720 machte die Verwendung von Stuckdecken für alle Räume in der Stadt aus feuerpolizeilichen Gründen obligatorisch. Man half sich dabei oft auf einfachste Weise, indem man unter die alte Balkendecke die neue Stuckdecke zog. In jedem Bürgerhaus erscheint sie nun in ihrer bescheidenen Art, durch wenige glatte Leisten geschmückt und gelegentlich durch Ornamente bereichert. Der französische Geschmack setzt sich auch hier durch, und der Formschatz entspricht dem Bandelwerk, das seit 1715 seinen Siegeszug antrat. In den folgenden Jahrzehnten werden die Ecken stärker betont, und die Mittelrosette wird geschaffen. Das Rokoko findet gerade hier die Möglichkeit, entgegen der ursprünglichen Zurückhaltung, zu reicherer Dekoration. Das Flächig-Malerische wird dem Plastischen vorgezogen. Die Hofkapelle von 1756 im Taschenbergpalais und die Decken des Kurländer Palais von 1764 sind die charakteristischen Zeugen einer hochgezüchteten ornamentalen Kunst. Wenige Jahre später ist wiederum ein völliger Wandel im Geschmack eingetreten, der höfische und bürgerliche Kunst in gleicher Weise umfaßt. Krubsacius und Weinlig wenden sich vom Rokokoornament in gleicher Schärfe ab. Die bürgerliche Wohnung begnügt sich mit einfachen Abschlußleisten, während die höfische Kunst antike Formelemente aufnimmt, die im Vergleich zu den Aufgaben des Rokoko nur bescheidene Anforderungen an den Künstler stellen. So starb die Kunst der Stukkateure langsam am Mangel an Aufgaben. Die Semperzeit mit ihrem Rückgriff auf die Renaissance und der nachfolgende Neubarock brachten noch einmal einen gewaltigen Aufschwung des Auftragvolumens, doch der Geist, der diese dekorativen Schöpfungen durch drei Jahrhunderte getragen hatte, wurde nur selten wieder lebendig.

Das Ende des Hochbarock

Die Ereignisse des Nordischen Krieges ließen die künstlerischen Unternehmen am Anfang des 18. Jahrhunderts stagnieren. Doch gleich nach seinem Ende erwachte die Baulust, und es wurde eine Reihe von Gebäuden, wie das Taschenbergpalais und das Hôtel de Saxe, errichtet. Sie gehören bei aller Eigenart organisch zusammen und repräsentieren die hochbarocke Auffassung der ersten beiden Jahrzehnte auf ihrem Höhepunkt.

Die beiden bedeutendsten Fassaden des ersten Jahrzehnts, die für das Hôtel de Saxe in der Moritzstraße und das dazugehörige British Hôtel in der Landhausstraße, haben lange keinen Urhebernamen gefunden. Nach den neuesten Forschungen scheinen George Bähr und Georg Hase die beiden miteinander verbundenen Palais errichtet zu haben. Der architektonische Aufbau beider Häuser, die sich in ihrer Höhe in die Straßenzüge einfügen, ist im Prinzip der gleiche, sie unterscheiden sich nur in der dekorativen Ausgestaltung. Über einem Sockeluntergeschoß mit durch Stichbogen geschlossenem Mittelportal erheben sich zwei Obergeschosse. Der dreiachsige Mittelrisalit wird im Hôtel de Saxe durch kolossale kannelierte Dreiviertelsäulen, die auf Sockeln stehen, mit reichen Kapitellen zwischen jedem Fenster hervorgehoben, während die seitlichen Fenster mit gleichen Pilastern gerahmt sind. Im British Hôtel stehen dafür kannelierte und einfache Pilaster. Ein Gesims, über dem sich ein Mezzanin erhebt, schließt die beiden Geschosse ab. Über den Säulen und Pilastern liegen hier Voluten, die die Hauptgesimse mit Mansarddächern tragen. Giebel mit Kartuschen oder Rundmedaillons mit Porträts römischer Kaiser, vielleicht von Benjamin Thomae oder Paul Heermann geschaffen, bekrönen die Fenster und lösen die Fassaden malerisch auf. Auch die Entstehungszeit dieser beiden Bauten bleibt aktenmäßig unklar. Wahrscheinlich ließen sie die beiden Brüder von Beichling um 1709 errichten. Schon 1715 wechselte das spätere British Hôtel den Besitzer. Bei der Beschießung von 1760 erlitten beide Gebäude schweren Schaden. Das Hôtel de Saxe war 1764 wiederhergestellt, wie die Jahreszahl auf dem hinzugefügten Erker beweist. Für die Geschichte Sachsens hat das British Hôtel dadurch eine Bedeutung erlangt, daß in ihm im Jahre 1745, am Ende des zweiten Schlesischen Krieges, der Friede von Dresden geschlossen wurde.

Nur in einem Stich ist uns das Palais Kötteritz, später Werthern genannt, überliefert, das auf dem Platz des zweiten Gewandhauses stand und 1760 bei der Beschießung mit zugrunde ging. Es war ein außerordentlich umfangreiches Bauwerk eines uns unbekannten Architekten, wohl kurz nach 1700 in einer Länge von 21 Achsen errichtet. Es umfaßte ein Sockelgeschoß und zwei Obergeschosse mit einem siebenachsigen Mittelrisalit, den ein bis zum First des Walmdaches reichender doppelstöckiger Ausbau mit abschließender Dachterrasse bekrönte. 1711 brannte dieser Bau ab, und auf seinen Grundmauern errichtete David Schatz einen Neubau, der diesmal 25 Achsen, zwei Obergeschosse und ein durch Mansarddach abgeschlossenes Mezzaningeschoß umfaßte. Der wiederum siebenachsige Mittelrisalit wurde über den drei Mittelfenstern durch einen zu klein geratenen Dreieckgiebel mit plastischem Schmuck betont. Als bemerkenswertestes Stück ist das einachsige Hauptportal zu nennen, das von übereck gestellten Bündeln von drei Säulen gerahmt war und einen ovalen Balkon trug. Es wies engste Verwandtschaft zum gleichzeitigen Portal des Taschenbergpalais auf. Beim

159 Das Portal der Hofseite des Palais Brühl in der Großen Schießgasse

Das Portal der Schössergasse 16 ist weiterentwickelt, statt geraden Türsturzes Segmentbogen, schwere Wappenkartusche in nunmehr gesprengtem Giebel, um 1710, 1885 abgerissen beim Durchbruch der König-Johann-Straße

Auf. I.f.D., um 1880

159

160 Das Westportal der heutigen Dreikönigskirche, vom zweiten Bau übernommen

Gleiche Stilstufe wie das Portal der Hofseite des Palais Brühl, von Hofsteinmetz J. F. Jentzsch, 1712/13

Aufn. D.F.D., nach 1930

Vergleich der beiden Mittelrisalite wird die Entwicklung, die die Dresdner Architektur genommen hat, besonders deutlich. War das erste durchaus noch blockhaft renaissancistisch empfunden, so zeigt das zweite Portal bereits die strenge, auf die Mitte ausgerichtete axiale Komposition des Hochbarock.

Als das Palais Kötteritz entstand, weilte Schatz schon seit einem Jahrzehnt in Leipzig. Daß man ihn heranzog, besagt wohl, daß der Bauherr ihn als hervorragenden Architekten schätzte. Vielleicht ist es aber auch ein Anhaltspunkt für den Urheber des ersten Baues, dessen Namen der Stecher verschweigt. Das Palais von Schatz und die folgenden von Fäsch und Pöppelmann halten im Reichtum von Gliederung und Schmuck keinen Vergleich zu den beiden Bähr zugeschriebenen Fassaden aus.

Nach dem Palais Kötteritz ist auf gleicher Stilstufe zunächst das Palais des Feldmarschalls Flemming in der Pirnaischen Gasse zu nennen. Es gehörte später dem Grafen Sulkowsky, dem Minister Friedrich Augusts II., nachdem es Knöffel durch Flügelanbauten erweitert hatte. 1746 kam es zurück in königlichen Besitz und diente als Wohnung der Prinzen. 1760 brannte es mit ab. Von dem im Aufbau verwandten etwas jüngeren Palais Vitzthum Pöppelmanns in der Kreuzgasse unterschied es sich unter anderem durch ein zusätzliches Mezzaningeschoß, das ihm durch seine Gedrücktheit nicht zum Vorteil gereichte. Als Erbauer gilt J. R. Fäsch, als Erbauungsjahr 1714. Vielleicht ist es aber auch schon etwas früher entstanden.

Der zweite Bau Fäschs, das Holländische Palais, für den Grafen Flemming 1715 errichtet, ging 1717 in königlichen Besitz über, und August ließ es im gleichen Jahre von Pöppelmann erweitern. 1719 war es ein Mittelpunkt der Hochzeitsfeierlichkeiten. Seit 1727 wurde es zum Meißnisch-Japanischen Palais völlig umgestaltet. 1717 stand es als ein zweistöckiger, rechteckiger Blockbau unter einem gebrochenen Dach, dem man später noch ein Mezzaningeschoß hinzufügte. Vor dem reich gekurvten mehrgeschossigen Mittelrisalit in Form eines Triumphbogens mit Säulenstellungen lag eine Freitreppe mit Rampen zur Auffahrt. Zwei einstöckige Seitengebäude nach der Stadtseite umschlossen einen Ehrenhof, den ein in der Mitte geschweiftes schmiedeeisernes Gitter in Sandsteinfassung mit Vasen- und Figurenschmuck begrenzte. Bei diesem Gitter ist wohl Dietzes Gitterentwurf für das Stall- und Reithaus weiterentwickelt worden. Nach der Elbseite dehnte sich, vom Festungswerk begrenzt der Garten mit seinen charakteristischen halbrunden Abschlüssen. Karcher legte ihn im französischen Stil an und schmückte ihn mit Bildwerken von Balestra und Corradini. Ein Teil dieser Figuren wechselte später in den Großen Garten über. Die ideale Anlage, die uns der Stich von 1719 zeigt, zur Erinnerung an die Hochzeitsgäste geschaffen, ist allerdings nie ganz fertiggestellt worden. Hier verwirklichte Pöppelmann auch zum ersten Male Augusts Vorstellungen von der Elbe als Wasserstraße gleich dem Canale Grande Venedigs, indem er eine Treppe vom Garten in der Mittelachse des Palais zum Fluß hinabführte und eine kleine, architektonisch gefaßte Hafenanlage gestaltete, an der die Gondeln anlegen konnten.

Der als Erbauer des Palais Flemming-Sulkowsky und des Holländischen Palais genannte Johann Rudolph Fäsch läßt sich als Architekt nur schwer fassen. Er zeigt sich im zweiten Jahrzehnt des 18. Jahrhunderts als Vertreter des Hochbarock neben Pöppelmann, mit dessen Palaisbauten er durch enge stilistische Beziehungen verbunden ist. Fäsch ist auch der Schöpfer der Wache am Neu-

160

markt von 1715, die 1760 mit zerstört und dann abgebrochen wurde. In Dresden wirkte er als Lehrer für Mathematik und Architektur am Kadettenkorps; als Architekturtheoretiker war er durch seine in Nürnberg erschienenen Veröffentlichungen bei seinen Zeitgenossen hoch geschätzt.

In den Jahren des Zwingerbaues schuf Pöppelmann, neben umfassenden Projekten für Warschau außer neuen Schloßplänen noch zwei Adelspaläste. Als erstes dieser Bauwerke ist das Brühlsche Palais in der Großen Schießgasse zu nennen, das in der Mitte des zweiten Jahrzehnts entstand. Es trägt den Namen Pöppelmanns doch wohl mit Recht. Der sechsfenstrige Mittelrisalit bei zwanzig Achsen Front zeigte reichen plastischen Schmuck, wobei der Stukkateur je zwei Fenster des Obergeschosses unter einem Segment- oder Dreieckgiebel zusammenfaßte. Der Bauherr bleibt fraglich, in den Besitz der Brühls gelangte das Palais erst 1747. 1885 fiel es als Opfer des Durchbruchs der Moritzstraße. Es folgte um 1720 das Vitzthum-Rutowskische Palais, mit der Hauptfront zur Kreuzgasse und einer zweiten Front zur Weißen Gasse gelegen. Der Bau bestand aus einem Untergeschoß mit zwei Stockwerken und einem Mansarddach. Ein fünf Fenster breiter Mittelrisalit unter einem mit plastischen Emblemen versehenen Giebel raffte die Architektur zusammen. Das verkröpfte Portal, den Wiener Portalen Fischer von Erlachs verbunden, über einer Breite von drei Fenstern, trug reichen Figurenschmuck. Pöppelmann hat das Palais in einem reizvollen Schauriß wohl selbst aufgezeichnet. 1786 brannte es aus und wurde abgerissen. Die Lücke schlossen später bürgerliche Wohnbauten. Der Zwingerstil selbst hat im Dresdner Wohnhausbau nur im Dinglingerhaus am Jüdenhof einen Niederschlag gefunden. Vor 1716, in den Jahren des Wallpavillons entstanden, trägt es Merkmale Pöppelmannschen Schaffens, könnte aber auch von G. Bähr sein.

Aus der Betrachtung der Bauten des dritten Jahrzehnts wird deutlich, daß der Umschwung vom Hochbarock zum klassischen Barock in dieser Zeit eintrat. Pöppelmanns anschließendes Wasserpalais in Pillnitz von 1720ff. ist ebenso bereits aus einem anderen Geist geschaffen wie die nachfolgenden bürgerlichen Bauten seiner Spätzeit.

Während der Zwingerbau seiner Vollendung entgegenreifte, erschien 1715 der Mann in Dresden, der berufen war, den Hochbarock durch einen neuen Stil zu überwinden: Zacharias Longuelune. Er wurde der Vater des Klassizismus in Sachsen. Als Lehrer wirkte er weit über seinen Tod hinaus und beeinflußte noch durch seine Schüler die 1764 gegründete Kunstakademie. Es gibt keinen Bau in Dresden, der seinen Namen allein trägt, aber seit 1725 gibt es fast keinen, zu dem er nicht Entwürfe gefertigt und in dessen Ausführung er nicht sichtbar eingegriffen hätte. Über das 1730 konzipierte Blockhaus am Neustädter Brückenkopf wird später berichtet. Gegen den Rausch des deutschen Hochbarock stellte er die vornehme Einfachheit und Kühle der französischen Akademie. Seine typische Fassadengliederung mit den hochrechteckigen Fenstern im Hauptgeschoß und quadratischen Fenstern im darüberliegenden Halbgeschoß und seine strenge Lisenenarchitektur kennzeichnen die meisten Profanbauten Dresdens bis zum Ende des Jahrhunderts.

Mit dem eigenen Schaffen ist das Wirkungsfeld Longuelunes noch nicht umschritten. In Dresden kämpfte sein Schüler Knöffel gegen Bährs Entwurf zur Frauenkirche. Die Schwierigkeiten, die Chiaveri beim Bau der Katholischen Hofkirche erlebte und die ihn vorzeitig und verärgert nach Italien zurückkehren ließen, entwuchsen ebenso der antibarocken und proklassizistischen Gesinnung wie das jahrzehntelang währende Einwirken der Krubsacius, Exner und Hölzer gegen Schmids Planung der neuen Kreuzkirche. Sicherlich haben daneben auch persönliche Eitelkeiten eine geziemende Rolle gespielt, aber grundsätzlich ging es um mehr, es ging um die Verwirklichung einer neuen Kunstauffassung, um einen neuen Stil.

Longuelune ist es auch gewesen, der in Norddeutschland der nachfolgenden Generation den Weg zu einem neuen Stil geebnet hat. 1732 kam Georg Wenzeslaus von Knobelsdorff für Monate nach Dresden und trat hier, während er sich zum Architekten ausbildete, in Beziehungen zu den Künstlern des Hofes, neben Longuelune auch zu de Bodt. Der weitaus jüngere Friedrich Wilhelm von Erdmannsdorff, der spätere Erbauer von Schloß Wörlitz, war in Dresden geboren und besuchte das Ingenieurkorps der Ritterakademie, an der Longuelune durch Jahrzehnte wirkte.

Das Lustschloß Pillnitz

Als Kurfürst Johann Georg IV. 1694 die Herrschaft Pillnitz gegen Lichtenwalde tauschte, um sie seiner Mätresse, Sibylle von Neitschütz, zu übereignen, stand an der Stelle des heutigen Neuen Palais ein umfangreicher Vierflügelbau im Stil der Spätrenaissance mit mächtigen Giebeln und einem Schneckenturm der Familie von Loß, der damals den Bünaus gehörte und 1818 abbrannte. Nach dem überraschenden Tode des Kurfürsten 1694 und seiner Geliebten kam der Besitz 1706 durch Kauf an das Haus Wettin zurück. 1707 überließ ihn August der Starke der Gräfin Cosel. Als diese 1717 in Ungnade fiel, enteignete er ihr die Herr-

161 Entwurf zu einem neuen Schloß in Pillnitz, T. Weinlig, um 1788

In Weiterverfolgung der Pillnitzer Tradition Chinoiserien in den Dachzonen. Zopfdekorationen in den Innenräumen der seitlichen Flügelanbauten, im Hofe Brunnenanlage mit Elefant, der einen Obelisken trägt, nach dem Vorbilde Berninis. Alle diese Entwürfe T. Weinligs blieben unausgeführt. Länge insgesamt mit Treppe 110 m, Höhe von Keller bis zur Turmspitze 52,5 m

Farbiger Schauriß, T. Weinlig, um 1788, I.f.D.

schaft Pillnitz ebenso wie das Taschenbergpalais.

Im Jahre der Rücknahme 1718 waren die Vorbereitungen für die Vermählung des Kurprinzen in vollem Gange. Warum man auf der Suche nach repräsentativen Feststätten auf Pillnitz verzichtete, bleibt unbekannt. Die Bauplanungen begannen erst im folgenden Jahre 1720 bei völliger Erschöpfung der Kassen. Sie fielen daher zunächst auch sehr bescheiden aus.

Zu diesem Zeitpunkt bestand aber schon der „Lustgarten" vor dem alten Schloß, wie die Hekkenquartiere, die Charmillen im Westen, die wohl die Cosel anlegte. Zum Schluß gehörten auch die Terrasse an der Elbe mit Namen „Löwenkopf" sowie die Kirche, die August 1723 abreißen und durch den Neubau der Weinbergkirche von Pöppelmann ersetzen ließ. Es stand ferner an der Stelle des heutigen Mittelbaues des Wasserpalais ein älteres Lusthaus, das anschließend zum Ausgangspunkt der Wasserpalaisfront wurde.

Anscheinend sollte dieses Lusthaus erhalten bleiben, doch Wackerbarth ließ es weitgehend erneuern, weil der König das Dach auf „orientalische Art" verändert haben wollte, was technisch nicht durchführbar war. Auch sonst gab es Schwierigkeiten, das „orientalische Lustgebäude", das der König wünschte, mit dem alten Bau zu vereinen, so einen Saal zu schaffen für das Fest des Weißen Adlerordens 1721. Die Seitenpavillons mit dem hohen, konkav geschwungenen Dach und der breiten Kehle und einem Obergeschoß sind bereits 1720 vollendet worden. In ihnen waren Wohnräume untergebracht.

Erst nach Fertigstellung des neuen Mittelbaues wurden nach 1724 die eingeschossigen Verbindungsgänge zwischen den drei Bauten hergestellt. Beim Bau des symmetrisch zum Wasserpalais als Spiegelbild gestalteten Bergpalais wurden diese Gänge jedoch gleich mit eingefügt.

Architekt beider nunmehr in sich geschlossenen Dreiergruppen war Pöppelmann. Erst mit dem neuen Mittelbau und seiner doppelt geschwungenen und damit erhöhten Dachzone und den abschließenden, als Schornsteine getarnten Dachakzenten sowie den Säulenvorhallen mit den reich dekorierten Kapitellen nach den Gartenseiten erhält die nunmehr in sich geschlossene Dreiergruppe ihr repräsentatives heiteres Gepräge.

Diese Heiterkeit wird erhöht durch die Grünfärbung der Schindeldächer sowie durch die nach Stichvorlagen gefertigten Chinesenmalereien in den breiten Hohlkehlen: Rot auf Gelb in den Seitenbauten, Blau auf Rot im Mittelbau und Blau in der Vorhalle des Wasserpalais. Dieses Blau erinnert an das Unterglasurblau der Porzellanscherben der Meißner Manufaktur, die auch die Kurschwerter im Blau verfremdeten.

Vor die Elbfront des Wasserpalais legte Pöppelmann eine weitgeschwungene, doppelläufige Freitreppe, die auf eine mit schmiedeeisernen Gittern gefaßte Terrasse zum Hauptgeschoß führt. Eine zweite Treppenanlage führt, gefaßt von vorgreifenden und durch Sphingen Kirchners bekrönten Mauern seit 1724 zur Elbe hinab, deren Stufen in einer Gegenbewegung die Balustrade auffangen. Diese Anlegestelle für die Gondeln entspricht noch einmal der hochbarocken Auffassung Pöppelmanns der Zwingerzeit, wenn auch an ihrer Planung wohl Longuelune beteiligt war.

Trotz des so andersartigen Auftrages wird der in den 20er Jahren eingetretene stilistische Bruch beim Vergleich des Zwingers mit den Bauten in Pillnitz sichtbar. Der Gruppe des Wallpavillons, der anschließenden Bogengalerien und der seitlich vorgezogenen Pavillonbauten im Zwinger entsprechen in Pillnitz der siebenachsige Mitteltrakt, die ursprünglich niedrigen Verbindungsgänge und die beiden fünfachsigen Seitenflügel. In Pillnitz gibt es keine Kurvungen mehr. Die drei Bauten stehen wieder als klare Blöcke nebeneinander gereiht vor uns, betont sogar noch durch die Quaderung der Ecken.

Blieben die 1727 geschaffenen Großplanungen Longuelunes für einen neuen Schloßkomplex auch unausgeführt, so entstand doch südlich des alten Schlosses der 1818 mit zugrunde gegangene sogenannte „Venustempel", mit Gesellschaftszimmern und katholischer Kapelle. Magirius vergleicht ihn mit dem „Venussaal" vor dem Großen Garten-Palais von 1719, der uns in einer Zeichnung erhalten ist, und ordnete beide wegen ihrer Gestaltung Longuelune zu.

In die gleiche Bauperiode gehört auch noch das Ringrenngebäude nördlich der Gartenanlagen, ein Bau von Pöppelmann von 1725, der uns bis heute als Mittelbau der Orangerie erhalten blieb.

1725 ließ August durch Pöppelmann die breite Kastanienallee in Richtung Dresden nach Hosterwitz anlegen, die in ihrer Achse auf das alte Palais zuführte. Die ursprüngliche Achse, die vom Wasserpalais über die Maillebahn nach dem Berg zur Alten Ruine führte, war schon durch den dazwischen geschobenen Bau des Bergpalais versperrt und damit aufgehoben worden. Mit der Allee war auch die Entscheidung für die Offenhaltung der vierten Seite der Anlage getroffen. Ein Graben trennt wohl den Garten von der Allee ab, doch das Auge bezieht über die lange Gerade die Landschaft mit ein, so daß der Blick weit in die Tiefe stoßen kann – eine Situation, die sich in ihrer vollen Bedeutung erst beim Bau des Neuen Palais nach 1820 voll auszuwirken vermochte. Der Lustgarten selbst erfuhr jetzt eine typisch barocke gärtnerische Gestaltung, die Pöppelmanns Gartenplan des Zwingers von 1729 mit den verschiedenen Parterres und vier Wasserbecken mit Wasserlichtern sowie sich kreuzenden Wegen vorwegnahm.

War Schloß Pillnitz bei seiner Errichtung als Ort sommerlichen Vergnügens gedacht, so veränderte sich die Situation, als Friedrich August III. 1765 nach dem Friedensschluß von Hubertusburg Pillnitz zur Sommerresidenz erhob. Da die Räumlichkeiten nicht für den ständigen Aufenthalt des Hofes ausreichten, wurde Exner als Oberlandbaumeister beauftragt, für je einen Flügelbau am Berg- wie am Wasserpalais Sorge zu tragen. Die Entwürfe lagen bei Weinlig oder Schade im engen Anschluß an einen Entwurf Longuelunes. Die Flügel am Bergpalais wurden 1788, am Wasserpalais 1789 und 1791 ausgeführt. Dabei wurden die Neubauten an die Altbauten durch Verbindungen in Viertelkreisformen angeschlossen und wenig später auch die Verbindungsgänge zwischen den Altbauten erhöht.

Die vier Flügelgebäude führen mit ihren elf Achsen in der Länge im wesentlichen den Charakter der Mittelbauten weiter. Sie sind mit ihrer Tiefe von drei Achsen nach dem Garten vorgezogen und bereichern damit die Gliederung der Gesamtanlage. Die der Gartenseite vorgelegten Säulen werden von korinthischen Kapitellen bekrönt. Im Flügel des Bergpalais nach der Stadtseite, dem sogenannten Kaiserflügel, blieben zwei Räume im Zeitstil, wohl von Weinlig ausgestattet, erhalten.

1818 brannten das alte Palais und der Venustempel ab. Der neue Bau wurde Schuricht übertragen, der das Neue Palais zwischen 1822 und 1826 errichtete. Die Gartenfassade führt bei aller klassizistischen Konzeption und der hohen, turmbekrönten Attika die Seitenflügel mit ihren Säulenstellungen weiter, so daß eine glückliche Einheit der drei Bauperioden gewahrt bleibt. Die Gestaltung des dreiflügeligen Westbaues um den Fliederhof mit seinen dorischen Säulen erfolgte im Sinne der Zeit. Der quadratische Festsaal im Mitteltrakt mit seiner kassettierten Rundkuppel und den freistehenden unkannelierten Säulen ist als der einzige größere klassizistisch dekorierte Raum Dresdens erhalten geblieben. Die Malereien schuf ebenso wie die für den Saal der Katholischen Kapelle im ersten Stock des gleichen Flügels nach dem Fliederhof Christian Vogel von Vogelstein. Die anschließende Schloßwache mit ihren abgeschrägten Ecken und ihrem toskanischen Giebel mit vier Säulen bleibt eine bescheidene Zugabe.

In keiner anderen Gartenanlage der Dresdner Umgebung läßt sich die Entwicklung der Gartenarchitektur so lückenlos verfolgen wie in Pillnitz. Von den französischen Anlagen blieben nur die Charmillen, die Heckengärten und die Maillebahn für Spiele erhalten. Die verschiedenen Parterres zwischen den Bauten wurden seit der Mitte des 19. Jahrhunderts wiederholt verändert. Die zu hoch gewachsenen Gehölzstreifen in den Ecken beeinträchtigten lange das kostbare Architekturbild. Die ganze Anlage bedarf einer grundlegenden Neugestaltung. Durch Hinzunahme weiteren Geländes in Richtung der Berge und der Ortschaft war es möglich geworden, neben den französischen

Anlagen um 1780 eine englische zu schaffen, die über den Garten weit hinausgreift und bis in die bewegte Landschaft des Friedrichsgrundes am Borsberg führt. Die dritte Periode endlich, die naturwissenschaftliche des 19. Jahrhunderts, machte den Garten exakten dendrologischen Zwecken dienstbar. Nicht mehr das gartenarchitektonische Moment dominierte, sondern jetzt galt es, Zwecke der Bildung und Forschung zu befriedigen. Wohl wurde der Landschaftsgarten nicht aufgehoben, aber er wurde mit seltenen fremdländischen Gehölzen besetzt, die man katalogisierte, durch Schildchen mit lateinischen Namen versah und wissenschaftlich ordnete, ohne nach Komposition und künstlerischen Prinzipien des Formen- und Farbenklanges überhaupt noch zu fragen. Die Pflanzenwelt, die der Landschaftsgarten aus der Vergewaltigung und der Subordination in der französischen Anlage befreit hatte, ursprünglich eine revolutionäre Tat, wurde jetzt eine Sammlung von interessanten Gehölzen. Damit war die Gartenarchitektur, die zunächst einmal wie jede Kunst die Aufgabe hat, eine Ordnung zu schaffen, an einem Ende angelangt.

Über die dem Klassizismus zugehörigen Kleinbauten innerhalb der Gartenanlagen wie dem Englischen Pavillon von 1776, der künstlichen Ruine von 1785 und dem Chinesischen Pavillon von 1804 wird später zu berichten sein.

Die Gartenanlage Großsedlitz

In Großsedlitz, einem landeinwärts auf halbem Weg nach Pirna unweit der Elbe gelegenen Dorfe, zeigte sich im Verlauf der Entwicklung zum ersten Mal die Gemeinschaftsarbeit im Oberlandbauamt. Die Besitzung war nach der Zerstörung der Gutsgebäude durch einen Brand von 1715 vom Grafen Wackerbarth 1719 erworben worden und ging 1723 in königlichen Besitz über. Der Kauf selbst blieb bis 1726 geheim. Die Erschließung des Geländes begann 1719 mit dem Bau des Friedrichschlößchens, das bereits im folgenden Jahre vollendet stand und von dem wenigstens ein Stich überliefert ist. Die bauliche Planung dürfte auf Pöppelmann zurückgehen, der 1719 in Dresden durch die Festlichkeiten voll beschäftigt war und die Ausführung an den jungen Knöffel übertrug. Das Friedrichschlößchen zeigte sich nach seiner Vollendung als ein dreiflügliger, zweigeschossiger Bau mit dominierendem Dachreiter und Glockenstuhl auf dem Mittelbau. Das Schlößchen wurde 1871 abgebrochen, und an der Stelle des Ostflügels errichtete man das heutige Gebäude. Die gleichzeitig fertiggestellte, eingeschossige Obere Orangerie mit insgesamt 23 Achsen, einem dreiachsigen Mittelrisalit mit abschließender Giebelbekrönung

162

162 Das Friedrichschlößchen und die obere Orangerie in Großsedlitz mit Gartenanlagen

Anlage des Friedrichschlößchens von M. D. Pöppelmann, Bauausführung von J. C. Knöffel, obere Orangerie wohl von Knöffel unter Benutzung des Formenschatzes von Pöppelmann, Bauausführung 1719/20, Schlößchen 1871 abgebrochen, rechter Flügel 1872/74 wieder aufgebaut

Lithographie, um 1840, St. M.

und je dreiachsigen Eckpavillons wird durch Mansarddächer abgeschlossen. Die Orangerie geht allein auf Knöffel zurück und kann als sein erster Bau gelten. Die ursprüngliche Gestalt der Unteren Orangerie, die ein ehemaliges Gewächshaus ersetzte, wurde erst später, doch vor 1727, errichtet. Ihr Aussehen läßt sich heute nicht mehr genau feststellen, da sie 1861 neu erbaut wurde.

Mit der offiziellen Übernahme von Großsedlitz durch den König kam neue Bewegung in das Unternehmen. Zunächst zeichnete August selbst einmal Pläne zur weiteren Ausgestaltung. In seinem Auftrag gab Wackerbarth 1727 diese weiter, und zwar an Pöppelmann, Longuelune und Knöffel zugleich, damit sie unabhängig voneinander ihre Pläne entwickelten, so daß man das Gute von dem einen und anderen dann auswählen könne, wie der König in einem Brief schreibt. Zuletzt sollten die Entwürfe dann auf einem Generalplan eingezeichnet werden. Pöppelmann fiel sofort aus, weil er noch mit Arbeiten für Moritzburg beschäftigt war. Longuelunes große Projekte für einen quadratischen Vierflügelbau mit einem mittleren Kuppelraum, die Ideen für Pillnitz und ein neues Zeughaus auswerteten, blieben unausgeführt. Der Bau war bestimmt, die Hauptachse der Gartenanlage auf der von der Oberen Orangerie begrenzten Terrasse beherrschend abzuschließen. Knöffels Pläne sind verschollen. Der geplante Schloßbau blieb unausgeführt.

Die U-förmige Gartenanlage zeigt eine enge Verwandtschaft mit dem Grundriß des Zwingers und den Gartenplanungen hinter dem Schloß von Moritzburg. Sie gehen, wie Franz nachweist, auf Pläne von August selbst zurück. Die Ausführung lag ebenso wie bei den Bauten in den Händen von Knöffel, der auf diesem durch seine Höhenunterschiede so schwierigen Gelände die ersten Gartenanlagen schuf. Die beiden mittleren Wasserachsen mit ihren parallel laufenden Wegen erscheinen typisch für die meisten der Gartenanlagen Knöffels. Im Gegensatz zu dem unterbliebenen Schloßbau erfuhr die Gartengestaltung nach 1723 wesentliche Veränderungen. Die doppelläufige Treppenanlage der „Stillen Musik“, wie sie nach den Darstellungen der figürlichen Plastik heißt, trägt aber sicher die Handschrift Pöppelmanns.

Die umfangreiche figurale Plastik, die über die ganze Anlage verteilt ist, blieb im Gegensatz zum Großen Garten in Dresden fast vollständig erhalten. Die Namen ihrer Schöpfer sind im wesentlichen bekannt, doch die ihnen gehörenden Werke können nur noch durch stilkritische Vergleiche ausgemacht werden. F. Coudray gehören sicher die beiden Sphingen, J. C. Kirchner sind die Jahreszeiten zuzuschreiben, während B. Thomae als Schöpfer einer Reihe der Doppelfiguren angesprochen werden kann. Doch waren alle diese Arbeiten nicht ohne die Gehilfen zu bewältigen.

Der Hof benutzte die Großsedlitzer Anlage für das alljährlich stattfindende Fest des polnischen Weißen Adlerordens. Bis 1756, den Beginn des Siebenjährigen Krieges, und dem letzten Ordensfest überhaupt, das in Dresden stattfand, wurde es hier nicht weniger als dreizehnmal gefeiert.

Sind auch die Bauten in Großsedlitz niemals ausgeführt worden, so blieb uns doch hier die vollkommenste Anlage eines Französischen Gartens in Sachsen erhalten.

Das Jagdschloß Moritzburg

Schloß Moritzburg weist die umfangreichste baugeschichtliche Entwicklung neben der Residenz in der Stadt auf. Sie reicht über einen Zeitraum von mehr als 250 Jahren. 13 Kilometer nördlich Dresdens mitten im wildreichen Friedewald mit seinen zahlreichen Seen gelegen, besaß der Ort die idealen Voraussetzungen zum Genuß der Jagdfreuden. Den Namen trägt Moritzburg nach seinem ersten Bauherrn, der 1542 bis 1546 auf dem felsigen Boden einer Landzunge zwischen zwei Seen den Urbau unter der Bauleitung von Hans Dehn-Rothfelser errichten ließ. Die Anlage war ursprünglich ein quadratisches Herrenhaus mit den charakteristischen Renaissancegiebeln, in einem Hof gelegen, der von vier miteinander durch Wehrmauern verbundenen Rundtürmen mit geschweiften Hauben flankiert wurde. In den folgenden zwei Jahrhunderten erfuhr Moritzburg manche Erweiterung, 1582 bis 1584 durch Paul Buchner und Peter Kummer, 1594 bis 1598 wurde eine zweite Ummauerung aufgeführt. Buchner war es auch, der um 1600 das Schloßmodell anfertigen ließ.

Nach dem Dreißigjährigen Krieg, der der Moritzburg manchen Schaden zufügte, begann unter Johann Georg II. eine umfangreiche Bautätigkeit. Wolf Caspar von Klengel legte 1661 bis 1672 vor die Westfront der Umfassungsmauern die Kapelle. Mit ihr ist neben der Hoflößnitz der einzige Innenraum Dresdens aus dieser Zeit auf uns gekommen, der Zeugnis von der außerordentlichen Höhe der künstlerischen Leistungen dieser voraugusteischen Epoche ablegt. Die Kräfte, die hier wirkten, waren sämtlich im Land gewachsen; nur die Stukkateure Galli, Materno und Trenelli kamen traditionell aus Italien. Es entspricht der Bewertung des Baues in seiner Zeit, daß man sowohl zur Grundsteinlegung als auch zur Weihe der Kapelle 1672 eine Gedenkmünze geprägt hat. Die zur Weihe geschaffene Münze zeigt auf ihrer Vorderseite die Innenansicht der Kapelle.

163 Schloß Moritzburg, Idealplan des Gartens von M. D. Pöppelmann

Das Palais auf der Insel inmitten der Teiche, die französischen Gartenanlagen im Norden wurden nie vollendet

Farbig gehöhte Entwurfszeichnung, um 1723, I.f.D.

164 Die Kapelle in Moritzburg von W. C. von Klengel, 1661 bis 1672

Mit dem Dachreiter M. Schumanns, dem SW-Turm M. D. Pöppelmanns, der Großterrasse Z. Longuelunes und dem figuralen Schmuck J. C. Kirchners und B. Thomaes

Aufn. I.f.D.

163

164

Schon unter Johann Georg IV. trug Starcke die Renaissancegiebel Buchners ab und setzte dem Herrenhaus ein viertes Stockwerk auf. Johann Georg IV. war es auch, auf dessen Geheiß im Jahre 1693 der berühmte Tiergarten angelegt wurde. Damit begann der Auftakt zu dem völligen Umbau, den August der Starke seit 1723 durchführen ließ und der bis 1736 dauerte.

Mit der Umgestaltung der Moritzburg wurde Pöppelmann beauftragt. Er führte die Aufstockung der vier flankierenden Rundtürme durch, die er mit dem ausgebauten Mitteltrakt verbunden hat, ferner die Schauseiten und wohl auch die Wölbung des Untergeschosses sowie die Eingangshalle. Die örtliche Bauleitung lag in den Händen Longuelunes, der im ersten Obergeschoß an Stelle der kleinen Räume vier große, je zwei Geschosse umfassende Säle anlegte. Es sind das der Steinsaal, der Speisesaal, der Billardsaal und der Monströsensaal. Longuelune nahm auch den Plan Markus Conrad Dietzes von 1704 wieder auf, die ganze Moritzburg auf eine Großterrasse im Umfange von 90 × 95 Metern zu setzen, die als Sockel wirkt und die Monumentalität des Baues steigert. Die Balustrade sollte mit 32 Statuen und 120 Vasen bekrönt werden, doch wurde dieser Schmuck nie vollendet. Nördlich und südlich führen Auffahrten zu den Eingangstoren, westlich und östlich öffnen Freitreppen den Weg zu den jetzt getrennten Teichen. Die acht kleinen Pavillons lockern die Schwere des Komplexes auf und lassen ihn sacht in die Landschaft übergleiten. Pöppelmann schuf einen Idealplan,

der auch die französischen Gartenanlagen im Norden umfaßt und einen Überblick über das Wollen vermittelt, das diesem als Gesamtkunstwerk zu wertenden Bau zugrunde liegt. 1731 erscheint der Name Johann Christoph Knöffel zum ersten Mal in den Bauakten.

Bei der Innenausstattung wirkten die besten Kräfte mit, über die das augusteische Zeitalter verfügte. Als verantwortlich für die Gesamtausstattung zeichnete Raymond Leplat; Monströsen- und Billardsaal erreichen den Höhepunkt festlichen Glanzes 1731. Die charakteristischen gepreßten und vergoldeten Ledertapeten entstanden noch Ende des 17. Jahrhunderts, die späteren könnte Pierre Merçier, der Begründer und Leiter der Teppichwirkerei und Tapetenfabrik, geschaffen haben. In die monumentale Malerei teilten sich Louis de Silvestre und Lorenzo Rossi. Den Figurenschmuck auf der Terrasse fertigten Benjamin Thomae und Johann Christian Kirchner mit ihrer Werkstatt. Nur der blasende Jäger mit Hund auf der Schloßinsel ist bereits eine Arbeit W. E. Brohns von 1660. Das kostbare Mobiliar, auch die Lackmöbel, von ersten Bildhauern geschnitzt, kamen ebenso wie die Tapeten, die Gläser und die Porzellane zunächst einmal aus den heimischen Manufakturen, wenn auch fremde Einzelstücke zur Ergänzung glücklich beitrugen. Die Sorgfalt der Ausstattung ging bis in die letzte Kleinigkeit. Es gab nichts, was in Form und Ausführung nicht erst durchdacht und dann souverän gestaltet worden wäre. So präsentierte sich Moritzburg als umfassendstes Museum der sächsisch-dresdnerischen Handwerkskunst des 18. Jahrhunderts. Durch die Kriegsereignisse ging das ursprünglich vorhandene Mobiliar zum größten Teil verloren. Seit 1948 erfolgt der Ausbau als Museum des Barock mit geborgenen und verwandten Stücken aus anderen Schlössern in Sachsen. 1980 begann die farbige Wiederherstellung der Fassaden des Schlosses und der zugehörigen Kleinbauten.

Was die nachfolgenden Generationen hinzufügten, betraf nicht mehr das Schloß selbst. Vom großen Speisesaal aus blickt man durch eine Schneise, an deren Ende das Auge an einem kleinen Bauwerk haftenbleibt, der Fasanerie, die das einmalige Bild als Point de vue begrenzt. Sie soll uns später noch beschäftigen.

Vom Holländischen zum Japanischen Palais

1717 übernahm August das im Auftrag des Grafen Flemming 1715 durch Rudolph Fäsch errichtete Holländische Palais, das seinen Namen nach seinem ersten Mieter, dem holländischen Gesandten trug. Es war in seiner ersten Anlage ein Bau mit Untergeschoß und Obergeschoß von 17 Achsen in der Länge und vier Achsen in der Tiefe, das von einem Mansarddach abgeschlossen wurde. Durch einen reich gegliederten, von Säulen in drei Stockwerken eingefaßten und durch Statuen bekrönten Vorbau mit Treppenanlagen im Halbrund gelangte man in die Eingangshalle. Von hier aus führte eine doppelläufige Treppe in das Obergeschoß, die bis heute erhalten blieb. Hinter der Halle nach Süden befand sich ein fünf Achsen umfassender Saal, von dem aus man durch eine weitere Treppenanlage in den Garten gelangen konnte. Wahrscheinlich kaufte es der König, der es „Alt Dresdner Haus" nannte, um zu den bevorstehenden Hochzeitsfeierlichkeiten von 1719 für die Riesenzahl der zu

165 Schloß Moritzburg, ein Entwurf zur Fassade und Großterrasse

Charakteristisch für Longuelune die Gliederung durch Lisenen und Spiegel sowie die Bekrönung des Mittelrisalites durch einen Obelisken, kombinierter, unausgeführter Entwurf von M. D. Pöppelmann und Z. Longuelune, um 1726

Farbig gehöhte Zeichnung, I.f.D.

erwartenden Gäste noch ein weiteres Gebäude zur Verfügung zu haben. Im Großen Garten legte Karcher für die Festtage den Palaisteich an, vor dem Türkischen Palais schuf Pöppelmann die doppelläufige Freitreppe, im Zwinger wurden die Pavillons nach der Stadtseite rasch fertiggestellt, an diese anschließend weitere Festgebäude aufgeführt. Hinter dem am Graben befindlichen Pavillon wurde ein neues Opernhaus errichtet, für dessen Innenausbau August die bewährte Kraft des Italieners Alessandro Mauro wirken ließ. Auf der anderen Seite entstand der Redoutensaal, im Gegensatz zum massiven Opernhaus ein Interimsbau aus Fachwerk.

Warum das Wasserschloß Pillnitz in die Reihe der Festbauten nicht mit aufgenommen wurde, bleibt – wie vermerkt – unklar. Merkwürdigerweise fand August auch später nicht allzu großen Gefallen an Pillnitz.

Das ebenfalls an der Elbe gelegene Holländische Palais schien für die Zwecke Augusts dagegen wie geschaffen. Nach den Festlichkeiten, die uns auf Stichen in allen wichtigen Phasen überliefert sind, wurde das Palais zunächst museal genützt. Der Plan, es ausschließlich für ein Haus zur Unterbringung von chinesischem, japanischem und vor allem von heimischem Meißener Porzellan zu verwenden, trat erst später in den Gedankenkreis Augusts. 1722/23 wurde die Umgebung nach der Stadtseite ausgestaltet, der quadratische Platz angelegt, die neue Königstraße durch Pöppelmann 26 Meter breit zum Schwarzen Tor geführt und mit Linden bepflanzt. Das Palais selbst erhielt 1724 durch Pöppelmann das Mezzaningeschoß, wie es der Stich von Corvinus zeigt.

Aber erst nach 1727 tritt die Geschichte des Palais in eine entscheidende neue Phase, als der vierte Flügel, der den Abschluß nach dem Platz bildet, in den Entwürfen auftaucht. Zweifellos geht er auf eine Idee Augusts selbst zurück. War doch der Vierflügelbau mit einer mittleren Kuppelbekrönung der Baugedanke, den August durch alle Jahrzehnte immer wieder variierte. Im Japanischen Palais ist er ein einziges Mal Wirklichkeit geworden, wenn man vom Umbau der Moritzburg, der von durchaus anderen Voraussetzungen ausging, einmal absehen will.

Der Würfeltyp, die charakteristische Form des Baukörpers in der Renaissance, war im Barock dem Flügelideal gewichen. Der Flügeltyp hatte sich zur feudalen Bauform des ganzen Zeitalters entwickelt. Der Hochbarock gab dann den vierten Flügel zugunsten eines Dreiflügelbaues mit einem oft durch ein kostbares schmiedeeisernes Gitterwerk abgeschlossenen Ehrenhof wieder auf. Stilistisch bedeutete so die Lösung des Japanischen Palais einen Rückschritt. August selbst dürfte wohl bei der Wahl dieses Grundrisses von de Bodt unterstützt worden sein, den er eben als Nachfolger Wackerbarths aus Berlin berufen hatte, wo er in nächster Nähe der mächtigen Erscheinung des Schlüterschen Schloßbaues gewirkt hatte. Zu untersuchen wäre auch die Einflußnahme Eosander von Göthes, der sowohl als Schüler Nikodemus Tessins des Jüngeren in Stockholm als auch als Nachfolger Schlüters am Berliner Schloß als ein ausgesprochener Vertreter des Vierflügelbaues angesehen werden muß.

Die Erweiterung des Holländischen zum Japanischen Palais erweist sich als eine Kollektivarbeit des Oberlandbauamtes. Pöppelmann hatte die Oberbauleitung, wie bei den anderen Dresdner Gebäuden auch; von Longuelune stammen die meisten Entwürfe, und Knöffels Mitarbeit ist wohl bekannt, läßt sich aber nicht mehr sichtbar machen. 1728 kam de Bodt als vierter Architekt hinzu. Der eigentliche Baubeginn fiel für den neuen vorderen und die beiden seitlichen Flügel in das Jahr 1729; der Flügel der Gartenfront, das alte Holländische Palais, wurde erst 1731 in Angriff genommen und umgebaut. Spätbarocke und klassizistische Elemente fließen ineinander. Nach den Zeichnungen führte Pöppelmann Longuelunesche Planungen weiter, während Longuelune sich Pöppelmann anpaßte. Im großen und ganzen kann man sagen, daß sich bei der endgültigen Ausführung Longuelune mit dem großartigen Mittelrisalit der

166

166 Thronsessel Augusts des Starken aus dem Japanischen Palais

In den charakteristischen Formen des Barock, mit Palmettenabschluß; vergoldete Holzschnitzereien mit rotem Samtbezug und Goldstickerei, 1719, 1718 hat J. C. Kirchner einen solchen „Audienzstuhl" geschnitzt, von denen es eine ganze Reihe gab, die auch in Polen Verwendung fanden. (S. Asche schreibt diesen Stuhl J. C. Kirchner zu)

Aufn. D.F.D., 1934, Schloß Moritzburg

Gartenfront und Pöppelmann mit den Hoffassaden durchsetzten. Vor die nördliche Hoffassade legte Pöppelmann eine Stufenfolge, und zwischen Untergeschoß und Obergeschoß schuf er einen reich gegliederten, vorgekragten Umgang aus Sandstein, der von einer Reihe von 24 kraftvollen, realistischen Chinesenhermen über Pilastern getragen wird. Die Hermen galten als Arbeiten J. C. Kirchners, bis S. Asche sie aus stilistischen Gründen zum Teil auch M. Oberschall zuwies.

Die Schauseite nach dem Platz mit der risalitmäßig vorgezogenen offenen dreiachsigen Eingangshalle, die anscheinend erst später hinzugefügt wurde, da sie mit der Fassade nicht im Verbund steht, haben schon die Zeitgenossen für de Bodt bezeugt. Über dem durch Putzbänder gegliederten Untergeschoß der Halle mit ihren drei Rundbogen öffnet sich eine zweigeschossige Architektur, die von sechs kompositen Säulen getragen wird. Den Abschluß bildet ein Dreiecksgiebel, in dessen Feld Thomae ein Halbrelief mit der Darstellung der Huldigung der Porzellan herstellenden Völker vor einer Saxonia schuf. Der Bildhauer der seitlichen Eckfiguren, wohl eine Minerva und eine Athena, bleibt unbekannt. Die beiden Chinesen-Karyatiden am rechten Treppenaufgang des Nordflügels schuf wiederum Oberschall. Eckpavillons mit je drei Achsen gliedern auch die Schauseite. Ihre doppelt konkav geschwungenen, mit Kupfer gedeckten Dächer nehmen das „orientalische“ Motiv der mittleren Pavillons von Pillnitz noch einmal auf. Sie wollen Zeichen setzen für die Bestimmung des Hauses.

Vor dem Palais nach der Elbseite erfolgte die Anlage eines französischen Gartens, wohl die vollkommenste ihrer Art, die von einer Gondelanlage am Ufer begrenzt wird. Im Westen zog der Schöpfer des Gartens die Terrassen der Festungsanlagen mit ein. Waldquartiere und die verschiedensten Parterres wechselten miteinander ab. Der reiche bildhauerische Schmuck verschwand im Laufe der Zeit. Eine Reihe der bedeutendsten Stücke von Balestra und Corradini wechselten in den Großen Garten über.

Bei der Aufstellung der Porzellane, die uns in großem Umfang durch Zeichnungen bekannt ist, wiederholte sich der Gegensatz zwischen spätbarocker und klassisch-barocker Anordnung ebenfalls. Nach dem Tode Augusts des Starken schiebt sich unter seinem Nachfolger der museale Charakter immer mehr in den Vordergrund, und der Gedanke der barocken Festräume tritt völlig zurück.

Longuelune entwarf auch einen Thronsaal mit Thron, eine Kapelle und ein Glockenspiel, unter Verwendung einer reichen Porzellanausstattung. Nach 1737 blieben die Arbeiten in halbfertigem Zustand liegen, da Friedrich August II. anderen Interessen nachging und die Konzeption eines großen Porzellanschlosses, wie repräsentativer Schloßbauten überhaupt, nicht mehr der Zeit entsprach. Im Siebenjährigen Krieg erlitt das Palais wohl bei der Verwendung als Magazin mehr im Inneren als am Äußeren schwere Schäden. Diese hat Johann August Gebhardt, der sonst nur als Architekt des Bayrischen Brauhauses in der Friedrichstadt hervorgetreten ist, nach 1766 behoben. Erst 1786 fand sich für das Japanische Palais eine endgültige Verwendung. Die kurfürstliche Bibliothek, durch die Brühlsche und die Bünausche Sammlung noch vermehrt, wurde in den oberen Stockwerken eingerichtet und der Öffentlichkeit zugänglich gemacht. Damals erhielt der Fries über der Vorhalle die Inschrift: MUSEUM USUI PUBLICO PATENS. Unter ihrem Leiter Johann Christoph Adelung wuchs die Bibliothek bald zu einer der ersten in Deutschland. Ferner fanden hier die Antiken sowie das Münzkabinett für ein Jahrhundert eine würdige Aufstellung. Es sind das die gleichen Räume im Erdgeschoß, die Semper 1836 noch einmal umgestaltete und die dann, von Ermisch 1936 wieder in den ursprünglichen Zustand versetzt, das Buchmuseum der Sächsischen Landesbibliothek aufnahmen. Die Porzellane wurden in den Keller verbannt, wo sie eine ungenügende Unterkunft fanden, bis sie von 1875 ab das zweite Geschoß des Johanneums ebensowenig glücklich beherbergte. Nach der Zerstörung von 1945 und dem folgenden Wiederaufbau dient das Japanische Palais den Museen für Vorgeschichte und für Völkerkunde als Unterkunft.

Das Schloß Übigau

Neben Pillnitz, Großsedlitz, Moritzburg und dem Japanischen Palais stand im dritten Jahrzehnt des 18. Jahrhunderts noch ein fünfter Schloßbau im Mittelpunkt der Planungen. Es ist Schloß Übigau, auf dem rechten Elbufer stromabwärts gelegen und von dem soeben nach Dresden berufenen Festungsbaumeister Eosander von Göthe für den Grafen Flemming 1724 bis 1726 errichtet. Mit Göthe kam ein ganz neues Element in das Dresdner Architekturkonzert. Es konnte sich aber nicht mehr recht durchsetzen, da sein Urheber wenige Jahre nach seiner Ankunft bereits starb und darüber hinaus mit seinen Künsten als Festungsbaumeister Schiffbruch erlitt. Göthe vertrat die Schule Nikodemus Tessins d. J., des Schöpfers des Schlosses in Stockholm, der wiederum in Paris geläuterte italienische Einflüsse verarbeitet hatte. Das zweigeschossige Gebäude mit neun Achsen Front und vorgelegten offenen Bogenhallen, von denen die untere durch

167 Elbbrücke

Bereits 1509 bis 1522 war die Elbbrücke durch Peter von Pirna und später durch Hans Schicketanz erweitert worden. Seit 1706 erfolgte die Abtragung der Zinnen, Ersatz durch Brustlehnen aus Eichenholz. 1719 Erneuerung von 12 Pfeilern. 1722 ließ August der Starke durch M. D. Pöppelmann ein Modell nach den Maßen der Prager Brücke herstellen, 1727 Beginn der Verbreiterung der Brücke durch seitlich übereinanderliegende Schichten von Kragsteinen, die die Fußsteige zu tragen hatten. Aufstellung von Steinbänken, schmiedeeiserne Gitter mit Vasen und Laternen schlossen die Fußsteige ab, diese wurden 1760 wieder entfernt. Aufstellung des Kruzifixus von Ch. A. Walther von 1670 mit Sockel Z. Longuelunes auf dem mittleren Pfeiler anstelle des Reiterstandbildes Augusts des Starken Der Kruzifixus stürzte 1845 bei Hochwasser in die Elbe. 1907 Abbruch aus verkehrstechnischen Gründen

Stich von M. Bodenehr ?, 1739, Kuka

rustikaartige Putzstreifen gegliedert, die obere durch Pilaster und Dockenbrüstung zwischen den Fenstern aufgelockert ist, hätte ein anderes Schicksal verdient, als ihm zuteil wurde. 1726 übernahm August der Starke auch diesen Bau. In den gleichen Jahren entstand die doppelläufige Treppenanlage zur Elbe. Nach dem Tode Göthes schuf dann Longuelune eine Reihe Entwürfe für Übigau, von denen wohl nichts zur Ausführung gelangte. Friedrich August II. war an dem Schicksal des Baues gänzlich uninteressiert und überließ gleich nach dem Regierungsantritt die Besitzung seinem Minister, dem Grafen Sulkowsky, der Schloß Übigau später an die Krone zurückverkaufte. In der zweiten Hälfte des 18. Jahrhunderts verwahrloste es völlig, und 1813 wurde es ausgeplündert. Seit über hundert Jahren dient es der Verwaltung eines Industriebetriebes.

Von dem ehemals reichen Gartenschmuck mit plastischen Gestaltungen blieben nur über der Brüstung der Treppe zu dem kleinen Hafen eine Reihe von bewegten Kinderpärchen erhalten, darunter befindet sich auch ein Pärchen in türkischer Tracht. Der Meister dieser originellen Gruppen ist unbekannt.

Die neue Augustusbrücke

Die Umgestaltung und Verbreiterung der schadhaften und für den gesteigerten Verkehr zu eng gewordenen Dresdner Elbbrücke übernahm Pöppelmann mit dem Ratsmaurermeister J. G. Fehre als Bauausführendem 1727 bis 1731. Pöppelmann hatte bereits eine ganze Reihe bedeutender Brücken gebaut, so in Waldheim, Grimma, Nossen und Zwickau. Er war der erfahrenste Mann auf diesem Gebiet, der zur Verfügung stand. Der persönliche Auftrag Augusts des Starken zur Erweiterung der weltberühmten Dresdner Elbbrücke fiel ganz selbstverständlich ihm zu. Bevor er ans Werk ging, ließ er zur Nachprüfung seiner Pläne noch die Maße der Prager Moldaubrücke beibringen. Als Aufgabe war gestellt, die Brücke zu verbreitern und künstlerisch zu steigern. Bauherr und Ausführende dachten an den Rialto in Venedig und seine Bedeutung als Verklammerung beider Stadtteile. Die großartige, steile Bogenführung war bei der Breite der Elbe nicht zu wiederholen. So entstand bei einer Länge von 402 Metern nur die anmutige leichte Krümmung, die diese Brücke als charakteristisch vor anderen auszeichnete. W. Hager nennt sie den bedeutendsten Brückenbau Europas seit der Spätrenaissance. Im Laufe der Jahrhunderte hatte sich eine Reihe von Bauten auf der Brücke angesiedelt. Die Alexiuskapelle war schon bei Einführung der Reformation gefallen und durch ein neues Zollhaus ersetzt worden. Jetzt wurde auch dieses fortgeräumt. Die vorgesehene Verbreiterung auf 11 Meter gelang, indem Pöppelmann die alte Brücke ganz dem Fahrverkehr überließ und die Seiten durch Kragsteine erweiterte. Er ließ die Pfeiler bis zur Gangbahn hochmauern und schuf breite Austritte, die er mit Bänken schmückte. Ein schmiedeeisernes Geländer schloß den Bau ab. Auf die Austritte setzte er achtundvierzig schmiedeeiserne Laternen, die nachts weit in die Landschaft leuchteten und von dem neuen Wunderwerk, als das die Zeitgenossen den Brükkenbau empfanden, kündeten. Wie in Prag, war auch für diese Brücke reicher Figurenschmuck vor-

167

gesehen; das Reiterstandbild Augusts sollte nach dem Vorbild des Denkmals Heinrichs IV. auf dem Pont Neuf in Paris und dem des Großen Kurfürsten auf der Langen Brücke in Berlin die höchste Erhebung krönen. Aus allen diesen Plänen wurde nichts, allein der alte Kruzifixus Christoph Abraham Walthers, neu vergoldet und auf einen sechs Meter hohen Felsensockel aus Pirnaer Sandstein gesetzt, den Longuelune entworfen und Johann Christian Kirchner gefertigt hatte, wurde 1732 auf den fünften Pfeiler wieder gestellt. Dort stand er, bis ihn 1845 die Hochwasserfluten fortspülten.

Das Schöne Tor, von Melchior Trost 1553 auf der Altstädter Brückenseite vor dem Georgentor errichtet, wurde 1728 abgebrochen. Die Gestaltung eines neuen Brückenkopfes der Altstadt ließ sich nicht mehr verwirklichen, und vom Neustädter Brückenkopf, zu dem Longuelune eine städtebaulich großartige Lösung plante, wurde nur ein Teilbau, das Blockhaus, vollendet. Die Augustusbrücke selbst fiel wegen ihrer engen Führung – es waren zuletzt noch 18 Pfeiler mit 17 Bogen – und ihrer geringen lichten Höhe 1907 dem Elbverkehr zum Opfer. Als Ersatz für sie entstand nach den Entwürfen von Wilhelm Kreis die ebenfalls steinerne Friedrich-August-Brücke, die heutige Dimitroffbrücke, eine durchaus befriedigende Lösung, aber ohne das Genie eines Pöppelmann errichtet.

Longuelune und das Blockhaus

An allen Bauvorhaben sahen wir die planende Hand Longuelunes beteiligt. Das meiste blieb unausgeführt liegen, so die Erweiterung des alten Zeughauses 1723 bis 1726, der Neubau eines Zeughauses 1725 bis 1731, zu dem August 1712 eine Ideenskizze lieferte, und die Neugestaltung des Elbtores 1727/28, das nach dem Brückenbau Pöppelmanns langsam verfiel und endgültig verschwand, als 1738 mit der Planierung des Geländes vor der Hofkirche der Schloßplatz entstand. Auch die Entwürfe der Museumsbauten zwischen Zwinger und Elbe blieben Projekte. Nur von einem Gebäude kann man sagen, daß es von seiner Hand geschaffen worden ist, wenn es auch später manche Veränderung erfahren hat, vom Blockhaus am Neustädter Brückenkopf. Es dürfte mit der Fertigstellung der Brücke geplant gewesen sein und sollte, stufenförmig aufsteigend und eine Pyramide bildend, auf hohem Sockel das Reiterstandbild Augusts tragen. Damit hätte die Hauptstraße einen großartigen Abschluß gefunden. Ein weiteres Projekt sah ein zweites, von einer Minerva bekröntes Blockhaus auf der anderen Brückenseite elbaufwärts in der Form vor, daß diese beiden Bauten die Brücke flankierend aufgenommen hätten.

Wir wissen unter anderem aus den Forschungen von Hans Beschorner, daß sich August der Starke bis in sein letztes Lebensjahr intensiv mit Plänen zur Erringung der Kaiserkrone getragen hat. Das Pyramidengebäude sollte der Repräsentation des sächsischen Caesar Augustus dienen. Die geistige Anregung brachte wiederum Fischer von Erlach. Sein umfassendes Zeichnungswerk „Entwurf einer historischen Architektur" hatte er bereits 1712 im Original dem neuen Kaiser Karl VI. überreicht. Die darin enthaltenen Blätter wurden in den folgenden Jahren gestochen und erschienen, mit Vorwort und Text versehen, 1721 in Wien und in einer zweiten Auflage 1725 in Leipzig. Die Blätter reichen vom Salomonischen Tempel über die berühmten Bauten Griechenlands und Roms folgerichtig bis zu den Erfindungen Fischers selbst. Sie wollten den Beweis erbringen, daß die historische deutsche Reichsidee, nach dem Sieg über die Türken eben zu neuem Leben erweckt, mit dem deutschen Kaiser als Caesar und legitimem Erben, das Imperium Romanum weiter repräsentiert.

Wenn auch August das Reich noch zu gewinnen hatte, die Repräsentation des zukünftigen sächsischen Caesar Augustus konnte an der Elbe inzwischen vorbereitet und verwirklicht werden. Zu dieser zweiten kaiserlichen Repräsentation nach dem Zwinger, den August als Hercules Saxonius beherrscht, griff er wiederum auf Wien und dort auf Fischer von Erlach zurück. Dabei kamen sein Wunsch nach legitimer Weiterführung des deutschen Reiches und der deutschen Kaiser-Idee wie sein Verständnis für die Genialität der Kunst Fischers zum Ausdruck. Der Entwurf Longuelunes schließt sich an Fischers sechste Tafel an, das Mausoleum von Halikarnass, das „herrlichste Grabmal" und vierte Weltwunder der Antike. Es war das nicht der erste Rekonstruktionsversuch, und Longuelune scheint sich auch um den das Thema behandelnden Stich Philipp Galles nach M. van Heemskercks „Mausolaeum" von 1572 aus der Folge „Septem Orbis Miracula" bemüht zu haben, denn der stufenförmige Aufbau, der zum Standbild führt, ist nur bei Heemskerck zu finden. Noch ein zweites Blatt Fischers wertete Longuelune aus. Die zwanzigste Tafel bringt den Obelisken des Marc Aurel mit dem Kaiser auf kurbettierendem Pferd, so wie August auf dem Pyramidengebäude und später auf dem ausgeführten Denkmal erscheint.

Wäre der Plan zur Ausführung gelangt, hätte das goldene Reiterstandbild hoch über der neuen Königstadt Augusts geleuchtet, so wie einst das goldene Standbild der Athena Parthenos des Phidias dem heimkehrenden Schiffer schon am Kap Sikion von der Herrlichkeit Athens kündete. Diese

168

168 Unterschrift Augusts des Starken, Augustus Rex, mit Approbation

L.H.A.

169 August der Starke, farbige Porzellan-Figur nach J. J. Kändler, um 1732

August im schwarzen Harnisch mit blauem Ordensband, purpurnem Mantel, die Linke auf die Hüfte gestützt, in der Rechten den Marschallstab, Höhe 24 cm

Besitz Kirschgarten-Museum, Sammlung Dr. Pauls, Basel

Höhung ins fast Sakrale ist auch im Barock einzigartig geblieben. Ludwig XIV., der große Gegenspieler des deutschen Kaisers begnügte sich noch mit einem vergoldeten Reiterstandbild in der Mitte der Place des Victoires.

Es erhebt sich die Frage, ob nur der Tod der Verwirklichung dieser letzten Planung Augusts auf imperialer Ebene Einhalt geboten hat. Jedenfalls tauchte erst nach dem Tode Augusts der Gedanke auf, das goldene Reiterdenkmal auf dem Neustädter Markt unterzubringen. Statt des Reiterstandbildes setzte Longuelune in einer späteren Planung nun einen Obelisken auf das Gebäude. Aber auch dieser Plan blieb noch nicht die endgültige Lösung. Das Blockhaus wurde jetzt in die

169

Achse der neuen Hauptstraße gerückt. Longuelune erlebte nur noch die Ausführung des Unterbaues, dem er nach seiner Planung eine offene Bogenhalle auf der Marktseite hinzugefügt hatte. 1749 setzte Fürstenhoff das Mezzaningeschoß auf und deckte es mit einem niedrigen Satteldach ab, damit die hier unterzubringende Wache einziehen konnte. 1892 erhielt das in Sandsteinverkleidung ausgeführte Blockhaus ein weiteres Geschoß. Nach der Ausbombung 1945 wurde es 1979/80 in seinen ursprünglichen Zustand zurückversetzt.

Longuelune war ein hervorragender Zeichner. Wir lernten ihn schon bei der Fertigung des Entwurfes für die Aufstellung des Kruzifixus auf der Brücke als solchen kennen. Er war es auch, der 1735 die Vorzeichnungen für den Sockel des Reiterdenkmales auf dem Neustädter Markt schuf, wo es nach fünfundzwanzigjähriger Planung einen der Phantasie Augusts zwar nicht entsprechenden, aber doch würdigen Platz fand. Longuelunes leichte Hand bewährte sich auch bei den lavierten Zeichnungen zu Brunnen und Kaskaden für den Park in Großsedlitz, die zum Teil den Einfluß Berninis nicht verleugnen, wie ein Blatt mit einer Gruppe rauschender Fontänen zeigt. Wenn er, fast am Ende seines Lebens, die Entwürfe für Mattiellis Neptunbrunnen mit den Nereiden, Tritonen und dem gesamten Seegetier wirklich noch geschaffen hat, wie die Überlieferung es will, dann würde das besagen, daß dieser disziplinierteste Bauschöpfer, der strengste Tektoniker, der in Dresden gewirkt hat und dessen Einfluß durch zwei Generationen fruchtbar geblieben ist, der Vertreter der regionalen französischen Sonderform des Barock, des klassischen Barock, auch über eine barocke Phantasie im Sinne der Italiener und Deutschen verfügte.

Barocke Innenausstattung des Schlosses unter August dem Starken

Blieb auch die Architektur des Schlosses unter August dem Starken unverändert, so ließ er doch vor allem zwei Trakte im Westflügel neu ausstatten. Es sind das einmal die eigenen Wohnräume im zweiten Stock sowie das Grüne Gewölbe im Erdgeschoß. Die Veränderungen im zweiten Stockwerk betrafen die Räume, die vormals Brandenburgische Gemächer genannt wurden. Von ihnen blieben der Thronsaal und das Schlafzimmer nach dieser Neugestaltung bis 1945 erhalten. Die Pläne hierzu lagen bei R. Leplat; wann die Ausführung erfolgte, läßt sich nicht mehr exakt feststellen.

Stilistisch möchte man sie in die Jahre um 1700 verweisen, nach der Gewinnung des polnischen Königsthrones und vor dem Nordischen Krieg.

Das Schlafzimmer mit seinem Paradebett erinnert ebenso wie die Gesamtausstattung an das Versailles Ludwigs XIV. Kamin und Türgewände waren aus farbigen Marmoren gefertigt, die grüne Samtbekleidung der Wände wurde durch Goldstickereien eingefaßt, die barocken Stukkaturen waren vergoldet. Mächtige Hohlkehlen führten zur Decke, und venezianische Spiegel erhöhten den Glanz. Der Thronsaal zeigte sich noch kostbarer in seiner Ausstattung. Das Grün des Samtes war hier mit Reliefstickereien in Gold verziert. Das kostbare Mobiliar entstammte zunächst noch Pariser Werkstätten, während es später mit Arbeiten aus der Dresdner Manufaktur gleichwertig vertreten war.

Bei der Einrichtung dieser Zimmer wird sich August an seine Kavalierstour nach Paris während seiner Jugendjahre erinnert haben. So war es verständlich, daß er, als er die Möglichkeit hatte, sich selbst einzurichten, von dem Glanz und der Pracht Versailles gefangen war. Als er aber im Jahre 1718 wünschte, anläßlich der Hochzeitsfeierlichkeiten einige Zimmer im Stil Ludwigs XIV. auszustatten, wendete er sich an Wackerbarth. Im Briefwechsel zwischen August und Wackerbarth vom Jahre 1718 findet sich eine Stelle, die den Geist, aus dem in diesen Jahren in Dresden geschaffen wurde, kennzeichnet. In dem Antwortschreiben belehrte ihn sein oberster Bauberater, daß es nach 30 Jahren nicht mehr angängig sei, die Mode von 1687 nachzuahmen. August legte Wert darauf, auf der Höhe seiner Zeit zu stehen und nicht provinziell zu wirken, so kam er auf seinen Wunsch nicht mehr zurück.

Für die Deckenbemalung beider Räume hat Leplat später Louis de Silvestre aus Paris gewonnen. Dieser blieb dann als Hofmaler die nächsten 30 Jahre mit seiner ganzen Familie, deren Mitglieder ebenfalls tüchtig mitarbeiteten, in Dresden. Das Gemälde für das Schlafzimmer war seine erste Arbeit für Dresden. Er brachte sie 1715 bereits aus Paris, auf Leinwand gemalt, mit. Für den Thronsaal trägt seine Deckengestaltung die Signatur von 1719, steht also im Zusammenhang mit den Vermählungsfeiern. Die hier angewandte Technik läßt sich nicht mehr feststellen. Das Gemälde war jedoch direkt auf den Plafond aufgetragen. Gestaltete er im Schlafzimmer noch neutral die vier Tageszeiten mit Aurora und Luna im Mittelpunkt, so malte er im Thronsaal eine Huldigung für August und die weise Regierung des Hauses Wettin mit Hercules Augustus, der die Laster zu Boden stößt, während die Tugenden seitlich assistieren. Ein geflügelter weiblicher Genius verkörpert Kunst und Wissenschaft, während ein weiterer kleiner geflügelter Genius das sächsisch-polnische Wappen präsentiert.

170

170 Der polnische Weiße Adler-Orden

Von August dem Starken 1705 gestiftet, aus der Saphir-Garnitur von M. Dinglinger, nach 1705 Besitz Grünes Gewölbe

Aufn. D.F.D.

Anschließend an die Vermählungsfeiern des Kurprinzen tauchte wohl der Gedanke auf, die Kunstschätze des Hauses Wettin, die noch in der Kunstkammer aufgehäuft standen, nach musealen Gesichtspunkten zu ordnen. Es bestand auch der Wunsch, sie für die Besucher kostbarer zu präsentieren. So verließen sie im folgenden Jahrzehnt das Schloß und fanden im Stallhof und im Zwinger neue Unterkünfte. Nur die eigentliche Schatzkammer verblieb im Hause und übersiedelte seit 1721 in das Erdgeschoß des Westbaues in zunächst sieben Räume. Als Architekt hat sicher Pöppelmann gewirkt, Longuelune dürfte beteiligt gewesen sein, Leplat müßte seinen Aufgaben nach den Entwurf zur Ausstattung geliefert haben. Wie immer wird es eine gemeinsame Arbeit des Oberlandbauamtes gewesen sein, indem die besonderen Wünsche des Königs Berücksichtigung fanden. Die Fußböden wurden mit Marmor verlegt, die Türgewände mit gleichem Material gefaßt, die Wände erhielten eine Verkleidung mit Holz und wurden mit Spiegelflächen gehöht. Die Ausstattungsstücke selbst montierte man auf vergoldete Konsolen in barocken Formen und ordnete sie nach architektonischen wie ästhetischen Gesichtspunkten. Das Schnitzwerk schuf Benjamin Thomae, für die Glasverkleidung und die dazugehörige Bemalung waren Christian Reinow und Martin Schnell mit ihren Mitarbeitern tätig. 1721 begannen die Arbeiten, 1724 scheinen sie im wesentlichen beendet gewesen zu sein.

Als kostbarster Raum konnte der Pretiosensaal

in der Nordwestecke ausgestaltet werden. Es ist der gleiche Raum, den wir bei seiner Errichtung nach 1550 unter Kurfürst Moritz mit seinen reichen Stukkaturen mythologischer Thematik kennenlernten. Jetzt wurden die Wände der Türen mit schwarzem und rotem Marmor eingefaßt, die Türen selbst sind aus Eisen gefertigt, mit vergoldeten schmiedeeisernen Bändern überzogen und bemalt. Das dazugehörige kleine Eckkabinett wird von einer bemalten Kuppel abgeschlossen, die zwischen reicher Ornamentik, wohl nach französischen Stilvorlagen geschaffen, das Wappen von Polen und Sachsen sowie das Goldene Vlies und den Polnischen Weißen Adlerorden zeigt. Die Wände sind wiederum mit Glas belegt, das von geschnitztem und vergoldetem Holzwerk gefaßt wird. Die anschließenden Räume, das nach dem Theaterplatz gelegene Silberzimmer, das Emaillezimmer wie das Elfenbeinzimmer und das nach dem Großen Schloßhof gelegene Wappenzimmer, das Juwelenzimmer und das Bronzezimmer variieren der Ausstattung gemäß ihren Charakter.

Die Kunstschätze waren bei dem Brand von Dresden, wie während aller kriegerischen Ereignisse, auf dem Königstein geborgen. Der Pretiosensaal und die Räume nach dem Theaterplatz verschonte der Brand. So wird auch das Grüne Gewölbe nach dem Wiederaufbau des Schlosses als ein Zentrum der Dresdener Museen mit ihren einmaligen Schätzen in seinen alten Formen erstehen. Bis dahin haben sie eine museale Aufstellung im Albertinum gefunden.

Noch ein weiterer kostbarer Raum, den August der Starke errichten ließ, blieb bis 1945 erhalten, das mit dem Pretiosensaal zu gleicher Zeit entstandene Turmzimmer im zweiten Stock des Schlosses. Longuelune hatte es bereits um 1718 mit den Porzellanschätzen verschiedenster Herkunft in barocker Aufstellung als eine Vorwegnahme des Japanischen Palais als Porzellanschloß ausgestattet.

171 Das Taschenbergpalais, Fassadenriß des Mittelbaues

Nach Matthaeus Daniel Pöppelmann, Mansarddach mit drei Dachgaupen, ursprünglicher Zustand; unten Aufmaß des Portals und der doppelläufigen Treppe im Mittelbau

Farbig erhöhte Zeichnung, um 1711, I.f.D.

Seite 150:

172 Das Taschenbergpalais mit den Flügelbauten, vom Schloßturm aus gesehen

Mitteltrakt mit siebenfenstrigem Mittelrisalit von M. D. Pöppelmann und J. F. Karcher, 1707 bis 1711, östlicher Seitenflügel von C. F. Exner

1763, westlicher Seitenflügel und Bauten um den hinteren Hof von J. H. Schwarze 1756. Unten rechts Wettin-Obelisk, von J. Schilling 1896, Mitte Stadtpavillon des Zwingers, dahinter die Sophienkirche mit der Arnoldschen Turmfront, 1864 bis 1866, 1945 ausgebrannt, 1962/63 abgebrochen (s. Abb. 465)

Aufn. D.F.D., 1934

173 Das Taschenbergpalais, der Mittelrisalit des Mittelbaues

Untergeschoß mit drei Obergeschossen, bei insgesamt 19 Fenstern Front 48 m lang. Die Schmuckformen führen das Palais J. G. Starckes im Großen Garten weiter, bekrönender Statuenschmuck über dem Hauptgesims. Aufsatz Mars und Minerva mit Wappen von G. Knöffler, 1764, ursprünglich über Portal des Westflügels, desgleichen Satteldächer erst seit Umbau Mitte 19. Jh. durch H. Nicolai. Das Mittelportal zeigt 18 Formen des Zwingerstils um 1711 unter Einfluß der Wiener Portalkompositionen J. B. Fischer von Erlachs. Nach der Wiederherstellung von 1934

Aufn. D.F.D., 1934

Seiten 152, 153:

174 Das Palais (Hôtel) de Saxe, Moritzstraße 1 b, die Fassade

Mit dem British Hôtel der Landhausstraße von George Bähr und Georg Hase, um 1712 für die Brüder von Beichling erbaut, später im Besitz des Grafen L. G. von Hoym, dessen Wappen der Giebel trägt. Der Bau wurde 1760 schwer beschädigt und brannte wohl aus. Der Erker von S. Adam ist eine Zutat von 1764. Sieben Fenster Front, über dem gequaderten Untergeschoß zwei Obergeschosse und ein Halbgeschoß, der dreifenstrige Mittelrisalit wird in den zwei Obergeschossen durch vier kannelierte Dreiviertelsäulen betont, im Halbgeschoß über den Säulen schwere Konsolen, darüber geschwungener Segmentgiebel, Mansarde mit zwei Reihen Fenstern, im oberen Teil des gebrochenen Daches weitere zwei Reihen Ochsenaugen. An den Seiten einfenstrige Risalite, von kannelierten Pilastern eingefaßt. Als plastischer Schmuck u. a. in zwei Geschossen je vier Medaillons mit römischen Kaiserbüsten von P. Heermann, reichste Barockfassade der Stadt. 1945 zerstört

Aufn. Stadtplanungsamt Dresden

175 Das British Hôtel, Landhausstraße 6 (Innere Pirnaische Gasse), die Fassade

Rückseite des Palais de Saxe und mit ihm eng verwandt, an Stelle der Säulenstellungen des Mittelrisalits kannelierte Pilaster, von Segmentgiebel über Doppelwappen zusammengehalten, desgleichen an Stelle der unteren Medaillonreihe Kartuschen, über den Fenstern des zweiten Geschosses vier Kaiserbüsten in Rundnischen von P. Heermann. Architektur und Plastik in Weiterbildung des Großen Garten-Palais, von G. Bähr und G. Hase, um 1712. 1945 zerstört

Aufn. Stadtplanungsamt Dresden

172

173

174

175

176 Der Zwingerhof nach der Stadtseite

Der Zwingerhof war zu dieser Zeit ein wüster Platz, über den der Wagenverkehr lief. Die Wasserparterres erscheinen zwar bereits auf dem Plane Pöppelmanns von 1714, wurden aber erst 1928 ausgeführt. Die linke Elbfront ist mit einer Wand abgeschlossen, dahinter das Theater W. C. v. Klengels von 1664 bis 1667 und ein Renaissancegiebel des Schlosses, links vom Stadtpavillon der Turm der alten Kreuzkirche, rechts die Sophienkirche, hinter dem rechten Pavillon das Opernhaus M. D. Pöppelmanns von 1718/19, weiter das Adamsche Haus, 1744, dahinter das Wilsche Tor mit dem Wasserbehälter

Ölgemälde von B. Belotto, vor 1754, St.G.G. (V.G. 62)

176

177

178

177 Die Erweiterung des Zwingers nach der Elbe

Von den Erweiterungsplänen des Schlosses nach der Elbe, die fast alle namhaften Architekten durch vier Jahrzehnte auf dem Papier beschäftigten, war das erweiterte Zwingerprojekt M. D. Pöppelmanns einer der umfangreichsten. Er schloß seine Bauten, die u. a. der Unterbringung der Kunstschätze dienen sollten, nach der Elbfront mit einem turmartigen Pavillon ab. G. Semper versuchte nach 1837 noch einmal, diesen Plan im Forumprojekte zu verwirklichen

Ölgemälde von Alexander Thiele unter Zugrundelegung der Pöppelmannschen Schloßprojekte, 1722, St.G.G.

178 Der Zwingergraben mit der „Scharfen Ecke"

1812 zugeschüttet, 1929 und 1951 bei der Zwingererneuerung in verringerter Breite wiederhergestellt. Die hölzerne Interimsbrücke gab die Möglichkeit eines unverzüglichen Abbruches bei kriegerischen Ereignissen. Im Hintergrund der Turm des Wilschen Tores mit dem 1744 errichteten Adamschen Hause (Stadtwaldschlößchen), rechts an der 1744 angelegten Ostraallee der 1739 erbaute Malersaal in Fachwerk. Die Errichtung der Bauwerke auf der Festungsmauer war, vom städtebaulichen Gesichtspunkte aus gesehen, großartig, vom militärischen aber konnte sie nicht gerechtfertigt werden (s. Abb. 432)

Ölgemälde von B. Belotto, 1754, St.G.G. (V.G. 57)

Seiten 156, 157:

179 Der Zwinger aus der Vogelperspektive mit dem Kronentor und den Langgalerien als Mitte sowie den vier Pavillonbauten, hinter dem Porzellan-Pavillon das Opernhaus M. D. Pöppelmanns, anläßlich des Jahrmarktes und Festes der Nationen am 21. September 1719

Stich von C. H. J. Fehling, Kuka, Aufn. D.F.D.

180 Der Zwinger aus der Vogelperspektive

Das Kronentor mit den Langgalerien, der Mathematische Salon, der Wallpavillon mit den Bogengalerien, der Französische Pavillon sowie die Tribünen mit der königlichen Loge, durch die der Zwinger nach der Elbe geschlossen war, anläßlich des Ringrennens des Karussels der vier Elemente am 15. September 1719.

Durch die Phantasie und Bewegtheit des Aufbaues, den Reichtum des Schmuckes, der die architektonische Form auflöst, und die eigenartige Verquickung von Pavillon und repräsentativer Treppenanlage ist der Wallpavillon eine der köstlichsten Architekturen des Barock, 1716 bis 1719 in seinem Äußeren vollendet. Höhepunkt der Zusammenarbeit Pöppelmanns und Permosers, der Herkules Saxonicus, bekrönt als Huldigung für August den Starken den Pavillon, einzige signierte Arbeit Pöppelmanns am Zwinger. 1945 schwer beschädigt, 1962 bis 1964 wiederhergestellt

Federzeichnung von C. H. J. Fehling, Kuka

181 Der Zwinger, der Mathematisch-Physikalische Salon

Er entstand 1711 bis 1714, als frühester der Pavillons M. D. Pöppelmanns während des Reichsvikariats Augusts des Starken, wie das Auftreten des Reichsadlers im Schmuck des Giebelfrieses beweist. Dieser Pavillon gehörte, mit dem mittleren des Walles und dem Französischen nach der Elbe, zu der ursprünglichen Planung einer Orangerie. Der Gedanke der Wiederholung dieses architektonischen Dreiklanges auf der Stadtseite wurde erst 1718 gefaßt. – Zwinger 1945 schwer beschädigt, bauliche Wiederherstellungsarbeiten seit 1946 durch H. Ermisch, M. Zimmermann, A. Frenzel, Bildhauerarbeiten unter Leitung von A. Braun, Vollendung der äußeren Wiederherstellungsarbeiten 1964

Aufn. D.F.D., um 1936

179

180

182 Der Zwinger, die östliche Langgalerie

Gesamtansicht der drei mittleren Brunnen im Zwingerhof, 1714 bis 1715, nach der Wiederherstellung um 1932, die Vasen und Figurengruppen auf der Balustrade sind nach 1926 hinzugefügt worden

Aufn. I.f.D., 1932

181

182

183 Der Zwingerhof und der Theaterplatz nach der Elbe

Der Zwingerhof zeigt die vollkommene Gestaltung eines geschlossenen Platzes des Barock. Er steht neben einem nicht weniger gelungenen lockeren Platzgefüge des 19. Jahrhunderts, dem Theaterplatze, verbunden durch den Galeriebau G. Sempers. Die um die beiden Plätze sich schmiegenden Gebäude wurden 1945 ohne Ausnahme schwer beschädigt. Doch wird es möglich sein, alle Bauten, außer dem abgebrochenen Hôtel Bellevue, in ihrer Außenansicht wiederherzustellen, so daß dieses architektonische Zentrum von Dresden für die Nachwelt als gesichert betrachtet werden kann. Im Vordergrund das Schauspielhaus von W. Lossow und H. M. Kühne, 1912/13

Luftaufnahme D.F.D. (Hahn, 1943)

Seiten 159–164:

184 Das Kronentor des Zwingers

185 Der Stadtpavillon des Zwingers

186 Das Komödienhaus am Taschenberg von W. C. von Klengel zwischen Französischem und Deutschem Pavillon

Ölgemälde von B. Belotto, Ausschnitte aus dem Gemälde „Der Zwingerhof", vor 1754

Staatl. Kunstsammlungen Dresden, Aufn. D.F.D.

183

187 Nymphenbad und Wallpavillon des Zwingers mit den Nymphen von B. Permoser und Mitarbeitern

Aufn. Pritsche, Dresden

188 Der Zwinger, das Kronentor mit der neuen Holzbrücke

Erster vollendeter Torbau des Zwingers, 1714 bis 1715 als später Nachfahr eines Triumphbogens entstanden. Über dem kräftigen Hauptsims vier Giebel, 12 lebensgroße Figuren und 14 Vasen als Schmuck, über der Kuppel schließen vier kupfergetriebene und vergoldete Adler mit einer Krone, Symbol der polnischen Königswürde, das Tor ab. Nischenfiguren von B. Permoser und seinen Mitarbeitern

Foto Pritsche, Dresden

189 Das Nymphenbad nach dem Wall im ursprünglichen Zustand

Die Nymphenfiguren von B. Permoser und Werkstatt, 1711 ff. Kupferstich aus M. D. Pöppelmanns „Vorstellung und Beschreibung des Zwingergartens", 1729

190 Das Wasserparterre des Nymphenbades mit der Rückwand des Französischen Pavillons

Rohbau des Pavillons, 1712 bis 1714 mit dem auf das Wasser bezogenen plastischen Schmuck

Aufn. D.F.D., 1934

189

190

191

191 Westliche Hermengruppen vom Wallpavillon, B. Permoser, 1718

Kongenial durchdringt sich das plastische Werk B. Permosers und seiner Mitarbeiter mit der Architektur M. D. Pöppelmanns

Aufn. Hantzsch, um 1936

192 Der Zwinger, die Kaskade des Nymphenbades

Die Zusammenfassung von Architektur, plastischem Schmuck und Wasser zum Gesamtkunstwerk fand in dem 1711 bis 1712 entstandenen Grottenhof des Nymphenbades ihre Vollendung

Aufn. I.f.D., 1934

193 Der Zwinger, der Marmorsaal des Französischen Pavillons

Den Namen trägt der Saal nach der kostbaren Verkleidung mit sächsischen Marmorarten, die an vielen Orten des Landes gebrochen und in eigenen Steinschneidewerken, Schleif- und Poliermühlen veredelt wurden. Über den vergoldeten Simsen mit Adlerdekorationen ein dreiteiliges Deckenbild allegorischen Inhalts, eine Huldigung für August den Starken und seine Gemahlin Christiane Eberhardine, mit den Medaillons des Kurfürsten-Königspaares in der Längsachse des Mittelsaales von Christian Fehling, 1717 ff. Im Hintergrunde Apotheose Augusts des Starken von B. Permoser, 1722, früher in Elstra. Ausstattung 1945 zerstört

Aufn. I.f.D., 1942

193

194

1. Le Roy.
2. La Reine.
3. Le Prince Royal.
4. La Princesse Royale.
Chambre du Lit de l'Appartement de parade du Roy,
Où sa Majesté et la Reine ont reçu la première visite de la Princesse Royale aprés son arrivée et Entrée Solemnelle, et réception dans la Ville et Château de Dresden, le 19 Aoust 1719
5. Les Officiers de la Cour.
6. Les Dames de la Cour.
195

194 Residenzschloß, das Schlafzimmer Augusts des Starken

An der Südwestspindel im zweiten Geschoß, Größe 17 × 8,5 m, mit Paradebett, 1698 von Raymond Leplat ausgestattet, Kamin- und Türgewände in farbigem Marmor, grüne Samtbekleidung der Wände, von reichen Goldstickereien eingefaßt, vergoldete und stukkierte Gesimse, Deckenmalereien auf Leinwand mit Darstellungen der vier Tageszeiten und der Aurora Luna erweckend von Louis de Silvestre, 1715 noch in Paris gemalt. 1945 zerstört

Aufn. D.F.D., 1930

195 Residenzschloß, das Schlafzimmer August des Starken anläßlich des Empfanges der Kurprinzessin 1719

Die gleiche Ausstattung wie Abb. 194

Kupferstich, 1719, Kuka

196 Residenzschloß, der Thronsaal

Neben dem Schlafzimmer, ebenfalls von R. Leplat 1698 ausgestattet, Kamin- und Türgewände in farbigem Marmor, Samtbekleidung rot, Supraporten und Deckenmalerei mit Darstellungen des Herkules, der die Laster zu Boden stößt, und thronenden Tugenden von L. de Silvestre, 1719. Das Mobiliar Arbeit Dresdner Möbeltischler und Vergolder der Zeit. 1945 zerstört

Aufn. D.F.D., 1930

197 Das Opernhaus Augusts des Starken am Zwinger

196

197

Innenansicht während einer Festvorstellung 1719. Parterre mit Amphitheater, drei Ränge mit Logen, das Orchester trennt Bühne und Zuschauerraum, kurfürstliche Loge im ersten Rang. Innerhalb der Umfassungsmauern Holzkonstruktion, größtes Theater der Zeit in Deutschland, Plätze für 2000 Zuschauer. 53,60 m lang, 23,65 m breit, 19 m hoch. Bühne 32 m tief. Erbaut 1718/19 von M. D. Pöppelmann, Inneres von A. und G. Mauro, plastischer Schmuck von B. Permoser, Kosten 150000 Taler. 1738 durch A. Zucchi und dem Maler J. B. Grohne umgebaut, 1749/50 durch Giuseppe Galli Bibiena erweitert, seit 1783 Redoutensaal, Umbau durch J. G. B. Theil. 1849 durch Brand vernichtet

Kupferstich, 1719, Kuka

198 Residenzschloß, Juwelenzimmer im Grünen Gewölbe

Einer der acht Räume im Erdgeschoß des Westflügels des Schlosses, die zur musealen Aufnahme der Schatzkammer des Hauses Wettin dienten. Türgewände aus rotem Marmor, von Pilastern mit vergoldeten Kapitälen umrahmt. Schnitzwerk von B. Thomae, bemalte Decke, Glasbekleidung der Wände in Rot und Gold durch C. Reinow und M. Schnell hintermalt, Entwurf 1721 bis 1724 im wesentlichen durch R. Leplat. Am Mittelpfeiler das goldene Kaffeezeug von J. M. Dinglinger auf Prunktisch Dresdner Möbelschnitzer und Vergolder. Ausstattung 1945 zum größten Teil zerstört. Beginn der Wiederherstellung 1964

Aufn. D.F.D., 1933

198

199 Residenzschloß, das Porzellanzimmer im zweiten Obergeschoß des Hausmannsturmes

Die Anlage mit dem flachem Kuppelgewölbe und den tiefen Kappen sowie den Flachreliefs mit Themen der antiken Mythologie gehört noch in die Mitte des 16. Jahrhunderts, die Zeit von Kurfürst Moritz. Die Reliefs sind Arbeiten italienischer Stukkateure. Die Porzellanaufstellung und Ausstattung der Wände mit 450 japanischen, chinesischen und Meißner Porzellanen von Z. Longuelune, um 1718. Hier fand die Aufstellung der Porzellane in der Form eine Verwirklichung, wie sie für das Japanische Palais im grandiosen Maßstabe nur Planung blieb. Die kleinen Stücke standen auf geschnitzten und vergoldeten Konsolen an den Pilastern, die großen, kobaltblauen Dragonervasen auf Podesten über dem Fußboden. Die Wände waren mit Spiegeln aus der Dresdner Schleiferei von E. N. Noor belegt. 1945 zerstört

Aufn. D.F.D., 1930

199

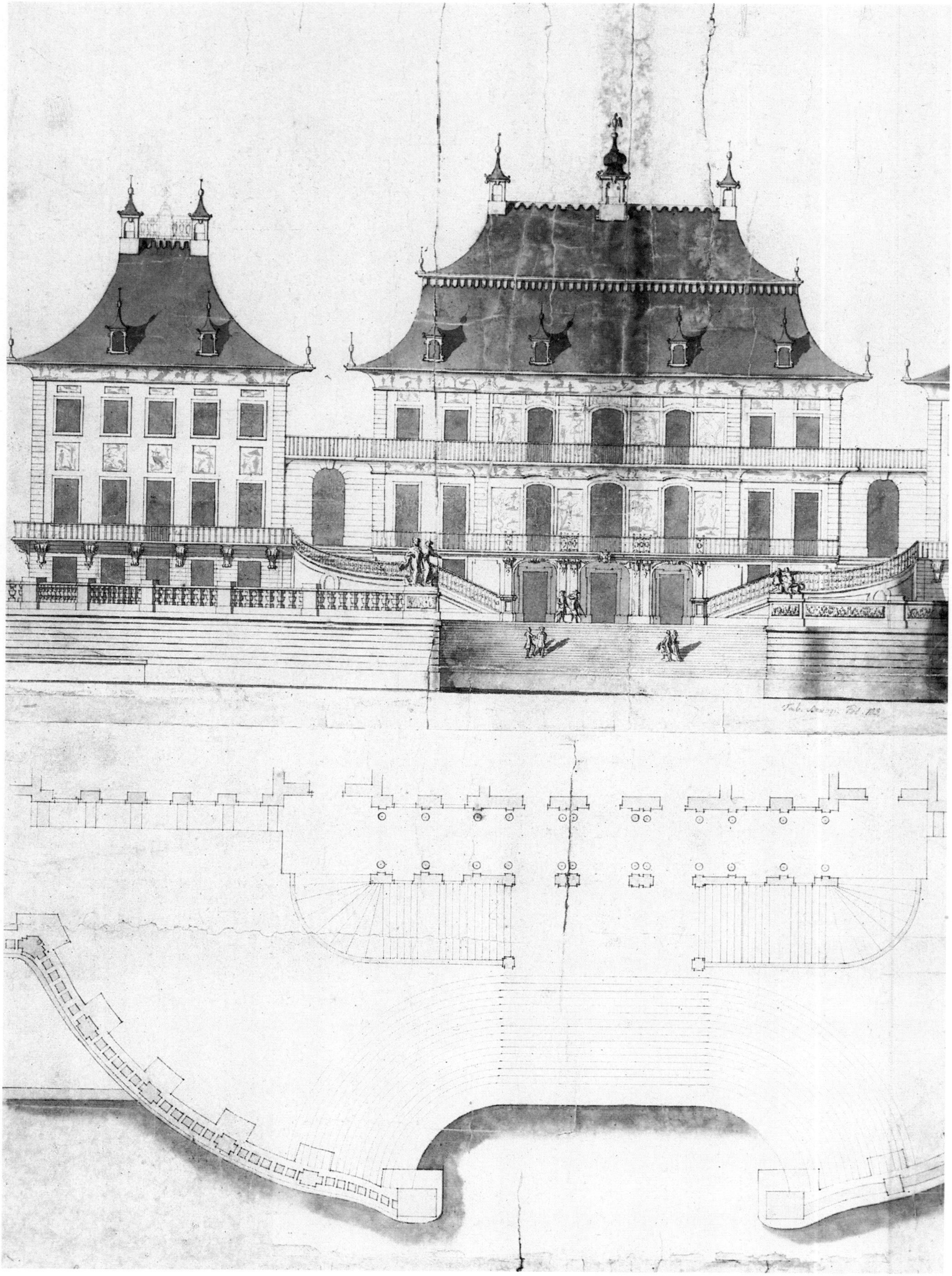

200 Schloß Pillnitz, das Wasserpalais an der Elbe, Zustand II

Mitteltrakt mit linkem Flügel, Verbindungsgängen und Grundriß der Treppenanlage sowie der Fassaden, 1724

Aquarellierte Zeichnung von M. D. Pöppelmann, I.f.D.

201 Schloß Pillnitz mit Umgebung

Ansicht von der rechten Elbseite, links die Pillnitzer Elbinsel, rechts das im frühen 17. Jahrhundert erneuerte, 1828 abgebrannte Renaissance-Schloß, daneben der Venussaal von Z. Longuelune, 1728

Sepiazeichnung von A. Zingg, um 1800 Besitz und Aufn. Albertina Wien

Seiten 174, 175:

202 Schloß Pillnitz, die Bautengruppe des Wasserpalais

Die drei Mittelgebäude wurden durch Aufstockung der Verbindungsgänge 1795 zu einer Gruppe zusammengezogen, die beiden Seitenflügel sowie die halbrunden Galerien 1788 bis 1791 nach Entwurf von T. Weinlig oder J. D. Schade von C. F. Exner hinzugefügt und mit Kupferdächern versehen

Aufn. I.f.D., um 1906

201

203 Schloß Pillnitz, die Treppenanlagen zum Wasserpalais

Die beiden bekrönenden weiblichen Sphinxe, die Pranken auf Kugeln gelegt, sind frühe Beispiele des ägyptischen Motivs. Sandsteinarbeiten von F. Coudray um 1725, Entwurf der Treppenanlage Z. Longuelune

Aufn. St. F., 1941

204 Schloß Pillnitz, der Plan der ausgeführten Palaisbauten und des französischen Gartens

Aquarellierte Zeichnung, um 1725, I.f.D.

205 Schloß Pillnitz, der Garten und die Palaisbauten

Die halbrunden, konvexen Verbindungsgänge zwischen Neuem Palais und Altbauten fehlen noch. Die Mitte des 18. Jahrhunderts für Spiele eingerichteten französischen Gartenanlagen liegen verwahrlost. Neugestaltung erst nach 1825. Im Vordergrund König Friedrich August I. und Familie. Das Bergpalais von M. D. Pöppelmann 1722/24 als Gegenstück zum Wasserpalais, das Neue Palais unter starker Angleichung an die bestehenden Bauten von C. F. Schuricht, 1818 bis 1826, die Kuppel des Mittelsaales verschwindet in den Dachaufbauten

Kolorierter Stich von L. Richter, um 1825, St. M.

202

203

204

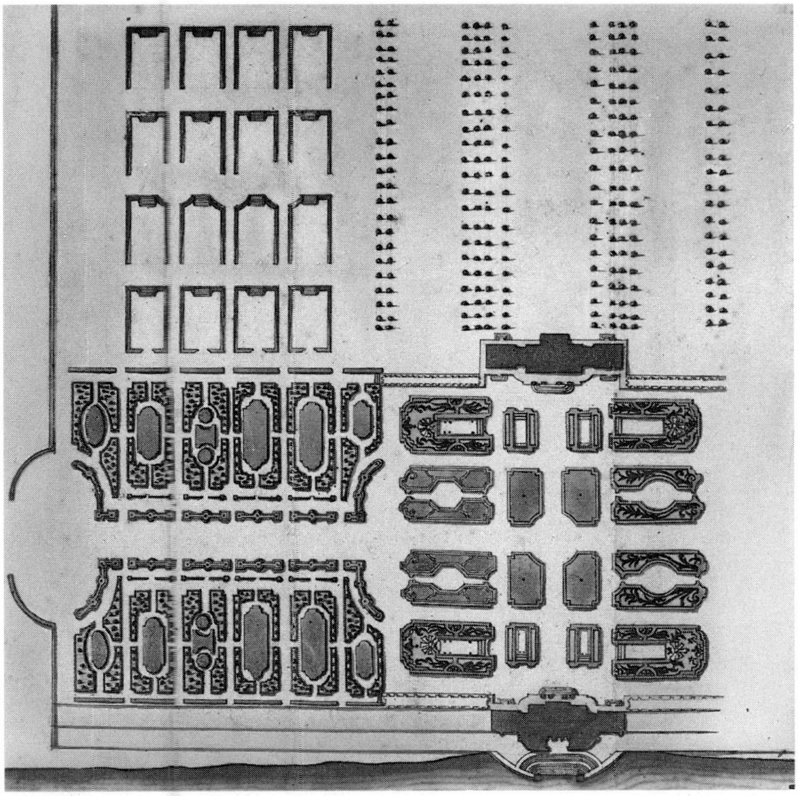

Seiten 176, 177:

206 Der Schloßpark Groß-sedlitz, die obere Orangerie

Wahrscheinlich von J. C. Knöffel unter Pöppelmann, ebenso wie das benachbarte Friedrichschlößchen, nach 1720 errichtet. Eingeschossiger Bau von 23 Achsen Front, dreifenstriger Mittelrisalit mit Giebelbekrönung, dreifenstrige, durch Mansarddächer hervorgehobene Eckpavillons

Aufn. I.f.D., 1976

207 Park Großsedlitz, Gartenanlage mit der unteren Orangerie

Von Z. Longuelune, 1726, Wasserparterres und Treppenanlagen führen auf die langgestreckte Horizontale der unteren Orangerie, Ausschnitt aus umfassender Planung, großartigste und besterhaltene Anlage der Zeit. Orangerie 1861 stark verändert. Links oben Flügelneubau des Friedrichschlößchens, 1872 bis 1874

Aufn. Walter Möbius, 1953

208 Park Großsedlitz, die „Stille Musik"

Gartenanlage von Z. Longuelune oder J. Ch. Knöffel, um 1726, U-förmiges Gartenparterre in terrassierter Landschaft mit Treppenanlagen vor Waldkulisse. Der Name „Stille Musik" bezieht sich auf die musizierenden Putten an den Treppen, Anlage wohl von M. D. Pöppelmann, Putten von J. C. Kirchner und Werkstatt (?)

Aufn. D.F.D., 1939

205

206

207

Seite 178:

209 Das Jagdschloß Moritzburg aus der Vogelperspektive

Die Dresdner Allee, die M. Fürstenhoff 1727 anlegte, nimmt den im Süden gelegenen Haupteingang als Point de vue auf. Großartige Zusammenfassung des Gesamtkomplexes Schloß, Turmgruppe, Kapelle.

Das Gelände der nach 1725 künstlich durch Abgrabung hergestellten Insel zwischen östlichem Moselbruch-(Groß-) und westlichem Kapellenteich und den nach 1730 entstandenen französischen Gartenanlagen umfaßt 230 × 146 m. Das Schloß selbst steht auf Felsboden. Der Stich zeigt das unvollendet gebliebene Idealprojekt von Z. Longuelune mit der nicht gebauten Hauptschauseite

Kupferstich von A. Corvinus, 1733, I.f.D.

209

210

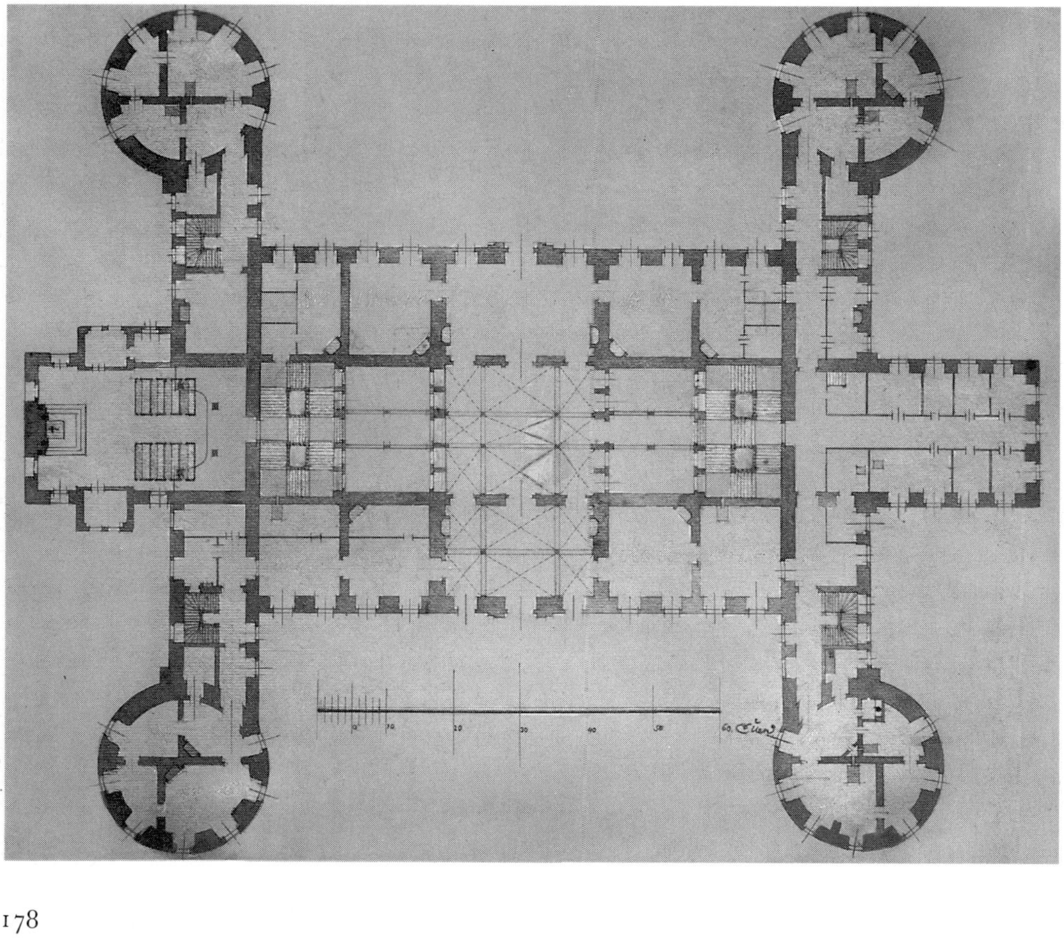

210 Das Jagdschloß Moritzburg, der Grundriß des ersten Stockes

Innenausbau: Untergeschoß gewölbt. Anlage der Eingangshalle, neue Haupttreppen von J. de Bodt, im ersten Geschoß vier große Säle, Mitte doppelgeschossiger Steinsaal, nördlich anschließend Billardsaal, südlich Monströsensaal von Z. Longuelune. Nach Westen die Kapelle W. C. von Klengels, im neuen Ostbau Speisesaal. Türme: A (SO) Jägerturm, B (SW) Backhaus- oder Junkerturm, C (NW) Pagen- oder Küchenturm, D (NO) Schösser- oder Amtsturm

Zeichnung, nach 1729, früher Haus Wettin

211 Das feste Jagdschloß Moritzburg im Friedewald, Holzmodell des alten Hauses

Jagdhaus von 30 m Länge und 60 m Breite, mit vier runden Ecktürmen und verbindenden Wehrmauern um Innenhof. Baubeginn unter Kurfürst Moritz 1542, Vollendung 1546 durch Hans Dehn-Rothfelser. Erster Umbau durch Hofbaumeister Peter Kummer d. Ä., weiterer Umbau und Vergrößerung 1658 bis 1661 durch Landbaumeister Ezechiel Eckhardt, 1660 bis 1662 Anlage des Kapellenteiches, 1661 bis 1672 Bau der Kapelle durch W. C. v. Klengel, 1691 bis 1694 Abtragung der Giebel und Errichtung eines vierten Stockwerkes durch J. G. Starcke

Zeitgenössisches Holzmodell des Zustandes vor 1600, früher Historisches Museum, jetzt Moritzburg

211

212

213

214

Seite 179:

212 Das Jagdschloß Moritzburg, von Süden gesehen

Den heutigen Zustand verdankt der Bau der völligen Um- und Neugestaltung von 1722 bis 1736 durch M. D. Pöppelmann, Z. Longuelune und J. de Bodt, Bauausführung Z. Longuelune, Innenausstattung R. Leplat. Die um das Schloß geführte Großterrasse in Stockwerkhöhe nach einer Idee von M. C. Dietze, 1703, 90 × 95 m Umfang, mit Sandsteindockengeländer, nördlich und südlich 38 m langen Auffahrten mit Eingangstoren, östlich und westlich doppelten Wangenfreitreppen, seit 1727 von Z. Longuelune; Bekrönung durch reichen, aber unvollendet gebliebenen figuralen Sandsteinschmuck, am Eingang Jägerfiguren von W. E. Brohn, 1660, weiter 44 Vasen, 90 cm hoch, und 44 Kinderfiguren, 95 cm hoch, aus den Werkstätten von J. Ch. Kirchner und B. Thomae. Um das Schloß acht Wächterhäuschen. Erhöhung der Türme und Verbindungsbauten zu geschlossener Baugruppe, im Osten der Kapelle entsprechend neuer Anbau, nördliche und südliche Schauseite gleich, geputzt, früher mit gemalter Lisenenarchitektur versehen, Eingangstor mit Schlußstein, 1727. Wiederherstellung der äußeren Farbigkeit seit 1980

Aufn. W. Möbius, 1933

215

213 Das Jagdschloß Moritzburg, die Eingangshalle im südlichen Erdgeschoß

Decken 1729 gewölbt, weiß getüncht, Sockel grau abgesetzt, Fußboden Sandsteinplatten, mit Jagdtrophäen geschmückt

Aufn. D.F.D., um 1935

214 Das Jagdschloß Moritzburg, der Speisesaal im ersten Stock

Nach Osten gelegen, mit auf drei Korbbogen ruhender Musikerempore. Profilierter Sims als Wand- und Deckenabschluß, einfache Architektur, früher farbig, heute weiß getüncht, über den Kaminen Spiegel, von Stuckarchitektur gerahmt und durch Medaillons des Kurfürsten und des Kurprinzen bekrönt. Anlage um 1728. Kostbare Geweihsammlung. Schnitzerei der Hirschköpfe von J. C. Kirchner u. a.

Aufn. D.F.D., 1939

215 Das Jagdschloß Moritzburg, die Schloßkapelle, Innenansicht mit westlich gerichtetem Altar

17,20 m lang, 10,50 m breit, 13,10 m hoch, durch zwei Geschosse führend, zweiteilige Fenstergruppen, untere hochrechteckig mit Holzsprossenteilung, obere queroval, mit reicher Stukkatur und Sandsteinumrahmung, Altar mit farbig gefaßter barocker Säulenarchitektur aus Holz eines unbekannten Italieners, daneben Christus an der Staupsäule, Spätwerk B. Permosers aus rotgeflecktem Salzburger Marmor; rechts vom Altar holzgeschnitzter Heerespaukerstand, links entsprechend die Kanzel von Hoftischler Christoph Krockner. Kapelle nach Plänen von W. C. von Klengel 1661 bis 1672 errichtet, Bauausführung von E. Eckhardt. 1728 für den katholischen Gottesdienst erneuert

Aufn. I.f.D.

216 Das Jagdschloß Moritzburg, der Billardsaal im Norden

Die Ausstattung von R. Leplat entspricht der des Monströsensaales, die Decke ist einfacher gehalten. Die Malereien auf den Ledertapeten mit Jagdszenen fertigte L. Rossi die Grisaillen über den Türen, die vier Jahreszeiten darstellend, J. B. Grone, 1728 ff. (s. Abb. 331)

Aufn. I.f.D.

217 Das Holländische Palais, die Stadtseite mit dem Ehrenhof

Ursprünglicher Bau für den Grafen Flemming J. R. Fäsch, 1715/16, 1717 von August dem Starken als „Altendresdener Haus" erworben und von Pöppelmann umgebaut, zweigeschossiger Bau, 40 m Front und gekurvter fünffenstriger dreigeschossiger Mittelrisalit mit gebündelten Säulen und vorgelegter Rundtreppe, flankiert von eingeschossigen Wirtschaftsbauten, wie der Hauptbau mit gebrochenen Dächern. Abschluß der Nordseite durch Ehrenhof mit geschwungenen schmiedeeisernen Gittern, die Torpfeiler mit reichem plastischem Schmuck. 1724 ff. Mittelbau erhöht

Kupferstich nach 1719, aus dem Zwingerwerk M. D. Pöppelmanns, von J. G. Schmid, 1729, Kuka

216

218 Die Fassade des Flemmingschen Palais in der Pirnaischen Gasse, vor 1714

Bau von J. R. Fäsch, 14 Achsen Front mit einem Mittelrisalit von sechs Achsen, Sockelgeschoß, 2 Obergeschossen, Halbgeschoß und Mansarddach, der Mittelrisalit von Dreieckgiebel mit Trophäen abgeschlossen. Portalkomposition von 4 Achsen mit Balustrade im ersten Stock und figuralem Schmuck. Reiche Fassadengliederung durch Pilaster, Fensterverdachungen und Reliefs, 1760 zerstört

Kupferstich von P. Schenck nach Zeichnung von J. R. Fäsch, 1715, I.f.D.

Seite 184:

219 Das Holländische Palais, die Elbseite mit den Gartenanlagen

Aus der Vogelperspektive, 1724 bis 1727 von M. D. Pöppelmann um einen Stock erhöht, fünfachsiger Mittelrisalit mit Dreieckgiebel, die reich terrassierte französische Gartenanlage J. F. Karchers führt zu dem nie vollendeten Gondelhafen, dessen Treppe im Verhältnis zu Pillnitz bescheidene Maße aufweist. Die Figurengruppen des Gartens von P. Balestra und A. Corradini befinden sich heute zum Teil im Großen Garten, das östliche Rondell fiel 1784. Seit 1720 erfolgte die Aufstellung der Porzellane

Kupferstich von J. A. Corvinus, 1727, Kuka

220 Das Holländische Palais, die Stadtseite bei Nacht während des von A. Mauro inszenierten Feuerwerkes „Raub des Goldenen Vlieses"

Schloßprospekt mit dem von Drachen bewachten Tempel von Kolchis auf dem anderen Elbufer, anläßlich der Vermählung des Kurprinzen 1719, französische Gartenanlage von J. F. Karcher, 1718/19

Kupferstich von J. A. Corvinus, 1719, Kuka

217

218

219

221

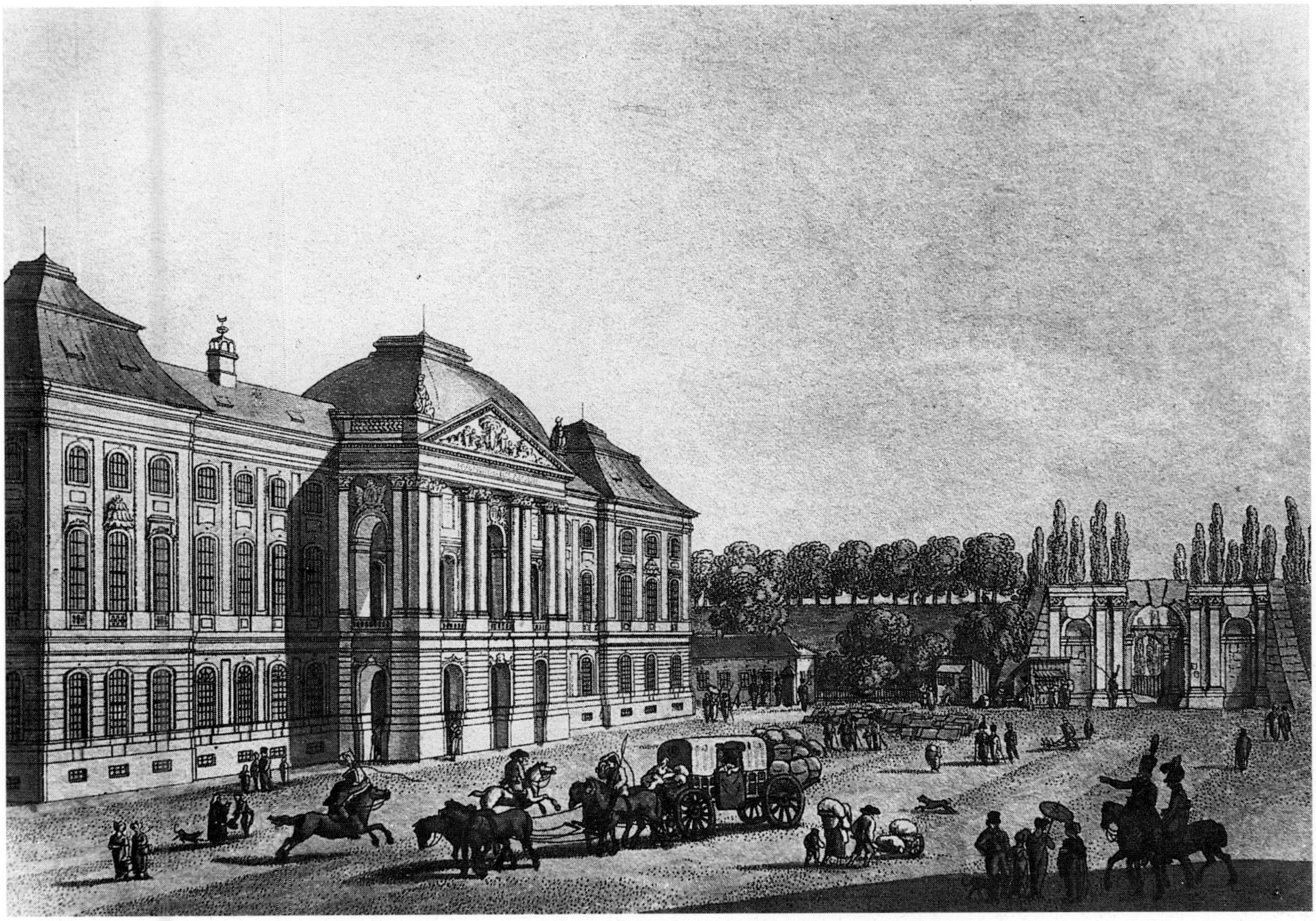

222

221 Das Japanische Palais, die Front nach dem Platz

Der vierflügelige Bau vor der Niederlegung der Festungswerke. Name Japanisches Palais seit 1732, zuerst Meißnisch-Japanisches Palais. Mit dem 1718 erbauten und 1817 abgebrochenen Weißen Tore M. von Fürstenhoffs und J. R. Fäschs sowie den Festungsanlagen. Der Mitteltrakt mit der Vorhalle in den charakteristischen Formen von J. de Bodt von 1730 wurde nach dem Siebenjährigen Krieg 1766 von J. A. Gebhardt erneuert und wohl verändert, Giebelrelief: Chinesen und Sachsen huldigen August durch Überreichung von Porzellangefäßen, B. Thomae, um 1733. Nach Wiederherstellung der im Siebenjährigen Kriege erlittenen Schäden und dem Umbau zur Aufnahme der Antiken, der Münzen und der Bibliothek, 1782 bis 1786 durch J. D. Schade und J. G. Kuntsch. Platzanlage vor dem Palais noch umgestaltet

Kolorierter Stich von C. F. Sprinck, um 1815, Kuka

222 Das Japanische Palais, die Fassade nach dem Platz

Entwurf Z. Longuelune, Dächer wie in Pillnitz nach ostasiatischem Vorbilde von M. D. Pöppelmann, 1727/28, ursprünglich in blauweißen Meißner Porzellankacheln ge-

223

224

plant, Untergeschoß Putzquaderung, Ober- und Mezzaningeschoß durch Lisenen verbunden, Mittel- und Eckrisalit mit je drei Fenstern Front

Aquarell. Zeichnung, I.f.D.

225 Das Japanische Palais, der Mittelrisalit der Hofseite des Elbflügels

Auf den Fundamenten des Holländischen Palais errichtet, gemäßigte barocke Gliederung, von M. D. Pöppelmann, Vollendung 1737, die Chinesenhermen von M. Oberschall, 1734 ff.

Aufn. D.F.D., 1937

223 Das Japanische Palais, Fassade nach dem Karl-Marx-Platz

Charakteristische Lisenenarchitektur Z. Longuelunes, Vorhalle als Mittelrisalit mit Giebelbekrönung, J. de Bodt, um 1730, Dächer M. D. Pöppelmann. Platzgestaltung mit Wasserbecken, 1898

Aufn. D.F.D., 1929

224 Das Japanische Palais, die südliche Elbfront und der Westflügel

Ausgezeichnet durch großartige Lisenengliederung, im wesentlichen von Z. Longuelune 1731 ff. geschaffen, dem die Gestaltung und Planung des Um- und Erweiterungsbaues zufiel. Neben ihm wirkten M. D. Pöppelmann, dem die Bauausführung oblag, J. C. Knöffel und J. de Bodt. Erweiterungspläne seit 1722, 1726/27, 1730; letzte Entwürfe für Innenausstattung 1737.
Seit 1782 als Bibliothek und Antikensammlung genutzt. 1945 ausgebrannt, Wiederherstellungsarbeiten seit 1952, 1957 Museum für Vorgeschichte und Museum für Völkerkunde

Aufn. D.F.D., um 1937

225

226

227

226 Das Japanische Palais, die Eingangshalle mit dem rechten Treppenaufgang

Chinesenkaryatiden von J. Oberschall, um 1734, nach der Wiederherstellung des ursprünglichen Zustandes durch H. Ermisch 1936

Aufn. D.F.D., 1937

227 Das Japanische Palais, die Aufstellung der Porzellane

Ansicht eines Seitensaales. Entwurf gekennzeichnet durch bewegte barocke Elemente, betonte Schlußsteine und Einzelstücke, Gliederung der Wände über den Kaminen durch Spiegel und Steigerung durch gemalte Chinoiserien

Zeichnung, farbig gehöht, J. A. Rothe, 1733, früher Oberhofmarschallamt

228 Das Japanische Palais, die Thronwand im Ecksalon

Der Baldachin um den auf 5 Stufen aufgebauten Thronsessel wird von je zwei kannelierten Hermenpfeilern getragen und von reich verkröpftem Gebälk mit Puttengruppen und Adler zwischen Trophäen bekrönt. Noch von August dem Starken zur Ausführung bestimmt

Entwurf von Z. Longuelune, um 1730, früher Oberhofmarschallamt

229 Das Japanische Palais, das Glockenspiel im Ecksalon

Für die dem Throne gegenüberliegende Wand bestimmt und ebenso von Hermenpfeilern eingefaßt, die Kuppel mit Krone nach dem Vorbild des Kronentores (nach Franz) gestaltet

Entwurf (Ausschnitt) von Z. Longuelune, um 1730, früher Oberhofmarschallamt

228

229

230

231

230 Der Brückenkopf der Neustadt mit dem Pyramidengebäude oder Blockhaus

Das ausgeführte linke Gebäude sollte ursprünglich das Reiterstandbild Augusts des Starken tragen, während das Planung gebliebene rechte eine Minerva bekrönte. Es war in diesem Entwurf parallel zur Brücke angelegt, wurde aber bei der Ausführung in die Achse der Hauptstraße verschoben (s. Abb. 233), wo es als Point de vue diese abschließt. Nach der Planung, das Denkmal auf dem Neustädter Markt zu errichten, wurde das Motiv des Obelisken aufgenommen, das Z. Longuelune während seines ganzen Schaffens bewegte. Das Gebäude war als eingeschossiger Bau gedacht, über den Stufen auf eine Plattform führen, auf der sich Reiterstandbild oder Obelisk erheben. Einfluß von Fischer von Erlachs „Entwurf einer historischen Architektur". Neben dem Zwinger die genialste Planung für Dresden

Entwurf, aquarellierte Zeichnung von Z. Longuelune, 1730, früher Oberhofmarschallamt

231 Das Reiterdenkmal Augusts des Starken, der Entwurf zum Sockel

Mit nicht ausgeführten Reliefs, an der Hauptfront Medaillonbildnis Augusts, von Göttinnen umgeben

Zeichnung von Z. Longuelune, 20. April 1736, I.f.D.

232 Das Reiterstandbild Augusts des Starken auf dem Neustädter Markt

Der Schöpfer des Modells zu dem Reiterstandbild mit kurbettierendem Pferde wahrscheinlich der französische Hofbildhauer J. J. Vinache mit J. F. Eberlein als Gehilfen, von Ludwig Wiedemann 1732 bis 1734 in Kupfer getrieben und feuervergoldet, 1735 Grundsteinlegung, 1736 Enthüllung. Das im Bossen stehengebliebene Postament vollendete 1884 Konstantin Lipsius. 1944 sichergestellt, 1954 durch W. Flemming wiederhergestellt, Wiederaufstellung 1956, Ersatz der Feuervergoldung durch Ölvergoldung und Erneuerung der Schrift durch das Institut für Denkmalpflege 1965; Neugestaltung der Umgebung 1980

Aufn. D.F.D., 1932

232

Seite 192:

233 Das Blockhaus, von der Hauptstraße aus gesehen

In die Achse der Hauptstraße verschoben und in der Front nach der Marktseite mit einer Halle versehen. 1732 begonnen, 1739 Interimsdach, 1749 von M. von Fürstenhoff (?), das Mezzaningeschoß aufgesetzt, 1755 als Neustädter Wache vollendet. Im Vordergrund links das Kaffeehaus, die 1779 errichtete „Grüne Bude", und die Schranken, an deren Stelle von 1893 bis 1961 die Fahnenmasten H. Eplers. Links Eingang in die Große Klostergasse, rechts in die Große Meißner Gasse

Stich von Frenzel nach G. F. Thormeyer, 1807, I.f.D.

234 Das Blockhaus, vom Neustädter Markt aus gesehen

1892 durch ein Dachgeschoß und weitere Umbauten von Karl Weissbach verändert. 1945 ausgebrannt, Wiederherstellung in ursprünglicher Form 1980/81

Aufn. D.F.D., 1930

233
234

235 Ein Projekt für die Erweiterung des Jägerhofes in der Neustadt, M. D. Pöppelmann

Charakteristische Auffassung des Dresdner Spätbarock, Auflösung der flächig behandelten Wand, Bewegung des Baukörpers und Belebung durch dekorative Elemente, Zusammenfassung der einzelnen Teile in Mittel- und Seitenrisaliten unter Betonung der Vertikalen, Durchbrechung der Dachzone, höchste Steigerung im Wallpavillon des Zwingers von 1716. Einfluß des Kaiserstils J. B. Fischer von Erlachs

Aquarellierte Zeichnung, um 1724, I.f.D.

235

236

237

236 Ein Projekt für den Schloßbau, G. Chiaveri

Nach dem südostdeutschen Spätbarock M. D. Pöppelmanns und dem französischen klassischen Barock Z. Longuelunes schuf G. Chiaveri nach 1738 die Projekte für den Schloßbau zwischen Elbe und Zwinger in der Auffassung des italienischen Spätbarock. Starke Betonung der Horizontalen und Vertikalen, Massierung des plastischen Schmuckes

Aquarellierte Zeichnung, I.f.D.

237 Ein Projekt für den Schloßbau von J. C. Knöffel 1740

Charakteristisch für den Stil Z. Longuelunes, blockhafte Gestaltung langer Galerien, klare Gliederung unter Betonung der Horizontalen, strenge Symmetrie, nur leichte Belebung der Wand durch rahmende Lisenen, die zum wichtigsten Element der Dresdner Architektur neben den aufgesetzten oder eingelegten Putzfeldern werden. Sparsame Verwendung dekorativen Schmuckes, Knöffel variierte den Stil Longuelunes durch Pilastergliederung in den Obergeschossen

Aquarellierte Zeichnung, 1748, I.f.D.

238 Das Schloß Übigau, die Gesamtansicht von der Elbe

1724/25 von Eosander von Göthe für den Grafen Flemming errichtet und 1726 von August erworben. Die bedeutenden Planungen für die Erweiterung durch Z. Longuelune wurden nicht verwirklicht. Aus dieser Zeit die französischen Gartenanlagen, die Pavillons, der Puttenschmuck eines unbekannten Künstlers und die Treppe zur Elbe mit Anlegestelle für die Gondeln, die dritte, nach dem Japanischen Palais und Schloß Pillnitz, die die Elbe als Wasserstraße erschlossen, nicht ohne Einfluß von Pöppelmann. Chiaveri baute 1742 sein Wohnhaus, das später Prinz-Max-Palais genannte Gebäude am anderen Elbufer in die Achse von Schloß Übigau

Kupferstich von C. F. Boëtius, 1729, Kuka

239

239 Das Schloß Übigau, Ansicht der Gartenfront

Gebäude von 9 Achsen Front, im Untergeschoß Rundbogenfenster mit betonten Schlußsteinen zwischen Puttbändern. Abschluß zum Obergeschoß durch Gesimse betont, im Obergeschoß offene Bogenhalle von 7 Achsen, flankiert von je einem Fenster. Abschluß zum Dach durch Gesims mit Konsolen sowie etwas später hinzugefügtem sächsisch-polnischem Wappen. In der Fassade nach dem Garten dreifenstriger Dachausbau erst von Ende des 18. Jahrhunderts. Gesamtumfang 25,5 × 19 m

Aufn. D.F.D.

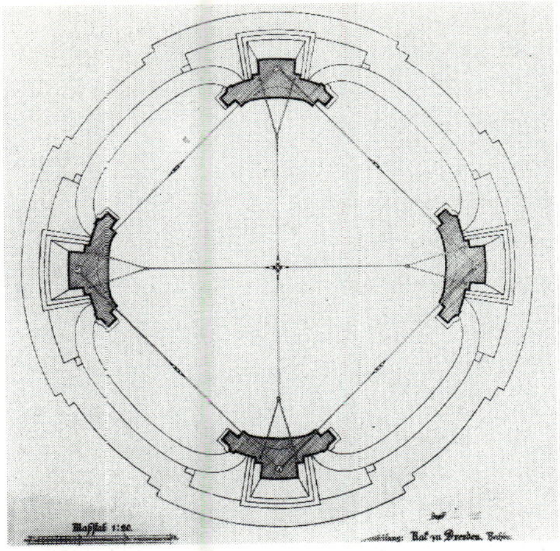

240

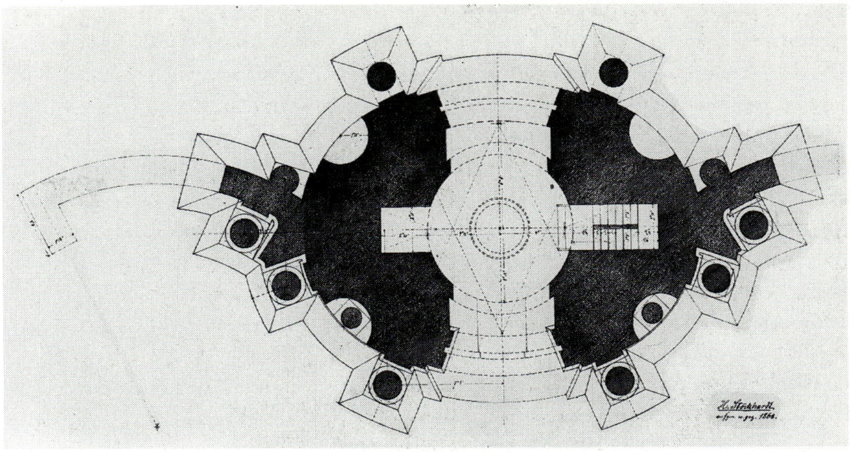

241

240 Der Grundriß der Laterne der Frauenkirche

Aufmaß von Schimral, 1925, Rat zu Dresden, I.f.D.

241 Der Grundriß des Turmes der Katholischen Hofkirche

Aufmaß H. Stöckhardt, 1868 (nach Lichtdruck), I.f.D.

KIRCHENBAUTEN DES ACHTZEHNTEN JAHRHUNDERTS

Die Frauenkirche

Anfang des 18. Jahrhunderts war die längst zu klein gewordene alte Frauenkirche baufällig geworden. 1722 mußten die Kirchenböden geschlossen werden, von denen aus das Kirchenvolk, das sich aus der Umgebung, die keine Kirche besaß, nach stundenlangem Marsch hier einfand, aus Platzmangel die Predigt hörte. Schon 1704 hatte man den Beschwerden der ebenfalls zur Parochie der Frauenkirche gehörenden Gemeinden Loschwitz und Wachwitz nachgegeben und 1705 bis 1708 eine neue Kirche am Loschwitzer Berghang errichtet, die vor der Bautätigkeit der Gründerzeit die ganze Elblandschaft beherrschte. Sie ist das Werk Johann Fehres d.Ä., der seit 1689 als Ratsmaurermeister der Stadt wirkte, und zeigt die Formen eines achteckigen Saales. Es ist ein Putzbau, die Fenster sind mit Sandstein umrahmt. Die Ecken wurden durch Steinquaderung betont. Über einer verzierten Kehle erhebt sich ein Mansarddach mit achteckigem Dachreiter und Haube. Die Elbfront wird durch ein reiches Sandsteinportal mit einer darüberliegenden großen Sonnenuhr betont und lebendig gemacht.

Als Bähr 1722 den Auftrag erhielt, auf dem Gelände des Frauenkirchhofs zwischen dem Maternihospital, der Wache und dem Pulverturm, unter Schonung der alten Kirche, die man bis zur Fertigstellung ihrer Nachfolgerin noch benutzen wollte, einen Neubau zu planen, standen seine Kirchen in Schmiedeberg, Forchheim und Königstein schon vollendet. In Loschwitz hatte er wohl die Zimmermannsarbeiten ausgeführt.

Der protestantische Kirchenbau erhielt in diesen Jahren durch die die bisher gemachten Erfahrungen zusammenfassenden Schriften Leonhard Christoph Sturms neue, richtungsweisende Anregungen. Die vordringlichen Anliegen des protestantischen Gottesdienstes mit Predigt, Abendmahl in beiderlei Gestalt und Gemeindegesang, bedurften einer anderen Ordnung, als sie das katholische Gotteshaus bis dahin benötigt hatte. Sie erforderten eine Zusammenfassung der Gemeinde. Für die Predigt erwies sich der Zentralraum, der im Barock im Mittelpunkt des Bauschaffens stand, nach den nüchternen ersten Saalbauten als besonders geeignet. Die Kirche in Carlsfeld im Erzgebirge, von Roth 1684 bis 1688 errichtet, zeigt die älteste Vorform dieses Typus. In der bekrönenden Kuppel wurde der Zentralraum zusammengefaßt und gesteigert. Die Vereinigung von Altar, Kanzel und Orgel zum Kanzelaltar unter Verzicht auf den Altarraum löste die kultischen und liturgischen Bedürfnisse des rationalistisch werdenden Protestantismus in einer vollkommenen Weise. Um den Kirchenraum zogen sich Emporen, in früher Zeit eine oder zwei steinerne, später oft mehrere aus Holz, die, zum Teil in Herrschaftslogen aufgegliedert, zu entsprechenden Gebühren vermietet wurden. Hier fanden zwei Drittel der Besucher ihren Platz. Ebenso erhielt das Schiff ein festes Gestühl. Alle diese Maßnahmen dienten dem Ziele, der versammelten Gemeinde die Predigt von allen Plätzen aus gut hörbar zu machen. Sturm forderte auch klare Lichtverhältnisse und verbannte aus den protestantischen Kirchen des Barock die farbigen Fenster des Mittelalters.

Das ist die Situation, aus der auch Bähr sein neues Bauwerk für Dresden zu gestalten hatte. Der erste Entwurf von 1722 zeigte die Form eines griechischen Kreuzes. Die Entwicklung zu einer Zentralanlage ergab sich erst im Laufe der dramatischen Verhandlungen. Bei der Einkeilung der Kirche zwischen andere Bauten verzichtete er auf die Gestaltung einer Hauptfassade. Der Entwurf ging mit einem Schreiben des Oberkonsistoriums an den König, mit der Bitte, eine Kommission einzusetzen, da den Bau „in des Rats Händen allein zu lassen nicht ratsam wäre". Diese Bemerkung enthält eine kritische Einstellung auch gegen George Bähr.

Nach manchen Abänderungen war man im Herbst 1724 so weit, daß Graf Wackerbarth den Bauplatz besichtigen konnte. Bei dieser Besichtigung ergaben sich vor allem Standortschwierigkeiten im Verhältnis zum Pulverturm. Auch 1725 waren diese Fragen noch nicht geklärt. Anscheinend bearbeitete Knöffel für das Oberlandbauamt die Akte, und Wackerbarth beauftragte ihn daher zu diesem Zeitpunkt, einen Gegenentwurf zu fertigen, in den die Wünsche des Oberlandbauamtes eingearbeitet wären. Man hat die Schaffung dieses Entwurfes als ein Intrigenspiel Wackerbarths und Knöffels gegen Bähr und die Vertreter der Stadt deuten wollen. Eine solche Betrachtung erweist sich jedoch als abwegig. Es entsprach den Gewohnheiten im Oberlandbauamt, wie wir schon sahen, zu jedem Projekt mehrere Entwürfe verschiedener Architekten einzuholen, aus denen man den besten auswählte oder die man miteinander verband. Die Betrachtung des Knöffelschen Entwurfes ergibt, daß er dem Bau energisch weiterhalf. In der Außenarchitektur sollten auch Treppentürme neben dem Altar, gleich den Türmen neben dem Eingang, entstehen. Die Forderung beruhte auf städtebaulichen Erwägungen, wie es Wackerbarth selbst nach einer Besprechung im Oberlandbauamt mit Pöppelmann, Longuelune, Leplat und Gärtner zu Protokoll gab, weil damit die Kirche von der Rampischen Gasse aus eine vollkommene Ansicht bekäme. Das erwies sich als eine ausgezeichnete Idee. Der Blick durch die Rampische Gasse auf die Frauenkirche gehörte zu den kostbarsten Raumbildern Europas. Der Grundriß Knöffels zeigte eine quadratische Anlage, auch das war sichtlich eine Verbesserung. Knöffel legte dem Bau eine westliche Fassade vor. Hierbei ließ er sich wohl vom Invalidendom in Paris beeinflussen. Die Architekten des Oberlandbauamtes äußerten sich auch über die Kuppel. Sie müßte, bemerkten sie, „mehr oval und dadurch besser in die Höhe gebracht werden".

Die Gestaltung der westlichen Hauptfassade lehnte die Jury ab. Übernommen aber wurde endgültig die quadratische Grundrißform Knöffels. Ferner richtete sich Bähr nach den Vorschlägen des Oberlandbauamtes über die vier schräggestellten Ecktürme mit den von außen zugänglichen Treppen und die hochgewölbte Kuppel. Auch für den Innenausbau wurde im Prinzip der Entwurf Knöffels beibehalten. Es blieb bei dem kreisförmigen Zentralraum, der von acht Pfeilern getragen wurde, und bei der Choranlage. Im Juni 1726 erhielt diese Planung die Unterschrift Wackerbarths und damit die Genehmigung zum Baubeginn. Wer den Außenbau der Frauenkirche einmal auf sich hat einwirken lassen, dem wird die monumentale Strenge und Einfachheit der Linienführung nicht entgangen sein. Es ist nicht so, daß die enge Einbindung in die Umgebung die Entfaltung hochbarocken dekorativen Reichtums verhindert hätte. Wie Pöppelmann, so konnte sich auch Bähr nach 1726 nicht mehr den barock-klassizistischen Einwirkungen der Architekten des Oberlandbauamtes, der Longuelune und Knöffel, entziehen.

Im August 1726 wurde der Grundstein gelegt. Der Bau wuchs verhältnismäßig schnell empor. 1729 war er bis zum Hauptgesims gediehen. Jetzt trat Bähr mit dem Gedanken hervor, die Kuppel in Stein auszuführen. Anscheinend gab man ihm gern die Erlaubnis dazu. Gerade in diesen Jahren beschäftigte August die Idee der Elbe als einer Wasserstraße gleich dem Canale Grande von neuem. Pöppelmann wölbte die Augustusbrücke als eine zweite Rialtobrücke über den Fluß. Die neue Frauenkirche als Schwester der Santa Maria della Salute wird diese Vorstellungen ergänzt haben. August förderte auch sonst den Bau und überließ ihm die für jene Salzburger Emigranten, die sich inzwischen nach Preußen gewendet hatten, gesammelten Summen. Er erwog ferner 1731 den Abbruch der Wache von Fäsch, damit die Kirche besser zur Geltung käme. Der Gedanke war nicht glücklich, denn als die Wache nach den 1760 erlittenen Beschädigungen wirklich fiel, mußte man erkennen, daß gerade die feste Einbindung in die Umgebung die Monumentalität der Kirche gesteigert hatte.

Ende 1732 stand der Bau außen bis zur Kuppel vollendet. Die Weihe konnte 1734 erfolgen. Mit dem fortschreitenden Wachsen der steinernen Kuppel erhöhten sich die Bedenken über die Tragfestigkeit der Pfeiler. Schon de Bodt hatte sie bezweifelt. Als Chiaveri erschien – er hatte das Gutachten über die Standsicherheit der Kuppel von Sankt Peter in Rom gefertigt und galt als der bedeutendste Statiker der Zeit –, wurde auch er ersucht, sich zu äußern. Er schlug vor, die steinerne Kuppel abzutragen und sie durch eine hölzerne zu ersetzen. Man hat ihm für die Abgabe dieses Gutachtens unlautere Motive unterschoben. Die Untersuchungen, die Georg Rüth vor der letzten Wiederherstellung 1938 durchführte, bestätigten die Richtigkeit der Chiaverischen Ausführungen. Die Last der Kuppel verteilte sich nicht, wie Bähr es annahm, auf die Außenwände, sondern nur auf die acht Mittelpfeiler, wodurch diese um ein Vielfaches überbeansprucht wurden. So schien der Zeitpunkt einer Katastrophe beinahe abzusehen.

Doch der treffliche David Schatz, der, mit Bähr gleichaltrig, jahrelang in Dresden neben ihm gewirkt hatte, bevor er nach Leipzig übergesiedelt war, sprach sich im Sommer 1738 positiv für den Weiterbestand aus und entschied den Meinungsstreit zugunsten ihres Schöpfers. Bähr war im Frühjahr des gleichen Jahres verstorben. Sein Schüler, Vetter und Mitarbeiter während all der Baujahre, Johann Georg Schmid, übernahm die Weiterführung bis zum Ende. Nach Bährs Plänen vollendete er mit Johann Gottfried Fehre 1740 bis 1743 die Laterne, die eine hölzerne Haube abschloß. Diese Haube Schmids entsprach nicht der Idee Bährs, der sie sich als durchbrochenen Helm mit bekrönendem Obelisken statt des Kreuzes gewünscht hatte. Merkwürdig berühren sich hier die verschiedenen Welten eines Bähr und eines Longuelune, der es ebenfalls liebte, seine Bauwerke mit einem Obelisken abzuschließen. Wie Walter Bachmann zuerst festgestellt hat, bedeutet der Obelisk nicht nur das Symbol des Sonnengottes Helios, sondern zeigt auch in Umriß und Flächen ein großes A. Er hätte so als Zeichen einer doppelten Verneigung für den Augustus Rex den bedeutendsten protestantischen Kirchenbau bekrönt. Man kann es dem Superintendenten und Mitglied des Oberkonsistoriums V. E. Löscher nicht verübeln, daß er das Zeichen der Heiden und Signet des katholischen Landesherrn durch das Kreuz ersetzt hat.

200 Jahre hat die Kuppel standgehalten, bis es sich als notwendig erwies, sie mit den technischen Hilfsmitteln der Gegenwart zu festigen. Am Morgen des 14. Februar 1945 überragte sie noch tröstlich das Feuerchaos der Stadt. Mittags sank sie, im Innern ausgebrannt, in sich zusammen. Arno Kiesling hat bei der letzten Sicherung genaue Aufmaße hergestellt, die erlauben, jeden Stein wieder an den rechten Platz zu rücken. Es wird Aufgabe der Zukunft sein, das über der Stadt schwebende Kuppelwunder, das als Wahrzeichen der Stadt des Barock die Silhouette beherrschte, in seinem Äußeren wiederherzustellen. Bis dahin dient sie als Gedenkstätte an die Schrecken des Februar 1945.

Im Innern der Frauenkirche entsprachen Anlage von Altar und Orgelaufbau den Forderungen des protestantischen Kirchenbaues der Zeit. Doch rückte gegen den Willen Bährs das Oberkonsistorium aus berechtigten akustischen Gründen die Kanzel an den linken Pfeiler. An ihre Stelle trat in der Hauptachse ein Lesepult, das wenigstens architektonisch die gleiche Aufgabe erfüllte. Der Altarraum erfuhr eine überaus reiche Ausstattung, die weniger der protestantischen Lehre als der rauschenden barocken Festlichkeit und der Repräsentationsfreudigkeit der ganzen Epoche entsprach. Der klassizistische Einfluß des Oberlandbauamtes blieb hier gänzlich ausgeschaltet. Johann Christian Feige und Benjamin Thomae wirkten von 1733 bis 1739 an dem Altarwerk mit seinen verkröpften und gebrochenen Gebälken, den schweren Konsolen und den konkaven und konvexen Schwingungen seiner Emporen und Balustraden, in das sich Mittelrelief und Figurenschmuck dekorativ einschmiegten. Ursprünglich fünf, später vier hölzerne Logenringe umzogen den Bau, Meisterwerke der Zimmermannskunst, nicht mehr als Architektur aus Stein, sondern als Möbel gesehen und gestaltet. In die Kuppel setzte der Theatermaler Johann Baptist Grone, ein Venezianer, der nicht nur den Plafond der Pöppelmannschen Oper, sondern auch glänzende Bühnenbilder und Figurinen geschaffen hat, die vier Evangelisten zwischen die vier Kardinaltugenden. Das Orgelwerk mit 48 Registern vollendete Gottfried Silbermann 1736. Das von Bähr gefertigte Gehäuse setzte die Altargestaltung nach oben fort. Der geschweifte Giebel trug eine Kartusche mit den Initialen D.S.G. (Deo Soli Gloria).

242

242 Grabmal G. Bährs in den Katakomben der Frauenkirche

Früher auf dem aufgelassenen Johannisfriedhof, Sandsteinarbeit von J. C. Feige d. Ä., 1738

Aufn. I.f.D.

Die Dreikönigskirche und die kleineren protestantischen Kirchenbauten

In Pillnitz ergab sich durch den 1723 erfolgten Neubau des sogenannten Venustempels neben dem alten Schloßtrakt nach der Elbe die Notwendigkeit, die Kirche abzureißen und sie an einem anderen Ort wieder zu errichten. Der neue Bau von 1725 ist ein einfaches Rechteck. Das Altarwerk in frühbarocken Formen mit einem Relief, das die Einsetzung des Abendmahles zeigt, wurde mit Kanzel, Taufstein und Epitaphien, von der alten Kirche in die neue übernommen. Der Altar ist eine treffliche Arbeit des Dresdner Bildhauers Kretzschmar von 1648, besonders kostbar als einer der letzten Überreste aus dieser Zeit nach dem Dreißigjährigen Krieg. Der Reiz der Kirche mit ihrem hölzernen Dachreiter besteht vor allem in ihrer Lage auf den sanften Anhöhen inmitten des Rebengeländes. Pöppelmann wurde mit dem Entwurf betraut, Treppe und Portalplastik sind Arbeiten B. Thomaes. Der bewährte Maurermeister Christoph Schumann dürfte fast selbständig für die Ausführung gesorgt haben.

Die Frage nach der Beteiligung Pöppelmanns am Bau der Matthäuskirche in der Friedrichstadt, der nach der Abtrennung der Gemeinde von der Annenkirche in der Zeit von 1728 bis 1730 entstanden ist, bleibt ungeklärt. Pöppelmann und sein ältester Sohn Johann Adolph unterhielten nahe Beziehungen zu dieser neuen Friedrichstädter Gemeinde. Nach seinem 1736 erfolgten Tod nahmen ihre Mitglieder in langen Trauermänteln die Leiche an der Weißeritzbrücke in Empfang und geleiteten sie zur Gruft in der Kirche, „weil der Hochselige zu deren Erbauung nicht wenig contribuieret".

Wieder zeigt der Grundriß ein einfaches Rechteck. Der Turm liegt an der Westseite, in den Ecken führen die Treppen zu den beiden Emporen der Langseiten und zu den herrschaftlichen Betstuben, die zu seiten des Kanzelaltars gelegt waren. Eine flache Decke schloß den Raum ab. Die Taufe stand vor dem Altar, die Kanzel am südlichen Chorpfeiler, während die Orgel und der Singechor auf der Westempore untergebracht waren. Als 1945 die Innenausstattung vernichtet wurde, hatten die Restaurierungen des 19. Jahrhunderts den Charakter des bescheidenen Raumes schon längst verändert. Die Wiederherstellung erfolgt seit 1978 nach modernen Gesichtspunkten.

Am folgenden Bau, der dritten Dreikönigskirche in der Neuen Königstadt, wirkten Pöppelmann und Bähr gemeinsam. Er wurde 1732 begonnen und war erst vollendet, als beide Meister bereits verstorben waren. Die Geschichte der mittelalterlichen Kirche, die auf der Höhe der Hauptstraße inmitten des Kirchhofes lag, reicht bis zur Verleihung des Stadtrechtes an Altendresden im Jahre 1403 zurück. Im 16. Jahrhundert zierte das flachgedeckte Langhaus und den gewölbten Chor ein Dachreiter. Erst Anfang des 17. Jahrhunderts wuchs der Turm an der Nordwestecke des Hauses, wie wir ihn auf den Blättern von Dilich und seinen Nachfolgern sehen. Als 1539 im albertinischen Sachsen die Reformation eingeführt wurde, besaß die Dreikönigskirche nicht weniger als fünf Altäre. Bei dem Brand von Altendresden ging 1685 auch dieser einfache gotische Bau zugrunde.

Der zweite, nunmehr dreischiffige Bau, auf den Mauerresten des ersten errichtet, stand 1688 schon wieder vollendet. Hatte man nach Einführung der Reformation der alten Kirche eine Empore eingefügt, so erhielt die neue jetzt zwei. Die hölzerne

243 Die Weinbergkirche in Pillnitz „Zum heiligen Geist"

Am Hang des Borsberges errichtet, Fassade nach der Elbe, Portal mit gebrochenem Segmentgiebel und Wappenkartuschen, seitlich je zwei hohe Fenster mit Stichbogen. Einfacher Putzbau mit leicht geschwungenem Walmdach, darüber Dachreiter mit Uhr, Entwurf von M. D. Pöppelmann, Bauausführung von C. Schumann, 1723 bis 1725, Portalplastik von B. Thomae

Aufn. D.F.D.

243

Barockkanzel mit reichdekoriertem Schalldeckel war am zweiten Pfeiler rechts angebracht. Sie wurde mit in den nachfolgenden Bau übernommen, nachdem sie Thomae verändert und wieder instand gesetzt hatte. Das Tafelbild, die von Moses aufgerichtete Schlange, stiftete Samuel Bottschildt 1693. Das geschah zu der Zeit, als er die Deckenmalereien im Festsaal des Palais im Großen Garten vollendete. Vom Außenbau blieb des Turmportal von 1712 erhalten, das heute unter dem westlichen Turm in die Kirche führt. Es zeigt bei einer übereck gestellten seitlichen Pilastereinrahmung einen gebrochenen Giebel mit einer Mittelkartusche und Rollwerk und ist eine Arbeit des Steinmetzmeisters Johann Friedrich Jentzsch. Nur langsam schritt der Turmbau, an dem Bähr und Fehre d. Ä. beteiligt waren, voran.

Er war noch nicht vollendet, als 1731 der Befehl zum Abbruch der Kirche kam. Die Gründe hierfür lagen allein in ihrer unglücklichen städtebaulichen Situation beschlossen. Die Kirche erhob sich mitten auf der neu entstehenden Hauptstraße und versperrte die Sicht sowohl auf das Blockhaus Longuelunes, das eben begonnen worden war, als auch auf das Schwarze Tor. Rat und Konsistorium waren über diesen Beschluß in gleicher Weise aufgebracht, vor allem weil sie von den „widrigen Religionsverwandten", den Katholiken, einen „Tort" vermuteten, wie es Superintendent Löscher formulierte. Da der König zahlte und den Grund und Boden für den neuen Kirchhof, für die Mauer und zunächst für die Interimskirche gab, ging die weitere Entwicklung schnell vonstatten. Im Herbst 1732 wurde mit dem Bau begonnen, Ostern schon konnte die Kirche eingeweiht werden.

Weiter feierte man am 1. Mai die Grundsteinlegung der dritten Kirche, zu der unter dem jüngeren Fehre der Grund gegraben worden war. Zu gleicher Zeit begann der Abbruch auf der Hauptstraße. Es ging aber nicht so eilig, wie der König es wünschte. So berichtete Wackerbarth nach Warschau, „der König scheine zu hoffen, daß es so wenige Stunden nötig habe, als er Wochen brauche, um die Kirche der Zerstörung Jerusalems ähnlich zu machen". Die Interimskirche wurde nach Vollendung des neuen Baues ebenfalls wieder abgebrochen.

Wackerbarth hatte bereits Anfang Januar 1732 die neuen, von August genehmigten Pläne dem Rat übergeben. Sie trugen die Unterschrift Pöppelmanns, und wieder erhebt sich die Frage, ob es nicht das Oberlandbauamt war, das sie ausgeführt hat. Da man in der Straßenflucht eine klare Front brauchte, war in dem Riß der Altar nicht wie üblich nach Osten, sondern nach Westen gelegt worden, was wiederum zu einem heftigen Protest des Superintendenten Löscher und zu einer ironischen Antwort Wackerbarths führte. Auch der Turm wurde aus diesen Gründen nach der Westfront, hinter den Altar versetzt.

Der Rat ließ von Bähr und Fehre Kostenanschläge und neue Risse machen. Bähr brachte dabei eine breitere Pfeilerstellung und weniger Fenster. Die Entwürfe wurden von August abgelehnt. Ein neuer Streit entstand, als Pöppelmann den bereits begonnenen Turm an die Ostfront nach der Hauptstraße verlegen wollte. Anscheinend hatte August bei seinem letzten Besuch in der Neustadt am 24. Oktober 1732, bei dem er den „Pyramiden-, Japanischen Palais-, Casernen-, Kirchen- und Fortifikations-Bau" in Augenschein genommen hatte, diesem Wunsch Ausdruck verliehen. Es gelang dem Rat, sich durchzusetzen, so daß es nunmehr beim alten blieb. Der Grund ist wohl im wenige Monate später erfolgten Tod Augusts oder im Ausscheiden Pöppelmanns aus dieser Bauplanung zu suchen, der damit der Stadt den Weiterbau im Innern allein überließ.

244 Die Kirche in Loschwitz

Von J. Fehre d. Ä. und George Bähr errichtet, 1705 bis 1708 achteckiger Saalbau mit Eckquaderung. Mansarddach und Dachreiter, 1945 ausgebrannt, Wiederherstellung vorbereitet

Aufn. D.F.D.

244

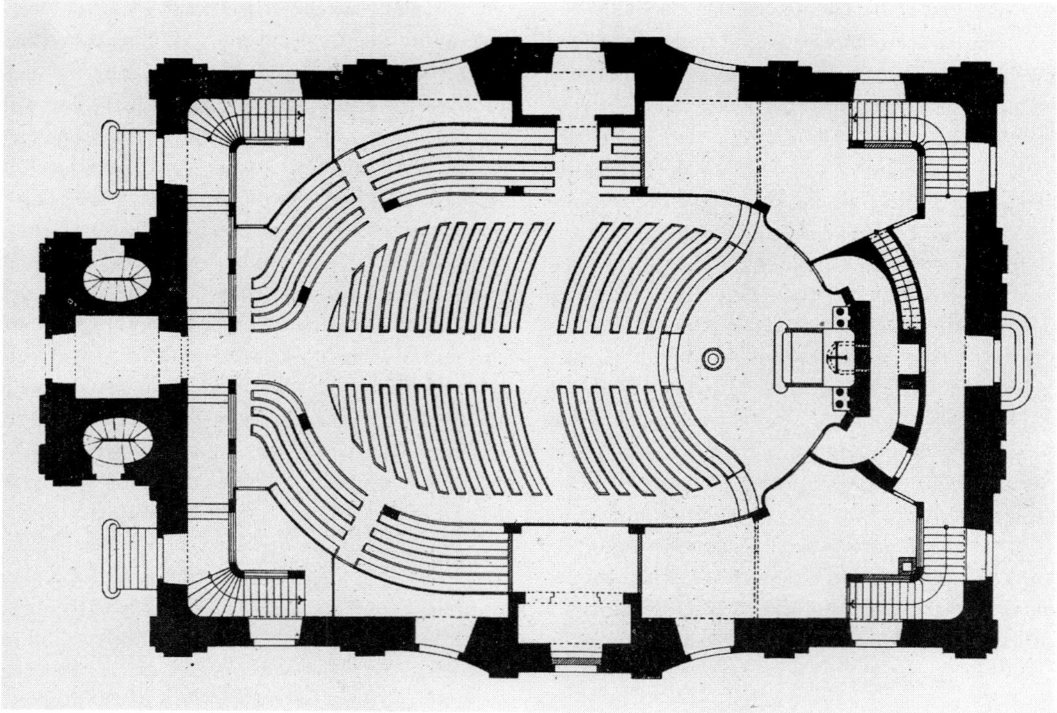

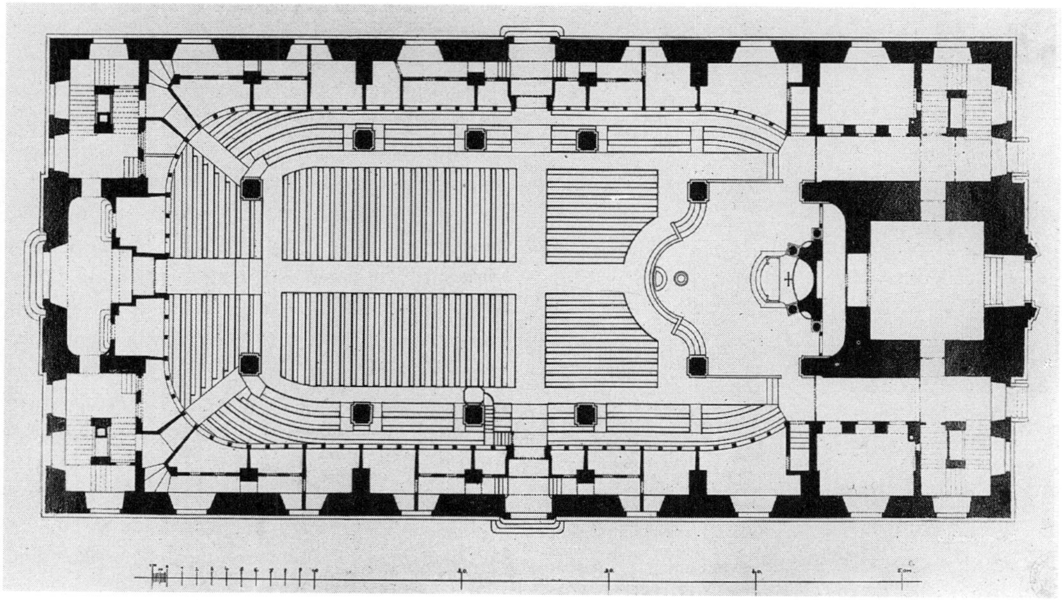

245 Der Grundriß der neuen Annenkirche von J. G. Schmid 1764 bis 1769, Turm von G. F. Thormeyer, 1822/23

Aufmaß I.f.D., um 1900 (nach B. u. K. Sa)

246 Der Grundriß der neuen Dreikönigskirche von G. Bähr und M. D. Pöppelmann 1722 bis 1739. Innenausgestaltung allein von G. Bähr

An der Ostseite eine Vorhalle mit seitlichen Treppenanlagen, das Innere ein Oval mit zehn Pfeilern, zentrale Anlage mit 7 m breitem Altar von B. Thomae und J. G. Fehre; dahinter quadratische Turmfront mit flankierenden Treppen und Sakristeien, Turm von F. Marx und K. M. Haenel, 1854 bis 1857

Aufmaß von Bornemann, 1883, I.f.D. (nach B. u. K. Sa.)

Jetzt hatte Bähr freie Hand. Er baute die Vorhalle im Osten, der die Turmhalle im Westen gegenübersteht. Wie in Friedrichstadt sind die Treppen in die Ecken gelegt. Doch gelang es Bähr, das Rechteck durch eine entsprechende Pfeilerstellung zu einem Oval zu entwickeln, das einer zentralen Anlage nahekommt. Nach dem Vertrag von 1735 ist auch das muldenförmige Gewölbe in Bretterverschalung eine Bährsche Lösung. Zwei Emporenringe umzogen den Raum, von denen im 19. Jahrhundert der eine entfernt wurde. Benjamin Thomae schuf den 7 Meter hohen barocken Altar mit den klugen und törichten Jungfrauen in Relief und Vollfiguren aus Sandstein; an den Seiten des Altars fassen die Evangelisten Matthäus und Johannes, zwischen Säulenpaare gestellt, die Gruppe zusammen. Der Altar ist Thomaes Hauptwerk geworden. Auf der gegenüberliegenden Orgelempore stand seit 1754 inmitten einer anmutigen Rokokodekoration ein reiches Orgelwerk Zacharias und Johann Gottfried Hildebrandts, das die Silbermannschule fortführte.

Da man das Geld, das August für die Kirche und ein neues Rathaus gegeben hatte, für die erstere allein verbraucht hatte, ohne daß sie vollendet gewesen wäre, stockte der Bau und zog sich noch bis 1739 hin. Die Arbeit am Turm blieb überhaupt liegen und konnte erst nach 1845 vollendet werden.

Die Kriegswirren von 1760 brachen auch über die alte Annenkirche herein. Der einfache Bau von 1578, der seinen Namen zu Ehren der Kurfürstin Anna trug, wurde völlig eingeäschert.

Der Neubau fiel an J. G. Schmid. Bereits 1764 fertigte er die Pläne; bis zum Herbst 1769 wurden die Arbeiten beendet. Beim Studium des Grundrisses wird deutlich, wie sehr sich Schmid an das Vorbild der Dreikönigskirche hielt, an deren Bau er mitgewirkt und die er wohl auch vollendet hat. Ebenso ist eine Weiterentwicklung der Ideen, die Bähr beim Bau der Frauenkirche faßte, spürbar. Wieder ist es ein Rechteck mit Treppenanlagen in den vier Ecken. Die zwölf mit Rundbogen verbundenen Pfeiler bilden ein Oval, das von drei Geschossen balkonartig vorspringender Emporen umgeben ist. Nur die Orgelempore mit der Orgel Kaysers, die dem zum Kanzelaltar umgebauten Hauptaltar aus der Kreuzkirche, einem Werk Hans Walthers aus dem Jahre 1573, gegenüberlag, begnügt sich mit zwei Emporen. Über den Rundbogen der Pfeiler, in der Mansarde unter einer flachen, verputzten Decke liegt noch eine vierte Empore, der „Himmel", der das Oval mit der Kanzelseite umschließt. Die Deckenmalerei schuf Benjamin Müller. Die Außenarchitektur des Rechtecks mit Mansarddach wird durch leicht geschwungene Vorlagen aufgelockert. Wie eine größere Schwester stand die Annenkirche in ihrer bescheidenen Höhe inmitten der vorstädtischen Bürgerhäuser als die Vertreterin eines verbürgerlichten rationalistischen Empfindens. In ihrer geistigen Haltung ist sie fern von dem mächtigen, gemütstiefen protestantischen Bekenntnis zur Selbstverantwortung des einzelnen vor Gott, das in Bährs zentraler Kuppelkirche seinen großartigsten Ausdruck gefunden hat. Sie ist auch fern vom Herrschaftsanspruch der katholischen Ecclesia militans, die soeben auf zwei Schiffen der neuen Hofkirche die Armee ihrer heiligen Soldaten hatte aufmarschieren lassen. Erst als Thormeyer 1823 seinen quadratischen klassizistischen Turm vollendet hatte – der Bau war 1768 in der Höhe des Hauptgesimses steckengeblieben – riß dieser die Kirche entsprechend ihrer Bedeutung als Mittelpunkt der Gemeinde nach oben.

Die Kreuzkirche

Scheinbar unberührt von den klassizistischen Gedankengängen, die das architektonische Schaffen umwälzend revolutionierten, waren alle diese nach der Frauenkirche entstandenen Kirchen gewachsen. Der Bau von Kirchen war zunächst einmal eine städtische und kirchliche Angelegenheit, in die der Landesherr mit seinem Oberlandbauamt nur beratend eingreifen konnte. Der Glaubenswechsel des Königs gab dem Hof ferner Veranlassung, hier, wo es sich um rein protestantisch-lutherische Belange handelte, nur vorsichtig zu lavieren. Denn das Oberkonsistorium unter der

247

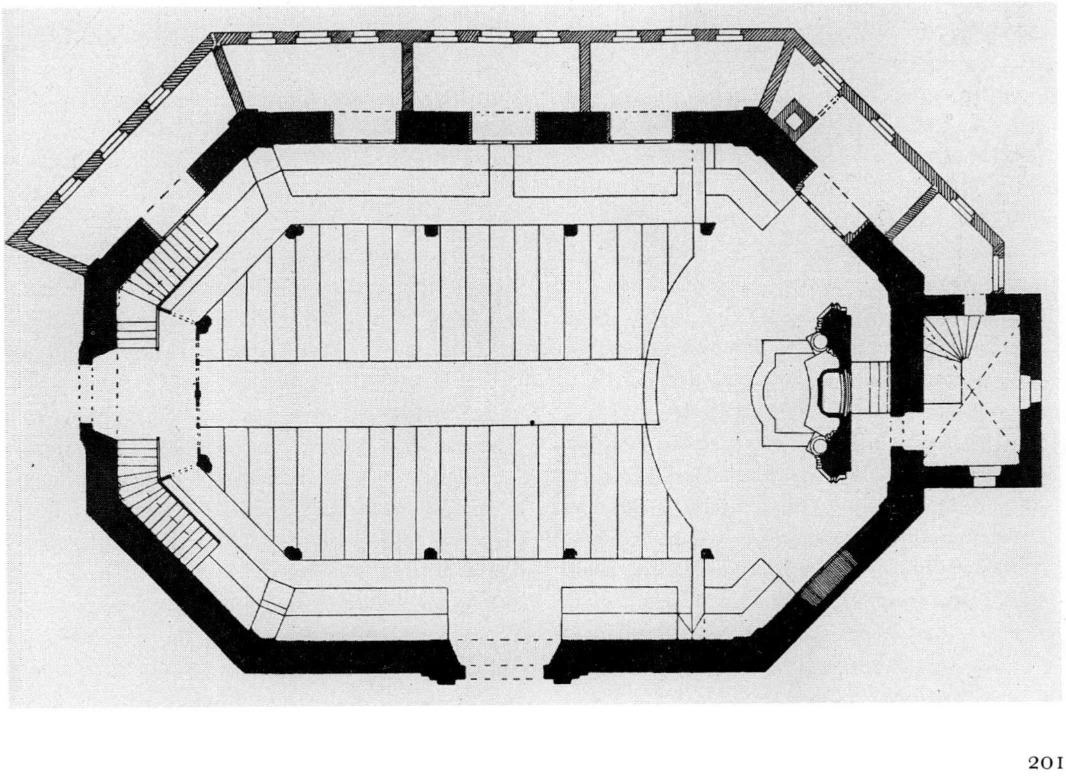

247 Der Grundriß der Kirche in Loschwitz, J. Fehre d. Ä., 1705 bis 1708

Aufmaß, I.f.D. um 1900 (nach B. u. K. Sa.)

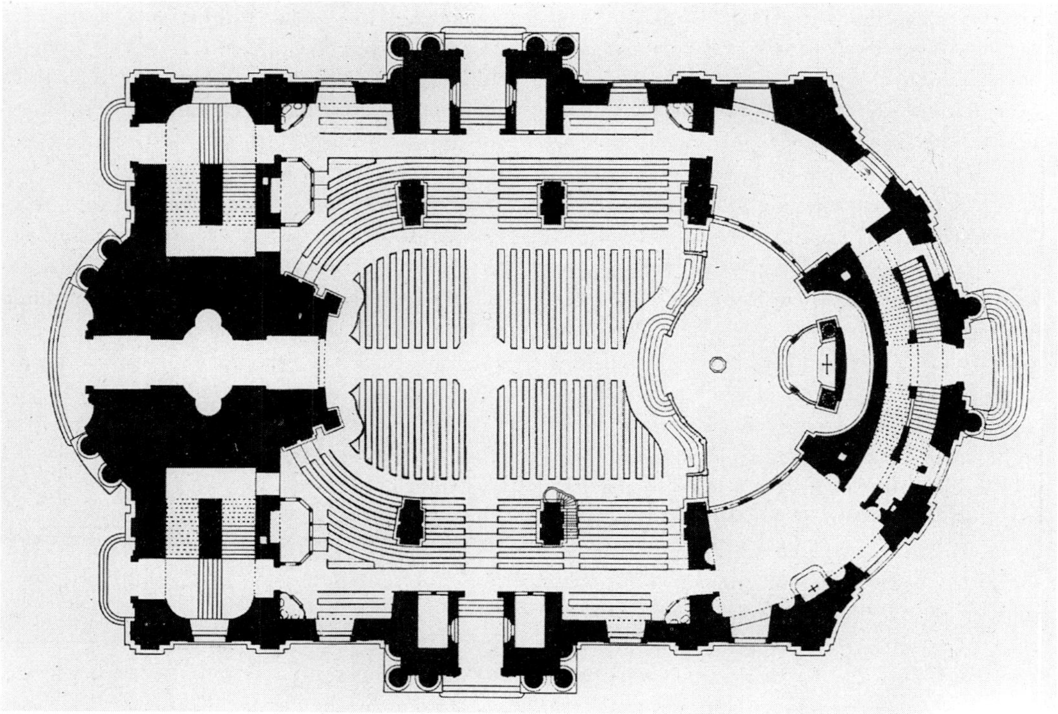

248 Der Grundriß der neuen Kreuzkirche von J. G. Schmid, C. J. Exner und G. A. Hölzer

Die Turmfront Hölzers und ihre enge Verwandtschaft mit G. Chiaveris Turm der Hofkirche wird hier deutlich sichtbar. Die im Gegensatz zum klassizistischen Außenbau barocke innere Raumform im wesentlichen von Schmid, verwandt der Annenkirche; Zentralbau, quadratisches Schiff und anschließender halbkreisförmiger Chor mit je drei schlanken Pfeilern an den Langseiten, zwei an den Schmalseiten, die mit Rundbogen verbunden sind; ursprünglich drei Emporen. Das Innere nach dem Brand von 1897 völlig verändert

Aufmaß nach G. A. Hölzer, I.f.D.

Führung des trefflichen, aber sich doch in engen Grenzen bewegenden Superintendenten Valentin Ernst Löscher war jederzeit geneigt, den königlichen Wünschen mit Mißtrauen zu begegnen, weil Löscher überall ein Vorgehen gegen das protestantische Bekenntnis vermutete. Wie berechtigt seine Ablehnung der Lebensführung des Hofes auch sonst sein mochte, hier hatte er unrecht. August dem Starken lagen solche Gedanken ebenso fern wie dem überlegenen Wackerbarth, und es blieb Augusts Sohn überlassen, 1737 die protestantische Hofkapelle im Schloß, die seit 1539 bestanden hatte, aufzulösen und den protestantischen Hofgottesdienst in die Sophienkirche zu verlegen, wohin auch das wertvolle Inventar der Kapelle abgegeben wurde. Das international geschulte Oberlandbauamt befaßte sich außerdem für die Stadt nur mit Fragen des Städtebaues und der Bauaufsicht; das weitere überließ es den aus dem Handwerk herausgewachsenen Ratsbaumeistern, das heißt erst Bähr und dann Schmid. Aus städtebaulichen Gründen griff das Amt in die Gestaltung der repräsentativen Großbauten, der Rathäuser und wohl auch des Gewandhauses, ein.

Bei der Beschießung von 1760 wurden Langhaus und Chor der gotischen Kreuzkirche zerstört, während die Westfront erhalten blieb. Belotto hat uns den Zustand der Stadtkirche vor und nach der Zerstörung in seiner präzisen Art überliefert. Schmid begann sofort die Wiederaufbaupläne anzufertigen, und der Rat legte sie 1763 der Bauaufsicht zur Begutachtung vor. Trotz negativ ausgefallenen Berichtes von Krubsacius erfolgte 1764 die Grundsteinlegung durch den Kuradministrator Prinz Xaver selbst. Als aber 1765 die Westturmfront einstürzte und abgetragen werden mußte, verlor auch der Rat das Vertrauen zu seinem Architekten und bemühte sich um weitere amtliche Gutachten. So wurde unter anderen der Akzisebaudirektor Samuel Locke befragt. Jetzt griff der Prinz Xaver, zum ersten Male unter Heranziehung der eben gegründeten Kunstakademie, ein und gab dem Ratsbaumeister Schmid den neu ernannten Leiter der Architekturklasse, es war Krubsacius, als Berater zur Seite. Aber die Stadt ließ ungeachtet der Auseinandersetzungen bis 1766 nach den Plänen Schmids weiterbauen. An dem Einsturz selbst trug Schmid, der wie Bähr von Haus aus Zimmermann war und von der Holzkonstruktion ausging, wohl keine Schuld. Doch ist die Berechtigung des Vorwurfes, den seine Gegner ihm wiederholt gemacht haben, daß er mit den eigentlichen Bauaufgaben durch seine Ausbildung nicht genügend vertraut gewesen sei, nicht ganz von der Hand zu weisen. Was die fortgeschrittene Technik am Reichenturm in Bautzen 1953 bis 1954 verhindern konnte, trat 1765 hinter dem Altmarkt noch ein: Nach andauernden Regenfällen war die Lehmsohle unter dem übermäßig lastenden Turmkörper der Kreuzkirche trotz der Sicherungsmaßnahmen ausgewichen und hatte die Katastrophe herbeigeführt. Mit dem Einsturz des Turmes war der Wiederaufbau der Kreuzkirche in ein völlig neues Stadium getreten. Konnte man noch die Hochführung eines Langhauses, das in den Häusermassen verschwand, als städtische oder rein kirchliche Angelegenheit betrachten, so wurde die Errichtung eines Turmes an der Altmarktecke das städtebaulich wichtigste Problem der Innenstadt, an dem sich die Geister scheiden mußten. In einem über dreißigjährigen Ringen blieb nicht nur Schmid 1774 auf der Strecke, sondern auch der von Bähr begründeten Barocktradition des Dresdner Kirchenbaues wurde durch den Klassizismus ein Ende bereitet. Aus der langen und komplizierten Baugeschichte der dritten Kreuzkirche geht hervor, daß sich Schmid für den Grundriß und die Innenausgestaltung, unterstützt durch Chiaveri, der 1766 noch einmal in Dresden weilte, durchsetzen konnte. Die enge Verwandtschaft zur Annenkirche mit der für Schmid charakteristischen ovalen Zentralanlage, der Anordnung der Orgel dem Altar gegenüber und den ursprünglich drei Emporen, in deren unterste jene merkwürdigen Betstübchen eingebaut waren, die der Eitelkeit des wohlhabenden Bürgertums dieser Zeit so wichtig erschienen, bleibt unverkennbar. Im Gegensatz zur Frauenkirche wurde jetzt auf den Altarraum verzichtet. 1769 bestimmte der junge Kurfürst Friedrich August, daß man Schmids Kircheninneres ausführen sollte, sein Schöpfer aber durch Eigenwillig, einen Schüler von Krubsacius, der ihm bisher als Maurermeister und Adjunkt beigeordnet war, zu ersetzen sei. Im übrigen überließ man der Stadt die Weiterführung und die Verantwortung für den Bau.

Die Fassaden führte Eigenwillig nach den Plänen von Exner hoch. Sie zeigen, daß Exner kein starkes künstlerisches Temperament war und über eine gewisse akademische Glätte nicht hinausgelangt ist. Bis zum Jahre 1775 ging bei dieser Teilung der Bau rüstig vorwärts. Über den Bau der Attika kam es erneut zu einer jahrelangen Verzögerung, bis ein Kompromißvorschlag weiterhalf. Die Konstruktion für das Dach und die Wölbung, für die aus Sparsamkeitsgründen eine einfache Holzarchitektur mit Stuckverkleidung gewählt wurde, löste Eigenwillig selbst. Die leichte Brennbarkeit des Materials war mit die Ursache, daß die Kreuzkirche 1897 total ausbrannte. Die langwierigen Auseinandersetzungen über den Turm ergaben zuletzt eine überzeugende Gestaltung durch Hölzer. Entsprechend den alten Westtürmen, legte er den neuen Turm wieder vor die ganze Kirchenfront. Zwischen zweiarmigen Turmgeschossen steigt er zu einer Höhe von 94 Metern empor. Hölzer wandelte Chiaveris ovale Anlage von barocker zu klassizistischer Form. Bei aller Einfachheit wirkt der Turm vor allem durch seine edlen Proportionen und erfüllte für einundeinhalb Jahrhunderte seine städtebauliche Aufgabe in der Zusammenfassung des Altmarktes.

1945 brannte die Kreuzkirche noch einmal aus, dabei ging ihre Ausstattung von Schilling und Gräbner in den Formen des Jugendstils zugrunde. Die interimistische Neugestaltung des Innern konnte bereits 1955 vollendet werden. Der Denkmalpfleger muß aber dafür Sorge tragen, daß der Charakter des barocken Raumes bei seiner endgültigen Gestaltung wieder zur Geltung kommt.

Die ungeheure Anstrengung, die die Vertreter zweier Stilrichtungen bei ihrem Zusammenprall aufbrachten, um ihrer Sache zum Siege zu verhelfen, hatte noch einmal einen Kirchenbau von bedeutender Aussagekraft entstehen lassen. Es war der letzte. Was im 18. Jahrhundert sonst noch gefolgt war, übertraf das Mittelmaß nicht mehr. Die alte Waisenhauskirche von 1710, die man Bähr zuschrieb, war 1760 ebenfalls zugrunde gegangen. Auch für sie lieferte Schmid Pläne, die eine weitere Entwicklung in der Richtung des Klassizismus zeigten. Nach seinem Tode kam der Auftrag 1777 an Eigenwillig, ebenso wie der für die alte Johanniskirche im Jahre 1789. Beide fielen der Stadterweiterung des 19. Jahrhunderts zum Opfer. Nicht anders erging es der Reformierten Kirche Lockes von 1767. Locke kam aus Knöffels Schule und besaß etwas von dessen Eleganz. Gurlitt, der diese Kirche noch gekannt hat, nannte ihr Inneres klar, verständig und wohnlich. Er charakterisierte sie damit als einen bürgerlichen Bau des Frühklassizismus. Die Reißbrettarchitekten des 19. Jahrhunderts hatten der schöpferischen Kraft von Bähr, Chiaveri und Knöffel, mit Abstand auch von Schmid, auf dem Gebiet des Kirchenbaues nichts Gleichwertiges mehr entgegenzusetzen.

Die Katholische Hofkirche

Am 2. Juni 1697 trat August zum Katholizismus über, kurz darauf wurde er zum König von Polen gewählt. Die Bevölkerung Sachsens war über diesen Glaubenswechsel um eines politischen Vorteils willen allenthalben mit Recht empört, man fühlte sich nicht nur als das Mutterland des Protestantismus lutherischer Prägung, sondern befürchtete auch Eingriffe in das persönliche Bekenntnis. Doch auch die Unduldsamkeit der lutherischen Kirche war in Sachsen von jeher besonders groß gewesen. Den bedeutenden Kanzler Nikolaus Krell hatte seine zwischen 1586 und 1591 versuchte Vermittlerstellung zu den Kalvinisten schließlich 1601 den Kopf gekostet. Als kurz nach 1700 die Unionsbestrebungen von dem benachbarten Preußen auf Sachsen übergriffen, lehnte die lutherische Geistlichkeit wiederum jedes Zusammengehen mit den Reformierten ab. Der Superintendent Löscher war der Sprecher all dieser Unionsgegner, denen es, im

Gegensatz zum Gang der Dinge in Preußen, gelang, die Vereinigung der protestantischen Bekenntnisse in Sachsen zu vereiteln. Die kleine Gemeinde der Reformierten blieb weiter unterdrückt und bekam erst 1767 ihre eigene Kirche am Ende der Kreuzgasse durch Samuel Locke, nachdem sie sich bis dahin mit gemieteten Betsälen hatte begnügen müssen.

Trotz aller Zusicherungen Augusts, daß der Übertritt allein mit seiner Person verbunden sei – die Kurfürstin Christiane Eberhardine, die für den König allerdings nur eine Repräsentationsfigur bedeutete und fern vom Hof in Pretzsch an der Elbe lebte, und zunächst sogar der Kurprinz blieben dem alten Glauben treu – ließ sich das Mißtrauen, an dem die gesamte Bevölkerung Anteil

249 Katholische Hofkirche, Blick vom Hochaltar nach dem Haupteingang

Mit der Orgelempore J. H. Schwarzes, die Orgel von G. Silbermann und Z. Hildebrandt, das Gehäuse von F. Hackl und J. Coudray, 1750 bis 1755; Zustand nach der letzten Wiederherstellung von 1920. Zur weiteren Klärung der Baufragen der Hofkirche wird auf die abschließende Publikation Eberhard Hempels über Gaëtano Chiaveri sowie auf die Berichte über die Wiederherstellung der Hofkirche nach der Zerstörung von 1945 besonders verwiesen. Das Orgelgehäuse 1945 zerstört, 1970/71 durch das Institut für Denkmalpflege rekonstruiert

Aufn. I.f.D.

249

hatte, nicht zerstreuen. August hatte beim Übertritt wohl gelobt, alle Kraft der Förderung seines neuen Glaubens zu widmen, in Wirklichkeit änderte sich an den im Lande herrschenden Zuständen nichts. Im Gegenteil, das Oberkonsistorium erhielt jetzt eine Machtfülle und Freiheit, wie sie in anderen protestantischen Ländern, in denen sie durch den Landesherrn beschnitten wurde, nicht denkbar war. August hat sich während seiner Regierungszeit niemals in die religiösen Angelegenheiten der Kirche des Landes eingemischt oder bei der Wahl seiner Mitarbeiter nach dem Bekenntnis gefragt. In der Hofkapelle wurde weiterhin lutherischer Gottesdienst gehalten, nur im ersten Obergeschoß des Schlosses richtete man eine bescheidene katholische Kapelle ein. Es dauerte

250 Dreikönigskirche, Orgelempore

Bedeutendes Orgelwerk von Z. und J. G. Hildebrandt, 1754 bis 1757, Orgelgehäuse und Empore in reicher Rokokodekoration. Das Gehäuse fertigten Tischlermeister Joh. Gottfried Fischer und Joh. Christoph Keitel, während Christian Polycarp Buzaeus aus Freiberg die Staffierung durchführte. Für die Chorbrüstung nennen die Akten den Tischlermeister Soltau und den Bildhauer Nicolaus Wender (nach U. Dähnert)

Aufn. D.F.D., 1934

250

bis 1707, daß man daranging, ein eigenes Haus für den katholischen Gottesdienst auszustatten. Die Wahl des Ortes fiel auf das Opernhaus Klengels hinter dem Schloß, das seit der Errichtung des neuen Theaterbaues durch Beyer leer stand. Die bauliche Gestaltung lag in den Händen von Johann Christoph Naumann, zur Innenausstattung hat Leplat beigetragen. Von dieser ersten Einrichtung gelangte nur der untere Teil der geschnitzten Kanzel Permosers in den Neubau. Die großartigen Bildwerke der beiden Kirchenväter, der heilige Ambrosius und der heilige Augustinus, sowie der Kruzifixus, Spätwerke Permosers aus dem Jahre 1725, wurden mit dem Altarbild der heiligen Dreifaltigkeit des Italieners Giovanni Antonio Pellegrini an das Domkapitel in Bautzen abgegeben, aus dessen Besitz die Kirchenväter 1979 in die Hofkirche zurückkehrten.

Erst gegen Ende des dritten Jahrzehnts beschäftigten August Pläne zum Bau einer katholischen Kirche. 1717 war auch der Kurprinz zum Katholizismus übergetreten und hatte 1719 die österreichische Erzherzogin Maria Josepha geheiratet, so daß man an den Bau einer repräsentativen Hofkirche denken mußte. August beauftragte Longuelune, wohl erst nach 1730, mit der Planung für ein Gebäude neben dem Kanzleihaus am Stallhof. Der Entwurf zeigt Einflüsse von Hardouin-Mansarts eben vollendeter Schloßkapelle in Versailles. Warum diese Pläne wieder beiseite gelegt wurden und ob sie überhaupt ernst gemeint waren, wird nicht ersichtlich.

Mit dem Regierungsantritt Friedrich Augusts II. trat hier eine Wandlung ein. Unter Wahrung strengen Stillschweigens ging man daran, einen auswärtigen Architekten für einen Kirchenbau zu gewinnen. Einer von den einheimischen Kräften wurde wohl schon deshalb nicht herbeigezogen, weil die Wahrung des Geheimnisses dann wenig wahrscheinlich gewesen wäre. Außerdem fand sich unter ihnen kein Katholik. Man ließ von Carlo Dotti aus Bologna und Filippo Juvara aus Turin Pläne anfertigen. Warum sie verworfen wurden, entzieht sich ebenso unserer Kenntnis wie der Grund, der zur Wahl Gaëtano Chiaveris führte. Der König hatte ihn in Warschau kennengelernt, als er aus Petersburg eintraf.

Wir danken es Eberhard Hempel, daß es ihm gelungen ist, die erste Fühlungnahme des sächsischen Hofes zu Chiaveri zu klären. Der Vikar der Theatiner hatte bereits 1727 dem Grafen Flemming die bevorstehende Ankunft des italienischen Architekten in Warschau mitgeteilt. Seit 1730 wurden die Verbindungen enger, und 1733 erhielt Chiaveri als ersten Auftrag, das castrum doloris für August den Starken in Warschau zu errichten. 1734 beschäftigte man ihn daselbst mit Brückenprojekten, 1736 erhielt er von Graf Sulkowsky die Aufforderung, sich nach Dresden zu begeben, um hier den Bau der geplanten Katholischen Hofkirche, deren Ausführung nunmehr definitiv beschlossen war, zu übernehmen.

1737 erschien Gaëtano Chiaveri mit zwei Landsleuten, Francesco Placidi und Antonio Zucchi, als Bauführern in der zweiten Residenz der Wettiner. Da er kein Wort Deutsch sprach und es auch – gleich Bernardo Belotto – nicht lernte, mußte man ihm einen Dolmetscher beigeben. Auch andere Handwerker trafen mit ihm ein, sie wurden zwischen Elbe und Zwinger, auf dem heutigen Theaterplatz, angesiedelt. Die Wohn- und Arbeitsstätten dieser Italiener nannten die Dresdner Italienisches Dörfchen, wovon die gleichnamige Gaststätte Erlweins ein letztes Zeugnis ablegt. Chiaveri fertigte damals auch die großen Schloßpläne an, von denen die Kirche nur ein Teil war und die auf Longuelunes vorherlaufenden Entwürfen fußten. Der gewählte Bauplatz bot viele Schwierigkeiten. Eine Reihe von Gebäuden zwischen Schloß und Elbe, darunter die Reste des Elbtores und die Münze, wurden entfernt, zwei weitere Pfeiler der Brücke zugeschüttet. So entstand ein neuer Platz, der Schloßplatz. Die Gründung auf angeschwemmtem Elbsand, zu der die Pioniere herangezogen werden mußten, erwies sich als langwierig und stellte sich unverhältnismäßig teuer. Im Sommer 1739 konnte der Grundstein zu dem „gewissen Bau nahe der Festung", wie es in den Akten zur Vermeidung jeder Erregung noch immer hieß, gelegt werden. Inzwischen hatte Chiaveri aus vergoldetem Zinkguß auch ein auseinandernehmbares Modell von der Kirche herstellen lassen.

Die Festungswerke bestimmten die Einordnung der Kirche in das Gelände zwischen Brücke und Schloß. Man mußte darauf verzichten, die Längsachse in der üblichen Ost-West-Richtung verlaufen zu lassen, wie das schon bei der Anlage der Dreikönigskirche aus städtebaulichen Gründen geschehen war, und legte den Hauptaltar nach Südwesten. Diese Schräglage zur Elbe vermittelt vor allem dem Besucher, der von der Neustadt her über die Brücke kommt, eine vollkommene Ansicht von Turm und Kirchenschiffen.

War die Frauenkirche ein Ausdruck protestantischer Gesinnung, so ist die Hofkirche ein Bekenntnis zum katholischen Glauben vom Standpunkt der Gegenreformation aus. Eng im Raum stehen sich hier zwei Mächte gegenüber, die ihre Gegensätze mit den Mitteln der Architektur dokumentieren und austragen. Beide Mächte finden ihre Gestaltung in den Formen des Barock, Bähr im deutschen, Chiaveri in römischen, in einer Zeit, in der der Barock schon abklingt. Über beide Bauten aber weht auch der kühle Hauch des ernüch-

251 Der heilige Ambrosius von B. Permoser

Einer der beiden Kirchenväter, die für den Dreifaltigkeitsaltar der ersten Katholischen Hofkapelle im ehemaligen Klengelschen Theater entstanden; monumentalstes Holzbildwerk Permosers, Lindenholz, gefaßt, 1725 entstanden, Ausschnitt

Aufn. D.F.D., 1933, Katholische Hofkirche

252 Der heilige Augustinus von B. Permoser, Gegenstück zum heiligen Ambrosius. Beide Bildwerke kehrten 1982 als Ersatz für die zerstörten Altargemälde in die Nischen der Seitenflügel der Katholischen Hofkirche zurück

Aufn. D.F.D., 1933, Katholische Hofkirche

ternden Klassizismus, in dem die Vernunft bereits das Bekenntnis verdrängt.

Chiaveri war der letzte Vertreter des römischen Barock. Sein spätester Kirchenbau steht an den Ufern der Elbe inmitten des Kernlandes des Protestantismus, an einer zentralen Stelle, von der aus die erste Brücke nach dem Osten geschlagen wurde. Ein Sieg, den nicht vorzeitig laut werden zu lassen und damit zu gefährden, der Kurfürst-König mit allen Beteiligten guten Grund hatte. Chiaveri erschien in Dresden, baute seine Kirche und verließ die Stadt wieder, bevor der Bau vollendet war. Obwohl zum Hofarchitekten ernannt, stand er abseits der übrigen architektonischen Ereignisse. Sein Schaffen blieb auch ohne Einfluß auf die anderen Bauten der Stadt. Nur sein eigenes Haus errichtete er noch vor den Mauern an der Ostraallee. Es ist das spätere Palais des Prinzen Max, das uns in seiner völlig veränderten klassizistischen Form noch beschäftigen wird.

So steht die Hofkirche fremd und doch vertraut an dem Flusse, der in die Nordsee mündet, ein Dokument schwierigster machtpolitischer Faktoren des feudalistischen 18. Jahrhunderts, aber auch gewachsen als ein Zeugnis deutscher Südsehnsucht gleich dem benachbarten Georgentor, das zweihundert Jahre vorher ebenso als eine kostbare Blume erblüht war. Neben Zwinger und Frauenkirche ist die Hofkirche das dritte der barocken Denkmale, die Dresdens Ruhm ausmachen.

Der Turm, der die ganze Platzfront beherrscht, entwickelt sich auf einem ovalen Grundriß. In vier Stockwerken steigt er auf und verändert das Oval zu einem Rund. So erscheint er mächtig und breit, wenn man sich ihm von vorn nähert, schmal und zierlich, wenn der Beschauer die seitliche Ansicht wählt. Die einzelnen Stockwerke sind in Säulenordnungen aufgelöst, mit verkröpften Gesimsen umzogen sowie im letzten Stockwerk durch Statuenschmuck und Vasen bereichert. Ein geschweifter Helm schließt den Turm ab. Ursprünglich hatte Chiaveri eine andere Form gewählt. Die Spitze sollte in einer Spirale enden. Damit erhalten wir einen Hinweis auf das künstlerische Erbe, das er verwaltet hat. Borromini war es, der diese kühne Bekrönung einmalig für Sant' Ivo in Rom schuf. Wir erinnern uns, daß bereits Klengel bei seinem Aufenthalt in Rom zu ihm in persönliche Beziehungen getreten war. Das vierte Geschoß der Hofkirche trägt als Datum der Vollendung des Turmes die Jahreszahl 1754. Schon sechs Jahre vorher hatte Chiaveri Dresden wieder verlassen. Die Fertigstellung des Turmes lag in den Händen Schwarzes. Wohl im Einverständnis mit Chiaveri

251/252

erhöhte er ihn über die ursprüngliche Planung hinaus zum Vorteil der Gesamtsituation auf 85,5 Meter.

Der Bau teilt sich in ein Hauptschiff und in ein 28 Meter zurückspringendes Hochschiff. Die mit Rundbogen geschlossenen Fenster zwischen den durch Pilaster gegliederten Schauseiten bekrönen reiche Fensterstürze, darüber sind in beiden Stockwerken Ochsenaugen eingelassen. Eine Attika mit Balustrade über verkröpften Gesimsen schließt beide Schiffe ab. Ihr charakteristisches Aussehen erhält die Hofkirche aber durch den Statuenschmuck in den Turmnischen des Untergeschosses, die dort den Platz der Fenster einnehmen, und den Statuenkranz auf der Attika. 78 über drei Meter hohe Heilige umsäumen den Bau. Sie sind das Werk eines einzigen Meisters, Lorenzo Mattiellis, der wohl nicht nur die Entwürfe, sondern auch die Tonmodelle geschaffen hat, nach denen die Steinmetzen, wie Jakob und Paul Mayer, sie gearbeitet haben. An der Turmfront stehen die Evangelisten, die Apostel mit den vier Kardinaltugenden. Was in der Kuppel der Frauenkirche nicht einmal fünf Jahre vorher Grone malte, erscheint an der Hofkirche mit erweitertem Programm in Stein. Bis hierher geht die Einigkeit der Bekenntnisse. Erst an den beiden Attiken, auf die Mattielli die heiligen Zeugen und Helfer stellte, gegen die Luther zweihundertzwanzig Jahre vorher in seinen reformatorischen Schriften polemisiert hatte, schieden sich die Geister. Bevorzugt wurden die Heiligen der Gegenreformation, voran Ignatius von Loyola, der Begründer der Gesellschaft Jesu. Sie war eine der großen Mächte dieser Zeit. Ihrem Wirken verdankt der Bau der Kirche vor allem sein Entstehen. Das Programm für den Figurenschmuck entwarf der Berater Augusts, der Pater Ignaz Guarini.

Die Figuren sind in der Bewegtheit ihrer Haltung barock. In den gleichen Jahren schuf Mattielli das ebenfalls ganz barocke Brunnenwerk in der Friedrichstadt, während sein Schmuck für das Treppenhaus in dem der Kirche benachbarten Palais Brühl unter dem Einfluß der unlängst in Wien erworbenen Herkulanerinnen klassizistische Formelemente vorwegnimmt und zu neuen Ufern weist. Chiaveri und Mattielli waren erbitterte Gegner. Trotzdem wuchs ihr Werk zu einer vollkommenen Einheit zusammen, vergleichbar nur noch dem von Pöppelmann und Permoser im Zwinger.

Die Hofkirche ist ein reiner Sandsteinbau. Auf Belottos Gemälden erscheint der untere Teil weiß, das Hochschiff gelb. Diese Farbdifferenz beruht nicht auf verschiedenem Steinmaterial, sondern wurde durch das Auftragen einer Schlämme oder Glätte herbeigeführt. Der reizvolle Verbindungsgang zwischen Schloß und Kirche ist erst eine Zutat der letzten Schloßerneuerung um 1900, vorher bestand nur ein bescheidener Übergang.

Der Grundriß der Hofkirche zeigt ein Rechteck mit einem Mittelschiff, dessen Schmalseiten in Halbkreisen abschließen, und zwei schmäleren Seitenschiffen, in deren äußeren Ecken die Treppen laufen. Um das ganze Mittelschiff führt ein 3,5 Meter breiter Prozessionsgang, der den Eindruck erweckt, als ob es sich um eine fünfschiffige Basilika handele. Dieser Gang mußte angelegt werden, weil in der protestantischen Stadt Prozessionen außerhalb des Kirchenraumes nicht erlaubt waren. Über dem Umgang liegt eine Empore, die sich ebenfalls um das ganze Mittelschiff zieht. Hier befindet sich ein auch nach den Seitenschiffen geöffneter Kranz von Logen. Vor das mit einem Halbrund geschlossene Mittelschiff, nach dem nordöstlich gelegenen Schloßplatz zu, ist ein Quergang eingefügt, der die Seitenkapellen miteinander verbindet und die Turmfront vom Kirchenraum abtrennt. Auf der Gegenseite nach dem Theaterplatz zu ist die gleiche räumliche Anordnung getroffen worden. In dem dort abgetrennten Teil wurde die ovale Sakristei untergebracht. Die Ecken zwischen den Seitenschiffen und den mittleren Vorbauten des Turmes wie der Sakristei füllen in den Diagonalen große, nach der Außenfront abgeschrägte sechseckige Kapellen aus.

Das Mittelschiff wird über den Rundbogen der Hoflogen durch einen verkröpften Sims mit Attika abgeschlossen, von der verzierte Sandsteinbänder zu dem Backsteingewölbe emporlaufen. Der mittlere Spiegel sollte ein Deckengemälde erhalten. Kein Geringerer als Tiepolo, der eben seine Arbeiten im Würzburger Schloß beendet hatte, war für die Ausmalung vorgesehen, aber auch an bescheidene Kräfte, wie den Theatermaler und Baukondukteur Wetzel, war gedacht worden. Ob die allgemeine Ermüdung am Bau, der Mangel an Geld oder die neue Auffassung des Klassizismus, der die illusionistische Deckenmalerei verabscheute, die Aufgabe dieses Planes herbeiführte, läßt sich nicht mehr sagen. Bei dem Einfluß, den Anton Raffael Mengs, der den Zeitgenossen als der bedeutendste Maler galt und mit Winckelmann zu den Theoretikern des Klassizismus zählt, am sächsischen Hof besaß, ist eine künstlerische Absicht wahrscheinlich.

1747 erlebte Chiaveri das gleiche Schicksal wie Bähr. Man zweifelte ohne Berechtigung an der Festigkeit der Gewölbe des Mittelschiffes. Erst durch das Eingreifen von Ismael und Anton Raffael Mengs, die über die Gewölbe schritten, soll das Vertrauen wiederhergestellt worden sein. 1748 verließ Chiaveri die Stadt, ohne daß dadurch eine Änderung am Bauplan eingetreten wäre. Doch kehrte er noch zweimal für kurze Zeit zurück.

253 Katholische Hofkirche, zwei Engelköpfe von B. Permoser

Ausschnitt aus der Kanzel der ersten Katholischen Hofkapelle, die in die neue Kirche übernommen wurde. Holzbildwerk, gefaßt, 1712, 1978 originale Fassung wiederhergestellt

Aufn. D.F.D., um 1935

254 Katholische Hofkirche, Weihwasserbecken

Becken Marmorarbeit der Brüder Aglio, Engelköpfe aus der Nachfolge L. Mattielis, nach 1751

Aufn. D.F.D., 1951

Die Ausstattung des Inneren ist kostbar. Zu dem Hochaltar führen Stufen aus Marmor. Die Schranken sind ebenfalls in farbigem Marmor gehalten und durch vergoldete schmiedeeiserne Türen verbunden. Das Altargemälde mit der Himmelfahrt Christi ist ein Hauptwerk von Anton Raffael Mengs, das er erst 1765 aus Madrid gesandt hat. Die umfangreichen Holzschnitzereien lieferten Hackl und Coudray, die Stukkaturen Bossi. Das Orgelwerk auf der dem Altar gegenüberliegenden Empore ist die letzte Arbeit Silbermanns, die sein Neffe Johann Daniel und sein Schüler Zacharias Hildebrandt nach dem Tode des Meisters vollendeten. Von der in Weiß und Gold staffierten Kanzel Permosers, die aus der alten Kirche übernommen wurde, sprachen wir schon. Jetzt fügte Hackl noch den Schalldeckel hinzu. Das holzgeschnitzte feste Gestühl der Schiffe und die Beichtstühle, schon ganz Rokoko, sind ebenso künstlerisch vollendet wie handwerklich einwandfrei gearbeitet. Den Fußboden bedeckt seit 1764 ein Belag von weißen und schwarzen carrarischen Marmorplatten. Kabinettstücke schufen die Brüder Aglio in den Weihwasserbecken. Sie zeigen eine Muschel aus Marmor, die in Wolken schwebende Engelköpfchen halten.

Ist die Ausmalung des Mittelschiffes unvollendet geblieben, so wurden die Dekorationen der großen Eckkapellen dagegen ausgeführt. Wände und Säulen sind mit Stuckmarmor in reicher Farbenskala überzogen, die Balustraden aus edlen Gesteinen, wie Zöblitzer Serpentin, gefertigt. Die farbigen Marmoraltäre schlossen Schranken mit vergoldeten schmiedeeisernen Türen ab. Illusionistische, den Raum auflösende Malereien, die von der barocken Bühnenkunst übernommen worden waren, überzogen die Decken und faßten zusammen, was die Kunsthandwerker aller Gattungen geschaffen hatten. Deutsche, französische und italienische Maler wirkten bis in die siebziger Jahre hinein gemeinsam an der Vollendung. Wenigstens ihre Namen sollen hier stehen: Hutin, Maulbertsch, Palko, Rotari, Torelli. Sogar der 78jährige Silvestre sandte 1752 aus Paris für die Sakramentskapelle noch ein Altargemälde mit dem Heiligen Abendmahl. Nicht weniger als 18 Altäre wurden in der Hofkirche aufgestellt. Von diesen Kostbarkeiten ließ der Brand 1945 nur geringe Reste übrig, doch konnten wenigstens die Tafelbilder bis auf zwei gerettet werden.

Zum Bau der Hofkirche trug auch die Notwendigkeit bei, eine Grablege für die katholisch gewordenen Wettiner zu schaffen. Die kostbare, von

253/254

Nosseni im Freiberger Dom ausgestaltete kurfürstliche Begräbniskapelle, in der die protestantischen Wettiner seit Heinrich dem Frommen und Kurfürst Moritz ruhen, blieb ihnen verschlossen. Johann Georg IV. wurde als letzter dort beigesetzt. August der Starke hatte inmitten der polnischen Könige im Dom zu Krakau eine Ruhestätte gefunden. Jetzt wurde eine Gruft zur Aufnahme der Zinnsärge unter dem Nordostschiff und der Sakristei angelegt und einfach ausgestattet. Als Hauptschmuck besitzt sie den aus der ersten Kapelle übernommenen Schmerzensmann, ein Spätwerk Balthasar Permosers, aus rotgeflecktem Salzburger Marmor, von dem eine spätere Fassung heute zum Inventar der Kapelle in Moritzburg gehört.

Bei allem Glanz blieb die Hofkirche stumm. Das protestantische Land versagte ihr die Anerkennung als Kirche und somit das Geläute. Erst nach der Erhebung Sachsens zum Königreich von Napoleons Gnaden im Frieden von Posen 1806 wurde diesem Zustand ein Ende bereitet, und die Gebrüder Weinhold gossen 1807 die vier Glocken. Das prachtvolle Geläute wurde im letzten Kriege durch das Eingreifen der Denkmalspflege gerettet. Die Aufräumungsarbeiten in der ausgebrannten Hofkirche begannen gleichzeitig mit den Arbeiten am Zwinger durch H. Ermisch. Bereits 1951 wurde das linke Seitenschiff wieder kirchlich genutzt. Die Schäden am Außenbau sind behoben. Es fehlen nur noch eine Reihe der herabgestürzten Figuren aus dem kostbaren Statuenkranz. 1962 wurde das Mittelschiff mit dem Hochaltar, den beiden Seitenaltären und der Kanzel vollendet sowie der gesamte Marmorfußboden verlegt und die interimistische Ausmalung abgeschlossen. Die Fertigstellung des rechten Seitenschiffes erfolgte 1964. Die Kreuzkapelle mit dem Altargemälde Hutins konnte 1970 in altem Glanz wieder erstehen. Die Malereien Torellis in der Sakramentskapelle wurden 1981 vollendet. Die Nepomuk-Kapelle erhielt 1973 eine neue Funktion als „Gedächtniskapelle für die Opfer des 13. Februar 1945 und aller ungerechten Gewalt", und die Benno-Kapelle wurde farbig, ohne das Kuppelfresko, rekonstruiert. Pfingsten 1971 erklang die Silbermannorgel, deren Werk die Zerstörung im Auslagerungsort überstand, mit dem 1970 geschaffenen Prospekt zum ersten Male wieder. 1980 wurde die Katholische Hofkirche durch ein vatikanisches Dekret zur Kathedrale des nunmehrigen Bistums Dresden/Meißen erhoben.

255 Der Neumarkt, von der Moritzstraße aus gesehen

Links die beiden Giebel des alten Gewandhauses, von Paul Buchner 1591/92 errichtet, mit Ratskeller, Verkaufsständen für Fleischer und Schuster sowie Festsaal im Obergeschoß, 1760 durch Beschuß beschädigt, 1791 abgebrochen. Vor der Frauenkirche die Wache, 1715/16 von J. R. Fäsch entworfen und ausgeführt, 1760 stark beschädigt, 1766 abgebrochen. Das städtebaulich wichtige Gebäude band die Frauenkirche nach dem Neumarkt ein und steigerte die Wirkung der Kuppel. Rechts der 1648 errichtete, mit einer Irene verzierte alte Brunnen des Neumarktes, der, nach späteren Ereignissen, der Befreiung Wiens von den Türken durch Johann Georg III. 1683, als Türkenbrunnen erneuert, 1866 auf den Jüdenhof versetzt wurde. An seiner Stelle 1866 das Denkmal König Friedrich Augusts II. von Ernst Hähnel

Kupferstich von B. Belotto, 1750 (V.R. 15), I.f.D.

256 Der Neumarkt mit der Frauenkirche

Links der von P. Buchner 1586 bis 1588 errichtete Stallhof, nach dem Umbau von M. v. Fürstenhoff und J. C. Knöffel zur Gemäldegalerie, die doppelläufige, 1729 von M. v. Fürstenhoff vorgelegte Englische Treppe; die beiden Portale des P. Buchnerschen Baues blieben erhalten. In der Mitte die nach der Zerstörung von J. R. Fäschs Wache freigelegte Frauenkirche. Öffnung des Neumarktes nach der Augustusstraße durch das halbrunde Wohnhaus für den Bürgermeister Bormann, später Hôtel Stadt Berlin, Neumarkt 1 von C. H. Eigenwillig, 1770

Ölgemälde von R. Wehle, 1847, St. M.

Seite 212, 213:

257 Die Frauenkirche, vom Neumarkt aus gesehen

Beginn des Baues 1726, Pläne von George Bähr, 1722 bis 1725, Gegenentwurf von J. C. Knöffel 1725, Ausführung der Maurerarbeiten J. G. Fehre, Planung der steinernen Kuppel 1729, Abrüstung 1732, Weihe 1734, Fertigstellung des Orgelchors 1736, erste Kanzelpredigt 1739, Übernahme der Arbeit an der Laterne durch J. G. Schmid 1740, Vollendung der Laterne 1743, Höhe 95 m, Höhe der Seitentürme 51 m, Kuppeldurchmesser 23,5 m, Baukosten 288810 Taler, 1766 erfolgte die städtebaulich verfehlte Freilegung nach dem Neumarkt durch Abbruch der Wache. 1945 ausgebrannt und zusammengestürzt, heute Mahnmal für die Opfer des 13./14. 2. 1945, Wiederaufbau der Kirche geplant

Aufn., um 1900, I.f.D.

258 Die Frauenkirche, vom Schloßturm aus gesehen

Die über den Dächern sich erhebende Kuppel eng eingebunden in die 1945 zerstörten Straßenzüge der Umgebung. Im Vordergrund rechts die Wendelsteine des Kanzleihauses, in der Mitte der Stallhof vor der Wiedereröffnung der Arkaden des Langen Ganges, links Töpfergasse mit dem Coselpalais

Aufn. D.F.D., 1934

255

256

STADT
HOTEL GARNI

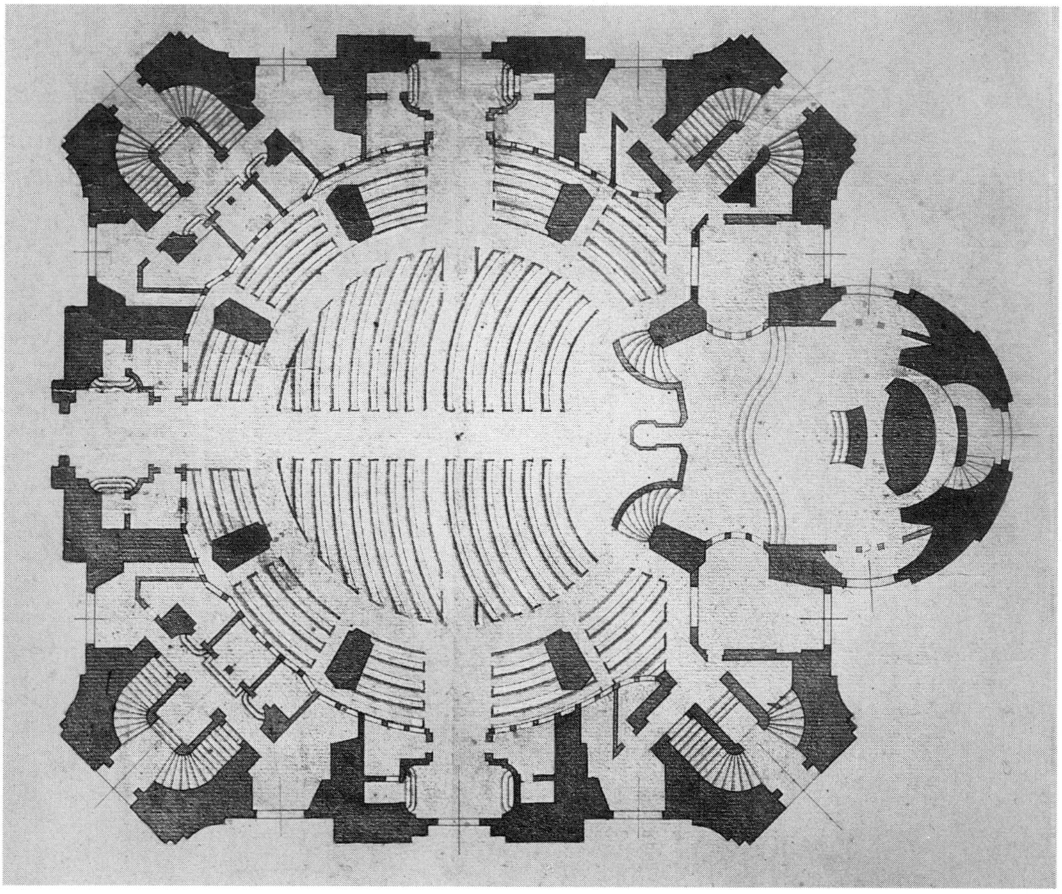

259 Die Frauenkirche, die Innenansicht der Kuppel

Zwischen den Gurtbögen Gemälde der vier Evangelisten und der christlichen Tugenden von Johann Baptist Grone, 1734, Zustand nach der ersten Wiederherstellung 1927 bis 1932 durch P. Wolf und P. Rößler

Aufn. D.F.D., 1933

260 Die Frauenkirche, der Grundriß

Runder Zentralraum mit Treppenanlagen in den Diagonalachsen

Zeichnung G. Bähr, 1726, I.f.D.

261 Die Frauenkirche, die Innenansicht nach Kanzel, Altar und Orgel

Fassungsvermögen etwa 3500 Sitzplätze, zwischen den acht Pfeilern ursprünglich fünf Emporen, Altaraufbau mit darüberliegendem Orgelprospekt und Kanzel am linken Pfeiler von J. D. Feige, 1733 bis 1739, seitlich 48 Betstübchen, Orgelwerk von Gottfried Silbermann, 1736

Aufn. D.F.D., um 1927 (vor der Wiederherstellung)

259/260

261

262

263

262 Die Frauenkirche

Der Schnitt von J. C. Knöffel mit hölzerner Kuppel, 1725, Gegenentwurf zu Bährs ursprünglichem Plane

Farbige Zeichnung, Originalschnitt, I.f.D.

263 Die Frauenkirche

Schnitt durch den von G. Bähr ausgeführten Bau mit steinerner Kuppel und der hölzernen Laterne J. G. Schmids

Farbige Zeichnung, Vertikalschnitt von A. Kiesling, 1944, I.f.D. (A. Kiesling leitete die Wiederherstellungsarbeiten 1937 bis 1943 und fertigte nach 1945 genaue Aufmaße 1:50 für einen zukünftigen archäologischen Wiederaufbau)

264 Die Katholische Hofkirche

Querschnitt durch Schiffe und Prozessionsumgang nach G. Chiaveris Anlage von Sebastian Wetzel, 1747. Die spätbarocke illusionistische Deckenausmalung blieb Planung, ob aus Ersparnisgründen oder infolge des Siegeszuges klassizistischer Anschauungen ist ungeklärt. Wetzel wirkte seit 1747 als Baukondukteur und 1749 bis 1750 als Bauleiter, Rekonstruktion der Deckengliederung geplant

Farbige Zeichnung, S. Wetzel, I.f.D.

265 Die Katholische Hofkirche, der Grundriß

Dreischiffige Anlage mit Prozessionsumgang, nach Vorbild der fünfschiffigen römischen Basiliken, verwandt der Schloßkapelle in Versailles von J. Hardouin-Mansart, enge Verwandtschaft mit Nuestra Señora in Barcelona, Hochaltar unter Verzicht auf die Orientierung, bedingt durch die Festungswerke, nach Südwesten gelegen. In dem Stichwerk Zucchis ist die zweite Periode der Entwürfe von 1738/39 festgehalten

Kupferstich von L. Zucchi nach G. Chiaveri, 1740, Kuka

264

265

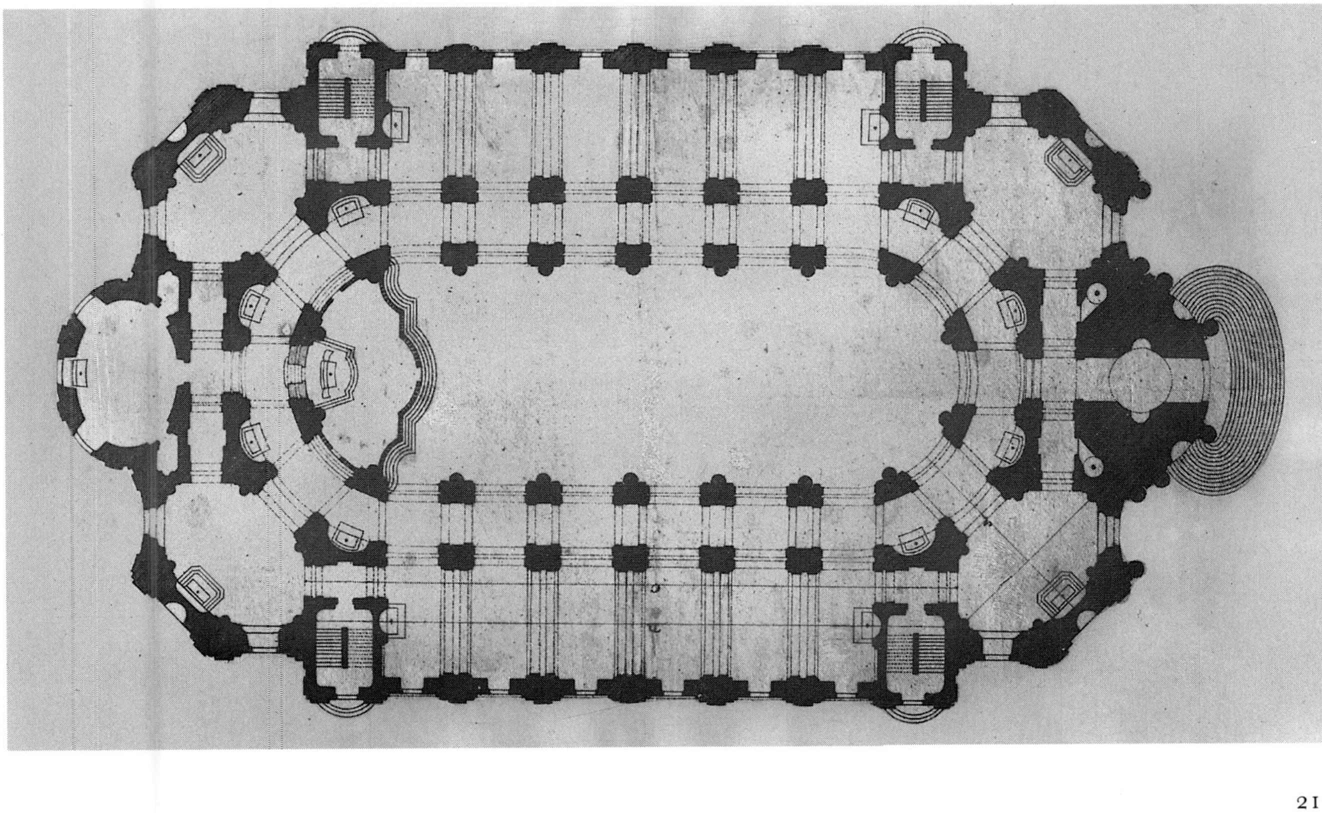

266 Die Katholische Hofkirche, das Modell

Der Turm noch in der ursprünglich niedrigeren Form Chiaveris, über dem Hauptschiff, 28 m zurückgesetzt das Hochschiff. Die 78 Statuen, davon 59 auf Balustraden, haben eine Höhe von je 3,5 m

Modell nach der Planung Chiaveris aus Zinkguß, vergoldet, auseinandernehmbar, mit nicht ausgeführter Deckenbemalung, nach 1738. Grünes Gewölbe, 1945 verbrannt

267 Die Katholische Hofkirche

Längsschnitt durch die Kirche und den Turm in der ursprünglich geplanten Höhe. Das flache Dach ist für die römische Architektur charakteristisch. Bei der Wiederherstellung 1952 wurde es versehentlich um einen Meter überhöht

Kupferstich von L. Zucchi nach G. Chiaveri, 1740, Kuka

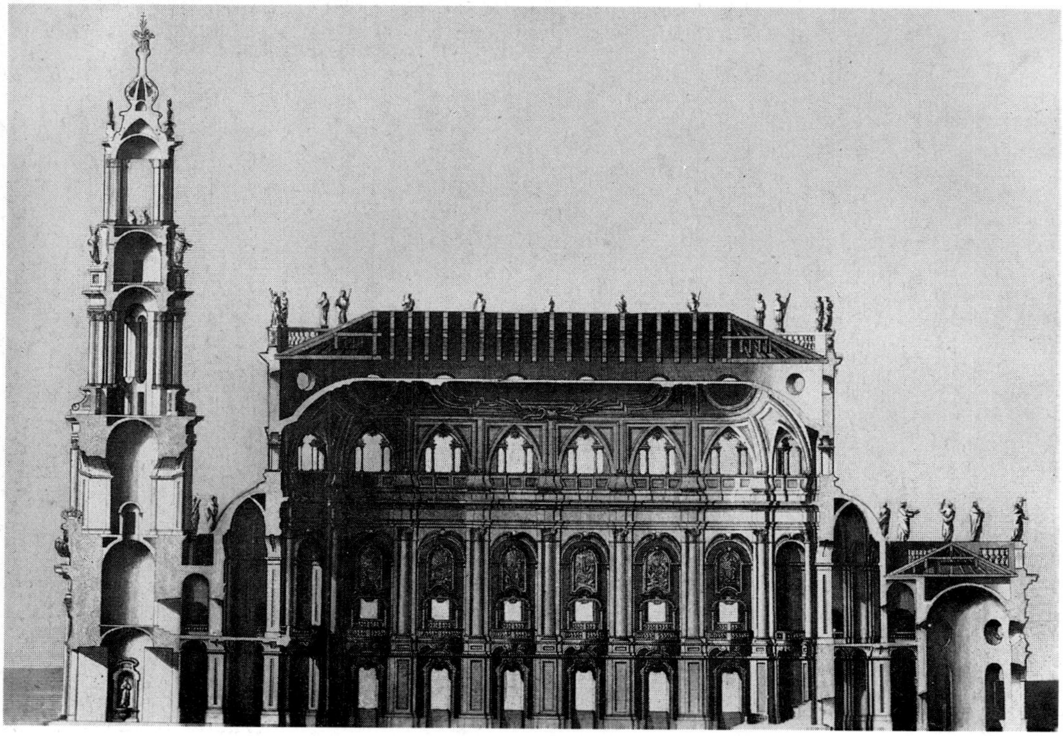

268 Die Katholische Hofkirche, Turmausschnitt

Das dritte Obergeschoß des Turmes, vom Schloß aus gesehen. Über den Säulenkapitellen des zweiten Geschosses das reichverkröpfte Gebälk mit den Sockeln zu den Figuren L. Mattiellis (von links nach rechts: Chrysostomus, Hubertus, Mauritius, Ida, Franz von Sales). Über der offenen Halle mit vorgestellten Säulen wiederum reichverkröpftes Gebälk, das den zwiebelförmigen Turmabschluß und vier fialenartige Flammenvasen trägt

Aufn. D.F.D., 1934

266/267

269 Die Katholische Hofkirche während des Baues

Der Turmbau war bei der Entstehung des Gemäldes noch nicht vollendet. Die Gestaltung übernahm Belotto aus den Zeichnungen Chiaveris (Angaben E. Hempel). Links der 1717 wiederhergestellte Georgenbau mit Tor, Lisenenarchitektur und Mansarddach von M. v. Fürstenhoff, 1833 um ein Stockwerk erhöht. Im mittleren Hintergrund die Bastion Sol mit Großem Gehege, rechts die Augustus-Brücke mit dem Japanischen Palais

Ölgemälde von B. Belotto, 1748, St.G.G. (V.G. 55)

Seite 220:

270 Die Katholische Hofkirche, Innenansicht des Mittelschiffes nach dem Hochaltar

52,5 m lang, 18 m hoch, von dem Prozessionsumgang begrenzt. Darüber ein zweiter Umgang mit den Hoflogen. Das Untergeschoß durch Pfeiler, das Obergeschoß durch 11 m hohe Dreiviertelsäulen gegliedert, in beiden Geschossen Bogenöffnungen, Attika mit verkröpftem Gebälk und Kappenfenstern, Fußboden aus Carraramarmor. Links und rechts neben dem Hochaltar durch J. Ch. Knöffel nachträglich geschlossene Betstuben für den Hof, Altarbild „Die Himmelfahrt Christi" von A. R. Mengs, gemalt in Rom 1752, aufgestellt erst 1767, sechs Silberleuchter von J. Bauer, Augsburg 1752, das silberne Tabernakel von C. G. Schrödel, 1810; Kanzel von B. Permoser 1722, Schalldeckel von J. J. Hackl, 1750, Gestühl und Beichtstühle ebenfalls von Hackl, Chiaveri war an der Ausstattung der Kirche nicht mehr beteiligt. Zustand der Ausmalung von 1922. Wiederherstellung des Mittelschiffes 1957 bis 1962

Aufn. D.F.D., 1934

268

269

271

Seite 221:

271 Die Katholische Hofkirche, rechtes Seitenschiff

9,7 m breit, 39,7 m lang, 15,8 m hoch mit geradem Abschluß. Längswände durch Pilaster gegliedert, über verkröpftem Gebälk Tonne mit Gurtbögen, Altargemälde „Die heilige Jungfrau erscheint dem heiligen Ignatius" von Pietro Rotari nach 1750; das Christusbild im Medaillon von C. Vogel von Vogelstein, um 1840; Gemälde 1945 zerstört

Aufn. D.F.D., 1929

272 Die Katholische Hofkirche, die Bennokapelle

Deckengemälde al fresco „Wirken und Himmelfahrt des heiligen Benno" von F. A. Maulbertsch, 1770, bedeutendstes Zeugnis der österreichischen spätbarocken Freskenmalerei in Dresden, Ausschnitt. 1945 zerstört

Aufn. I.f.D.

273 Die Katholische Hofkirche, die Orgel

Prospekt von J. J. Hackl unter Mitarbeit von P. Coudray, Pilasterkomposition mit verkröpftem Gesims, das Werk von Gottfried Silbermann, 1751 bis 1753, vollendet von J. D. Silbermann und Z. Hildebrandt, 1754/55. Prospekt 1945 zerstört, Pfeifenwerk erhalten, Rekonstruktion des Orgelprospektes 1977 vollendet

Aufn. D.F.D., 1929

274 Die Frauenkirche vom Neumarkt aus gesehen

B. Belotto, Ausschnitt aus dem Gemälde „Der Neumarkt vom Jüdenhof aus gesehen", 1749

Staatl. Kunstsammlungen Dresden, Aufn. D.F.D.

272/273

271

Seite 221:

271 Die Katholische Hofkirche, rechtes Seitenschiff

9,7 m breit, 39,7 m lang, 15,8 m hoch mit geradem Abschluß. Längswände durch Pilaster gegliedert, über verkröpftem Gebälk Tonne mit Gurtbögen, Altargemälde „Die heilige Jungfrau erscheint dem heiligen Ignatius“ von Pietro Rotari nach 1750; das Christusbild im Medaillon von C. Vogel von Vogelstein, um 1840; Gemälde 1945 zerstört

Aufn. D.F.D., 1929

272 Die Katholische Hofkirche, die Bennokapelle

Deckengemälde al fresco „Wirken und Himmelfahrt des heiligen Benno“ von F. A. Maulbertsch, 1770, bedeutendstes Zeugnis der österreichischen spätbarocken Freskenmalerei in Dresden, Ausschnitt. 1945 zerstört

Aufn. I.f.D.

273 Die Katholische Hofkirche, die Orgel

Prospekt von J. J. Hackl unter Mitarbeit von P. Coudray, Pilasterkomposition mit verkröpftem Gesims, das Werk von Gottfried Silbermann, 1751 bis 1753, vollendet von J. D. Silbermann und Z. Hildebrandt, 1754/55. Prospekt 1945 zerstört, Pfeifenwerk erhalten, Rekonstruktion des Orgelprospektes 1977 vollendet

Aufn. D.F.D., 1929

274 Die Frauenkirche vom Neumarkt aus gesehen

B. Belotto, Ausschnitt aus dem Gemälde „Der Neumarkt vom Jüdenhof aus gesehen“, 1749

Staatl. Kunstsammlungen Dresden, Aufn. D.F.D.

272/273

275 Die Katholische Hofkirche von der Brühlschen Terrasse aus

1738 Bereitstellung von Mitteln und Übertragung des Baues an G. Chiaveri, Material: Sandstein, Steinmetzarbeiten von J. T. Lehmann und den Brüdern Petersill, Statuenschmuck von Lorenzo Mattielli wohl nach Tonmodellen, 1739 Grundsteinlegung, 1743 Vollendung des Daches, 1746 bis 1749 fast völliges Ruhen des Baues, nach Weggang G. Chiaveris Weiterführung 1749 durch S. Wetzel und Fertigstellung des Marmorfußbodens, 1750 durch J. C. Knöffel, 1752 durch J. H. Schwarze, 1751 Einweihung, 1755 Vollendung des durch Schwarze auf 85,5 m erhöhten Turmes, Geläute 1807, Baukosten 907000 Taler, mit Orgel und Altarschmuck 1041000 Taler, 1945 ausgebrannt und durch Bombentreffer beschädigt. Wiederherstellung seit 1946, Außenbau bis auf die fehlenden Statuen 1954 vollendet, 1957 neue Kupferdeckung, 1962 Konsekrierung des Hochaltars, Bauleitung H. Ermisch und M. Zimmermann, später Institut für Denkmalpflege. 1980 Erhebung zur Kathedrale des Bistums Dresden–Meißen

Aufn. P. Garbe, Berlin

276 Die Kreuzkapelle der Katholischen Hofkirche

Ausstattung in Stuckmarmor, die Säulen in gelbem, die Simse in weißem, die Schranken in grauem Marmor mit Balustren aus Serpentin, Gemälde der Kreuzigung Christi von Ch. Hutin,

276

über dem Gemälde Aufbau in Stuck mit kassettenartig gemalter Kuppel. Malerei 1945 weitgehend zerstört, 1965 ff. durch das I.f.D. wiederhergestellt

Aufn. W. Zorn, Dresden

277 Die Katholische Kapelle im Neuen Palais Pillnitz von C. F. Schuricht, 1824 ff.

Einfacher Saal im Obergeschoß mit Chorabschluß im Achteck, die Wand durch korinthische Pilaster gegliedert, darüber Gurtsims mit großer dekorativer Kehle, im Deckenspiegel drei Fresken, Gemälde zwischen den Pilastern in Rundbogen mit Themen aus dem Marienleben von C. Vogel von Vogelstein, 1824 ff., Weihe 1830. Nach der Wiederherstellung durch das I.f.D. 1978

Aufn. W. Zorn, Dresden

278 Die Katholische Hofkirche, die Kanzel B. Permosers

1712, aus der alten Katholischen Hofkirche übernommen, Schalldeckel von J. J. Hackl, nach 1750, im Sinne der thematischen und formalen Übersteigerung des Rokoko, wohl unter Mitarbeit G. Knöfflers. 1978 durch das I.f.D. wiederhergestellt

Aufn. D.F.D., 1929

277

51
63
60
156

279

280

281 Die Kapelle im Taschenbergpalais (Silberkapelle)

Im ersten Stockwerk nach der Brüdergasse gelegen, durch zwei Stockwerke geführt, zeigt die Rokokodekoration auf ihrem Höhepunkt. Es liegt im Wesen des Dresdner Rokoko, daß die Wand- und Deckenstruktur immer noch in ihrer architektonischen Gliederung sichtbar bleibt und nicht wie in Süddeutschland eine völlige Auflösung erfährt. Entwurf von J. H. Schwarze, Stukkaturen, in Hellgrün und Silber gefaßt, Staffierung von J. A. Pöppelmann, 1756 bis 1763. 1945 zerstört

Aufn. D.F.D., W. Möbius, um 1935

279 Josephinenstift Deckengemälde von J. B. Müller, um 1765

Ein die Hohlkehle und die gesamte Decke umziehendes Fresko, über korinthischer Architektur mit Bogenhalle u. a. Darstellung der Vermählung Josephs mit Maria und der vier Evangelisten, Deckenmalerei nach dem Vorbild der perspektivisch-illusionistischen römischen Deckenmalerei A. Pozzos. 1945 zerstört

Aufn. D.F.D.

280 Josephinenstift, Kapelle von C. F. Exner, 1765 geweiht

Einfaches Rechteck mit abschließender Hohlkehle, an der Altarwand vier Paare korinthischer Doppelpilaster zwischen breiten Streifen von Stuckornament, Hauptaltar mit dem Gemälde des 12jährigen Jesus im Tempel von C. W. E. Dietrich, reich geschnitzte Rokoko-Kanzel wohl von J. Deibel, 1945 zerstört

Aufn. I.f.D.

281

282 Die Dreikönigskirche in der Neustadt, die Fassade nach der Hauptstraße

Der dritte Bau des Namens, Rechteck von 68,5 × 30,5 m, der 87,5 m hohe quadratische Turm an der Westseite erst 1854 bis 1857 von K. M. Haenel und G. L. Marx vollendet, Haupteingang Ostseite, Mittelrisalit mit in das Obergeschoß gezogenem Portal und geschwungener Verdachung über Kartusche, über Portal halbes Fenster. Untergeschoß Putzquaderung, Obergeschoß doppelte gekuppelte Pilaster, über Gebälk Dreieckgiebel mit Sandsteinrelief von B. Thomae; seitlich im Untergeschoß je ein weiterer Eingang neben Fenster, im Obergeschoß je zwei langgezogene Fenster mit geschwungener Verdachung, Eckpilaster. Erste Pläne von M. D. Pöppelmann, 1732. Ausführung und Veränderungen in der Gestaltung des Inneren durch George Bähr als Ratszimmermeister und J. G. Fehre als Ratsmaurermeister, verschalte Decke von George Bähr, 1735, vollendet 1739. Baukosten 70000 Taler; Mansarddach an Stelle des ursprünglichen Satteldaches, 1859. Inneres 1891 stark verändert. 1945 ausgebrannt, Wiederausbau 1960 begonnen

Aufn. I.f.D.

282

283 Die Dreikönigskirche, Blick auf das Altarwerk

Sieben Meter breiter Altar, zwischen korinthischen Säulen unter verkröpftem Gebälk plastische Darstellungen der klugen und törichten Jungfrauen vor Christus. Die sechs vorderen Figuren überlebensgroß, rundplastisch, die fünf hinteren in Hochrelief, zwischen den Säulen links der Evangelist Matthäus, rechts der Evangelist Johannes. Auf den Giebeln je drei Engel mit Spruchband, darüber riesiger Strahlenkranz mit in Wolken schwebenden Putten. Stark realistische Darstellung der Gruppen in Sandstein, Hauptwerk B. Thomaes, Staffierung von Chr. Reinow, 1738. Ursprünglich zwei Emporen, die zweite Empore im 19. Jahrhundert entfernt

Aufn. D.F.D., 1934

283

284 Die Matthäuskirche in der Friedrichstadt

Ein einfaches Rechteck, 33 × 18 m, mit 46 m hohem Turme an der Westseite, an den Langseiten drei Portale und sieben Fenster mit Stichbogen nach dem Schiff, darüber Gesims, seitlicher Abschluß durch Wandstreifen. Pläne von M. D. Pöppelmann, 1728 bis 1730. Altartafel „Christus in Gethsemane" von Johann Adolph Pöppelmann. Inneres 1882 stark verändert, Begräbnisstätte M. D. Pöppelmanns. 1945 ausgebrannt. Wiederaufbau des Innern modern 1978 vollendet

Aufn. I.f.D.

284

285

286

285 Die Kreuzkirche und die Kreuzgasse

Fassade der eben vollendeten Turmfront durch G. A. Hölzer, die die ovale Turmanlage der Hofkirche weiterentwickelt. Der Stich zeigt dieselbe Situation wie das Blatt von Belotto mit dem alten Bau (s. Abb. 31). Die Kreuzgasse gehörte mit ihren noblen Wohnhausbauten zu den vornehmsten Straßen der Stadt. Das Palais Vitzthum-Rutowski Pöppelmanns an der Ecke der Weißen Gasse brannte 1786 aus

Kolorierter Stich von C. S. Schönheit und J. G. Klinsky, 1790, Besitz E. Hempel

286 Die Annengasse mit der Kirche, noch ohne Turm

Einordnung des Baukörpers der Kirche in die Geschoßhöhe der gleichzeitig nach 1765 wieder errichteten bürgerlichen Wohnbauten der Vorstadt

Deckfarbenblatt, um 1800, St. M.

Seite 234:

287 Die Kreuzkirche

Die vierte Kirche des Namens, an Stelle des 1760 durch Beschuß und Brand vernichteten spätgotischen Baues, dessen Turm 1765 einfiel. Komplizierte und langwierige Bauentwicklung durch 30 Jahre infolge hartnäckigen Meinungsstreites zwischen spätbarocker und klassizistischer Auffassung. Plan von J. G. Schmid, 1763, Baubeginn 1764 trotz ablehnender Begutachtung durch F. A. Krubsacius, 1765 Weiterbau unter Beratung von Krubsacius, 1766 Wett-

bewerb für neuen Turm zwischen Krubsacius, Exner und Schmid, den C. F. Exner gewann. Nach längerer Baueinstellung Weiterbau für 1769 durch Exner, anschließend Bauleitung wieder bei Schmid mit dem Klassizisten C. H. Eigenwillig als Baukondukteur, der 1769 nach Schmids Tode allein die Leitung übernahm mit der Aufgabe, das Innere nach Schmids, Außenbau und Turm nach Exners Plänen fertigzustellen. Nach weiterer Verzögerung wegen einer Attika Vollendung des Außenbaues 1778, Entwurf eines neuen, 94 m hohen Turmes von G. A. Hölzer, der bis 1788 zur Ausführung gelangte. 1792 Weihe, 1800 Vollendung des Baues. 900 Sitzplätze, Kosten 462 378 Taler. Zweigeschossiger Bau in Sandstein mit kolossaler Pilasterordnung, an den Längsseiten Mittelrisalite mit Portalen, ihnen zur Seite je zwei Dreiviertelsäulen mit Kompositkapitälen, Gebälk mit bekrönendem Dreieckgiebel, über dem Gesims die lastende Attika Exners. Das flache Dach Eigenwilligs und die Attika nach dem Brand von 1897 verändert. Runder, an den Ecken geschwungener Chorabschluß. Turm zwischen breiten, zweiarmigen Treppen in den Rechteckbau einbezogen. Wagenunterfahrt erst 1897. 1945 ausgebrannt. Sicherungsarbeiten und Interimsgestaltung durch F. Steudtner, seit 1956 wieder in Nutzung, weiterer Innenausbau noch ungeklärt

Aufn. D.F.D., 1935

288

Seite 235:

288 Die Annenkirche, die Turmfront

Der zweite Bau des Namens, Plan von J. G. Schmid, 1764, Bau 1769 vollendet, Rechteck 33,2 × 23 m, die Fronten leicht geschwungen und mit mittleren Vorlagen versehen, zwei Geschosse mit Mansarde und gebrochenem Dach, Gliederung durch gekuppelte Pilaster, an jeder Längsseite ein Rundbogentor mit geschweifter Verdachung und Reliefs in Kartusche, die SW-Front (Altar) durch Rundbogen über der Vorlage im unteren Mansardgeschoß bekrönt. Den quadratischen, nur 57 m hohen Turm legte G. F. Thormeyer, nach Rissen von 1817, 1822 bis 1824 vor die NO-Seite, einziger Turmbau Dresdens in rein klassizistischen Formen. 1945 ausgebrannt, 1950 verfehlte Ausmalung des Inneren, Turmabschluß geplant

Aufn. I.f.D.

289 Die Kirche in Leubnitz-Neuostra,

spätgotischer Bau 15./16. Jahrhundert barocker Sandsteinaltar von J. B. Reinboth und C. Ebhardt, 1730/31 Relief Christus am Kreuz mit Maria und Maria Magdalena in der Mitte zwischen Pilastern und Säulen, im gesprengten Giebel der Auferstandene im Strahlenkranz neben Posaunenengeln, vor den Pilastern je eine weitere Figur. Rechts an der Ostwand Sandsteindenkmal des Hans Allnpeck d. J., wohl von einem Mitglied der Bildhauerfamilie Walther

Aufn. D.F.D.

289

290

290 Die Brühlsche Terrasse mit den Bauten J. Chr. Knöffels

Die Gemäldegalerie mit dem seitlichen Nagelwerk, 1744; die Bibliothek, 1748; davor der Gartensaal, 1742; die Rückseite des Palais Brühl mit französischer Gartenanlage, 1742 bis 1743; anschließend die Elbseite des Palais Fürstenberg

Pinselzeichnung von A. Thiele, vor 1750, S.L.B.

VOM BAROCK ZUM ROKOKO

Die zweite Generation

Der Tod Augusts des Starken bedeutete für das gesamte Dresdner Kunst- und Geistesleben eine grundlegende Veränderung. Sein Nachfolger, Friedrich August II., war kein Bauherr wie sein Vater, sondern ein Sammler. Er ist es gewesen, der die Dresdner Kunstkabinette durch Erwerbungen bereicherte, die in den nachfolgenden Jahrhunderten ihren Weltruhm ausmachten. Während seiner Regierungszeit durcheilten die sächsischen Agenten, wie Algarotti und Rossi, Italien und suchten es nach Bildern ab, wobei sie sich oft gegenseitig die Beute abjagten. Der großartigste Kauf eines Einzelstückes gelang 1754 mit der Erwerbung der Sixtinischen Madonna Raffaels für 20000 Dukaten; er wurde nur noch von dem Ankauf der gesamten Modenesischen Sammlung des Herzogs Franz III. 1745 für den Preis von 100000 Zechinen übertroffen. In ihr befanden sich unter anderem die vier Correggios, Tizians Zinsgroschen, vier große Veroneses, Holbeins Morette, des Rubens Heiliger Hieronymus und des Velazquez Bildnis Juan Mateos.

Gleich nach dem Tode Augusts des Starken hatte Graf Heinrich von Brühl die Leitung aller Kunstkabinette übernommen. Seit 1739 beraten von seinem Sekretär, einem der bedeutendsten Kenner seiner Zeit, Carl Heinrich von Heinecken, förderte und leitete er alle Ankäufe. Den Leistungen dieses Zweigestirns können wir unsere Bewunderung nicht versagen. Ist es doch wahrlich so, wie es Heinecken 1757 im Vorwort zum Dresdner Galeriewerk schreibt: „Man glaube ja nicht, daß es leicht sei, eine stattliche Zahl von Malereien der verschiedenen Meister zu sammeln und eine Galerie zusammenzustellen, die für den Wißbegierigen unterrichtend ist und zugleich die Bewunderung der Kenner zu erregen vermag. Ein ganzes Jahrhundert ist manchmal zu kurz dafür gewesen, und wir wissen, daß die Galerien, die heute einen Ruf haben, den Sammlern, die sie zusammenbrachten, ungeheure Mühen gekostet haben."

Waren Augusts des Starken Kunstanschauungen vornehmlich auf Paris ausgerichtet, so trat bei seinem Sohn wiederum Italien in den Vordergrund, vor allem Venedig, und italienische Künstler lösten die Franzosen ab, ohne sie völlig zu verdrängen. Der Barock südostdeutscher Prägung war schon unter August dem Starken überwunden und lebte eigentlich nur noch in der städtischen Schule Bährs im Kirchenbau weiter. 1728 rückte mit de Bodt die klassisch-barocke Bewegung in die entscheidende Machtfunktion ein, und de Bodts alte Freundschaft zu seinem Landsmann Longuelune brachte für diesen noblen und zurückhaltenden Künstler endlich Früchte. In den fünf Jahren bis zu Augusts Tode gelang es Longuelune, nicht nur Pläne zu liefern, sondern auch Ideen seines Programms selbst zu realisieren.

Bei Friedrich Augusts II. Thronbesteigung 1733 war de Bodt dreiundsechzig und Longuelune vierundsechzig Jahre alt. Mag es auch bedauerlich sein, so ist es doch verständlich, daß die junge

Generation versuchte, die älteren Herren beiseite zu schieben und nach jüngeren Kräften Ausschau zu halten. Brühls Blick fiel auf Johann Christoph Knöffel, der, aus dem Oberlandbauamt herausgewachsen, bereits die Förderung Wackerbarths genoß und damals immerhin schon siebenundvierzig Jahre zählte. Knöffel eroberte sich ungemein schnell die Gunst Brühls und war bis zu seinem Ende der bevorzugte Architekt dieser Ära.

Von den großen Architekten des Barockzeitalters waren Knöffel und W. C. von Klengel die einzigen geborenen Dresdner. Knöffel hatte schon etliche Jahre unter Pöppelmann gearbeitet, als Longuelune im Amte erschien. Er schloß sich dessen Stil so eng an, daß es bei seinen frühen Bauten eines aufmerksamen Studiums bedarf, um die andere Hand zu erkennen. Aber er wäre seiner schmiegsamen Charakteranlage untreu geworden, hätte er die Kühle und die unerbittliche tektonische Strenge Longuelunes weitergeführt, der viele Gedanken des Klassizismus vorwegnahm. Die Weichheit und Heiterkeit seines Wesens wies ihn zum Dekorativen zurück, das in den Formen seiner Hochblüte, im Barock der Pöppelmann und Bähr, eben überwunden war. Er griff diese dekorativen Elemente wieder auf und schmolz sie mit Longuelunes Blockform zu einem neuen Stil, der als Dresdner Rokoko, durch seine Schüler leicht abgewandelt, bis zum Beginn des letzten Jahrhundertviertels wirksam blieb. In Knöffel hat wahrscheinlich die Dresdner Architektur ihren charakteristischsten und gemäßesten Ausdruck gefunden. Auch der nach 1763 folgende „Hungerstil" ist nur eine vereinfachte Variante des auf Longuelune fußenden Knöffelschen Rokoko. Knöffel war es, der die Lisene Longuelunes als wichtigstes Glied in die bürgerliche Architektur einfügte.

Die Anfänge Johann Christoph Knöffels

Wir begegnen Knöffel zum ersten Male 1719/20 am Schlößchen in Großsedlitz, das er im Auftrage und nach Plänen Pöppelmanns für den Grafen Wackerbarth ausführte. Die benachbarte obere Orangerie ist ihm ganz zuzuschreiben, wenn auch der Einfluß Pöppelmanns in den Einzelformen sichtbar bleibt. Diese Abhängigkeit besagt bei Knöffels verhältnismäßiger Jugend, er war damals 33 Jahre alt, um so weniger, als sie in den folgenden Jahren durch die andere von Longuelune abgelöst wird.

Wackerbarth muß mit Knöffel in Großsedlitz sehr zufrieden gewesen sein, sonst hätte er ihm nicht bereits 1723 den großen Bau für die Ritterakademie übertragen, die zunächst ganz auf eigene Rechnung Wackerbarths lief. Erst 1730 wurde sie von August für ihre besonderen Zwecke übernommen. Die Ritterakademie umfaßt einen Riesenkomplex mit der Front nach dem Niedergraben und führt längs der Kasernenstraße und der Wiesentorstraße bis zur Ritterstraße. Zu ihr gehören außer der großen Reithalle, die sich vor den späteren Umbauten deutlich aus den übrigen Gebäuden heraushob, auch die lange Fensterfront der kasernenmäßigen Wohntrakte für die Kadetten, die ganz schmucklos gehalten sind. Knöffel gelang es, zwischen diesen

291

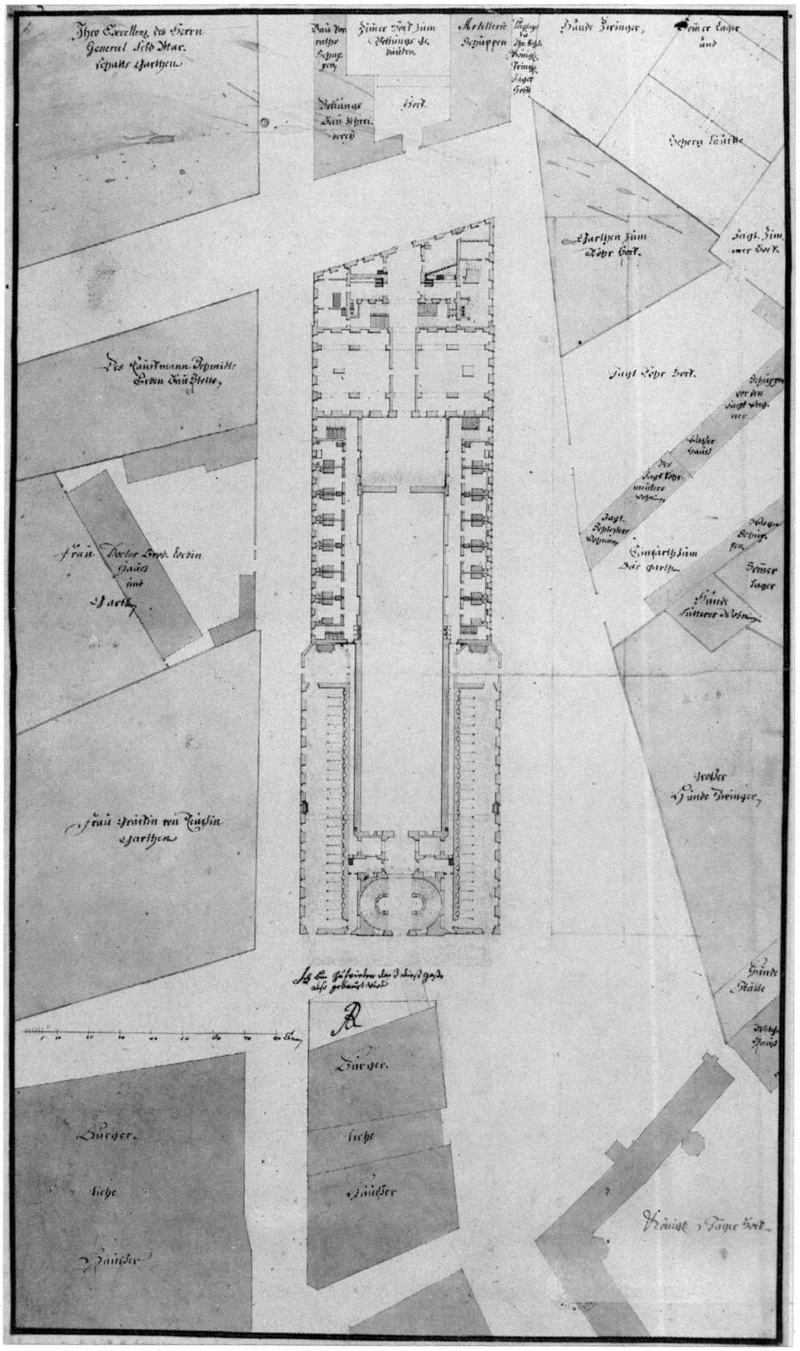

291 Der Grundriß des Palais Wackerbarth (Ritterakademie) mit Führung der neuen Straßenlage

Grundriß des Repräsentationsgebäudes mit der doppelläufigen Treppe, der langen Reitbahn und der anliegenden Wohnräume für die Kadetten. Die neue Straßenlage trägt den Vermerk Augusts des Starken: „Ich bin zufrieden, daß diese Gasse also gebauet wird"

Farbig gehöhte Zeichnung, I.f.D.

reinen Zweckbauten und dem Repräsentationsbau am Niedergraben eine organische Verbindung zu schaffen. Die Planungen der Wohntrakte und der Reithalle wurden nach Hasche von dem Festungsmaurermeister Findeisen ins Werk gesetzt. Der Kopfbau der Ritterakademie zeigt ein Sockelgeschoß mit Putzstreifen, über dem sich zwei Obergeschosse, deren einzelne Achsen durch Lisenen zusammengefaßt sind, erheben. Der dreifenstrige Mittelrisalit wird an den Seiten durch doppelte Lisenen und in der Mittelachse durch ein einfaches Stichbogenportal, durch Rundbogenfenster im ersten, durch Stichbogenfenster im zweiten Geschoß und ein Medaillon mit dem Porträt Augusts des Starken betont. Der Trophäenschmuck in der Dachzone, den die Entwürfe zeigen, blieb unausgeführt. Die sechsachsigen Seitenfronten entsprechen den Rücklagen der Hauptfassade. Der Bau ist auf Einfachheit und Proportionen gestellt, ein Schulbeispiel Longuelunescher Vornehmheit und Zurückhaltung. Im Innern des Hauptbaues schuf Knöffel die kostbare doppelläufige, halbkreisförmige Treppe, die bis zum zweiten Geschoß führt.

Im Jahre 1725 übernahm er, wie berichtet, die Aufgabe, zu Bährs Frauenkirche den Gegenvorschlag für das Oberlandbauamt auszuarbeiten.

Der Bau in der Neustadt war eben beendet, als ein Unglücksfall Knöffel zu einem dritten großen Auftrag durch Wackerbarth verhalf. Während des Besuches des Königs Friedrich Wilhelm I. von Preußen mit dem Kronprinzen Friedrich war 1728 das hinter dem Zeughaus gelegene Gouvernementshaus, das, erst 1718 errichtet, Wackerbarth als Amtssitz diente, in Flammen aufgegangen. Wir haben von diesem Bauwerk und seinem Erbauer keine Kunde. Manches spricht dafür, daß hier Wackerbarth selbst als Architekt gewirkt hat. Man hatte gerade noch das Gepäck der fürstlichen Gäste retten können. Alles andere jedoch, darunter die dort verwahrten Pläne und Modelle der Dresdner Bauten, wurde zerstört, ein Verlust, an dem wir heute noch zu tragen haben. Im Herbst des folgenden Jahres stand der von Knöffel geplante Neubau bereits vollendet. Bei aller Beschleunigung der Ausführung wird man daraus schließen müssen, daß wesentliche Teile des alten Baues erhalten blieben. Vor allem an der Hoffront dürften bedeutende Reste des ursprünglichen Baues Verwendung gefunden haben. Knöffel hat niemals gekuppelte toskanische Säulen verwendet, wie sie der dort befindliche Laubengang aufweist. Das Palais kam später an den Chevalier de Saxe, der es 1764 durch Krubsacius im Innern verändern ließ. Seinen heutigen Namen trägt es nach dem sächsischen Prinzen Carl, einem Sohn Friedrich Augusts II., der ein kurzes Gastspiel als Herzog von Kurland gab und anschließend als Erbe des Chevaliers in diesem Palais sein Leben verbrachte. Die Fassade des Kurländer Palais zeigt wiederum eine Front von neun Achsen mit einem dreifenstrigen Mittelrisalit. Doch begnügt sich Knöffel hier mit einem Obergeschoß. Die Rücklagen sind dadurch bereichert, daß hier auch das Mittelfenster durch Rundbogen gleich dem Risalit betont wird. Hinzugekommen ist der Dreieckgiebel, der in die Dachzone hineinragt. Der reiche Trophäenschmuck, der auf die militärische Verwendung des Hauses hinweist, dürfte in Thomaes Werkstatt entstanden sein. Wie in der Ritterakademie der Neustadt führt aus dem hufeisenförmigen Treppenhaus eine repräsentative Treppe nach dem Obergeschoß, die einfach beginnt und doppelläufig zum Ziel gelangt.

Handelte es sich bei diesen beiden Aufträgen um Gebäude, die amtlichen Verrichtungen dienten, so trug das vierte Bauanliegen Wackerbarths privaten Charakter. Der Generalintendant hatte sich in der Niederlößnitz seit Jahren eine Reihe von Weinbergen gekauft. Als er sich 1728 seiner Pflichten ledig sah, ging er daran, sich in dieser herrlichen Lage an den Hängen der Lößnitz einen Landsitz zu bauen. Das Hauptgebäude von Wackerbarths Ruhe, wie die Anlage heißt, ist so wesentlich verändert worden, daß sich aus ihm nur schwer Schlüsse auf seinen Erbauer ziehen lassen. Wieweit die vorliegenden Entwurfsskizzen Knöffels mit den großzügigen Gartenanlagen, die dem Genius loci gerecht werden und den Weinstock in die Komposition einbeziehen, wirklich ausgeführt wurden, läßt sich ebensowenig ermitteln. Es ist bezeichnend für diese Zeit, daß uns fast nur Entwürfe und keine Ausführungszeichnungen und Aufmaße überliefert sind.

Dagegen wurde der Gartenpavillon, der bis heute mancherlei Zwecken gedient hat, nur im Dachgeschoß verändert. Vom Hauptgebäude führt ein terrassiertes und getrepptes Gelände zu ihm hinauf, das in viertelkreisförmigen seitlichen Rampen endet. Vor dem Pavillon, am Fuß der Rampen, lagen zwei Kegelbahnen und Schießstände. Knöffel stellte den Pavillon auf einen von einer Balustrade abgeschlossenen Sockel mit Terrasse, den er durch einen Mittelbrunnen und seitliche Nischen aufgliederte. Sockel und Rampen übernahm er ohne Zweifel von Longuelunes eben vollendeter Großterrasse in Moritzburg. Der achteckige Putzbau trägt an jeder Seite ein Rundbogenfenster unter einem aufgesetzten Spiegel, mit dem es durch Lisenen zusammengefaßt wird.

Als letzten Bau schuf Knöffel für Wackerbarth 1728 das neue Schloß in Zabeltitz nordöstlich von Dresden, eine Besitzung, die dieser mit dem dazugehörigen Rittergut von August als Geschenk erhalten hatte, ebenfalls mit einer großartigen Gartenanlage.

Die Bauten für den Grafen Brühl

Nach dem Tode Wackerbarths übernahm es Brühl, die Kraft Knöffels für seine Zwecke zu verwenden. Betrachtet man die Resultate dieser Zusammenarbeit, die etwa über zwölf Jahre währte, so muß man feststellen, daß sich hier Bauherr und Baumeister in einer selten glücklichen Übereinstimmung fanden und sich gegenseitig in ihren Ansprüchen und Leistungen steigerten.

Friedrich August II. überließ die Festungswälle seinen nächsten Beamten zur Nutzung, so wie August der Starke schon 1732 die Bauplätze der neuen Königstraße an jedermann in ganz Sachsen, der baulustig war, verschenkt hatte. Brühl erhielt von 1739 bis 1748 nach und nach das Festungsgelände vom Abschluß nach dem Schloßplatz bis zur Jungfernbastei im Osten, das später seinen Namen als Brühlsche Terrasse trug.

Im Südosten begrenzten die spätere Hofgärtnerei, damals Orangerie und heute Reformierte Kirche, und das Zeughaus den Besitz. In etwas mehr als zehn Jahren entstanden hier, in dem nun Brühlscher Garten genannten Teil, eine Fülle größerer und kleinerer Baulichkeiten, die einen Formenreichtum aufwiesen, daß man von ihnen mit Recht als von den Brühlschen Herrlichkeiten sprach. Als Bernardo Belotto 1747 nach dem Motiv für seine erste Dresdner Stadtvedute suchte, wählte er in der Neustadt den Platz auf den Mönchswiesen vor dem Sartorischen Haus, von dem aus er die Brühlschen Neubauten überblickte. Die Spitze der Jungfernbastei schnitt er auf seinem Bild ab, denn dort lagen noch die Trümmer des Nossenischen Lusthauses, das 1747 durch eine Explosion zerstört worden war. Doch bevor Brühl mit diesen Bauten und Gartenanlagen beginnen konnte, mußten umfangreiche Erdanschüttungen, die durch steinerne Aufbauten über den alten, mächtigen Festungsmauern nach außen begrenzt wurden, für die Planierung des gesamten Geländes vorgenommen werden.

Schon vorher war Brühl darangegangen, sich auf der Augustusstraße gegenüber dem Langen Gang ein eigenes Palais zu errichten. An der Ecke zum Schloßplatz stand damals das Fürstenbergsche Palais mit seinem auf zwei toskanischen Säulen ruhenden Eckerker des 17. Jahrhunderts. Das Gebäude selbst ging auf das 16. Jahrhundert zurück, und seine Giebel sind noch auf Belottos Gemälde der Stadt vom Japanischen Palais aus zu sehen. Sie verschwanden erst, als Exner den Bau 1766 für die hier untergebrachte Kunstakademie um einen Stock erhöhte.

Dem Palais Fürstenberg nach der Augustusstraße folgte das Charonsche Haus, das Hase 1720 errichtet hatte. Die angrenzenden Grundstücke bis zur Kleinen Fischergasse wuchsen von 1734 bis 1753 zu dem Komplex von dreiundzwanzig Achsen, der Brühlsches Palais hieß. Es ist eine außerordent-

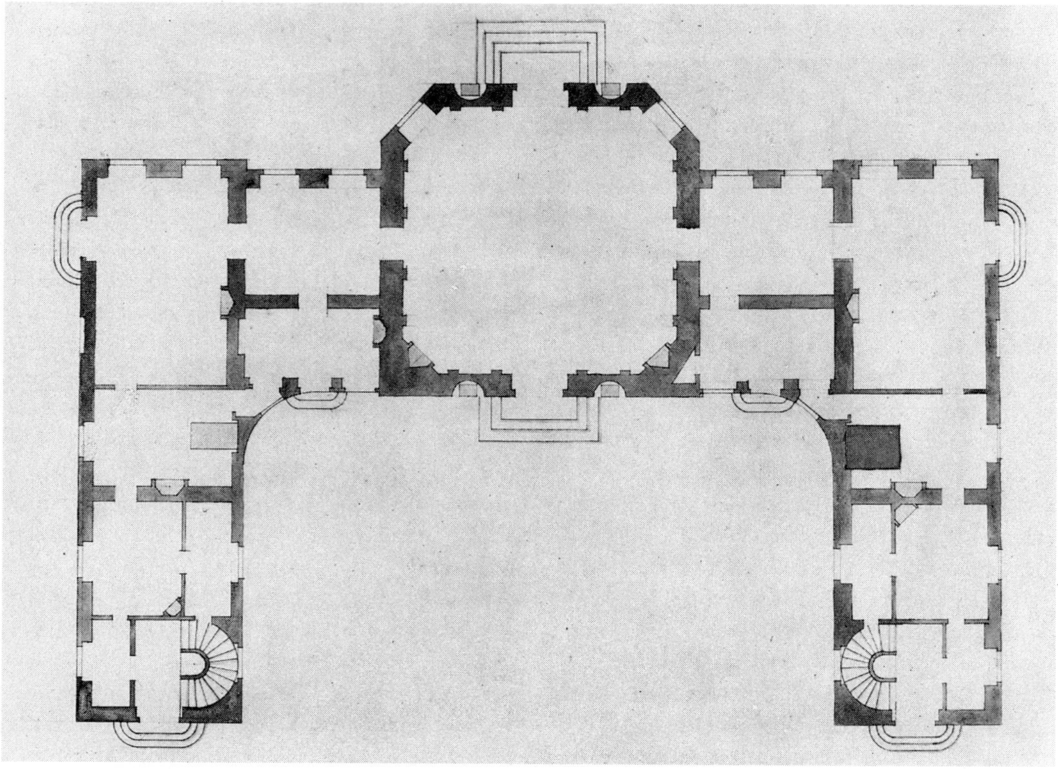

292 Das Palais Brühl in der Friedrichstadt, Grundriß

Entwurf des Mitteltraktes mit achteckigem Mittelsaal, J. C. Naumann (?), um 1728, Flügelbauten, J. Chr. Knöffel, nach 1736

Farbig gehöhte Zeichnung, um 1736, I.f.D.

292

293

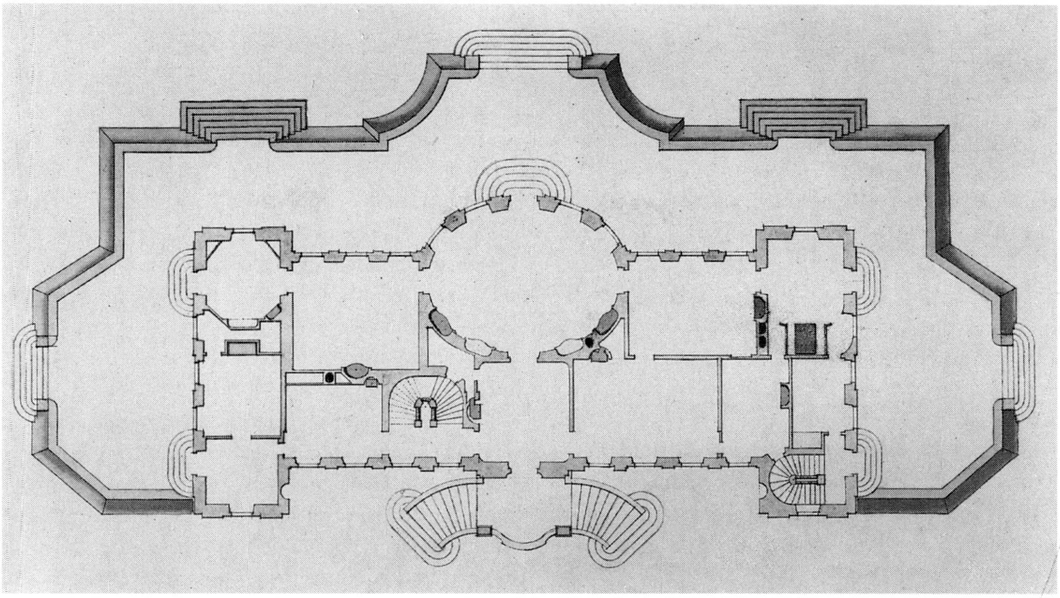

293 Der Grundriß des Palais Mosczynska

Das Erdgeschoß mit den Treppenvorlagen und dem ovalen Mittelsaal. Der gesamte Gebäudekomplex ist auf eine niedrige Terrasse gestellt. Der Grundriß zeigt eine enge Verwandtschaft zu Louis le Vaux d.J. Schloßbau Vaux le Vicomte, 1655 bis 1661. Als Vorbild für die Ausstattung des ovalen Mittelsaales erscheint G. Boffrands Hôtel Soubise in Paris, dessen aufsehenerregender Bau 1738 bis 1740 entstanden war. Es ist bemerkenswert, in welcher kurzen Frist die Dresdner Architektur die neuen Formen aufnahm und weiterentwickelte

Entwurf von J. H Schwarze, um 1742, I.f.D.

liche Leistung Knöffels, daß die Fassade, trotz der Erweiterungen nach beiden Seiten, ein einheitliches Gesicht behielt. Die Baugeschichte des Palais Brühl erweist sich sowohl durch die lange Bautätigkeit wie durch die verschiedenen Bauetappen als äußerst kompliziert.

Noch einmal erscheint Longuelune selbst mit einer klassischen Lösung. Um 1734 lieferte er einen Entwurf mit neun Achsen Front, einem Sockelgeschoß mit Stichbogenfenstern, zwei durch Lisenen verbundenen Obergeschossen und einem durch Gesims abgeschlossenen Mezzanin. Der dreiachsige Mittelrisalit wird im ersten Geschoß durch einen Balkon mit Balustrade und einem Dreieckgiebel im Mezzaningeschoß betont. Über einer Attika erscheint ein leichter Trophäenschmuck. Der diesem zeitlich anschließende Entwurf, der der Ausführung zugrunde liegt, stammt von Knöffel. Er behielt die Planung Longuelunes im wesentlichen bei. Nur sind die steinernen Balustraden des Balkons durch schmiedeeiserne Gitter ersetzt und die Spiegel zwischen erstem und zweitem Obergeschoß durch Trophäenschmuck bereichert. Unter die äußeren Kragsteine des Balkons werden auf Sockel zwei überlebensgroße Figuren Mattiellis aus Sandstein, die Weisheit und die Wachsamkeit verkörpernd, gestellt. Knöffels Fassade ist lockerer und dekorativer geworden, ohne die Generallinie Longuelunes zu verlassen.

1737 wurde der Bau begonnen, 1740 stand der erste Teil, dem sich unmittelbar eine zweite Bauperiode anschloß, nach der das Palais mit neun Achsen zunächst vollendet schien. Nach Hinzukauf weiterer Grundstücke erfolgte 1743/44 die dritte Erweiterung der Front nach der Augustusstraße auf 15 Achsen sowie der Ausbau nach der Fischergasse und nach der Terrasse. Etwa 1745 begann die letzte Bauperiode, die sowohl die Ecke nach der Fischergasse als auch das neben dem Charonschen Hause gelegene Erdmannsdorffsche Haus mit einbezog und das Palais auf 23 Achsen erweiterte. 1753, bereits nach dem Tode Knöffels, scheint der Außenbau vollendet gewesen zu sein, während die Ausstattung des Inneren im Verlauf des Siebenjährigen Krieges noch die Brühlsche Korrespondenz anfüllte. Die Türflügel des hölzernen Eingangsportals zeugen von einem anderen Geist als das Bauwerk selbst. Die reiche Schnitzerei und die Beschläge in den Formen des Rokoko fügten spätere Jahrzehnte hinzu, als es bereits in kurfürstlichen Besitz übergegangen war und die auch hier eingetretenen Kriegsschäden behoben werden mußten.

Durch eine Vorhalle betrat man die von den Sandsteinfiguren des Meleager und der Flora Mattiellis flankierte Treppe. Sie teilte sich in halber Höhe und führte durch beide Stockwerke. Hier blieb der Schmuck bis auf die schmiedeeisernen Gitter verhältnismäßig einfach. Erst der Abschluß des Treppenhauses im zweiten Obergeschoß zeigte erneut eine Fülle von dekorativen Formen. Stukkierte Flachreliefs mit mythologischen Szenen, der Südwind mit Apollo, der Abendwind mit Diana, der Nordwind mit Jupiter und der Morgenwind mit Iris, füllten die Felder. Die Deckenstukkaturen griffen bereits in die Wandzone über. Den Mittelpunkt des Gebäudekomplexes bildete der Ballsaal, der durch zwei Geschosse lief. Er galt als das großartigste und kostbarste Beispiel des Dresdner Frührokoko. Die in Weiß und Gold gefaßten Stukkaturen und Schnitzereien von Matthias Kugler und Josef Hackl, die Spiegel und Lüster gaben einen festlichen Rahmen für die in die Wände eingelassenen Porträts der Kurfürsten-Könige mit ihren Gemahlinnen ab. Für die Entstehung des Raumes um 1740 spricht, daß Wand und Decke durch ein schweres Barockgesims getrennt blieben. Über die Decke zog sich ein Gemälde von L. Silvestre in Öl auf Gipsgrund, das den Sieg des Bellerophon über die Chimäre darstellte.

1900 wurde das Brühlsche Palais abgebrochen und durch den bis zum Schloßplatz reichenden Bau des Landtags von Wallot ersetzt. Der gerettete Festsaal fiel 1945 im Kunstgewerbemuseum in Schutt und Asche. Die beiden Wandbrunnen Knöfflers fanden im Neubau ein Unterkommen.

Was sich im Brühlschen Palais vorbereitet hatte, kam in den kleinen Gebäuden des Brühlschen Gartens zur Reife. Der Stecher Michael Keyl hat den endgültigen Zustand, der sich nur wenige Jahre aufrechterhalten ließ, in einem instruktiven Grundriß überliefert.

Das Brühlsche Palais schloß die Front nach der Terrasse durch einen besonderen Bau ab. Es war ein verhältnismäßig einfaches Gebäude mit sieben Rundbogenfenstern und abgeschrägten Ecken mit je einem Fenster im Obergeschoß; das Untergeschoß blieb hinter der Festungsmauer verborgen. Eine doppelläufige Treppe mit einem über die Terrassengasse gespannten Bogen stellte die Verbindung zum ältesten Gartenteil her, der sich von der heutigen Treppe bis zur Bibliothek hinzog. Er war mit Linden bepflanzt, zeigte Gänge von Lattenwerk und besaß als Mittelpunkt ein Bassin mit Springbrunnen.

Anschließend stand die zweigeschossige, 62 Meter lange Bibliothek mit einer Front von sechzehn Achsen, deren wohlgeordneter und trefflich katalogisierter Bücherschatz nicht wenig zum Ruhm Brühls beigetragen hat. Die Übernahme der 62000 Bände durch die Königliche Bibliothek 1768 machte es mit der Bünauschen Sammlung notwendig, das Japanische Palais als neues Bibliotheksgebäude auszubauen. 1790 wurde die Brühlsche Bibliothek für die Aufnahme der Kunstakademie, die ihre ersten Unterkünfte im Fürstenbergpalais räumen mußte, durch Kuntsch verändert. 1897 ersetzte ihn Frölich durch den heute noch vorhandenen Neubau der Sekundogenitur. Unterhalb der Bibliothek, am Fuß der Festungsmauer, folgte der bereits 1588 angelegte Klepperstall, der für die Brühlschen Pferde verändert wurde.

Neben der Bibliothek errichtete Knöffel 1746 das bis auf vier Meter an die Elbseite der Mauer vorgezogene, 87,5 Meter lange und 11,5 Meter breite einstöckige Galeriegebäude mit einer Front von achtzehn Fenstern, mit einem dreifenstrigen Mittelrisalit und gleichen Seitenrisaliten. Die bis auf einen niedrigen Sockel heruntergezogenen Fenster waren mit Rundbogen abgeschlossen, über denen Spiegel angebracht waren, die in den Risaliten ornamentalen Schmuck trugen. Das Innere hatte Knöffel in drei Räume eingeteilt, die Südwand war vermauert, so daß der Besucher die Bilderschätze bei Licht von Norden genießen konnte. Nachdem die Brühlschen Bilder 1768 nach Petersburg an Katharina II. verkauft worden waren, zogen die akademischen Kunstausstellungen hier ein. Die Galerie steht in ihrer Anlage in enger Beziehung zur unteren Orangerie Longuelunes in Großsedlitz. Sie fiel 1890 dem Neubau des Akademiegebäudes von Lipsius zum Opfer.

Das besondere Wollen der Zeit und das Können Knöffels zeigen sich in den intimen Bauten, die bis zum Ende des Jahrhunderts das Bild der Architektur wesentlich bestimmten. Der kleine Bau des Gartensaales, der sich auf der Höhe der kleinen Bastion eng an die Festungsmauer anschmiegte, umfaßt einen ovalen Saal mit je zwei anschließenden Räumen. 1743 war er vollendet. Die Außenarchitektur

294 Der offene Bogengang nach der Gartenseite des Kurländer Palais

Öffnung des Ganges im Erdgeschoß nach dem Garten durch Rundbogenarkaden, die von gekuppelten toskanischen Säulen getragen werden, von denen je zwei auf gemeinsamen Sockel gestellt sind. Die Renaissanceformen der Bogenhalle gehen wohl noch auf das erste Gouvernementshaus zurück, von dem uns keine Unterlagen überliefert sind. W. Pfeiffer will einen Entwurf von Graf Ch. v. Wackerbarth selbst erkennen

Aufn. D.F.D.

294

bleibt weiter schlicht, Lisenen und Spiegel sind die einzige Bereicherung, über den Portalen mit Stichbogen ist bescheidener dekorativer Schmuck angebracht, nur das Brühlsche Wappen in der Dachzone setzt einen Akzent. Zum zweiten Male erscheint in der Dresdner Profanarchitektur das Oval als Raumform des Rokoko und überwindet die Longuelunesche klassische Blockform. Der Bau hat ein merkwürdiges Schicksal gehabt. 1828 wurde er der Technischen Bildungsanstalt überlassen. Es war die Keimzelle der Technischen Universität Dresden. Später diente er Ernst Rietschel als Atelier. Dann brach man ihn ab, und Johannes Schilling setzte an seine Stelle dem Begründer der Dresdner Bildhauerschule des 19. Jahrhunderts ein Denkmal.

Es war noch kein Jahr vergangen, daß das Lusthaus auf der Jungfernbastei dem Feuer zum Opfer fiel, als Friedrich August II. auch diesen Teil des Festungsgeländes dem Grafen Brühl schenkte. Brühl und Knöffel gingen daran, an diesem repräsentativsten Aussichtspunkte der Stadt ein neues Belvedere zu schaffen. Die Außenarchitektur sowohl der Fassade nach der Elbe mit dem vorgelegten Balkon, den ein Gitterwerk abschließt, als auch nach dem Garten, zu dem ovale Treppenanlagen führen, ist im Vergleich zu den vorangehenden Kleinbauten auf der Terrasse reicher geworden. Das Innere umfaßt an der Elbfront zwei Stockwerke, von denen das untere als Grotte angelegt ist, während der höher gelegenen Gartenfront das Grottengeschoß fehlt. Im Grundriß haben sich bereits alle festen Formen aufgelöst. Vom Garten aus tritt man in einen kleinen, ovalen Vorraum, an den sich zwei rechteckige Kabinette, die in der Achse verschoben sind, anschließen. Der große, ovale Mittelsaal zeigt eine ebenfalls oval gewölbte Decke. Decke und Wandzone mit ihrem malerischen und plastischen Schmuck gehen ineinander über. Wir stehen auf dem Höhepunkt des Dresdner Rokoko.

Pöppelmanns hochbarocker Zwingerstil des Wallpavillons wird in der Innenarchitektur noch einmal aufgenommen und stilistisch weitergeführt. Gegen diese Auflösung der Formen im Innenraum erscheint die Außenarchitektur, ihrem französischen Herkommen entsprechend, wenig bewegt. Auch das sächsische Rokoko ist das Ereignis einer adeligen Gesellschaft, die sich von der Welt abschließt. Gegen die gestaltende Kraft eines Pöppelmann bleibt es, bei aller Anerkennung der Leistung, doch nur ein raffiniertes dekoratives Spiel. Gerade in Dresden wird die eingetretene künstlerische und gesellschaftliche Veränderung auch auf der politischen Ebene besonders deutlich im Vergleich der kraftvollen barocken Persönlichkeit Augusts des Starken, die überall nach außen sichtbar wirksam wurde, mit seinem schwachen Nachfolger, der ein Leben in Zurückgezogenheit liebte.

1759 ließ Friedrich II. neben anderen Bauten seines Feindes Brühl auch das Belvedere, dieses Kabinettstück der Architektur, willkürlich zerstören. Die Trümmer lagen noch 1814, als Schuricht vom Fürsten Repnin den Auftrag erhielt, ein drittes Belvedere zu errichten. Von den ganzen Brühlschen Herrlichkeiten blieb bis heute nur Coudrays Brunnen eines Knaben mit dem Delphin erhalten, doch auch dieser mußte unlängst durch eine Kopie ersetzt werden. Es stehen ferner die beiden Sphinxe Knöfflers auf ihren Sockeln, die noch das vierte Belvedere Wolframsdorfs schmückten und des baldigen Einbaus in das fünfte harren. Doch noch ein anderes architektonisch wertvolles Stück blieb uns über die Zeiten erhalten, das formschöne, einfache schmiedeeiserne Geländer, das die Terrasse umzieht und 1745 sicher nicht ohne Knöffels Billigung angefertigt wurde. Von ihm berichtet der Chronist, daß es nicht weniger als 20000 Taler kostete.

295

295 Die Bogenöffnung im Treppenhaus des Kurländer Palais

Öffnung durch einen reichprofilierten, abgerundeten Stichbogen aus Sandstein mit Kriegermaske und Blattwerk, dahinter Tür mit ebenso reich profiliertem, geradem Sturz und Gewänden

Aufn. D.F.D.

1727 überließ August der Starke der Fürstin von Teschen, Herzogin von Württemberg und Teck, Gelände in Neustadt-Ostra, der späteren Friedrichstadt. Dem Ausbau dieser Vorstadt, zu der noch Klengel den Bebauungsplan geliefert hatte, galt zu dieser Zeit seine besondere Fürsorge. Wohl bereits 1728, kurz vor Pöppelmanns Bau der Matthäuskirche, errichtete J. C. Naumann an der heutigen Friedrichstraße für die neue Besitzerin einen ersten, bescheidenen Bau mit achteckiger Eingangshalle und darüberliegendem Festsaal, denen sich seitlich je zwei kleinere Räume und ein größerer Eckraum anschlossen. 1736 ging das Gelände in den Besitz Brühls über, der es sich als Landsitz ausbauen ließ. Gleich nach Übernahme fügte Knöffel dem Bau die beiden Seitenflügel hinzu, während dieser selbst unverändert erhalten blieb (W. Hentschel).

Zweifellos wirkte der alte Trakt mit dem achteckigen Mittelsaal schon damals überholt. So war es nicht verwunderlich, daß Knöffel nach 1743 für diesen einen dem Zeitgeschmack gemäßen Entwurf mit einem ovalen Mittelraum, verwandt dem eben vollendeten Mosczynska-Palais Schwarzes, vorlegte. Die Entwicklung der einzelnen Bauphasen entzieht sich der Beurteilung. Am Ende der Ära Brühl standen an der Straßenfront das Schlößchen mit dem Mittelsaal und den seitlichen, vorgezogenen Flügeln. Diese Flügel waren durch eine feste Mauer mit breiten Toreinfahrten verbunden und bildeten einen abgeschlossenen Ehrenhof. Es standen ebenfalls der eingeschossige Westflügel und die langgestreckte Orangerie, während den entsprechenden Ostflügel Schade und Kuntsch erst unter Marcolini nach 1775 hinzufügten. Der Front nach der Straße entsprach eine ebenfalls architektonisch ausgebildete Front nach dem Garten. Die französische Gartenanlage übertraf an Umfang und Reichtum alle bisher in Dresden verwirklichten Planungen. Noch heute schließt der Neptunbrunnen L. Mattiellis den Garten als Point de vue ab. Er ist mit über 40 Meter Breite, dem dreigeschossigen Aufbau und dem reichen figuralen Schmuck mit dem bekrönenden, den Dreizack schwingenden Poseidon neben Amphitrite die großartigste Brunnenanlage Dresdens geblieben. Die Zeichnung hierzu entwarf Z. Longuelune.

Hatte unter Brühl den plastischen Schmuck vor allem Mattielli geschaffen, so waren es unter Marcolini Dorsch und Wiskotschill, denen diese Aufgaben zufielen. Dorsch schuf die beiden Löwen und Wiskotschill die Hermen an der Front nach der Friedrichstraße. Die Knöffelschen Bauten, vor allem die Orangerie, erfuhren nach 1775 unter ihrem zweiten Bauherrn Marcolini durch Schade und Kuntsch bedeutende Erweiterungen. Mitte des 19. Jahrhunderts wurde der gesamte Komplex nach jahrzehntelanger Verwahrlosung als Stadtkrankenhaus eingerichtet und baulich verändert.

Die Aufgaben zur Gestaltung der Friedrichstadt und des Terrassenkomplexes erschöpften nicht die Kräfte Knöffels. Zur gleichen Zeit führte er für Brühl die Schloßbauten in Pförten und Nischwitz sowie für den König den Neubau von Schloß Hubertusburg aus, die künstlerisch und räumlich bedeutendste Leistung des Jahrzehnts. Der Bau von Hubertusburg war es auch, der Friedrich Augusts II. Interesse von dem Bau der Hofkirche abwendete, so daß Chiaveri verärgert die Stadt verließ.

296

296 Das Stallgebäude am Jüdenhofe nach dem Umbau mit der Englischen Treppe

Nach Abtragung der Giebel des P. Buchnerschen Baues Erhöhung um ein Stockwerk für einen Redoutensaal und einen Theaterraum, Betonung der Mittelachse durch kleinen Dreiecksgiebel, die beiden seitlichen Altane blieben erhalten. Umbau 1722 bis 1729 durch M. von Fürstenhoff, der auch 1729 bis 1730 die Englische Treppe nach dem Vorbilde der Treppen im Palais des Großen

Gartens vorlegte. 1731 (?) Einrichtung der Gemäldegalerie durch R. Leplat. – Zwischen Stallgebäude und Dinglingerhaus Pöppelmanns Blick durch die Sporergasse bis zur Schloßgasse. In der Augustusstraße halbrechts die Gebäude, die mit der Errichtung des Palais Brühl seit 1734 fielen, so das Eckhaus mit dem zweigeschossigen Erker an der Ecke der Kleinen Fischergasse, weiter die Töpfergasse, beginnend mit dem fünffenstrigen Grundstück Nr. 1 mit drei Obergeschossen, Halbgeschoß und Mansarddach, das J. Ch. Fehre d. Ä. errichtete und Nr. 3 von M. D. Pöppelmann, 1715 (s. Abb. 366)

Stich von Moritz Bodenehr, 1732, O. Kuka

Die bedeutenden Erwerbungen für die Galerie machten ferner 1745 bis 1746 einen weiteren Ausbau des Stallgebäudes nötig. Vor allem galt es, die Lichtverhältnisse zum Betrachten der Bilder zu verbessern. Knöffel setzte jetzt die großen Rundbogenfenster ein, die die beiden oberen Stockwerke verbanden. Belotto hat uns den Zustand auf seinem Blatt vom Jüdenhof und der Frauenkirche kurz nach der Vollendung überliefert. Auf der Inneren Pirnaischen Gasse (Landhausstraße) entstand das dreizehnachsige Hoymsche Palais für den Oberstallmeister von Brühl, den Bruder des Premierministers, mit zwei Obergeschossen und Mansarde. Über den drei reichgeschnitzten Mittelportalen kragte ein Balkon vor, den ein kostbares schmiedeeisernes Gitter abschloß. Im Hof stand ein reizvolles, allerdings etwas älteres, giebelbekröntes Gartenhaus. Auch erhielt damals das Flemmingsche Palais Fäschs auf der gleichen Inneren Pirnaischen Gasse, das in königlichen Besitz übergewechselt war und für die Söhne Friedrich Augusts II. eingerichtet wurde, die seitlichen Anbauten von je vier Achsen. Über Knöffels Mitarbeit an den beiden neuen Rathäusern wird ebenso wie über seinen letzten Bau, das Saulsche Haus, noch zu berichten sein. Dazu war Knöffel an zwei wichtigen kirchlichen Bauunternehmen beteiligt. Nach dem Weggang Chiaveris aus Dresden leitete er bis zu seinem Tode den Weiterbau der Hofkirche und sorgte hier vor allem für die Anlage der Orgelempore. Nach der Auflösung der Evangelischen Kapelle im Schloß richtete er 1737 die Sophienkirche zur Evangelischen Hofkirche ein. Er erweiterte unter anderem die Emporen und gestaltete die Busmann-Kapelle mit dem Altar und der Taufe aus der Schloßkapelle neu.

Maximilian von Fürstenhoff und das Ingenieurkorps

Wir wollen in diesem Abschnitt auf einen noch zuwenig beachteten und in seinen Werken bisher unerforscht gebliebenen Architekten hinweisen, dessen äußere Lebensdaten sich mit denen Knöffels genau decken, ohne daß ihre Bauten stilistische Verwandtschaft zeigen, auf Maximilian von Fürstenhoff. Fürstenhoff war ein natürlicher Sohn Johann Georgs II. und hatte eine bürgerliche Erziehung genossen. Der Schwerpunkt seiner Tätigkeit lag vor allem auf dem militärischen Sektor, dem Festungsbau. Er leitete 1718 den Umbau des Weißen Tores, erweiterte 1740 das Pirnaische Tor und öffnete 1747/48 das Seetor. Auch lagen die Neugestaltung des Zeughauses seit 1740 und die Bauten auf dem Königstein in seinen Händen. Als August der Starke 1722 befahl, das Stallgebäude für die Galerie einzurichten, übertrug man diese Aufgabe Fürstenhoff, der sie 1725 beendete. Er war es auch, der 1729 die doppelläufige Englische Treppe vor die Fassade legte, die einen direkten und repräsentativen Zugang zur Galerie vom Jüdenhofe aus vermittelte und die stilistisch Pöppelmanns Anlage vor dem Türkischen Palais entspricht. Moritz Bodenehr hat diesen Zustand des Stallgebäudes, der nur 15 Jahre währte, auf einem Stich festgehalten. An der weiteren Umgestaltung von 1744 bis 1746 ist Fürstenhoff nicht mehr beteiligt gewesen. Bereits 1701 war der Georgenbau des Schlosses niedergebrannt. Die großen Projekte für einen neuen Schloßbau hatten bewirkt, daß man die Trümmer zunächst liegenließ. 1717 wurde sich August wohl darüber klar, daß an die Realisierung eines neuen Schlosses vorläufig nicht mehr zu denken war. So befahl er, interimistisch den Georgenbau mit zwei Stockwerken und einer einfacheren Lisenengliederung wiederherzustellen. Es war ein reiner Zweckbau, der keinerlei Ansprüche erheben wollte. Die gekoppelten Fenster nach der Seite des Stallhofes entsprechen denen der Fassaden des Stallgebäudes und weisen ebenfalls auf Fürstenhoff als Architekten hin. 1740 errichtete er sich vor dem Pirnaischen Tor ein eigenes Palais. Es brannte 1758 mit nieder. Das elfachsige Gebäude mit seinem großen Dreieckgiebel stellte Belotto in den Mittelpunkt seines Ruinenblattes der Pirnaischen Vorstadt. Die wenigen Beispiele, zu denen noch die Bauten auf dem Königstein kommen, zeigen Fürstenhoff als einen zwar nicht schöpferisch überragenden, aber doch wichtigen und charakteristischen Mitspieler im Dresdner Architekturkonzert des zweiten Viertels des 18. Jahrhunderts. Seine Bedeutung geht auch daraus hervor, daß er 1745 die Nachfolge de Bodts als Chef des Ingenieurkorps und als Direktor der Fortifikations- und Militärgebäude übernahm.

Der Festungs- und Ingenieurbaumeister spielte in einer Stadt, die Residenz und größte Festung des Landes zugleich war und in der sich der zivile und der militärische Sektor so eng miteinander verbanden, eine bedeutsame Rolle. 1680 hatte Johann Georg II. die Grundlagen zu einem stehenden Heer geschaffen, seit 1697 traten die ersten Ingenieur-Offiziere in ihrer besonderen Funktion auf. 1702 wurde Graf Wackerbarth der erste Chef des neugegründeten Ingenieurkorps, ihn lösten nacheinander Johann Friedrich Eosander von Göthe, Jean de Bodt und Maximilian von Fürstenhoff ab. Weitere hervorragende Architekten, wie Johann Rudolph Fäsch und Johann Christoph Naumann, gehörten dem Korps als Mitglieder an. Ihr Wirken blieb nicht auf den eigentlichen Festungsbau beschränkt, sondern in ihrer Hand lagen ebenso die

Bauten der Kasernen, der Magazine, des Zeughauses und aller der Gebäude, die mit den militärischen Gegebenheiten zusammenhingen. Aber die Ingenieurbaumeister griffen auch auf den rein zivilen Sektor über, wenn sie Repräsentations- und Wohnbauten für die Kommandanten und sonstigen militärischen Chargen ausführten oder Aufträge vom königlichen Hof erhielten. Aus dem Korps ging auch Niels Eigtved, der bedeutendste dänische Architekt der Mitte des 18. Jahrhunderts, hervor. Er verpflanzte den Dresdner Architekturstil, nachdem er unter C. F. Pöppelmann seit 1726 in Warschau als Kondukteur gearbeitet und 1730 am Zeithainer Lustlager durch Risse mitgewirkt hatte, 1733 nach Kopenhagen und schuf dort unter anderem das Palais Lindenov in Bredgade. Sein Schüler J. G. Rosenberg erbaute 1752 bis 1755 das Bernstorffsche sowie das Dehnsche Palais nach dem Vorbild des Japanischen Palais.

Julius Heinrich Schwarze und das Rokoko

Schon in den zwanziger Jahren hatte sich Knöffel ein Landhaus vor der Stadt in der Borngasse errichtet und sich dabei in große Schulden gestürzt. Es ist das gleiche Gebäude, das nach hundert Jahren in den Besitz von Carl Gustav Carus kam und als Villa Cara in die Dresdner Kulturgeschichte eingegangen ist. Später war Knöffel durch seine zahlreichen Bauten ein wohlhabender Mann geworden, der sein Geld nutzbringend anzuwenden suchte. Als er 1744 das Gelände hinter der Frauenkirche, auf dem der Pulverturm gestanden hatte, durch königlichen Erlaß zum Geschenk erhielt, baute er hier zwei Gebäude von je fünf Stockwerken. 1746 richtete in einem dieser Häuser die Meißner Porzellanmanufaktur ihre Niederlage ein. Dieses Haus hat 1760 bei der Beschießung schweren Schaden erlitten, und die Erben berechneten ihre Verluste allein für den nach der Kirche zu gelegenen vorderen Bau mit der hohen Summe von 40000 Talern. Daraus läßt sich erkennen, daß von ihm nicht allzuviel mehr erhalten geblieben sein wird. Die Ruine übernahm 1762 der Graf Cosel, ein natürlicher Sohn Augusts des Starken, und ließ sie von Knöffels Schüler und Nachfolger im Amt, Julius Heinrich Schwarze, zu einem Palais ausbauen. Was wir bis 1945 von dem Gebäude sahen, ging wohl nur noch in den Grundmauern auf Knöffel selbst zurück. Die Fassadengliederung, der durch zwei Stockwerke laufende Festsaal mit hochovalen Oberlichtern, die nur mit einem Obergeschoß versehenen, durch Balustraden bekrönten Seitenflügel nach der Kirche, der Abschluß des mit köstlichem figuralem Schmuck des Bildhauers Knöffler und schmiedeeisernem Gitterwerk versehenen Ehrenhofes gehören dieser zweiten Bauperiode unter Schwarze an.

Mit Schwarze erlebte das Dresdner Rokoko seinen Höhepunkt. Nur wenige Jahre, von 1752 bis 1764, waren ihm als Chef des Oberlandbauamtes beschieden, unterbrochen zudem von den kriegerischen Ereignissen, getrübt durch zunehmende Krankheit, die ihn vorzeitig aus dem Amt scheiden ließ.

Sein Hauptwerk, das Palais Mosczynska mit der Gartenanlage, stand vor dem Seetor, in der Höhe des Dohnaischen Schlages, zwischen Bürgerwiese und Sidonienstraße. Es fiel den Gründerjahren, als die Straßenfronten zwischen der alten Stadt und dem Bahnhof aus der Erde schossen, zum Opfer, nachdem sich F. Villers hier noch eine Generation vorher 1839 an der Lindenallee des Gartens nach der Bürgerwiese von W. Hermann einen umfangreichen Bau hatte errichten lassen. Nur der Name Mosczynskistraße erinnerte noch an seine Herrlichkeit. Der Grundriß des Palais zeigt nach der Gartenseite hin einen ovalen Festsaal, der zwei Stockwerke umfaßt und über die Grundlinie hervorragt. Eine gleichfalls oval vorgelegte Treppe wiederholt und betont die Richtungsführung nach dem Garten nochmals. Zwei rechteckige, dreifenstrige Räume, symmetrisch den Festsaal begrenzend, stellen die Verbindung zu den anschließenden Eckräumen her. Ihnen sind wieder Treppen nach dem Garten vorgelegt. Die Eckräume schließen als einfensterbreite Seitenrisalite die Hauptfront der Gartenseite ab. Die Gesamtanlage ist auf eine durch Sandstein gefaßte Rasenterrasse gestellt, zu der nochmals sieben Stufen führen. Die Straßenfront begnügt sich mit einer bescheidenen Vorlage in der Mitte.

297 Das Palais Fürstenhoff in der Pirnaischen Vorstadt nach dem Brande von 1758

Elfachsiges Gebäude mit Stichbogenfenstern im Sockelgeschoß, über einem Gurtgesims zwei durch Lisenen verbundene Obergeschosse mit stark profiliertem Kranzgesims, fünfachsige Vorlage mit Mittelportal und Austritt im ersten Obergeschoß, Abschluß durch Dreieckgiebel mit Wappenkartusche und Vasenbekrönung. Charakteristischer Bau in den Formen des Dresdner Barock, 1740 von M. von Fürstenhoff für sich selbst errichtet

Stich von B. Belotto (Ausschnitt), 1766 (Vz.R. 33), Kuka

297

298 Der neue Georgenbau Ostseite, vom Stallhof aus

An Stelle des 1701 durch Brand zerstörten Georgenbaues von 1530 nach 1717 errichtet, über Sockelgeschoß mit rustikaähnlichem Putzstreifen über Gurtgesims zwei Obergeschosse zwischen breiten Putzstreifen, gekoppelte Fenster wie im Umbau des Stallhofes, Mansarddach. Stilistisch den Bauten M. v. Fürstenhoffs verwandt und diesem wohl zuzuschreiben

Kolorierter Stich von B. Theil (Ausschnitt), um 1780, Kuka

298

Zu ihr steigt eine über künstlichen Felsen errichtete doppelläufige, hufeisenförmige Treppe mit schmiedeeisernem Gitter empor. Über einen Vorraum öffnet sich von ihr aus der Zutritt zum Festsaal.

Schwarze verwendete als erster diese Formen des Louisquinze, die wir mit Rokoko bezeichnen. Das Palais Mosczynska zeigte in Umfang, Anlage und Ausstattung den Typ des intimen französischen Hôtels, ausgehend von Vaux le Vicomte und im Hôtel Soubise auf den Höhepunkt geführt. Die adelige Gesellschaft, die nach dem Tode Ludwigs XIV. 1715 in der ausschweifenden „Régence" Philipps von Orleans und unter dem nachfolgenden Ludwig XV. zur Herrschaft gekommen war, bevorzugte das Hôtel jetzt an Stelle repräsentativer Schloß- und Palaisbauten. In Dresden trat die Wandlung erst nach dem Tode Augusts des Starken 1733 und mit der Machtübernahme durch Graf Brühl ein.

Der um zwanzig Jahre ältere Knöffel folgte Schwarze auf diesem Wege wohl erst nach. Die beiden stilistisch verwandten Kleinbauten, die für Brühl auf der Terrasse entstanden sind, der Gartensaal und das Belvedere, sowie der Entwurf für Friedrichstadt liegen zeitlich später. So erhebt sich die Frage, inwieweit der Chef des Oberlandbauamtes zu diesen Bauten seinen Untergebenen herangezogen hat. Aus stilistischen Gründen erscheint es naheliegend, daß die Entwürfe der Grundrisse dem jüngeren und moderneren Schwarze zufielen, während Knöffel sich mit den Fassaden befaßte. Noch im Brühlschen Saal im Palais auf der Augustusstraße, der mit dem Palais Mosczynska fast gleichzeitig entstand, weist aber auch nichts auf eine Wandlung in der künstlerischen Auffassung seines Schöpfers Knöffel hin. Es ist wenig wahrscheinlich, daß eine so gefestigte Künstlerpersönlichkeit, wie Knöffel es war, ihre aus dem Barock übernommene Raumauffassung, die vom Rechteck ausging und Wand und Decke architektonisch klar trennte und die in allen Bauten Knöffels beibehalten wurde, plötzlich aufgeben und sich einem völlig entgegengesetzten Raumprinzip zuwenden sollte. Dazu kommt, daß der Grundriß des Brühlschen Gartenhauses auf der Terrasse dem des Palais Mosczynska aufs engste verwandt ist. Die unbedeutenden Veränderungen sind durch die besondere Situation auf der Festung bedingt. Auch die Beziehungen Schwarzes zu Brühl müssen eng gewesen sein, denn nach seinem Amtsantritt als Nachfolger Knöffels, der doch wohl auf Vorschlag Brühls erfolgte, teilte ihm dieser mit, daß er von ihm allein Anordnungen entgegenzunehmen habe.

Das Palais Mosczynska war mit einer großen Gartenanlage verbunden, der bedeutendsten, die sich, nach dem Türkischen Garten, dem Großen Garten und dem Brühlschen Garten in der Friedrichstadt, im nächsten Umkreise der Stadt befand. In seiner Gestaltung und seinen Plänen hat sich Schwarze, der ebenfalls ein trefflicher Zeichner war, eng an Knöffel angeschlossen. Es war eine französische Anlage mit Broderie- und Rasenparterres, am Ende der 380 Meter langen Hauptachse mit einem Point de vue abgeschlossen und mit Wasserkünsten, Grotten, Nagelwerk, Schaukeln und allerlei anderen Spielen zur Belustigung der Besucher versehen. Unter dem Statuenschmuck befanden sich treffliche Werke von Mattielli.

1756 erhielt Schwarze den Auftrag zur Erweiterung des Palais am Taschenberg. Auf dem Gelände stand das Ballhaus W. C. v. Klengels, das zunächst abgerissen werden mußte. Schwarze schuf die westlichen Flügel, die den Ehrenhof mit den beiden köstlichen Eckbrunnen Knöfflers und dem Gitterwerk Wöhlers abschließen, und die mittlere Hofanlage mit den Hermen des gleichen Bildhauers. Den Ostbau übernahm nach dem Siebenjährigen Krieg der nüchterne Exner, der die Gegenseite ohne die Brunnen einfach wiederholte. Die noch vorhandenen Entwürfe übermitteln, mit welch einer reichen Phantasie Schwarze ans Werk ging. Die Dekoration zeigte ein reines und unbeschwertes Rokoko. Sie verschwand jedoch mit den Ausstattungsstücken schon im 19. Jahrhundert. Erst um 1850, nach dem Verzicht auf das Mansarddach, stellte man auf den Hauptsims des Pöppelmannschen Mittelbaues das Wappen sowie die beiden bekrönenden Statuen des Mars und der Minerva vom Mitteltrakt Schwarzes. Zuletzt fügte der Rietschel-Schüler K. G. Beyer 1842 bis 1845 dem Exnerschen Ehrenhof die Putten hinzu.

Seite 249:

299 Das Palais Wackerbarth, der Kopfbau Niedergraben 2

Die Ritterakademie (Kadettenhaus), geputzte Fassade, von J. C. Knöffel 1723 bis 1728 errichtet, 1731 bezogen. 9 Achsen mit dreifenstrigem Mittelrisalit über rustikagegliedertem Untergeschoß, die beiden Obergeschosse durch Lisenen zusammengefaßt, die Mitte durch Doppellisene hervorge-

Nur der Höhepunkt von Schwarzes Schaffen, die Innenausstattung der Hofkapelle, blieb bis 1945 erhalten. Die Kapelle war ein fünfachsiger Raum, der zwei Stockwerke nach der Brüdergasse umfaßte. Das obere Geschoß wurde seitlich von einer Loge mit sechs Bogen begrenzt. Gerade die Kleinheit gestattete eine intime Ausgestaltung. Decke und Wände waren in Rundungen und Übergängen durch zarte, aber bewegte Stukkaturen miteinander verbunden. Auch die schmale, schwach profilierte Stuckleiste verband Kehle und Decke mehr, als daß sie trennte. Die Kapelle war in Hellgrün und Silber gehalten, einem typischen Farbklang des Rokoko. Als Ausführende erscheinen uns unter anderen die Bildhauer Deibel und Hackl, die Meister der Hofkirche, die dort eben ihre Arbeit vollendet hatten, während die Malereien anscheinend dem Enkel Pöppelmanns, Johann David Pöppelmann, übertragen waren, der seit 1752 die Stelle eines Hof- und Staffiermalers bekleidete. Die Namen der Stukkateure sind unbekannt.

Im Barock begonnen, im Rokoko erweitert und mit reinen Rokokoelementen ausgestattet, wuchs das Taschenbergpalais trotz seiner verschiedenen Stilelemente zu einer Einheit zusammen, die das Dresden des 18. Jahrhunderts besonders charakteristisch repräsentiert. Nach der Wiederherstellung des ausgebrannten Gebäudes wird die Stadt zusammen mit dem benachbarten Zwinger wieder ein barockes architektonisches Zentrum besitzen, einen Höhepunkt der deutschen Profanbaukunst.

Noch eine zweite katholische Kapelle entstand in diesen Jahren, die des Josephinenstiftes in der Großen Plauenschen Gasse, ohne daß sie die künstlerische Höhe der Hofkapelle erreicht hätte. Das Stift verdankte sein Entstehen einer Stiftung der Königin Maria Josepha. Nach 1746 wurde es errichtet, 1760 stark beschädigt und anschließend erweitert wiederaufgebaut. Exner soll den Bau entworfen und geleitet haben. Die nüchterne Außenarchitektur der 35 Achsen glaubt man Exner ohne weiteres, auch die einfache Rechteckanlage der Kapelle. Aber bei der Ausgestaltung des doch unter königlicher Protektion gewachsenen Baues scheint der Amtschef Schwarze selbst eingegriffen zu haben. Bei der Beurteilung der Gesamtanlage darf auch nicht übersehen werden, daß sich in dem 1752 aufgenommenen Nachlaß Knöffels Risse des Stiftes fanden. Den ganzen Innenraum der Kapelle überspannte später ein großes Fresko Benjamin Müllers. Es zeigte die Vermählung Josephs und Marias in einer reichen Architektur und war in der Manier der illusionistischen römischen Deckenmalerei gehalten, die den realen Raum in einem gemalten Idealraum fortsetzte. Eine bedeutende Schöpfung, von der, wie von der Kapelle überhaupt, nicht einmal ein brauchbares Foto geblieben ist. Die Kanzel und die übrigen Ausstattungsstücke entsprachen den zeitgenössischen Leistungen. Das Altarbild, der zwölfjährige Jesus im Tempel, war ein Werk Dietericys, der damals in Dresden als Maler neben Mengs das höchste Ansehen genoß.

Schwarze bewährte sich auch als Architekt im Theaterbau. Er schuf das fünfte Theater der Stadt, das hölzerne Morettische Privattheater im Italienischen Dörfchen, das später vom Kurfürsten übernommen wurde und als Altes Theater die Glanzzeit unter Weber und Wagner sah, bis man es nach Fertigstellung der ersten Semperoper 1841 abriß. Es wurde seit 1755 viele Male umgebaut und massiv erweitert, 1761 von Schwarze selbst, so daß wir uns nur aus den Plänen noch ein Bild von der Anlage machen können. Ursprünglich war es ein reizvolles kleines Rangtheater im Stil des Rokoko, zu dem Christian Gottlob Reuß die Maschinerie beisteuerte. Auch damit erschöpfte sich aber der Aufgabenkreis Schwarzes noch nicht. Als Städtebauer entwarf er 1745 den Generalplan für die Straßenanlagen außerhalb des Schwarzen Tores Auf dem Sande. Er legte auch als erster 1760 einen Aufbauplan für das zerstörte Dresden vor, der die Schleifung der Festungswerke mit einbezog.

Wir verdanken es den Forschungen Walter Hentschels, daß das Palais, das unter dem Namen Saulsches Haus, später Ministerhôtel genannt, 1753 in der Seegasse entstand, endgültig in die Dresdner Kunstgeschichte eingeordnet werden kann. Schon Gurlitt hatte diesen bedeutenden Bau Knöffel oder Fürstenhoff zugeschrieben. Da aber Knöffel bereits 1752 und Fürstenhoff 1753 starben, während der Geheime Legationsrat von Saul das Gelände auf der Bastion Merkur am Seetor erst 1752 zu bebauen begann, schienen beide Zuschreibungen zunächst wenig wahrscheinlich. In Warschau wurden nun aber 1960 Risse des Gebäudes aufgefunden, die die Signatur Knöffels tragen. Wie es scheint, hat sich die Übergabe des Geländes an Saul verzögert, als die Planung für den eiligen Bauherrn bereits vorlag.

Das Saulsche Haus an der Seestraße, zwischen An der Mauer und Dem Graben, nach dessen Zuschüttung am Johannesring gelegen, entstand zunächst als eine Dreiflügelanlage, die erst im zweiten Bauabschnitt durch einen vierten Flügel um den Hof nach dem Garten abgeschlossen wurde. Der Bau umfaßte drei Obergeschosse mit neun Achsen der Fassade nach der Seestraße, ein Gurtgesims trennte das Untergeschoß von dem Obergeschoß. Die Fassade wurde durch eine einfache Lisenenarchitektur gegliedert, nur die Fenster des fünfachsigen Mittelrisalits trugen Kartuschenschmuck. Ein Segmentgiebel über drei Fenstern in der Dachzone bekrönte das Palais. Mit der späteren Verwendung des Hauses als Ministerhôtel erfuhr die

hoben, im ersten Geschosse Fenster mit Rundbogen, im zweiten mit Stichbogen abgeschlossen, in der Achse zwischen den beiden Geschossen Medaillon mit Bildnis August des Starken von B. Thomae. Zwischen seitlichen Fenstern in beiden Geschossen eingelassene Spiegel, über den Fenstern des oberen Geschosses Reliefschmuck, Anlage unter Einfluß Z. Longuleunes. An den Kopfbau schließen sich die Reithalle und weitere Trakte aus gleicher Zeit an. 1945 ausgebrannt, 1962 abgebrochen

Aufn. D.F.D., um 1932

Seiten 250, 251:

300 Das Kurländer Palais, Zeughausplatz 3

Von J. C. Knöffel 1728/29 nach Brand des alten Gouvernementsgebäudes für Graf Wackerbarth neu errichtet. Bedeutendster Bau Knöffels in den Formen Longuelunes. Über Sockel das Untergeschoß mit Putzquaderung, im Obergeschoß reiche Lisenenarchitektur, neun Fenster Front; Mittelrisalit, drei Fenster umfassend, das mittelste mit Rundbogen abgeschlossen, in den aufgesetzten Spiegeln und dem bekrönenden Dreieckgiebel Trophäenschmuck, auf Tragsteinen mit Helmzier ruhender Balkon mit Sandsteinbrüstung. Seiten entsprechend, nur bleiben die Spiegel ohne Schmuck, vor den bis auf den Fußboden gezogenen Fenstern schmiedeeisernes Gitterwerk. Fenster des Untergeschosses mit Stichbogen versehen. 1740 im Besitze des Chevalier de Saxe, 1774 des Prinzen Carl, Herzogs von Kurland, dessen Namen es trägt. Nach der Bombardierung 1764 durch F. A. Krubsacius wiederhergestellt, 1774 Umbau des Innern, 1815 Umbau zur Chirurgisch-Medizinischen Akademie durch Chr. Fr. Schuricht. 1945 ausgebrannt. Wiederherstellung vorgesehen

Aufn. D.F.D., 1934

301 Das Kurländer Palais nach dem Stadtgraben

Die Rückseite des Kurländer Palais nach der teilweisen Abtragung des Stadtwalles, hier seit 1819 Anlage des ersten Botanischen Gartens. Über Sockelgeschoß mit durchgehendem Gesims zwei Obergeschosse mit

Südfassade nach Dem Graben mit ursprünglich dreizehn Achsen eine Erweiterung um weitere drei. Der Ausbau der Mansarde veränderte den Charakter seiner Erscheinung.

Das kostbarste Stück war ohne Zweifel das Portal nach der Seegasse. Seine mit reicher Rokokoschnitzerei und bronzenen Griffen versehene eichene Tür, eine Arbeit von Deibel, ging mit zwei fast gleichzeitigen Stücken vom Palais Loss in der Kreuzgasse und vom Palais Hoym in der Landhausstraße 1945 zugrunde. Erhalten blieb von diesen kostbaren Türen allein die vom Palais Brühl. Sie ziert heute den Eingang zur Hochschule für Bildende Künste in der Güntzstraße.

Nach der Aufklärung über das Saulsche Haus verbleibt nur noch ein Palais, das nach der Jahrhundertmitte entstand, ohne den Namen seines Schöpfers durch die Dresdner Kunstgeschichte: das in der Waisenhausstraße am Festungsgraben vor dem Seetor gelegene Boxbergsche Palais. Die Qualität des Baues läßt nur einen ersten Architekten in Frage kommen. Wir würden es gern Schwarze zuschreiben, dem es stilistisch am nächsten kommt. Ein frühklassizistischer Umbau von J. G. Panse aus den achtziger Jahren hat bei der Betrachtung eine gewisse Verwirrung angerichtet. Das Palais entstand kurz vor dem Siebenjährigen Krieg und wiederholte mit seinem ausbauchenden dreigeschossigen, dreiachsigen Mittelrisalit und dem aufgipfelnden, geschwungenen Giebel eine Form, die Schwarze mit der Gartenfront des Palais Mosczynska in die Dresdner Rokokoarchitektur eingeführt hatte und die in Hubertusburg sowie im Fassadenplan für Friedrichstadt von 1745 wiederkehrte. In dem hinter dem Palais gelegenen Gartensaal schuf Oeser 1756 noch durchaus barocke Deckenmalereien allegorischen Inhalts. Bei dem Umbau nach 1780 ist der Saal dann frühklassizistisch verändert worden, so daß der erste Zustand nicht mehr erkennbar wird. Manches erinnert an das Stichwerk Weinligs, der dem Umbau wohl nicht ferne stand, wenn er ihn vielleicht auch nicht geleitet hat. 1899 brachen Lossow und Viehwegen das Boxbergsche Palais ab und errichteten

299

an seiner Stelle das Zentraltheater in einem rauschenden Neubarock.

Zuletzt muß noch auf den Bau des Palais Schönburg hingewiesen werden, der an der Moritzstraße stand und 1885 abgerissen wurde. Steche will ihn Chiaveri zuweisen, Hasche schreibt, daß ihn Hölzer nach 1774 neu errichtet habe. Wir kennen nur noch den Grundriß. Aus diesem ergibt sich, daß in der Mitte eine Eingangshalle lag, die zu einem ovalen Saal führte, an den sich wiederum zwei ovale Treppenhäuser anschlossen. Eine ähnliche Anlage hat Chiaveri wohl auf einem Schloßprojekt geschaffen. Das Palais entstand aber erst nach seinem Weggang aus der Stadt. Es wies jedoch so enge Beziehungen zu dem Pariser Hôtel-Stil auf, daß wir hier ebenfalls Schwarze als Architekten vermuten dürfen. Beim Bombardement 1760 erlitt der Bau schwere Schäden, die mit über 15000 Talern beziffert wurden. Die Ruine blieb fast anderthalb Jahrzehnte liegen. Nach den gemachten Erfahrungen dürfte, als 1774 der junge Hölzer den Auftrag zum Wiederaufbau übernahm, nicht viel mehr als die Grundmauern gestanden haben. Er hielt sich wohl an den gegebenen Grundriß, stattete aber die Fassade im Sinne des Akademie-Klassizismus seines Lehrers Krubsacius aus.

Für das architektonische Denken in Rokokoform blieb nach dem verlorenen Siebenjährigen Krieg nur wenig Raum. Die neuen Probleme mußten von einem neuem Geist aus, der der materiellen Verarmung Rechnung trug und der wachsenden Bedeutung der bürgerlich-klassizistischen Anschauungen entsprach, gelöst werden. Dazu kam, daß ein Augenleiden Schwarze immer mehr hinderte, seine Arbeit fortzusetzen. So gab der letzte bedeutende Architekt der augusteischen Zeit im Alter von noch nicht sechzig Jahren 1764 sein Amt auf. Damit waren König, Premierminister und Chef des Bauwesens zur gleichen Zeit von der Architekturbühne abgetreten und hatten das Spiel für die nächste Generation freigegeben. Merkwürdigerweise leistete der Führer der aufstrebenden klassizistischen Generation, F. A. Krubsacius, im Gegensatz zu den eigenen Schriften, dem Rokoko noch einmal einen vollen Tribut. Er fertigte 1774 die Zeichnungen für die neue Innenausgestaltung des Kurländer Palais im Auftrag des Chevalier de Saxe im bewährten traditionellen Stil.

Lisenenarchitektur, sechsachsiger erhöhter Mittelteil mit je dreiachsigen Flügeln, zwischen den Fensterachsen aufgesetzte Spiegel

Aquarell von C. G. Hammer, Dresden 1824, Privatbesitz New York

302 Das Kurländer Palais, die Eingangshalle

Nach der Straßenseite. Die charakteristische Lisenenarchitektur des jungen Knöffel in ihrer noblen Einfachheit auch im Innenraum, als einziger plastischer Schmuck über den Bogen der seitlichen Portale behelmte Masken in dekorativem Rahmen. Beleuchtungskörper modern

Aufn. D.F.D., um 1936

300

301

302

303

304

303 Bürgerliches Wohnhaus Große Meißner Gasse 15, später die „Regierung", 1723, Fassade nach der Straße

Zweifenstriger Mittelrisalit, die beiden oberen Stockwerke durch Pilaster zusammengefaßt, mit abschließendem Dreieckgiebel und Namenskartusche in der Mansarde, linkes und rechtes Außenfenster ebenfalls durch Pilaster gefaßt, unter den Fenstern aufgesetzte Spiegel, Untergeschoß mit geputzten Rustikastreifen. Architekt vielleicht G. Bähr (nach Fischer). Hier seit 1736 Sitz der Regierung. Vordergebäude 1982/85 in das Interhotel „Bellevue" einbezogen

Aufn. I.f.D., um 1930

304 Das Gebäude der „Regierung" Große Meißner Gasse 15

Die Aufmaße der Fassaden nach der Erweiterung von Andreas Adam (?) unter M. D. Pöppelmann, 1734

305 Wackerbarths Ruhe in Niederlößnitz, der Gartenpavillon

(Erläuterung S. 254)

305

306
307

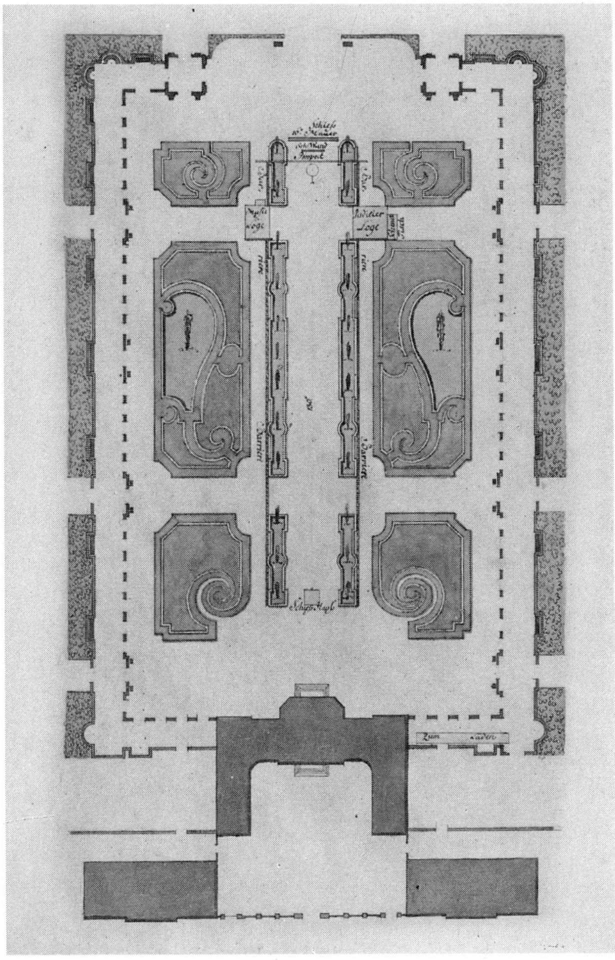

308

In den Bergen der Lößnitz, von J. C. Knöffel in enger Anlehnung an Z. Longuelune nach 1729 errichtet, in ansteigendem, terrassiertem und getrepptem Gelände, zu dem seitlich viertelkreisförmige Rampen führen. Auf dem von einer Balustrade abgeschlossenen Sockelbau der eigentliche achteckige Pavillon, erst Orangerie, dann Kapelle, Lisenenarchitektur. Dachreiter und Uhr schon ursprünglich vorhanden (nach W. Hentschel). Rechts auf der Höhe der mit einer Kuppel und Bacchusfigur bekrönte Jakobstein von 1743. Beide Bauten wurden 1954/55 vom Institut für Denkmalpflege wiederhergestellt

Aufn. D.F.D., 1936

306 Wackerbarths Ruhe, der Gesamtplan

Der Pavillon mit den Gartenanlagen und dem Hauptgebäude, Hauptgebäude mit umgebenden Gartenanlagen heute völlig verändert. Entwurf von J. C. Knöffel

Farbige Zeichnung, J. C. Knöffel, um 1729, I.f.D.

307 Das Palais Brühl in der Friedrichstadt, später Marcolini, Mittelteil aus dem ersten Plan der Gesamtanlage mit Garten

Hinter dem dreiflügeligen Mittelbau mit kleinem Ehrenhof führt die Mittelachse durch französische Gartenanlagen und Schießbahn weiter auf den Point de vue, den Neptunbrunnen von L. Mattielli nach Entwurf von Z. Longuelune

Farbige Zeichnung nach J. C. Knöffel, um 1750, I.f.D.

308 Das Palais Brühl, Augustusstraße, der Entwurf zur zweiten Erweiterung auf 15 Fenster Front von J. C. Knöffel

Aquarellierte Zeichnung, 1743, I.f.D.

309 Das Palais Brühl, das Treppenhaus

Weiterentwicklung der Eingangshalle des Kurländer Palais, neben dem Treppenaufgang auf Sockeln Sandsteinfiguren des Meleager und der Atalante von L. Mattielli, unter dem Einflusse der 1736 erworbenen Herkulanerinnen nach 1746 entstanden, bereits in klassizistischen Übergangsformen, den frühesten auf dem Gebiete der Plastik in Dresden. In halber Geschoßhöhe Teilung der Treppe in zwei Läufe

Aufn. I.f.D., um 1900

310 Das Palais Brühl an der Augustusstraße 3, Ecke Kleine Fischergasse (Brühlsche Gasse)

Ursprünglicher Bau mit neun Fenstern Front von J. C. Knöffel, 1737 bis 1740, Erweiterungsbau auf 15 Fenster Front, 1743/44. Seit 1753 Erweiterung um je vier Fenster nach der Kleinen Fischergasse und nach dem Schloßplatz zu, so daß der Komplex in seinem endgültigen Zustande 23 Achsen umfaßte, vollendet 1753. Über dem Untergeschoß mit Stichbogenfenstern des zweiten Bauabschnittes zwei Obergeschosse und ein Halbgeschoß – in der Dachzone vier Rundbogenfenster; dreifenstriger Mittelrisalit, der über dem zweiten Geschoß von Dreieckgiebel bekrönt wird. Der bedeutende plastische Schmuck wohl von G. Knöffler, über dem Halbgeschoß Brühlsches, später königliches Wappen. Vor dem Mittelrisalit Balkon mit schmiedeeisernem Gitter. Den Anbauten von je drei Fenstern des dritten Bauabschnittes fehlt das Halbgeschoß, dafür Trophäenschmuck. Die vierfenstrige Erweiterung sowohl in Richtung der Fischergasse als auch des Schloßplatzes des vierten Bauabschnittes wieder mit dreifenstrigem Mansardgeschoß. Lisenenarchitektur; zwischen den beiden oberen Stockwerken, ebenso zwischen Unter- und erstem Geschoß der späteren Bauabschnitte aufgesetzte Spiegelfelder, die im Mittelrisalit plastischen Schmuck tragen. Bauausführung des Mittelbaues Andreas Adam und Siegmund Bormann. Seitlich des Portals Figuren der Athena und der Hera von L. Mattielli, nach 1746. Gebäudeblock 1900 abgebrochen und durch den Bau des Sächsischen Landtages von P. Wallot ersetzt

Stahlstich, um 1850, St. M.

309

310

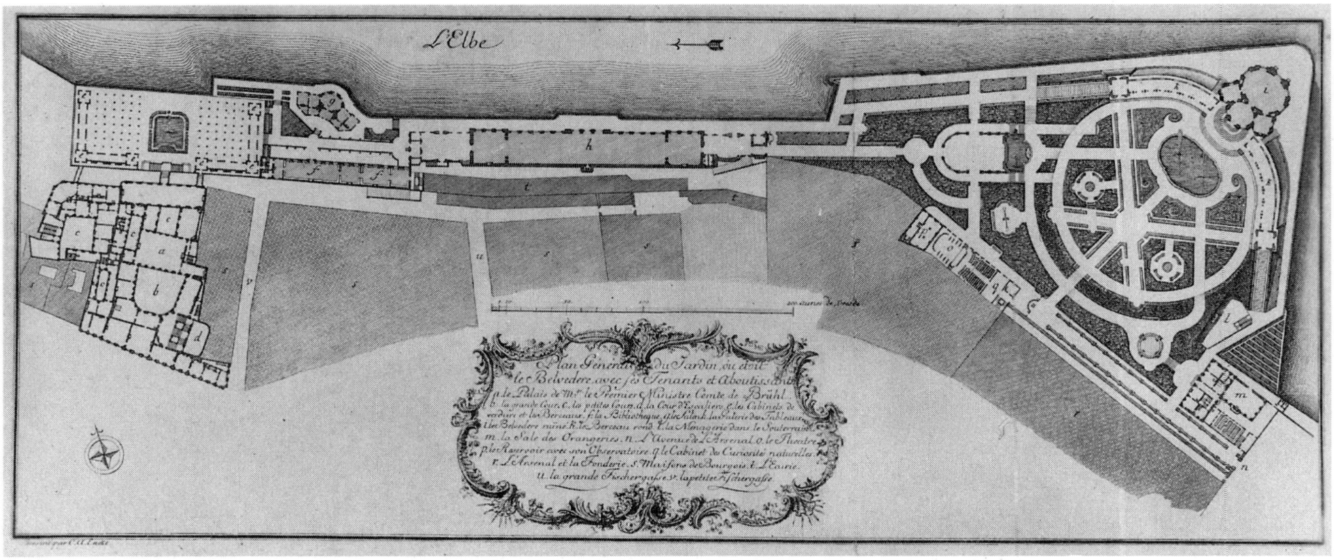

311

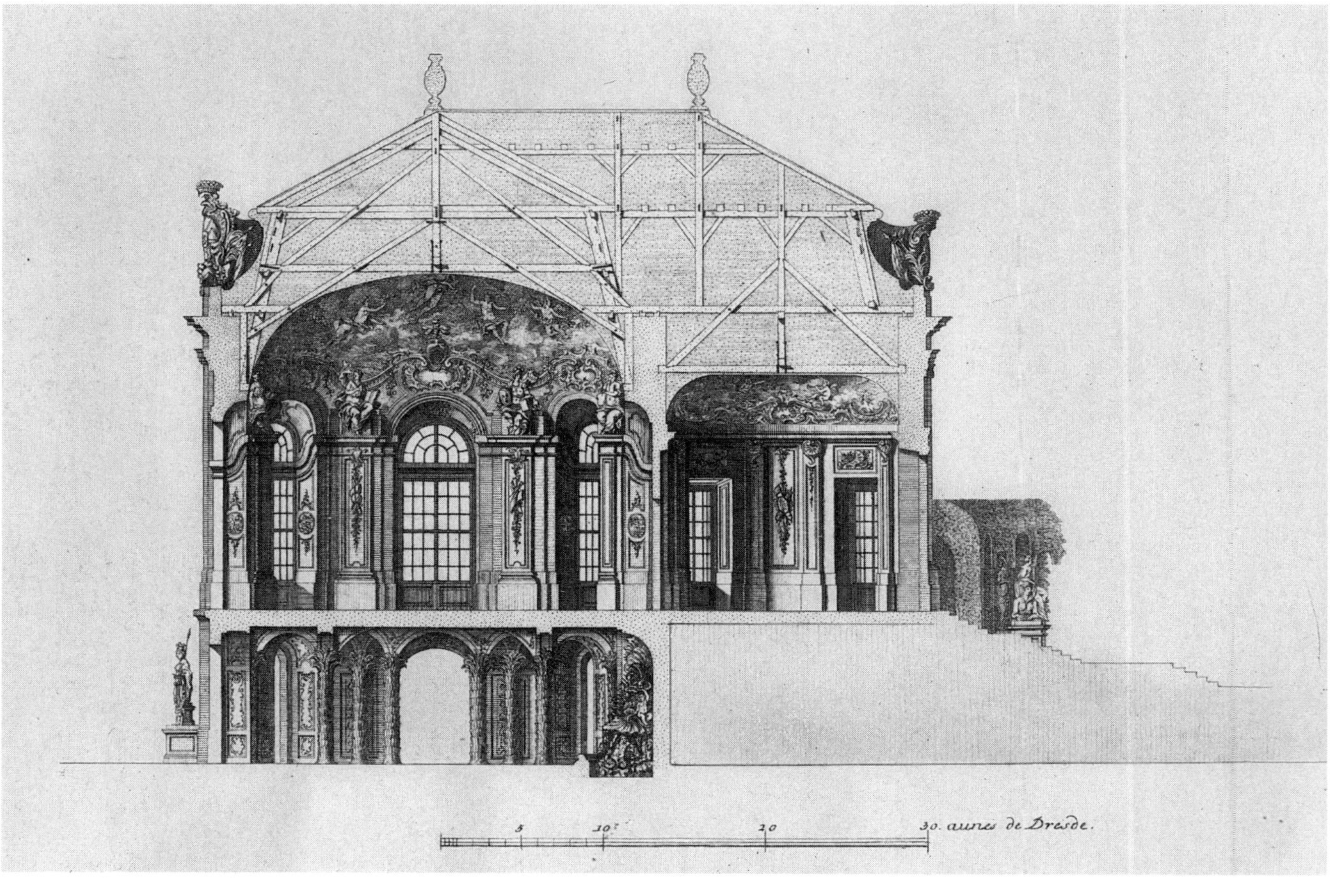

312

311 Die Brühlsche Terrasse, der Generalplan

Die Brühlschen Bauten und Gartenanlagen mit den Grundrissen J. C. Knöffels

Kupferstich von M. Keyl nach C. A. Encke, 1761, I.f.D.

312 Das Belvedere im Brühlschen Garten, der Längsschnitt

Dekoration der Säle Rokoko, im Mittelsaal völlige Auflösung und Ineinanderführung von Wand und Decke. Höhepunkt des Dresdner Rokoko. Weiterführung von Pöppelmanns spätbarockem Zwingerstil und Aufnahme des französischen Hôtelstils in der Innenarchitektur. Im Untergeschoß Grottensaal. Zimmermannsarbeiten von C. G. Reuß, Stukkaturen G. Bossi, Plafondmalerei S. Torelli, plastischer Schmuck G. Knöffler

Kupferstich von M. Keyl nach C. A. Encke, 1761, I.f.D.

313 Belvedere im Brühlschen Garten, Fassade nach der Elbseite

Von J. C. Knöffel 1749 bis 1751 an Stelle des 1747 vernichteten Nossenischen Lusthauses auf der Jungfernbastei erbaut. In zwei

Geschossen ovaler Saal mit vorgelegtem ovalem Eingangsraum neben je einem rechteckigen Zimmer, in der Außenarchitektur die Formen Longuelunes nach dem Rokoko weitergeführt. Ansicht vom Japanischen Palais über die Augustusbrücke. Im Gegensatz zu dem bündig über der Festungsmauer aufsteigenden Mauerwerk des Belvedere I wurde der neue Bau zurückgesetzt und ein Umgang auf der durch ein schmiedeeisernes Geländer gesicherten Mauer angelegt. 1759 zerstört. Graf Brühl plante 1761 Wiederherstellung des Belvedere durch F. A. Krubsacius

Ölgemälde von B. Belotto, Ausschnitt, nach 1753 (V.G. 53)

313
314

314 Das Palais Hoym, später Riesch (Harmoniegebäude) Landhausstraße 11 (Innere Pirnaische Gasse)

Für den Stallmeister J. A. von Brühl, den Bruder des Premierministers, von J. C. Knöffel 1739 bis 1742 errichtet. Nach dem Grundriß kein Palais, sondern ein Bürgerhaus, zwei Obergeschosse mit ausgebautem Mansardgeschoß, 13 Achsen Front, mit dreifenstrigem Mittelrisalit, nur über den Fenstern des letzteren dekorativer Schmuck. Vor den Fenstern des Mittelrisalits im ersten Stockwerk Balkon mit reichem schmiedeeisernem Gitter. Einfachste Gliederung durch Lisenen und aufgesetzte Spiegel. Die Geschosse durch Gesimse getrennt. Nach der Bombardierung um 1766 von F. A. Krubsacius wiederhergestellt, neue Eingangsportale mit prächtiger Rokokoschnitzerei, wohl von J. Deibel, plastischer Schmuck und Brunnen im Hofe von G. Knöffler. 1945 zerstört, später abgebrochen

Lithografie vor 1900, I.f.D.

315 Der Brunnen im Hause Frauengasse 9

Wohnhaus des Goldschmiedes J. Melchior Dinglinger, Brunnenbecken in Muschelform, von Delphinen getragen. Seitlich, ein Fenster einrahmend, Pilaster mit aus Konsolen wachsenden Putten, darüber Voluten mit Delphinen, über dem Schlußstein in Form eines grotesken Männerkopfes doppelt geöffnete Muschel mit Perle, von je zwei Girlanden tragenden Putten gerahmt. Der früheste Dresdner Hofbrunnen, nach 1718. 1945 wesentliche Teile geborgen, Ergänzungen für den Einbau an der Rückseite des als Hotel ausgebauten Gewandhauses durch W. Hempel, 1966

Aufn. I.f.D., 1930

316 Der Neptunbrunnen im Garten des Marcolinipalais (Palais Brühl) in der Friedrichstadt, der Mittelteil

Großartigste Brunnenanlage in Dresden von über 40 m Breite, als Point de vue am Ende des Gartens errichtet. Aufbau in drei Geschossen mit Dreizack schwingendem Poseidon und Amphitrite als Bekrönung, darunter Nereide, Zephyr, Triton, Hippokampfen mit Muschel- und Grottenwerk, an den Seiten der ruhende Tiber und Nil. Die Zeichnung fertigte Z. Longuelune, die bildhauerische Arbeit von L. Mattielli, 1744 vollendet, Sandstein. Die Wirkung des Brunnens durch vorgesetzten Zweckbau und Straßenerschließung des Hintergrundes gestört

Aufn. D.F.D., 1930

315

316

317

318

317 Das Palais Cosel, Ansicht nach dem Neumarkt, An der Frauenkirche 12

Von J. C. Knöffel 1744 bis 1746 für sich selbst auf dem Gelände des alten Pulverturmes errichtet, 1760 stark beschädigt, 1762 ff. von J. H. Schwarze, der u. a. die zweigeschossigen Flügelbauten hinzufügte und den Festsaal im zweiten Geschoß einbaute, im Auftrage des Grafen Cosel wiederhergestellt und wohl erhöht. Untergeschoß mit vier Obergeschossen, 11 Achsen Front, dreifenstriger Mittelrisalit, von einem Dreieckgiebel mit dem Coselschen Wappen und Vase bekrönt, charakteristische Lisenenarchitektur Knöffels mit aufgesetzten Spiegeln, durch Attika abgeschlossen, Mansarddach. Der Schmuck über der hohen, mit Rundbogen geschlossenen fünfachsigen Fenstergruppe des ersten Stockes mit den darüberliegenden ovalen Fenstern gehört der zweiten Bauperiode an. Der Ehrenhof wird von einem Gitterwerk zwischen hohen Sandsteinpfeilern abgeschlossen, für die G. Knöffler Kindergruppen, die kostbarsten des Dresdner Rokoko, schuf. Palais 1945 vollständig vernichtet. Flügelbauten ausgebrannt, 1976/77 wieder aufgebaut

Aufn. D.F.D., 1934

318 Der Schloßpark Großsedlitz, Entwurf zu einer Kaskade

Von Z. Longuelune, mittlere Kaskade mit plastischer Gruppe, Jupiter als Schwan überrascht Leda im Bade; seitliche Kaskaden mit Gruppen von Tritonen und Nymphen. Hinter den Kaskaden Mauerabschlüsse in der für Longuelune charakteristischen Gliederung

Sepiazeichnung, um 1726, I.f.D.

319 Das Palais Mosczynska, Ansicht nach der Straße, zuletzt Mosczynskistraße 5

Von J. H. Schwarze nach 1742 ff. im Süden vor der Stadt errichtet. Über Sockel ein Geschoß und ein Halbgeschoß, darüber Mansarddach, dreifenstriger Mittelrisalit und einfenstrige Seitenrisalite mit Putzquaderung im Untergeschoß. Über den Risaliten plastischer Schmuck in der Dachzone. Nach der Straßenseite eine doppelläufige, geschwungene Treppe mit schmiedeeisernem Gitter und vorgelegten künstlichen Felsen. 187? bei der Stadterweiterung abgebrochen

Kupferstich von C. G. Nestler, um 1777

319
320

320 Das Palais Mosczynska, Brunnendekoration mit abschließendem Nagelwerk

Mittelgruppe wohl Geburt der Venus oder Poseidon mit Amphitrite, je eine auf einem Delphin reitende Nymphe als Seitengruppe. Die Gartenanlagen des Palais zwischen Bürgerwiese und Sidonienstraße gelegen, Hauptachse 380 m lang, 140 m breit, galten durch ihren Reichtum an Grotten, Lattenbauten und Statuengruppen mit als die bedeutendsten der Stadt. Entwurf J. H. Schwarze

Aquarellierte Zeichnung, nach 1742, I.f.D.

321 Das Palais Brühl, der Festsaal

Großartiges Beispiel des Dresdner Frührokoko, Entwurf des zweigeschossigen Festsaales von J. C. Knöffel, Deckengemälde, Sieg des Bellerophon über die Chimäre, und Porträts der beiden Kurfürsten-Könige mit ihren Gemahlinnen von L. Silvestre; plastischer Schmuck und Stukkaturen von M. Kugler und J. Hackl. Weiß-gold dekoriert, klare architektonische Trennung zwischen Wand und Decke noch im Sinne des Barock durchgeführt. Um 1740 vollendet, nach Abbruch 1900 in das Kunstgewerbemuseum überführt, 1945 zerstört. Aus dem Abbruch des Palais wurden eine Reihe der Figurengruppen in das nachfolgende Landtagsgebäude übernommen, ebenso wurde das hölzerne Haupttor J. Deibels an der Hochschule für Bildende Künste Güntz-Straße wieder eingefügt

Aufn. D.F.D., um 1936, Kunstgewerbemuseum

322 Das Palais Brühl, das Treppenhaus

Der Abschluß des Treppenhauses im zweiten Obergeschoß durch Kehle und mit flacher Decke, in den gerahmten Wandfeldern flache Stuckreliefs, links der Morgenwind: Iris auf dem Regenbogen mit Juno, rechts der Abendwind: Diana mit geflügeltem Genius, von J. Hackl oder M. Kugler. Fenster mit Stichbogen abgeschlossen. Reiches schmiedeeisernes Gitterwerk. 1900 abgebrochen

Aufn. I.f.D., um 1900

323
324

Seite 263:

323 Das Kurländer Palais, Gartensaal im Erdgeschoß

Auf Knöffels ursprünglicher Wandaufteilung Stukkaturen in reinem Rokoko. 1774 für den Herzog Carl von Kurland neu gestaltet. 1945 ausgebrannt

Aufn. D.F.D., um 1936

324 Das Kurländer Palais, der Festsaal

Das Palais wurde von den nachfolgenden Besitzern, seit 1740 dem Chevalier de Saxe und seit 1774 dem Herzog Carl von Kurland, in seiner Innenausstattung verändert. Der Festsaal 1764 durch F. A. Krubsacius nach einer Feuersbrunst von 1763 wiederhergestellt, Ineinandergreifen der Wand- und Deckenzone über den Türen, bildhauerische Arbeiten, Trophäen usw. von Joseph Deibel, Stukkaturen Gold auf weißem Grunde, an der Fensterwand Konsoltische mit Spiegeln, Gemälde der beiden Kurfürstenpaare von L. Silvestre oder Schule, 1945 ausgebrannt

Aufn. I.f.D., 1895

325

325 Das Palais der Sekundogenitur in der Langen Gasse 24 (Zinzendorfstraße), die Front nach dem Garten

1764 bis 1770 von F. A. Krubsacius für den Chevalier de Saxe errichtet, 1774 im Besitze der Kurfürstin Maria Antonia Walpurgis, seit 1781 bei der Krone als Sekundogenitur. Eingeschossiges Gebäude, 11 Achsen Front mit dreifenstrigem Mittelrisalit, darüber Dreieckgiebel mit Wappen des Chevalier de Saxe und bekrönender Vase. Der rechteckige Turmaufbau mit Belvedere über Mansarddach wohl spätere Zutat J. A. Giesels. Plastischer Schmuck von G. Knöffler. Das Innere in den Formen des Rokoko. 1783 übernahm Giesel als Bauinspektor der Sekundogenitur bis zu seinem Tode das Palais. Er veränderte das Innere mit seinem Bruder J. L. Giesel im Sinne des Frühklassizismus, legte den englischen Park an und errichtete die Kleinbauten. 1855 durch H. Nicolai stark verändert. 1945 ausgebrannt, anschließend abgetragen

Kolorierter Umrißstich, anläßlich einer Illumination 1791 bei Prinz Anton, Kuka

326 Katholisches Krankenstift Friedrichstadt, Esseniussches Haus, Friedrichstraße 50, 1738, Architekt unbekannt

Untergeschoß mit Obergeschoß, neun Achsen, dreifenstriger Mittelrisalit mit ausgebautem zweitem Obergeschoß und Giebelbekrönung, Mansarddach, über Mittelportal und Seitenportalen an den Ecken Kartuschen mit Inschrift Soli–Deo–Gloria. 1945 ausgebrannt, später abgebrochen

Aufn. D.F.D.

327 Das Saulsche Haus, später Ministerhotel, mit Bauten der Seestraße

Ursprünglich an der Wallmauer der Festung am See-Tor für den Legationsrath von Saul nach Entwurf von J. C. Knöffel 1752/53 als dessen letzter Bau errichtet. Langgestreckter Bau mit zwei Höfen, Untergeschoß mit zwei Obergeschossen mit einfacher Lisenenarchitektur und aufgesetzten Spiegeln, Hauptfassade nach der See-Straße mit 9 Achsen und 3-achsigem Mittelrisalit, 9 und 5 Achsen nach dem Wall sowie dreiachsigem Mittelrisalit, Mansarddach mit ausgebauten Mittelrisaliten und Giebelbekrönungen. 1945 ausgebrannt, später abgebrochen

Ölgemälde von Traugott Faber, 1831, Privatbesitz

326

327

328 Der Brunnen im Brühlschen Garten Putte mit Delphin in Muschel- und Felsenwerk in barocker Tradition von P. Coudray (nach W. Hentschel), 1749. Delphin und Putte durch Kopie von W. Hempel 1954 ersetzt. Schmiedeeisernes Gitter der Zeit

Aufn. D.F.D., 1929

329 Josephinenstift, Große Plauensche Straße 16, wiederaufgebaut und erneuert durch Ch. F. Exner 1765

Einfacher Drei-Flügelbau mit 35 Achsen nach der Großen Plauenschen Straße, Untergeschoß mit Gesims, 2 Obergeschossen und ausgebautem Mansarddach, Dachreiter auf dem seitlichen Kapellenflügel, Mittelportal und 2 Seitenportale mit Bekrönungen nach der Straße. 1945 ausgebrannt, später abgebrochen

Aufn. I.f.D.

330 Der Altmarkt nach Südosten mit Kreuzkirche

Ölgemälde von B. Belotto, Ausschnitt aus „Der Altmarkt zu Dresden von der Schloßgasse aus", 1751

Staatl. Kunstsammlungen Dresden, Aufn. D.F.D.

328/329

331

331 Das Jagdschloß Moritzburg, der Monströsensaal

Zweigeschossige Anlage von Z. Longuelune mit vergoldetem, stuckierten Gesims und Decke, an den Wänden die für Moritzburg charakteristischen Ledertapeten mit Gemälden L. de Silvestres aus dem Leben der Diana, Rahmen und Türen von P. Hoese, Hirschköpfe geschnitzt von J. C. Kirchner, Staffiermalerei von J. A. Pöppelmann, Rehfußtisch, Kronleuchter aus der Dresdner Glashütte, Ausstattung 1728/29 von R. Leplat. Im Monströsensaal gegenüber der entsprechende Billardsaal mit Gemälden L. Rossis und J. B. Grones (s. Abb. 216)

Aufn. W. Zorn, Dresden

332 Der Barockgarten Großsedlitz, Anlage von J. C. Knöffel und Z. Longuelune, Blick von der Terrasse der oberen Orangerie nach der „Stillen Musik“ (s. Abb. 206 bis 208)

Aufn. P. Garbe, Berlin

332

333 Lustschloß Pillnitz, Mittelbau des Wasserpalais, Gartenseite, von M. D. Pöppelmann

Zustand seit 1724, mit Chinesenmalereien in den Hohlkehlen und auf den Spiegeln. Wiederherstellung 1977 ff. durch das I.f.D.

Aufn. W. Zorn, Dresden

334 Eine Puttengruppe mit Trophäen vom Ehrenhof des Coselpalais

Höhepunkt der sächsischen Rokokoplastik. Am Werke G. Knöfflers läßt sich die Entwicklung vom

Spätbarock über das Rokoko zum Klassizismus besonders deutlich verfolgen, 1762ff.

Aufn. Dr. H. Schlegel, München

335 Der Brunnen im Taschenbergpalais, Zwingerseite

Weiterentwicklung der Anlage Mattiellis im Rokoko in den beiden Eckbrunnen des Westflügels des Taschenbergpalais, mit Triton auf der Seite nach dem Zwinger, mit Nereide nach dem Schlosse zu, als Mittelfiguren eines reichen Muschel- und Felsenwerkes, Bekrönung durch Putten, bildhauerische Arbeit von G. Knöffler, um 1764; das schmiedeeiserne Gitter von T. Wöhler, 1772

Aufn. I.f.D.

334

335

336

336 Das Portal Frauengasse 14

Für Böttchermeister und Weinhändler J. Köhler, Korbbogen mit Muschel als Schlußstein, darüber januskopfige Gestalt mit Schlüssel und Stab vor Weinberg, den Putten bearbeiten, Sandstein, bildhauerischer Schmuck aus dem Umkreis von G. Knöffler, Holztüre geschnitzt, 1749. 1945 zerstört

Aufn. D.F.D., 1930

337 Das Palais Boxberg, Waisenhausstraße 33

11 Fenster Front, Untergeschoß mit zwei in der Vorlage durch Pilaster gegliederten Obergeschossen, die drei mittleren, mit Stichkappen geschlossenen Fenster oval vorbauchend, über ihnen Dachhaus mit geschwungenem und gekurvtem Giebel, Giebelschmuck und Giebelbekrönung durch von Putten eingerahmte Vase, seitliche Fenstergruppen durch Lisenen zusammengefaßt. Um 1752 von unbekanntem Architekt, vielleicht von J. H. Schwarze, in Rokokoformen errichtet. Der Gartensaal war von A. F. Oeser ausgemalt

Federzeichnung, vor dem Abbruch 1899, I.f.D.

338 Das Palais Boxberg, Ausschnitt aus dem Mittelrisalit

Der bedeutende dekorative Schmuck der Fassade bereits Zopf, erst bei Besitzerwechsel 1783, Umbau durch J. G. Panse, hinzugefügt. Zwischen den Obergeschossen auf Medaillons Reliefs römischer Krieger, von offenen Lorbeerkränzen gefaßt, in das reiche schmiedeeiserne Rokokogitter des Balkons ovales Medaillon mit von Perlstab umrahmten Cäsarenkopf eingesetzt. 1899 abgebrochen, an seiner Stelle wurde 1900 das Zentraltheater von Lossow und Viehweger errichtet

Aufn. Stadtplanung, 1899

Seite 274

339 Das Palais Prinz Max, die Fassade nach der Straße, zuletzt Ostra-Allee 22

1742 von G. Chiaveri als eigenes Wohnhaus aus Mitteln der Hofkirche erbaut, 1783 von J. A. Giesel für Prinz Max im Zopfstile völlig verändert. Zweigeschossiger Bau von sieben Fenstern Front, Mittelrisalit mit vier ionischen Halbsäulen, darüber Attika mit Reliefgehängen, bekrönt durch von Putten getragenes königliches Wappen, vor dem Untergeschoß Balkon mit Dockenbrüstung. Rechts und links des Baues reichgeschnitzte Holzportale in Rundbogen zwischen putzgegliedertem Mauerwerk. Über dem Risalit rechteckiger Turm mit Belvedere, der als Observatorium diente. Gartenanlage mit englischen Stilelementen ebenfalls von J. A. Giesel, mit dem Japanischen und dem Palais in Übigau auf der rechten Elbseite als Point de vue, 1890 abgebrochen

Aufn. I.f.D., 1890

337

338

339

340

340 Die Villa Sorgenfrei, Oberlößnitz, Augustusweg 48

U-förmige Anlage, achtachsiger Bau mit Unter- und Obergeschoß, die vier mittleren und die seitlichen Fenster sind zu Gruppen zusammengefaßt. Der Dachaufbau ist aus Holz. Über der Uhr quadratischer Turmaufbau mit Belvedere, links und rechts je ein Dachfenster 1786 bis 1789 errichtet. Zeigt nahe Verwandtschaft mit dem Palais Prinz Max J. A. Giesels. Letzter erhaltener Bau des Dresdner Zopfstils

Aufn. D.F.D., 1932

341 Bürgerhäuser des 17. und 18. Jahrhunderts am Neumarkt

Der Ausschnitt umfaßt die Häusergruppe von der Wache J. R. Fäschs vor der Frauenkirche bis zur Augustusstraße. Das große Eckhaus rechts von etwa 1730 hat die kriegerischen Ereignisse von 1760 überstanden, während die folgenden beiden Gebäude nach dem Brande zu einer der jetzt beliebt werdenden Mietskasernen zusammengezogen wurden. Das benachbarte dreifenstrige Barockhaus mit dem repräsentativen Mittelerker und das reichgeschmückte Renaissancegebäude mit den zwei steilen Volutengiebeln sowie das einfache anschließende Giebelhaus erwarb nach dem Kriege der Bürgermeister Bormann, um sich von C. H. Eigenwillig 1770 das später unter dem Namen „Stadt Berlin" bekannt gewordene Haus errichten zu lassen.

Ölgemälde von B. Belotto, Ausschnitt, 1751, St.G.G. (V.G. 53)

341

BÜRGERLICHE BAUKUNST DES BAROCK UND ROKOKO

Die Wohnbauten bis zur Jahrhundertmitte

Am Ende des 17. Jahrhunderts machte sich auch in der bürgerlichen Baukunst das Streben nach einer architektonischen Gliederung der Fassaden bemerkbar. Bei fast durchgehend ungerader Achsenzahl von drei, fünf oder sieben Fenstern wird in den Geschossen die Mittelachse betont, während das Untergeschoß noch selbständig bleibt und das Eingangsportal weiterhin seitwärts gelegt ist. Ein charakteristisches frühes Beispiel dafür gibt das dreifenstrige Haus Rampische Gasse 9, das von Starcke selbst noch vor 1690 gebaut worden sein dürfte. Der zweigeschossige Mittelerker mit einem Austritt im dritten Geschoß und dekorativem Schmuck aus Antragsarbeit faßt die Obergeschosse schon risalitmäßig zusammen. Die mit reichen Stukkaturen über dem geraden Sturz und unter der Sohlbank umrahmten Fenster werden von Putzbändern seitlich abgegrenzt.

Einen Schritt weiter geht Gregor Fuchs 1696 in dem Haus Hauptstraße 22. Das in Sandstein gefaßte und durch einen schweren Schlußstein betonte Portal ist hier bereits in die Mitte gerückt. Über ihm erhebt sich durch drei Geschosse ein dreifenstriger Mittelrisalit, der wiederum durch einen mit Putzbändern gefaßten Mittelerker hervorgehoben wird. Die Symmetrie wird zum Hauptgestaltungsprinzip der Fassade des kommenden 18. Jahrhunderts auch im bürgerlichen Wohnhaus, entsprechend den von Cordemoy formulierten Anschauungen der französischen Akademie über Convenance und Bienséance.

An der Errichtung bürgerlicher Wohnbauten waren außer Pöppelmann, dem man zu Unrecht eine übergroße Zahl von Bauten zugeschrieben hat, vor allem George Bähr, Georg Hase, Johann Gregor Fuchs, Johann Fehre d.Ä. und d.J. beteiligt. Für alle ihre Bauten zeigt sich als charakteristisches Motiv die Einfassung durch Pilaster, die mit Kapitellen bekrönt werden. Ein Beispiel hierfür ist Hases vierachsiges Wohnhaus Schloßstraße 5, dem ein zweifenstriger Erker mit mächtigem Giebelabschluß vorgelagert ist. Nahe verwandt zu diesem erweist sich das Haus Große Brüdergasse 31 des gleichen Architekten mit derselben Rahmung der auf Konsolen gestellten Fenster, den Spiegeln zwischen den Geschossen und dem Hauptgesims zwischen drittem und viertem Stockwerk. Ähnliche Gestaltungsprinzipien fanden sich bei den weiteren Bauten Hases, Rampische Gasse 3, 5 und 7, bei Fehre d. Ä. Große Brüdergasse 9 und 10, sowie An der Frauenkirche 16, bei Fuchs Hauptstraße 22, das lange Pöppelmann zugeschrieben war, und Bähr unter anderem An der Mauer 2, sowie an weiteren Häusern, die vor oder nach 1710 entstanden. Für Pöppelmann selbst lassen sich in der Altstadt Rampische Gasse 3, Große Brüdergasse 39 und Töpfergasse 3, in der Neustadt Große Klostergasse 2, Alleegäßchen 2 und Kleine Meißner Gasse 1 mit einiger Sicherheit zuschreiben. Für die meisten der bürgerlichen Wohnbauten muß aber auf die Nennung der Namen eines Architekten verzichtet werden.

Johann Gregor Fuchs verließ 1700 Dresden und siedelte nach Leipzig über. Wir können ihm nur noch das Haus Kleine Meißner Gasse 6 mit Sicherheit zuschreiben. Dagegen tritt das Schaffen des Amtsmaurermeisters Georg Hase und des Ratsmaurermeisters Johann Fehre d. Ä. deutlich hervor. Ende des ersten Jahrzehntes erhielten beide Aufträge zur Errichtung großer Eckbauten: Hase an der Galeriestraße 14, Ecke Frauenstraße, Fehre an der Wilschen Gasse, Ecke Altmarkt. Hases Gebäude ist unter dem Namen „Schiffmühle" für die Dresdner bis in das 20. Jahrhundert ein Begriff gewesen. Über dem Sockelgeschoß erhoben sich drei Obergeschosse, von denen das dritte eine geringere Höhe aufwies. Die Hauptfront von acht Achsen lag nach der Frauenstraße. Die je drei seitlichen Achsen besaßen in der Mitte ein Eingangsportal, über das jeweils ein zweigeschossiger Erker mit Austritt im dritten Geschoß vorgelegt war. Die beiden mittleren Fenster betonte Hase durch Antragsarbeit, während er zwischen die anderen Spiegel auflegte. Die Hauptfront fand durch Pilaster einen seitlichen Abschluß. Die siebenachsige Front nach der Galeriestraße war dagegen einfacher gehalten. Sie besaß ein Mittelportal, und nur die zweit- und drittletzten Fenster nach den Seiten begnügten sich mit Antragsschmuck. Im Mansarddach befanden sich nach beiden Fronten zwei Reihen übereinander gestaffelter Fenster. Das Motiv der in mehreren Reihen übereinander gestaffelten Fenster in der Mansarde erscheint für die Dresdner bürgerliche Architektur des 18. Jahrhunderts als charakteristisch. Es diente der Umgehung der Bauordnung, welche die Stockwerkzahl vorschrieb.

Hase und Fehre weisen in ihren Bauten eine sehr nahe Verwandtschaft auf. Die Löwenapotheke an der Ecke des Altmarktes zeigte nach der Wilschen Gasse eine Zehn-Fenster-Front; von diesen Fenstern faßte Fehre vier zu einem Mittelrisalit zusammen, der bis in die Dachzone fortgeführt war. Über dem Mittelportal wurden die beiden Mittelfenster durch Giebel betont und gleich den Mittelfenstern der Rücklagen mit Kartuschen bereichert. Die einzelnen Stockwerke hob Fehre noch durch Gurtgesimse hervor. Den Hauptschmuck des Gebäudes aber bildete der fünfgeschossige Eckerker, der im vierten Stockwerk mit einem Altan und Steinbalustrade in der Höhe des Mansarddaches endete. Der vornehme Abschluß des Erkers durch Pilaster und das reiche dekorative Bildwerk der Brüstungen gaben dem Altmarkt an dieser Stelle einen besonders festlichen Abschluß. Der Löwe im ersten Stockwerk war eine später hinzugefügte Arbeit von Johann Ferdinand Feige. Das Ganze hatte Fehre als Putzbau errichtet, nur Portale und Fenster waren in Sandstein gefaßt. Als Erlwein 1911 die Löwenapotheke nach dem Abbruch neu aufführte, hielt er sich auch bei der Einbeziehung des Nachbargrundstückes maßstäblich an das Vorhandene. Im Dachgeschoß der alten Löwenapotheke dichtete Kleist 1809 die Ode „Germania an ihre Kinder". Fehre d. Ä. hat in dieser Zeit noch einige weitere bürgerliche Bauten geschaffen, so vor allem das berühmte Gasthaus „Zum Goldenen Ring" am Altmarkt 15, ein mächtiges Gebäude mit drei Obergeschossen, ausgebauter Mansarde und einer Front von acht Fenstern. Es tritt in seiner Überdimensionierung auf allen zeitgenössischen Wiedergaben des Altmarktes hervor.

342 Die obersten Geschosse des Mittelrisalites der alten Löwenapotheke Wilsche (Wilsdruffer) Gasse 1

Über der mittleren Vorlage voll ausgebautes, zwei Fenster breites Geschoß in der Mansarde, mit Dockenbrüstung über dem Sims und seitlicher Begrenzung durch Pilaster, über verkröpftem Gebälk Segmentgiebel, das gekuppelte Fenster mit Dreiecksgiebel und Ochsenauge bekrönt.
J. Ch. Fehre d. Ä. 1709

Aufn. Stadtplanung, um 1908

342

Gegen Ende des ersten Jahrzehnts des 18. Jahrhunderts entstand auch das Regimentshaus am Jüdenhof gegenüber dem Stall für den Grafen

343 Erker und Altan Brüdergasse 9

Oberstes Geschoß des dreigeschossigen Erkers mit übereck gestellten Pilastern und Kapitellen mit Gehänge, darüber Altan mit ornamentiertem Stichbogen und betontem Schlußstein. Architektur weist auf J. Ch. Fehre d. Ä., plastische Behandlung auf M. D. Pöppelmann, um 1715

Aufn. I.f.D., um 1900

343

Flemming. Es wird Johann Christoph Naumann, dem Erbauer von Hubertusburg, zugeschrieben. Die Fassade wirkte durch ihre überreiche Gliederung für Dresdner Verhältnisse unruhig und wies in ihrem ursprünglichen Zustand enge Verwandtschaft mit Hases Schiffmühle auf. Die vierachsige Mitte wird über dem Hauptsims in einem Dachgeschoß fortgesetzt und von einem Dreieckgiebel über einem mit Stukkaturen umzogenen querovalen Ochsenauge bekrönt. Über den anschließenden seitlichen Portalen sind die Fenster gekoppelt und durch gegiebelte Rahmen gefaßt. Ein zwischen Putzbänder gelegtes Fenster schließt den Bau seitlich ab. Der vertikalen Gliederung läuft eine horizontale mit Gesimsen zwischen den einzelnen Geschossen und Putzbändern entgegen. Die vorgelegten Portale mit den schräggestellten Pfeilern und den vorgebauchten Balustraden im ersten Stockwerk zeigen enge Beziehungen zum Mittelportal des Taschenbergpalais und sind wohl ebenso wie das mittlere Dachgeschoß mit Ochsenauge und Giebel erst bei einem weiteren Umbau 1714 hinzugefügt worden. Ursprünglich dürften dort nur zwei Reihen Dachfenster vorhanden gewesen sein. Naumann, der die Bauaufsicht in den Städten Mittelsachsens ausübte und dort ein umfangreiches Bauprogramm durchführte, läßt sich in seinem Dresdner Wirken nicht fassen. Es kann nicht sehr groß gewesen sein. Eng verwandt mit dem Zustand des Regimentshauses vor der repräsentativen Überarbeitung zeigt sich das noch erhaltene Gebäude An der Dreikönigskirche 3 mit zwei Obergeschossen und neun Achsen Front.

Nicht viel später ist der „Goldene Engel" Wilsche Gasse 7 erbaut worden, Ende des Jahrhunderts eines der renommiertesten Gasthäuser der Stadt, das erste Absteigequartier Schillers 1785 und eine der Wohnstätten Goethes im Jahre 1810. Über einem unteren Sockelgeschoß mit Putzquaderung erhoben sich fünf Obergeschosse mit einer durch Segmentgiebel abgeschlossenen Vorlage von vier Fenstern. Der plastische Antragsschmuck mit Tüchern und Gehängen zeigt in seinen Motiven einen Zustand, der bei den Großbauten bereits überwunden war. Der Architekt bleibt unbekannt, ist aber sicher ebenso im Kreis von Fehre und Hase zu suchen wie der Baumeister für das achtfenstrige Gebäude mit drei Obergeschossen Zahnsgasse 10 von 1722, das mit drei Vorlagen und vier Rücklagen bei einfacherem Schmuck einen bewegten Rhythmus aufwies.

Im zweiten Jahrzehnt wird die dekorative Ausgestaltung der Fassaden besonders reich. Es sind das die Auswirkungen des Taschenbergpalais und des Zwingerbaues, deren Einfluß sich auch in der bürgerlichen Architektur bemerkbar macht. Da ist nochmals das zwanzigachsige Gebäude Schießgasse 10 zu nennen, das schon unter den Palaisbauten Pöppelmanns beschrieben wurde. Die Mittelvorlage von sechs Fenstern faßte je zwei Fenster durch Giebelbekrönung und reiche Antragsarbeit, die sich auch unter der Sohlbank fortsetzte, zusammen. Das dreifenstrige „Handtuch", eine Bezeichnung, die für schmale und hohe Häuser üblich war, An der Frauenkirche 16, mit seinem Mittelerker, der durch die drei Obergeschosse geführt ist, steht zu dem Palais Schießgasse 10 in enger Beziehung. Das Haus ist nicht ohne Schwierigkeit in die Straßenfront geklemmt und mußte mit spitzen und stumpfen Ecken in die Tiefe geführt werden. In der Vorderfront der drei Stockwerke befindet sich nur ein Zimmer von $5^1/_2$ Metern im Quadrat. Den vorhandenen Raum im Grundriß zufriedenstellend zu lösen, war eine Unmöglichkeit. Diese Bauten geben einen Beweis für das Wirken der Bauspekulation in der schnell wachsenden Stadt unter August dem Starken. Unter solchen Voraussetzungen konnten nur noch die Fassaden vollkommen gestaltet werden.

Nur von wenigen Gebäuden wissen wir auf Grund archivalischer Feststellungen, daß Pöppelmann sich mit ihnen beschäftigt hat, so mit dem Brauhaus Große Meißner Gasse 5, das erst 1732 bis 1733 entstand und dessen Riß auf Befehl des Königs angefertigt wurde, nachdem ein eingereichter anderer Entwurf abgelehnt worden war. Aber unter dem Riß steht auch der Name Bährs als Zimmermeister und Lehmanns als Maurermeister.

Die Kartuschen über den Fenstern weisen wohl die gleichen Motive auf, die Pöppelmann zwanzig Jahre vorher schon angewendet hat. Die Stukkaturen unter den Sohlbänken stammen aber sicher nicht von ihm. Wahrscheinlich ist im Oberlandbauamt der eingereichte Riß korrigiert worden, Pöppelmann zeichnete ihn ab, während Bähr und Lehmann die Details der Ausführung verblieben. Diese Hinweise mögen genügen, zu erläutern, wie schwer es ist, die Urheberfrage zu einer befriedigenden Klärung zu führen. Den Reichtum der Stukkaturen sehen wir auch an dem Bau Hases in der Rampischen Gasse 7 und an dem Wohnhaus George Bährs An der Mauer 2, Ecke Seegasse, an dessen Fassade die drei Obergeschosse durch dekorative Elemente in einer originellen Weise zusammengezogen sind.

Eine Nachfolge ist diesen hochbarocken, überreich dekorierten Schöpfungen nicht beschieden gewesen. Anfang des dritten Jahrzehnts kam unter dem Einfluß Longuelunes der große Umschwung mit dem Streben nach Vereinfachung auch in der Wohnhausarchitektur zu Geltung. Vor 1716 hatte wohl Bähr und nicht Pöppelmann das Dinglingerhaus am Jüdenhof entworfen. Gleich nach 1720 sehen wir an der Augustusstraße zwischen Fürstenbergschem und Brühlschem Palais gelegenes Charonsches Haus Hases unter einer weit kühleren Atmosphäre entstehen. Wohl sind die stilistischen Mittel die gleichen geblieben, die seitliche Einfassung durch Pilaster, der zweifenstrige Mittelrisalit mit Kartuschen und Giebeln über den Fenstern, Konsolen und dekorativem Schmuck unter der Sohlbank, den aufgesetzten Spiegeln zwischen den Fenstern in der Rücklage, aber die Haltung hat sich geändert. Das malerische Bewegte ist einer festen und klaren Struktur gewichen, doch fehlt die Lisene. Noch einfacher gab sich das fünffenstrige, aber tief gegliederte Haus für die Silberpagen Töpfergasse 7.

Im gleichen Jahre wie das Pagenhaus, 1723, entstand auch die „Regierung" in der Großen Meißner Gasse 15, das einzige Gebäude, das den Brand und den anschließenden Abbruch der Straße überdauerte. Die „Regierung" galt bisher als ein Spätwerk von Pöppelmann. Unter seiner Oberleitung wurde aber 1734 nur das bereits vorhandene bürgerliche Wohnhaus für den besonderen Verwendungszweck als Verwaltung von Andreas Adam verändert und um die rückwärtigen Flügel erweitert. Die Reliefvasen auf den seitlichen Schäften und der Giebelschmuck weisen stilistisch auf die Bauten des zweiten Jahrzehnts zurück. Wir dürfen nach Mitteilung von H. Fischer als Architekten des ursprünglichen Baues George Bähr vermuten.

Der jüngere Johann Christoph Fehre ist mit zwei bedeutenden Eckbauten in der Neustadt vertreten, dem Haus Heinrichstraße 2 und dem erhaltengebliebenen Haus Rähnitzgasse 19. Das Gebäude Heinrichstraße 2, das ihm selbst gehörte, hat er um 1720 mit nur zwei Geschossen, doch mit ausgebauter Mansarde errichtet. Das Haus in der Rähnitzgasse von 1730 weist mit seinen drei Geschossen nach der Hauptfront elf, nach dem Obergraben drei Fenster auf. Charakterisiert wird dieser Bau durch Ecklisenen mit Kapitellen aus Gehängen

344 Der Altmarkt zwischen Weber- und Scheffelgasse

Gleiche Situation wie Abb. 115 aus der Zeit nach 1600, jetzt Zustand von 1752. Das hohe Gebäude in der Mitte, Altmarkt 15, das Gasthaus „Goldener Ring", von J. Ch. Fehre d. Ä. 1703 errichtet. Hier wohnte Peter der Große 1711. Das rechte Haus Ecke Scheffelgasse entstand im folgenden Jahrzehnt. Dazwischen Altmarkt 16 mit Renaissancegiebel, um 1620, „Canta de domino". Links Ecke Webergasse das nur wenig veränderte Gebäude des 16. Jahrhunderts, zuletzt durch T. Weinlig um 1790 aufgestockt für die Arnoldische Buchhandlung

Rekonstruktion von Heinrich Sulze nach dem Gemälde B. Belottos vom Altmarkt, 1954, Stadtplanung

sowie reizvollen Kartuschen an den drei mittleren Fenstern des Hauptgeschosses, während die übrigen Fenster von Fehre schlicht behandelt wurden.

Es lag in der Natur der bürgerlichen Bauherren begründet, daß sie in der Auseinandersetzung zwischen Hochbarock und klassischem Barock einen mittleren Weg einschlugen. Sie wünschten weder eine Fassade von besonderem Reichtum, schon wegen der erheblichen Mehrkosten, noch eine allzu strenge Lisenengliederung, deren einfache Kostbarkeit weder sie noch ihre Mieter verstanden. Die Durchschnittsarchitektur der zwanziger und dreißiger Jahre zeigt ein Mittelportal mit Schlußstein, Verdachungen und Kartuschen über den Risalitfenstern, aufgesetzte oder eingelegte Spiegel zwischen den übrigen Fenstern und einen pilasterartigen Abschluß nach den Seiten. Wir sehen es bei dem Haus Zahnsgasse 10 ebenso wie bei dem An der Kreuzkirche 1, Ecke Altmarkt, einem besonders repräsentativen Wohnbau der Zeit, den Belotto in seine Darstellungen der Kreuzkirche wiederholt aufnahm.

Noch einen Schritt weiter ging man bei den einheitlich geplanten Bauten der von Pöppelmann angelegten Königstraße, die nach 1732 entstanden und nur zwei Obergeschosse umfassen. Hier beschränkte man sich auf eine einfache Rahmung der Fenster in Sandstein und eine bescheidene Ausgestaltung des Fensters über dem mittleren Eingangsportal. Eine besonders gediegene Fassung zeigt noch heute das Haus Königstraße 5, das wohl der von den beiden Pöppelmanns durch Jahre geschulte Andreas Adam schuf.

Nur in einem Gebäude ist die Strenge des Longuelunesschen Stiles innerhalb der Häuserzeilen wirklich gewahrt worden, auf der Kleinen Brüdergasse 19. Hier handelt es sich um ein Wohnhaus, das an Stelle des alten „Amtshauses" 1740 errichtet wurde. Wahrscheinlich ist der siebenachsige Neubau, der drei Obergeschosse und ein Mezzanin-

345 Frauenkirche und Rampische Gasse

Links die angeschnittene Frauenkirche mit der Häusergruppe an der Frauenkirche. Das erste vierachsige Haus, Nr. 14, das Haus „Zur Glocke" von G. Bähr, um 1711, anschließend das Eckhaus nach der Rampischen Gasse mit dreigeschossigem Erker und Altan in der Mansarde: in der Bildmitte Blick durch die Rampische Gasse nach dem Kurländer Palais J. Ch. Knöffels von 1729. Staffage: in der Rampischen Gasse Abteilung Garde du Corps, rechts im Vordergrund Kurrendesänger der Kreuzschule, die Gebäude auf der rechten Seite der Rampischen Gasse führen im Halbrund nach dem Neumarkt

Ölgemälde von Bernardo Belotto, 1757, St.G.G. (V.G. 67)

345

geschoß unter einem Mansarddach aufweist, mit seinem klaren Grundriß und einer gelungenen Hoflösung von einem Architekten aus der Umgebung des Oberlandbauamtes entworfen worden.

Im Jahrzehnt vor der Jahrhundertmitte bis zum Siebenjährigen Krieg verändern sich die Formen der bürgerlichen Architektur grundsätzlich nicht mehr. Nur löst die Rokokokartusche die schweren dekorativen Formen des Barock ab. Eine Reihe von jüngeren Architekten, die aus den verschiedenen Schulen herausgewachsen waren, wirkten hier nebeneinander. So baute Bährs Schüler Schmid 1739 den „Poststall" mit elf Achsen in der Pirnaischen Gasse 10, der Schüler Longuelunes und Knöffels, Samuel Locke, um 1750 den „Blauen Stern" in der Großen Meißner Gasse 11 und 1753 das Hôtel de Pologne, Schloßgasse 7, der Steinmetz Chiaveris, Andreas Paul Petersill, 1746 das Haus Hauptstraße 7. Als ein origineller Beitrag zur Architektur der Zeit muß das Haus Sophienstraße 1 gewertet werden, das mit seiner Rückseite an die Stadtmauer stieß. Der Landbauschreiber Andreas Adam löste im Grundriß diese Schwierigkeit ausgezeichnet und vereinigte 1744 in der Fassade die Lisenenarchitektur mit der Rokokodekoration. Über dem Sockelgeschoß mit Mittelportal sind drei Obergeschosse mit einer dreiachsigen Vorlage zusammengefaßt und durch ein Gurtgesims von dem Mezzanin abgegrenzt. Ein schwerer Sims mit Attika trennt die Fassade von dem Mansarddach. Adam hat an der Fassade versucht, alle vorhandenen Probleme der Zeit gleichzeitig zu verarbeiten, was ein Nebeneinander, aber noch keine Zusammenfassung ergab. Der Ruf des Adamschen Hauses beruht aber nicht auf seiner Fassadenansicht, sondern auf seiner Rückansicht, mit der es auf den Blättern Belottos vom Zwinger und vom Wilschen Tor erscheint. Auch die Gegenwart kannte den Bau als Stadtwaldschlößchen am Postplatz, dem er ein besonderes Gepräge gab.

Die köstlichste Ausgestaltung aber erfuhr der ältere Bau Frauengasse 14, Ecke Schuhmachergasse, durch Locke 1749. Ihn überzog ein Bildhauer aus dem Kreis G. Knöfflers mit dem reichen Stuckwerk des Rokoko. Bauherr war der Böttchermeister und Weinhändler Köhler. Ihm schuf der Bildhauer über dem Eingangsportal in Sandstein einen Weinberg, der von Putten bearbeitet wird. Der dreigeschossige Eckerker zeigt die andere Tätigkeit Köhlers, das Böttcherhandwerk. Auf den Brüstungsplatten sieht man abermals Puttengruppen, die sich mit der Herstellung eines Fasses abmühen.

Ein bescheidenes Gebäude – wichtiger für die Geschichte der Stadt als für die der Kunst – mag das Kapitel abschließen. Auf dem linken Elbufer, halben Weges nach Blasewitz, entstand für den Steuerrat Anton zu industrieller Nutzung und als Ausschank 1754 ein Putzbau mit einem Obergeschoß und Mansarddach. Als Architekt erscheint zum ersten und einzigen Mal in Dresden Simon Gottlieb Zug, der, aus dem Oberbauamt herausgewachsen, in den folgenden Jahrzehnten in Warschau zu großem Ansehen gelangte. 1828 in klassizistischen Formen erweitert, zum Sommerhaus umgestaltet und mit Parkanlage versehen, beherrschte „Antons" durch zwei Jahrhunderte diesen Teil der Elblandschaft.

Die beiden Rathäuser

Das alte Rathaus und Kaufhaus, das seit 1380 in den Urkunden erwähnt wird und auf dem Altmarkt vor der Schössergasse stand, war ursprünglich ein gotischer Bau, von dem sich bis zum Abbruch 1707 nur ein Teil der Kapelle mit dem fünfseitigen Chorabschluß und dem spitzen Turm erhalten hatte. Das übrige Gebäude wurde 1473 und 1564 in den Formen der Renaissance verändert. Auf seine sehr komplizierte Entwicklungsgeschichte brauchen wir um so weniger einzugehen, als das Äußere und das Innere von großer Einfachheit waren. Schon Kurfürst August hatte Mitte des 16. Jahrhunderts den Abbruch befohlen, weil das Haus den Verkehr und die kurfürstlichen Lustbarkeiten auf dem Markt behinderte. Aber da der Kurfürst nicht den Neubau bezahlen wollte, blieb es trotz wiederholter Anmahnungen des Hofes bis 1707 beim alten Zustand. In diesem Jahre setzte August der Starke seinen Willen durch, und dem Rat gelang es gerade noch, zu verhindern, daß er vom Altmarkt weggedrängt wurde und auf den Neumarkt in das Gewandhaus ziehen mußte. Er siedelte zunächst in das Beichlingsche Haus an der Ecke der Schreibergasse über und erwarb 1709 das Taubesche Haus an der Ecke der Scheffelgasse. Doch stellte sich bald die Baufälligkeit des Gebäudes heraus, so daß auch die Bähr-Fehreschen Sicherungsmaßnahmen nichts mehr nützten. Es mußte 1740 abgerissen werden.

Der Neubau erwies sich als besonders schwierig, da der Raumbedarf in dem Eckhaus allein nicht gedeckt werden konnte und die Eigentümer der benachbarten Grundstücke sich entweder von ihrem Besitz nicht trennen wollten oder dafür einen Preis verlangten, der dem Rat ungebührlich hoch erschien. Dazu wünschte der König die einheitliche Gestaltung der Front von der Scheffel- bis zur Wilschen Gasse. Die benachbarten Dörings wollten zwar ihr Haus nicht verkaufen, waren aber doch bereit, dem königlichen Willen zu folgen. Daher setzte Knöffel vor die beiden Häuser am Altmarkt,

346 Der Grundriß des zweiten Rathauses auf dem Altmarkt

Deutlich wird auf dem Grundriß das Zusammenziehen mehrerer Gebäude unter einer Fassade sichtbar. Entwurf von J. Chr. Knöffel, Bauausführung von J. G. Fehre, 1741 bis 1744 (s. Abb. 376)

Aufmaß des Zustandes vor 1862, I.f.D., um 1900 (nach B. u. K. Sa.)

347 Der Grundriß des zweiten Rathauses in der Neustadt

Die verbrochene Ecke nach dem Neustädter Markt diente der Brunnenanlage mit dem figuralen Schmuck B. Thomaes als Abschluß; mit zwei ausgebildeten Fassaden nach dem Neustädter Markt und nach der Hauptstraße (s. Abb. 375), Entwurf J. C. Berger und J. Chr. Knöffel, Bauausführung J. C. Berger und G. F. Winkler, 1750 bis 1754

Aufnahme, um 1900, I.f.D. (nach B. u. K. Sa.)

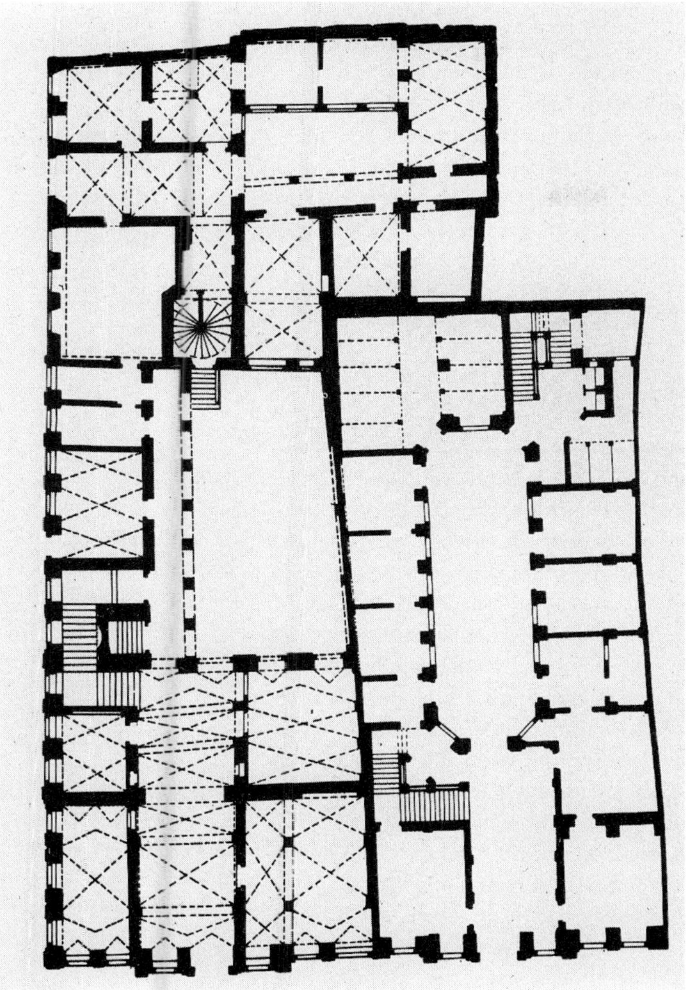

346

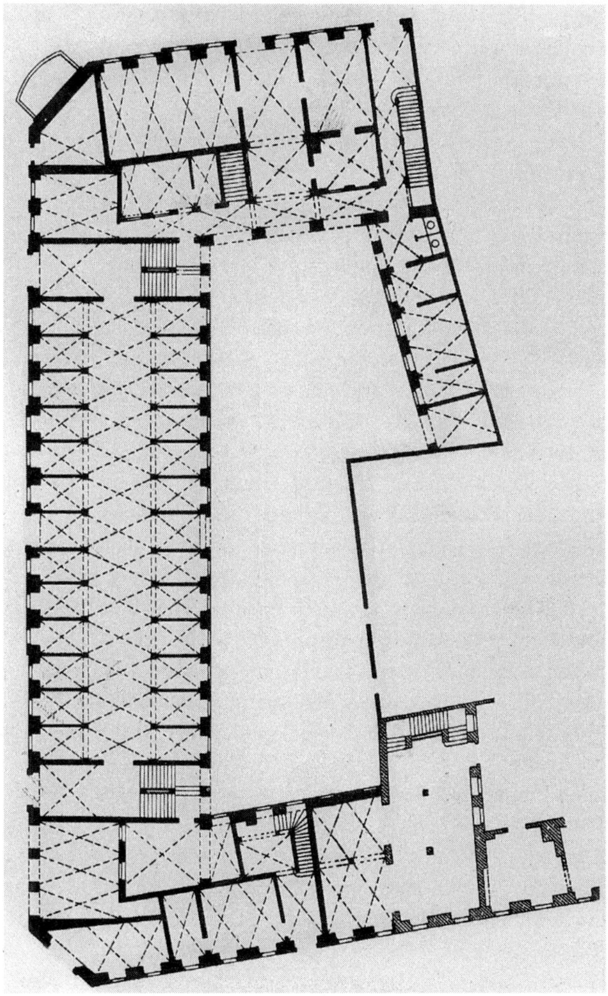

347

die innerlich getrennt blieben und einen gänzlich verschiedenen Grundriß aufwiesen, eine gemeinsame Fassade. Der Raumbedarf des Rathauses selbst wurde durch die Hinzunahme eines weiteren Grundstückes an der Scheffelgasse gedeckt, so daß sich hinter den beiden Schauseiten nunmehr drei Gebäude befanden. Erst 1861 ging das Döringsche Haus ebenfalls in städtischen Besitz über. Diese Baugeschichte spiegelt die komplizierten Verhältnisse in Dresden während des 18. Jahrhunderts besonders deutlich wider: der königliche Wille, der anregt und befiehlt, die städtische Körperschaft, die sich, solange es angeht, einer Entwicklung entzieht, vor allem wenn sie mit Kosten verbunden ist, und der Bürger, der, unbedenklich gegen die Interessen der Gemeinschaft, nicht nur seine Vorteile sieht, sondern sie auch zu behaupten vermag.

1740 legte Knöffel ein auseinandernehmbares Modell für den neuen Rathausbau vor. 1741 wurde der Grundstein gesetzt, 1745 war der Bau unter Leitung von Fehre endlich unter Dach und Fach. Die Uhr im Dachreiter folgte erst 1765, nachdem der Turm der Kreuzkirche zerstört war und die Gegend um den Altmarkt ohne Zeitmesser blieb. Knöffels Fassade zum Rathaus gehört zu seinen besten Werken. Die dreizehn Achsen der Front nach dem Altmarkt gliederte er durch zwei dreifenstrige Vorlagen. Über einem Sockelgeschoß erheben sich zwei durch Lisenen zusammengefaßte Obergeschosse, die durch einen breiten Sims von einem niedrigeren dritten Obergeschosse getrennt bleiben. Als charakteristisch für Knöffel erscheinen die den beiden Risaliten vorgekragten Balkone mit dem vergoldeten schmiedeeisernen Gitterwerke und der auf einen breiten Sockel gesetzte Trophäenschmuck in der Dachzone.

Wenige Jahre später erfolgte auch der seit 1732 geplante und von August gleichzeitig mit der Versetzung der Dreikönigskirche mit Mitteln versehene Bau des Neustädter Rathauses. Die lange Verzögerung lag darin begründet, daß die zur Verfügung gestellte Summe von 50000 Talern bei der Kirche nicht nur verbraucht, sondern sogar weit überschritten worden war. Noch stand das alte Rathaus, das Melchior Trost 1527 mit Giebeln und

Dachreiter zwischen der späteren Hauptstraße und der Kasernenstraße errichtet hatte. Belotto hielt es auf seiner Ansicht vom Neustädter Markt kurz vor dem Abbruch fest.

Die geistige Konzeption des Rathausplanes gehörte in den wesentlichsten Teilen wohl J. G. Fehre. Für die Bauleitung zeichnete seit 1750 der Ratsmaurermeister J. C. Berger, der Nachfolger Hases, verantwortlich. Nach einem Schreiben von Knöffel an den Rat vom Februar des gleichen Jahres hat er Veränderungen an der Fassade vorgenommen und sie in einen „besseren goût der Architektur" gebracht. Der Bau kam schnell voran, 1752 konnte der Teil für das Stadtgericht bezogen werden. 1754 standen Dachreiter und Wetterfahne vollendet.

Die Hauptfront lag mit einundzwanzig Fenstern nach der Hauptstraße zu, eine zweite mit neun Fenstern war dem Markte zugekehrt, während sich der dritte Flügel nach dem Rathausgäßchen streckte. Nach der Hauptstraße war der Bau durch einen fünfachsigen Mittelrisalit betont, den ein Segmentgiebel mit einer Widmung an Friedrich August II. abschloß. Den ebenfalls fünfachsigen Risalit nach dem Markt beschloß ein Dreieckgiebel über einem hochgestellten Ochsenauge. Zwei Reihen Mansardfenster leiteten zu dem eleganten Dachreiter, einem Werke Knöffels, über. Die abgeschnittene Ecke nach dem Markt betont ein Brunnentrog mit einer liegenden Göttin, eine Arbeit Benjamin Thomaes, die heute durch eine Kopie ersetzt ist. Dieses Brunnenmotiv wiederholt sich auf der anderen Seite der Hauptstraße.

Das Neustädter Rathaus mit seiner einfachen Lisenengliederung war eines der vornehmsten Bauwerke der alten Stadt, einer der wenigen bürgerlichen Großbauten überhaupt. 1945 brannte es aus, blieb aber in seinen Grundmauern erhalten. Es schien berufen, den Maßstab für die Wiedererrichtung der Bauten um den Neustädter Markt zu geben. Es wurde 1950 gesprengt, weil die Mittel zu Sicherungsmaßnahmen nicht ausreichten.

Städtebau, Platz- und Straßenbilder

Karcher und Gärtner hatten August dem Starken 1709 vorgeschlagen, daß er den Baulustigen Beihilfen gewähre. Sie selbst wollten bei dem Mangel an guten Maurer- und Zimmermeistern diese unterrichten, damit nicht nur Dresden, sondern auch das ganze Land mit Handwerkern versehen werde, die „von einer guten Einteilung, Commodität und Zierde des Hauses aber auch der Treppen und Zimmer sowie vom äußeren Abputz" etwas verstünden. Darüber hinaus verpflichteten sie sich sogar, die Risse unentgeltlich anzufertigen oder die Anfertigung anzuleiten, weil sie festgestellt hatten, daß durch die mangelnde Kenntnis der Handwerker bei den Konstruktionen unnötig viel Holz verbaut wurde. Sie verwiesen dabei auf Blondel und wollten trotz der Eigensinnigkeit der Bauherren und des Unverstandes der Maurer- und

348 Die Grundrisse der bürgerlichen Wohnbauten des 17. und 18. Jahrhunderts in der Rampischen Gasse 1 bis 33

Lageplan zwischen Salzgasse, An der Frauenkirche und Rampischer Gasse; oben rechts der gleiche Komplex im umgebenden Stadtbilde. Die Gebäude besitzen zwei bis drei Repräsentationsräume nach der Straßenfront. Treppenhäuser und Wirtschaftsräume sind um einen Hof in die Haustiefe verlegt. Nach Ansicht von K. Mertens kommt Georg Hase bei der Bebauung der Rampischen Gasse eine größere Bedeutung zu.

Aufmaß von F. Hartmann, 1916, I.f.D.

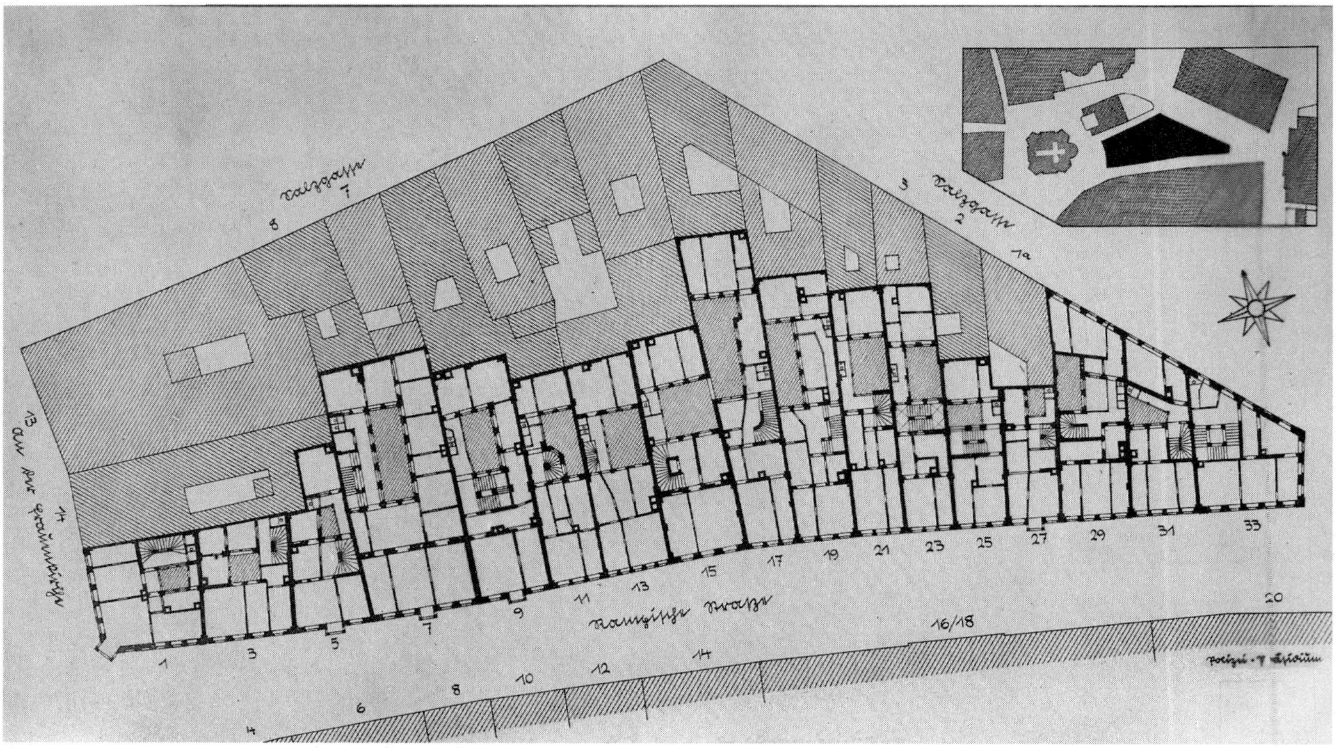

348

349 Hauptstraße (Straße der Befreiung) Nr. 9 bis 19.

Gebäude nach 1720. Nr. 13 mit Dachreiter, trägt Inschrift „An Gottes Segen ist alles gelegen" (Kügelgenhaus), Nr. 11. Kleines Palais Hoym mit klassizistischer Fassade nach 1800. Wiederherstellung und farbige Erneuerung 1980/81

Rekonstruktionszeichnung 1978, Zeichnung Jürgen Mehlhorn

Zimmermeister unter anderem durchsetzen, daß man „in jedem Stockwerke gleichen Fußes in die Zimmer komme, daß lichte, geraume und gebrochene Treppen bald am Eingange sich befinden, daß Türen und Fenster in rechte Höhe und gute Correspondenz gesetzt werden, daß die Zimmer nicht zu groß und hoch, noch zu niedrig und enge und daß die Küche hell und samt den Feueressen und Kaminen ohne beschwerlichen Dampf und Rauch" sei.

Nach Erfüllung der Forderungen nach gleicher Höhe und gleicher Linienführung der Dächer und Schornsteine scheinen sie aber ebenso auf die Freiheit von Bauherren und Ausführenden bedacht gewesen, „wie sie das ihrige in der Fassade ordinieren und abputzen" wollten. „Die Veränderung mache einen angenehmeren Prospekt, als wenn alle Fenster und Türen gleich wären" (nach Döring-Ermisch). Dieses rechte Maß von Freiheit und Bindung war es, das die außerordentlichen Leistungen in diesem Halbjahrhundert bewirkte.

Immer wieder neue Bauverordnungen wurden im Sinne Karchers erlassen, immer neue Kontrollen durchgeführt. Hinter ihnen wirkten im Oberlandbauamt lebendige Kräfte, die stark genug waren, schöpferisch formend und nicht bürokratisch einzugreifen. Denn bei der Wahl seiner Architekten hatte August eine glückliche Hand gezeigt. Auch im umstrittensten Fall, dem Eingriff in den Bau der Frauenkirche, hat dieser für alle Beteiligten zu positiven Resultaten geführt. Eine solche Lenkung durch erste Fachleute mußte aber bei aller Trefflichkeit in dem Augenblick zu Schwierigkeiten führen, in dem man versuchte, einen neuen Stil durchzusetzen, der zu hohe Ansprüche an den Geist und Geschmack des Durchschnittsbürgers stellte. Der klassische Barock in der Longueluneschen Prägung mit seiner kühlen Noblesse war zu abstrakt, er blieb unverstanden und wurde abgelehnt. Die Verordnung de Bodts von 1733 mit der Äußerung „gegen den immer rückständigen Geschmack des privaten Bauauftraggebers" war bei aller Berechtigung so von vornherein zum Scheitern bestimmt. Der Barock in seiner gewachsenen Fülle war volkstümlich gewesen, der aus dem Intellekt sich nährende Klassizismus vertiefte die Kluft zwischen Gebildeten und Ungebildeten. Knöffel, der seine Landsleute kannte, wählte durchaus den rechten Weg, als er sich in späteren Jahren wieder reicheren Dekors zuwendete und spätbarocke Pöppelmannsche Formen mit klassischbarocken Longueluneschen in einem Dresdner Rokoko zu verschmelzen suchte. Sicher muß man das Verhalten Knöffels als einen künstlerischen Rückschritt im Sinne des Klassizismus der nachfolgenden Zeit bezeichnen, aber es war dafür lebensnäher. Wer die Dresdner Architektur dieser Zeit betrachtet, sieht überall Knöffel, und nur der Wissende bemerkt den dahinterstehenden Schatten der genialen Erscheinung Longuelunes, dessen Architektur zu französisch-rationalistisch war, zuwenig Gemüt zeigte und daher naive deutsche Betrachter nicht zu beglücken vermochte.

Den einzelnen Leistungen werden wir aber erst gerecht, wenn wir sie unter dem Gesichtspunkt des Städtebaues betrachten. Dem Zeitalter des Barock kommt das große Verdienst zu, zum ersten Male die Stadt als Gesamtkunstwerk begriffen zu haben, als einen lebendigen Organismus, dem sich einzugliedern und unterzuordnen eine selbstverständliche Pflicht wird. Bauherr und Architekt bemühten sich, jede Einzelaufgabe im Zusammenhang mit dem gesamten Platz-, Straßen- und Ortsbilde zu lösen. In einem großartigen Zusammenwirken wuchs innerhalb eines halben Jahrhunderts unter diesen Gesichtspunkten aus dem durchaus noch provinziellen Dresden eine der schönsten Städte der Welt.

Der Altmarkt blieb in seiner Größe unangetastet. Der vollkommene Markt und Festplatz schien festgelegt für alle Zeiten. Größe und Maß entsprachen einander. Nur das Spiel der Formen in den Gebäuden der umbauten Platzwände wandelte sich in den Jahrhunderten, ohne ein Zuviel oder Zuwenig zu geben. Im 16., 17. und 18. Jahrhundert zeigte er sich da gleich, ob Traufhaus, Giebel oder Fassade das Bild beherrschten. Das Rathaus verschwand aus der Ecke, wodurch der Platzraum im Gegensatz zur Auffassung des Mittelalters im Sinne des Barock glücklich geklärt wurde, und ordnete sich mit dem Akzent des Dachreiters würdig, aber bescheiden in die westliche Platzwand ein. Der Brunnen mit der Justitia Christoph Abraham Walthers von 1653 nahm der strengen Rechteckform die Härte. Als das mächtige Westwerk der Kreuzkirche, das den Horizontalen des Marktes eine Betonung in der Vertikalen gab, gefallen war, bemühte sich eine schon schwächer gewordene Generation durch drei Jahrzehnte, einen würdigen Ersatz in einem Turm zu schaffen. Erst in der zweiten Hälfte des 19. Jahrhunderts wurden die Untergeschosse der Häuser, wie anderenorts auch, durch überdimensionierte Ladeneinbauten aufgelöst, und einige Neubauten störten den Gesamtrhythmus in den Höhen der Stockwerke. Das in der Platzmitte gesetzte Denkmal der Germania von Henze zählte zu den vielen gleichen Übeln dieser Zeit. Am Anfang des 20. Jahrhunderts wurden aber die Fehler erkannt, und man ging daran, sie mit maßstabgebundenen Bauten wiedergutzumachen.

Ebenso blieben die Fluchtlinien und die Führung der Straßen in der Altstadt durch die Jahrhunderte unverändert erhalten. Die Firsthöhe der Bauten wurde durch die Bauordnung von 1720 für jede Straße festgelegt. So entstand die organische Einheit der Straßenzüge innerhalb der Stadtmauern, wie der Viertel um die Frauenkirche und um den Neustädter Markt, die sich vor der Zerstörung des Jahres 1945 noch fast in ihrem ursprünglichen Zustand repräsentierten. Nur der brutale, mit der Reißschiene gezogene Durchbruch der Johannstraße vom Altmarkt nach dem Pirnaischen Platz hatte in dieser Einheit 1886 störend eingegriffen.

Zu einer überragenden Lösung wurde im zweiten Viertel des 18. Jahrhunderts der Neumarkt geführt, der sich mit der Eingemeindung der Vorstadt um die Frauenkirche im Raum jenseits der 1546 niedergelegten Stadtmauer entwickelte. Im Gegensatz zum Altmarkt, der sein Entstehen einer systematischen Anlage verdankt, hat sich der Neumarkt in den Jahrhunderten mehr zufällig entwickelt. Zunächst beherrschte den Platz allein die alte gotische Frauenkirche mit dem umgebenden Friedhof, 1586 kamen im Osten der Stallhof mit der Elbgasse, der späteren Augustusstraße, hinzu, dem gegenüber das alte Gewandhaus am angrenzenden Jüdenhofe in den Platz hineinstieß. Im Westen wurden die Moritzstraße angelegt und die Innere Pirnaische Gasse, die spätere Landhausstraße, sowie die Rampische Gasse ausgebaut. Unter August dem Starken begann 1715 eine neue Bauperiode mit der Errichtung der Wache durch Johann Rudolph Fäsch auf dem Gelände des Kirchhofs. Hinter ihr schuf Bähr die neue Frauenkirche, die seitdem über dem Platz in aller Herrlichkeit dominierte. Selbst die Beschießung von 1760 hat an dieser städtebaulichen Situation grundsätzlich nichts mehr verändert, da die auf den alten Fluchtlinien errichteten Neubauten der anliegenden Straßenzüge sich vollkommen in das Platzbild des Neumarktes einfügten, wenn auch der Wegfall der Wache als Auftakt zu

350

351

350 Die Moritzstraße vom Neumarkt

Links eines der bekanntesten Hôtels, das nach dem Siebenjährigen Kriege unter Verzicht auf jeden Schmuck 1786 errichtete Hôtel de Saxe, Neumarkt 9, mit drei Obergeschossen, Mezzanin und Mansarddach; in ihm Dresdens vornehmster Konzertsaal, den zuletzt G. Semper ausgestaltet hatte, 1888 abgebrochen; rechts Hôtel Stadt Rom, Neumarkt 10, angeblich 1773 noch unter dem Einfluß von Knöffel schon um 1750 entstanden und 1773 nur wiederhergestellt. Die Moritzstraße, mit der Häusergruppe der Großen Schießgasse abgeschlossen, die beim Durchbruch 1886 fiel, rechts die Kleine Kirchgasse, die kürzeste Verbindung zwischen Frauen- und Kreuzkirche, 1945 ausgebrannt, später abgebrochen

Kolorierter Umrißstich von J. C. A. Richter, nach 1840, St.M.

351 Die Schloßgasse nach dem Altmarkt

Rechts an der Großen Brüdergasse das Hôtel de Pologne von S. Locke, 1753, weiter Ecke Altmarkt die Löwenapotheke von J. Ch. Fehre d. Ä., 1709, der Dachreiter gehört zum Rathaus Knöffel-Fehres von 1741 bis 1744

Kolorierter Umrißstich von J. C. A. Richter, nach 1840, St. M.

dem Kuppelwunder der Frauenkirche als ein Verlust zu buchen war und das Gewandhaus mit seinen Giebelbekrönungen eine eigene Note in die sonst ganz barocke Architektur gebracht hätte. Ein nicht weniger bedeutender Auftakt zur Frauenkirche gelang dem Städtebauer mit dem Kopfbau der Rampischen Gasse, hinter dessen bewegter Fläche die vollplastische Kuppel aufstieg. Sogar im 19. Jahrhundert geschahen auf dem Neumarkt nur wenige Bausünden, wie die an Stelle des Hôtel de Saxe 1888 errichtete Post am Eingang der Moritzstraße. Der Denkmalpfleger war bereit, die erkannten Schwächen zu beseitigen, als die Katastrophe über Dresden hereinbrach. Die Versetzung des Türkenbrunnens auf die Höhe des Jüdenhofes wirkte sich günstig aus, da er hier eine Zäsur zwischen den beiden Plätzen schuf, ohne sie zu trennen.

Die großartigste Komposition eines Platzes wuchs im augusteischen Zeitalter aber in der Neustadt mit der Umgestaltung des bescheidenen sorbischen Rundlings zum Neustädter Markt. Monumentale und bürgerliche Bauten, Brücke, Avenue und Straßenzüge bescheidener Größe sind hier in schlechthin vollkommener Ordnung zusammengeführt. Mehr als sechs Jahrzehnte hat es gedauert, bis diese Lösung ausgereift war. Auf den Bebauungsplänen läßt sich verfolgen, wie um sie gerungen wurde. Jede der acht hier mündenden Straßen hat ihr einmaliges Gesicht: Die monumentale Hauptstraße, die sich nach dem Bautzner Platz verjüngt, und die mit Reißschiene gezogene spätere Kasernenstraße, der westlich die in leichtem Bogen geführte Große Meißner Gasse gegenüberliegt. Das kostbarste Stück aus dem barocken Geschmeide Dresdens war nur noch mit der Rampischen Gasse der Altstadt zu vergleichen. Um die Rähnitzgasse auf den Markt führen zu können, mußte ein Teil des geplanten Häuserblockes beschnitten werden. Mit welcher Einfühlung das geschah, bleibt bewundernswert. Bei der Einordnung des dominierenden Blockhauses verzichtete man ebenso auf jede aufwendige Lösung. Auf diesem vollkommenen Platz stand das vergoldete Reiterstandbild des Königs, den während seiner ganzen Regierungszeit die Gestaltung dieses Brückenkopfes bewegte. Longuelune fand für August den Starken eine ähnliche Lösung, wie sie sich in Paris für Desjardins vergoldetes Reiterstandbild Ludwigs XIV. ergeben hatte, das als Point de vue, umflutet vom Verkehr, die Mitte des Place des Victoires beherrschte. Es war dies eine Aufstellung, die für den absoluten Herrscher wohl einmalig möglich war, deren stumpfsinnige Nachahmung aber in der zweiten Hälfte des 19. Jahrhunderts, als jede Platzmitte mit einem Denkmal oder Brunnen „geschmückt" wurde, zu verheerenden Folgen führte.

Erst unter Friedrich August II. entwickelte sich am gegenüberliegenden Brückenkopf der Elbe der Schloßplatz durch die Notwendigkeit, daß zwei Brückenbogen zugeschüttet, das Elbtor sowie eine Reihe weiterer Gebäude elbabwärts entfernt werden mußten, um Raum für den Bau der katholischen Hofkirche Chiaveris zu schaffen. Kurz nach 1750 stand die berühmte barocke Stadtsilhouette mit Brühlscher Terrasse, Frauenkirche, Hofkirche und Schloßkomplex mit Schloßturm vollendet. Innerhalb von etwas mehr als einem halben Jahrhundert waren alle diese großen städtebaulichen Planungen und Aufgaben der Alt- und Neustadt begonnen und durchgeführt worden. Klengel und Starcke, Wackerbarth mit Pöppelmann und Longuelune, de Bodt, Chiaveri und Knöffel waren unter verständnisvollen Bauherren, wie Johann Georg II. und Johann Georg III., August dem Starken und Friedrich August II., an ihnen beteiligt. Dann trat, bedingt durch die politischen Verhältnisse, eine Stagnation ein, die die Wirksamkeit der Architekten auf Einzelbauten beschränkte, bis Thormeyer und Semper nach Niederlegung der Festungswerke am Rande des Stadtkernes neue große Aufgaben fanden und lösten.

Wohnbauten nach dem Siebenjährigen Krieg

Mitten in diesen Aufbau fielen die Ereignisse des Siebenjährigen Krieges. 1758 und 1759 wurden in den Vorstädten der Altstadt 374 Häuser niedergebrannt. Belotto hat den Zustand der am meisten betroffenen Pirnaischen Vorstadt auf einem Blatt festgehalten, in dessen Mitte der große Dreieckgiebel des ausgebrannten Palais Fürstenhoff steht, das um 1740 am Anfang der späteren Amalienstraße von seinem Besitzer selbst erbaut worden war. Im Juli 1760 bombardierten die Preußen das Innere der Altstadt. Die Quartiere um die Frauenkirche mit der Rampischen, Pirnaischen, Töpfer- und Schießgasse, der Moritzstraße bis zur Kreuzgasse wurden besonders übel mitgenommen. Die Frauenkirche hielt stand, aber die Kreuzkirche sank in Trümmer. Der Altmarkt mit den westlichen Vierteln kam glimpflich davon. Der kurz nach der Katastrophe gefertigte Plan Cuvilliés zeigt die Schäden der inneren Stadt im groben Umriß.

Der Aufbau schritt nur langsam voran und war um die Wende des Jahrhunderts noch nicht ganz beendet. Städtebauliche Fragen standen dabei überhaupt nicht zur Diskussion. Jeder suchte am gleichen Orte so gut, wie er es vermochte, sein Haus wieder hochzuführen. Bei dem Mangel an

Geld galt die Sparsamkeit als erstes Gesetz. Jeder Luxus verbot sich von selbst. Zum Glück entsprach die Einfachheit der Mode der Zeit, die außer guten Proportionen nichts verlangte, und die Not wurde zur Tugend. Jetzt kam Longuelune noch einmal zu einer fruchtbaren Nachwirkung.

Doch auch das Rokoko geriet nicht ganz in Vergessenheit. Vor allem Schmid hat eine Reihe von Bauten geschaffen und dabei das Rokoko-Ornament bei sonst glatten Fassaden verwendet. In der Landhausstraße 4 nahm er für die früher gebräuchlichen Sandsteinumrahmungen der Fenster solche in billigerem Putz und setzte ebensolche Kartuschen über den Sturz. Im Bähr-Schmidschen Grundstück an der Mauer sahen wir bereits, daß die drei Obergeschosse durch ein Stuckornament zusammengezogen waren. Jetzt faßte Schmid mit einer dekorativen Stuckhaut die sechsachsige, viergeschossige Fassade des Hauses Moritzstraße 6 höchst malerisch zusammen. Wie Hasche bemerkt, gingen andere Baumeister noch weiter und gaben die äußeren Verzierungen überhaupt nur noch in Malerei an. Wir können uns hiervon schon lange keinen Begriff mehr machen, gehen aber wohl nicht fehl, wenn wir annehmen, daß die meisten der sonst gänzlich nüchternen Fassaden jener Zeit durch eine solche farbige Gestaltung belebt waren. Nur das Portal erhielt oft bescheidenen Schmuck, einen Schlußstein, ein schmiedeeisernes Oberlichtgitter, Türbeschläge oder eine Portalbekrönung wie am „Goldenen Faß" in der Münzgasse. Aber diese letztere könnte auch schon vor dem Kriege entstanden sein.

Besonders umfangreiche Aufträge waren bereits seit 1745 dem Schüler Longuelunes und Knöffels, Samuel Locke, zugefallen. Sein Lebenswerk als Privatarchitekt wird auf nicht weniger als 104 Bürgerhäuser geschätzt. Es sind darunter mehrere Gebäude in der Großen Meißner Gasse und der Moritzstraße, weiter das vornehmste Hôtel Dresdens, das Hôtel de Pologne Schloßstraße 7 von 1753, sowie das Köhlersche Haus Frauengasse 14 mit dem schon genannten prächtigen Erker. Seine Bauten zeigen vornehmlich den heiteren Rokoko-Charakter der Knöffel-Schule.

Alle Bauten dieser Jahre überragt das an Stelle von drei Häusern am Neumarkt 10 zwischen Moritzstraße und der Kleinen Kirchgasse errichtete Hôtel Stadt Rom. Das genaue Datum seines Entstehens ist ebenso unbekannt wie der Erbauer. Hasche nennt als Baujahr 1773. Vielleicht entstand der Bau aber schon 1750 und war im Kriege nur ausgebrannt. Als Bauherr zeichnet der Mühleninspektor Richter. Noch einmal manifestiert sich hier die ganze Vornehmheit der Knöffelschen Schule, die man eigentlich keinem der damals noch Lebenden mehr zutraut.

Über einem Sockelgeschoß erheben sich drei Obergeschosse von fünf Achsen mit einem dreifenstrigen Mittelrisalit. Ein breiter Sims leitet zum Mezzanin über, den ein abgewalmtes Dach mit zwei Reihen Gaupen bekrönt. Lisenen und Spiegel, teils mit dekorativem Schmuck versehen, und ein Balkon mit schmiedeeisernen Gittern gliedern die Fassade auf. Den verbrochenen Ecken sind dreigeschossige Erker mit Altanen vorgelegt, die das Gebäude abschließen.

Auf der anderen Seite des Neumarktes, Nr. 1, am Eingang der Augustusstraße, ließ sich der Bürgermeister Bormann 1769 bis 1770 von dem Krubsacius-Schüler Christian Heinrich Eigenwillig ein Haus errichten, das später das Hotel Stadt Berlin beherbergte. Eigenwillig löste die Aufgabe, indem er die elffenstrige Front in leichter Kurvung anlegte und so den Neumarkt in die Augustusstraße einschwingen ließ, eine städtebaulich vorzügliche Leistung. Auch sonst ist das Gebäude durch zwei Risalite und durch mit Bogen abgeschlossene Lisenen reicher gegliedert gewesen, als es in dieser Zeit üblich war. Der Stich Belottos von der Frauenkirche zeigt noch die Gebäude, die vor der Zerstörung hier standen, mit den aufsteigenden Renaissancegiebeln. Wehles Gemälde gibt den neuen Zustand wieder.

Im Laufe der siebziger Jahre macht sich in der bürgerlichen Architektur die Schule der Akademie unter Krubsacius immer deutlicher bemerkbar. Allenthalben sehen wir die charakteristischen klassizistischen Formen hervortreten. Sogar ein Mann wie der Ratszimmermeister Schmid, wie kein anderer barocken Formen zugetan, schließt sich der Strömung an. Die weichen Linien, die Abstu-

352 Schloßstraße mit Georgenbau. Stadtseite des Georgenbaus II und reduziertes Portal von A. Walther III zum kleinen Schloßhof, dahinter die Türme des Schlosses und der Hofkirche (s. Abb. 39)

Litho, 1860. Aufn. D.F.D.

352

fungen, die malerischen und plastischen Elemente verschwinden, und die harte Kontur beginnt ihren Siegeszug. So unmerklich der Übergang sich anläßt, so sicher geht auch im Wohnungsbau der Barock dem Ende entgegen, und eine neue Zeit zieht herauf.

In keiner der folgenden Perioden ist es noch einmal gelungen, ähnliche bedeutende Leistungen hervorzubringen wie in den Jahren von 1700 bis 1775, einer Zeit, die, wie der Augenschein lehrt, nicht nur eine höfische, sondern vor allem auch eine erfolgreiche bürgerliche war.

353 Das Wohnhaus Hauptstraße 22, die Fassade

Das zweite Wohngebäude, das G. Fuchs in Dresden 1696 errichtete, Anfänge von Fassadenposition, dreifenstriger Mittelrisalit durch drei Geschosse und Mittelerker mit Abschluß eines Segmentgiebels über dem Altan, Mittelportal mit Schlußstein, Untergeschoß im 19. Jahrhundert durch Ladeneinbauten verändert, 1945 ausgebrannt, später abgebrochen

Aufn. I.f.D., um 1930

353

354

354 Das Wohnhaus Schloßgasse 5, die Obergeschosse

Charakteristisches Wohngebäude G. Hases, vor 1710, vier Obergeschosse von vier Fenstern Breite, vor die beiden mittleren ein Doppelerker gelegt. Reicher plastischer Schmuck, an den Ecken durch drei Geschosse Pilaster mit Kapitälen, über dem Hauptgesims des dritten Geschosses Vasen auf Sockeln, unter dem den Erker abschließenden Segmentbogen Doppelkartusche, Fenster mit ursprünglicher Sprossenteilung, 1929 abgebrochen

Aufn. I.f.D.

355 Das Wohnhaus Wilsdruffer Gasse 7, der „Goldene Engel", die Obergeschosse

Unbekannter Baumeister, um 1715, vier Obergeschosse mit sechs Fenstern Breite, die vier Mittelfenster zu einer Vorlage zusammengezogen und durch einen Segmentgiebel mit Ochsenauge in der Mittelachse, der durch eine Vase bekrönt wird, abgeschlossen. Akanthusranken, Füllhörner, Tücher und Blumenranken als ornamentaler Schmuck, an den Ecken durch drei Geschosse Pilaster mit Kapitälen, zwischen den schmucklosen Seitenfenstern Spiegel, das dritte und vierte Obergeschoß durch Sims getrennt. 1945 zerstört

Aufn. I.f.D.

356 Das Regimentshaus am Jüdenhof, Neumarkt 15, die Fassade

Von J. C. Naumann (?) dem Erbauer von Hubertusburg, 1710 für den Grafen Flemming errichtet, 1718 Verlegung des Regimentshauses in das Gouvernementshaus (später Kurländer Palais). 1720 bis 1729 waren hier Teile der naturwissenschaftlichen Sammlungen untergebracht, bevor sie in den Zwinger übergeführt wurden. Untergeschoß mit zwei Obergeschossen und einem Halbgeschoß, vierfenstrigem Dachhaus mit Ochsenauge in ornamentaler Umrahmung, darüber Dreieckgiebel. Obergeschosse durch Putzbänder belebt. Die zweiten und dritten Fenster von rechts und links über je einem Portal zusammengezogen und vorgelegt. 1945 ausgebrannt, später abgebrochen. Eng verwandt mit dem Zustand von 1710 das erhaltene Wohngebäude An der Dreikönigskirche 3 mit zwei Obergeschossen und neun Achsen Front

Aufn. D.F.D., 1937

355
356

357

357 Das Wohnhaus Rampische Gasse 7, die Obergeschosse

Vier Obergeschosse, fünf Fenster Front mit Mittelerker durch drei Geschosse, Eckeneinfassung durch Bandwerk und anderen Schmuck in Antragsarbeit, überreiche Fensterverdachungen über profilierten Sandsteineinfassungen mit betontem Schlußstein, Fenstersprosseneinteilung neu. Besonders bewegte Fassade, von Maurermeister Georg Hase um 1715 errichtet. 1945 zerstört

Aufn. D.F.D., 1937

358 Die „Schiffsmühle" Galeriestraße 14/Ecke Frauenstraße

Repräsentatives Wohnhaus, von Georg Hase vor 1709 errichtet. Zwei Obergeschosse und ein Halbgeschoß mit acht Achsen und zwei Erkern nach der Frauenstraße, sieben Achsen nach der Galeriestraße, reichem dekorativem Schmuck, besonders in den Fensterverdachungen, aufgesetzten Spiegeln, Betonung der Ecke durch Pilaster; darüber Mansarddach mit zwei weiteren Dachgeschossen. Links gegenüber Renaissance-Erker Galeriestraße 9, um 1671. 1945 zerstört

Aufn. D.F.D. Möbius, um 1920

359 Das Wohnhaus An der Mauer 2/Ecke Seestraße

Wohnhaus George Bährs, um 1705 errichtet, Umbau, Aufstockung und Schmuck von Bähr 1711, bedeutendstes Beispiel einer der typischen schmalen Dreifensterbauten. Die drei Obergeschosse mit insgesamt acht Fenstern wurden durch reiche Antragsarbeit zusammengefaßt. Im obersten Geschoß die Zeichenstube Bährs und später J. G. Schmids, 1911 abgebrochen

Aufn. Rat der Stadt Dresden 1911

358

359

360 Die Palaisbauten an der Augustusstraße, die Fassaden, vom Schloßplatz aus

Das Fürstenbergsche Palais, einmal Besitz G. M. Nossenis, aus dem 16. Jahrhundert, ursprünglich mit Giebeln versehen, der auf zwei Säulen ruhende Eckerker Anfang des 17. Jahrhunderts hinzugefügt, nach dem Umbau und der Erhöhung um einen Stock zur Unterbringung der Kunstakademie durch C. F. Exner, 1766, Weiterwirkung der Lisenenarchitektur Longuelunes; anschließend das Charonsche Haus Augustusstraße 2 von Georg Hase, um 1720, Betonung der Achse durch zweifenstrigen Mittelrisalit, bekrönenden Giebel und Antragsarbeit, Spiegel, Pilastereinfassung; rechts die ersten Fenster des Erweiterungsbaues des Palais Brühl von J. C. Knöffel, nach 1751. Gemeinsam ist allen drei Bauten die Verwendung von aufgesetzten Putzfeldern und Mansarddach. 1899 abgebrochen, an ihrer Stelle das Gebäude des Sächsischen Landtages von P. Wallot

Aufmaßzeichnung, um 1780, I.f.D.

360

361 Das Haus Georg Christoph Dinglingers am Jüdenhof 5/Ecke Sporergasse

Bedeutendster Wohnbau George Bährs oder M. D. Pöppelmanns mit Einwirkungen des Zwingerstiles, vor 1716 entstanden, betonte Mittelachse in leichter Kurvung, im Mansarddach Dreifenstergruppe, fünffenstriger Bau mit zwei Obergeschossen und einem Halbgeschoß, Pilastergliederung mit konsolartigem Kapitäl, Schmuck durch Antragsarbeit und Spiegel, verkröpftes Dachgesims. 1945 zerstört, später abgebrochen

Aufn. D.F.D., 1939

36

362

Knaben-Kleidung
CARL MEYER
Herren-Kleidung

363

ZSCHUCKE.
HAUS
SEIDEN
SAMMET
Seidenstoffe

362 Wohnhaus Heinrichstraße 2/Ecke Hauptstraße, J. G. Fehre, um 1720

Untergeschoß mit zwei Obergeschossen, acht Achsen, die mittelsten zwei Fenster zusammengefaßt nach der Hauptstraße, 14 Achsen, die mittelsten vier Fenster zusammengefaßt nach der Heinrichstraße, die Risalitfenster mit reichem Kartuschenschmuck und Verdachung, zwischen den übrigen Fenstern aufgesetzte Spiegel, Eckpilaster mit Kapitellen, ausgebautem Mansarddach. 1945 ausgebrannt, später abgebrochen

Aufn. D.F.D.

363 Das Wohn- und Geschäftshaus An der Kreuzkirche 2, 1720/30

Baublock zwischen Kleiner Kirchgasse und Weißer Gasse mit drei Obergeschossen, je einem zweigeschossigen Erker mit Altan vor den vierten Fenstern von den Seiten, mittleres Fenster über dem Portal durch Antragsarbeiten betont, zwischen den Fenstern aufgesetzte Spiegel, ausgebautes Mansarddach. 1945 ausgebrannt, später abgebrochen

Aufn. D.F.D.

364 Das Wohnhaus Große Meißner Straße 5, George Bähr (?), 1732

Untergeschoß mit drei Obergeschossen von fünf Achsen, die ungeraden Fenster mit Bedachung und reichem Kartuschenschmuck, zwischen den geraden Achsen aufgesetzte Spiegel. 1945 ausgebrannt, 1950 mit der Straße gesprengt

Aufn. D.F.D.

365 Wohnhaus Frauenstraße 9, früher Dinglingerhaus, zuletzt Klepperbein-Haus, um 1720

Über gequadertem Untergeschoß drei Obergeschosse, mit dreigeschossigem Mittelerker, auf der Brüstung des ersten Stockes zwei Putten mit einer Kanne, des zweiten Stockes verschlungener Namenszug, im linken Ladenfenster des Erdgeschosses geschnitzte und bemalte Fortuna des 18. Jahrhunderts. 1945 ausgebrannt, später abgebrochen

Aufn. D.F.D.

364

365

366 Die Wohnhäuser Töpfergasse 1 und 3, Nr. 1 Ehrlich-Haus, Fehre d. Ä., 1715, Nr. 3 Pöppelmann (?), 1715

Nr. 1 Eckhaus Brühlsche Gasse, Erdgeschoß mit drei Obergeschossen von fünf Achsen, die drei mittleren durch Antragsarbeit betont, zwischen den seitlichen Fenstern aufgesetzte Spiegel, Abschluß durch Pilaster, aufgesetztes viertes Geschoß, Mansarddach; Nr. 3 Erdgeschoß mit drei Obergeschossen von fünf Achsen, die beiden seitlichen durch reichen dekorativen Schmuck zusammengefaßt, die mittlere Achse durch Spiegel bereichert. 1945 ausgebrannt, später mit Straße abgebrochen

Aufn. D.F.D.

367 Das Wohnhaus Neustädter Markt 5 „Goldene Sonne", Ecke Rähnitzgasse, A. oder S. Adam, nach 1740

Neben dem Neustädter Rathaus gelegen, Untergeschoß mit drei Obergeschossen von sieben Achsen, über den drei mittleren Antragsarbeit in Rokokoformen, über dem Portal die „Goldene Sonne", ausgebautes Mansarddach mit Standfenstern. 1945 ausgebrannt, 1950 abgebrochen

Aufn. D.F.D.

366

368 Wohnhaus Große Meißner Straße 13,

S. Locke, nach 1750 Untergeschoß mit Korbbogenfenstern und ebensolchem Tor, drei Obergeschosse acht Achsen, die beiden mittleren durch Lisenen gefaßt, das dritte Geschoß mit Rundbogen- und Stichbogenfenstern, durch Gesims getrennt, bescheidener Schmuck in den beiden mittleren Achsen. 1945 ausgebrannt, später abgebrochen

Aufn. D.F.D.

Seiten 298, 299:

369 Hôtel „Stadt Rom" Neumarkt 10, wohl zwischen 1740 und 1750 unter Einfluß von J. C. Knöffel errichtet, 1773 wiederhergestellt

Front nach Neumarkt, Sockelgeschoß, darüber drei von Lisenen zusammengeschlossene Obergeschosse, über Gesims Mezzaningeschoß, abgewalmtes Dach mit zwei Reihen stehender Fenster, an beiden Straßenecken dreigeschossige reich dekorierte, durch Pilaster gefaßte Erker mit Austritt im Mezzanin, bescheidener dekorativer Schmuck über den Fenstern der drei mittleren Achsen. 1945 ausgebrannt, später abgebrochen

Aufn. D.F.D.

370 Das Wohnhaus Königstraße 5

Charakteristisches Wohngebäude in der von M. D. Pöppelmann seit 1724 in der Achse des Japanischen Palais angelegten Straße mit sieben Fenstern Front, Erdgeschoß mit schmiedeeisernem Gitterwerk, über Gurtgesims zwei Obergeschosse und Dachgeschoß. Korbförmiges Mittelportal und darüberliegende Fenster bis ins Dach einfach, aber nobel dekoriert, übrige Fenster mit Sandsteinumrahmung, Andreas Adam, um 1740

Aufn. Rat der Stadt, 1913

367

368

369

Seiten 300, 301:

371 Das alte Fährgut in Loschwitz, Fährgasse 45, um 1730

Fachwerkhaus mit fünf Fenstern im Obergeschoß, Mansarddach

Aufn. D.F.D., um 1910

372 Gartenpavillon neben dem Geburtshaus Ludwig Richters, Friedrichstraße 44

Einfaches Gartenhaus mit großem Ochsenauge, um 1780

Aufn. D.F.D., um 1930

373 Wohnbauten Adlergasse (früher Neue Gasse in der Friedrichstadt), nach 1730

Einfachste Wohnbauten, meist mit einem Obergeschoß und Satteldach mit Ochsenaugen

Aufn. D.F.D.

374 Der Neustädter Markt, Zustand vor 1750

Nach Aufstellung des von Wiedemann getriebenen Reiterstandbildes Augusts des Starken auf dem Sockel von Z. Longuelune, 1736, die beiden Wasserhäuser von J. C. Knöffel, 1736, rechts das alte Renaissance-Rathaus mit Dachreiter von Melchior Trost 1527/28 errichtet, seit 1550 Stadtgericht, 1755 abgebrochen, links im Hintergrunde die eben fertiggestellte Pöppelmann-Bährsche Dreikönigskirche ohne Turm. Das neue Rathaus fehlt noch, an seiner Stelle das Gewandhaus im Abbruch, neben ihm am Eingang der Rähnitzgasse die „Goldene Sonne", links vorn das Eckhaus Große Meißner Gasse, von A. Adam, nach 1727

Ölgemälde von B. Belotto, vor 1750, St.G.G. (V.G. 60)

375 Das Neustädter Rathaus und der Neustädter Markt

Im Vordergrund das Reiterstandbild Augusts des Starken auf dem 1884 durch K. Lipsius vollendeten Sockel, die beiden bronzenen Fahnenmasten von Heinrich Epler, 1893, am Eingang der 1732 mit Linden bepflanzten Hauptstraße, weiterhin der in seinen Formen dem Stadtbild gut angepaßte

370

87,5 m hohe Turm der Dreikönigskirche von K. M. Haenel und J. H. Marx, 1854 bis 1857. Das neue Rathaus, nach Entwurf der Ratsmaurermeister J. G. Fehre und Berger nach Überarbeitung durch J. C. Knöffel von J. C. Berger und Ratszimmermeister G. F. Winkler 1750 bis 1754 errichtet. Dachreiter mit Wetterfahne und Uhr 1754 vollendet. Hauptfront mit 21 Fenstern nach der Hauptstraße, über Untergeschoß mit zwei Portalen drei Obergeschosse und zwei Reihen Mansardfenster; fünfachsiger Mittelrisalit mit Segmentgiebel im Dachgeschoß sowie Vorlage über Eingangstoren. Strenge, einfache Lisenenarchitektur mit aufgesetzten Spiegeln zwischen den Geschossen, das obere Geschoß mit Stichbogenfenstern. Fenster im ersten Stock des Mittelrisalites mit Dreieckgiebeln bekrönt, über den seitlichen Fenstern gerader Sturz. Neunfenstrige Marktfront mit fünffenstrigem Mittelrisalit und Dreieckgiebel in der Dachzone sowie Mittelportal mit plastischem Schmuck aus Sandstein. Die abgeschrägte einfenstrige Ecke durch Fenster im Dachgeschoß sowie durch den bereits 1742 angelegten Brunnen mit figuralem Schmuck B. Thomaes betont. Bekrönung der Straßenfront durch Dachreiter Knöffels. 1945 ausgebrannt, Fassade 1950 gesprengt, Brunnen 1957 von W. Hempel erneuert. Der Markt 1977/80 völlig verändert aufgebaut

Aufn. I.f.D.

371
372
373

374

375

376

376 Das Rathaus am Altmarkt

Mit dem benachbarten Döringschen Hause zu einer Fassade zusammengezogen, 1741 bis 1745 nach dem Entwurfe von J. C. Knöffel vom Ratsmaurermeister J. G. Fehre erbaut. Über dem putzbequaderten Untergeschoß zwei durch Lisenen zusammengefaßte Obergeschosse mit 13 Fenstern und ein durch Gesims getrenntes Halbgeschoß mit Stichbögen, zwei seitliche dreifenstrige Risalite mit Bekrönung von Kartuschen, Trophäenschmuck und königlichem Wappen, aufgesetzte Spiegel zwischen den Geschossen, die in den Risaliten mit dekorativem Schmuck und Medaillons Augusts II. und seiner Gemahlin Maria Josepha von B. Thomae versehen sind. Vor den Fenstern des ersten Geschosses der Risalite reiche schmiedeeiserne Gitter, auf dem Satteldache ein zierlicher Dachreiter mit Uhr. Die Löwenapotheke Fehres d. Ä. von 1709 und das anschließende Wincklersche Haus wurden 1912 von H. Erlwein neu erbaut und zu einem Gebäude zusammengezogen. Der zu grobe, massive Eckerker mit plastischem Schmuck von G. Wrba mißverstand die Dresdner Tradition. 1945 zerstört

Aufn. D.F.D.

377 Das neue Gewandhaus (Fleischbänke), Kreuzgasse 23

Als Ersatz für das Buchnersche Gewandhaus auf dem Neumarkt, 1768 bis 1770 von J. F. Knöbel auf der Stelle des 1711 von D. Schatz erbautem und 1760 ebenfalls zerstörtem Palais Werthern errichtet, enthielt im Untergeschoß die Fleischbänke. Fassade nach der Gewandhausstraße. Untergeschoß mit zwei Obergeschossen und Mansarddach, 15 Fenster Front. Dreifenstriger Mittelrisalit mit Dreieckgiebel, je ein dreifenstriger Seitenrisalit, Lisenenarchitektur, über Eingangsportal Stadtwappen, die Fenster im ersten Obergeschoß der Risalite durch wechselnde Bedachung betont. Die neunfenstrige Front nach der Großen Frohngasse und die siebenfenstrige Front nach der Kreuzgasse mit dreifenstrigem Mittelrisalit ohne Giebelbekrönung. Bedeutendster städtischer Bau nach dem Siebenjährigen Kriege. 1925 im Innern als Stadtbank von Paul Wolf umgestaltet. 1945 ausgebrannt, 1964 ff. als Hotel wiederhergestellt

Aufn. um 1932

Seiten 304–306:

378 Der Altmarkt mit der Kreuzkirche (Ost- und Südseite)

Die Platzgröße wurde durch sieben Jahrhunderte beibehalten, etwa 130 × 100 m. Trotz der verschiedenen Gebäudehöhen treffliche Maßverhältnisse, gleicher Rhythmus der Fensterachsen, gut gelöstes Verhältnis der Grundfläche des Platzes zu der Höhe der umgebenden Platzwände (W. Rauda). Kreuzkirche fest eingebunden in ihre Umgebung. Links vor dem Pfluckschen Haus Ecke Badergasse, von M. Plancke um 1700, der Justitiabrunnen C. A. Walthers, vor 1653, ab-

377

getragen 1838, vor der Schreibergasse das Portechaisenhaus, 1748. Rechts das Fehre-Knöffelsche Rathaus mit Dachreiter. Wohngebäude des 16. bis 18. Jahrhunderts

Ölgemälde von B. Belotto, 1751, St.G.G. (V.G. 69)

379 Der Altmarkt als Festplatz mit Triumphbögen und Tribünen Pöppelmanns für die Zuschauer

Völlige Geschlossenheit des Raumbildes, in das auch der Mensch maßstäblich einbezogen ist. Rechtes Gebäude die alte Löwenapotheke, von J. Fehre d. Ä. 1709 erbaut, der Eckerker ist durch alle Geschosse geführt und gibt dem Platz einen Abschluß. Dach und Dachausbauten ebenso befriedigend gelöst. Es folgt das Wincklersche Haus. Die danebenliegenden beiden Gebäude nach der Scheffelgasse wurden 1740 abgebrochen und durch das J. G. Fehre-Knöffelsche Rathaus, 1741 bis 1745, ersetzt. Weiter der „Goldene Ring" Altmarkt 15, ebenfalls von J. Fehre d. Ä. 1703 errichtet (s. Abb. 344). Linke Gebäude nach der Seegasse mit den charakteristischen Giebeln, vor der Mitte des 17. Jahrhunderts

Zeichnung von Renard, 1719, Kuka

380 Der Altmarkt mit der Platzwand nach der Schloß- und Schössergasse (West- und Nordseite)

Der Dachreiter auf dem Rathaus gibt dem Platze an dieser Stelle eine taktvolle Betonung. Rathaus und anschließende Löwenapotheke gehören zu den gelungendsten Leistungen des ausgehenden Barock in Dresden. Die völlige Verschiedenheit der Gebäudegruppe zwischen Schloß- und Schössergasse bringt dem einheitlichen Platze eine reizvolle Variante. Die Gebäude des Altmarktes brannten 1945 aus und wurden später abgetragen

Aquarell von A. Wagner, um 1800, St. M.

381 Der Altmarkt nach Südosten mit der Kreuzkirche, dem Rathausturm und der Germania R. Henzes in der Platzmitte

Ansicht im Osten von der König-Johann-Straße über die Große Frohn-Gasse (Marktgasse) bis An der Kreuzkirche, weiter im Süden bis zur Schreibergasse, Bauten des 17. bis Anfang des 20. Jahrhunderts, 1945 weitgehend zerstört, später bis auf die Kreuzkirche abgebrochen

Aufn. D.F.D., um 1930

382 Die Große Meißner Gasse in der Neustadt

Einer der kostbarsten Straßenzüge der barocken Stadt, in leichtem Bogen geführt, trotz individueller Gestaltung jedes einzelnen Gebäudes Unterordnung unter das städtebauliche Reglement von 1720, Dominante am Eingang rechts durch Eckerker der Nr. 2, A. Adam, nach 1727. Die Gebäude besitzen im allgemeinen zwei Obergeschosse, ein Halbgeschoß und ausgebautes Mansarddach mit gleicher Traufhöhe. Die „gelinden" Farben des Anstriches der Putzbauten erhöhten den Zusammenklang und gaben der Straße eine heitere Note. 1945 brannten die Gebäude aus. 1949 wurden die Fassaden gesprengt

Aufn. D.F.D., 1930

378

379

380

381

RENNER
CAFE
DROGERIE
HERMANN ROCH
HACIFA
SEIDE
CARL SCHNEIDER

382

NEUBA
Warrenhaus
Paul Teuber
Milch, Butter, Eier
Bäckerei Böttcher

383

383 Der Eingang zur Rampischen Gasse, von der Kuppel der Frauenkirche aus gesehen

Auch hier die leichte Biegung des Straßenzuges, individuelle Lösungen in der Gestaltung der Mansarddächer. Charakteristische Dresdner Dachlandschaft des Barock, 1945 brannten die Gebäude aus, 1949 wurden die Fassaden gesprengt

Aufn. D.F.D., 1930

384 Die Rampische Gasse nach der Frauenkirche

Die Rampische Gasse zeichnete sich durch besonderen Reichtum an Erkern mit dekorativer Antragsarbeit aus, Gebäude durchschnittlich drei Obergeschosse mit Halbgeschoß und Mansarddach. Dargestellt sind die Häuser 1, 3, 5, 7, 9 sowie das Eckhaus An der Frauenkirche mit dem geschäftlichen Treiben des späten Biedermeier

Lithographie von S. Prout, um 1835, St.M.

Seiten 308, 309:

385 Wohnbauten Salzgasse, Westseite, mit Frauenkirche

2. Hälfte 17. Jahrhundert, einfache Wohnbauten mit einem Obergeschoß und Satteldach, mittlerer Bau wohl später aufgestockt, um 1935 abgerissen

Aufn. D.F.D.

386 Die Rampische Gasse mit der Kuppel der Frauenkirche
Eckhaus Nr. 33, um 1730, Ecke Salzgasse

Dreifensterfront mit Mansarddach in hervorragenden Proportionen als Auftakt zur Kuppel der Frauenkirche. Die leichte Schwingung der Straße mit ihren durch Erker belebten Bürgerhäusern erhöht den Formenreichtum. 1945 ausgebrannt, 1956 mit ganzem Stadtviertel gesprengt

Aufn. D.F.D.

384

385

387

387 Wohnbauten Töpfergasse von An der Frauenkirche aus, 1720ff., im Hintergrund Langer Gang und Schloßturm

Viergeschossige Bauten, teilweise mit zweigeschossigem Mittelerker, ausgebaute Mansarddächer. 1945 ausgebrannt, später abgebrochen

Aufn. D.F.D.

388 Der Altmarkt nach Norden mit Blick in die Schloßgasse und auf den Turm der Katholischen Hofkirche

Ölgemälde von B. Belotto, Ausschnitt aus dem Gemälde „Der Altmarkt zu Dresden von der Seegasse aus", 1751
Staatl. Kunstsammlungen Dresden, Aufn. D.F.D.

389 Der Altmarkt von der Seegasse aus nach Nordosten mit Wohnbauten seit Ende des 16. Jahrhunderts zwischen Schössergasse, Badergasse und Große Frohngasse, dem Markttreiben und der Kuppel der Frauenkirche

Ölgemälde von B. Belotto, Ausschnitt aus dem Gemälde „Der Altmarkt zu Dresden von der Seegasse aus", 1751
Staatl. Kunstsammlungen Dresden, Aufn. D.F.D.

390 An der Augustusbrücke, links Blockhaus, rechts Bürgerbauten mit Blick auf den Neustädter Markt

Am Obergeschoß des rechten Eckhauses Saturn mit Stundenglas und Sense von B. Permoser, um 1690, Gebäude um 1886 abgebrochen, Saturn 1945 zerstört

Ölgemälde von Robert Wehle, 1848, Stadtmuseum, Aufn. D.F.D.

391 Die Elbfront der Neustadt vom Blockhaus nach Osten

Blockhaus (Neustädter Wache) mit Einmündung der Augustusbrücke auf den Neustädter Markt, rechts nach Osten die königliche Stallwiese (früher Mönchswiese), dahinter die Gärten und die Rückfronten der Bauten der Klostergasse, im Hintergrund Neustädter Rathaus und Dreikönigskirche. Die Wohnbauten 1945 weitgehend zerstört, später abgebrochen

Aquarell von I. F. A. Thielemann (?), um 1800, früher Stadtmuseum, Aufn. I.f.D.

389

390

391

392

393

392 Die Landhausstraße (früher Innere Pirnaische Gasse) mit sächsischem Finanzhaus und Palais Riesch (vorher Hoym)

Das Finanzhaus, um 1777 von unbekannten Architekten errichtet, die Schauseite mit Untergeschoß, zwei Obergeschossen von 9 Achsen, mit durchgehender dorischer Halbsäulenordnung im 3achsigen Mittelrisalit, abschließender Architrav und Pilastern an den Seiten sowie Mansarddach mit ausgebauter Mittelachse, seit 1787 in städtischem Besitz, 1792 abgebrochen. Palais Hoym, später Riesch, von J. C. Knöffel 1742 (s. Abb. 314) und die „Alte Post" um 1683

Stich von J. G. Schlitterhau, um 1780, Aufn. D.F.D.

394

393 Die Wilsche (Wilsdruffer) Gasse nach dem Postplatz, Nordseite

Die Einheitlichkeit der Straße mit ihren Gebäuden aus zwei Jahrhunderten wird durch die gleiche Höhe der Hauptgesimse gewährleistet. Veränderungen bis 1930 nur durch die verfehlten überdimensionierten Ladeneinbauten nach 1880. Neuer Abschluß der Straße nach Niederlegung des Wilschen Tores durch Cholerabrunnen. Links das Gasthaus „Zum goldenen Engel", Figur von G. Ch. Kühn. Straße 1945 ausgebrannt, später abgebrochen

Kolorierter Stich von J. C. A. Richter, um 1845, St.M.

394 Die Wilsdruffer Gasse, Nordseite vom Altmarkt aus

Wohnbauten des 17. und 18. Jahrhunderts. 1945 schwer beschädigt, später abgebrochen, dafür Westseite der Thälmannstraße

Aufn. D.F.D., um 1880

395

395 Die Fassade des Wohnhauses Moritzstraße 6

Drei Obergeschosse, ein Halbgeschoß und Mansarde, sechs Fenster Front, Fenster mit Sandsteingewänden, die ganze Fassade mit Stuckornamenten in den Formen des Rokoko überzogen, wohl von J. G. Schmid, um 1765. 1945 zerstört

Aufn. I.f.D.

396 Die Fassade des Wohnhauses Landhausstraße 4 (Innere Pirnaische Gasse), Ausschnitt

Zwei Obergeschosse, ein Halbgeschoß mit Stichbogen und Mansarde, drei Fenster Front, mit Rokokokartuschen in Stuck über jedem Fenstersturz, Fenstergewände wie damals aus Sparsamkeitsgründen oft nur Putz, J. G. Schmid, 1763. 1945 zerstört

Aufn. I.f.D.

397 Der Eckerker Frauengasse 14, Ecke Schuhmachergasse (Kleine Frauengasse)

Haus des Böttchermeisters und Weinhändlers Köhler, von S. Locke, reizvoller Rokokoschmuck, die Brüstungsplatten durch drei Geschosse mit Reliefdarstellungen aus der Arbeit des Böttchers und dekorativem Schmuck versehen, Künstler unbekannt, 1749. 1945 zerstört (s. Abb. 336)

Aufn. I.f.D.

396

397

VOM KLASSIZISMUS ZUM BIEDERMEIER

Die Theoretiker des Klassizismus

„Es ist kein Zufall, daß die Rede von der rettenden Nachahmung der Griechen um jeden Preis, die Predigt des Klassizismus, im Schatten des Zwingers und der Katholischen Hofkirche sich erhoben hat." So beginnt Carl Justi ein Kapitel seines grundlegenden Werkes über Johann Joachim Winckelmann und seine Zeitgenossen. Durch Zacharias Longuelune und seine Schüler war der Boden gut vorbereitet. Die Bresche schlug aber nicht die Architektur, sondern das Theater.

Nach der Berufung Servandonis 1754 zeigte die Theaterdekoration in Dresden einen ausschließlich antikisierenden Charakter. In dieser wendigsten und vergänglichsten aller bildenden Künste war der Einfluß der italienischen Kunsttheoretiker von Bellori bis Piranesi auf einen fruchtbaren Boden gefallen. Zwar huldigten der Hof Friedrich Augusts II. und sein allmächtiger Premier, der Graf Brühl, einem wiederum durch den Einfluß Longuelunes gemäßigten Rokoko, das mit Knöffel und Schwarze seinen architektonischen Höhepunkt erlebte. Die klassizistische Opposition fand aber in der nachfolgenden Generation beim Kurprinzen Friedrich Christian und seiner Gattin ein williges Ohr. Vor allem war es die Kurprinzessin Maria Antonia Walpurgis, eine geborene Bayerin und wohl die künstlerisch begabteste Frau, die als Gattin den Thron der Wettiner geteilt hat. Sie übernahm die geistige Führung im Kampf um den neuen Stil. Ihre Opernkompositionen beherrschten nicht nur den Dresdner Spielplan. Durch den frühzeitigen Tod Friedrich Christians, der 1763, kaum vierzig Jahre alt, nach einer Regierungszeit von wenigen Wochen starb, wurde sie um die Auswirkung ihres künstlerischen Wollens gebracht und konnte nur unter der Administration des Prinzen Xaver einige ihrer Pläne realisieren. Ihrem Wirken ist es letztlich zu danken, daß die sächsischen Kunstakademien ein Jahr nach der militärischen Niederlage und ihrer Besiegelung durch den Hubertusburger Frieden begründet wurden.

Der erste bildende Künstler, der die antibarocke künstlerische Forderung im Sinne der italienischen Theoretiker nach Dresden brachte, war der Bildhauer Lorenzo Mattielli, „der berühmte Mattielli, dem nach Algarotti Polyklet das Maß und Phidias das Eisen gab" (Winckelmann), der wohl auch von Wien den Ankauf der drei herkulaneischen Statuen, der Glanzstücke der Antikensammlung, vermittelte und „der den griechischen Geschmack mit

398 Dresden vor dem Wilschen Tore

Von der Annengasse aus gesehen, die Postmeilensäule Annengasse, Ecke Am See, das Akzisehaus an der Brücke, später Gaststätte Gambrinus, die Häuser links gehörten zuletzt zur Zwingerstraße. Jenseits des Walles der Zwinger mit dem Kronentor und dem Opernhause Pöppelmanns, dahinter Hofkirche und Schloßturm, rechts weiter das Adamsche Haus (Stadtwaldschlößchen), der Wilsdruffer Torturm aus der Zeit der Christiane, nach 1590, davor das Wasserhaus der Plauenschen Wasserleitung. Vordergrund rechts Saturnbastei (später Telegraphenamt) mit Luftösen für die Kasematten, links vom Tor Bildwerk mit sächsisch-dänischem Allianzwappen und Justitia darüber, 1573 unter Kurfürst August wahrscheinlich von Hans Walther geschaffen. Einebnung des Geländes nach 1811, darauf Anlage des Postplatzes und des Antonplatzes sowie der Marienstraße und Ringstraße

Stich von B. Belotto, 1750 (V.R. 16), I.f.D.

der Zuneigung gegen die Deutschen vereinigte" (Hagedorn). Ebenfalls aus Wien, aus der Schule des Bildhauers Georg Raphael Donner, kam der Maler Adam Friedrich Oeser. Als klassizistischer Theoretiker und Lehrer gab er sein Wissen an Winckelmann und den jungen Goethe weiter, gelangte aber selbst in seinen Gemälden nicht wesentlich über ein verblassendes Rokoko hinaus.

Im Jahre 1754 hatte Johann Joachim Winckelmann seine Stellung als Bibliothekar bei Heinrich von Bünau im nahen Nöthnitz aufgegeben und war nach der Residenz, in die Wohnung Oesers in der Großen Frauengasse, übergesiedelt. Das Jahr darauf finden wir ihn in der Neustadt in der Königstraße 17. Hier entstand das entscheidende Frühwerk der klassizistischen Kunsttheorie, die „Gedanken über die Nachahmung der griechischen Werke in der Malerei und Bildhauerkunst" mit der Widmung an Friedrich August II., die in einem Hymnus an Dresden ausklingt. „Die reinsten Quellen der Kunst sind geöffnet: glücklich ist, wer sie findet und schmecket. Diese Quellen suchen, heißt nach Athen reisen; und Dresden wird nunmehr Athen für Künstler." Es ist das früheste aus dem großen Chor der Bekenntnisse zu der in der ersten Hälfte des Jahrhunderts zur Weltbedeutung gelangten Kunststadt Dresden, dem noch das ein halbes Jahrhundert später geschriebene Wort Johann Gottfried Herders von 1802 aus der „Adastrea" folgen mag: „Blühe, deutsches Florenz, mit deinen Schätzen der Kunstwelt! Stille gesichert sei Dresden Olympia uns."

Winckelmanns Erstlingsschrift gipfelt in den Erkenntnissen: „Der einzige Weg für uns, groß, ja wenn möglich ist, unnachahmlich zu werden, ist die Nachahmung der Alten... Das allgemeine vorzügliche Kennzeichen der griechischen Meisterwerke ist eine edle Einfalt und eine stille Größe." Man hat sie als Winckelmanns Reformationsthesen bezeichnet. Wie er sich die zukünftige Gestaltung architektonischer Werke vorstellte, entnehmen wir einer Schrift von 1763, in der er feststellt, „daß das Schöne in der Baukunst vornehmlich in den Proportionen bestehe und daß ein Gebäude durch sie allein schön werde und sei, ohne Zieraten". Es ist die Absage an den Barock, der für die folgenden 150 Jahre als eine Verfallserscheinung der Kunst gewertet wird. Die, geistesgeschichtlich gesehen, großartige Leistung, die das Zeitalter des Barock von dem der Renaissance scheidet und der Kunst unabsehbare Möglichkeiten eröffnete, die Umformung des Begriffes vom „Schönen" in den von der „Qualität", wurde vom Klassizismus wieder zurückgenommen. Unter der „Qualität" wollten die Theoretiker des Barock einen ästhetischen Wert verstanden wissen, der sich im Schaffen selbst erfüllt und nicht der kanonisierten Norm eines festen Schönheitsbegriffes, wie ihn die Nachahmung der Antike und Raffaels bedingt, unterliegt. Die barocken Kunstschriftsteller gaben mit dem Begriff der Qualität auch die theoretische Begründung für die „moderne" Kunst, der es um die „Qualität" geht und die sich nicht in die spanischen Stiefel der Schönheitsbegriffe eines rückwärtsschauenden und nachahmenden Klassizismus und Neoklassizismus einschnüren lassen will, sondern kühn und unbeschwert nach neuen Ufern strebt.

Der nächste in der Reihe der Dresdner Theoretiker ist der Architekt Friedrich August Krubsacius, der schon 1745 mit „Betrachtungen über den Geschmack der Alten in der Baukunst" als Schriftsteller begonnen hatte und sich 1759 über „Ursprung, Wachstum und Verfall der Verzierungen in den schönen Künsten" in schärfster Weise gegen den Barock äußert. Die Frage „Wie soll man ein Gebäude verzieren?" beantwortete er bereits im Sinne des modernen Funktionsprinzips. „Gar nicht oder so wenig als möglich. Denn sie haben ihre Wesensschönheit in den architektonischen Gliedern." Krubsacius ist ein streitbarer Klassizist, dem Goethes Bekenntnis zur Gotik Erwin von Steinbachs und zum Straßburger Münster ebenfalls ein Greuel wird. Als erster Professor der Architektur an der Akademie hat er Gelegenheit gehabt, von 1764 an sein Programm an eine große Schülerzahl weiterzuleiten. Was er selbst als Architekt leistete, wird uns später noch beschäftigen. Merkwürdigerweise haben sich die Lebenskreise der frühesten Dresdner Theoretiker des Klassizismus, von Winckelmann und Krubsacius, niemals berührt.

Zur Verbreitung von Winckelmanns Gedankengängen trug vor allem auch Philipp Daniel Lippert bei. Er fertigte viele tausend Abdrücke nach Gemmen in einer harten Talkerde und verkaufte diese Arbeiten. Das Publikum lernte so überhaupt erst einmal das Aussehen antiker Bildwerke kennen, von denen es bis dahin nur eine Vorstellung aus der antiken Literatur gehabt hatte. Die letzten Jahrzehnte seines Lebens wirkte Lippert, an den heute noch die Gedenktafel an seinem Wohnhause Königstraße 5 erinnert, als Professor der Antike an der eben gegründeten Akademie.

Auch Anton Raffael Mengs, der als der berühmteste Maler seiner Zeit galt, der Schöpfer des Bildes für den Hochaltar und zweier weiterer Altargemälde in der Katholischen Hofkirche, hat in einer Reihe theoretischer Schriften, so in der über „Die Schönheit und den Geschmack in der Malerei", das klassizistische Kunstideal für die Malerei vertreten. Seit 1755 verbanden ihn nahe Beziehungen mit Winckelmann.

Aus der Reihe der Dresdner Kunsttheoretiker ragt noch Carl Heinrich von Heinecken hervor.

Als Geheimsekretär des Grafen Brühl ist er mit dem Dresdner Kunstleben engstens verbunden gewesen. Da er mit in den Sturz des Ministers hineingezogen wurde, fand er nunmehr Muße zu schriftstellerischer Betätigung. Mit seinen Arbeiten über das von ihm geordnete und vermehrte Dresdner Kabinett ist er zum Begründer der Kupferstichkunde geworden.

Einer der gebildetsten Kunstschriftsteller des 18. Jahrhunderts war Christian Ludwig von Hagedorn. Er organisierte die sächsischen Kunstakademien in Dresden und Leipzig und stand ihnen von der Gründung bis 1780 vor. Der Unterricht in den Anstalten entsprach dem klassizistischen Programm, das Carlo Maratta in seinem Thesenblatt auf dem Stich nach Raffaels Schule von Athen niedergelegt hatte. Trotz dieses Programms brachte Hagedorn den Porträtmaler Anton Graff nach Dresden und berief den ersten modernen Landschaftsmaler, Johann Christian Klengel, an die Akademie. Ihm gelang es sogar, Bernardo Belotto, dessen realistische Rokokoveduten den idealistischen Forderungen der Zeit strikt zuwiderliefen, wenigstens noch für eine Zeit als Lehrer für Perspektive zu halten, bis er in Warschau ein Unterkommen fand. Belotto galt, obwohl er erst vierundvierzig Jahre zählte, den fortschrittlichen Klassizisten als überaltert. Auch seine Umstellung auf Idealveduten, wie den „Tempel der Venus", konnte die grundsätzliche Ablehnung seiner Kunst nur mildern. Es lag Hagedorn bei der Heranbildung der Schüler aber weniger an rein künstlerischen Schöpfungen als an der Gewinnung geschickter kunsthandwerklicher Kräfte, die nach dem verlorenen Krieg dem darniederliegenden Land durch Verbindung von Handwerk und Kunst wieder aufhelfen sollten. Hagedorn war es auch, der 1765 die erste der alljährlichen Kunstausstellungen auf der Brühlschen Terrasse veranstaltete, an denen sich Lehrer und Schüler der Akademie, aber auch Gäste aus der Stadt und von außerhalb beteiligten und die bis Ende des 19. Jahrhunderts durchgeführt wurden.

Das Schreiben und Reden über Kunst galt dieser Zeit, die glaubte, daß alle großen Taten der Kunst bereits vollbracht seien und daß es nur darauf ankomme, die großen Meister zusammenzufassen und nachzuahmen, mehr als das Gestalten. Das Interesse für Kunst hatte weite Kreise der Laien erfaßt. Ästhetische Schriften erfreuten sich ungemeiner Beliebtheit. Friedrich von Racknitz, Hofmarschall und Dilettant in den verschiedensten Künsten, Freund Goethes, befriedigte nicht nur in Dresden den Lesehunger auf diesem Gebiet. Er schrieb unter vielem anderem auch „Briefe über die Kunst an eine Freundin", in denen er die mechanische Inhaltsästhetik der klassizistischen Malerei popularisierte. In einer beiliegenden Liste bot er das Schema für diese Kunstbetrachtung, oben beginnend mit den Götter- und Heldendarstellungen und unten endend mit Porträtmalerei und Landschaft, von den Küchenstücken nicht mehr zu reden. Die Nachwelt hat anders geurteilt; wer von der Malerei dieser Zeit in Dresden spricht, meint Graff und Klengel, und nur der Spezialist kennt gerade noch die Namen der Kompositeure, die lobend zu beschreiben die Kritiker nicht müde wurden. Wie ein roter Faden zieht sich jener langweilige und schulmeisterliche Akademismus fast durch das ganze 19. Jahrhundert weiter, in seinem Namen hat man sich auch hochmütig über Runge, Friedrich, Kersting, Carus, Dahl, Rayski und Gille hinweggesetzt.

Klassizistische Anfänge bis zum Landhaus

Wer sich von der Dresdner Kunsttheorie des Klassizismus zur Praxis des Bauens wendet, wird enttäuscht sein, wenn er einen epochemachenden Umschwung erwartet hat. Die Veränderung vollzieht sich bis zur Jahrhundertwende nur langsam. Das gemäßigte Dresdner Rokoko wird auch nach dem Siebenjährigen Krieg weitergeführt, nur etwas bescheidener und den Verhältnissen entsprechend ärmlicher. In der Innenausstattung geht die Wandlung zum Zopf vor sich, eine Entwicklung, die man an der Form und Behandlung des Mobiliars deutlich verfolgen kann. Hatte man im Hochbarock bis etwa 1725 noch seine Möbel vergoldet, so furnierte man sie im anschließenden Spätbarock und im Rokoko, während der Zopf, seit etwa 1770, zu einer weißen Bemalung überging. Im Barockmuseum Moritzburg und im Museum für Kunsthandwerk in Pillnitz finden sich heute die kostbarsten Beispiele für die besondere Dresdner Möbelkunst.

Der englische Gartenstil setzt sich energisch durch. Zum ersten Male gewinnt die Gartenkunst das Primat vor allen anderen Künsten. Ordnete sich im Barock der französische Garten der Architektur völlig unter, so verschwindet die Architektur jetzt im Garten, der die Natur widerspiegelt. Keine Schneise durchschneidet mehr scharf das Waldquartier und weist auf einen Point de vue, denn die Natur verabscheut, wie es bereits Sulzer formuliert hat, die gerade Linie. Gotische Formelemente tauchen als Import aus England auf oder fußen auf Stichen der Zeit. Desgleichen werden nach den ersten Veröffentlichungen über Pompeji und Herkulaneum diese Anregungen verwendet, wie wenig später die etrurischen, ägyptischen und otaheitischen und früher schon die chinesischen, türki-

399 Erstes Projekt zur Niederlegung der Festungswerke von Fr. de Cuvilliés, 1762

An Stelle des Festungsgrabens sah Cuvilliés eine Allee mit vier Reihen Bäumen vor. Das letzte großzügige Projekt eines neuen Schloßbaues führte über das Große Gehege und nahm Schloß Übigau als Point de vue mit auf. Die zwischen Allee und Stadtkern eingezeichneten Gartenanlagen vermitteln ein Bild von den Besitzverhältnissen dieses für die Stadterweiterung so wichtigen Geländes, das Friedrich August II. an seine Günstlinge verschenkt hatte. Die dunkel eingezeichneten Gebäudeblöcke wurden durch die kriegerischen Ereignisse zerstört. Für diese Planung war die Zeit noch nicht reif. In der Innenstadt lösten sich die städtebaulichen Probleme einfach durch die Tatsache, daß die ausgebrannten Gebäude wieder ausgebaut wurden und die Baufluchten erhalten blieben

Farbige Lithographie von 1878 nach der Zeichnung im L.H.A. aus „Die Bauten von Dresden"

399

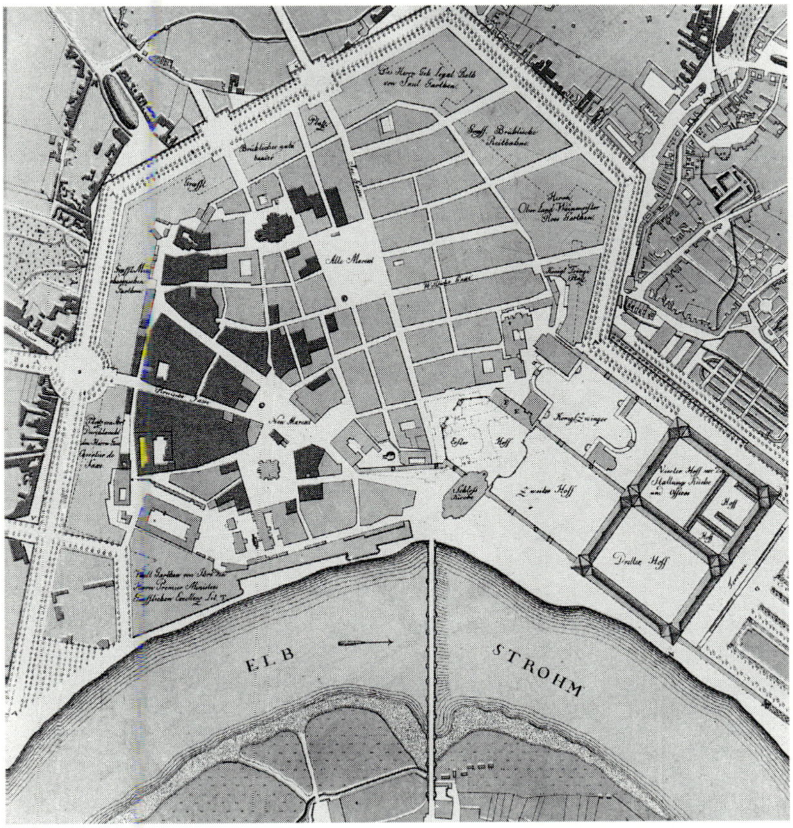

schen oder „indianischen". Alles dies bleibt aber rein dekorativ oder sogar nur modisch und äußert sich nicht im Konstruktiven der spärlich entstehenden neuen Bauten.

Wie schon vermerkt, blieb auch Friedrich August Krubsacius trotz seiner theoretischen Erkenntnisse in seinen innenarchitektonischen Gestaltungen des Kurländer Palais und des Palais in der Zinzendorfstraße dem gemäßigten Rokoko treu, wenn später auch unter Einbeziehung klassizistischer Stilelemente. Seine großartigste Leistung vollbrachte er in dem nach der Johannstraße gelegenen Treppenhause des Landhauses, das sich durch sämtliche Stockwerke zieht. Dieses Treppenhaus bestimmt seinen Rang als Architekt. Seine Kunsttheorien suchte er in der Außenarchitektur zu verwirklichen. Als Schüler Longuelunes führte er dessen blockhafte Gestaltung fort, von der französischen Akademie übernahm er eine gewisse Nüchternheit der Formen. Das Mansarddach verwendete er weiter.

Seinen ersten Bau in Dresden errichtete Krubsacius 1764 bis 1770 für den Chevalier de Saxe in der Langen Gasse, der späteren Zinzendorfstraße. Das eingeschossige Gebäude von elf Achsen Front mit Mezzanin und Mansarddach, später der Sekundogenitur des königlichen Hauses Wettin gehörig, zeigt alle Merkmale des Überganges. Es wurde Mitte des 19. Jahrhunderts durch Hermann Nicolai stark verändert. Ein einfacher Dreieckgiebel betont die Mittelachse des von Knöfflerschen Figurengruppen bekrönten Palais nach der Gartenseite. Zum ersten Male erscheint hier der rechteckige Turmaufbau mit einem Belvedere, der mehr als ein halbes Jahrhundert eine charakteristische Beigabe der Dresdner Palais-Architektur bleiben sollte.

1770 bis 1776 entstand das bis dahin größte Verwaltungsgebäude der Stadt für die sächsischen Landstände, das schon genannte Landhaus. Es blieb nach dem Siebenjährigen Krieg bis zum ersten Semperschen Opernhaus der einzige große Profanbau, der in Dresden ausgeführt wurde. Das Neue der sonst noch mit vielen spätbarocken Zügen behafteten architektonischen Gestaltung zeigt sich an der 77 Meter langen Hauptschauseite nach der Landhausstraße. Hier verwendet Krubsacius zur Gliederung der Fassade zum ersten Male vor einem fünffenstrigen Mittelrisalit auf hohe Sockel gestellte glatte dorische Säulen, die in der Anordnung von je drei das Portal einrahmen und das Gebälk eines Balkons tragen, der dem zweiten Obergeschoß vorgelegt ist. Der Balkon wird nicht mehr durch ein schmiedeeisernes Gitter, sondern wieder durch steinerne Baluster bereichert. Dieses Motiv des von Säulen getragenen Balkons findet sich in den verschiedensten Abwandlungen bis in das Biedermeier der zwanziger Jahre des neuen Jahrhunderts hinein. Das vor der Salomonisbastei auf der Gewandhausstraße 7 gelegene Preußsche Haus von 1825, das dem Neuen Rathaus weichen mußte, der wenige Jahre nachher erfolgte Umbau des oberhalb der Stadt an der Elbe gelegenen reizvollen Barockgebäudes des Steuerrates Anton und das noch erhaltene Wohngebäude Oberer Kreuzweg 8 aus der gleichen Zeit mögen als späte, bescheidene Beispiele erwähnt sein. Als Akademielehrer wurde Krubsacius der Vater des Dorismus. Ihm huldigte noch Schuricht im Mitteltrakt des Neuen Palais um den Fliederhof in Pillnitz, wo ebenfalls vier mächtige kannelierte dorische Säulen, plan auf das Traufpflaster gestellt, rein dekorativ zur Betonung der Mittelachse, einen schmalen Austritt des Festsaales tragen, den bei Knöffel Kragsteine gehalten hätten.

Christian Traugott Weinlig und die Kleinbauten

Neben Krubsacius wirkte der um zwei Jahrzehnte jüngere Christian Traugott Weinlig. Versuchte Krubsacius direkt auf die Antike zurückzugehen, so nahm Weinlig den Umweg über die Schriften Palladios und Vitruvs. Durch seinen Amtschef und

400

400 Schloß Pillnitz, das Wasserpalais

Die ursprünglich von M. D. Pöppelmann 1721/24 errichtete Mittelgruppe um je einen Seitenflügel und achtsäuligen nicht ausgeführten Rundpavillon mit Flachkuppel erweitert. Pavillonsystem à la française. Entwurf wohl von T. Weinlig

Zeichnung, 1788, I.f.D.

Lehrer Schwarze gehörte er zu den Enkelschülern Longuelunes. Als nach dem verlorenen Krieg die Akademie gegründet wurde, trat er gerade seine großen Studienreisen an. Er kam auch sonst nicht in Beziehung zu der Anstalt, in der des Krubsacius trockener Ton herrschte. Der Aufenthalt in Paris blieb für ihn mehr Episode, erst in Rom fand er sich und gelangte während eines vierjährigen Aufenthaltes zu einer überlegenen Betrachtungsweise, abseits aller akademischen Schulregeln. Die römischen Briefe erweisen sich als eine Fundgrube für die neuen Kunstauffassungen, die er mit heimbrachte. 1770 traf er wieder in Dresden ein.

Soeben hatte Winckelmann gegen den verderbten Geschmack der Grotesken seine Stimme erhoben. Weinlig entdeckte sie neu. Die Loggien Raffaels sowie die Funde bei den Ausgrabungen in Herkulaneum und in Pompeji hatten ihn so tief beeindruckt, daß er kurz nach 1780 den Basemannschen Konzertsaal Schloßgasse 3 mit solchen Grotesken oder Arabesken verzierte. Ihm folgten die Dekorationen im Prinz-Max-Palais und im Dohnaischen Pavillon des Gartens des Palais Zinzendorfstraße. In dem zuletzt genannten Bau wählte Weinlig Darstellungen auf antiken Vasen zu Vorbildern für die Malereien über den Fenstern. Neben Pompeji und Herkulaneum traten Etrurien und Ägypten in seinen Gesichtskreis, und er verwendete ihre dekorativen Formen. Damit waren seine Gestaltungsmöglichkeiten aber noch nicht erschöpft. Für das Lustschloß Pillnitz entstanden lichte Entwürfe im Zopfstil mit Schleifen, Bändern, Rankenwerk, Medaillons mit Flachreliefs in der typischen Farbskala Weiß, Gold und Hellgrün. Die Ausführung der meisten dieser Malereien lag in den Händen von Ludwig Giesel. Alle diese reizvollen Innendekorationen, die Wände und Decken überzogen und von denen in Dresden nur die Malereien im Marcolinipalais, im Englischen Pavillon sowie im Bergpalais in Pillnitz erhalten blieben, gaben keine Veranlassung, die Außenarchitektur auch nur um ein Geringes reicher zu gestalten.

Aber Weinlig hat sich nicht nur mit Entwürfen für die Innenausstattung befaßt. Viele Jahre lang wirkte er für Pillnitz. Er zeichnete eine neue zentrale Schloßanlage, der man Longuelunes Vorbild deutlich ansieht. Er schuf auch die seitlichen Flügelbauten für das Wasser- und Bergpalais, die Exner dann ausführte. In einer Ideenskizze erscheinen die erst Jahrzehnte später vollendeten Verbindungsgänge zum Neuen Palais Schurichts, der die Planungen Weinligs übernahm und zu einem Abschluß brachte.

Eine Zeit, die die großen Gesellschaften ablehnte und die es liebte, sich von der Welt zurückzuziehen, um den Wert der eigenen Persönlichkeit zu genießen, hatte ein Bedürfnis nach kleinen Baulichkeiten, die sich in die englischen Gartenanlagen einbetten und an versteckter Stelle unterbringen ließen. Es sind nicht mehr die Spielhäuser wie im Großen Garten, die sich in symmetrischer Reihung in nächster Nähe um Palais und französischen Ziergarten zogen und sich der Struktur der Anlage unterordneten. Jeder dieser neuen Kleinbauten zeigt und wahrt ein individuelles Antlitz, dessen Wiederholung sich verbietet. Die Dresdner Architektur genoß hier eine Führungsstellung. Sowohl Weinlig als auch der jüngere Schuricht, der die Kupfer zu dem bedeutendsten Gartenwerk der Zeit, zu Hirschfelds fünfbändiger „Theorie der Gartenkunst", 1779 bis 1785 schuf, wirkten durch ihre Blätter über den gesamteuropäischen Raum bis tief in das 19. Jahrhundert hinein.

Die Spannweite, über die diese Zeit verfügte, kann man an den beiden kleinen Bauwerken ermessen, die im englischen Park von Pillnitz ein Unterkommen gefunden haben und die beide mit dem Namen Weinligs verbunden sind, dem Rundtempel und dem Chinesischen Pavillon, den Schuricht nach Weinligs Tode ausführte. Sie umfaßten in der Dekoration die ganze Welt, soweit sie zeitlich und räumlich in den Gesichtskreis getreten war. Mit überlegenem Geschmack wissen die Künstler im letzten Viertel des 18. Jahrhunderts diese Vielfalt von Ägypten bis China, von der Antike über die Gotik bis Raffael zu meistern und in den Dienst ihrer architektonischen Ideen zu stellen. Es darf aber bei der Anerkennung der Leistung nicht vergessen werden, daß ein wirklich großes, eigenschöpferisches Kunstwerk nicht entstand. In einer Zeit, in der Literatur und Philosophie einem Gipfelpunkt entgegenstrebten, reichten dazu die Kräfte nicht mehr aus.

Zeigt der auf acht Paaren ionischer Säulen ruhende Pillnitzer Rundtempel von 1787 durch die Wiederholung des Rundbaues mit Pilasterpaaren im Aufbau und mit abschließender vasenbekrönter Kuppel das geistige Erbe des Bramante, so ist der Chinesische Pavillon wohl eine Frucht aus dem Vorlagenwerk des Engländers William Chambers, aus Holz und Blech rasch zusammengefügt. Die Stadt selbst besitzt nur ein Bauwerk von Weinligs Hand – das letzte, das er geschaffen hat – die an der Stallstraße gelegene Reithalle von 1794 bis 1795. Ihre Formen sind einfach, aber gediegen. Der Reliefschmuck Pettrichs, ein antikes Zweigespann im Giebel, das sächsische Kurwappen mit eingelassenen Spiegeln über dem Eingangsportal, ist eingefügt und nicht mehr mit der Architektur gemeinsam gewachsen. Doch ist Weinligs Name auch mit einem Wohnhausbau verbunden, mit der Arnoldischen Buchhandlung am Altmarkt, Ecke Webergasse. Sie war, wie wir bereits sahen, ursprünglich ein zweigeschossiger Renaissancebau. Weinlig übernahm getreu die vorhandene Substanz und setzte in organischer Weiterentwicklung zwei weitere Geschosse auf.

In der Fassade der Weinligschen Reithalle wird eine neue Sprache gesprochen. Sie nähert sich wieder der Akademie, die Hölzer im Sinne von Krubsacius weiterführte. Wie Hölzer selbst sich eines Auftrages für eine Innenausstattung entledigte, läßt sich an Entwürfen zum Umbau des Japanischen Palais, zur Unterbringung der Bibliothek und der Antikensammlung, verfolgen. Auch er verfügte über einen sicheren Geschmack, aber wie trocken wirkt das Ganze gegen den Reichtum an Phantasie und Heiterkeit, die Weinlig zur Verfügung standen und die sich auch mit Abstand noch bei Schade finden.

Von der Fasanerie in Moritzburg zu den technischen Bauten an der Weißeritz

Johann Daniel Schade war ein Mann von sicherem Geschmack und überdurchschnittlicher Begabung. Er scheint auch ein praktischer Geschäftsmann gewesen zu sein, sonst hätte ihn Marcolini kaum zur Verwaltung seiner bedeutenden Liegenschaften herangezogen. Wie Knöffel für den Grafen Brühl, so war Schade für den mächtigen Minister, der seit 1780 Generalintendant der sächsischen Kunstakademien und der Porzellanmanufaktur in Meißen sowie Vertrauter des Kurfürsten und späteren Königs Friedrich August I. war, anscheinend der Hausarchitekt, ohne daß seine Tätigkeit sich darin erschöpft hätte.

Schades Hauptwerk entstand in Moritzburg. Wenige Kilometer vom Schloß, am Großen Teich, schuf er in langer Bauzeit, von 1769 bis 1782, die reizvolle kleine Fasanerie, zuletzt mit dem jungen Hauptmann als Gehilfen. In einer quadratischen Anlage von 13,4 Metern gelang es ihm, eine ganze Miniaturhofhaltung unterzubringen. Das Untergeschoß, die Wohnung des Kurfürstenpaares, enthält außer den Treppenanlagen nicht weniger als acht Räume. Fast das gesamte erste Stockwerk

401

401 Moritzburg, das Garnhaus mit der Fasanerie

Ein Vogelhaus aus Nagelwerk, mit von Vasen im Zopfstil bekrönten Kuppeln, um 1775, von J. D. Schade, um 1900 abgebrochen

Aufn. I.f.D., vor 1900

402 Moritzburg, der Speisesaal im Fasanenschlößchen

Charakteristische Ausstattung im Zopfstil in den Farben Weiß-Gold wohl von J. D. Schade, um 1771. Ölgemälde von J. Ch. Malcke, Einrichtung durch Kriegsnachwirkungen 1945 zerstört

Aufn. D.F.D., um 1930

402

nimmt der Speisesaal mit den Malereien Malckes von 1771 an den Stirnseiten ein. Die Innenausstattung zeigt in drei Räumen Chinoiserien, es gibt ferner ein Federzimmer und ein Strohkabinett, genannt nach dem Material der darin verwendeten Wandbespannungen. Das Mobiliar weist die charakteristischen Girlandenformen und die hellen Farben des Zopfes auf. Es war noch kein Menschenalter vergangen, seit unter Friedrich August II. die letzten gigantischen Schloßpläne der Longuelune, Chiaveri und Cuvilliés zwischen Zwinger und Elbe entstanden waren. Dem Herrscher der neuen Zeit genügte eine Behausung, die bürgerlichen Umfang nicht wesentlich überschritt. Schade ist auch der Schöpfer des Leuchtturmes, des Hellhauses von 1787, an dem alle Schneisen zusammenlaufen und von dem aus die Treibjagden geleitet wurden, und des 1900 verschwundenen, aus Nagelwerk bestehenden Garnhauses.

Von seinem Gönner Marcolini erhielt Schade den zweiten großen Auftrag, die Umgestaltung des von J. C. Naumann errichteten und von Knöffel veränderten, inzwischen aber verwahrlosten Palais Brühl an der Brückenstraße der Friedrichstadt. Schade erhöhte, mit J. Gottfried Kuntsch als Mitarbeiter, die Flügelbauten um je einen Stock und fügte an Stelle der Orangerie einen weiteren östlichen Flügel, der das Wappen Marcolinis und seiner Gattin trägt, hinzu. Das 19. Jahrhundert veränderte die Architektur des nun als Stadtkrankenhaus dienenden Palais wiederholt. Das kostbare Mobiliar des 18. Jahrhunderts wurde damals verkauft. Erhalten haben sich aus der Zeit Schades im Inneren nur das chinesische und das pompejanische Zimmer, deren Malereien Ludwig Giesel schuf. Es sind das die gleichen Zimmer, die Napoleon 1813 bewohnte.

Schade war es auch, der das Japanische Palais zur Bibliothek umbaute. Was er zu der beginnenden gotischen Mode beitrug, wird uns anschließend beschäftigen.

Noch ein dritter Architekt bleibt hier zu nennen, Johann August Giesel. Prinz Xaver hatte ihn nach Beendigung seiner Regentschaft mit nach Paris genommen und bei Chalgrin ausbilden lassen. Als Giesel 1782 nach Dresden zurückkehrte, übernahm er den Umbau des Hauses, das Chiaveri 1742 für sich selbst aus den Mitteln für die Hofkirche errichtet hatte. Es war inzwischen in den Besitz des Prinzen Max, eines Bruders des Kurfürsten, übergegangen. Als Max-Palais ist es auch in der Dresdner Architekturgeschichte bekannt geworden. Die städtebauliche Anlage macht Chiaveri bereits alle Ehre. Er errichtete es einerseits in der Achse des Japanischen Palais, andererseits nahm es das Schloß Übigau als Point de vue auf. Sein leichtfertiger Abbruch 1890 gehört zu den schmerzlichsten Verlusten, die die Stadt vor dem 13. Februar 1945 erlitten hat. Niemals wieder hat die Dresdner Architektur die Kraft gehabt, in einem Bau so großartige Gesichtspunkte über weite Räume zu entwickeln.

Giesel legte dem zweigeschossigen Palais von sieben Fenstern Front einen Mittelrisalit mit vier ionischen Halbsäulen vor, der sich auf einem Sockel mit Balkon und Balustrade erhebt und von einem Attikageschoß mit Reliefgehängen abgeschlossen wird. Die reichgeschmückten und durch Rundbogen abgeschlossenen riesigen Holzportale sind in die durch Putzbänder gegliederten seitlichen Flügel eingelassen. Den quadratischen Turm baute er zum Observatorium aus. An der nicht weniger reizvollen Gartenfront verzichtete er auf die Attika zugunsten eines Mansarddaches und führte eine Freitreppe zum Garten, in den er unter anderem auch ein Vogelhaus mit gotischen Maßwerkfenstern setzte. Die Inneneinrichtung übertraf alle ähnlichen Ausstattungen der Zeit an Einheitlichkeit. Nicht nur Johann August Giesel selbst, sondern auch sein Bruder Johann Ludwig, Christian Traugott Weinlig und Christian Friedrich Schuricht waren an den Entwürfen und der Ausführung beteiligt. Wie durch die Ausplünderung von Hubertusburg durch die Preußen während des Siebenjährigen Krieges die feinste Blüte des Dresdner Rokoko zugrunde ging, so verlor Dresden mit dem Abbruch des Max-Palais seine bedeutendste dekorative Ausstattung der Zopfzeit.

Ein einziger erhaltener Bau steht in enger Beziehung zum Max-Palais, die Villa Sorgenfrei in Radebeul. Das sehr viel bescheidenere ländliche Gebäude, ebenfalls mit quadratischem Turmaufbau und Belvedere geschmückt, entstand nur wenige Jahre später, zwischen 1786 und 1789. Obwohl der Name des ausführenden Architekten nicht überliefert ist, läßt sich die Villa ohne Bedenken Giesel zuschreiben.

Auf dem Loschwitzhang hatte sich der Engländer Lord Findlater durch einen noch nicht ermittelten Künstler, der sicher in der Nähe von Giesel zu suchen ist, 1811 einen umfangreichen, architektonisch bedeutenden Bau, „das schönste Wohnpalais von Dresden“ nannte es K. Großmann, errichten lassen. Der Ausspruch bezieht sich vor allem auf seine einmalige Lage oberhalb des Elbknies vor Loschwitz inmitten eines Weinberggeländes. Von hier aus umfaßt der Blick die breite Stadtsilhouette Dresdens mit ihrer Abfolge von Türmen und den Elbkessel mit den angrenzenden Gebirgen. Der Bauherr ist nicht mehr selbst in den Genuß des Hauses gekommen, er starb im Jahr der Fertigstellung. Zehn Jahre später wurde es mit einer Wirtschaft versehen und durch seine hervorragende Lage ein beliebtes Ausflugsziel für Einheimische und Fremde. 1851 erhielt „Findlaters“, wie es die Dresdner nannten, in dem Prinzen Albrecht von Preußen einen neuen Besitzer, der den Bau teilweise abreißen und von Adolph Lohse das Schloß Albrechtsberg errichten ließ. Das bekrönende Belvedere in der Form eines Rundtempels mit abschließender Kuppel vom Typ der Kleinbauten für den Landschaftsgarten war für den Weinbergwächter bestimmt. Die wohl etwas späteren Gartenanlagen mit Rundbeeten und Bosquetts zeigen die typischen Formen des Biedermeier.

Aber es entstand in diesen Jahrzehnten auch eine Reihe von technischen Bauwerken. Am Weißeritz-

403 Die Arnoldische Buchhandlung Webergasse 2 mit Westteil des Altmarktes, Lithographie um 1860

Der alte Renaissancebau wurde von T. Weinlig in Anlehnung an die alten Formen 1790 um zwei Geschosse erhöht. 1945 ausgebrannt, später mit den Altmarktbauten abgebrochen (s. Abb. 344 und 379)

Aufn. I.f.D.

403

mühlgraben errichteten Reuß und Kuntsch die neue Spiegelschleife. Wahrscheinlich ist Kuntsch die Ausführung der eigentlichen Bauten zugefallen, während Reuß, von Haus aus Zimmermeister und ein Spezialist für innere technische Ausgestaltungen – er hatte schon die technischen Theaterumbauten geleitet und das Sommertheater am Linckeschen Bade fertiggestellt – für die Einrichtung des Betriebes zuständig war. Das Verwaltungsgebäude der benachbarten Pulvermühle unterschied sich mit seinem Dachreiter und Belvedere in nichts von den kleinen Herrschaftsbauten wie der Villa Sorgenfrei. Als ein neues Element erscheinen hier aber die besonderen Arbeiterhäuser, die neben dem kurfürstlichen Unternehmen entstanden. Es dürfte die erste Betriebssiedlung in Dresden gewesen sein, zweigeschossige einfache Fachwerkbauten mit Walmdach. Ihr Architekt läßt sich nicht feststellen. Vielleicht war es wieder Kuntsch.

Gotische Bauten, Gärten und künstliche Ruinen

Die erneute Verwendung gotischer Formelemente erfolgte in Dresden seit 1780 und war aufs engste verknüpft mit der Verwendung der Chinoiserien. Zuerst ist es nur die Freude an der exotischen und fremden Form gewesen, die, nachdem die räumliche Ferne überwunden war, auch die zeitliche mit einbezog. Selten klar liegt in Dresden der fremde Einfluß zutage. Der erste Spitzbogen erscheint in einer Tür des chinesischen Zimmers im Palais Marcolini der Friedrichstadt. Er zeigt keinerlei konstruktives Element und ist nur dekorativ neben klassizistischen Formen und Chinoiserien verwendet. Der gleiche Bauherr ließ sich vor der Neustadt, oberhalb der eben weiter nördlich verlegten Bautzner Landstraße, auf dem Gelände der heutigen Brauerei, für seine Gemahlin das Waldschlößchen errichten. Es zeigt eine Reihe Formen, die nur in der englischen Frühgotik vorhanden sind, wie die Tellerkapitäle mit glockenförmigem Hals an den Säulen des Einganges. Auch nichts deutet darauf hin, daß sie in Dresden selbst wuchsen. In kaum einer anderen Stadt war die gotische Vergangenheit so völlig vergessen wie hier. Renaissance und Barock hatten seit 1530 alle mittelalterlichen Formen überwunden, und für eine Nachgotik, wie sie im benachbarten Böhmen noch bis ins 18. Jahrhundert hinein wirksam blieb, war in Dresden kein Raum geblieben. Die ersten neugotischen Formen kamen mit dem neuen Gartenstil aus England, wo die gotische Mode bereits seit 1750 Fuß gefaßt hatte.

404

404 Lord Findlaters Weinberg in Loschwitz mit Blick auf Elbe und Stadt, J. A. Giesel (?), 1811

Glatter zweigeschossiger Putzbau, 13 Achsen Front, mittlere drei vorgezogen und durch säulengetragenen Balkon mit Balustern bekrönt, seitlich drei Achsen zurückgesetzt. Über Walmdach Belvedere, von ionischen Säulen getragener Rundtempel mit Kuppel. Anschließend putzgegliederte dreiachsige Trakte mit Terrasse

Kolorierter Stich von C. A. Richter, nach 1825

Wer diesen Bau des Waldschlößchens errichtete, blieb zunächst noch ebenso ungeklärt wie der genaue Zeitpunkt seines Entstehens. Sowohl Schade als auch Schuricht kommen dafür in Frage. Schade ist der Architekt der Pillnitzer Ruine, deren Baujahr, 1785, bekannt ist, und der Ruine im Marcolinischen Gut unterhalb des Keppschlosses, die 1945 zerstört wurde. Schuricht war zur gleichen Zeit von einer längeren Reise durch England zurückgekehrt und hatte sich an Ort und Stelle mit den aktuellen Problemen der Gotik befaßt, die die vornehme englische Gesellschaft bewegten. Er gehörte, wie wir schon sahen, zu den Mitarbeitern von Hirschfelds „Theorie der Gartenkunst", des 1779 bis 1785 erschienenen grundlegenden Werkes über den englischen Gartenstil. Doch spricht für Schade mehr als für Schuricht. Marcolini erwarb das Gelände des Waldschlößchens 1785, man darf daraus schließen, daß der Bau vor 1790 vollendet war.

Auch die für Schade gesicherte künstliche Ruine von 1785 im Friedrichsgrund oberhalb von Schloß Pillnitz weist gotische Formelemente auf. Sie wurde für kürzere Aufenthalte im Zopfstil ausgestattet, sogar mit einem Kamin versehen und für sommerliche Unternehmungen möbliert.

Das Zeitalter der Empfindsamkeit stellte die Ruine als Memento mori in den heiter gedachten englischen Garten, der wiederum dem chinesischen Garten entscheidende Anregungen verdankte. Außer Bäumen und Sträuchern, Wiesen und Hainen in ihrem natürlichen Zustand, ungefaßten Gewässern, Schlängelwegen, welligem Gelände, das der französische Gartenarchitekt mit ungeheuren Kosten hatte planieren lassen und das nun mit nicht weniger Kosten nötigenfalls ebenso künstlich vom Landschaftsgärtner wieder aufgeschüttet wurde, hielten die Zeitgenossen auch die Ruine für ein Stück Natur und subjektiver Freiheit. Die großen Landschaftsmaler von Claude Lorrain bis Jakob van Ruisdael, die ihre Gemälde mit Ruinen zu staffieren liebten, sorgten für die Vorbilder. Dabei deuteten gotische Ruinen auf den Sieg der Zeit hin und „erzeugten eine angenehme Melancholie, während verfallene antike Bauten, abgesehen davon, daß sie im Norden unwahrscheinlich sind, den finsteren und niederschlagenden Gedanken an den Triumph der Barbarei über die Bildung wachrufen sollten..." Noch Schinckel meinte: „Der stärkste architektonische Ausdruck ist die Ruine."

Der erste Park, der in Dresden eine Umgestaltung nach englischem Muster erfuhr, war der des Chevalier de Saxe an der Langen Gasse. Bald nach Übernahme der Besitzung durch die Krone 1781 wurde Giesel die gesamte Bauleitung übertragen, ein Amt, das er bis zu seinem Tode ausübte. Er ließ den französischen Parkteil von Krubsacius um das Palais selbst unangetastet und veränderte nur die entfernteren Partien. Die schindelgedeckte Eremitage von 1779 in Gestalt eines Bauernhauses, das aber immer noch groß genug war, eine kleine Hofhaltung aufzunehmen, und der Dohnaische Pavillon von 1781 waren wohl schon vor Giesel errichtet worden. Hierher zogen sich die kurfürstlichen Damen vor der großen Welt zurück. Die Eremitage erregte nicht wenig Aufsehen, so daß der Chronist Hasche 1788 berichten konnte, daß sie „zeiget, daß Dresdens Baumeister, noch ehe der englische Geschmack allgemein herrschend ward, das wahre Schöne hiervon erkannten". Auch sie ging 1945 zugrunde, ohne daß eine brauchbare Abbildung überliefert wäre.

Die künstliche Ruine im Park der Sekundogenitur, die 1788 der Eremitage folgte, trug antiken Charakter. Sie stellte einen versunkenen dorischen Tempel dar, der sich im Wasser spiegelte, und gab dem Park nach Osten einen Abschluß.

Untersuchungen über die Herkunft der Kleinbauten im englisch-chinesischen Garten ergaben, daß sie in ihrem Variationsreichtum eine französische Weiterentwicklung der englischen Anfänge sind, die im Werk von Chalgrin und später von Ledoux Verwirklichung fanden. Da Giesel während seines Pariser Aufenthaltes in den siebziger Jahren nicht nur bei Chalgrin studierte, sondern für den Prinzen Xaver in Frankreich auch ähnliche Aufträge ausführte, dürfte es sein Verdienst sein, die geistigen Anregungen und die Erfahrungen zu ihrer Gestaltung als erster aus Paris nach Dresden übermittelt zu haben.

Der englische Garten unterscheidet sich vom sentimentalen Landschaftsgarten wesentlich durch eine veränderte geistige Haltung seines Schöpfers. Wer in Dresden heute noch den Geist Gellerts und der Empfindsamkeit, die träumerische Wertherzeit, erleben will, muß sich außerhalb der Stadt nach dem nahen Seifersdorf begeben. Hier hat die Gräfin Christiane Brühl das an ihren Besitz grenzende Tal der Röder, das „für jede Stimmung der Seele des Anziehenden so viel enthält", im Sinne der Zeit ausgestalten lassen. Ihr Unternehmen schildert nicht nur W. G. Becker in einem 1792 erschienenen Prachtwerk mit Stichen von J. A. Darnstedt, sondern es beschäftigte auch Goethe und Schiller, Herder, Wieland und Jean Paul, aber auch Zeitgenossen wie Elisa von der Recke, C. A. Tiedge und die Körners. In „Tinas" Tempeln, Hütten und Erinnerungsstätten hat das sentimentale gotische Element in der „Ruine der Vergänglichkeit" und in der „gotischen Freundschaft" einen vielfachen Niederschlag gefunden. Auch im Pillnitzer Friedrichsgrund und im Park von Röhrsdorf zeigen sich bis heute Elemente des sentimentalen Landschaftsgartens.

Der Umbau des alten Wasserschlosses Seifersdorf in den Formen der Neugotik erfolgte aber erst 1823 unter dem Sohn Christiane von Brühls, Karl, nach Plänen von Schinkel. Es war der gleiche Karl von Brühl, der als Intendant der Berliner Königlichen Theater am 18. Juni 1821 C. M. von Webers in Dresden entstandene romantische Oper „Der Freischütz" in Berlin zur Uraufführung brachte.

Bei der Betrachtung der otaheitischen Hütten, der Tempel, Grotten, Ruinen, Einsiedeleien und Gedenkstätten, für die das Seifersdorfer Tal nur ein besonders reiches Beispiel ist, erscheint es notwendig, einen Augenblick bei der veränderten gesellschaftlichen Mode, aus der diese von der Literatur gespeisten, kaum noch der Architektur zuzurechnenden Gebilde wuchsen, und bei ihren Besitzern zu verweilen. Die Herrin des Tales, die schwärmende „Tina", stammte aus dem Elsaß, wo sie arm und bürgerlich geboren war. Aber sie war keine Geringere als die Schwiegertochter des allmächtigen sächsischen Premierministers Friedrich Augusts II. geworden, der in Dresden und Warschau Paläste und Landhäuser, der auf der nach ihm benannten Terrasse ein eigenes Theater-, Bibliotheks- und Galeriegebäude besaß, die alles Dagewesene an Glanz und Pracht übertrafen. Nie hatte ein adliger Herr in Sachsen ähnliches vermocht. Die Feste, die Graf Heinrich von Brühl gegeben hatte, stellten oft den königlichen Hof in den Schatten. Kein Vierteljahrhundert war seit seinem Tode vergangen. Jetzt waren die Feste verrauscht, und die nächste Generation derselben Gesellschaft, die eben noch den raffiniertesten Vergnügungen unter strenger Etikette und Abgeschlossenheit nachgegangen war, folgte dem Ruf J. J. Rousseaus „Zurück zur Natur", wohl besser

„Zurück zum Natürlichen", wie sie ihn verstand. Dabei gewann der einzelne ein Maß subjektiver ideeller Freiheit, das für die vorangegangene Generation unvorstellbar gewesen wäre. Die Schranken zwischen Adel und Bürgertum, soweit es „gebildet" war, begannen zu fallen. „Seelenfreundschaften" wurden geschlossen, „edle Gespräche" in kleinstem Kreis geführt, Musik und Dichtung, mehr noch Musikern und Dichtern, schwärmerisch gehuldigt, der Welt schmerzlich und tränenreich, bänglich und träumerisch gedacht. Natur und Antike wurden als gleichbedeutende Ideale dem raffinierten Leben der Aristokratie des Rokoko entgegengestellt. Die Kraft und der draufgängerische Optimismus, der die Barockgeneration auszeichnete, waren dabei verlorengegangen und einem handlungsfeindlichen Pessimismus gewichen.

Wir stehen am Vorabend einer neuen Zeit. Das Jahr der Großen Revolution 1789 schüttelte in Frankreich diese Sentimentalen unsanft wach. In Deutschland, fern von den großen Ereignissen, ging die Periode der Empfindsamkeit behutsamer zu Ende und führte zur Frühromantik, der in Dresden eine bedeutende Stätte auf den Gebieten der Literatur, der Philosophie und der Malerei bereitet war.

405

405 Das Landhaus, die Fassade nach der Landhausstraße 16 (Innere Pirnaische Gasse)

An Stelle des 1760 abgebrannten Flemming-Sulkowskyschen Palais, das J. R. Fäsch vor 1714 erbaute und J. C. Knöffel seit 1737 zum Prinzenpalais erweiterte. Erstes bedeutendes Verwaltungsgebäude Dresdens, für die Zwecke der sächsischen Landstände von F. A. Krubsacius 1770 bis 1776 errichtet, die 77 m lange Hauptschauseite nach der Inneren Pirnaischen Gasse (Landhausstraße) mit 24 Fenstern Front; die fünf Fenster Front nach der Schießgasse zeigen noch die Lisenenarchitektur von 1737. Über den beiden putzgequaderten Untergeschossen ein Obergeschoß und ein Halbgeschoß, durch Pilaster auf Sockeln mit ionischen Kapitälen verbunden. Vor den fünffenstrigen Mittelrisalit sind je drei glatte dorische Sandsteinsäulen zweigeschossig zu beiden Seiten des Portals gelegt, die einen Balkon mit Sandsteinbalustrade tragen, die Fenster des Obergeschosses sind mit Rundbogen, des Halbgeschosses mit Stichbogen abgeschlossen, in der Dachzone mit Dreieckgiebel bekrönt. Erste klassizistische Fassade mit Säulenordnungen, unter dem Einflusse J. G. Soufflots. 1945 ausgebrannt, Fassade erhalten, Sicherungsarbeiten 1957 begonnen, Wiederaufbau als Stadtmuseum 1963 bis 1966. Es zeigt u. a. einen Teil der beim Abbruch der Innenstadt geborgenen Bauplastik sowie die topographischen Darstellungen

Aufn. D.F.D., W. Möbius, 1937

406 Das Landhaus, die Fassade nach der früheren Johannstraße mit dem vorgelegten Treppenhause und dem Ehrenhofe

406
407

Beim Durchbruch der Johannstraße das Portal des Ehrenhofes mit vasengeschmückten, gequaderten Sandsteinpfeilern in der Achse verschoben. Die Hoffassade wird von dem alle Geschosse umfassenden autonomen Treppenhause mit abgerundeten Ecken beherrscht. Eingangsportal mit Rundbogen und Schlußstein von vorgestellten Dreiviertelsäulen gerahmt, der Architrav durch Sandsteinvasen auf Sockeln bekrönt, im Mansarddach doppelte Reihe Rundfenster mit Kreuzsprossen. 1945 ausgebrannt. Das Portal des Ehrenhofes mit Delphinbrunnen von J. C. Feige d. J., 1781, 1957 abgetragen und am Eingang zum Park Großsedlitz wieder aufgebaut

Aufn. D.F.D., 1944

407 Das Landhaus, das Innere des Treppenhauses

Großartige doppelläufige, in eleganten Kurven geschwungene Treppe mit reichem schmiedeeisernem Gitterwerk, im Obergeschoß des Treppenhauses Nischen mit Kolossalvasen zwischen ionischen Pilastern von J. Steinhäuser, 1781, Figuren der Treppe von F. Schäfer, flacher Deckenabschluß mit einfachen Stuckleisten. Die Gesamtfassung zeigt durchaus das Rokoko der Longuelune-Nachfolger und der französischen Hotels unter Einbeziehung klassizistischer Stilelemente. „Der Aufstieg stellt das letzte dar, was weltmännische Bequem-

408

409

410

411
412

lichkeit ersinnen kann“ (Hans Rose). Wohl unter Mitarbeit von G. A. Hölzer. 1945 ausgebrannt, 1964/66 wiederhergestellt

Aufn. D.F.D., 1944

408 Das Mengssche Museum der Gipsabgüsse im Erdgeschoß des Stallgebäudes (Ostflügel nach der Augustusstraße)

Aufstellung der Gipse unter Mitwirkung von Winckelmanns Mitarbeiter, dem Maler G. B. Casanova, Bemalung der Architekturglieder, 1794. Charakteristische Dekoration der Zopfzeit

Aquarellierte Zeichnung J. G. Matthäi, um 1795, früher Historisches Museum

409 Die Bibliothek im Japanischen Palais, Obergeschoß

Entwurf für die Einrichtung der Bibliothek im Japanischen Palais von G. A. Hölzer, 1782. Klassizistische Stilelemente in der Auffassung der Zopfzeit

Aquarellierte Zeichnung, I.f.D.

410 Die Antiken im Japanischen Palais, Erdgeschoß

Entwurf für die Einrichtung der Antikensammlung im Japanischen Palais von G. A. Hölzer, 1782. Dekoration der Zopfzeit (G. Semper gestaltete 1834 bis 1836 die Räume für die Aufstellung der Antiken nochmals im Stile des ausgehenden Klassizismus)

Aquarellierte Zeichnung, I.f.D.

411 Innenausstattung, wohl für das Palais Prinz Max

In den „Œuvres d'Architecture“ veröffentlichte T. Weinlig 1784/85 einen Teil seiner Entwürfe. Die Vereinigung von Groteske und Arabeske, von Akanthus und ionischen Kapitälen ist charakteristisch für die Innendekoration des Dresdner Zopfes, dessen Repräsentanten T. Weinlig und J. A. Giesel waren

Kolorierter Stich, 1785, I.f.D.

413

414

Seite 331:

412 Wanddekoration für das Schloß Pillnitz

Entwurf von T. Weinlig im Stile der Groteskén, als Anregung dienten Raffaels Loggien sowie die eben entdeckten Wandmalereien in Pompeji und Herculaneum, nach 1788. Im Gegensatz zu den zarten, gebrochenen Tönen der Zopfdekoration werden satte, leuchtende und ungemischte Farben gewählt, Kobaltblau, Zinnober und zum ersten Male wieder Schwarz, dazu marmorierter Sockel. Für Weinlig charakteristisch ist die strenge Feldereinteilung. Ein zweites Blatt zeigt in den Mittelfeldern Ruinendarstellungen

Aquarellierte Zeichnung, um 1788, I.f.D.

413 Innenausstattung eines Raumes im Bergpalais Pillnitz

Von T. Weinlig, nach 1788, Zopfdekoration in lichten Tönen mit Weiß und Gold, über den Türen zum Garten Stuckreliefs mit Themen aus der Mythologie, 1948 für die Zwecke der Gemäldegalerie übermalt. Hierzu Weinligs Entwurf, eine aquarellierte Zeichnung, im Inst. f. Denkmalpflege. 1976 wiederhergestellt

Aufn. I.f.D., um 1900

414 Wanddekoration für den Rundtempel in Pillnitz

Entwurf von T. Weinlig, vor 1787, Zopfdekoration, Arabesken, ovale und runde Stuckmedaillons, deren Reliefschmuck fehlt, desgleichen Schleifen und Bänder, Farbe Weiß auf hellgrünem Grunde, marmorierter Sockel mit aufgesetzten Flachreliefs

Aquarellierte Zeichnung, I.f.D.

415 Der Rundtempel mit englischem Park von Pillnitz.

Auf Sockeln acht Paare ionischer Säulen vor Rundbau mit Tür, fünf Fenstern, zwei Nischen und dekorativem Schmuck im Zopfstil, darüber Architrav mit schmiedeeisernem Geländer; zurückgesetzt hinter den Umgang ein zweiter Rundbau, an Stelle der Säulen mit doppelten Pilastern gegliedert, die verkröpften Sims tragen, darüber Kuppel mit Gurtbögen und Vasenbekrönung. Im Gegensatz zu den schweren dorischen Formen des Krubsacius zeigt der vor 1787 entstandene Rundtempel, ein Nachfahr des Tempietto Bramantes, die Gelöstheit des palladianischen Erbes. Er gilt als Werk T. Weinligs, könnte aber von J. D. Schade wenigstens ausgeführt sein (nach Langhof)

Aufn. D.F.D., um 1930

415

416 Die künstliche Ruine im Garten der Sekundogenitur

Die Ruine galt dem Zeitalter der Empfindsamkeit als charakteristischer Ausdruck der Vergänglichkeit allen Seins und unwiederbringlich verlorener Größe. Die Ruinen des antiken Roms waren jedem Italienfahrer bekannt und in unzähligen Stichen verbreitet. 1788 errichtete J. A. Giesel die Ruine im Park des Sekundogenitur-Palais, der noch von Krubsacius angelegt und seit 1783 von J. A. Giesel umgestaltet wurde. In ihm mischt sich nunmehr der neue englische mit dem französischen Gartenstil. Die Ruine zeigt einen versunkenen dorischen Tempel, in der Mitte eine Nische, vor der gekuppelte Säulen mit zerbrochenem Gebälk stehen. Das Wasser, das früher aus der Nische in das Becken fiel, war seit 1945 versiegt. 1963 abgebrochen. Die anderen Kleinbauten, der Dohnasche Pavillon, zwei weitere Pavillons mit Groteskmalerei, die Eremitage und die Einsiedelei 1945 zerstört

Aufn. Aurass, um 1920, I.f.D.

417 Die Ruine in Pillnitz, Friedrichsgrund, Außenansicht

Auf die türkischen, indianischen, chinesischen, pompejanischen, etruskisch, ägyptischen, otaheitischen Elemente folgten im letzten Viertel des 18. Jahrhunderts die gotischen mit dem englischen Gartenstil. In dem seit 1780 angelegten Friedrichsgrund bei Pillnitz errichtete J. D. Schade die

416/417

künstliche Ruine im gotischen Stil, 1785. Bei diesem und den anderen dieser zeitgenössischen Bauten wurde nicht eines der konstruktiven Elemente, die das Wesen der Gotik ausmachen, erkannt. Das blieb dem 19. Jahrhundert vorbehalten. Die Spitzbogen fanden allein als ein modisches Element Verwendung. Die Ruine war ursprünglich im Innern für einen gelegentlichen Aufenthalt im Zopfstil ausgestaltet, nach 1945 geriet sie in Verfall; Sicherung begonnen

Aufn. D.F.D., 1954

418 Der Chinesische Pavillon im Park von Pillnitz

Rechteckiger Bau mit je vier vorgelegten Holzsäulen, die geschweiften Dächer aus Blech mit fliegendem Drachen als Wetterfahne, wohl nach Chambers Chinawerk von C. F. Schuricht 1804 errichtet, Ausmalung von J. L. Giesel (?). 1962 wiederhergestellt

Aufn. D.F.D., um 1930

418

419 Die Fasanerie in Moritzburg mit Umgebung

Nicht die gewollte Rückkehr zur Natur, sondern die Flucht in eine konstruierte und nichtexistente Sonderwelt einer „otaheitischen" Insel ist hier vollzogen. Neben der Fasanerie zunächst die um 1900 abgebrochene Volière aus Nagelwerk, das „Garnhaus", auf dem und um den Großteich eine verspielte Welt. Ein künstlicher Hafen mit dreigeschossigem Leuchtturm, auf dem Wasser die Fregatte des Hamburger Schiffszimmermannes Pätzold, auf einer kleinen Insel, Bäreninsel genannt, die otaneitische Hütte, als Teesalon eingerichtet, im Vordergrund die Staffagefiguren in den Kostümen dieser Scheinwelt. Der Natur läßt man ihr Recht insoweit, als an die Stelle der gefaßten französischen Wasserparterres des Barock wieder die natürliche Uferbegrenzung des Teiches tritt. Bauten von J. D. Schade. Leuchtturm 1945 ausgebrannt, 1977 wiederhergestellt. Zu diesen Anlagen des sentimentalen Zeitalters gehören noch die benachbarten „Dardanellen". Schade errichtete 1787 das „Hellhaus" als Jagdzentrum. Die Vorbilder für die Anlage dürften Sulzers „Allgemeiner Theorie der Künste", 1771 ff. in Leipzig erschienen, entnommen sein

Kupferstich von C. G. Nestler, 1777 (aus Weinart)

420 Die Fasanerie am großen Teiche in Moritzburg, die östliche Seitenansicht

Für Friedrich August III. und seine Gattin Amalia im Zeitalter der Empfindsamkeit im Zopfstile am großen Teiche 1769 bis 1782 von Johann Daniel Schade und Johann Gottlob Hauptmann erbaut. Quadratische Anlage von nur 13,4 m in Lisenenarchitektur, mit zwei Geschossen und Dachgeschossen, Haupt-

419
420

421

schauseiten im Westen und Osten je fünf, Fassaden im Norden und Süden je vier Fenster Front. Die Fenster und Fenstertüren in der Hauptachse durch Rundbogen, an den Seiten mit Stichbogen geschlossen, im Dachgeschoß hochoval. Zugang durch doppelläufige Freitreppen mit Terrassen über künstlichen Felsen. Reicher plastischer Schmuck, stark naturalistische Pflanzen und kleinere Tiere sowie vier lebensgroße verendende Hirsche von Carl Friedrich Schäfer. Abgewalmtes und geschweiftes Kupferdach mit geschwungenem Rand an der Traufe, Abschluß durch Plattform mit Laterne, von zwei nickenden Chinesen aus Eichenholz als Wetterfahne bekrönt. Die winzigen Räume des Innern im gleichen Geschmacke ausgestattet, u. a. mit Chinoiserien und einem Federzimmer. Klassizistische Stilelemente kommen allenthalben schon zum Durchbruch. In der Achse nach dem Schloß Brunnenwerk Schäfers. 1945 Innenausstattung zum größten Teil zerstört, 1977 im Äußeren farbig erneuert. Jetzt Vogelwarte

Aufn. D.F.D., um 1940

421 Die Fasanerie in Moritzburg, das Zimmer des Adjutanten

Charakteristisch für die Gesamtausstattung, Mobiliar und Dekoration im Zopfstil, Decke weißgold stuckiert, Ausmalung J. L. Giesel

Aufn. D.F.D., um 1930

422 Die Hütte des Pythagoras im Park von Seifersdorf

Die einsame Hütte, in der man seinen Gedanken nachhängen und träumen konnte, wurde zum Ideal. Im Seifersdorfer Tal der Gräfin Christiane v. Brühl hat sich das Zeitalter der Empfindsamkeit zwischen 1781 und 1792 das bedeutsamste Denkmal gesetzt, „Pythagoras' Hütte" ist eines der zahlreichen kleinen Gebäude dieser Art

Stich von J. A. Darnstedt, 1792, I.f.D.

422

423 Die Spiegelschleife an der Weißeritz

Als Edelsteinschleife und Poliermühle 1697 gegründet, 1715 aus Rentabilitätsgründen in eine Spiegelschleife und Poliermühle umgewandelt, deren Aufgabe es war, das gelieferte Spiegelglas zu veredeln. Ch. G. Reuß und J. G. Kuntsch erbauten sie 1787 neu, 1813 fiel sie den Kriegswirren zum Opfer. 1820 entstand der dritte Bau für andere industrielle Zwecke. Ein langgestrecktes Gebäude mit Untergeschoß, Obergeschoß und zwei zurückgesetzten, vollausgebauten Dachgeschossen zu Trockenzwecken, darüber Walmdach. 1945 zerstört

Aufn. I.f.D., um 1930

423

424 Die kurfürstliche Pulvermühle, das Verwaltungsgebäude

Mühle unter Kurfürst August angelegt, immer wieder durch Explosionen zerstört. Einfaches geputztes Gebäude mit Unter- und Obergeschoß, Walmdach und Dachgaupen, darauf schwerer quadratischer Dachreiter mit geschweiftem Dach und Wetterfahne. Charakteristische Architektur der Zopfzeit, Baumeister unbekannt, vielleicht von J. G. Kuntsch, 1777, Fabrikation bis 1875. 1945 zerstört

Aufn. I.f.D.

425 Die Pulvermühle mit dem Körnmaschinenhaus, Räder und Flutgerinne

Querschnitt durch Gebäude und technische Anlagen, Innenbauten wohl von C. G. Reuß, 1777

Farbiger Entwurf, um 1777, I.f.D.

424
425

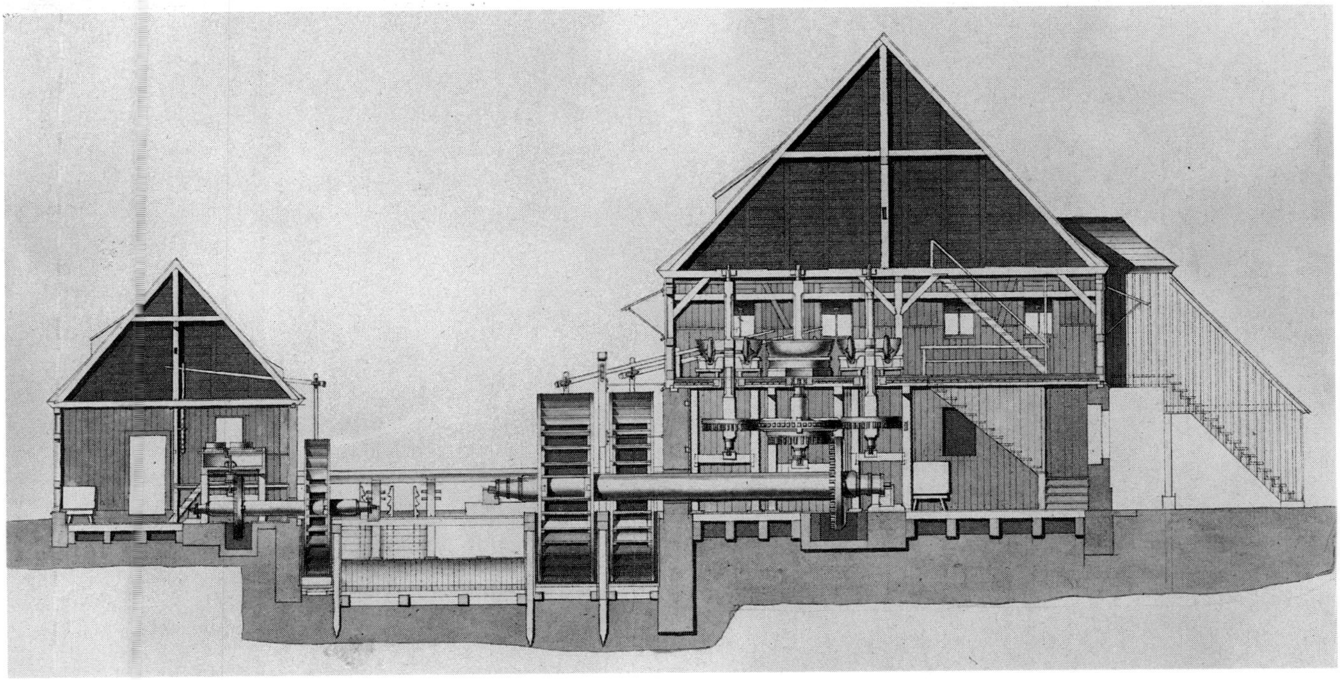

426 Das Chinesische Zimmer im Marcolinipalais

Die Wände zeigen echte chinesische Papiertapeten, die mit dem Pinsel vorgezeichnet und dann koloriert sind, in einer durchaus realistischen Auffassung der Szenen. Die darunterliegende Holzbrüstung, die Decke und der Fußboden weisen pseudoklassizistische mäanderartige Verzierungen sowie pseudochinesische Motive auf. Die Farben zeigen Weiß, Rosa und Apfelgrün, die Decke ist gelb. Künstler unbekannt, vielleicht J. L. Giesel nach J. D. Schade, nach 1780, eine der Türen mit Spitzbogen, als rein dekoratives Element verwendet. Das Waldschlößchen und der Umbau des Marcolinipalais mit der Dekoration des Chinesischen Zimmers entstanden für denselben Auftraggeber. Beispiel der gleichzeitigen Verwendung von gotischen und klassizistischen Elementen mit Chinoiserien. Die gleiche Hand wie im Chinesischen Pavillon Pillnitz. 1945 wiederhergestellt. In diesem Zimmer fanden die Verhandlungen Napoleons mit Metternich zwischen 25. und 30. Juni 1813 statt. Der benachbarte Raum im Marcolinipalais zeigt eine klassizistische Malerei in satten Farben und tiefem Schwarz nach pompejanischen Vorbildern

Aufn. D.F.D., 1954

427 Das Waldschlößchen, Radeberger Straße 60

Das erste Gebäude mit gotischen Stilelementen in Dresden, von Graf Cammillo Marcolini für seine

426
427

schottische Gemahlin, eine geborene O'Kelly, nach 1790 wahrscheinlich durch J. D. Schade errichtet. An der Hauptfront nach dem Garten vorgeblendete Sandsteinfassade, zwei Geschosse von fünf Achsen mit dreifenstriger Vorlage, seitliche Fenster des Untergeschosses mit Spitzbogen, im ersten Geschoß mit doppeltem Kielbogen geschlossen, in der Vorlage mit Kreuzblume geschmückt, unter dem Walmdache Kleeblattfries, über dem Risalit in der Dachzone ein drittes Geschoß mit verschiedenen gotischen Formen, seitlich fortgeführt von Balustrade mit Vierpässen und durch eine Art Fiale an den Ecken begrenzt. Rückfront und Seitenfronten holzverschaltes Fachwerk, Fenster wiederum mit Andeutungen gotischer Bogen. Auch hier ist die Gotik nur als modisches Element verwendet. Die architektonische Leistung ist nicht bedeutend

Kolorierter Stich von G. F. Thormeyer, 1807

428

428 Unausgeführter Entwurf zum dritten Belvedere,

Über dem Sockelgeschoß mit offener, durch sechs kannelierte dorische Säulen abgeschlossener Halle ein zweigeschossiger quadratischer Bau, dem eine Vorhalle mit vier ionischen Pilastern, Architrav und Dreieckgiebel vorgelegt ist. Der dahinterliegende Hauptraum mit geöffneter Kuppel (Impluvium) nach dem Vorbild des Pantheon für den Lichteinfall abgeschlossen. Nach Anregungen durch C. N. Ledoux (s. Abb. 440)

Schauriß von Ch. F. Schuricht, 1814. I.f.D.

PROBLEME DES NEUNZEHNTEN JAHRHUNDERTS

Die Revolutionsarchitektur und Gottlob Friedrich Thormeyer

Die großen Ereignisse der Französischen Revolution gingen an dem museal gewordenen Dresden fast spurlos vorüber. In der windstillen Stadt ohne Aufträge blieb den Architekten nichts übrig als zu zeichnen. Weinlig und Schuricht wurden schon genannt. Den nachfolgenden Generationen der Schwender, Klinsky und Thormeyer ging es noch viel schlimmer. Sie vermochten nicht einmal mehr ihre eigenen Entwürfe zu veröffentlichen, denn was sollte man mit ihnen anfangen? So wendeten sie sich wieder der Vedute zu, die der Fremde zur Erinnerung mit nach Hause nahm. In diesen Jahrzehnten wurde Dresden zu der meistdargestellten Stadt Deutschlands, so daß wir über die bauliche Situation trefflich unterrichtet sind. Nicht nur Einzelblätter entstanden in allen Größen, von Folio, Quart bis zu Kleinoktav, in den verschiedensten Techniken, unter denen der kolorierte Umrißstich sich besonderer Beliebtheit erfreute, sondern auch geschlossene Folgen, wie Thormeyers „Dresden mit seinen Prachtgebäuden und schönsten Umgebungen" von 1807 bis 1808.

Auf dem Gebiet der Architektur jedoch blieb die Revolution nicht ohne Rückwirkung. In diesen Jahren besuchte keiner der Dresdner Architekten Paris. Als aber Claude Nicolas Ledoux 1804 sein grundlegendes theoretisches Werk mit den revolutionierend wirkenden Entwürfen, die allerdings ebenfalls meist Architektur geblieben sind, die nicht gebaut wurde, gedruckt vorlegte, haben es wenigstens Schuricht und Thormeyer sich genau angesehen und verwendet, soweit es in ihren bescheidenen Kräften stand. Würfel, Rechteck, Kegel, Kugel und Pyramide, die einfachsten Formen der Geometrie, setzten sich in Architektur und Bildaufbau, in den Schriften und Entwürfen von Ledoux endgültig gegen die Formen der höheren Mathematik durch, die den Barock und das Rokoko ausgezeichnet hatten. Die Kurve wich der Geraden, und an die Stelle der Farbenpracht trat die zeichnerische Linie. Wie bedauerte es Schiller bei seinem Besuch in der Dresdner Galerie, daß die Bilder gemalt und nicht im Umriß gezeichnet waren. Aber auch die Berliner Architektur hat hier ihren Einfluß ausgeübt. Die Wirkungen lassen sich bis zu Semper, vor allem aber auch im Wohnhausbau der auf der geschleiften Festung in der Neustadt angelegten Straßenzüge in den Vierteln der Antonstadt zwischen Bahnhof und Prießnitzmündung verfolgen.

Die frühesten Einflüsse von Ledoux glauben wir an den Torhäusern Thormeyers an der Hauptallee im Großen Garten zu erkennen. Es sind eingeschossige, massive Sandsteinbauten mit drei Achsen Front aus den Jahren der Niederlegung der Mauern. Die durch einen kleinen Risalit betonte und bis in die Dachzone geführte Portalwand wird durch dreifach zurückgeblendete Rundbogen, schweren Schlußstein und abschließenden Dreieckgiebel lebendig gemacht.

Als ein merkwürdiger Bau erscheint das Herrenhaus im nahen Dorf Helfenberg. Es stammt aus dem 18. Jahrhundert und besaß an den Schmalseiten zwei schmucklose Giebelflächen. Der Eingang befand sich ursprünglich in der Mittelachse der Längsseite. Der Besitzer verlegte ihn an den östlichen Giebel und blendete ihm eine Fassade mit mehrfach vertieftem Rundbogen vor. Der konstruktive Zweck des vertieften Rundbogens als Entlastungsbogen über den drei Fenstern wird hier ganz deutlich. Die eingelassenen Stuckreliefs mit mythologischen Szenen gehören zu den besten Arbeiten des Bildhauers Franz Pettrich. Der ausführende Architekt war noch nicht festzustellen, doch spricht mehr für den herberen Thormeyer als für den eleganteren Schuricht. Schuricht schuf 1814 das dritte Belvedere auf der Brühlschen Terrasse auf der Jungfernbastei, nachdem die Trümmer des Baues von Knöffel durch Jahrzehnte als ein Wahrzeichen des im Siebenjährigen Krieg zerstörten Dresdens an dieser Stelle gelegen hatten. Die Anregung gab der russische Gouverneur Fürst Repnin, der nach der Besetzung Dresdens durch die Verbündeten während der Befreiungskriege die sächsische Verwaltung übernommen hatte und im Palais Brühl residierte. Schuricht fertigte für das Belvedere mehrere Entwürfe. Allen gemeinsam ist ein Sockelbau als Untergeschoß, mit einer durch sechs dorische Säulen begrenzten offenen Vorhalle. Auf dem Sockel befindet sich eine Aussichtsterrasse, hinter der sich ein tempelartiger Aufbau erhebt. Einer der nicht ausgeführten Aufbauten zeigt eine durch ionische Pilaster getragene geschlossene Vorhalle mit einfachem Dreieckgiebel, hinter der sich ein Rundtempel mit Kuppel und Impluvium, nach dem Vorbild des römischen Pantheons, erhob. Der ausgeführte Entwurf verwendete für den Aufbau Rechteckformen mit Rundbogen und starken Schlußsteinen. Zweifellos war die erste, unausgeführt gebliebene Idee die fortschrittlichere, aber Schuricht gelang es nicht, die beiden Baukörper organisch zu vereinigen. Die Architektur des Sockelgeschosses fußte auf den Lehren des Krubsacius, der Aufbau war Ledoux entnommen.

Die bedeutendste Leistung dieser Jahre vollbrachte Thormeyer zusammen mit dem Bildhauer Kühn in der Gestaltung des Denkmals für den gefallenen General Moreau auf den Räcknitzer Höhen. Der glatte Syenitwürfel mit quadratischer Platte, auf der Schwert, Lorbeerkranz und römischer Helm ruhen, verfügt über die ganze Aussagekraft dieser Zeit. Jede Kleinlichkeit und historische Reminiszenz ist vermieden. Die Forderung der klassizistischen Revolutionsarchitektur nach Ausdruck in stereometrischen Formen ist in kristallinischer Reinheit erfüllt. Das Grabmal Thormeyers für Theodor Körner in Wöbbelin, ein Auftrag der Eltern des Freiheitsdichters, ist in dem gleichen Geist gestaltet. Ein drittes, etwas einfacheres Denkmal auf einem Granitsockel ließen die Kameraden für den Hauptmann Hirsch 1822 durch einen unbekannten Architekten auf der Trachenberger Flur des Hellers errichten. Letztmalig wird das Motiv in dem bedeutendsten Denkmale des Trinitatisfriedhofes, in dem mächtigen Griechenhelm für den russischen General Michel de Habbe, 1834, aufgenommen.

Gottlob Friedrich Thormeyer wuchs aus der Schule Hölzers und war so ein Enkelschüler von Krubsacius. Im ersten Jahrzehnt des Jahrhunderts hatte er sich mit Zeichnungen für Stiche durchgeschlagen. Dann begann der langsame Aufstieg. 1812 wurde er als Hofbaumeister der Nachfolger seines Lehrers und durfte zum Einzug Napoleons auf dem Schloßplatz einen der Triumphbogen bauen, die der Klassizismus so liebte. Eine gleiche Aufgabe erfüllte er anläßlich der Rückkehr König Friedrich Augusts I. aus der Gefangenschaft. Beide Bogen sind in Stichen überliefert. Das Jahr 1813 sah ihn in Rom und Neapel auf der für deutsche

429

429 Fassade eines Torhauses am Weißen oder Leipziger Tor

Vorgelegter Portikus mit vier dorischen Säulen, darüber Architrav mit Dreieckgiebel, dahinter quadratisches Hauptgebäude mit Zeltdach. Die durchgezogenen breiten Putzbänder betonen die Horizontale; anschließend einstöckige Flügel mit Säulenabschluß an den Schmalseiten, je einem Fenster Front, Fenster mit geradem

Sturz und betonter Sohlbank, Länge 27 m, Höhe 11,25 m, G. G. Thormeyer, 1827 bis 1829 (s. Abb. 451)

Aufmaß W. Schubert, 1954, I.f.D.

430 Die Altstädter Wache, Hauptansicht nach dem Schloß

Entwurf K. F. Schinkel Ausführung J. Thürmer, 1830 bis 1832 (s. Abb. 447)

Aufmaß E. Dutzmann, 1949, Zwingerbauhütte

430

Künstler üblichen Studienreise. 1814 kehrte Thormeyer in seine Heimatstadt zurück, und Fürst Repnin übertrug ihm die Aufgabe, die Verbindung zur Terrasse durch eine Treppe herzustellen. Die Idee zu dieser Verbindung taucht zum ersten Male 1811 in der Planung Hauptmanns für die Umgestaltung der Stadt auf. Thormeyer löste sie in einfachster Form, indem er der Festungsmauer eine gerade Treppe von 41 Stufen von 13,56 Meter Breite vorlegte, die sich dem monumentalen Charakter organisch anpaßt, ohne kleinlich zu sein, aber auch ohne wichtig zu werden. Mit dieser Öffnung zur Stadt und der Errichtung des neuen Belvedere auf der Jungfernbastion gewann die Brühlsche Terrasse erst ihre Bedeutung als „Balkon Europas". Ihre Erschließung zählt zu den städtebaulichen Taten im frühen 19. Jahrhundert, Bauherrn und Architekten gleicherweise ehrend. Sie hat auch wesentlich zur Entdeckung der glanzvollen landschaftlichen Situation Dresdens beigetragen.

So war Thormeyer der geeignete Mann, 1817 die Abbruchsarbeiten der Festung zu übernehmen, die ihn bis 1831 beschäftigten. Die großzügigen Straßenanlagen der Antonstadt um den neu errichteten Bautzner Platz vor dem Schwarzen Tor in offener Bauweise mit meist nur einem Obergeschoß sind vor allem sein Werk, während die Idee zur Anlage des Rundplatzes wiederum auf Hauptmanns Planung von 1811 zurückgeht. Auch nahm er wesentlichen Einfluß auf die Wohnbauten der neuen Stadtviertel. Seine Sorge galt sogar den Umzäunungen der Neubauten. Thormeyer ist der letzte Vertreter des Dresdner „Hungerstils", wie ihn von falschem Prunk verdorbene Nachfahren nannten. Er hatte nach dem Siebenjährigen Krieg mit der notwendigen Sparsamkeit und dem Siege des Klassizismus seinen Anfang genommen und wurde erst von Semper abgelöst. Die Dresdner liebten die Einfachheit, die ihn durch alle Phasen vom Zopf bis zum Biedermeier auszeichnete, sehr, so sehr, daß sie Sempers erstes Opernhaus wegen seiner Pracht und Festlichkeit zunächst einmal ablehnten. Zum Abschluß der Demolitionsarbeiten in der Neustadt entstanden die beiden Akzisehäuser an Stelle des Weißen Tores an der Leipziger Straße. Die klassizistischen Formelemente sind noch alle vorhanden, aber sie werden nicht mehr mit dem feierlichen Ernst vorgetragen, sondern erscheinen jetzt „verbiedermeierlicht". Noch heute bildet eines der beiden Akzisehäuser, längst anderen Zwecken dienend, einen reizvollen Abschluß des Platzes vor dem Japanischen Palais. Von den Akzisehäusern Thormeyers aus führt ein gerader Weg zu den Bauten des ersten Leipziger Bahnhofes, die einen ganz neuen Aufgabenkreis eröffneten. Die große Bedeutung dieser frühen technischen Werke liegt vor allem darin begründet, daß sie vom Architekten nach den gleichen architektonischen Prinzipien gestaltet wurden wie alle anderen Hochbauten der Zeit auch. So führten von der Personenhalle offene Kolonnaden, von schmalen Pfeilern getragen, im Viertelkreis zu den seitlichen Wirtschaftsgebäuden in kubischen Formen, die Revolutionsarchitektur und Biedermeier verbinden.

Eine Gruppe vollendeter klassizistischer Einzelbauten in Putzbau entstand im nahen Wachwitz in Königs-Weinberg mit dem Weinberghaus und dem Weinbergküchenbau um 1824. Das Weinberghaus, ein typischer Würfelbau von nur drei Achsen, zeigt an der Eingangsseite ein durch Putzbänder gegliedertes Untergeschoß mit seitlichen Rundfenstern. Das in der Mitte zwischen den Fenstern gelegene sandsteingefaßte Portal wird durch einen darüber angebrachten Relieffries Pettrichs betont. Das Obergeschoß erhebt sich über einen trennenden Sims. Im abschließenden Walmdach unterstreicht ein Standfenster noch einmal die Mittelachse. Das Küchenhaus unterscheidet sich von dem Weinberghaus durch ein getrepptes zweites Obergeschoß sowie durch seitliche eingeschossige Anbauten mit in Rundbogen eingelassenen Reliefs, ebenfalls Arbeiten Pettrichs. Der Architekt dieser Bauten war Anton Ludwig Blaßmann.

431 Das Schloß Albrechtsberg und die Villa Stockhausen an der Elbe oberhalb der Stadt

Oberhalb auf halbem Wege nach Loschwitz gelegen, stufenweiser Aufbau von der Elbe (s. Abb. 461). A. Lohse, 1851 bis 1854

Stich, nach einer nur teilweise ausgeführten Planung, um 1860, Aufn. D.F.D.

431

Karl Friedrich Schinkel, Joseph Thürmer und der romantische Klassizismus

Nur wenige Jahre der Wirksamkeit verblieben in Dresden dem jung verstorbenen, hochbegabten Joseph Thürmer. Er hatte seine Ausbildung in München genossen, war längere Zeit in Rom und Griechenland gereist, und der bekannte Mäzen und Freund Goethes, Gottlob von Quandt, hatte ihn in Dresden empfohlen. Thürmer brachte die Münchner Einflüsse mit und stand der Dresdner Tradition so fern wie sein Nachfolger Semper. Die Schauseite des Marstalles mit ihren seitlichen Turmabschlüssen, nach der Stallstraße gelegen, bildete Thürmer nach der alten Kaserne der Schweren Reiter in seiner Heimatstadt München weiter. Dresden verdankte Thürmer aber vor allem den bedeutendsten der spätklassizistischen Privatbauten, das reizvolle kleine Palais Lüttichau in der Langen Gasse. Es zeigte ein Untergeschoß mit Halbgeschoß, einen von einem dreifenstrigen Mittelrisalit bekrönten Dreieckgiebel und als einzigen Schmuck einen Mäanderfries unter dem Gesims. Der Entwurf war allerdings nicht ganz originell; er setzte Gedanken Krahes in Braunschweig und Weinbrenners in Karlsruhe fort. Für seinen Gönner Quandt errichtete Thürmer den Aussichtsturm auf der Schönen Höhe im nahen Dittersbach, über den der Besitzer Goethe nach Weimar ausführlich berichtete. Die Ausmalung mit Szenen aus den Gedichten Goethes erfolgte hier durch den jungen Historienmaler Carl Peschel.

Thürmer war es auch, der den Sandsteinbau der Altstädter Wache am Theaterplatz ausführte, zu der Friedrich Schinkel die Entwürfe geliefert hatte. Auch sie steht außerhalb der Dresdner Tradition, ein Spätling des Berliner Klassizismus, der das Griechenerbe mit besonderer Hingabe gepflegt hat. Doch zählt sie nicht zu den Hauptwerken Schinkels wie die Berliner Neue Wache. Durch die Flügelbauten verliert sie an Aussagekraft und wird zu einem Zweckbau mit antiker Attitüde. Der als Prostylos gestaltete Mittelteil spricht jedoch, wenn man ihn für sich betrachtet, ganz vernehmlich die Sprache der Griechen.

Schinkels Wirkung für die Stadt war damit noch nicht zu Ende. In den letzten Jahren seines Lebens beschäftigte er sich für die russische Kaiserin mit den großartigen Planungen für das Schloß Orianda auf der Krim, die einem romantischen Klassizismus den Weg bereiteten. Für den preußischen König Friedrich Wilhelm IV. war er bis zu seinem Tode mit ähnlichen Aufgaben beschäftigt, die seine Schüler Ludwig Persius und Friedrich August Stüler weiterführten. Friedrich Wilhelm IV. selbst war auf architektonischem Gebiete außerordentlich begabt und entwarf viele seiner Bauten selbst. Hermann Beenken hat darauf hingewiesen, daß Friedrich Wilhelm sie immer im Zusammenhang mit der Landschaft sah und die Blicke und Aussichten besonders berücksichtigte. Uns berührt hier vor allem seine Planung des Schlosses Pfingstberg an der Havel, das Persius und Hesse zum Teil 1847 bis 1852 auch ausführten. Während des Baues dieses Lustschlosses siedelte Prinz Albrecht, der Bruder Friedrich Wilhelms IV., nach Dresden über und erwarb das Gelände des Lord Findlaterschen Weinberges auf halbem Weg nach Loschwitz. 1851 bis 1854 ließ er sich hier von einem anderen Schüler Schinkels, von Adolph Lohse, Schloß Albrechtsberg bauen, das sowohl seiner geistigen Konzeption als auch seiner architektonischen Gestaltung nach an Schloß Pfingstberg anknüpft. Schloß Albrechtsberg steigt von der Elbe aus in drei Stufen 45 Meter an. Die Mittelachse der gegliederten unteren Terrassenmauer, die eine Balustrade abschließt, wird durch eine vorgezogene Halle mit vier ionischen Säulen und Architrav betont. Weitläufige Treppenanlagen führen seitlich auf eine tiefe Terrasse, die in der Mitte eine halbrunde, nach dem Berg schwingende Säulenhalle mit sechzehn kannelierten korinthischen Säulen zeigt und seitlich von viersäuligen ionischen Tempelfronten mit Giebelbekrönung begrenzt wird. Beherrscht wird der sich auf dem Bergrücken ausbreitende Schloßbau von einem Mittelrisalit mit einem Erkeranbau, von der Horizontalen der figuren- und vasengeschmückten Balustrade über dem Dachgesims und von den flankierenden quadratischen Türmen. Die gärtnerische Gestaltung nach der Elbe und die Anlage des Landschaftsparkes nach der Bautzner Straße erfolgten im Sinne J. P. Lennés durch E. Neide und S. Neumann. Auf Schloß Albrechtsberg läßt sich des Dichters Wort anwenden, daß es bestimmt sei ,,zum Genusse der Aussicht und zum Wandeln in den lichten Säulengängen auf halber Höhe zwischen Himmel und Erde". Es waren noch nicht zweihundert Jahre vergangen, seit Starcke unter dem Einfluß Le Nôtres in der Ebene vor der Stadt den Großen Garten mit seinem Palais angelegt hatte. Welch eine Wandlung der geistigen und künstlerischen Auffassungen zwischen dem ersten und dem letzten Schloßbau vor der Stadt hatte sich in der Anlage für den Prinzen Albrecht vollzogen!

Lohse baute auch die benachbart gelegene bescheidenere Villa Stockhausen für den Kammerherrn des Prinzen Albrecht. Sie gehörte später August Lingner, dem Begründer des Hygienemuseums, und ging als dessen Vermächtnis in den Besitz der Stadt über. Die zeitgenössische spätklassizistisch-romantische Innenausstattung von Schloß Albrechtsberg einschließlich dem in orientalischem Stil dekorierten Bad von Diebitsch blieb erhalten und wird heute als Pionierpalast genutzt. 1978 hat eine umfassende Restaurierung des Schlosses auf dem so schwierigen Sandgelände der Elbberge durch das Institut für Denkmalpflege begonnen. Dagegen wurde das Innere der Villa Stockhausen für Klubzwecke völlig umgestaltet.

Die architektonischen Gestaltungen der ersten und zweiten Generation der Klassizisten, der Krubsacius, Weinlig, Giesel, Hölzer mit ihren Schülern, fußten trotz mannigfacher mehr oder weniger weit entwickelter klassizistischer Einzelelemente im wesentlichen auf einer barocken Grundstruktur. Ihre städtebaulichen Gedankengänge, wenn sie solche überhaupt noch besaßen, blieben ebenso den großen Konzeptionen des 17. und 18. Jahrhunderts treu, wie sie auch die Einzelobjekte weiter einer Gesamtidee unterordneten und Mittelachse und Seitenrisalite hervorhoben. Die Symmetrie beherrschte nach wie vor die architektonischen Schöpfungen als entscheidendes Kompositionselement.

Doch auch die Schuricht, Thormeyer, Thürmer der nachfolgenden Generation verfolgten noch Formelemente des Barock. So sind die vorspringenden Säulenportiken zwischen seitlichen Flügelbauten der Altstädter Wache und der Neustädter Torhäuser bis zum Café Reale auf der Brühlschen Terrasse weitergeführte Mittelrisalite. Für Pillnitz schuf Schuricht einen neuen Schloßbau in der charakteristischen barocken Dreiflügelanlage. Selbst Semper griff im Galeriebau des Theaterplatzes, wie im Palais Oppenheim auf der Bürgerwiese und im zweiten Opernhaus, auf die bewährte Akzentsetzung zurück, als er Mittel- und Seitenrisalite seinen Architekturkompositionen erneut einfügte.

Die Stadt nach der Niederlegung der Festungswerke

Eine völlig neue Entwicklung setzte in den ersten Jahrzehnten des 19. Jahrhunderts ein, als nicht nur in Dresden, sondern auch in vielen anderen deutschen Städten die lange vorbereitete Niederlegung der Festungswerke vollzogen wurde. Bis dahin war die Stadt durch ihren Festungsgürtel straff zusammengehalten geblieben. Er war das gegebene, der gespannte Bogen gewesen, der nicht zu durchbrechen war und der respektiert werden mußte für die Anlage der Straßen, der monumentalen Gebäude und der Bürgerhäuser.

Schon de Bodt und Fürstenhoff berichteten 1740 in ihrem Gutachten an den Hof, daß die Festung Dresden völlig veraltet sei und kaum mehr den Namen einer solchen verdiene, obwohl sie zur vollen Besetzung der Werke 30000 Mann benötigte.

François Cuvilliés hatte dann in seinem genialen Projekt von 1762 den Gordischen Knoten zerhauen und die wertlos gewordenen Festungsmauern bei seinem Aufbauplane Dresdens geschleift, die Gräben ausgefüllt und auf ihnen eine Avenue mit vier Baumreihen angelegt. Er kam mit diesem Plane ein halbes Jahrhundert zu früh, erst 1809 wurde auf Napoleons Anordnung mit der Abbrucharbeit begonnen. Die neue Planung für die sich daraus ergebende Umgestaltung der Stadt hatte der Oberlandbaumeister J. G. Hauptmann 1811 durchgeführt. Doch ließen auch dieses Mal die kriegerischen Zeiten keinen Raum für die Vollendung des Unternehmens. Im Gegenteil, noch einmal wurden 1813 Mittel für die Instandsetzung der Befestigungen bewilligt, bis 1817 definitiv die Stunde der Befreiung der Stadt von der architektonisch so fruchtbar gewordenen Einschnürung schlug. Bis 1829 waren die Wälle niedergelegt und die Gräben eingeebnet. Während in der Altstadt die Brühlsche Terrasse und die Mauern mit dem Wall, auf denen sich der Zwinger erhebt, noch Zeugnis von der Festung Dresden ablegen, sind in der Neustadt nur noch Rudimente im Garten des Japanischen Palais erhalten geblieben.

Wohl waren, wie wir berichteten, wenige Jahre nach dem Dreißigjährigen Krieg Hof, Adel und Bürgertum bereits aus den Mauern der Stadt geeilt, um sich in der Umgebung zu ergötzen. Der Italienische, später Türkische Garten mit Palais, der Große Garten Starckes, das Rechenbergsche Lusthaus und zahlreiche kleine bürgerliche Niederlassungen entstanden zu dieser Zeit. Aber immer noch kehrte der Bürger zur Nacht in die schützende Ummauerung zurück. Im 18. Jahrhundert verbrachte man die sommerlichen Monate bereits in den neuen, nun zweckmäßig angelegten und ausmöblierten Schlössern, wie in Pillnitz oder Übigau, in den Landhäusern der Umgebung und den einfachen Obst- und Weingärten von Loschwitz und der Lößnitz. Aber erst im 19. Jahrhundert fluteten die Bürger aus der Stadt aufs Land hinaus, befreit von den Bindungen durch die Mauern. Die größte Strukturveränderung in der Geschichte der Stadt begann wirksam zu werden. Aber nicht nur die Stadt bemächtigte sich der Landschaft, sondern auch die Landschaft hielt in den folgenden Jahrzehnten Einzug in die Stadt. Die Durchdringung und Verflechtung von Stadtbild und Landschaft sind die städtebaulichen Ereignisse des späten Klassizismus und der Romantik. Heute bilden diese Gedankengänge die Grundlage jedes städtebaulichen Geschehens, nachdem sie bis 1900 in ihrer epochemachenden Bedeutung unverstanden geblieben waren. So ist aus einer Zeit, die in dem Ruf stand, im Vergleich zu den großartigen Leistungen der Dichtung und Musik auf dem Gebiet der Baukunst wenig fruchtbar gewesen zu sein, das Neue für das kommende, wohl die kommenden Jahrhunderte gewachsen. Wenn auch für eine ausgesprochene Stadtbaukunst zunächst keine Aufgaben mehr vorhanden waren und die alte Geschlossenheit der Formen, wie die Symmetrie des Barock, sich gelöst hatte, so entband „das neue Unendliche", wie es Emil Kaufmann genannt hat, doch nur zu einer Freiheit, an deren Ende wieder entsprechende neue Bindungen stehen mußten. Zunächst trat der bindungsfreie architektonische Einzelkörper an bevorzugte Stelle. Er wuchs ohne Bedenken an beliebigem Ort als Repräsentant eines „individualistischen" Zeitalters. Die barocken Straßenzeilen, wie sie die Große Meißner Gasse und die Rampische Gasse klassisch verkörpert hatten, wurden abgelöst durch Straßenzüge mit von Gärten umzogenen und durch Zäune nach der Straße abgegrenzten Einzelbauten. Das entsprach nicht nur den neuen, in der alten Stadt noch nicht vorhanden gewesenen räumlichen Möglichkeiten, sondern auch der völlig veränderten geistigen Haltung. Ein vorzügliches Beispiel dieser Baugesinnung bieten die auf und hinter dem Festungsglacis der Neustadt angelegten Straßenzüge der Antonstadt, die heute noch zum großen Teil erhalten sind.

Der neue Haustyp wächst, im Gegensatz zu den komplizierten Formen des Barock, als einfacher, frei stehender geputzter Kubus. Er zeigt regelmäßige, gleich große, meist rahmenlose Fenstereinbrüche mit gelegentlich betonter Sohlbank oder Türsturz. Er besitzt keine Mittelachse und kein Portal mehr, legt öfter aber eine bescheidene Treppe vor. Er verzichtet auf Schmuck oder verwendet ihn mit äußerster Sparsamkeit. So erscheinen ein Gurtgesims oder ein Fries mit Akanthus und Mäander. Abgeschlossen wurden die fast durchweg nur zweigeschossigen Bauten durch ein einfaches, niedriges Zelt- oder Walmdach mit flachen Dachfenstern. Das in Dresden bis dahin übliche Mansarddach des Barock, als „Krönung" des Hauses gedacht, verschwand vollständig. Von diesem Kubus, der in der Revolutionsarchitektur von Ledoux seinen Ursprung hat, führt im 20. Jahrhundert ein direkter Weg zu Le Corbusier und dem Bauhaus.

Was für den Einzelbau gilt, bleibt auch Verpflichtung für die Baugruppe. Der hierarchische Verband, die Achse, die Enfilade, weicht der Vielheit und Autonomie unverbunden nebeneinanderstehender Bauten. Der Pavillongedanke (Kaufmann) meint die freie Vereinigung selbständiger Existenzen. Die Teile sind nicht mehr zusammengewachsen, sondern aneinandergefügt. Aus dem barocken Ehrenhof wird ein kubischer Komplex von mehreren Blöcken, denen jede Bezugnahme der Teile fehlt. J. N. Louis Durand nennt als Ziel, „die Gebäude voneinander abzusondern, die Nebengebäude von dem Hauptgebäude zu trennen und das Ganze auf die einfachste Art aus sich selbst

432 Die neuen Anlagen auf dem zugeschütteten Zwingergraben

Der nierenförmige Zwingerteich mit der Bastion Luna, jetzt sanft abgeböscht, die Ecke abgeschnitten, die gärtnerischen Anlagen seit 1826 von K. A. Terscheck nach Plänen F. Thormeyers, rechts die Ostraallee, im Hintergrunde das Adamsche Haus (Stadtwaldschlößchen) von 1744 und das Hochhaus (Hotel Weber), um 1830, am neuen Postplatze (s. Abb. 178)

Kolorierter Stich von C. G. Hammer, um 1840, St. M.

433 Das westliche Dresden zwischen Zwinger, Friedrichstadt und Elbe nach Niederlegung der Festungswerke

Blick vom Schloßturme nach Westen. Im Vordergrunde Zwinger mit Anlagen, Italienisches Dörfchen, Altes Theater von 1755 (1841 abgebrochen), dahinter die 1819/20 angelegte Calberlasche Zuckersiederei (früher Bastion Sol, seit 1853 Hotel Bellevue). In der Mitte hinter Zwinger und Zwingerteich die Stallstraße mit der Weinligschen Reithalle von 1795, umgeben von dem Thürmerschen Gebäudetrakt von 1832, rechts der 1822 angelegte Elbkai mit dem Ausschiffungsplatz und der Mündung des Weißeritzmühlgrabens. Im Hintergrunde links die Friedrichstadt mit der Kirche Pöppelmanns, rechts anschließend Palais und Garten des Prinzen Max, dahinter das Große Ostragehege

Lithographie von C. W. Arldt, 1833, St. M.

432

433

zu ordnen". Die erste Lösung dieser Art brachte 1817 die Calberlasche Zuckersiederei an der Elbe. Der entwerfende Architekt war wohl Thormeyer. Die Ausführung lag in den Händen des Hofmaurermeisters Hofmann. Im repräsentativen Wohnbau finden sich noch heute aus der Zeit nach 1840 Beispiele auf der Elbseite der Bautzner Straße. Ein einfacher rechteckiger zweigeschossiger Mittelbau für die Herrschaft wird im rechten Winkel flankiert von je einem vorgezogenen eingeschossigen Bau für die Dienerschaft und Stallungen. Als häufiges Motiv erscheinen die Aufteilung des Quadrates in neue kleine Quadrate und die Reihung großer und kleiner Quadrate. Wir sehen das besonders bei Blaßmanns Kaufhausbauten auf dem Antonsplatz von 1826, die später um ein Stockwerk erhöht wurden. Aber auch die neuen Torhäuser am Weißen Tor und die ersten Anlagen des Leipziger Bahnhofes, die wohl auch auf Thormeyer zurückgehen, zeigen diese Ordnung.

Die Einfachheit dieses Bauens hielt bis zur Auswirkung von Sempers Stil weit nach der Jahrhundertmitte an und verschwand erst dann langsam. Der Einfluß der Franzosen Ledoux und Durand, die Theorie und Praxis begründeten, ist es auch, den Semper 1834, vermittelt durch F. Chr. Gau, mit aus Paris nach Dresden brachte.

Die 1844 angelegte Nieritzstraße in der Neustadt, die das Jahr 1945 ohne Einbußen überstanden hat, gibt bereits das treffliche Beispiel einer geschlossenen Bauweise während der Biedermeierzeit. Die Straße weist, bis auf die zehn bis zwanzig Jahre später entstandenen Randbauten, nur Häuser mit zwei Obergeschossen und ausgebautem Dachgeschoß auf. Eine schmale, gerade Treppe, meist von der Straße aus sichtbar, führt in die Höhe des Erdgeschosses, in dem sich dann das enge Treppenhaus befindet. Gegen die breiten, repräsentativen Eingänge der fünfstöckigen Mietsbauten in der benachbarten Rähnitzgasse aus der Barockzeit nimmt sich die Nieritzstraße sehr bescheiden aus. Trotz dieser Bescheidenheit aber ist sie von einer noblen Würde und Anmut. Der Mensch verschwindet nicht hinter einer Fassade, sondern gibt der Architektur sein Maß an. Als Richard Riemerschmid 1909 den Bebauungsplan für seine Reihenhäuser in Hellerau entwarf, die heute unter Denkmalschutz stehen, haben ihn ähnliche Gedanken bewegt, wie sie diese Baumeister des Biedermeier hegten.

Die Innenausstattung entsprach dem Äußeren. In klare, rechteckige Räume mit einfacher, stukkierter Hohlkehle wurde ein vollkommen bewegliches Mobiliar mit glatten Formen gesetzt, wobei helle heimische Hölzer, wie Kirsche und Birne, oft

434 Wohnzimmer des Hofuhrmachers J. C. Gutkaes im Schloßturm mit typischer Einrichtung des Biedermeier

Lithographie vor 1845, Aufn. H. Gutkaes, Hartha

434

435 Antons an der Elbe. Ehem. Gaststätte, S. G. Zug, 1754, mit Belvedere nach dem Umbau von 1832

Ölgemälde eines unbekannten Künstlers, um 1840

435

nur furniert, oder in wohlhabenden Haushalten dunkles ausländisches Mahagoni vorherrschten. Das Mahagoniholz übernahm das Biedermeier aus dem Empire, das in Dresden kaum Gelegenheit gehabt hatte, sich zu entwickeln. Die einfachen Formen, die schon die weißen Möbel des Zopfes gegenüber ihren Vorgängern aus Barock und Rokoko auszeichneten, blieben im Prinzip erhalten. Nur der Ofen aus Meißner Kacheln behielt seinen festen Stand. Um 1830 vertrieb die soeben in Mode gekommene Papiertapete den einfarbig leuchtenden Anstrich. Die Fenster zierten Gardinen aus weichem, leichtem, gerafftem Musselin.

Bei der Niederlegung der Festungswerke wurde in der Altstadt versäumt, eine wirklich großzügige Boulevardanlage zu schaffen, die dem Stadtkern die notwendige Auflockerung gegeben und den Verkehr entlastet hätte. Schon vorher war das Festungsgelände verschenkt worden; die privaten Inhaber weigerten sich, ihren Besitz wieder aufzugeben, und dem Fiskus gebrach es an Kraft, durch Verordnungen die Voraussetzungen für eine Enteignung zu einem tragbaren Grundstückspreis zu schaffen. Bis 1945 litt Dresden an der Enge dieser 1824 angelegten Ringstraßen und aus dem gleichen Grunde auch an dem Mangel an Ausfallstraßen. Die Plätze, die sich an den Kreuzungspunkten bildeten, blieben in ihrer Form und Bebauung dem Zufall überlassen. Auf dem Postplatz, auf dem man mit Geutebrücks und Thürmers Postgebäude 1830 einen guten Anfang gemacht hatte, auf dem Pirnaischen Platz, der auf einen Entwurf Thormeyers von 1816 zurückgeht, und dem Amalienplatz mußte man später architektonische Schwächen in Kauf nehmen. Die Neustadt ist besser daran. Vor dem Schwarzen Tor wurde der Bautzner Platz als Sternplatz von Hauptmann bereits 1811 konzipiert. Thormeyer hat die Planung dann weiterentwickelt. Zwölf Straßen laufen in ihm zusammen. Die Hauptstraße und die Königstraße waren bereits Konzeptionen der augusteischen Zeit, die Bautzner, Alaun- und Königsbrücker Straße lagen außerhalb der Stadt, alle anderen entstanden in den gleichen Jahren und waren, wie der Platz, in offener Bauweise gehalten. Anton-, Theresien-, Hospital- und Georgenstraße haben bis heute ihren Charakter bewahrt. Erst die Gebäude aus der zweiten Hälfte des 19. und aus dem 20. Jahrhundert haben durch überdimensionierte Fassaden seinem Gesicht Abbruch getan. Der Verlust des städtebaulich befriedigenden Alberttheaters, das den Bautzner Platz abschloß, bleibt bedauerlich. Die beiden monumentalen Brunnenanlagen von Robert Diez „Stilles Wasser" und „Stürmische Wogen", die die runde Platzform aufnehmen, folgten erst 1893. Die „Auf dem Sande" vor dem Schwarzen Tor von Thormeyer angelegten Straßenzüge wurden 1832 zu einem neuen Vorort, der Antonstadt, vereinigt.

Die Schaffung von Grünanlagen am Stadtrand wurde während der Demolierungsarbeiten 1826 am erfolgreichsten auf dem kleinen Antonsplatz hinter dem Postplatz begonnen. Hier entstand durch Thormeyer die einzige umfangreichere städtebauliche Anlage des frühen Dresdner Biedermeier in der Altstadt. Sie blieb bis 1891 erhalten. Damals fehlte es an einem zentral gelegenen Bauplatz für eine Markthalle. W. Rettig setzte sie auf die Fläche, die die Anlagen eingenommen hatten. Der Bau Rettigs gehörte zu den besten seiner Zeit. Die umgebenden Kaufhallen blieben dabei bestehen. Sie wurden erst 1950, nachdem sie 1945 ausgebrannt waren, abgetragen. Wir wissen nicht genau, von wem die Gartenanlage des Antonsplatzes stammte, dagegen ist uns der Schöpfer der größten noch erhaltenen Anlagen in der Neustadt, die auf dem Festungsgelände zwischen Japanischem Palais und Marienbrücke entstanden, bekannt. Es war der Hofgärtner Carl Adolf Terscheck, der auch die auf den aufgefüllten Gräben entstandenen Zwingeranlagen am Wall mit dem nierenförmigen Zwingerteich nach Entwürfen Thormeyers schuf. Die Schlängelwege und das Buschwerk wirkten in ihrer Gesamtansicht gegen die umgebende Architektur recht kleinlich und unmotiviert. Die Form dieses künstlichen Teiches entsprach der Angst vor der Regelmäßigkeit des Barock, das romantische Naturgefühl verbot, ihn zu fassen, und so glitten nach der 1828 erfolgten Abtragung der „Scharfen Ecke" seine sanften Böschungen ohne Zäsur ins Wasser. Der vordere Teil dieser Anlagen verschwand, als im Zuge der Zwingererneuerung 1929 der Graben wiederhergestellt wurde. 1951 erfolgte der Durchbruch zum Teich, und es erhebt sich die Frage, ob von hier aus nicht der Anschluß an die Elbe wiedergewonnen werden sollte. Die Einbeziehung der Landschaft in das Stadtbild erfolgte in großzügigster Form durch die von einem Graben des Kaitzbachs durchflossene Bürgerwiese. Sie erstreckte sich vom Jüdenteich vor der Bastion Jupiter, den später der Georgplatz ausfüllte, südlich bis zum Großen Garten und führt nicht nur das Stadtzentrum in die Landschaft, sondern geleitet gleichzeitig die Landschaft in die Stadtmitte hinein.

Diese Gestaltung der Bürgerwiese, die von jeher alter Ratsbesitz war und bei der es somit keine Schwierigkeiten durch widerspenstige Anlieger zu überwinden galt, erfolgte in zwei Perioden. Der innere Teil, mit dem man 1843 begann und der 1846 bis zum Dohnaischen Schlag in der Höhe des Palais der Sekundogenitur vollendet war, ruhte wiederum in den Händen Terschecks, der seine biedermeierlichen Gartenformen mit Schlängelwegen und niedrigem Buschwerk auch hier zur Geltung brachte. Die bescheidene Konzeption unterlag im Laufe der Jahrzehnte mannigfachen Veränderungen. 1858 wandte sich der Rat der Stadt nach Potsdam, an den preußischen Gartendirektor Peter Lenné, den bedeutendsten Gartenarchitekten der Zeit, um nunmehr die Gestaltung des äußeren Teiles der Bürgerwiese durchzuführen. Von Lenné kam der Vorschlag, der sich für die ganze weitere städtebauliche Entwicklung Dresdens fruchtbringend ausgewirkt hat, die Bürgerwiese mit dem Großen Garten zu verbinden. Nach seinem Plane wurden die Anlagen in der Form des Landschaftsgartens bis 1869 durch Gartendirektor Gustav Krause vollendet.

436

436 Das „Wasserpalais auf Cosel", Holzhofgasse 10 bis 12

An der Mündung der Prießnitz gegenüber dem Linckeschen Bade gelegen, in klassizistischen Formen von W. Herrmann 1827ff. für F. Villers errichtet. 1945 ausgebrannt, 1965 abgebrochen, rechts die „Schwanen-Villa"

Kolorierter Stich von J. C. A. Richter, um 1845, St. M.

Die Hauptstraße war schon 1737 mit Lindenbäumen geschmückt worden. Jetzt wurden auch die durch Niederlegung der Festung gewonnenen Straßen mit Bäumen bepflanzt. Wieder ging die Neustadt voran. Die Querallee, die Theresienstraße bis Kreuzweg und Wasserstraße erhielten bereits um 1828 ein neues Gesicht und wirkten vorbildlich für die weitere Auflockerung der Stadt. Erst die Gründerjahre mit ihren Spekulationsbauten, den Mietskasernen und Hinterhäusern, drängten diese erfreuliche Entwicklung in den aufschießenden Vorstädten für einige Zeit zurück.

Die Neugotiker

Das rein dekorative gotische Vorspiel im Zeitalter der Empfindsamkeit fand eine ganz anders geartete Fortsetzung in der Romantik. War die Rückkehr zum antiken Erbe im Verlauf der letzten Jahrhunderte immer wieder erfolgt – Renaissance und Barock hatten sich seine Gedanken und Formen doch nicht weniger angeeignet, als es der Klassizismus tat – so ging die Romantik im zweiten Jahrzehnt des 19. Jahrhunderts zum ersten Mal bewußt den Weg in die Tiefen und Untiefen der nationalen Geschichte. Gotik und altdeutscher Stil wurden irrtümlich gleichgesetzt, die Gemütswerte der Zeit mit ihr in Verbindung gebracht. Die Wogen der nationalen Begeisterung hatten am Ende der Befreiungskriege ihren Höhepunkt erreicht. Preußen mit der Hauptstadt Berlin war Mittelpunkt des Befreiungskampfes vom Napoleonischen Joch innerhalb Deutschlands gewesen. Hier wirkte der bedeutendste Architekt des Zeitalters, Karl Friedrich Schinkel. Er war es, der den Berliner Dom als Denkmal für die deutschen Befreiungskriege in gotischem Stil plante. Der Dom sollte, wie Schinkel selbst formulierte, ein „unmittelbar bildendes und im Volke historischen Sinn begründendes Monument“ sein.

Die wirtschaftliche und politische Situation Sachsens war nach den Befreiungskriegen durch die verfehlte sächsische Politik ungünstiger denn je. Große architektonische Planungen hätten in den folgenden zwei Jahrzehnten wenig Sinn gehabt. Für einen auf nationaler Grundlage gewachsenen gotischen Stil fehlte in Dresden jede Voraussetzung. Was gebaut werden konnte oder mußte, wuchs aus dem Klassizismus der Akademie. Gewiß stellte man hier den Schülern auch einige Bauaufgaben in gotischem Stile, aber sie wurden niemals realisiert. Es blieb einem Maler überlassen, nationales Empfinden und romantische Sehnsucht in gotischen Ruinen und Bauten vorzutragen, Caspar David Friedrich. Erst im dritten Jahrzehnt finden sich Grabmonumente mit Spitzbogenmotiven, aber sie sind legitime Erben der Empfindsamkeit und nicht Zeugen einer nationalen Selbstbesinnung und Wiedergeburt, für die in Dresden kein architektonisches Dokument vorliegt.

So fruchtbringend sich die Wiederaufnahme der Antike im Klassizismus ausgewirkt hatte, so schnell verbrauchten sich die schöpferischen Kräfte an dem mittelalterlichen Formengut. Die Neugotiker leiteten das Zeitalter des Historismus ein, dessen Bauten wir heute, in der Distanz fast eines Jahrhunderts, wieder zu verstehen und zu schätzen wissen, nachdem wir erkannt haben, daß die besten Werke auch dieses Zeitalters Zeugnisse eines echten Stilwillens sind und als solche eine positive Einschätzung erfordern.

Merkwürdigerweise eröffnet Gottfried Semper, der die gotischen Stiläußerungen völlig ablehnte, selbst den Reigen der gotisierenden Bauten in Dresden mit dem 1843 erbauten Cholerabrunnen. Er stand früher auf dem Postplatz und hat jetzt zwischen Zwinger und dem einstigen Standort der Sophienkirche ein weniger verkehrshinderndes Unterkommen gefunden. Die Wahl dieser für Dresden fremden Form, die Nürnbergs „Schönen Brunnen“ aufnimmt, erfolgte auf Wunsch des Stifters. Das am Elbberg neben der Carolabrücke von H. Bothen für den gleichen Bauherrn Gutschmid 1845 errichtete Venezianische Haus bringt eine Nachbildung des Palazzo dei Turchi in Venedig. Als das augusteische Zeitalter mit Pöppelmann begann, die Elbe nach dem Vorbild des Canale Grande zu einer Prachtstraße umzugestalten, hatte es seinen eigenen Stil gefunden. In der Mitte des 19. Jahrhunderts versuchte ein privater Bauherr, den Gedanken weiterzutreiben. Was geblieben ist, war eine reizvolle Kuriosität.

Ihren Höhepunkt erlebte die Dresdner Neugotik in den Bauten von Friedrich Arnold. Die Vorblendung der Doppelturmfront vor den nackten, durch den Festungswall ursprünglich verdeckten Giebel der Franziskanerkirche, der späteren Sophienkirche, überzeugt uns heute vom städtebaulichen Gesichtspunkt aus. Glücklicherweise blieb uns gerade der erfreulichste, von 1859 bis 1861 errichtete Bau Arnolds, die Villa Souchay, das spätere Schloß Eckberg, oberhalb der Elbe auf halbem Weg nach Loschwitz, unzerstört erhalten. Sie ist ein charakteristisches Zeugnis der spätesten Romantik, der malerische Werte, Überschneidungen und Durchblicke wichtiger waren als architektonische Ausrichtung auf eine Mitte, wie es der Barock gefordert hatte. Eingebettet in eine bewegte, bergige Landschaft, strebt der Bau wieder zu einem Gesamtkunstwerk und könnte Kulisse zu einer Oper Wagners aus seiner Dresdner Zeit sein. Als dritter und spätester neugotischer Bau entstand Arnolds Kreuzschule am Georgplatz in der Nachfolge der ersten Schule hinter der Kreuzkirche an der Schulgasse. Bedeutend durch ihre städtebauliche Situation erwies sich der neue Bau als verfehlt. Die Schule entstand als ein Vierflügelbau mit zwei Innenhöfen, zwischen denen die Treppe in die Obergeschosse führte. Ein risalitmäßig vorgezogener, siebenachsiger Vorbau, im Untergeschoß mit einer offenen Bogenhalle und vorgelegten Stufen, über der sich zweigeschossig die Aula mit durchgehenden, durch Rundbogen abgeschlossene Fenster erhob, beherrschte die Fassade nach der Platzfront. Sie erfuhr eine Bereicherung durch allegorische Figuren sowie die der Reformatoren an den vier mittleren Strebepfeilern. Abgeschlossen wurde der Bau durch einen dreiachsigen hohen Mittelgiebel mit Fialenschmuck und Kreuz, während die anschließenden Fenster kleinere Giebelbekrönungen trugen.

Neuromanischer und neugotischer Kirchenbau

So wenig die Kirche in der ersten Hälfte des 19. Jahrhunderts als ein geistig-schöpferischer Faktor im Mittelpunkt des Baugeschehens im Vergleich zum Opern- und Galeriebau gestanden hatte, so zahlreich waren die Kirchenneubauten in der zweiten Hälfte des Jahrhunderts, die dem rapiden Bevölkerungszuwachs und den zahlreichen Eingemeindungen entsprachen. Ging die Wahl gotischer Motive und Formen für profane Bauwerke auf die Wünsche von Bauherren oder Architekten zurück, so wurden die kirchlichen Neubauten durch administrative Beschlüsse an die historischen Stile gebunden. Bauherren wie Architekten blieb nur die Wahl zwischen romanischen und gotischen Ausdrucksformen überlassen. Die Dresdner Konferenz von 1856 hatte bereits vorbereitet, was 1861 im Eisenacher Regulativ beschlossen wurde, alle zukünftigen Kirchbauten nur in den beiden mittelalterlichen Stilen zu errichten. Dieser Beschluß wurde in den folgenden drei Jahrzehnten exakt durchgeführt, bis er im Wiesbadener Programm und im protestantischen Kirchbautag in Eisenach von 1890 auf Drängen der fortschrittlichen Kräfte aufgehoben wurde. Damit wurde der Kirchbau von allen dogmatischen Forderungen für die Zukunft befreit.

Die Eisenacher Beschlüsse beruhten nicht nur auf den geschilderten zeitgeschichtlichen Aspekten der Romantik, sie fußten auch auf einem theologischen Grund, der in der Rückkehr zu einem dogmatischen Neuluthertum mit seinem hierarchischen und restaurativen wie autoritären Gedankengut zu suchen ist und sich gegen die Theologie

437

437 Der Turm der Johanniskirche

Der Turm am Südquerschiff der Johanniskirche war das bedeutendste Bauwerk, das die Neugotik in Dresden hinterlassen hatte, er zeichnete sich sowohl durch seine strenge Nachbildung französischer Formen als auch durch ausgezeichnete handwerkliche Arbeit in Sandsteinrohbau aus. Seitenlänge 8,5 m, Höhe 65 m. G. L. Möckel, 1874 bis 1878, 1945 ausgebrannt, 1953 gesprengt

Lithographie nach einer Zeichnung von G. L. Möckel, 1876, I.f.D.

der Aufklärungszeit des 18. Jahrhunderts richtete. Hatte der evangelisch-lutherische Gottesdienst bis zu Beginn des 19. Jahrhunderts die Predigt als zentrales Anliegen betrachtet, so rückte das Neuluthertum den Altardienst wieder in den Mittelpunkt des kirchlichen Geschehens. Aus diesem Grund forderte es im Gegensatz zur Barockzeit erneut den zweigeteilten Raum, der wieder entstehende, sichtbar abgetrennte Chor bleibt allein dem Altar und dem Altargeschehen vorbehalten, während die Kanzel aus dem Kanzelaltar des Barock wieder in den Chorbogen rückt. Die Gemeinde erhält das Schiff zugewiesen. Diese Anliegen der Trennung sahen an den sich auftürmenden sozialen Problemen völlig vorbei.

Nach diesen Prinzipien wurden bis Ende des Jahrhunderts auch in Dresden alle neoromanischen und neogotischen Neubauten errichtet, obwohl in der Stadt die vier Hauptkirchen barocken Charakter aufwiesen und George Bährs Frauenkirche als ein Mittelpunkt die Stadt überragte und andere Gedanken hätte aufkommen lassen müssen. Nur der Turm der Dreikönigskirche schloß sich 1854 bis 1857 in seiner Form den Turmbauten der Hofkirche, der Annenkirche und der Kreuzkirche an und setzte sie in der Neustadt glücklich fort.

Im Gegensatz zu den vorgenannten Profanbauten, die das gotische Element nur in einer Reihe von Formen ästhetisch nutzten, ohne sich dabei über die letztlich entscheidenden konstruktiven Elemente zu kümmern, werden jetzt die neoromanischen und neogotischen Kirchenbauten nach dem jeweiligen Kanon mittelalterlicher Baugesetze exakt auf dem Reißbrett rekonstruiert. Keiner dieser „errechneten“ Kirchen war zwar die Aussagekraft mittelalterlicher, in langen Jahren gewachsener Bauten beschieden, aber einer ganzen Reihe von ihnen, die mit einem außerordentlichen Können, einer hohen handwerklichen Fertigkeit und einem sicheren Einfühlungsvermögen errichtet wurden, kann man die Anerkennung als bedeutende Zeitaussagen im Abstand von fast einem Jahrhundert nicht versagen.

Als wichtigster kirchlicher Bau in frühgotischen Formen ist die Johannes-Kirche Möckels von 1874 bis 1877 an der Pillnitzer Straße zu nennen, die die Nachfolge des kleinen Baues am Johannis-Kirchhof antrat und der der Stadterweiterung zum Opfer gefallen war. Der Neubau besaß eine einschiffige, gewölbte Halle mit niedrigen Seitengängen unter Emporen und ein Querschiff mit anschließendem Chor mit $^{5}/_{10}$tel Schluß. Zu der reichen Ausstattung gehörten die Figuren der zwölf Apostel mit Johannes dem Täufer, die die damals bekanntesten Bildhauer aus der Rietschel- und Hähnelschule, nun nicht mehr im heimischen Material, sondern – entsprechend dem neuen Reichtum – in französischem Kalkstein ausführten. Der am Südquerschiff errichtete Turm in klassischer französischer Gotik bereicherte das Dresdner Turmensemble nach den östlichen Vorstädten. Ein verwandter, weniger kostbarer Bau Möckels entstand 1878 in der Erlöserkirche der Vorstadt Striesen.

438

438 Titelblatt zu Heinrich von Kleists Zeitschrift „Phöbus“

Phöbus in dem von vier Rossen gezogenen Sonnenwagen, umgeben von den Tierkreiszeichen mit der Waage im Zenit, sprengt in einer Wolke über Dresden, während die Horen (?) über der Stadt ihre Füllhörner ausschütten

Holzschnitt nach Zeichnung von F. Hartmann, 1808, St. M.

Eine ähnliche städtebauliche Aufgabe erfüllte im östlichen Teil der Neustädter Antonstadt die frei innerhalb von vier Platzwänden von Giese und Weidner seit 1883 erstellte Martin-Luther-Kirche. Die Erbauer haben im dreischiffigen Innern mit dem anschließenden Chor romanische Formen gewählt, während der Westturm Mischformen zeigt.

Etwa zur gleichen Zeit baute Dögel für die Fremdenkolonie hinter dem Hauptbahnhof im Süden der Stadt die Amerikanische Kirche St. John in neugotischen Formen, und Aubyn mit Piper die Anglikanische Kirche All Saints Church in den Formen der englischen Gotik. Sie mögen für eine weitere Reihe der historistischen neogotischen Bauten stehen. Die Russische Kirche errichtete von Bosse mit K. Weißbach für die damals noch vorhandene russische Botschaft im Königreich Sachsen an der Reichsstraße in den typischen Formen des altrussischen Kirchenstiles mit einer Gruppe von fünf zwiebelbekrönten Türmen. Während die Amerikanische und die Englische Kirche zu den Opfern des 13. Februar 1945 zählen, blieb die Russische Kirche verschont und konnte inzwischen restauriert werden.

Aus der Gruppe der evangelischen Kirchen sei noch ein neoromanischer Bau, der der Jakobi-Kirche am Wettiner Platz vom Jahrhundertende hervorgehoben, der ein ganz fremdes Stilelement nach Dresden brachte. Der Berliner Architekt Kröger baute in der Nachfolge der kleinen alten Stiftskirche am gleichen Platz einen Zentralbau nach rheinischen Vorbildern. Sein Äußeres charakterisiert ein mächtiger Mittelturm mit einem Rhombendach. Das Innere zeigte nach einer Eingangshalle ein emporenumgebenes Mittelschiff mit Triumphbogen und anschließendem, im Halbrund geschlossenem Chor.

Der katholische Kirchenbau verfolgte in diesen Jahrzehnten die gleichen Prinzipien. Schon in den 50er Jahren erbauten Bothen und Choulant die Pfarrkirche Franziskus Xaverius am Ende der Hauptstraße als Mitte zwischen dem seitlich angegliederten Pfarr- sowie dem Schulhaus in neoromanischen Formen. Es war ein einschiffiger Putzbau unter Verwendung lombardischer Formen mit einem halbrunden Chorabschluß. Seitlich gestellte Doppeltürme mit spitzen Helmdächern faßten die Fassade nach der Hauptstraße ein.

439

440

439 Die Reithalle im Marstall, die Fassade nach dem Hofe

Im kurfürstlichen Stall hinter dem Zwingerwall gelegen. Etwa 80 m lang und 20 m breit, neun Fenster Front mit Mittelrisalit und bekrönendem Dreieckgiebel, unmittelbar auf Sockelgeschoß mit durchgehendem Sims aufsitzend, die Fenster mit geradem Sturz; darüber eingelassene Felder mit Reliefschmuck, im Giebel antikes Zweigespann in Sandstein, Arbeiten von Franz Pettrich; 1794/95 von T. Weinlig errichtet, 1945 ausgebrannt, 1952 wiederhergestellt

Entwurf des Mittelteiles, Sepiazeichnung von T. Weinlig, 1794, I.f.D.

440 Das dritte Belvedere, die Ansicht nach der Elbe

Halle mit sechs dorischen Säulen und breiten Eckpfeilern, darüber Architrav mit Aussichtsterrasse und zurückgesetztem Pavillon, dessen Türen mit Rundbogen und starkem Schlußstein versehen sind, Gliederung durch Putzbänder. Charakteristischer Bau des Dresdner dorischen Klassizismus unter Einfluß der französischen Revolutionsarchitektur, von C. F. Schuricht 1814 im Auftrage des Fürsten Repnin errichtet, 1842 abgebrochen und durch den Bau von O. v. Wolframsdorf ersetzt

Stich von P. Veit, um 1815, St. M.

441 Das Denkmal des Generals Moreau in Räcknitz

Syenitwürfel mit quadratischer Platte, darauf Schwert, Lorbeerkranz und griechischer Helm mit Raupe, Lauchhammerguß, Entwurf von G. F. Thormeyer. Ausführung von G. C. Kühn, 1814; für den hier 1813 verwundeten General Victor Moreau; bedeutendstes Denkmal des Klassizismus in Dresden

Aufn. D.F.D., 1935

441

442

442 Die Treppe zur Brühlschen Terrasse, 41 Stufen, 13,56 m breit

Nach einer Idee von J. G. Hauptmann 1811, Anlage G. F. Thormeyer 1814, mit Turm des Landtagsgebäudes, P. Wallot, 1905 bis 1907. Blick vom Turm der Katholischen Hofkirche auf die Treppe zur Festungsmauer der Brühlschen Terrasse, mit flankierenden Gruppen der Tageszeiten von J. Schilling, 1868 (s. Abb. 451)

Aufn. D.F.D.

443 Eines der beiden Torhäuser an der Hauptallee des Großen Gartens, Stadtseite

Eingeschossiger dreiachsiger Sandsteinbau auf Sockel, Mittelachse mit Portal vorgelegt, über Gurtgesims zurückgesetzter, dreifach gestaffelter Rundbogen mit Schlußstein, darüber Giebelbekrönung, von G. F. Thormeyer, 1814. 1945 ausgebrannt, später abgebrochen

Aufn. D.F.D.

444 Pillnitz, Preßhaus, Ch. F. Schuricht 1827

Eines der Wirtschaftsgebäude am Weinberg, eingeschossiger Bau von neun Achsen mit abgewalmtem Dach und Ochsenaugen, risalitmäßig vortretendem Haupteingang mit Jahreszahl 1827, darüber Architrav mit Weinranken und Dreiecksgiebel mit sächsischem Rautenwappen in dekorativer Rahmung, seitlich je nach dem ersten Fenster risalitmäßig gefaßte bescheidene Eingänge

Aufn. D.F.D., 1934

443

444

445

446

445 Das Neue Palais in Pillnitz mit Fliederhof

Für den 1818 abgebrannten Bau des 17. Jahrhunderts 1818 bis 1826 von C. F. Schuricht errichtet. Die Front nach der alten Anlage zu, deren Mitteltrakte ebenso wie die Seitenrisalite durch Säulenstellungen hervorgehoben sind, fügt sich dem Wasser- und Bergpalais M. D. Pöppelmanns von 1720 bis 1723 und den Exner-Weinligschen Flügelbauten von 1788 bis 1791 trefflich ein. Weiterentwicklung einer Weinligschen Planung. Die geschwungenen chinoisierenden Dächer der vergangenen Perioden sind mit Varianten beibehalten. Ein Dachreiter mit Uhr über dem mittleren Saalbau faßt alle Trakte in der Mittelachse zusammen. Die jenseitige Front mit dem anschließenden Fliederhof, der von zwei Flügelbauten eingefaßt wird, ist nach dem alten Garten zu ausgerichtet. Der Mitteltrakt mit dem von zwei kannelierten dorischen Sandsteinsäulen gefaßten Eingänge zum Festsaal, der einen Balkon mit reichem schmiedeeisernem Gitter trägt, zeigt im Untergeschoß Putzstreifen, in dem glattgeputzten schmucklosen Obergeschoß sieben Rundbogenfenster, über dem Gurtgesims einen eingelassenen breiten ornamentalen Pflanzenfries; die Fenster der Rücklagen rechteckig mit geradem Sturz. Die Mittelrisalite der Seitenflügel, durch Dreieckgiebel über je drei Fenstern im Obergeschoß betont, ersetzen den Fries durch Halbgeschosse. Hervorragendes, viel zu wenig beachtetes Beispiel einer dreiflügeligen Anlage aus klassizistischer Zeit. Die klassischen Bauelemente werden aber nur dekorativ und nicht konstruktiv verwendet

Aufn. D.F.D., 1935

446 Der Festsaal des Neuen Schlosses in Pillnitz

Quadratischer Raum, von je sechs unkannelierten korinthischen Säulen getragen, über Gebälk Flachbögen und Gewölbezwickel mit kassettierter Kuppel, von C. F. Schuricht 1822/23, die Malerei in den Flachbögen und Zwickeln von C. Vogel von Vogelstein. Einzige Kuppelkonstruktion des Klassizismus in Dresden

Aufn. D.F.D. (Möbius), 1929

447 Die Altstädter Wache, der Mittelbau von Südosten

In der Mitte der 19 m breite Antentempel, zu dem vier Stufen führen, mit sechs kannelierten ionischen Säulen, darüber Architrav, Kranzgesims und Dreieckgiebel mit Giebelverzierung, hinter der Vorhalle dreiachsiger, zweigeschossiger Zweckbau, seitlich anschließend dreiachsige, niedrigere Flügelbauten mit flachem Satteldach. 1830 bis 1832 nach dem Plane von F. Schinkel durch J. Thürmer ausgeführt, die Saxonia im Giebelfeld nach dem Schlosse von J. Herrmann, der Mars der Rückfront von F. Pettrich. Erster Bau in massivem Sandstein (Cottaer Brüche), Säulen aus einem Stück. Einziger Bau des Berliner Klassizismus in Dresden. 1945 ausgebrannt, 1955/56 wiederhergestellt

Aufn. D.F.D., 1938

447

448 Preußsches Haus, Gewandhausstraße 7, 1825/26

Rückseite des klassizistischen Baues mit Untergeschoß, zwei Obergeschossen sowie einem Halbgeschoß, je neun Achsen nach der Rück- und Vorderfront mit dreiachsigem Mittelrisalit, sechs Achsen nach den Seiten, abgewalmtem Dach, Anbau der beiden Flügel mit einem Obergeschoß und Dachterrasse, 1878. 1905 beim Rathausbau abgebrochen

Aufn. Stadtarchitekt Dresden, 1905

449 Das Palais Lüttichau, Zinzendorfstraße 11 (Lange Gasse)

Dreigeteilter fünfachsiger Bau, Sockel mit einem Geschoß und Mezzanin. Mäanderfries mit Giebelbekrönung, darüber flaches abgewalmtes Dach, horizontale Gliederung der Fassade durch Putzbänder. Seitlich je eine flügelartige Eingangshalle mit Pfeilern und Säulen, die sich dem Baukörper nicht mehr organisch eingliedern, um 1830 von Joseph Thürmer. Zeigt enge Verwandtschaft zu F. Weinbrenners Haus Beck in Karlsruhe von 1805 und J. Krahes Hollandscher Villa in Braunschweig aus dem gleichen Jahre. 1945 zerstört, später abgebrochen

Aufn. D.F.D., um 1940

448

450 Das Wohnhaus Antonstraße 8

Sockel mit Unter- und Obergeschoß, darüber Mäanderfries, Gesims und abgewalmtes Dach. Leichte Betonung der Mittelachse durch vorgelegte Treppe, stehendes Dachfenster spätere Zutat, Belebung durch Putzquaderung des Untergeschosses, charakteristischer Würfelbau des Klassizismus, nach 1825, auf dem ehemaligen Festungsgelände der Neustadt. In den Fenstern des Untergeschosses noch die alte Sprosseneinteilung, Eisenzaun ebenfalls aus der Zeit. 1964 in seiner Umgebung und durch farbige Fassung nachteilig verändert

Aufn. D.F.D.

449

450

451

452

453
454

451 Die Treppe zur Brühlschen Terrasse mit Aussicht auf die Brücke und die Neustädter Uferbauten

Gerade Treppe von 41 Stufen und 13,56 m Breite, die den Zugang zur Brühlschen Terrasse, zum „Balkon Europas", ermöglichte, 181[illegible] in die Stadtplanung von J. G. Hauptmann aufgenommen, 1814 von G. F. Thormeyer errichtet. Die Löwen von G. C. Kühn, jetzt im Großen Garten, wurden nach 1868 durch J. Schillings Sandsteingruppen der Tageszeiten ersetzt, die 1908 einem Bronzeguß wichen

Kolorierter Stich von J. C. A. Richter, um 1840, St. M.

452 Die Calberlasche Zuckersiederei am Theaterplatz

Einer der ersten Industriebauten der Stadt, seit 1853 Hôtel Bellevue; charakteristische Gebäudegruppe, 1817 bis 1820 auf der alten Festungsmauer der Bastion Sol errichtet, Putzbauten mit Untergeschoß, Obergeschoß und Mezzanin, die Geschosse durch Gurtgesimse getrennt, dreioder fünffenstriger Risalit, der Mittelbau durch Dreieckgiebel und quadratische Dachterrasse betont. Architekt Thormeyer (?), Bauausführung Hofmaurermeister Hofmann. 1856 umgebaut zum Hôtel Bellevue. Das Gebäude gab den Monumentalbauten des Theaterplatzes den Maßstab. 1945 ausgebrannt, 1950 abgetragen

Kolorierter Stich von J. C. A. Richter nach J. G. Jentzsch, um 1825, St. M.

453 Die Torhäuser am Weißen oder Leipziger Tor

Zwei kubische Bauten mit Satteldach und niedrigeren seitlichen Flügeln, die durch je vier auf breite Sockel gestellte Säulen abgeschlossen sind. Eingang durch einen von vier dorischen Säulen getragenen Portikus mit Architrav und Dreieckgiebel. Architektonische Zusammenfassung der beiden Gebäude durch Torpfeiler und gußeisernes Gitterwerk. Von G. F. Thormeyer 1827 bis 1829 errichtet. Torpfeiler und Gitterwerk bei Aufhebung des Stadtzolls entfernt. 1945 ausgebrannt, der nordöstliche Bau 1950 wiederhergestellt.

Kolorierter Stich von J. C. A. Richter, 1846, St. M.

454 Die Anlagen am Antonsplatz mit den Kaufhallen

Nach dem Abbruch der Festungswerke entstanden in Alt- und Neustadt die „Neuen Anlagen", die bedeutendste der Antonsplatz mit den Kaufhallen, zwischen Bastion Merkur und Saturn, von G. F. Thormeyer, 1826 ff. Die Kaufhallen waren nach dem Torplatz durch Säulen und giebelbekrönte Kopfbauten betont. Bauten von A. Blaßmann, gärtnerische Anlagen von C. A. Terscheck. Im Hintergrund das neue

455

456

Postgebäude, nach den Plänen von A. Geutebrück und J. Thürmer 1830/32 errichtet (umgebaut 1893). 1844 bis 1846 wurde die vierte Seite durch den Renaissancebau der Technischen Bildungsanstalt von G. Heine sehr glücklich abgeschlossen. Eine spätere Zeit drängte hier die Markthalle W. Rettigs dazwischen. Die je dreigeschossigen Baublöcke der Kaufhallen mit abgewalmten Dächern werden durch die zwischengefügten zweigeschossigen Bauten mit Satteldach gegliedert. Der dreiflügelige, dreigeschossige Bau der Post bindet die beiden Gruppen zusammen. In der Mitte des Platzes ein artesischer Brunnen. Treffliche Lösung des Biedermeier im Sinne der Dresdner Tradition. 1945 ausgebrannt, 1950 gesprengt

Kolorierter Stich. Künstler unbekannt, um 1840

455 Der Zwinger, vom Schloßturm aus

Die vierte Zwingerseite durch eine Mauer mit einer Passage in der Mitte nach dem Italienischen Dörfchen zu abgeschlossen. Die Anlagen mit den Orangenbäumchen in Kübeln, runden Bassins mit Springbrunnen in Formen des Biedermeier von C. A. Terscheck, 1826. Hinter dem Naturwissenschaftlichen Pavillon das Opernhaus Pöppelmanns von 1719, vor dem Stadtpavillon noch die großartige doppelläufige Treppenanlage, die 1826 fiel, am Deutschen Pavillon das Reichenbachsche Haus an Stelle des Redoutensaals, im Vordergrund das Italienische Dörfchen

Deckfarbenblatt von K. Enslen, um 1825. St. M.

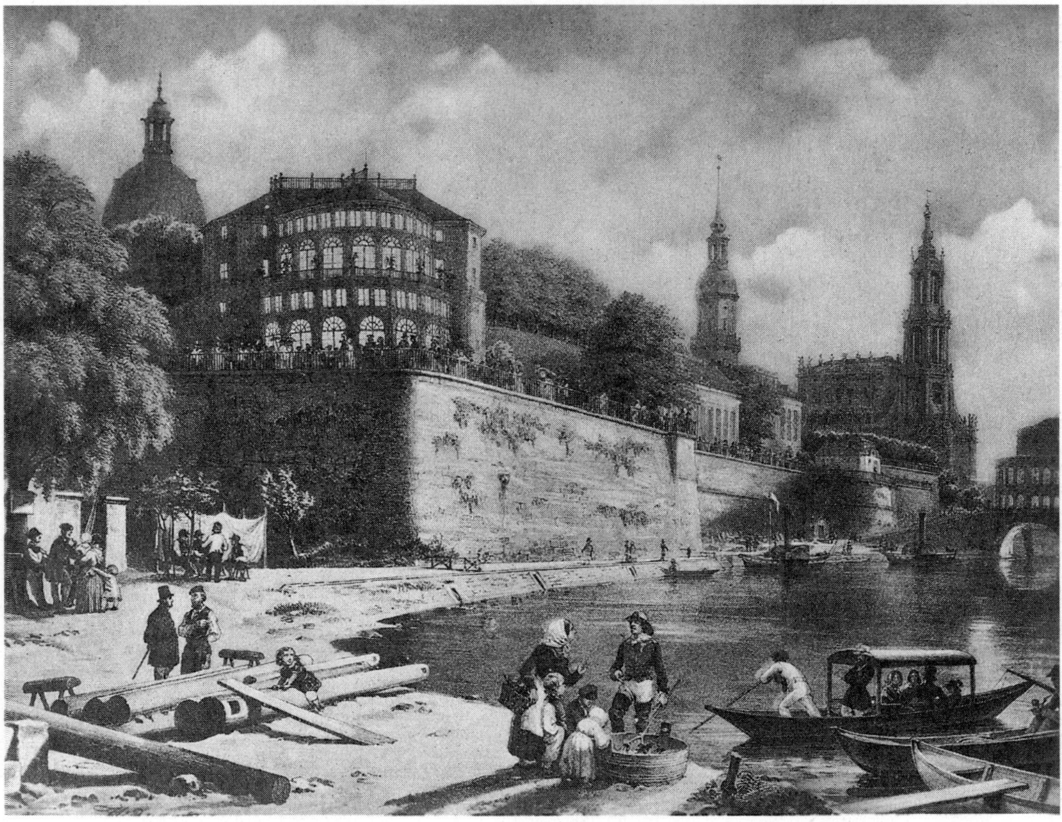

457
458

456 Die Orangerie in „Der Herzogin Garten“, Ostraallee

Die von G. Semper zwischen Opernhaus und Zwinger geplante Orangerie wurde von O. von Wolframsdorf in „Der Herzogin Garten“ 1841 errichtet, 113,40 m lang, 15 m breit, 8 m hoch in typischen Renaissanceformen, reiner Sandsteinbau. Attika mit flachem Dachabschluß. Die Schauseite, das schmale Kopfstück nach der Ostraallee, durch plastischen Schmuck in Nischen neben zweigeschossiger Portalkomposition, bereichert. Nischenfiguren Pomona und Flora von Julius Hähnel. Treffliche schmiedeeiserne Gitter aus Lauchhammer. 1945 ausgebrannt. Wiederaufbau des Kopfbaues vorgesehen

Kolorierter Stich von J. C. A. Richter, um 1845, St. M.

457 Das Venezianische oder Gutschmidsche Haus am Elbberg

Nachbildung des Palazzo dei Turchi in Venedig, Sandsteinbau, um 1845 von H. Bothen, Beginn der historisierenden Bauten in Dresden. 1945 zerstört. Im Vordergrunde rechts die rote Pillnitzer Prunkgondel von Ch. F. Schuricht und Pätzold, nach 1806

Lithographie von W. Bässler, um 1850

458 Das vierte Belvedere auf der Brühlschen Terrasse

Als Nachfolger des Schurichtschen Belvederes 1842 durch O. von Wolframsdorf für die Königliche Zivilliste entstanden. Zwei übereinander im Halbkreis geordnete Konzert- und Festsäle. Untergeschoß mit als Arkadenbau gestaltetem Umgang, darüber Aussichtsgalerie. Der obere Festsaal ruht auf der unteren abschließenden Säulenstellung, seitlich die Gesellschaftszimmer, an der Gartenfront die Treppen. Grundriß auf Sempers Theater-

459
460

461

bau fußend, in den Formen der wiederaufgenommenen italienischen Renaissance. Die städtebauliche Situation auf dem Festungswerk gut gelöst. 1945 ausgebrannt, anschließend abgetragen. Neubau geplant. Links Eingang zum Gondelhafen, seit 1853 zugeschüttet

Farbige Lithographie von W. Bässler, nach 1852, St. M.

459 Das Café Reale oder Torniamenti auf der Brühlschen Terrasse

Zweiter Bau von O. von Wolframsdorf auf der Brühlschen Terrasse. Im Mittelteil Rückgriff auf die Prostylosform des Klassizismus, nicht ohne Schinkels Wache denkbar, Portikus mit vier auf Sockel gestellten ionischen Säulen, Architrav, Kranzgesims, Giebel, am Eingang vier Pfeilerstützen. Die seitlichen Flügelbauten, durch Balusterattika abgeschlossen, mit flachem Zeltdach, in den Formen der Renaissance. 1843 errichtet. Der reizvolle Bau wurde 1886 ein Opfer des verfehlten Akademiebaues von K. Lipsius

Lithographie von E. Müller, um 1845, St. M.

460 Der Leipziger Bahnhof in der Neustadt unweit dem Leipziger (Weißen) Tore

Die frühen technischen Bauten bedienten sich durchaus der herrschenden Stilformen. Die Mitte des Bahnhofs Neustadt beherrscht eine gemauerte Personenhalle mit zwei Rundbogen, die auf einem mittleren Pfeiler aufliegen. Von ihr aus führt je eine offene Kolonnade, die von schmalen Pfeilern getragen wird, im Viertelkreis zu den quadratischen zweigeschossigen Wirtschaftsgebäuden, die ein Halbgeschoß abschließt. Flaches Dach mit bedachter quadratischer Aussichtsterrasse. Geschosse durch Gesims getrennt, Untergeschoß Putzquaderung, Betonung der Ecken durch Sandsteineinfassung, Obergeschosse glatt geputzt, Fenster des ersten Geschosses mit Dreieckgiebeln versehen. Die Wirtschaftsgebäude zeigen einen ausgesprochenen Renaissancecharakter. Vor der Halle eine Hofanlage, durch schmiedeeiserne Gitter zwischen Pfeilern im Typus des Ehrenhofes der Barockpalais gefaßt. Architektonisch hervorragende Lösung einer technischen Anlage. Erbaut 1837 bis 1839, 1857 entscheidend verändert, Seitengebäude zum Teil erhalten, Neubau 1898ff.

Kolorierter Stich von J. C. A. Richter, um 1845, St. M.

461 Das Schloß Albrechtsberg, die Elbansicht in der Höhe der Säulenhalle

Der erste der drei an der Elbe oberhalb Dresdens auf dem um 30 Grad ansteigenden früheren Lord Findlaterschen Weinberggelände in einer Höhe bis zu 54 m über dem Flußspiegel gelegenen Schloßbauten. Auf halber Berglage eine Säulenhalle im Halbrund mit 16 kannelierten korinthischen Säulen und Architrav um ein Wasserbecken. Das Gebäude selbst, ein reiner Sandsteinbau, zeigt ein Untergeschoß mit zwei Obergeschossen verschiedener Höhe, vor dem Mittelrisalit ein Erkeranbau mit 5/8eckigem Schluß, über dem Gesims flaches Dach mit figuren- und vasengeschmückter Attika, seitlich zurückspringend einfenstriger Anbau mit flankierenden quadratischen Türmen. Die zweite Front nach der Bautzner Straße ist besonders gestaltet und mit Flügelbauten für Wirtschaftszwecke versehen.

462

463

Zum ersten Male wurde hier das bergige Elbgelände nach dem Vorbilde römischer Villen in vollem Umfange in eine architektonische Anlage mit einbezogen. Weiterentwicklung der romantisch-hellenischen Architektur der Schinkel-Schule, 1851 bis 1854 von A. Lohse, ursprüngliche Planung durch die Berliner Architekten G. Borstell und Heidmann nur reduziert ausgeführt. Es fehlt der Zusammenhang zwischen Terrassenanlage und Schloß, Gartenpläne des preußischen Gartendirektors E. Neide, Anlage von Hofgärtner H. S. Neumann. Kosten 3,5 Millionen Mark. Seit 1951 Pionierpalast. Die kostbare Innendekoration blieb im wesentlichen erhalten. – Die benachbarte Villa Stockhausen, von Lohse 1850 errichtet, zeigt wie Albrechtsberg zwei ausgebildete Fassaden, Hauptschauseite nach der Elbe, Eingang mit repräsentativer Treppenanlage nach der Straße. Der charakteristische Weinberg nach der Elbe nach Auftreten der Reblaus verschwunden, Inneres 1955 modernisiert

Aufn. D.F.D., um 1930

462 Das Weiße Schloß, Königsheimplatz, Theodor Lehnert, 1860 bis 1862

In neugotischen Formen errichtet, Untergeschoß mit drei Obergeschossen, sechs Achsen nach dem Park, über der betonten Mittelachse Staffelgiebel, drei Achsen nach dem Platz, an der Ostecke achteckiger Turm mit zwei weiteren Geschossen, Abschluß durch zinnenbekrönten Sims. 1945 ausgebrannt, später abgebrochen (ähnlich Bautzner Straße 125)

Aufn. D.F.D.

463 Die Villa Souchay, später Schloß Eckberg

Der erfreulichste der gotisierenden Bauten C. F. Arnolds, 1859 bis 1861 neben den beiden Schlössern des Prinzen Albrecht auf den Loschwitzbergen errichtet. Großzügig eingebettet zwischen reiche Baumbestände, vermittelte er den charakteristischen Ausdruck einer spätromantischen Vorstellung von einem mittelalterlichen Schloß. Auf die sachlichen Nutzbauten des Biedermeier folgte diese „theatralische“ Phase des Bauens. Als Material wurde gelber und weißer Sandstein verwendet. Auch die Innenausstattung trug neugotischen Charakter. Grundrißlösung schwach

Aufn. D.F.D.

464 Die Kreuzschule

Charakteristischer neugotischer Bau der Zeit von C. F. Arnold, 1864/65, Mittelpunkt der hohen Gesangskultur des Kreuzchores. 1945 zerstört. Im Vordergrund Denkmal Theodor Körners von E. J. Hähnel, 1871

Aufn. D.F.D., um 1940

464

465

465 Die neugotische Turmfront der Sophienkirche

Den Höhepunkt der Neugotik erlebte Dresden mit der Errichtung der westlichen Doppelturmfront in Höhe von 66,2 m und der Vorhalle in gelbem Postelwitzer und weißem Cottaer Sandstein vor der turmlosen zweischiffigen Franziskanerkirche, 1864 bis 1866 durch C. F. Arnold. 1945 ausgebrannt und zum Teil zerstört, 1962/63 abgebrochen

Aufn. I.f.D.

466 Martin-Luther-Kirche, E. Giese und P. Weidner, 1883 bis 1887

Neoromanischer dreischiffiger Bau mit Querschiff, Westturm mit gotischem Turmabschluß, in der Mitte des Martin-Luther-Platzes mit seinen typischen Neorenaissancebauten mit drei Obergeschossen und ausgebauter Mansarde der achtziger Jahre in geschlossener Fassadenfront errichtet

Aufn. D.F.D.

Seite 372:

467 Katholische Pfarrkirche Franziskus Xaverius, Hauptstraße 2, Entwurf von E. H. Bothen und Th. Choulant, 1852 bis 1855

Einschiffiger Bau in neuromanischem Stil unter Verwendung lombardischer Formen mit Doppelturmfront als Putzbau errichtet, reiche dekorative Ausstattung des Inneren u. a. mit Gemälden von K. G. Schönherr und nach Entwürfen von J. Schnorr v. Carolsfeld, 1945 ausgebrannt, 1957 abgebrochen

Stich von E. William nach Zeichnung von L. Rohbock, Aufn. I.f.D.

466

467

468

469

469 Entwurf G. Sempers zu einem Galeriegebäude in der Neustadt

Zweiter Galerieentwurf Sempers auf dem Gelände der Mönchswiese, auf dem sich damals die Pontonschuppen befanden und auf dem heute die Ministerialgebäude stehen

Aquarell von G. Semper 1838, I.f.D.

Links:
468 Russische Kirche, dem heiligen Simeon vom wunderbaren Berge geweiht. Gagarinstraße, Projekt von H. von Bosse, Ausführung von K. Weissbach, 1872 bis 1874

Für die kaiserlich-russische Gesandtschaft errichtet, erster Bau in den typischen Formen des altrussischen Kirchenstils in Deutschland, Sandsteinverblendung vor Ziegelhintermauerung, Glockenturm an der Straßenfront, Höhe 40 m, vor der Gruppe von fünf Türmen mit

GOTTFRIED SEMPER, SEINE ZEITGENOSSEN UND NACHFOLGER

Die Berufung Sempers und der Forumplan

Noch einmal gewann Dresden, nachdem sein architektonisches Schaffen während langer siebzig Jahre durch zwei verlorene Kriege in seiner Entwicklung gehemmt worden war, im 19. Jahrhundert seine Bedeutung als schöpferische Stadt der Baukunst zurück. Der plötzliche Tod Thürmers hatte den Lehrstuhl für Architektur an der Kunstakademie wieder frei gemacht. Man fühlte in Dresden wohl, daß nur eine erste Kraft der herrschenden Stagnation ein Ende bereiten und die großen Bauaufgaben lösen konnte, die seit Jahrzehnten unausgeführt geblieben waren, und suchte daher den bedeutendsten Architekten Deutschlands, Friedrich Schinkel, als Nachfolger zu gewinnen, der die Pläne für die Altstädter Wache geliefert hatte. Der alternde Schinkel lehnte, wie nicht anders zu erwarten war, den Ruf ab und empfahl an seiner Stelle einen jungen Architekten, den man in Dresden aber ablehnte. So wendete man sich mit seinen Sorgen weiter nach Paris, dessen Architekturschule immer noch als die erste in der Welt galt, an den dort zu bedeutendem Einfluß gelangten Deutschen Franz Christian Gau. Mit ihm verbanden den jungen Semper, der sich soeben in einer aufsehenerregenden Broschüre zur Polychromie der antiken Architektur an die Seite ihres Entdeckers Antoine de Quincy gestellt hatte, enge Beziehungen. Erst Gaus befriedigende Empfehlungen gaben den Ausschlag für die Berufung, und Semper konnte 1834 in Dresden sein Amt als Professor der Akademie und Leiter der Bauschule antreten.

Man glaubte, in der neuen Kraft einen Fortsetzer der jungen klassizistischen Tradition gefunden zu haben. In der Tat bewährte sich Semper zunächst auch als solcher in der ersten Aufgabe, die ihm gestellt wurde. 1836 schuf er eine neue museale Ausstattung für die Antikensäle des Japanischen Palais. Den dort herrschenden ungenügenden Lichtverhältnissen half er dadurch ab, daß er durch Abdeckung der unteren Fenster ein hohes Seitenlicht in die Säle führte. Die dekorative Ausstattung wählte er unter anderem nach Vorbildern des dritten und vierten pompejanischen Stiles. Die Farbgebung geht zurück auf Kopien, die er im Theseion machte, und auf Farbreste, die er in der sogenannten Basilika von Paestum fand. Sicherlich erinnerte er sich auch seiner Pariser Zeit und gleicher Aufgaben, die das Empire dort gelöst hatte, aber noch näher vor seinen Augen standen in Dresden die Grotesken Weinligs und seiner Schü-

Zwiebelkuppeln, der Hauptkuppelturm, Höhe 32,5 m, Ikonen auf Goldgrund von James Marshall

Aufn. D.F.D.

470

ler. Von der alten Ausstattung von 1784, die G. A. Hölzer und B. Theil entworfen hatten, blieb nur das Columbarium der Livia erhalten. Semper stattete aber nicht nur die Räume aus, sondern behielt sich auch die museale Aufstellung der Antiken vor. Das war ein Anspruch, den die nachfolgende Zeit nicht mehr geneigt war, dem Architekten einzuräumen, weil er eine ästhetische und nicht eine wissenschaftliche Auffassung des Museums voraussetzt. Diese erste Arbeit Sempers verfiel nach 1887, als die Antiken ins Albertinum übersiedelten. Erst 1927 bis 1935, als die Räume zur Aufnahme des Buchmuseums der Landesbibliothek hergerichtet wurden, legte H. Ermisch die reizvollen Malereien wieder frei. Der Brand zerstörte sie 1945 nur zum Teil, so daß ihre Wiederherstellung 1977 in Angriff genommen werden konnte.

Das Problem des Theaters beschäftigte seit zwei Jahrzehnten den Hof, die Architektenschaft und ein theaterbegeistertes Publikum. Als Semper nach Dresden übersiedelte, lagen die Verhältnisse für das Theater ganz im argen. Die erste Oper von Klengel aus dem Jahre 1667 hatte zwischen 1707 und 1751 als Katholische Hofkirche gedient, war dann zum Ballhaus umgestaltet worden und wurde nun, 1801, von Hauptmann erneut verändert, als Hauptstaatsarchiv verwendet. Der zweite Opernbau am Zwinger, von Pöppelmann 1719 errichtet und von Alessandro Mauro im Innern ausgestaltet, zuletzt 1749 bis 1750 durch Giuseppe Galli Bibiena verändert und erweitert, diente seit der aus Sparsamkeitsgründen erfolgten Auflösung des Opernensembles nach dem verlorenen Krieg von 1783 an als Redoutensaal für Hoffestlichkeiten und Konzerte. Das dritte Gebäude endlich, das kleine Komödienhaus P. Morettis am Italienischen Dörfchen, war 1755 in Fachwerk errichtet und von Schwarze 1761 massiv ausgebaut worden. 1783 hatte es eine Erweiterung für 814 Personen erfahren. Die auf den Stichen ersichtliche Vorhalle wurde 1793 hinzugefügt. Es war das einzige bespielbare Theater der Stadt, wenn man von dem Saal des neuen Knöbelschen Gewandhauses an der Kreuzgasse, der Liebhaberbühne des freundschaftlichen Theaters in der Hauptstraße und dem Sommertheater im Linckeschen Bade vor der Stadt absehen will, und blieb es auch bis zu seinem Abbruch 1841, obwohl es in keiner Weise den immer steigenden Anforderungen genügte. Als Geburtsstätte der deutschen Oper und Wirkungsstätte C. M. von Webers, Reißigers und des jungen Wagner ist es in die Geschichte eingegangen.

Seit 1804 häuften sich die Pläne, die vorsahen, die Oper am Zwinger wieder einzurichten oder ein neues Gebäude zu erbauen. An den Projektierungsarbeiten war eine ganze Generation von Architekten, vom Weinlig-Schüler J. G. Klinsky bis zu Schuricht, Thormeyer, Thürmer und von Wolframsdorf, beteiligt. Sogar Weinbrenner aus Karlsruhe, Ottmer aus Braunschweig und Langhans aus Berlin wurden zu Entwürfen herangezogen. Alle die Projekte scheiterten entweder an den Kosten, an den Entwürfen, die nicht befriedigten, oder am Einspruch der Feuerpolizei. 1837 schal-

470 Japanisches Palais, Erdgeschoß, Antikensäle,

Malereien im pompejanischen Stil nach Entwürfen G. Semper, 1836
Ursprüngliche Ausgestaltung der Antikensäle durch A. Hölzer 1786, Neugestaltung durch G. Semper 1836, Ausmalung durch L. Haach usw., Übermalung für Bibliothekszwecke 1887, Rekonstruktion der Malereien für das Buchmuseum 1926ff., 1945 weitgehend zerstört, Rekonstruktion der Malereien begonnen

Aufn. Foto Krone 1885, Staatl. Skulpturenslg.

471 Der Forumplan Gottfried Sempers

Die große städtebauliche Leistung G. Sempers bestand seit 1837 in der Wiederaufnahme der Planungen des 18. Jahrhunderts von M. D. Pöppelmann, Z. Longuelune und

G. Chiaveri, die offene vierte Zwingerseite bis zur Elbe weiterzuführen und dort abzuschließen. Semper fügte in seinem letzten Entwurfe dem Französischen Pavillon des Zwingers eine Orangerie (b), später als Kulissenmagazin geplant, an, der auf der Gegenseite der Bau der Bildergalerie (e) entsprach. Neben der Orangerie sollte das neue Opernhaus (f) entstehen, während die versetzte Wache F. Schinkels (g) den Abschluß zur Elbe bildete, Schranken mit Viktoriensäulen schlossen den Platz ab. Von diesem großartigen Plane wurde nur die Oper ausgeführt, die Galerie schloß die vierte Zwingerseite relativ glücklich ab, die Orangerie errichtete O. von Wolframsdorf an der Ostraallee 1841. Im Zwingerhof (a) fand 1843 das Denkmal Friedrich Augusts I. von E. Rietschel Aufstellung, zu dem Semper den Sockel schuf. Zum gesamten Bauschaffen Sempers in Dresden sei auf den Katalog „Gottfried Semper zum 100. Todestag" anläßlich der Ausstellung 1979 besonders verwiesen.

Aufmaß nach G. Semper in „Bauten von Dresden"

471

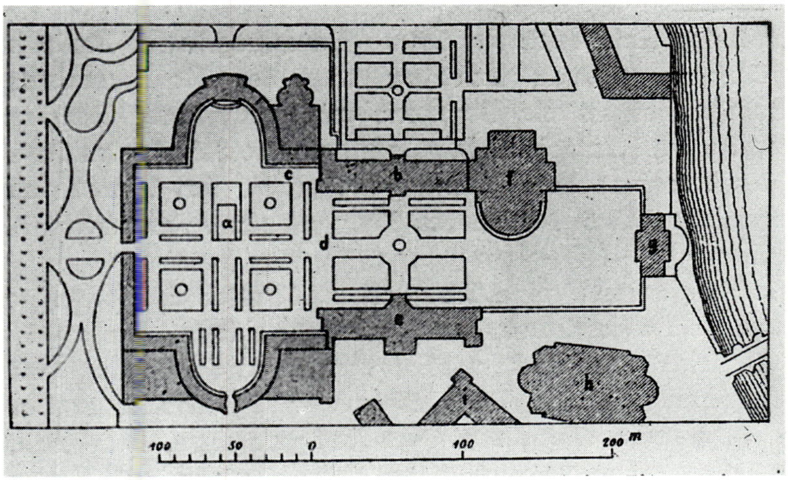

tete sich Semper in die Auseinandersetzung ein. Ihm war es nicht entgangen, daß das ganze Italienische Dörfchen einer Sanierung bedürfe. Er nahm den alten Gedanken Pöppelmanns, den Zwinger bis zur Elbe zu führen und den Fluß in die Architektur einzubeziehen, wieder auf und legte den ersten Forumplan vor, der in den folgenden Jahren ergänzt und erweitert wurde. Der Plan beseitigte das Häusergewirr des Italienischen Dörfchens und öffnete die unbebaute vierte Zwingerseite nach der Elbe. Semper verlängerte den Französischen Pavillon durch eine Orangerie, die er später, als Wolframsdorf 1841 einen Bau für den gleichen Zweck an der Ostraallee errichtete, als Kulissengebäude verwendet wissen wollte. Der Deutsche Pavillon sollte durch eine Gemäldegalerie fortgesetzt werden. Der Orangerie schloß er das zu errichtende Theater an. Die soeben erst vollendete Wache Schinkels versetzte er an die Elbe, in die Achse des Kronentores. So wurde noch einmal der Fluß in die Stadt einbezogen. Säulen mit Siegesgöttinnen gaben der offenen Seite nach der Elbe die architektonische Festigung und den Abschluß.

Das Denkmal Friedrich Augusts des Gerechten von Rietschel, zu dem Semper den Sockel entworfen hatte, erhielt nach langem Suchen 1843 in der Pavillonachse des Zwingers auf der Höhe des Theaterrunds seinen Platz. Der Vergleich zu dem Reiterstandbild Augusts des Starken drängt sich auf. Auch hier machte die Aufstellung viele Jahre lang Schwierigkeiten. Doch standen zu jener Zeit architektonische Brennpunkte von größter Kühnheit, wie die Bekrönung der Neustädter Wache oder die Mitte der Brücke, zur Diskussion, bis die bescheidenere, aber überzeugende Lösung nach dem Tode Augusts gefunden wurde, das Denkmal auf dem Neustädter Markt zwischen Brücke und Hauptstraße aufzustellen. Man hatte im 19. Jahrhundert keine Vorstellung mehr von dem Zusammenwirken von städtebaulicher Situation, Architektur und Denkmal zu einem Gesamtkunstwerk. Das Denkmal war Selbstzweck geworden, der Künstler sorgte sich nicht um dessen Unterkommen, da dieser Gedanke außerhalb seiner durchaus individualistischen Einstellung lag. Welch ein Unterschied aber auch in der geistigen Haltung der beiden Königsdenkmale! August der Starke sprengt auf kurbettierendem Pferde und gerüstet daher, den Marschallstab in der Rechten, ganz Held und König. Sein Urenkel, mit Buch und Zepter auf dem Thron sitzend, neigt sinnend sein Haupt. Er ist nicht mehr der glänzende Fürst-Halbgott des Absolutismus, sondern der besorgte, weise Beamte oder Gelehrte einer bürgerlichen Zeit. Die Aufstellung des Denkmals an diesem Ort wurde durch die Schließung der vierten Zwingerseite mit der Galerie sinnlos. Als Fremdkörper stand es dort bis 1928. Während der Restaurierung des Zwingers wurde es entfernt und an das Japanische Palais versetzt, wo das bedeutende Frühwerk Rietschels und Sempers nicht weniger verfehlt untergebracht ist.

Bis auf das Theater blieb der Forumplan, die genialste städtebauliche Konzeption, die Dresden im 19. Jahrhundert beschieden war, unverwirklicht. Im Herbst 1837 kam Schinkel nach Dresden, um Sempers Opernplan nachhaltig zu unterstützen. Bereits im folgenden Jahre waren die Vorbereitungen zum Bau so weit getroffen, daß Semper im Winter 1838 bis 1839 zu einer letzten Studienreise nach Paris gehen konnte, um vor allem die technischen Theatereinrichtungen zu studieren. Im April 1841 konnte das Haus eröffnet werden.

Mit einem Schlage stand Dresden im Brennpunkt eines neuen Bauschaffens und holte nach, was sich durch drei Jahrzehnte, vor allem in den Hauptstädten Berlin und München, im Geist des 19. Jahrhunderts entwickelt hatte.

Das Gesicht der Zeit

In der Französischen Revolution waren die feudalen Mächte entscheidend geschlagen worden, und die durch die Aufklärung vorbereitete Säkularisation der Kirche hatte weitere Fortschritte gemacht. Zwei Bauwerke, die bis dahin im Mittelpunkt des architektonischen Schaffens gestanden hatten, Schloß und Kirche, waren mit diesen Ereignissen an die Peripherie versetzt worden und machten anderen Aufgaben Platz.

Friedrich Schlegel, vor wenigen Jahren erst zum katholischen Glauben übergetreten, konnte 1820 über die Entwicklung schreiben: „Bis jetzt aber geht die Gesinnung der Zeit mehr dahin, die alten Gotteshäuser ihrem Verfall zu überlassen, als mit

472 Erstes Opernhaus Sempers, Hofkirche und Schloß mit den alten Grünanlagen

Die Südseite des ersten Opernhauses mit dem Giebelfries E. Rietschels, die Choransicht der Hofkirche, die Nord- und Westfront des Schlosses im ursprünglichen Zustande vor dem Umbau durch G. Frölich anläßlich des Wettinjubiläums, davor die Rückfront der Wache Schinkels; großartiger Zusammenklang der aus verschiedenen Jahrhunderten gewachsenen Bauten. Nur die Grünanlagen zwischen Opernhaus und Galeriebau mit den modischen Kugelbäumchen wirken kleinlich in der monumentalen Architektur

Aufn. vor 1869

Unkosten und ausdauerndem Eifer neue zu gründen und zu errichten." Hervorragende Vertreter des Bürgertums, Gelehrte und Dichter, rückten, besonders in der ersten Hälfte des 19. Jahrhunderts, Bildung und Kunst in den Mittelpunkt des Lebens. Bauten, die der Kunst und der Bildung dienten, Theater und Museen, wuchsen zu neuen Weihestätten der Nation, gleichberechtigt den Kirchen und der wiederentdeckten Natur, die sich im Landschaftsgarten spiegeln sollte. Schillers Theater wurde zur moralischen Anstalt, in der die Menschen „ihrer selbst vergessen und ihrem himmlischen Ursprung sich nähern". Das sich in den Befreiungskriegen herausbildende Nationalgefühl drängte das religiöse Bedürfnis weiter zurück.

Das politische Geschehen, in das die sächsische Landeshauptstadt gestellt war, nahm auch weiterhin einen oft stürmischen Verlauf. Dem schwächlichen König Friedrich August I., der fast sechzig Jahre das Land regierte, der bis zu seinem Lebensende den Zopf nicht ablegte und durch seine zögernde Haltung in den Befreiungskriegen das Land bis an den Rand des Abgrundes gebracht hatte, war 1827 sein ebenso farbloser Bruder Anton gefolgt. Unter ihrer Herrschaft hatte ein reaktionäres Ministerium das andere abgelöst. 1830 trat eine scharfe Wendung ein. Die Bewegung, die die Französische Julirevolution hervorrief, hatte im September die verrottete Dresdner Stadtverwaltung beseitigt und das liberale Ministerium Bernhard von Lindenaus an die Regierung gebracht. In der Folge der Ereignisse erhielt Sachsen 1831 die längst fällige, aber durchaus noch konservative Verfassung, in der vor allen die bedeutenden Kunstsammlungen vom Königshaus getrennt und in das Eigentum des Staates übergeführt wurden – eine Veränderung, die in ihrer Bedeutung nicht unterschätzt werden darf und die eine neue Epoche anzeigt.

Verspätet gelangte die nächste Generation auf den Thron Sachsens. In den folgenden vierzig Jahren regierten die Söhne des kultivierten Prinzen Maximilian das Land, Friedrich August II. bis 1854 und Johann bis 1873. Es waren Männer durchaus bürgerlichen Schlages mit bürgerlichen Interessen. Friedrich August war ein trefflicher Botaniker, dessen Wirken noch in Pillnitz sichtbar wird. Johann erwies sich als ein bedeutender Philologe; unter dem Namen Philaletes schuf er die erste kritische Dante-Übersetzung in deutscher Sprache. Unter den Gelehrten seiner persönlichen Umgebung finden wir Carl Gustav Carus, den Freund Goethes, einen der universalsten deutschen Geister der Zeit, Arzt, Naturforscher, Philosoph und Maler von hohem Rang zugleich, und Ludwig Tieck, Dichter der Frühromantik, Übersetzer Shakespeares, Dramaturg des Hoftheaters und Mittelpunkt des Dresdner kulturellen Lebens, in dessen Salon, in dem voluminösen, nach 1720 entstandenen Eckhaus des Altmarktes nach der Kreuzkirche, sich zu seinen Vorlesungen die geistige Welt Europas versammelte.

Der bürgerliche Lebensstil der beiden königlichen Brüder hinderte aber nicht, daß Friedrich

August II. 1843 den reaktionären Adel wieder ans Ruder gelangen ließ und das Ministerium Lindenau stürzte. Im Maiaufstand 1849 erteilten die Dresdner Bürger der Regierung für den Versuch, das Rad der Geschichte zurückzudrehen, und für alle erlittenen Schikanen und Bedrückungen die Quittung. Hervorragende Männer hatten an den Ereignissen des Mai 1849 teilgenommen. Gottfried Semper und Richard Wagner waren gezwungen, die Stadt zu verlassen, weil sie als aktive Kämpfer auf den Barrikaden gestanden hatten, der Architekt und der Tondichter – Männer, deren schöpferische Leistungen das Jahrhundert formten. Ihr Scheiden bedeutete einen unwiederbringlichen Verlust. Erst im sechsten Jahrzehnt erzwangen die wirtschaftlichen Notwendigkeiten eine Lockerung des reaktionären Druckes. Die stürmische industrielle Aufwärtsentwicklung ließ Sachsen zu einem modernen kapitalistischen Industrieland werden. Für Dresden wirkten sich besonders die schon 1837 eröffnete Dampfschiffahrt auf der Elbe und die 1839 vollendete erste deutsche Eisenbahn über eine größere Entfernung, von Dresden nach Leipzig, der bald weitere Strecken folgten, vorteilhaft aus.

Seit dieser Zeit beeinflußten König und Hof weder die wirtschaftliche Entwicklung noch das kulturelle Geschehen maßgebend. Die Verantwortung war auf ein kunstfreudiges, gebildetes Bürgertum unter Führung bedeutender Künstler und Gelehrter übergegangen. Doch nach einigen Jahren disziplinierter Haltung, der es im Biedermeier nicht an Energie gefehlt hatte, war dieses Bürgertum, das sich inzwischen in seiner Zusammensetzung verändert hatte, nur noch bis zu einem gewissen Grade befähigt, schöpferische Werte zu erkennen und zu produzieren. Sein Geschmack verflachte zusehends, vor allem nachdem der Reichtum der Gründerzeit sich nach 1870 über einen Personenkreis ergossen und ihm zu wirtschaftlicher Macht verholfen hatte, dem es an Bildung und an Verantwortungsbewußtsein sowohl dem Volk als auch den Kulturaufgaben der Nation gegenüber oft mangelte. Die stilistische Vielfalt mit ihrem raschen Wechsel von Romanik, Gotik, italienischer und deutscher Renaissance sowie barocken Vorbildern kann für die Unsicherheit der Gründerzeit als Beispiel gelten, wenn wir nicht diese Vielfalt als neue Einheit gelten lassen wollen. Die Gesellschaft selbst scheiterte im letzten an dem Fehlen echter humaner Ziele.

Das erste Opernhaus

Was Friedrich Gilly 1800 mit dem Entwurf zu einem neuen Schauspielhaus und Schinkel 1819 bis 1821 mit dem Theaterbau am Gendarmenmarkt in Berlin begonnen hatten, vollendete Semper in seiner ersten Dresdner Oper und führte es mit seinem zweiten Opernhaus auf den Höhepunkt. Sempers Verdienst ist es, den Theaterbau zu einer architektonischen Wahrhaftigkeit geleitet zu haben. Er versteckt sich nicht mehr hinter einem barocken Schloßbau oder hinter der klassizistischen Maske von Giebeln und Säulenstellungen, sondern gliedert ihn nach seinem Zweck. Das Halbrund des Zuschauerraumes, der Orchester- und Bühnenraum, die Nebenräume für das Publikum und die Nebenräume für die Bühne scheiden sich in voller Klarheit voneinander. Das geometrisch-konstruktive Denken steht im Mittelpunkt

473 Der Entwurf zum Theatervorhang des ersten Opernhauses

Dargestellt eine Szene aus Ludwig Tiecks frühem romantischen Lustspiele „Kaiser Oktavianus“ von 1804

Ölskizze von J. Hübner, 1840, St. M.

473

von Sempers Schaffen. Das Erbe der französischen Revolutionsarchitektur, vor allem das Formgut Durands, kommt erneut zum Durchbruch.

Doch schon Schinkel hatte den Standpunkt vertreten, daß es ein Fehler der radikalen Abstraktion sei, die ganze Konzeption für ein bestimmtes Werk der Baukunst aus seinem nächsten trivialen Zweck allein und aus der Konstruktion zu entwickeln. Was um 1800 in Reaktion auf den dekorativen Reichtum des Barock als sauber, wahr und ehrlich begrüßt worden war, empfand das zweite Drittel des 19. Jahrhunderts durchaus als nur ärmlich und zu nüchtern. Die neuen Bildungsheiligtümer Theater und Museum bedurften einer Ausschmückung als Zeichen der Repräsentation. Das Tragische an dieser Tatsache bleibt, daß diese dekorative Kunst, als man sie wieder benötigte, nicht mehr in einer zeitgenössischen Form zur Verfügung stand.

Auf der Suche nach einem Vorbild fand Semper die heitere Formensprache der Frührenaissance, einer bürgerlichen Zeit, die ihm für ebenfalls bürgerliche Bauten angemessen schien. Er rühmte ihre „großartige Überlegenheit, welche sie über alles Vergangene mit Einschluß der höchsten Kunst der Griechen stellt“. Hieraus wird auch verständlich, warum er nicht aus seinen Erkenntnissen über die farbige Gestaltung der antiken Architektur die Folgerungen zog und diese Farbe in sein Bauwerk aufnahm, ferner, warum alle seine monumentalen Bauten nur den Naturstein verwenden, während der für Dresden traditionelle Putz in Vergessenheit geriet. Eine Erklärung für den letzteren Tatbestand könnte auch sein, daß ein neues Problem sich ihm zu dem alten gesellt hatte, das der Materialechtheit. Semper überzog seinen Bau mit den flachen Pilastern, Reliefs, plastischem Figurenschmuck und Sgraffiti der Frührenaissance. Diese bekleidende Kunstform, diese Kunsthaut über dem Bau, darf uns nicht dazu verführen, ihn als einen historisierenden Renaissanceisten anzusehen, der aus der Vorlagenkiste den passenden Stil zog. Über „die unumschränkten Meister der alten, mittleren und neuen Zeit, die am Ende vergessen, welchem Jahrhunderte sie angehören“, hatte Semper 1834 selbst schon gespottet.

Die Gefährlichkeit des Unternehmens, sich einer fremden Formensprache zu bedienen, wurde erst bei seinen Nachfolgern, denen seine schöpferische Kraft nicht gegeben war, klar. Sie verfielen ihren Vorbildern, ohne sie zu meistern, und ihr Versagen traf auch auf Semper zurück. Als man zu Beginn des 20. Jahrhunderts auf das Stilchaos von der Warte einer neu erworbenen Selbstbesinnung zurücksah, bemerkte man bei Semper nur noch die historisierende Haut und verschloß sich blind seiner völlig neuen architektonischen Konzeption. Geschmäht und mißachtet stand er für diese Zeit, wenn auch als mächtiger Klotz in der Mitte des 19. Jahrhunderts. Doch mit dem zunehmenden zeitlichen Abstand wich diese Blindheit, und die Forschung bemächtigte sich seiner Werke. Hermann Beenken war einer der ersten, der die kritischen Unterlagen zu einer Betrachtungswandlung zusammentrug. Seine wertenden Worte mögen abschließend hier stehen: „Männer dieses Jahrhunderts, wie Schinkel und Semper, gehören, was auch alles gegen die Architektur ihrer Zeit gesagt werden mag, genauso zu den großen Baumeistern unseres Volkes wie ein Elias Holl, ein Pöppelmann oder ein Balthasar Neumann.“

474 Das Treppenhaus der Gemäldegalerie an der Südseite

Gerader Treppenlauf mit reichprofilierter Sandsteinbalustrade. Die vorgelegten Pilaster mit Verkröpfungen an den Simsen tragen die mit Grisaillen bemalten, farbig betonten Kuppeln und Gurtbögen

Aufn. D.F.D., 1930

474

475

475 Gemäldegalerie, Sonderraum für Raffaels „Sixtinische Madonna“, 1854

Neorenaissancerahmen und Raumausstattung, 1854. 1945 zerstört

Aufn. D.F.D.

Die Gemäldegalerie

Auch die andere zentrale Bauaufgabe dieser Zeit, die Errichtung einer Bildergalerie, fiel Semper zu. Keine andere deutsche Stadt hatte eine ähnliche Tradition in der Planung von Museumsbauten aufzuweisen wie Dresden. Nur waren sie eben Planungen geblieben.

Die fünf Räume der alten Kunstkammer, eines der charakteristischen „Kabinette“, die ebenso Kuriositäten wie kostbare kunsthandwerkliche Gegenstände, aber nur wenige Gemälde und Plastiken enthielten, hatte bereits Kurfürst August um 1560 angelegt. Sie befanden sich im Westflügel der Residenz unterm Dach. Aus dieser Kunstkammer wuchsen dann unter August dem Starken alle die Sammlungen hervor, die Dresdens Weltruf als Museumsstadt begründet haben. Die eigentliche Schatzkammer, das Grüne Gewölbe, war mit seinen sieben Räumen das vollkommenste Pretiosenkabinett eines deutschen Fürsten des 18. Jahrhunderts. Der Name „Grünes Gewölbe“ tauchte 1572 zum ersten Male nach dem Anstrich für die „geheime Verwahrung“ auf. August der Starke hatte es im Erdgeschoß des gleichen Westbaues in den Jahren 1721 bis 1724 durch Pöppelmann und Leplat ausstatten lassen. Zu gleicher Zeit wurden Teile der Sammlungen im Regimentshaus am Jüdenhof vereint. Bereits 1707 entnahm Leplat aus der Kunstkammer 550 Bilder und stellte sie im zweiten Stockwerk der Residenz zum ersten Male geschlossen zu Schau. Hier verblieben sie, bis das Stallgebäude, zunächst von Fürstenhoff 1722 bis 1731 und später von Knöffel 1744 bis 1746, zur fürstlichen Bildergalerie umgebaut war. Nebenhergegangen war der Plan, die Sammlungen im Zusammenhang mit den Projekten zur Erweiterung des Schlosses nach der Elbe und in Verbindung mit dem Zwinger unterzubringen. Pöppelmann, Longuelune, Chiaveri, Knöffel hatten durch drei Jahrzehnte immer neue Vorschläge eingereicht, die sich alle als unrealisierbar erwiesen. Ein Kenner wie Francesco Algarotti, vertrauter Berater des sächsischen und preußischen Hofes, dem Dresden mit die kostbarsten Bilder verdankt, war mit trefflichen Ratschlägen zur Hand gewesen. Er forderte ein neues Galeriegebäude in quadratischer Form mit Kuppeln für Oberlichtsäle in den Ecken und einer zentralen Tribuna, gleich den Uffizien in Florenz, in der die hervorragendsten Gemälde Platz finden sollten. Noch Semper schuf aus gleichen Gesichtspunkten eine Rotunde in bescheidener Größe als Mittelpunkt in seinem Galeriebau.

Als für den Zwinger keine rechten Verwendungsmöglichkeiten mehr bestanden, richtete man in Ermangelung anderer Gebäude 1728 zunächst in ihm eine Reihe der Sammlungen ein. Der Mathematisch-Physikalische Salon ist seit 1746 am gleichen Platze verblieben, während alle anderen Sammlungen des öfteren ihr Domizil wechselten. 1782 bis 1786 wurde das ungenügend genutzte Japanische Palais durch Hölzer und Schade als drittes großes Sammlungsgebäude umgestaltet. Hier fanden im ersten und zweiten Obergeschoß die durch den Ankauf der Bünauschen und der Brühlschen Bibliothek rapid angewachsenen Bücherschätze, im Erdgeschoß die bisher im Palais des Großen Gartens unwürdig untergebrachten Antiken und die Münzen ein Unterkommen, während die Porzellane, für die das Palais erweitert worden war, in den Keller zogen. Aber es dauerte noch über hundert Jahre, bis der aus der Kunstkammer geborene, zur fürstlichen Galerie gewachsene Gemäldeschatz in einem modernen Bildungsmuseum, das sich weiter zum Erziehungsmuseum wandelte, einen allen Anforderungen der Zeit gemäßen Platz fand.

Nachdem die ursprünglich vorgesehene dritte Erweiterung des Stallgebäudes gescheitert war, weil am alten Ort weder die Feuersicherheit gewährleistet, noch die Verschmutzung der Bilder gebannt werden konnte, galt es einen neuen Ort zu finden, der eine „Lösung der Aufgabe in würdiger, der Ehre der Krone wie der Nation entsprechender Weise" gewährleistete. Von den dreizehn verschiedenen Plätzen, die nach und nach zur Diskussion standen, wäre die Stallwiese (Mönchswiese) am Neustädter Elbufer, auf der sich heute die überdimensionierten Ministerien erheben, sicherlich der günstigste gewesen. Das Projekt scheiterte ebenso wie das für den Zwingerwall vorgesehene an den hohen Kosten für den Unterbau. Man wählte zuletzt nicht nur aus Sparsamkeitsgründen für den zu errichtenden Neubau die Nordseite des Zwingers. Damit fiel zwar endgültig der Pöppelmann-Sempersche Forumplan der Verlängerung des Zwingers nach der Elbe, aber der Abschluß des Zwingerhofes und der neu entstehende Theaterplatz versprachen eine reizvolle städtebauliche Lösung. Die Aufgabe, den Zwinger durch einen Bau zu schließen, war eine Probe auf das Taktgefühl des Architekten. Der Museumsbau hat sie bestanden. Die feingegliederte, schmuckfreudige Art, mit der Semper die italienische Hochrenaissance behandelt, leitet über den Maßstabunterschied hinweg und sichert dem Zwinger die Hauptmelodie in diesem „Prunkstück baulicher Kammermusik" (Fritz Schumacher). Erst der örtlich verfehlte Bau des Schauspielhauses an der Ostraallee von 1912, an der Stelle des alten Silberhammers errichtet, hat der Zwingerarchitektur vom städtebaulichen Gesichtspunkt aus Schaden zugefügt. Die Öffnung des zugeschütteten Zwingergrabens erfolgte 1929 vor allem auch unter dem Gesichtspunkt der Distanzierung von diesem Bau.

Semper konnte sich für sein Museum auf eine Reihe deutscher Vorbilder stützen. In München hatte Leo von Klenze 1816 die Glyptothek geschaffen, in Berlin war Schinkels Altes Museum 1823 bis 1828 entstanden. Beide Bauten fußten auf klassizistischen Formen und verwendeten Tempelfronten und Säulenreihen. In seinem letzten Museumsbau, der mustergültigen Alten Pinakothek aus Backstein in München von 1826 bis 1833, hatte Klenze den Klassizismus weiterentwickelt und sich den Formen der Renaissance genähert.

Von den drei Entwürfen, die Semper 1846 vorlegte, wurde der späteste gewählt, der im Erdgeschoß die Galerie mit dem Zwinger verbindet, im Obergeschoß aber beiden Gebäuden die Selbständigkeit beläßt. Die Auffassung der Galeriekommission über den Wert des architektonischen Gesamtkomplexes geht aus dem empfehlenden Gutachten hervor: „Nach dem gedachten Modell stellt sich das Museum als das Hauptgebäude des Zwingers nicht nur durch seine die Umgebung überwiegende Masse, sondern auch den höheren Ernst des Stiles dar. Die Arkaden und Pavillons umher erscheinen nur wie zum festlichen und heiteren Schmucke für den edleren Kunstpalast ausgeführt." Von dem ursprünglich geplanten Abbruch des Zwingers wurde nicht mehr gesprochen.

Die genehmigte Planung erfuhr noch eine Reihe von Veränderungen sowohl vor dem Baubeginn als auch während des Baues nach 1847. Vor allem stellte sich heraus, daß der Raum zur Unterbringung der Gemälde nicht ausreichte, und so wurden die Seitenrisalite entgegen dem ursprünglichen Wunsch 1848 bis zur Höhe des Hauptbaues emporgeführt.

Semper wendete sich für seinen Museumsbau den Formen der Hochrenaissance zu, wie sie jetzt den Forderungen nach einer größeren architektonischen Pracht entsprachen. Die schwere Rustika aus Sandstein im Untergeschoß und an den Risaliten verleiht ihm seinen Charakter. Aber erst 1849, nach Sempers Flucht, als der Bau schon bis zum Parterre gediehen war, ging man daran, die Bildhauer Ernst Hähnel und Ernst Rietschel mit den Aufgaben des plastischen Schmuckes unter Berücksichtigung der Bestimmung des Gebäudes zu betrauen. So wuchs der plastische Schmuck nicht mehr, wie es in den vergangenen Zeiten selbstverständlich gewesen war, gleichzeitig als ein organisches Glied des Baues nach der Konzeption seines Schöpfers, sondern wurde als eine fremde Zutat erst später dekorativ beigefügt. Ein völliger Wandel der Auffassung seit dem Bau des Zwingers und der Hofkirche war damit eingetreten, dessen verheerende Folgen bald spürbar wurden.

Selten wird so klar wie hier, wie viele nicht ursprüngliche Elemente auf diese Weise zwischen dem Zeitalter des Barock und der Wirklichkeitskunst des 19. Jahrhunderts in ein Kunstwerk eindrangen. Es war ein rein literarisches Programm, das die Bildhauer 1851 vorlegten. Dieses Programm sah vor, die dem Theater zugewendete Seite mit Darstellungen aus der antik-klassischen, die nach dem Zwinger aus der christlich-romantischen Kunst zu schmücken. Für die Schmalseite nach dem Schloß erklügelte man Faust und Helena sowie Germania und Italia, nach dem Wall Amor und Psyche sowie Athena und Roma. Der gedankliche Inhalt trimphierte über die künstlerische Formung. Der Gebildete konnte seine geschichtlichen Kenntnisse überprüfen, während der naive Betrachter von dem Erlebnis ausgeschlossen blieb. Welch eine Veränderung seit dem Mittelalter, als die christlichen Heilswahrheiten von den Kirchenwänden zu jedem Gläubigen sprachen! Das neue Heiligtum für die Kunst, „die ästhetische Kirche", blieb hier zwiespältig und die Gemeinde der humanistisch-idealistischen Religion nur klein. Heute

476

476 Entwurf G. Sempers für eine Decke im Palais Oppenheim

Semper entwarf für das Palais Oppenheim auch die Innenausstattung und das Mobiliar. Charakteristische überreiche Kassettendecke in den Formen der Spätrenaissance

Kopie nach einem Aquarell von G. Semper durch C. Balthasar 18_7, I.f.D.

gibt es niemand mehr, der sich die Mühe macht, diese „tiefsinnige Bildschrift“ zu entziffern. Der Betrachter nimmt sie nur noch als dekoratives Element, das den Bau belebt.

Während es sich bei der Vollendung dieser Bildwerke um die Verwirklichung einer charakteristischen Aufgabe der Zeit handelte, verletzt die durch den Hofbaumeister Krüger verringerte Höhe der Kuppel die Grundgestaltung von Sempers Museumsbau zu ihrem Nachteil. Kuppel und Kronentor sollten nach dem Wunsch des Architekten korrespondieren. Er hat aus der Ferne heftig, aber erfolglos dagegen protestiert. Wie weit die einzelnen Künste sich auseinandergelebt und die Sicht des Gesamtkunstwerkes verloren hatten, geht aus einem Antrag des Malers Eduard Bendemann hervor, der die Kuppel noch weiter verringern wollte, „da die angemessene Beleuchtung der Gemälde jedenfalls wesentlicher sei als die äußere Erscheinung des Baues“.

Nach hundert Jahren erfüllt die Galerie nicht mehr alle Wünsche des Museumsfachmannes. Die Oberlichter erwiesen sich als zu klein, die Treppenführung dem Massenandrang der Besucher nicht mehr gewachsen. So mußten im Inneren Veränderungen vorgenommen werden, um die 1956 aus der Sowjetunion zurückgekehrten und dort wohlbewahrten Gemälde nach gegenwärtigen Gesichtspunkten aufhängen zu können. Der Außenbau hat aber nichts von seinem alten Glanze verloren und legt nach seiner Fertigstellung im Jahre 1960 neben dem Opernhaus weiter Zeugnis von den architektonischen Leistungen des 19. Jahrhunderts ab.

Die Synagoge und der Villenstil

Seit 1751 besitzen die Juden Auf dem Sande in der Neustadt, in der heutigen Pulsnitzer Straße, einen Friedhof. Bis dahin hatten sie ihre Toten außer Landes, nach Teplitz, schaffen müssen. Ihre Gottesdienste hielten sie in Privatgebäuden ab. 1838 bekam Semper den Auftrag, eine Synagoge zwischen Zeughausstraße und Elbe zu errichten. Durch die Bebauung der Grundstücke am Fluß und die Anlage der Carolabrücke mit den Elbkais sowie die Zuschüttung des Gondelhafens wurde ihre städtebauliche Lage später zu ihrem Nachteil völlig verändert.

Die Synagoge gehört nicht zu den großen Leistungen Sempers. Er löste die neue Aufgabe konventionell im historisierenden Sinne unter Verwendung romanischer und orientalischer Grundformen mit deutlicher Hinwendung zur Revolutionsarchitektur. Sie fiel als Opfer des nationalsozialistischen Terrors und ging 1938 in der Kristallnacht in Flammen auf.

Erst der Wohnhausbau, für den er an der Peripherie der Neustadt, an der Holzhofgasse, von dem Bankier Oppenheim den Auftrag erhielt, erregte wieder die Phantasie Sempers. Die nüchterne, streng geometrische Blockform, die sich in Dresden an den auf den Festungsmauern angelegten neuen Straßen überall findet, genügte dem wieder anspruchsvoller gewordenen Geschmack von 1840 nicht mehr. Es war jetzt nicht nur der gegen die klassizistische Blockform schmiegsamere Charakter der Renaissanceformen, der Semper wiederum nach Italien führte, sondern auch die verwandte Bausituation. Wo hätte man für den ländlichen Wohnhausstil der neuen bürgerlichen Oberschicht bessere Vorbilder gefunden als in dem Lande der Villa? Palladio hatte schon für das bürgerliche England den klassischen Lehrmeister abgegeben und in Dresden Christian Traugott Weinlig befruchtet. Die Villa Rotonda in Vicenza mit dem zentralen Mittelsaal entwickelte Semper für die anders gelagerte Nutzung mit durchaus selbständigem Grundriß weiter in der Dresdner Villa Rosa. Wie bei den vorhergehenden monumentalen Bauten blieben auch hier den reichen Dekorationsformen nur schmückende und nicht struktive Aufgaben vorbehalten. Mit der Villa Rosa hat Semper 1839 den Typ der Renaissancevilla geschaffen, der sich in den folgenden Jahrzehnten in vielen Abwandlungen über ganz Mitteleuropa ausbreitete, ohne daß das Vorbild je erreicht worden wäre.

Der gleiche Bauherr stellte Semper vor die Aufgabe, noch einmal ein Stadtpalais an der Bürgerwiese 5 bis 7 zu errichten – die klassische Aufgabe des barocken 18. Jahrhunderts. Semper ließ alle heimischen Vorbilder beiseite und legte den Palazzo Pandolfini in Florenz nach Notwendigkeit und Verschiedenheit der neuen Bauaufgabe zwischen 1845 und 1848 zugrunde. Wie später noch verstärkt bei der Galerie, tauchen am Palais Kaskel-Oppenheim bereits wieder eine Reihe charakteristischer Elemente aus dem eben verleugneten Formenschatz des Barock auf, so das durch Rustika betonte Sockelgeschoß und die seitlichen Risalite. Sie dienen zur notwendigen Gliederung der großen Fronten. Leider ist die von Semper ebenfalls konzipierte Inneneinrichtung bereits nach 1871 durch den Kölner Architekten W. Hoffmann völlig verändert und im französischen Modegeschmack prunkvoll erneuert worden. Doch war diese Einrichtung ebenfalls einmalig für Dresden.

Auch eine so geniale Schöpferpersönlichkeit wie Semper bleibt gebunden an ihre Zeit. Er erkannte als einer der ersten, daß Zweck und Material wohl den Bau bestimmen, daß aber ein künstlerischer Faktor hinzutreten muß, um ein Ganzes zu schaffen. Doch glaubte auch er, den künstlerischen Faktor willkürlich wählen zu dürfen. Sempers fast tragische Situation lag in der Tatsache, daß er sich in eine Zeit hineingestellt sah, die nicht fähig gewesen war, eine neue künstlerische Formensprache hervorzubringen, sondern sich bewährter historischer Formen bedienen mußte. Das kann keine abwertende Feststellung beinhalten in einer Gegenwart, in der der Begriff der Adaption für alle solche künstlerischen Aussagen geprägt wurde.

Das zweite Opernhaus Gottfried und Manfred Sempers

Wir wenden uns noch einmal zurück, um den letzten klassischen Bau Dresdens zu würdigen, der zu Weltruf gelangt ist, zu Gottfried Sempers zweitem Opernhaus. Durch Leichtfertigkeit war der erste Opernbau am 21. September 1869 in Flammen aufgegangen. In einem aus Holz hinter dem alten Haus rasch errichteten Interimsbau wurden die Aufführungen fortgesetzt. Jetzt erhob sich die Frage, was weiter geschehen solle. Ein Wiederaufbau kam aus mehreren Gründen nicht in Frage. Die Galerie hatte den Forumplan Sempers durchaus verändert, die Oper verdeckte ihre Sicht von der Elbe her. Der Brand hatte erneut gezeigt, wie gefährdet die Bilderschätze in der Nähe eines Theaters aufgehoben sind. Ferner waren die Fundamente so beschädigt, daß die Ruinen erst einmal abgetragen werden mußten. Zudem hatte sich die Bühnentechnik in drei Jahrzehnten weiter so vervollkommnet, daß das alte Bühnenhaus nicht mehr für die Aufgaben ausreichte. So wurde nach Prüfung weiterer Bauplätze beschlossen, das neue Haus weiter zurück zu verlegen. Über die Person des Architekten, dem man den Auftrag erteilen wollte, gab es keine Zweifel. „Semper gehört zu den wenigen und auserlesenen Künstlern, die von Zeit zu Zeit im Laufe der Jahrhunderte auftauchen. Er ist der einzige Künstler deutscher Zunge, dem man die Herstellung eines ganzen und vollkommenen Kunstwerkes zutrauen kann." Das sind die Worte, mit denen der Abgeordnete Krause in der Kammer den Antrag zur Berufung Sempers begründete. Ein bemerkenswert sicheres Urteil eines Zeitgenossen. Schwierigkeiten gab es nur durch die Vertreter von 22 sächsischen Gemeinden, die eine Petition mit der Forderung einbrachten, jegliches Ersuchen der königlichen Staatsregierung zur Erbauung des neuen Dresdner Theaters aus Staatsmitteln abzulehnen. Sie hatten die Lasten mitzutragen und sahen keinen eigenen Vorteil in dem Bau des das Land Sachsen repräsentierenden Hoftheaters.

Schon im Mai 1870 legte Semper die ersten Pläne vor, und nachdem eine Einigung über die Kostenfrage erzielt worden war, begann der Bau am 17. Februar 1871 unter der örtlichen Bauleitung seines Sohnes Manfred. Am 2. Februar 1878 konnte das fertige Haus, von Krone und Ständen als „ein gemeinschaftlicher Bau im Interesse der Kunst errichtet", eröffnet werden.

Außen- und Innenbau unterscheiden sich wesentlich vom alten Haus. Im Äußeren sind die Formen der Frührenaissance denen der Hochrenaissance gewichen. An Stelle des Halbkreises ist ein zweigeschossiger Arkadenbau in Form eines Segmentbogens mit schmalen Seitenflügeln getreten. Seine Mitte wird durch eine breite Exedra unter einer halbkreisförmigen Nische betont. Schillings bronzene Pantherquadriga bekrönt diese dem Barock wieder angenäherte Akzentsetzung der Mitte. Sie klingt in den seitlichen Unterfahrten weiter. Durch die veränderte Anlage konnten die berechtigten Wünsche in der Raumverteilung im Innern berücksichtigt werden. In einem zurückgesetzten dritten Stockwerk wiederholt sich der Segmentbogen nochmals. Dahinter erhebt sich als letzte Stufung der schmucklose, geglättete Sandsteingiebel des Bühnenhauses.

Im 1945 vernichteten Zuschauerraum fielen das Amphitheater im Parterre zugunsten einheitlicher Parkettplätze. Vier Ränge umzogen hufeisenförmig schwingend den Raum, drei Logenränge und ein Rang mit steigenden Sitzreihen, hinter dem sich ein fünfter Rang fortsetzte. Die gesonderten festlichen Proszeniumslogen schlossen die Ränge vom Bühnenhaus ab, während die Hofloge des ersten Ranges wiederum der Mitte einen Halt verlieh. Zwischen den für das Publikum bestimmten Räumlichkeiten und den Bühnenanlagen ist eine strenge Trennung vollzogen. Dagegen ist der Zugang nunmehr von allen Rängen aus zu den glanzvoll ausgestatteten Foyers hergestellt, eine besonders für die Beurteilung der gesellschaftlichen Entwicklung wichtige Veränderung der Anlage (Zoege von Manteuffel). Die prunkvolle Ausstattung der Räume mit Marmor, Stuck-Marmor sowie edlen Metallen, Samt und Seide, der reichen Ausmalung in satter Farbgebung weiß nichts mehr von der sparsamen Zurückhaltung der Dekorationen nach 1760, des Zopfes und des Klassizismus. Der Dresdner „Hungerstil" mit seiner einfachen Noblesse ist endgültig überwunden. Wie in augusteischer Zeit werden noch einmal alle Künste und Materialien aufgeboten, ein Gesamtkunstwerk zu schaffen. Die ersten Architekten fertigten die Entwürfe für die besten Handwerker. Die bedeutendsten Bildhauer und Maler der Stadt waren mit der Innenausstattung beschäftigt. Sie ließ alles Zeitgenössische weit hinter sich. Niemand, der das Glück gehabt hat, dieses Haus zu erleben, wird seine Hoheit und seinen feierlichen Ernst vergessen können. Die vollkommene Akustik ermöglichte einzigartige Darbietungen und Erlebnisse, die nicht weniger zum Ruhm des Hauses beitrugen.

Die Einordnung des Baues in die deutsche Kunstgeschichte vollzog Hermann Beenken in seinem Vermächtnisband über die schöpferischen Bauideen der deutschen Romantik: „Der zweite Opernbau, der zeitlich erst mehrere Jahrzehnte nach der im engeren Sinne romantischen Epoche entstand, stellt in entscheidender Hinsicht die verwirklichte Synthese und Vollendung jener bedeutenden Architekturideen dar. Dieser späte Theaterbau bezeichnet als schöpferische Leistung eines einzelnen in einer Zeit, die als Ganzes die eines Niederganges war, noch einmal einen der Gipfelpunkte deutscher Architekturgeschichte. Daß Gottfried Semper gewisse historische Formen der italienischen Spätrenaissance verwendet, darf uns heute nicht mehr veranlassen, die unerhörte Selbständigkeit zu übersehen, mit der gerade im großen diese seine Schöpfung sich von allem abhebt, was jemals

477

477 Die Rückfront des Semperschen Opernhauses II mit bildhauerischem Schmuck auf dem Bühnenhaus von Emanuel Semper

Mit Theaterplatz, Hofkirche und Schloßturm, gesehen vom Turm des Fernheizwerkes

Aufn. Stadtplanung, 1916

vorher in der Baukunst der älteren Jahrhunderte geschaffen war." Das Urteil Beenkens bleibt also immer noch befangen in der Einschätzung des Historismus insgesamt. Wir haben inzwischen erkannt, daß seine Gestaltungen am Ende der Entwicklung einer ganzen Epoche stehen, die mit dem Klassizismus eines Winckelmann begann und in der Semper mit seinen Nachfolgern durch Einbeziehung der Renaissance nach der vorangegangenen Antike nur die bedeutendste Erscheinung einer Spätphase gewesen ist.

Der Theaterplatz

Mit dem Neubau des Opernhauses bekam auch der Theaterplatz sein endgültiges Volumen. War der Forumplan auch nicht zu verwirklichen gewesen, die verkürzte Lösung darf als nicht weniger glücklich gelten. Das erst mehr als zehn Jahre später errichtete Reiterstandbild König Johanns von Schilling erhöht die Wirkung des Theaterbaues noch, indem es als Auftakt seine Achse mit Exedra, Quadriga und Giebel weiter nach vorwärts zieht. Der Theaterplatz ist der einzige im 19. Jahrhundert angelegte Platz der Stadt, der sich an Schönheit mit den gewachsenen alten Plätzen, wie Altmarkt, Neumarkt und Neustädter Markt, messen kann. Im Gegensatz zu diesen, die den verschiedenen bürgerlichen Zwecken dienten, ist er nur von monumentalen Bauwerken umsäumt. Er zeigt aber keine geschlossenen Platzwände mehr wie die Plätze des 18. Jahrhunderts, sondern wird durch Einzelbauten mit durchaus individuellem Rhythmus umsäumt. Unter Verkennung der Notwendigkeit, auch hier einen Maßstab zu besitzen, an dem Größe erst sichtbar wird, hat man das diesem städtebaulichen Zwecke glücklich dienende ausgebrannte Hôtel Bellevue, die alte Calberlasche Zuckersiederei, einen wesentlichen Bau des Spätklassizismus, 1950 abgetragen. Über seine Bedeutung als Maßstabbau hinaus war es für die Dresdner Kulturgeschichte des 19. und 20. Jahrhunderts von Richard Wagner bis zu Richard Strauss und Gerhart Hauptmann von hoher Bedeutung. Es muß durch einen gleichwertigen Bau ersetzt werden. Ein zweiter Verlust, der sich ebenso für die Umgebung des Zwingerensembles auswirkt, trat durch den 1964 erfolgten Abbruch der Ruine der Sophienkirche ein, die den Blick vom Theaterplatz aus nach Südosten zwischen Taschenberg-Palais und Altstädter Wache begrenzte.

Ein Problem war immer noch nicht gelöst, der Abschluß des Theaterplatzes nach der vierten Seite, nach der Elbe, den damals noch das Helbigsche Etablissement als Rest des verschwundenen Italienischen Dörfchens bildete. Als die Stadt daran ging, hier eine moderne Gaststätte zu errichten, erlebte der von Erlwein vorgelegte Entwurf heftigen Widerspruch in der gesamten deutschen Architektenwelt, die für diesen kostbaren Platz besonderes Interesse zeigte. Noch einmal stand der Sempersche Forumsplan zur Diskussion. Als einzig mögliche Lösung wurde betrachtet, diese vierte Platzfront unbebaut zu lassen und von der Elbe aus nur eine Stufenfolge auf ihn wie auf die Piazzetta Venedigs zu führen, so daß der bedeutendste und schönste Renaissancebau Sempers mit seiner Hauptfront nicht nur besser zur Geltung gekommen wäre, sondern Dresden auch ein großartiges Entrée von der Elbe in die Stadt gewonnen hätte. Leider blieb dieser Vorschlag unbeachtet, und Erlweins Bau wurde 1911 ausgeführt. Ist es auch nicht zur besten Lösung gekommen, so ordnet sich der Bau der nunmehrigen Gaststätte Italienisches Dörfchen trotz seines zu steilen Daches, das für wirtschaftliche Zwecke Verwendung findet, dem Ganzen diskret unter. Nach 1945, als auch das Italienische Dörfchen weitgehend zerstört lag, kam der Forumplan wiederum zur Sprache. Doch nach Anlage der Uferstraße, die den Verkehr um den Platz herumführt, war er praktisch unmöglich geworden. So führt nur seitlich eine Stufenfolge in bescheideneren Formen auf den Platz.

Die Nachfolger Sempers

Über Nacht hatte Semper in den Maitagen 1849 Dresden verlassen, und der Lehrstuhl der Akademie stand erneut verwaist. Aber Semper hatte doch lange genug schaffen können, um den Samen in den Boden zu legen. Die Dresdner Architekturschule erfreute sich in den folgenden Jahrzehnten in ganz Deutschland eines hervorragenden Rufes. Sogar als der Taumel der Gründerjahre alle Dämme zu durchbrechen drohte und das Verdienen um jeden Preis Sitten und Kunst korrumpierte, wirkten in Dresden noch Männer, denen eine gute Grundrißlösung wichtiger blieb, als spielerischen Fassadenwünschen einer reich gewordenen Unternehmerschicht nachzukommen.

Sempers Gegenspieler, der Hofbaumeister Otto von Wolframsdorf war kurz vor dessen Flucht gestorben, so daß die beiden führenden Männer fast gleichzeitig von der Dresdner Architekturbühne abtraten. Wolframsdorfs frühestes Werk, die Orangerie An der Herzogin Garten, die einmal durch Semper als Verbindungsbau zwischen dem Opernhaus und dem Zwingerpavillon geplant war, weist wieder die typischen Formen der Frührenaissance auf. Der reizvolle Bau steht, wie auch das nachfolgende vierte Belvedere auf der Brühlschen Terrasse, durchaus unter dem Einfluß Sempers. Das Belvedere mit seinen übereinander im Halbkreis geordneten beiden Konzert- und Festsälen fußt auf dem Grundriß des Theaterbaues. Die prunkhafte Ausgestaltung des großen Ballsaales im Schloß, die im gleichen Jahre vorgenommen wurde, erfolgte im Stil der Hochrenaissance mit kostbaren Materialien, Architektur, Plastik, Malerei und Kunsthandwerk verwendete Wolframsdorf wie Semper dabei im Sinne des Gesamtkunstwerks. In seinem letzten Bau, dem reizvollen Café Torniamenti auf der Brühlschen Terrasse, aber schob Wolframsdorf die Vorbilder der Renaissance zum Teil wieder beiseite und ließ sich noch einmal von Schinkels Altstädter Wache anregen. So entstand dieses kleine Kaffeehaus mit seinem von vier ionischen Säulen getragenen Portikus und den seitlichen Flügelbauten als letzter Ausläufer eines verbiedermeierlichten Klassizismus. Die Identität von Verwendungszweck und Charakter des Bauwerkes, die Sempers Schaffen immer entscheidend bewegt hatte, beunruhigte Wolframsdorf nicht. Sorglos legte er sein Kaffeehaus hinter eine Tempelfront. Die Skrupellosigkeit der zweiten Hälfte des 19. Jahrhunderts, die jede Form für jeden Zweck für möglich hielt, bereitete sich, wenn auch in einer anmutigen Weise, hier vor.

478 Die Treppe nach der Brühlschen Terrasse von W. Hermann, Am Klepperstall (Terrassengasse)

Blick nach Hofkirche und Brühlschem Palais, rechts Auffahrtsrampe und Brühlsche Bibliothek von J. Ch. Knöffel, 1743, Treppe wurde 1873 stark verändert

Zeichnung von W. Hermann, 1843, Privatbesitz, Aufn. Stadtplanung

478

Die neue Dresdner Architekturschule, die sich an den Formen der italienischen Renaissance gebildet hatte, führte nach Sempers Fortgang der Bedeutendste aus der großen Zahl der Schüler, Hermann Nicolai, auch an der Akademie weiter. Seine Villenbauten, die gleichzeitig mit Sempers Villa Rosa 1839 entstandene Villa von Seebach, An der Bürgerwiese 16, und die Villa Struve, Wiener Straße 33, können hier als vorbildlich gelten. Sie gingen folgerichtig von der Villa Rosa aus. Aber auch die geschlossenen Häuserfronten, die nach der offenen Bauweise der ersten Jahrzehnte zum Zentralproblem der Jahrhundertmitte wurden, in der Lüttichaustraße und ihrer Nachbarschaft, waren einmal der Stolz dieser Dresdner Schule. Ihre sonnige Flächenhaftigkeit und liebenswürdige Heiterkeit hatten wir gerade wieder schätzen gelernt (Oskar Kramer), als die Bomben des 13. Februar 1945 sie endgültig auslöschten.

Für den späten Stil Nicolais in den Formen der Renaissance mit einer reichen Innenausstattung war die Villa Beuststraße 1 charakteristisch. Den kostbarsten Bau mit vier durchgegliederten Sandsteinfassaden errichtete Bernhard Schreiber unter Verwendung edelster Materialien im Innern 1872 bis 1874 für den Bankier Kap-herr, Parkstraße 7, an der Ecke der Gellertstraße. Das als Palais bezeichnete Gebäude ging später in königlichen Besitz über. Gegen den Aufwand der Außenarchitektur, der hier von einem privaten Auftraggeber getrieben wurde, sind die Putzfassaden der Palais des 18. Jahrhunderts mit ihren einfachen Gliederungen und dekorativen Akzenten nur als bescheiden zu bezeichnen. Der Bau kostete nicht weniger als 630000 Mark. Er brannte 1945 aus und wurde 1955 gesprengt. Es geht nicht an, hier ausführlicher über die Dresdner Villenarchitektur zu berichten, doch seien die Villa Pilz, Parkstraße 4, wiederum von Schreiber, und die Villa Goethestraße 6 von K. Eberhard, beide kurz vor 1870 erbaut, in ihren italienischen Renaissanceformen, den noblen Proportionen, mit fünfachsigem Unter- und Obergeschoß sowie dem sparsamen Fensterschmuck als Vertreter des einfachsten und klarsten Bautyps dieser Zeit noch hervorgehoben. Ganze Stadtviertel entstanden in diesem oder in etwas reicherem Stil wie das Schweizer Viertel, das Englische Viertel, beide hinter dem Hauptbahnhof gelegen, und Straßenzüge in Blasewitz. Als spätester Vertreter der Dresdner Schule muß Karl Weißbach mit seinen Villenbauten der Lennéstraße 1 und 2 und

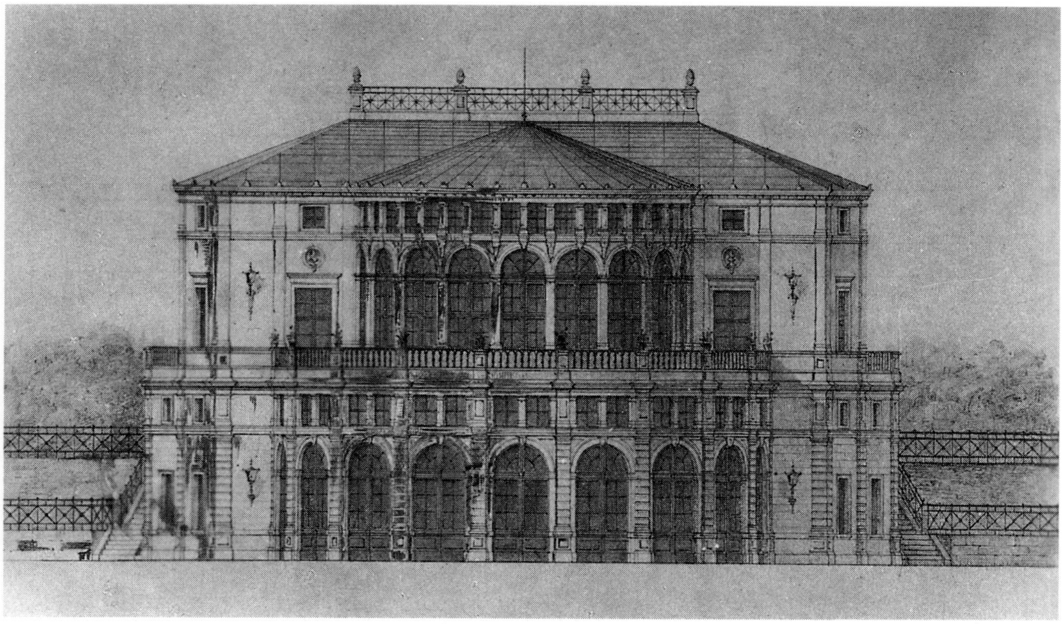

479 Entwurf zur Fassade des vierten Belvederes auf der Brühlschen Terrasse

Der Entwurf zeigt formale Anlehnungen an das erste Opernhaus G. Sempers

Zeichnung von O. von Wolframsdorf, 1842, I.f.D.

479

der Reichsstraße 10, die Raum für mehrere Familien boten, wenigstens noch genannt werden.

Was sich von den Villen und den Mehrfamilienhäusern berichten läßt, trifft ebenso für die Reihenhäuser in geschlossener Bauweise zu, die in den neuen Straßenzügen der Rand- und Außengebiete der Alt- wie der Neustadt jetzt rapid emporwuchsen. Dabei bleibt zu beachten, daß es sich auch hier zunächst um Einzelbauten, die ohne Bezug aufeinander bei ihren Planungen konzipiert waren, handelte, was bewirkte, daß diese Straßenzüge ebenfalls ein mehr oder weniger individuelles Gesicht erhielten, wenn die die Pläne entwerfenden Architekten qualifizierte Arbeit geliefert hatten.

Die Stadtverwaltung suchte schon sehr früh durch mancherlei Maßnahmen diese stürmische Entwicklung auf dem Baumarkt in gesunde Bahnen zu lenken. Seit 1848 gab es eine eigene städtische Bauaufsicht, die unter anderem für gleiche Firsthöhen und eine besondere Akzentuierung der Eckbauten durch entsprechende Bekrönungen wie Türme sorgte. Die Bebauungspläne der neuen Vorstädte mit ihrer Abwechslung von geschlossener und offener Bauweise können heute noch im allgemeinen als befriedigend gelten. Der Plan für die Südvorstadt mag hier, bis auf die zu regelmäßige, mit der Reißschiene gezogene Anlage, als Beispiel dienen. Fehlentscheidungen, wie der spätere Bebauungsplan für die Johannstadt, blieben Ausnahmen. Doch hielt sich Dresden stets fern von jener Schachtelung der Hinterhöfe, die das Zentrum Berlins bei allen späteren Städtebauern in Verruf gebracht hat. Eine Verordnung trennte ausgesprochene Wohnviertel von Quartieren, in denen sich größere Industriebetriebe niederlassen durften.

Von den in die Straßenfront eingeordneten qualifizierten Bauten seien Th. Lehnerts Sedanstraße 4 von 1874, das Durchgangshaus Waisenhausstraße 7 zum Ring von 1873, das als Café König bekannt geworden ist, und das Eck-Mietshaus Bürgerwiese/Lüttichaustraße Lehmanns von 1846 als besonders bemerkenswert hervorgehoben. Bei dem herrschenden Bauboom überwog eine mittlere Qualität, die dekorativen Elemente vor allem wiederholten sich, da teilweise serienmäßig hergestellt, immer wieder, so daß die Abneigung gegen diesen Stil, schon allein wegen ihrer Menge, durch die übernächste Generation verständlich war, was den Blick für die bedeutenderen Gestaltungen dieser Zeit verstellte. Eine Anzahl der erhalten gebliebenen Einzelbauten wie auch ganzer Straßenzüge konnte aus dieser Epoche des Historismus vor allem in der Neustadt inzwischen unter Denkmalschutz gestellt werden.

Als Ausnahmen entstanden eine Reihe von Gruppenbauten. Die größte Gruppe, der Sonntagsche Wohnblock am Terrassenufer, von H. Strunz 1873 errichtet, umfaßte vier Straßenblocks. Der Block nach der Elbfront zeigte eine viergeschossige, symmetrisch geordnete Anlage von 24 Achsen mit Sandsteingliederungen. Kostbarer und materialaufwendiger zeigte sich noch die Bebauung der benachbarten Sachsenallee durch B. Adam und O. Haenel von 1880. Damit sind wir aber schon mitten in der Gründerzeit. Wuchsen auch diese Architekten fast alle noch aus der Schule Nicolais der Dresdner Kunstakademie oder waren sie von ihr beeinflußt, so war doch nichts mehr von der Einfachheit und Noblesse der Anfänge des Renaissanceismus zu verspüren, und man hatte sich weit von Semper entfernt. Die seit 1765 bis etwa 1840 traditionelle Armut der Dresdner Bürger, von der die Fremden zu berichten wissen, war mit der einsetzenden Industrialisierung überwunden. Man war reich geworden und genierte sich nicht, zu dem Reichtum sich auch äußerlich durch dekorativen Schmuck am neuerworbenen, bebauten Grundbesitz zu bekennen. Dazu hatte sich ein Bauspekulantentum breitgemacht, das durch den Glanz äußerer Fassaden eine Wertsteigerung erhoffte. Trotzdem vermögen auch diese Bauten durch ihre vorzügliche handwerkliche Leistung zu imponieren. Blieb der in Dresden traditionelle Putzbau im wesentlichen erhalten, so finden wir jetzt auch unverputzt stehende Ziegelbauten. Die Fassaden der „herrschaftlichen" Wohnhäuser wurden dagegen mit Sandsteinplatten verkleidet.

Doch es gibt in diesem Zeitalter des schrankenlosen Individualismus auch einige Lichter. Besonders für die armen Bevölkerungsschichten hatte sich der Wohnraum in unerträglicher Weise verteuert. Vor allem war durch den Zuzug vom Lande und aus dem benachbarten Böhmen ein Mangel an Kleinwohnungen eingetreten, da die Bauspekulation in deren Errichtung nur wenige Gewinnchancen sah. Johann Meyer, ein sächsischer Industrieller, suchte als erster hier Abhilfe zu schaffen. Er überließ der Stadt eine namhafte Summe für den Bau von Kleinwohnungen mit niedrigen Mieten. Auf der nach ihm benannten Straße errichtete der Architekt Karl Liske seit 1873 die früheste Siedlung mit Wohnungen im Umfang von 65 qm, zu denen auch jeweils ein kleiner Garten gehörte. Wir stehen hier am Anfang des sozialen Wohnungsbaus in Dresden.

Ganz einheitlich entwickelten sich die Platzanlagen in den neu besiedelten Außenbezirken rings um die Stadt. Sie wurden systematisch eingestreut und angelegt, unabhängig davon, ob es sich um eine offene oder geschlossene Bauweise handelte. Das angewandte Schema verwendete für die Platzgründungen in Quadrat- oder Rechteckform eine Denkmal- oder Brunnenanlage, gelegentlich auch einen einfacheren Akzent wie eine Schmuckvase als Mittelpunkt. Um diesen schuf die Gartenverwaltung Grünanlagen mit Blumenbeeten und Bosketts, wie auch die meisten der neuen Straßenzüge Baumbepflanzungen verschiedenster Art erhielten. Sie verhalfen der Stadt Dresden zu besonderem Ansehen.

Die öffentlichen Bauten blieben im wesentlichen bis zur Jahrhundertwende der Dresdner Schule mit ihren disziplinierten Grundrißlösungen treu und bestimmten mit ihren Fassaden auch bei zunehmendem dekorativen Reichtum das Gesicht der Stadt.

Noch während des Wirkens von Semper in Dresden hatte Gustav Hörnig 1838 das Altstädter Logenhaus an der Ostra-Allee in den Formen eines Florentiner Palazzo errichtet. Es war ein strenger Bau in Rustika von sieben Achsen mit zwei Obergeschossen und einem erhöhten, dreiachsigen Mittelrisalit mit geradem Abschluß. Die Sphinge am

480

480 Der Große Ballsaal im 2. Stockwerk der Residenz

Im Stile der Neurenaissance durch O. von Wolframsdorf ausgestattet, die Wandgemälde mythologischen Inhalts von E. Bendemann, 1842 bis 1846, die Decke von G. Frölich 1893 verändert

Aufn. D.F.D., 1930

Eingang und die Karyatiden im Saal schuf Ernst Rietschel.

Wenig später, 1846 bis 1848, entstand die Technische Bildungsanstalt, die Vorgängerin der Technischen Hochschule, als Abschluß des nach der Niederlegung der Festungswerke im Südosten geschaffenen Antonsplatzes. Gustav Heine entwarf für die Bildungsanstalt einen Bau mit Mitteltrakt, einen repräsentativen Eingang mit Treppenvorlage und vorgezogenen Seitenflügeln. Doch der Bau wurde für den geplanten Zweck nur kurze Zeit genutzt. Zuletzt diente sein Obergeschoß als Atelierhaus, in dem mehrere Generationen namhafter Künstler kürzere oder längere Zeit eine Arbeitsstätte fanden. Für die anwachsenden technischen Aufgaben erwies sich das Gebäude bald als völlig unzureichend. So übersiedelte die inzwischen zum Polytechnikum erhobene Anstalt in das eben erschlossene Gelände hinter dem Hauptbahnhof. Den zentralen Vierflügelbau am einstigen Bismarckplatz errichtete Rudolf Heyn bis 1877 mit einer Fassade von 25 Achsen in Sandstein, von denen fünf als Mittelrisalit, im Untergeschoß als Treppenhaus und im Obergeschoß als Aula dienten, während je drei Achsen als Seitenrisalite den Bau aufgliederten. Die Decke der Aula malte Anton Dietrich mit der Prometheus-Sage aus. Hinter diesem zentralen Bau für Verwaltung und Vorlesung wuchs in den folgenden Jahrzehnten ein ganzes Stadtviertel mit Spezialbauten für die einzelnen technischen Fächer.

Die meisten der städtischen und staatlichen Großbauten fanden im 19. Jahrhundert außerhalb des alten Stadtkerns Platz, da hier zunächst bedeutender Freiraum zur Verfügung stand. Größere Anlagen innerhalb des alten Festungsringes hätten stets Opfer an der Bausubstanz gekostet, von den schwierigen Besitzverhältnissen und den hohen Bodenpreisen ganz zu schweigen.

Die große Zahl der mit der wachsenden Bevölkerung notwendig gewordenen Schulbauten beginnt mit dem bescheidenen Gebäude der Neustädter Realschule mit der Fassade nach der Königsstraße von Eberhard 1854. Es war ein einfacher, wohlproportionierter Block, der sich aber bald als zu klein erwies und bis 1945 als Wohnhaus diente. Die folgenden Bauten der 60er und 70er Jahre sind im wesentlichen nach dem gleichen Schema errichtet, die städtischen meist von Stadtbaurat Theodor Friedrich, die staatlichen von Landbaumeister Adolf Canzler. Über dem Erdgeschoß erhoben sich zwei Obergeschosse, die Gliederung der Fassaden erfolgte durch einen Mittelrisalit, in dem die zweigeschossige Aula, die ein namhafter Künstler mit einem historischen, literarischen oder mythologischen Thema ausmalte, untergebracht war. Friedrichs Annenschule von 1867 bis 1869, Canzlers Königliches Gymnasium von 1872 bis 1874 sowie Friedrichs 6. Bürgerschule, die bis 1945 als Konservatorium diente, seien als Beispiele hervorgehoben. Es waren untadelige Bauten, die ihren Zweck voll erfüllten und nur durch ihre große Gleichmäßigkeit ermüdeten.

Im verwandten Kanon, nur weitläufiger und kostbarer, baute Canzler 1876 bis 1879 das vierflügelige Landgericht Pillnitzer Straße. Vor allem der dreiachsige Mittelrisalit mit seinen vier doppelgeschossigen Säulenstellungen und dem reichen Kapitellschmuck erwies sich als eine würdige, wenn auch zeitgebundene, Repräsentation eines hohen Gerichts. Eine neue Note brachte der Leipziger Arwed Roßbach in das renaissanceistische Baugeschehen der Stadt, 1890 bis 1892 mit der Anlage des Amtsgerichtes Lothringer Straße, in dem er die Renaissanceformen nach seinen Vorstellungen interpretierte. Die noble Architektur mit Sandsteinverblendung in Rustika, die den Bau profiliert, und die vorgezogene Säulenhalle mit drei Portalen, für deren figuralen Schmuck er Johannes Schilling gewann, kommt erst heute, nach der Zerstörung der Bauten der Umgebung, die ihm den notwendigen Freiraum verwehrten, zur vollen Geltung.

Es geht nicht an, die Vielzahl bedeutender oder doch wichtiger Bauten, die bis zum Jahrhundertende entstanden, zu beschreiben, ohne den Maßstab des gesamten architektonischen Geschehens der Stadt sowie dieses Buches zu gefährden. Doch seien noch einige genannt, um den Umfang dieser baufreudigen Zeit abzustecken. Die Post ließ durch Zopff 1872 bis 1876 die Oberpostdirektion Annenstraße/Am See und 20 Jahre später die Hauptpost am Postplatz/Marienstraße mit repräsentativen Eingangsfronten an den gebrochenen Ecken errichten. Ebenso gliedern sich hier die Bauten der Eisenbahn ohne stilistischen Bruch ein. Schon die Empfangshallen des Böhmischen Bahnhofs Karl Moritz Haenels von 1864 blieben den Renaissanceformen der Semper-Nicolai-Schule verpflichtet, auch die Hallen Gieses und Weidners im nachfolgenden Hauptbahnhof am gleichen Ort mit ihren flankierenden Türmen von 1898 lassen das Erbe erkennen, wenn nunmehr auch Eisenkonstruktionen und Glas die Hallen überspannen und die Gesamterscheinung wesentlich mit beherrschen. Die große Zahl der mit der Industrie wachsenden Bankgebäude ordnet sich hier stilistisch ebenfalls ein. Da sie sich in die Straßenfronten eingliederten, ging es bei der Gestaltung zunächst um die Fassaden, die uns hier vom städtebaulichen Gesichtspunkt aus allein beschäftigen. Es sind vor allem die Börse Zumpes und Ehrigs von 1875 auf der Waisenhausstraße, die Reichsbankstelle von Eltzner und Hausschild von 1876 auf der Bankstraße und die Dresdner Bank von

Sommerschuh und Rumpelt auf der König-Johann-Straße, die ihr Gebäude in den Formen der Bramanteschen Hochrenaissance errichteten, als gelungen hervorzuheben.

Nach der Mitte des 19. Jahrhunderts drohte der so wohl ausgewogenen Architektur der Stadt Gefahr durch die Überdimensionierung der neuen Bauvorhaben. Sie wurde einmal veranlaßt durch die mehr oder weniger notwendige Aufblähung des Verwaltungsapparates mit seinen neuen Kompetenzen, die die Massierung der Bevölkerung mit sich brachte, zum anderen aber durch die Repräsentationssucht einer Gesellschaft, der die Maßstäbe ihres Tuns im Vergleich zur Vergangenheit verloren gegangen waren. Das Finanzministerium Wanckels und Reichelts von 1889 bis 1894 durchbrach zum ersten Male nicht nur den Maßstab der Bauten am Neustädter Ufer, sondern die der Neustadt überhaupt. Es wurde noch überboten durch das von Waldow und Tscharmann errichtete Gesamtministerialgebäude von 1904 bis 1906. Gegen beide Bauten ist vom zeitstiligen Gesichtspunkt aus nichts einzuwenden, nur ihr Standort bleibt bedauerlich. An völlig verfehlter Stelle, auf der Brühlschen Terrasse, baute Konstantin Lipsius 1891 bis 1894 die Kunstakademie mit dem anschließenden Kunstverein. Er degradierte mit ihr die Festungsmauern zum Sockel für sein Vorhaben. Nur mit tiefem Bedauern kann man an den Verlust der noblen Kleinbauten Knöffels denken, die dieser für Brühl geschaffen hatte und die im 19. Jahrhundert nach und nach gefallen waren. Die Glaskuppel der Akademie, von der Bevölkerung Zitronenpresse genannt, bildete, gegen die Frauenkirche gesehen, ein dauerndes Ärgernis. Seit deren Verlust bedeutet die bekrönende Nike Robert Henzes ein liebgewordenes Requisit.

Ein bedeutendes Unternehmen des Staates, das schon in das neue Jahrhundert hineinreicht, schließt die Periode der von der Renaissance geprägten Bauten ab, das von Paul Wallot seit 1901 errichtete Landtagsgebäude. Hier ging es um die Gestaltung einer der wichtigsten zentralen städtebaulichen Positionen, die Dresden zu vergeben hatte. Am Fuße der Brühlschen Terasse, neben der Terrassentreppe, gegenüber dem eben errichteten neuen Georgentor, dem Schloß, der Hofkirche und dem Langen Gang gelegen, beherrscht die Fassade den Schloßplatz entscheidend. Die Verluste an historischer Substanz, die auch hier hingenommen werden mußten, mit Knöffels Palais Brühl und dem bescheidenen Palais Fürstenberg des 17. Jahrhunderts waren wiederum bedauerlich. Für diesen Repräsentationsbau des sächsischen Volkes wagte man in Dresden nicht selbst ans Werk zu gehen und verschrieb sich dem Erbauer des Reichstags in Berlin. Wallots Fassade mit dem mächtig sich auftürmenden Mittelrisalit bereichert den Schloßplatz, während der seitlich angefügte, der Brühlschen Terrasse zugekehrte Turm, wohl gedrückt und schwerfällig erscheint, aber die Großartigkeit des Hofkirchenturms nicht nur nicht stört, sondern besser zur Wirkung kommen läßt.

Mit dem Albert-Theater am gleichnamigen Platz, bis 1913 Königliches Schauspielhaus, kehren wir noch einmal zu den Anfängen der Neorenaissance zurück. 1871 errichtete Bernhard Schreiber das Theater mit einer gut gegliederten Fassade nach dem Platz, die eine zweigeschossige Vorhalle mit sich einfügendem Figuren- und Reliefschmuck aufweist.

Von den klassischen Bauten der Stadt wurden zwei neuen Aufgaben zugeführt. Der Stallhof Buchners, von Knöffel zur Gemäldegalerie eingerichtet, wurde nach dem Auszug der Bilder und erneuter baulicher Veränderung durch K. M. Haenel 1876 zum Historischen Museum unter dem Namen Johanneum, während das alte Zeughaus M. Trosts nach der Neugestaltung durch Canzler als Albertinum seit 1888 die Werke der Antike und das plastische Schaffen bis zur Gegenwart übernahm, die aus dem Japanischen Palais ausgezogen waren. Das Secundogenitur-Palais von Krubsacius in der Zinzendorfstraße, der früheren Langen Gasse, hatte schon 1857 durch Nicolai außer einem völligen Umbau des Innern neue Fassaden bekommen.

Nach den privaten, den repräsentativen städtischen und staatlichen Gebäuden bleiben die Bauten für die Industrie seit Mitte des 19. Jahrhunderts zu erwähnen. Um diese kümmerte sich in diesen Jahrzehnten der Architekt nur gelegentlich. Man überließ die notwendigen Vorhaben unter Außerachtlassung sämtlicher sozialer Aspekte und Verpflichtungen, die sich hier völlig neu stellten, den Bauunternehmern zur Planung wie zur Ausführung unter dem Gesichtspunkt größtmöglichster Billigkeit. Eine Ausnahme machte unter anderem die auf halbem Wege auf dem Höhenzug nach Loschwitz gelegene Waldschlößchen-Brauerei, die ihren Namen von dem Jagdschlößchen Marcolinis, auf dessen Gelände sie steht, herleitet. Ihr Bau von 1857 mit seiner glanzvollen Aussicht über das Turmensemble der Stadt gehörte Jahrzehnte zu den beliebtesten Ausflugszielen der Dresdner, bis die modernen Verkehrsmittel sie in weitere Fernen führten. Mit dem Hauptwasserwerk der Stadt, elbnah an der Saloppe, schufen Friedrich als Architekt und Salbach als Techniker 1876 einen reinen Zweckbau, der auch architektonisch befriedigt.

Außerhalb der stilistischen Einordnung entwickelte sich der Brückenbau über die Elbe. Bis Mitte des Jahrhunderts war der Elbübergang allein über die Augustusbrücke möglich gewesen. 1846 bis 1852 baute Lohse als zweite Elbbrücke die westlich gelegene Marienbrücke, die zuerst auch der Eisenbahn gedient hatte, bis diese Ende des Jahrhunderts in enger Nachbarschaft einen gesonderten Bau erhielt. Es folgte 1875 bis 1877 die Albertbrücke Manckes zur Erschließung der östlichen Vorstädte. 1892 bis 1895 schloß sich Klettes Carolabrücke zur Entlastung des innerstädtischen Verkehrs mit seinen flankierenden plastischen Gruppen Friedrich Offermanns an. Als modernste Brücke konstruierten Klaus Köpke und Krüger 1891 bis 1893 die Blasewitzer Hängebrücke mit einer Spannweite von 141,5 m über den Fluß. Sie war ein Ereignis für die technische Welt und setzte einen wichtigen Akzent in die Elblandschaft der Stadt. Nach ihrem ersten Anstrich trägt sie bis heute den Namen „Das Blaue Wunder".

Die Bildhauer und die Maler

Der Dresdner Architekturschule stand die Dresdner Bildhauerschule nicht nach. Im Jahre 1832 trat Ernst Rietschel die Professur an der Akademie der Künste an: Mit diesem Tage beginnt die Geschichte der Bildhauerei des 19. Jahrhunderts in Dresden. Vier Namen sind es, die einander ablösen, Ernst Rietschel, Ernst Julius Hähnel, Johannes Schilling und Robert Diez.

Rietschels Bedeutung liegt in seinen Denkmalen, die über ganz Deutschland Verbreitung fanden. Die Dargestellten kleidete er nicht mehr in antike Gewänder, sondern er wählte die neuere, wirklichkeitsnahe Tracht und gab ihnen einen Charakter, der ihrem Leben und ihrer Zeit entsprach. Sein frühestes Werk, einst im Zwinger, heute am Japanischen Palais aufgestellt, ist das Denkmal König Friedrich Augusts I., zu dem Semper den etwas zu hohen Sockel schuf. Die vier Tugenden an den Ecken verraten Rietschels genaues Studium von Antike und Hochrenaissance, wurden aber auch zu den Urmüttern der zahllosen unerfreulichen Postamentsfiguren der Folgezeit (Walter Müller).

Es folgen die großen Aufträge für das Opernhaus, darunter die beiden Giebelfelder, von denen das eine 1869 durch den Brand zugrunde ging und das andere bis 1975 das Theater in Bautzen zierte, und für die Gemäldegalerie. Vor allem die Kinderfiguren an der Nordseite müssen hervorgehoben werden. Das Denkmal Carl Maria von Webers kann in seinem Zusammenklang von realistischen und romantisch-malerischen Elementen als ein besonders gelungenes Werk Rietschels gelten. Seine Dresdner Arbeiten finden mit dem für Adolf Donndorfs Denkmal Martin Luthers verwendeten Kopf, der einstmals für Worms bestimmt war, vor der Frauenkirche ihren Abschluß.

Mit dem nur wenige Jahre jüngeren Hähnel hatte sich Rietschel in die Arbeit an Opernhaus und Galerie geteilt. Seine Dichterstatuen am alten Opernhaus konnten auch für den zweiten Semperbau wieder Verwendung finden, während der temperamentvolle Bacchusfries dem Brand von 1869 zum Opfer fiel. An der Galerie schuf er die Figuren des Raffael, wohl sein überzeugendstes Werk, und des Michelangelo. An Wolframsdorfs Orangerie An der Herzogin Garten, den frühesten Arbeiten von seiner Hand, richtete er sich in der Pomona und Flora streng nach den Nischenfiguren der Hochrenaissance. Die Ausführungen späterer Aufträge sinken dagegen tief ab. Das konventionelle Schema mit den obligatorischen allegorischen Figuren am Fuße, das die ganze zeitbedingte Denkmalkunst in Verruf brachte, zeigt sich besonders unerfreulich am Standbild König Friedrich Augusts II. auf dem Neumarkt, und auch die zweite Fassung des Theodor-Körner-Denkmals, in barocke Bewegung versetzt, vor der neugotischen Kreuzschule Arnolds, kann nicht als glücklicher Wurf bezeichnet werden. Hähnels Schüler Robert Henze verflachte diesen Stil mit der Germania als Mittelpunkt des Altmarktes weiter und verdarb mit ihr den ältesten Platz der Stadt.

Schilling verfügte über ein wesentlich stärkeres Temperament als sein Vorgänger Hähnel und legte seinen Werken ein intensives Naturstudium zugrunde. Auch er begann mit Arbeiten an der Galerie. Seinen Ruf errang er sich mit den Gruppen der Tageszeiten an der Brühlschen Terrasse, die, ursprünglich in Sandstein geschaffen, später wenig glücklich durch dunkle Bronzegüsse ersetzt wurden. Was er als Schöpfer von Denkmalen leisten konnte, zeigt sein Rietschel, den er an Stelle des abgerissenen Ateliers des Meisters auf der Brühlschen Terrasse errichtete. Der Semper an der Treppe nach dem Georg-Treu-Platz fiel dagegen wesentlich oberflächlicher aus. Ein anderes Bildwerk Schillings gilt als Wahrzeichen des musikalischen Dresdens, die bronzene Pantherquadriga der Ariadne und des Dionysos über der Exedra des zweiten Semperschen Opernhauses. Hier hat Schilling durch die Bekrönung der Mittelachse Sempers genialer Architektur noch zu einer Steigerung verholfen. Das Reiterdenkmal König Johanns auf dem Theaterplatz erscheint nur bedeutend in seiner städtebaulichen Situation, durch seine Bezogenheit als festlicher Auftakt für die Architektur des Opernhauses und als Point de vue für den Betrachter, der vom Zwinger her durch den Bogen der Galerie nach dem Platze schreitet. Die bildhauerischen Leistungen, die Reliefs eingeschlossen, halten jedoch ernster Prüfung nicht stand. Schilling hat es sich bei der Vielzahl der auf ihn einstürmenden Aufträge zu leicht gemacht. Hier übertraf ihn Max

481

481 Blick auf die Stadt von der Waldschlößchenterrasse aus

Auf dem linken Elbufer „Antons“, für Steuerrat Anton von S. G. Zug 1754 zur industriellen Nutzung und als Ausschank errichtet. Unterhalb der Terrasse die seit 1785 zwischen Prießnitz und Meisenberg verändert geführte Bautzner Landstraße mit einer Reihe neuer Villenbauten wie das Turmhaus im Tudorstil, 185[illegible], sowie der 1857 durch F. Marx fertiggestellte Turm der Dreikönigskirche

Farbige Lithographie von G. Täubert, um 1860, St. M.

Baumbach mit seinem straff gefaßten realistischen Reiterbild König Alberts auf dem Schloßplatz.

Bei der Betrachtung der konventionellen Denkmalfabrikation jener Zeit wird der ungeheure Erfolg, den der Schüler Schillings, Robert Diez, 1878 mit dem jetzt nach der Weißen Gasse versetzten realistischen Gänsediebbrunnen errang, noch heute verständlich. Eine neue künstlerische Epoche beginnt mit ihm, trotz der noch romantischen Themenstellung, aufzusteigen. Auch die zweite große Aufgabe, die er mit den beiden monumentalen Brunnen auf dem Albertplatz 1893 übernahm, mit den stürmischen Wogen und dem stillen Wasser als Programm, führte Diez zu einer befriedigenden Lösung. Wir sehen in den Brunnen die stärkste Leistung, welche die Dresdner Bildhauerschule am Ende des 19. Jahrhunderts hervorgebracht hat. Überragendes Können, ernstes Studium und exakteste Durcharbeitung während der Dauer eines Jahrzehnts fanden hier eine Krönung.

Das Ende des 18. und das 19. Jahrhundert gehörten in Dresden ganz der Tafelmalerei. Die Namen von Johann Christian Klengel und Anton Graff, von Caspar David Friedrich und Christian Clausen Dahl bis zu Ferdinand von Rayski und Ludwig Richter sind in die deutsche Kunstgeschichte eingegangen.

Was dagegen in Dresden auf dem Gebiet der Monumentalmalerei in der Verbindung zur Architektur hervorgebracht wurde, übersteigt nur gelegentlich lokalen Charakter. Eduard Bendemann, aus Düsseldorf an die Akademie berufen, fiel 1845 eine große Aufgabe mit der Ausmalung des von Wolframsdorf geschaffenen Ball- und Konzertsaales im Residenzschloß zu. Er löste sie mit Darstellungen griechischer Mythen und Szenen aus der deutschen Geschichte; das Ganze ist wohl voll zeichnerischer Reize, aber von bescheidener malerischer Wirkung. Es ist ein Programm, das zu lesen so wenige bereitwillige Betrachter fand wie die Bilderschrift an den Fassaden des Galeriegebäudes noch heute. In der Galerie selbst begnügte sich Julius Schnorr von Carolsfeld, den man erst in seine Heimat zurückberufen hatte, als seine schöpferischen Kräfte zu erlahmen begannen, mit dekorativen Entwürfen für Gurtbögen, Kuppeln, Supraporten und Vouten – sehr noblen Arbeiten, von denen einige bei der Wiederherstellung im Ostflügel der Galerie erhalten werden konnten. Die Ausführung fiel Carl Rolle zu. Der große Auftrag der Zeit wurde anderthalb Jahrzehnte später in der Albrechtsburg in Meißen ausgeführt. Hier malten die Dresdner Akademieprofessoren die sächsische Geschichte an die Wände, etwas theatralisch und überhöht, aber doch in der Gesamtkomposition bedeutend genug, daß ihr Erhalten für die Zukunft gerechtfertigt erscheint. Überragend in Farbe und Gestaltung ist der Saal, der an den nicht genügend gewürdigten Julius Scholtz fiel. Der nächste große Auftrag ließ lange auf sich warten. Erst Hermann Prell erhielt ihn mit der Ausmalung des Treppenhauses im Albertinum. Wieder war es ein ganzes Programm aus der griechischen Mythologie, das hier abrollte und das den Triumph der Kunst über die Hemmnisse des Lebens zum Thema hatte. Ein zweites Deckengemälde Prells schmückte verspätet den zu niedrigen Festsaal des Neuen Rathauses, eine Apotheose der Dresdensia, im Stil Tiepolos gehalten. Beide Arbeiten gingen 1945 verloren.

Deutsche Renaissance und Neubarock

Nach dem Kriege von 1870/1871 und der Gründung des Deutschen Reiches wendete sich der Geschmack des Publikums mit dem aufflammenden Nationalismus von der italienischen Renaissance ab und entdeckte die deutsche Renaissance des 16. Jahrhunderts als die ihm und ihren Zwecken gemäße Ausdrucksform. Richard Wagners „Meistersinger" mit dem Lob der deutschen Meister trugen zu dieser Wandlung wesentlich bei. Die so strenge Form des Bauens mit den festgelegten, geordneten Grundrissen entsprach nicht mehr dem Wollen. An ihre Stelle trat eine neue Freiheit, die bald in Willkür ausartete. Alles schien jetzt erlaubt, Giebel und Erker machten sich selbständig, Turm und Türmchen wie Dachreiter kehrten zurück, Fachwerk wurde dekorativ in die Obergeschosse eingeblendet. Anstelle des Flachdaches trat jetzt wieder das Steildach, das dem deutschen Klima mit seinen drückenden Schneemassen im Winter gemäßer war. Schon vorher hatte das flache Dach wenig erfreuliche Modernisierungen erfahren und war durch Steilflachdächer mit durch Gitter gerahmten Plattformen in der Dachmitte ersetzt worden. Sogar die Butzenscheibe kehrte für eine kurze Zeit, vor allem für Vorbauten und Erker, noch einmal zurück. Am verheerendsten wirkte sich die Deutschtümelei aber in der Nachahmung der Innenarchitektur und der Ausstattung aus. Anstelle der einfachen Formen des Biedermeier und der italienischen Renaissance traten schwere und unbequeme Möbel mit gedrechseltem Zierat in massiver deutscher Eiche samt dem nunmehr industriell gefertigten Kunsthandwerk. Diese Willkür, die Architekten und Bauherren alles erlaubte, war es dann auch ebenso wie die dekorativen Übertreibungen der Ausstattung, die Anfang des 20. Jahrhunderts allen historisierenden Stilen ein radikales Ende bereitete und die Architektur seit Mitte des Jahrhunderts in Verruf brachte.

Die Formen der deutschen Renaissance wirkten sich im architektonischen Geschehen der Stadt vor allem beim Bau von Einzelgebäuden aus, da hier der Phantasie bei vier freien Fassaden kaum Grenzen gesetzt waren, während sie in den Reihenhäusern auf mehr oder weniger dekorative Elemente bei der Fassadengestaltung nach der Straße beschränkt bleiben mußte. Auch namhafte Architekten wie Schilling und Gräbner haben mit ihren Villenbauten in den 90er Jahren in diesem Sinne zeitstilig Unerfreuliches geschaffen, während ihre gleichzeitigen beiden Rathäuser in Pieschen und Löbtau schon durch ihre Größenordnungen vor kleinlichen Details geschützt blieben. Bei der Verspieltheit der Villenarchitektur läßt sich kein Einzelbau als beispielhaft hervorheben.

Zwei bedeutende Gebäude in deutschen Renaissanceformen bereicherten das Stadtbild, das Viktoriahaus und das neue Georgentor neben dem Schloß. Auf Wunsch des Bauherren lehnten sich Lossow und Viehweger am Viktoriahaus, dessen Mitteltrakt nach der Seestraße ausgerichtet war, während sich die Seitenflügel nach dem Ring und der Waisenhausstraße erstreckten, an das Braunschweiger Gewandhaus an. Das jedoch weitaus größer angelegte Geschäftshaus mit dem dreigestaffelten hohen Giebel nach der Seestraße schloß, vom Hauptbahnhof aus gesehen, die Prager Straße nach dem Ring glücklich ab. Das neue Georgentor Dungers und Frölichs entstand als Nachfahr des Renaissancebaues von 1534. 1701 abgebrannt, wurde es zwei Jahrzehnte später durch Fürstenhoff in seiner Fassade bescheidener wiederhergestellt. Der nunmehr dritte Bau mit drei Obergeschossen, seitlich begrenzenden Runderkern, Staffelgiebel und bekrönendem Turm sowie mit plastischem Schmuck von Christian Behrens erscheint als Dominante der Schloßerneuerung von 1889 bis 1901. Ihre drei Portaldurchgänge öffnen von der Brücke aus über den Schloßplatz den Eintritt durch die Schloßstraße in die Innenstadt. Auch die Außenfronten und die Höfe des Schlosses mit ihren neuen Giebelaufbauten in deutschen Renaissanceformen sind dem Stil der Residenz treu geblieben, während beim Innenausbau insbesondere mit der Englischen Treppe überwiegend barocke Elemente verwendet wurden.

Mit dem reizvollen Übergang zwischen Schloß und Hofkirche, der einen nüchternen Vorgängerbau ersetzt, hat Frölich dann den Stilwechsel zum Barock auch in der Außenarchitektur vollzogen. Das Secundogenitur-Gebäude auf der Brühlschen Terrasse des gleichen Architekten, das die Brühlsche Bibliothek ersetzte, dürfte der gelungenste Kleinbau des neubarocken Stils in Dresden sein.

482 Der Cholera- oder Gutschmidbrunnen, früher Postplatz, seit 1927 an der Sophienkirche

Achteckiges Becken mit 18 m hohem Turm in gotischen Formen mit Fiale und Kreuzblume.

Entwurf von Gottfried Semper, Ausführung in Sandstein von J. M. Seelig, 1843, unter Anklängen an den „Schönen Brunnen" in Nürnberg. Erste Wiederaufnahme historisierender gotischer Formen in Dresden. Dahinter links das Turmhaus, später Hotel Weber, um 1830 errichtet, rechts die Zwiebelkuppel soll das Kronentor des Zwingers darstellen

Zeichnung von G. Semper, Kuka

482

Zwei Bauten waren es vor allem, die den Neubarock repräsentieren, der Kaiserpalast am Pirnaischen Platz von Schilling und Gräbner und das Zentraltheater in der Häuserreihe der Waisenhausstraße von Lossow und Viehweger. Der Kaiserpalast entstand als prunkvollstes Privatgebäude der Zeit gleich dem Viktoriahaus als Dreifrontenbau mit hochgestaffelter, fünfachsiger Hauptfront nach dem Pirnaischen Platz, nunmehr aber mit gebrochenem Giebel und figuralem Giebelschmuck von Hans Hartmann-MacLean. Noch reicher gestalteten Lossow und Viehweger das Zentraltheater aus, das das noble, frühklassizistische Palais Boxberg ersetzte. Die ganze Fassade war in dekorative Details und Glas mit je einem Seitenrisalit aufgelöst. Über einem Mittelgiebel erhob sich noch eine Kuppelbekrönung. Das Können und die Möglichkeit des Architekten sind bedeutend, doch stellt sich sofort die Frage nach der inneren Wahrheit. Nur wenige Jahre liegen das Viktoriahaus in Neorenaissanceformen und das Zentraltheater in rauschendem Neubarock auseinander. Man vermochte eben jetzt alles, was ein Auftraggeber forderte. Die Frage nach dem persönlichen Stil, der noch in der Semper-Nicolai-Schule eine selbstverständliche Voraussetzung war, ging am Jahrhundertende in einem Stilpluralismus unter. Dabei ist noch hervorzuheben, daß Mischformen zwischen italienischer und deutscher Renaissance wie Neubarock häufiger zu finden sind als reine Stilformen. Das betrifft vor allem auch die Villen der 80er und 90er Jahre.

Für die Wohnhausbauten der 80er Jahre sind die Straßenzüge der König-Johann-Straße, die beim Durchbruch vom Altmarkt nach dem Pirnaischen Platz wiederum unter Opferung bedeutender alter Bausubstanz entstand, der Gewandhausstraße und der Johann-Georgen-Allee auf dem Gelände des aufgelassenen Johannes-Friedhofs, charakteristisch. In ihren Spitzen, Giebeln, Erkern, ihren malerischen Requisiten voller Willkür und ohne Nutzwert fühlte sich ein saturiertes Bürgertum repräsentiert. Die nachfolgenden Generationen, die wieder nach Vereinfachung strebten, sprachen ironisch vom Zippel-Zappel-Stil, während die heutige, enttäuscht von einem rigorosen, absoluten Purismus wieder auf der Suche nach einer sinnvollen Bereicherung ihrer Bauvorhaben, eine gewisse Freude an deren Formen- und Schmuckreichtum empfindet, ohne dabei allerdings auch nur die Möglichkeit einer Anregung zu erblicken.

Sempers Forderung nach der Identität von Form und Zweck eines Bauwerkes war in diesen Jahren durch ein Bauunternehmertum, dem sich oft auch an sich verantwortungsbewußte Architekten nicht entziehen konnten, weitgehend in Vergessenheit geraten. So verfiel die Zeit mit ihren neuen Bedürfnissen der modernen Verwaltung, den Ministerien, Justizgebäuden, Kommunalbauten, Banken, Schulen und Hochschulen, Krankenhäusern, Kasernen, der aufstrebenden Industrie, dem immer wachsenden Verkehr und dem Ausstellungswesen für ihre baulichen Gestaltungen in einen unlösbaren Stilwirrwarr. Hier die Spreu vom Weizen, die Qualität von der Quantität zu sondern, bleibt schwierig. Dazu bedürfte es einer systematischen Bauanalyse, die das Äußere wie das Innere einschließen muß. Diese systematischen Untersuchungen für den Zeitraum der zweiten Hälfte des 19. Jahrhunderts stehen noch am Anfang. So verzichtete Richard Hamann in seinem profunden Band über die „Kunst der Gründerzeit" überhaupt auf die Behandlung der doch so entscheidend wichtigen architektonischen Gestaltung.

483 Das erste Opernhaus Gottfried Sempers

Außenansicht im Winter mit dem Nordgiebel und der nördlichen Unterfahrt. Links der Zwingerwall, rechts die Calberlasche Zuckersiederei, später Hôtel Bellevue

Lithographie von W. Bässler, um 1850

484 Das erste Opernhaus Gottfried Sempers, im Rahmen des Forumprojektes von 1842, Ansicht vom Theaterplatz

Massiver Sandsteinbau, mit den dekorativen Formen der Frührenaissance (Relief, Sgraffito, flache Pilaster) überzogen, 1838 bis 1841 errichtet, epochemachende Lösung in Grundriß und Aufbau, Sichtbarmachung des Innenraumes. Zuschauerraum tritt halbkreisförmig vor, die Seitenflügel sind für Treppen bestimmt. Trennung des Bühnenhauses vom Zuschauerraum. Zwei Hauptgeschosse im System des Kolosseums mit Wandelgängen im Innern und Balustradenabschluß, das dritte Stockwerk tritt zurück, Bekrönung durch eine drei Meter hohe Attika mit Fenstern und dekorativem Schmuck. Der reiche Figurenschmuck u. a. der beiden Giebel von E. Rietschel, der Bacchantenfries von E. Hähnel, die Sgraffiti von K. Rolle. Mit diesem Bau entschied sich Sempers eindeutige Stellung zur Renaissancedekoration und damit die Herrschaft derselben in Deutschland (E. von Cranach-Sichart). Links anschließend das geplante Kulissenmagazin, rechts zwei Viktorien. 1869 ausgebrannt, anschließend abgetragen

Holzstich von 1849, nach einer Zeichnung Gottfried Sempers von 1845

485 Das erste Opernhaus Gottfried Sempers, der Zuschauerraum nach der Bühne

Das Halbrund der Parkettreihen mit dem anschließenden Amphitheater, darüber vier Ränge. Der Schmuckvorhang mit der romantischen Szenerie nach L. Tiecks ,,Kaiser Oktavianus" von Julius Hübner ist bereits hochgezogen und hat dem roten Aktvorhang Platz gemacht. Farben des Hauses: Weiß mit Gold abgesetzt, Füllungen Blau auf Grauweiß, purpurrote Polster und Logenhintergründe (s. Abb. 473)

Kolorierter Stich von J. C. A. Richter, um 1845, St. M.

483

484

485

486

486 Die Gemäldegalerie, die Nordfront nach der Elbe

Aufbau ähnelt der Zwingerseite, an Stelle der Halbsäulen hier Pilaster. Über den giebelbekrönten Fenstern des Obergeschosses die Attika mit Balustrade. Die Kuppel über der Rotunde, ursprünglich mächtiger geplant, durch Bogenfenster erleuchtet und mit Kolossalgruppen bekrönt als Betonung der Vertikalen entsprechend dem gegenüberliegenden Kronentor, verkümmerte bei den Nachfolgern Sempers. Der bildnerische Schmuck aus dem Themenkreis der Antike gleichfalls von E. Hähnel und E. Rietschel mit ihren Schülern

Aufn. D.F.D., 1928

487 Die Gemäldegalerie, die Nordfront nach der Elbe

Entwurf aus der gleichen Zeit wie 489

Aquarellierte Zeichnung von G. Semper, 1848, I.f.D.

488 Die Gemäldegalerie, die Südfront mit dem Zwingerhof

1846 endgültiger Plan, 1847 Baubeginn, 1848 Veränderung der Planung, dabei Erhöhung der Seitenflügel auf Höhe des Hauptbaues, da sich die Räume für die Unterbringung der Gemälde als ungenügend erwiesen.

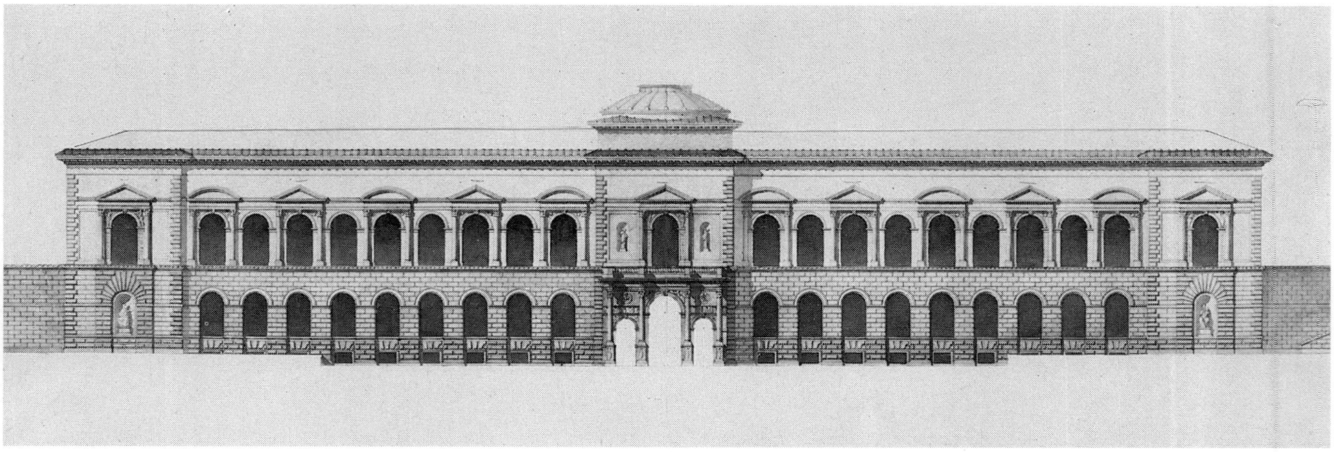

487

488

Zweigeschossige Palastfront im Stile der Hochrenaissance mit Mittel- und Seitenrisaliten, 127,35 m lang, [illegible]4 m breit, an den Risaliten 29,43 m breit und 23,77 m hoch, Kuppelhöhe 32[illegible]6 m. Im Erdgeschoß schwere Rustika, der Mittelrisalit ein dreifacher Portikus in Triumphbogenform mit Kuppelbekrönung als Durchgang vom Theaterplatz zum Zwinger. Über Obergeschoß die die Oberlichte verdeckende Balustrade mit Plattform, zur Auflockerung des Baues setzte Semper die hohe Attika mit zweiter Balustrade zurück. Reicher plastischer Schmuck von E. Hähnel und E. Rietschel mit Darstellungen der Renaissancekünstler. Von Gottfried Semper bis zum Parterre errichtet und nach seiner Flucht von B. Krüger und K. M. Haenel 1849 bis 1854, in Sandstein verschiedener Herkunft fertiggestellt. Kosten: 473388 Taler. 1945 ausgebrannt, 1955/56 Wiederherstellung des Ostflügels, 1958 bis 1960 des Westflügels durch die Zwingerbauhütte, M. Zimmermann und A. Frenzel

Aufn. D. F. D., um 1930

489 Die Gemäldegalerie, die Südfront nach dem Zwinger

An den Französischen und den Deutschen Pavillon anschließend, einer der letzten Entwürfe

Aquarellierte Zeichnung von G. Semper, 1848, I.f.D.

489

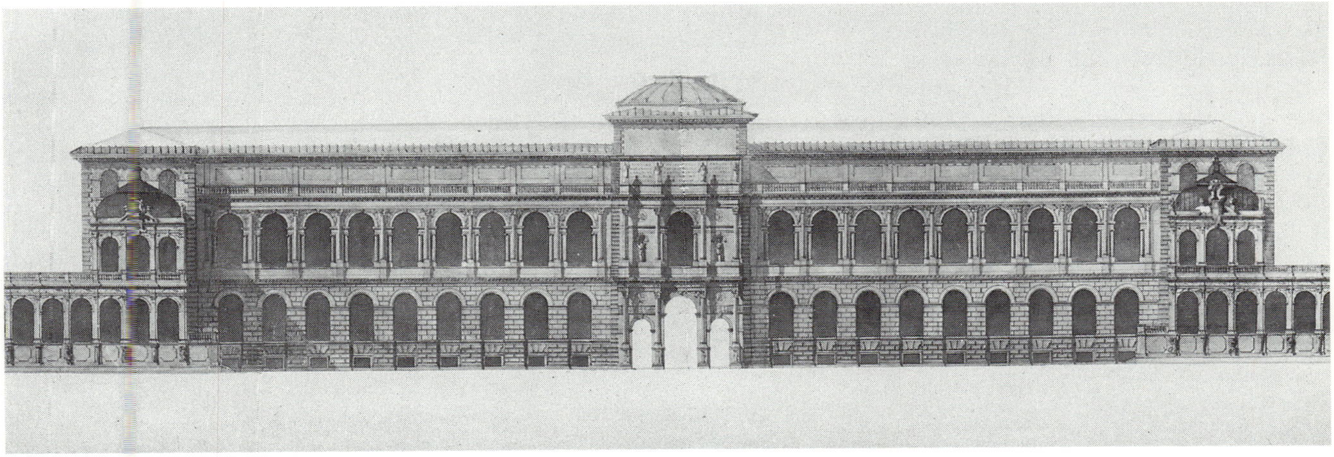

490

490 Die Gemäldegalerie, die Säle im östlichen Erdgeschoß

Ursprünglich für die 1782 erworbene Mengsische Abgußsammlung (1794 bis 1857 im Erdgeschoß des Stallhofes) eingerichtet. Ein einziger großer Saal mit drei Reihen durch Gurtbögen voneinander getrennter Kreuzgewölbe, die auf mit Stuckmarmor überzogenen Pfeilern und ionischen Säulen mit Kapitellen in Weiß-Gold ruhen, Gurtbögen und Gewölbe mit dekorativen Malereien grau in grau von K. G. Rolle. Bis 1890 Unterkunft der Abgußsammlung, seit 1932 nach Einziehung von Zwischenwänden Abteilung der Gemälde aus dem 20. Jahrhundert, jetzt durch das Historische Museum genutzt, 1956 farbig verändert

Aufn. D.F.D., 1935

491 Die Villa Rosa, Holzhofgasse 20, Hauptfassade

Die Formen der Renaissance übertrug G. Semper vom Monumentalbau auch auf den privaten Wohnbau. Für den Bankier Oppenheim entstand in der Neustadt die ländliche Villa Rosa in quadratischer Grundform nach dem Vorbilde der Villa Rotonda von Palladio, mit einem achteckigen Oberlichtsaal in der Mitte, der durch zwei Stockwerke läuft. Über einen Sockel aus Rustikaquadern erhebt sich ein schlichter, hell geputzter Baublock. Die weitausladende Terrasse, zu der beiderseitig Treppen führen, der Risalit mit den drei Rundbogen im Untergeschoß vor dem Gartensalon und den vier Karyatiden, die das Gebälk des Obergeschosses tragen, vereinigen Monumentalität und heitere Gelöstheit in einer bis dahin unbekannten Weise. Der Stil der Villa Rosa breitete sich in den folgenden Jahrzehnten über ganz Mitteleuropa aus, ohne daß das Vorbild wieder erreicht worden wäre, 1838/39 errichtet, 1945 ausgebrannt und 1955 abgetragen

Aufn. D.F.D., um 1930

492 Die Synagoge, Stadtfront

1838 bis 1840 erbaut, quadratischer Grundriß 20 × 20 m, über Mittelraum ein achteckiger Tambour auf Trompen, durchbrochen von je vier Rundbogenfenstern und mit Zeltdach bedeckt. Vor der Westseite eine Eingangshalle mit zwei Türmen. Synagogenbau stellte sich als neue Aufgabe für Dresden. Gelöst durch kubische Geschlossenheit des Baues in Weiterentwicklung der französischen Revolutionsarchitektur, romanische Grundformen und orientalische Kuppeln. Die maurische Innenausstattung wurde nach Zeichnungen von Semper angefertigt. Tür- und Fenstereinfassungen Sandstein, sonst Putzbau, Kuppelkonstruktion aus Holz. 300 Sitzplätze für Männer in den Schiffen, 200 für Frauen auf den Emporen. Höhe des Innenraumes bis zur Kuppeldecke 23,5 m. 1938 von den Nazis in der Kristallnacht niedergebrannt

Lithographie von L. Thümling, um 1860, I.f.D.

49¹

49²

493

494

493 Das Palais Kaskel-Oppenheim Bürgerwiese 9 bis 11

Den Weg von der Frührenaissance zur Hochrenaissance ging Semper in dem Stadtpalais Oppenheim, 1845 bis 1848, Länge 35 m, Höhe 16 m, Vorbild vor allem Palazzo Pandolfini in Florenz. Über einem Rustika-Untergeschoß mit Triglyphengesims ein Obergeschoß mit durch ionische Dreiviertelsäulen gefaßten und durch Gebälk mit Dreieckgiebeln bekrönten Fenstern sowie ein Mezzanin mit ornamentalem und figuralem Felderfries mit Reliefs, den ein Kranzgesims abschließt. Betonung durch seitliche Vorlagen mit Rustikaeinfassung. Reiner Sandsteinbau. 1945 ausgebrannt, 1951 abgebrochen

Aufn. I.f.D., um 1900

494 Die Bürgerwiese stadtwärts nach dem 1830 auf dem zugeschütteten Jüdenteich angelegten Georgplatz

Die umfassendsten und großartigsten, städtebaulich vorbildlichen Grünanlagen, die nach Schleifung der Festungswerke die innere Stadt unmittelbar mit dem Großen Garten und dem Lande verbinden. Erste Anlage der inneren Teile 1843 bis 1846 durch Hofgärtner C. A. Terscheck mit Unterstützung der Fürstin Pückler-Muskau, die äußeren Teile 1858 bis 1863 durch J. Lenné und Gartendirektor G. Krause in den Formen des Landschaftsgartens. Die Bebauung in den Renaissanceformen der „Dresdner Schule" G. Sempers und seines Nachfolgers H. Nicolai, rechts das Palais Kaskel-Oppenheim G. Sempers, links Eckhaus Lüttichaustraße, Bürgerwiese 17, H. Lehmann, 1846/47

Kolorierte Lithographie von C. W. Arldt, um 1860

495 Das zweite Opernhaus Gottfried Sempers, Außenansicht

Für den 1869 abgebrannten Bau errichtet, Planung G. Semper, 1870, Bauausführung 1871 bis 1878 durch Manfred Semper in den Formen der Hochrenaissance, in Sandstein ausgeführt. Kosten: 4 132 000 Mark, Honorar Manfred Sempers: 153 000 Mark. 2 000 Sitz- und Stehplätze. Bau nach dem Wall zu zurückverlegt, um die Galerie bei Brand nicht zu gefährden. Gesamtvolumen vergrößert, Gebäude 82 m tief, 78 m breit mit den Unterfahrten, 62 m ohne diese, 40 m hohes Bühnenhaus. An Stelle des Halbkreises ein segmentförmiger zweigeschossiger Arkadenbau mit 26 m hoher und 9,5 m breiter und mit großer, von P. Kießling mit den drei Grazien sowie Pan und Apollo ausgemalter Nische abgeschlossener Exedra, die durch eine Pantherquadriga mit Dionysos und Ariadne von J. Schilling bekrönt wird. Im Innern des Erdgeschosses die Eingangshalle, des ersten Obergeschosses die Foyers. Über den Rundbogenfenstern Attiken mit Balustrade, seitlich links

495

und rechts Statuenreihen. Das dritte Stockwerk mit dem obersten Range zurückgesetzt. Seitlich die einstöckigen Bogenhallen mit den Unterfahrten für die Wagen. Hinter dem Zuschauerraum das überragende, mit Dreieckgiebel und Akroterien bekrönte Bühnenhaus, Untergeschoß Rustika, Bühnenhaus Sandstein geschliffen. 1913 erfuhr der Bau im Innern vor allem in seiner farbigen Gestaltung wesentliche Veränderungen. In der Bombennacht 1945 wurde der Zuschauer- wie der Bühnenraum bis auf die Grundmauern zerstört. Seit 1953 erfolgte die Sicherung der Außenarchitektur. Die in ihrer Ausstattung und Ausmalung erhalten gebliebenen Foyers wurden von 1977 bis 1981 in ihrer farbigen Fassung nach den vorhandenen und wiedergefundenen ursprünglichen Plänen bis in die Details erneuert oder rekonstruiert. Dagegen wird der Zuschauerraum als Theater mit nur vier Rängen wiedererstehen und gleich dem Bühnenhaus eine Reihe vor allem technischer Veränderungen bis 1985 erfahren.

Aufn. D.F.D.

496 Das zweite Opernhaus Gottfried Sempers, der Zuschauerraum

Über dem Parkett mit je drei seitlichen und einer mittleren Parkettloge vier Ränge in Hufeisenform. Mittellogen des ersten und zweiten Ranges mit je einer anschließenden Loge durch zwei kannelierte Säulen mit vergoldeten Kapitellen und reichem Gebälk betont. Mittelloge des ersten Ranges (Hofloge) balkonartig vorgekragt und durch zwei Säulen eingefaßt. Die ersten drei Ränge mit Logen, der vierte amphitheatralisch angelegt. Der fünfte Rang zurückgesetzt. Die prunkhafte Ausstattung, an der vor allem Manfred Semper mitwirkte, war von festlicher Wirkung. Farben: Polster von rotem Samt, Architekturteile grünlichweiß, Gala- und Proszeniumslogen elfenbein, Logenhintergrund meergrün, Komponisten-Medaillons am ersten Rang onyxfarbig, Entwurf für die Malerei des Plafond, M. Semper 1874, Ausführung James Marshall 1875/76

Holzstich nach Zeichnung von G. Theuerkauf, 1878

496

497 Das zweite Opernhaus Gottfried Sempers, Blick auf die linke Proszeniumsloge mit der Bühne bei geschlossenem Vorhang

Der Zuschauerraum wird durch architektonisch gesondert gestaltete Proszeniumslogen über dem Orchester von den Rängen abgeschlossen. Erster und zweiter Rang sind zu einer Hofloge zusammengezogen, die durch kannelierte Säulen mit vergoldeten Kapitälen gefaßt wird. Die Logen des dritten und vierten Ranges bilden wiederum eine Einheit. Die Loge des fünften Ranges krönt die seitlichen Fassungen durch Karyatiden des Hähnel-Schülers F. Rentsch, die das verkröpfte Gebälk der Decke tragen. Der durch reichen dekorativen Schmuck betonte Bühnenrahmen gibt dieser Abfolge von Architekturgliedern einen festen Abschluß zur Bühne. Die Sitzfigur der Tyche fertigte Christian Behrens, die stehende Figur des Eros Herrmann Hultzsch, das Relief mit dem Pegasus im Tondo Robert Diez. Der Theatervorhang von Ferdinand

497

Keller, Karlsruhe, stellt die Phantasie, auf hohem Throne sitzend, mit erhobener Fackel dar. 1945 zerstört

Aufn. D.F.D., um 1929

498 Das zweite Opernhaus Gottfried Sempers, das Foyer

Prunkvolle Ausgestaltung mit reichverkröpftem Gebälk, Verwendung von Stucco lustro, Golddekoration, farbigem Stuckmarmor, Glaslüstern. Entwürfe von Manfred Semper. Reiche Ausmalung durch Fr. Preller d.J., P. Mohn, E. Oehme, C.W. Müller, F. Gonne u.a.

Aufn. D.F.D., um 1929

499 Johanneum ehemals Stallhof, Am Jüdenhof, K.M. Haenel, 1872 bis 1876

Der Stallhof seit 1731 (?) bis 1856 Gemäldegalerie zum Historischen Museum, genannt Johanneum, in den Formen der Neorenaissance umgebaut, das Erdgeschoß mit den Portalen und der Treppenanlage Fürstenhoffs erhalten, das Obergeschoß erhöht und mit reichem dekorativem Schmuck über den Fensterbögen versehen, Abschluß durch Hohlkehle, Kranzgesims und Balustrade, in der Mittelachse sächsisches Wappen mit figuralem Schmuck von Christian Behrens und anderen. 1945 ausgebrannt, seit 1950 zum Verkehrsmuseum wiederaufgebaut. Auf dem Platz seit 1866 der Türkenbrunnen

Aufn. D.F.D., um 1935

498

500 Villa Goethestraße 6, K. Eberhard, 1869/70

Fassade in den Formen der italienischen Renaissance, Souterrain mit Rustikagliederung, Erdgeschoß und Obergeschoß, fünf Achsen, Fenster im Erdgeschoß mit Dreieckgiebel, im Obergeschoß mit dekorativ gestalteten Rundgiebeln, darüber durch dekorative Elemente bereicherter Sims, einfachster und klarster Bautyp dieser Zeit. 1945 ausgebrannt, später abgebrochen

Aufn. D.F.D., Repro von 1875

499

500

501 Villa Pilz, Parkstraße 4, B. Schreiber, 1868/69

Fassade in den Formen der italienischen Renaissance, rustikagegliederter Sockel im Souterrain, Erdgeschoß und Obergeschoß, fünf Achsen, die drei mittleren als Risalit vorgezogen und zusammengefaßt, über Sims mit flankierenden Vasen flaches abgewalmtes Dach. 1945 ausgebrannt, später abgebrochen

Aufn. D.F.D., Repro von 1878

502 Villa von Seebach, Bürgerwiese 16, H. Nicolai, 1839

Fassade in Neorenaissanceformen nach venezianischem Vorbild, rustikagegliedertes Untergeschoß, zwei Obergeschosse mit fünf Achsen, die drei mittleren Fenster zu einem Block zusammengefaßt, im ersten Geschoß Austritt mit schmiedeeisernem Gitter, Ecken gefaßt, nobler ornamentaler Schmuck; mit der Villa Rosa Sempers hervorragendes Zeugnis des Villenstils in den Formen der Neorenaissance. 1899 abgebrochen

Aufn. D. F.D., Repro von 1875

503 Das Palais Kap-herr (später Besitz Haus Wettin), Parkstraße 7, B. Schreiber, 1872/74

Kostbarster Privatbau in den Formen der Neorenaissance, reiner Sandsteinbau, rustikagegliedertes Souterrain und Untergeschoß mit Obergeschoß, neun Achsen nach der Parkstraße, vorgelegte Auffahrt mit darüber liegender Loggia,

501
502

503

504

Fassade nach der Gellertstraße mit zwei seitlichen doppelgeschossigen, im Obergeschoß von Karyatiden getragenen und durch Dreieckgiebel gekrönten Loggien, dazwischen im Erdgeschoß fünf, im Obergeschoß drei Säulen und Pilastern gegliedert und durch Architrav zusammengefaßte Achsen. 1945 ausgebrannt, 1956 abgebrochen

Aufn. D.F.D., Repro

Seite 407:

504 Technische Hochschule, Fassade Bismarckplatz, R. Heyn, 1872 bis 1875

In Neorenaissanceformen als Sandsteinbau errichtet, Hauptfassade mit 25 Achsen, fünfachsigem Mittelrisalit und je dreiachsigem Seitenrisalit, Mittelrisalit mit Treppenvorlage, Untergeschoß mit Eingangshalle vor Treppenhaus und zwei Obergeschossen für die Aula, reicher Sims mit abschließendem figuralen und Reliefschmuck. 1945 ausgebrannt, später abgebrochen

Aufn. D.F.D.

505

506

505 Die Hauptwache der Infanteriekasernen, Carola-Allee, H. Nicolai nach 1875

Mitteltrakt mit drei hohen Rundbogen vor offener Halle, über Gesims ein zweites Geschoß mit je drei Fenstern über jedem Bogen, seitlich anschließend und zurückgesetzt je ein dreiachsiger Trakt mit Unter- und Obergeschoß, abgewalmte Dächer

Aufn. D.F.D., Repro

507 Die Schiffmühle am rechten Elbufer unterhalb der Stadt in Neudorf, mit Blick auf die Augustusbrücke und die Altstadt, abgebrochen 1873

Ölgemälde von Carl Julius von Leypold, 1867, Museum für die Geschichte der Stadt Dresden,

Aufn. W. Zorn, Dresden

507

506 Das Albert-Theater, B. Schreiber, 1871 bis 1873

In den Formen der Neorenaissance teils als Putzbau, teils in Sandstein errichtet, einfache, gut gegliederte Fassade nach dem Platz mit zweigeschossiger, dreifenstriger Vorhalle und seitlichen figurenbesetzten Nischen im Obergeschoß sowie einem abschließendem Relieffries von R. Henze und Sgraffiti von A. Dietrich, figuraler Schmuck von Wenzel. 1945 ausgebrannt, 1948 abgebrochen

Aufn. D.F.D.

508 Vor der Kreuzkirche

Ölgemälde von Adolf Thamm, 1896, Museum für die Geschichte der Stadt Dresden, Aufn. W. Zorn, Dresden

509 Weihnachtsmarkt auf dem Neustädter Markt

Ölgemälde von Otto Fritzsche, um 1910, Museum für die Geschichte der Stadt Dresden, Aufn. W. Zorn, Dresden

509

510 Der Pirnaische Platz zwischen Ring und König-Johann-Straße

Anlage nach Niederlegung der Festungswerke und des Pirnaischen Tores 1816ff.; Ausfallplatz nach Osten. In der Mitte Durchbruch der König-Johann-Straße nach dem Altmarkt mit neubarocker Bebauung von 1885. 1945 sämtliche Gebäude ausgebrannt, später abgebrochen

Ölgemälde von Ernst Richard Dietze, nach 1910, Museum für die Geschichte der Stadt Dresden.
Aufn. W. Zorn, Dresden

511 Das Landgericht Pillnitzer Straße 20, Portalfront, A. Canzler, 1876 bis 1879

Hauptfront nach der Pillnitzer Straße in Neorenaissanceformen mit neobarocken Elementen, Sandsteinbau, Untergeschoß mit zwei Obergeschossen, 22 Achsen, Mittelachse vorgezogen, über Untergeschoß mit drei Rundbogenportalen, vier doppelgeschossige kannelierte Säulen mit Kapitellen, darüber Architrav mit reich gegliedertem architektonischem Abschluß, in der Mitte sächsisches Wappen mit Rautenkrone. 1945 weitgehend zerstört, später abgebrochen

Aufn. D.F.D.

510

512 Das Wohnhaus Sachsenallee 6, B. Adam und O. Haenel, 1880/81

Mittelbau der Straßenfront, rustikagegliedertes Untergeschoß mit je von zwei Säulen gefaßtem Portal, drei Obergeschossen von elf Achsen, die seitlichen zweiten und dritten Achsen als Erker vorgezogen, im Obergeschoß mit Altan, Abschluß durch Gesims, darüber ein weiteres Stockwerk und reich gegliederte Aufbauten mit plastischem Schmuck, typischer Bau der Gründerzeit. 1945 ausgebrannt, später mit gesamtem Straßenzug abgebrochen

Aufn. D.F.D., Repro

512

513 Sekundogenitur Brühlsche Terrasse, G. Frölich, 1897

Anstelle der 189[illegible] abgebrochenen Brühlschen Bibliothek in neubarocken Formen errichtet (seit 1931 Galerie des 19. Jahrhunderts), Untergeschoß mit Obergeschoß, mittlere drei Achsen in Halbrund vorgezogen, reicher Dachabschluß, stilistisch an Vorgängerbau erinnernd. 1945 ausgebrannt, Inneres 1957 als Gaststätte wiederhergestellt

Aufn. I.f.D.

513

DIE BAUTEN DES ZWANZIGSTEN JAHRHUNDERTS

Die Bautätigkeit bis zum ersten Weltkrieg

Das Ende des Historismus mit seinen in den letzten Jahrzehnten so übertriebenem Schmuckbedürfnis leitete in Dresden der Wallot-Schüler Wilhelm Rettich ein, der von 1890 bis 1892 als Stadtbaumeister wirkte. Er fand als erster wieder den Mut zu einer größeren Sachlichkeit, indem er sich den Formen des Dresdner bürgerlichen Barock der Spätzeit, dem ,,Hungerstil", näherte. Er baute mit dem jungen Theodor Fischer den Zweckbau der Antons Markthalle, ein langgestrecktes, profiliertes einstöckiges Sandsteingebäude mit bildhauerischem Schmuck, Kinderdarstellungen auf den schmalen, den Eingang bildenden Kopfstücken. Die Halle nahm nur einen falschen Platz zwischen Post und Technischer Bildungsanstalt ein und zerstörte so den eben gewonnenen klassizistisch-biedermeierlichen Antonsplatz. Als zweiten Bau errichtete er die Schule auf der Silbermannstraße in der Pirnaischen Vorstadt. Leider scheiterte der treffliche, voraussehende Mann einmal an der geistigen Enge der Stadtväter, mehr aber noch an den Handwerksbetrieben der Steinmetzen, Stukkateure, Drechsler, aber auch der Schlosser und anderer, die in den fast schmucklosen Bauten Rettichs mit Recht eine Gefahr für ihre blühenden und einträglichen Unternehmungen erkannten. In der Tat ging in den folgenden Jahrzehnten diese Schmuckindustrie bei der sich entwickelnden neuen, versachlichten Baugesinnung nicht nur zurück, sondern sie verlor sogar teilweise ihre Existenzberechtigung.

Rettichs Streben wurde erst mit der Berufung von Hans Erlwein zum Stadtbaurat 1905 fruchtbar, als dieser sich mit seiner Schule den Dresdner Barock, allerdings mit einem stark betonten süddeutschen Einschlag, in den städtischen Bauten nutzbar machte und auch seiner heiteren Farbigkeit wieder Geltung verschaffte.

Doch bis dahin entstanden im ersten Jahrzehnt des 20. Jahrhunderts noch eine Reihe großer Bauvorhaben, deren Architekten mehr oder weniger traditionelles, renaissanceistisches und barockes Formgut weiterführten, aber doch nach einem neuen, eigenen Stil strebten. Waldows und Tscharmanns Gesamtministerium am Neustädter Elbufer von 1904 bis 1906 wurde wegen seiner Lage bereits genannt. Mit seinem breiten Turmaufbau und dem verglasten Treppenhaus hinter einer dominierenden Eingangswand an der Elbfront und den vier gehöhten, risalitmäßig vorgezogenen Ecken mit abschließenden Mansarddächern hält es in seiner Grundstruktur noch durchaus am Palazzo-Schema fest. Auf Kramers Bautengruppe des Landgerichts und des damit verbundenen Gefängnisses am Münchner Platz von 1902 bis 1907 dominiert der zentrale Uhrturm, während sie in ihren Gliederungen durchaus renaissanceistische Elemente weiterentwickelt. Die lose, durch vier offene Höfe gegliederte Gebäudegruppe der Kunstgewerbeschule, der späteren Kunstgewerbeakademie mit dem Kunstgewerbemuseum, ist eine Gemeinschaftsarbeit von Lossow, Viehweger und Kühne aus dem langen Zeitraum zwischen 1901 und 1908. Der Hauptbau nach der Eliasstraße zeigt einen aufstrebenden Mittelrisalit als Eingang zum Treppenhaus und seitliche Pavillons jeweils an den Straßenecken, zu denen einstöckige Verbindungsgänge führen. Der ministerielle Bauherr verlangte im wesentlichen neubarocke Formen, aber es machen sich auch, besonders in den Höfen, Jugendstilelemente bemerkbar. Die einzelnen, reich gegliederten Baudetails mit ihren Giebeln und Höfen werden noch gehöht durch dekorativen und plastischen Schmuck, an dem vor allem Karl Groß beteiligt war.

Bei der Betrachtung der geschilderten drei Bauten, besonders bei dem Vergleich zwischen dem Ministerium und der Kunstgewerbeschule, wird die zeitstilige Gemeinsamkeit trotz ihrer verschiedenen Zweckbestimmungen und verschiedener Hände deutlich sichtbar. Gemeinsam ist allen ihre Grundgestaltung mit den offenen oder abgedeckten Höfen, der Mittelrisalit mit der dahinter liegenden Eingangshalle, der bekrönende Turm und die an die Ecken gesetzten Akzente.

Doch schon im folgenden Bau der Landständischen Bank am Ring und an der Schulstraße überwanden Lossow und Viehweger 1906 den Historismus zu Gunsten einer größeren Sachlichkeit, ebenso wie Schilling und Gräbner im folgenden Jahr mit der neuen Superintendentur An der Kreuzkirche und der Pfarrgasse, an deren Ecke sie sich mit einer einfachen Turmerhöhung und Erker im ersten Geschoß als Bauakzent begnügten.

Merkwürdig bescheiden bleibt der Einfluß des Jugendstils auf die Dresdner Architektur. Außer einigen Villen und Straßenzügen, unter anderem auf dem Walderseeplatz und mit dem Nordabschluß des Albert-Platzes, ist es nur das Güntzbad Edmund Bräters am Elbberg, dessen Fassade umfangreiche Jugendstil-Ornamente verwendete. Seine beiden Schwimmhallen enthielten die wichtigste Innenraumgestaltung des Jugendstils in Dresden. Eine Begründung zu dieser Enthaltsamkeit dürfte einerseits das so intensiv nachwirkende Erbe gewesen sein, zum anderen waren hier gleich nach der Jahrhundertwende Bestrebungen wirksam, den Jugendstil zu überwinden. Der Durchbruch vollzog sich im Jahre 1906 in der 3. Deutschen Kunstgewerbe-Ausstellung, aus der nicht nur der Deutsche Werkbund hervorging, sondern auch die Gründung der Deutschen Werkstätten in Hellerau erfolgte. Karl Groß, Bildhauer und Goldschmied, Leiter der späteren Akademie für Kunstgewerbe, an der sich ein fortschrittlicher Lehrkörper zusammenfand, gehört ein wesentliches Verdienst an dieser Wandlung. Eine Sonderstellung nahm Kurt Diestels Kaisercafé, der Eckbau Prager-/Wiener Platz am Hauptbahnhof ein. Seine beiden Fassaden entstanden 1901 unter Einfluß des Wiener Jugendstils.

Mit den zunehmenden Aufgaben der städtischen Behörden ergab sich die Notwendigkeit, einen um-

514

514 Residenzschloß, Englische Treppe von G. Frölich, Puttengruppen von C. Roch, 1895

Charakteristische Arbeiten des Dresdner Neubarock

Aufn. D.F.D.

515

515 Neues Rathaus, Bacchus auf Esel reitend am Eingang zum Ratskeller, G. Wrba, Bronzeguß, 1910

Bekanntestes Bildwerk der Stadt

Aufn. D.F.D.

fangreichen Komplex zu errichten, der erlaubte, möglichst viele Verwaltungsstellen an einem Ort zu vereinen. Nach mehreren Wettbewerben erhielt Carl Roth für seine Entwürfe die Zustimmung der Stadtverordneten, während sie diese Stadtbaurat Bräter zur Ausführung übertrugen. Als Bauplatz stand die Südostecke der alten Stadtbegrenzung hinter der ehemaligen Bastion Jupiter zwischen Ringstraße, Kreuzgasse und Schulgasse zur Verfügung. Hier mußten zunächst umfangreiche Teile der alten Bausubstanz abgerissen werden. Dabei fielen eine Reihe wertvoller Gebäude, wie die barocke Reformierte Kirche Lockes, das klassizistische Preußsche Haus, das Palais Loß an der Kreuzgasse, die Superintendentur sowie eine Reihe der ältesten Bürgerbauten des 17. Jahrhunderts, darunter die „Stadt Magdeburg" der Spitzhacke zum Opfer. Mit den Abbrüchen wurde gleichzeitig Raum zur Anlage eines neuen Platzes, des Ratshausplatzes, geschaffen. Der 1905 begonnene Bau des neuen Rathauses war 1910 vollendet.

Der Umfang des Neuen Rathauses, der dritte des linkselbischen Dresden, beträgt 467 m, bei einer bebauten Fläche von 9255 qm und fünf Innenhöfen. Trotz seiner Masse, der umfangreichsten innerhalb der ehemaligen Festung, ordnet sich der in einem Übergangsstil gehaltene Bau mit drei Obergeschossen und einem Dachgeschoß durch seine mannigfachen Gliederungen als ein einheitliches Ganzes in das Stadtbild ein. Hierzu trugen auch die beiden Dachreiter bei, die über der Mitte der beiden Hauptschauseiten nach der Ringstraße wie nach dem Rathausplatz saßen und nach den langen Horizontalen einen Akzent in der Vertikalen setzten. Der erst gegen Ende der Bauzeit begonnene Turm, mit 100 m das höchste Bauwerk der Stadt, erscheint gegen die eleganten aufragenden Turmtypen des Schlosses, der Hofkirche und der Kreuzkirche sowie der voluminösen, doch gleichsam schwebenden Kuppel der Frauenkirche, die die klassische Silhouette der Stadt bildeten, als zu massig und zu schwer. Dazu galt ein Turmbau bereits zu dieser Zeit als eine überdimensionierte bürgerliche Repräsentation. Erst seit dem Wiederaufbau nach 1945 hat das Neue Rathaus eine entsprechende Proportion zu seiner neuen Umgebung erhalten. An dem plastischen Figurenschmuck des Turmumganges war eine ganze Reihe der namhaftesten Bildhauer wie Peter Pöppelmann und August Schreitmüller beteiligt. Die männliche Figur mit der Mauerkrone in vergoldeter Bronze auf der Spitze, eine Arbeit von Richard Guhr, wurde zum Wahrzeichen von Dresden, während von dem Bronzeguß des Silens auf dem Esel von Georg Wrba am Eingang zum Ratskeller alle trinkfreudigen Besucher, in der Hoffnung auf baldige Wiederkehr, von der inzwischen blankpolierten Zehe Abschied nehmen. Von der reichen Innenausstattung ist das große Treppenhaus mit seiner doppelläufigen Führung besonders hervorzuheben. Es knüpft noch einmal an die Dresdner Tradition an, wie wir sie zuletzt im Treppenhaus des nahen Landhauses fanden. Otto Gußmann malte den Plafond figural zeitstilig aus, während Hermann Prell in dem mit farbigem Marmor verkleideten Festsaal Dresden, die Elbe und das Haus Wettin im Sinne Tiepolos pries. Die reizvoll beschwingte, dekorative Ausmalung des Ratsweinkellers wie der großen Ratsherrenstube stammte von Paul Rößler.

Die Berufung des Bayern Hans Erlwein als Stadtbaurat 1905 leitete noch einmal eine neue, die letzte geschlossene, sichtbar heraustretende Bauepoche in Dresden ein. In den nur neun Jahren seines Wirkens verlieh er den umfangreichen Bauaufgaben der Stadtverwaltung eine eigene Note. Er löste sich bald von seiner heimisch süddeutschen

Beeinflussung, um sich mehr der Dresdner Barocktradition zu nähern, bis er sich in seinem letzten Bau ausgesprochen klassizistischer Formen bediente. Erlwein erwies sich zudem als ein hervorragender Organisator. Es gelang ihm, die schöpferischen Kräfte der jüngeren Generation unter den bildenden Künstlern noch einmal unter dem Gesichtspunkt des Gesamtkunstwerkes zu einer Koordinierung der Künste am und im Bau zur Mitarbeit zu gewinnen. Sie schlossen sich zu einer losen Verbindung in der „Zunft" zusammen. Hervorzuheben sind hier vor allem die Maler Otto Gußmann und der aus seiner Schule hervorgegangene Paul Rößler sowie der Bildhauer Georg Wrba. Aus der „Zunft" ging 1910 die fortschrittliche „Künstlervereinigung Dresden" hervor, für die Erlwein auch 1914 an der Lennéstraße seinen letzten Bau errichtete.

Eine Reihe städtebaulicher Probleme galt es vordringlich zu lösen. Das den Theaterplatz nach der Elbe abschließende Italienische Dörfchen, dessen städtebauliche Problematik bereits geschildert wurde, gestaltete Erlwein mit einem zweigeschossigen Hauptbau, an den sich eine schmale Halle, der Biersaal, anschließt, die mit einem rechteckigen, erhöhten Pavillon, dem Speisesaal, endet. Der Eingang in das Hauptgebäude vom Theaterplatz aus wird durch einen dreiachsigen Vorbau mit ionischen Säulenstellungen, in dem auch die Treppen laufen, betont. Den darüber gelegenen Austritt begrenzt ein schmiedeeisernes Gitter, hinter dem sich der durch Pilaster gestützte Dreiecksgiebel mit figuralem Schmuck Wrbas erhebt. Die Fassade nach der Elbe erscheint als ähnlich geordnet. Belebt wird der Bau durch die bildhauerischen Arbeiten, die ihn an allen vier Seiten umziehen und die ebenfalls Wrba mit seinen Schülern schuf. Leider ist die kostbare, farbenfrohe Innenausgestaltung durch Otto Gußmann, Paul Perks und Paul Rößler sowie durch Paul Groß und Georg Wrba 1945 mit zugrundegegangen, die die vollendetste Gemeinschaftsarbeit der Dresdner Schule von 1910 war. Hinter dem Italienischen Dörfchen entstand das stilistisch dazugehörige, eingeschossige Basteischlößchen von Erlweins Mitarbeiter Carl Hirschmann.

Die Bewältigung des zunehmenden Verkehrs in der Innenstadt mit ihren zu engen Straßenführungen, vor allem der Ost-West-Achse und der Nord-Süd-Achse, bereitete schon seit geraumer Zeit schwere Sorgen. Erlwein löste 1913 die Ecksituation Altmarkt-Wilsdruffer Straße mit dem Neubau der Löwen-Apotheke, in den er zusätzlich das Nachbargebäude zum Alten Rathaus mit einbezog – unter Einhaltung der Bauhöhe wie der stilistischen Gegebenheiten das Problem der Einbindung in die Wilsdruffer Straße – ohne den Altmarkt zu öffnen, durch einen Laubengang. Er errichtete auch das erste nachfolgende Gebäude, das Beutler Haus, als Beispiel für die spätere Gestaltung der Wilsdruffer Straße nach der Zurückverlegung der Südseite. Alexander Hohrath gelang am Altmarkt, Ecke Seestraße, mit dem Henckell-Haus eine ähnlich geglückte Lösung.

Zu den für den Städtebau wichtigen Anlagen Erlweins gehört auch die Errichtung des Vieh- und Schlachthofes auf dem Gelände des Ostra-Geheges der Friedrichstadt, des bedeutendsten der Zeit überhaupt. Er gestaltete von 1906 bis 1913 hier eine kleine, in sich abgeschlossene Stadt mit etwa 30 Einzelbauten unter Verwendung moderner Baumaterialien wie Stampf- und Eisenbeton, die er wiederum farbig bereicherte.

Eine der Hauptwirkungsstätten lag für Erlwein in der Entwicklung moderner, stets individuell behandelter Schulbauten in den Vorstädten, die er in eine freie und lichte Umgebung setzte. Hervorgehoben sei der früheste Bau des König-Georg-Gymnasiums im Birkenwäldchen der Johannstadt von 1906 und der späteste, die Studienanstalt für

516 Neues Rathaus, Wandbrunnen, Fayence, K. Groß, 1910

Ausführung von Villeroy & Boch. 1945 zerstört

Aufn. D.F.D.

516

Mädchen in der Neustadt von 1914. Immer waren Farbe und Licht unter Einbeziehung künstlerischer Bildwerke Dominanten, die den Bauten ihr einmaliges Gesicht verliehen. Nicht anders handelte er bei der Errichtung der Volksschulen. Die frühe auf der Haydnstraße und die späte auf der Gustav-Freytag-Straße sowie die Fach- und Fortbildungsschule auf der Melanchthonstraße seien als besonders gelungen hervorgehoben.

Von den weiteren Bauten sind die in die Straßenfront eingefügte Stadtsparkasse auf der Schulgasse sowie die beiden der Verwaltung dienenden Stadthäuser An der Kreuzkirche und das erhalten gebliebene Dreifronten-Stadthaus am jetzigen Güntzplatz sowie vor allem die beiden Feuerwachen, die auf freiem Gelände errichtete der Schlüterstraße und die in geschlossener Bauweise entstandene der Luisenstraße, zu erwähnen. Den immer dringenden Kleinwohnungsbau setzt Erlwein mit den Krenkelhäusern auf der Klingestraße fort, in dem seine liebenswürdige süddeutsche, schmuckfreudige Heiterkeit besonders glücklich zur Geltung kommt. Er war auch verantwortlich für die allerorts errichteten Kleinbauten wie der Wartehäuschen der Straßenbahn, die alle seine Handschrift oder die seiner Mitarbeiter trugen. Mit dem Hinweis auf den kleinen, tempelartigen offenen Rundbau auf acht Säulen über dem Artesischen Brunnen auf dem Albert-Platz und den Aussichtsturm auf dem Wolfshügel mit seinem großartigen Blick über den gesamten Elbkessel, den die Nazis bei ihrem Abmarsch sprengten, sei dieses Sonderkapitel Dresdner Architektur geschlossen.

Neben der Stadt und dem Staat wirkten an der architektonischen Ausgestaltung Dresdens auch die Professoren der Technischen Hochschule mit, deren Aufgabenkreis sich über den gesamten deutschen Raum und oft darüber hinaus erstreckte. Rudolph Heyn, Karl Weißbach, Ernst Giese, Kurt Diestel und Paul Wallot wurden bereits bei ihren Bauten genannt. Bei der permanenten Erweiterung der Technischen Hochschule erwies sich bald auch der Platz hinter dem Hauptbahnhof als zu eng. So wurden die Neubauten nach der Vorstadt Plauen verlegt. Hier wirkte vor allem Martin Dülfer, der den Leitbau 1911 am Sedanplatz/George-Bähr-Straße in dem für Dresden seltenen Material Backstein aufführte. Durch seine bekrönende Sternwarte mit der halbrunden Kugel schuf er einen reizvollen Blickpunkt von der Prager Straße aus. Fritz Schumacher gestaltete in Tolkewitz 1909 den monumentalen Bau des Krematoriums. Er legte ihm als Introitus nach der Eingangsseite eine Teichanlage vor, in der sich der feierliche Bau für den Besucher nochmals spiegelt. Die Elbfront mit den flankierenden, abgestumpften Ecktürmen steigerte er durch einen Hof mit einem durch Arkaden geöffneten Umgang. Die Gesamtanlage Schumachers bedeutet zudem eine wesentliche Bereicherung der Flußlandschaft oberhalb der Stadt. Die Technische Hochschule als Ausbildungsstätte der Architekten hatte der Kunstakademie durch die immer sich erhöhenden technischen Anforderungen den Rang abgelaufen. Die Veränderung in den Prinzipien der architektonischen Gestaltung, die das 19. vom 20. Jahrhundert trennt, wird nirgends klarer als in den Prüfungsbedingungen, aus denen 1907 die Forderung gestrichen wurde, „die eingehende Beschäftigung mit den verschiedenen Stilarten nachzuweisen“. Verhältnismäßig spät, erst 1909, wurde ein besonderer Lehrstuhl für Städtebau begründet, dem bald ein gesondertes Städtebau-Seminar folgte, das weit über die deutschen Grenzen wirksam wurde.

Der Kongreß für protestantischen Kirchenbau 1894 in Eisenach hatte endlich die Beschlüsse des Eisenacher Regulativs mit ihren Bindungen an die historischen Stile Romanik und Gotik wieder aufgehoben und den Kirchbau von dogmatischen Forderungen befreit. Von Dresden aus war schon lange vorher die Forderung an Architekt und Geistlichkeit gestellt worden, den Kirchbau nicht mehr an ein architektonisches Vorbild zu binden, sondern vom Bedürfnis des evangelischen Gottesdienstes ausgehend zu gestalten, so daß die Gemeinde beim Gottesdienst sich als Einheit fühlen könne. Das bedeutete vor allem erneut die Aufhebung der Trennung zwischen Gemeinderaum und Chor.

1897 war die Kreuzkirche durch einen Brand bis auf die Grundmauern zerstört worden. So erhielten Schilling und Gräbner die Möglichkeit zu einer völligen Neugestaltung des Innenraumes. Um den Anforderungen des Kreuzchores zu genügen, entstand vor allem eine steinerne Sängertribüne. Das Innere selbst erhielt jetzt nach Überwindung der traditionellen neugotischen Forderungen eine überaus reiche, dekorative Ausstattung in Neubarock mit Jugendstilelementen. Bewegte Stukkaturen umzogen die Gewölbe und die neuen, mit Gipsschichten verkleideten Stahlsäulen. Kanzel und Taufe mit ihrem plastischen Schmuck schufen hervorragende Bildhauer der älteren und jüngeren Generation.

Als erste große moderne Kirche, nicht nur in Dresden, sondern in Deutschland, bauten Schilling und Gräbner nach Überwindung des Historismus die doppeltürmige Christuskirche in Strehlen. Auf einer Anhöhe gelegen steht sie als sichtbares, die Landschaft beherrschendes Zeichen über den äußersten östlichen Vororten. Im Inneren ist sie als Zentralbau ohne Emporen angelegt, der Altar steht aber noch in der Chornische, an der die niedrige Kanzel seitlich angebracht ist, während die

Orgel gegenüber ihren Platz fand. Die ornamentale Ausgestaltung schuf Karl Groß, während die Deckenmalereien und die farbigen Fenster Otto Gußmann ausführte. Nach weitgehender Zerstörung 1945 konnte sie bis 1981 vereinfacht wiederhergestellt werden.

Die Forderung, Altar und Geistlichkeit in die Mitte der Gemeinde zu stellen und Kanzel wie Orgel ebenso von allen Plätzen sichtbar zu machen, erfüllte erst die späteste Kirche Schillings und Gräbners, die Zionskirche von 1912 an der Ausfallstraße von Plauen nach Westen. Sein charakteristisches Gesicht erhielt der Bau von der Konstruktion des in der Mitte aufsteigenden Turmes, der sich über den steilen Dächern erhob, aber nicht auf den Umfassungsmauern aufsaß wie die Kuppel der Frauenkirche, sondern auf zwei eisernen Binderbecken mit vier Stützpunkten.

Ein städtebauliches Problem, von der Geschichte der Stadt aus betrachtet, das entscheidendste und in die Substanz eingreifendste überhaupt, stellte sich mit der Forderung der internationalen Schifffahrt, die durch ihre enge Pfeilerstellung mit ihrer niedrigen Bogenführung den Verkehr entscheidend hemmende Augustusbrücke Pöppelmanns, die nach der Chronik Iccanders zu den Wunderwerken der Stadt zählte, abzubrechen. Alljährlich scheiterten an ihr bei höherem Wasserstand elbabwärts treidelnde Kähne. Die Brücke hatte in den Jahrhunderten mancherlei Schicksale erlebt und zuletzt beim Bau der Katholischen Hofkirche, mit der auch der Schloßplatz entstand, nochmals drei Pfeiler eingebüßt. Heute fragt es sich, ob die radikale Lösung eines Abbruchs nötig war. Die Veränderung der mittleren Pfeiler im Umfang des nutzbaren Schiffsverkehrs hätte die gleiche Wirkung erbringen können. Die neue Brücke reduzierte die Pfeiler von 17 auf 8. Gleichzeitig wurde ihre Gangbahn erweitert und der Brückenscheitel erhöht. Wilhelm Kreis erhielt den Auftrag zu ihrer architektonischen Gestaltung, Theodor Klette leitete die Ingenieurarbeiten. 1907 begonnen, konnte 1910 die Interimsbrücke abgebrochen und die Friedrich-August-Brücke dem Verkehr übergeben werden. Verfügt sie auch nicht mehr über die Eleganz der Pöppelmannschen Gestaltung, so ordnet sie sich doch der Gesamtsituation des Schloßplatzes mit seinen Neubauten, dem neuen Georgentor und dem Landtagsgebäude, befriedigend ein. Paul Schumann als Zeitgenosse faßte sein Urteil folgendermaßen zusammen: Als Ganzes erscheint die Brücke als verkehrsförderndes, weiten Raum gewährendes Werk eines modernen Künstlers, der die Form aus der Notwendigkeit zu gewinnen und das Zweckmäßige mit dem Schönen zu vereinen wußte.

Als erstes bedeutendes Kaufhaus der Stadt baute der Leipziger Karl Hänsel 1912 das Residenz-Kaufhaus am Ende der Prager-/Waisenhausstraße gegenüber dem Viktoriahaus. Es zeichnete sich durch seine geschickte Einbindung der Straßenzüge aus. Seine klare Gliederung erfolgte unter Betonung der Senkrechten; die Aufnahme von Erkern war eine Reminiszenz an die Dresdner Tradition. Ein weiterer bescheidener Schmuck steigerte den Eindruck des Hauses, das sich in der Geschoßhöhe seiner Umgebung einfügte.

Einen überaus gelungenen Zweckbau, der in Dresden einen völlig neuen Baugedanken verwirklichte, schuf die Münchener Firma Heilmann und Littmann 1912 mit dem Zirkus Sarrasani in der Neustadt hinter der Carolabrücke. Er war ein in seinen Funktionen klar erkennbarer Rundbau, der mit einer Flachkuppel die Arena abschloß, während vier diagonal gestellte rechteckige Treppenhäuser diesem einen feststrukturierten architektonischen Halt verliehen. Aus der Zahl der Industriebauten ist Lossows und Kühnes Bienertsche Hafenmühle am Elbkai der Altstadt von 1913 hervorzuheben, der gleichzeitig auch über die äußeren linkselbischen westlichen Vororte dominiert. Es ist ein rechteckiger, wohlproportionierter, in seinen Fassaden aufgelockerter fünfachsiger Bau mit mansardähnlichem Dach, den seitlich ein Turm abschließt.

Wir müssen uns mit der Skizzierung des so überaus zahlreichen, fruchtbaren wie vielseitigen individuellen Baugeschehens in dem ersten anderthalb Jahrzehnt des 20. Jahrhunderts in der um das Vielfache gewachsenen Stadt begnügen, um nicht den Maßstab zum architektonischen Gesamtgeschehen zu verlieren. Zudem befinden sich nur wenige dieser Bauten in dem im Umfang so bescheidenen ursprünglichen historischen Stadtgebiet innerhalb der alten Festung. Doch seien noch eine Reihe von Bauten wenigstens genannt, die das Gesicht der Stadt oder zumindest ihrer engeren Umgebung bereicherten. Es sind das die Kaufmannschaft Alexander Hohraths auf der Ostra-Allee neben dem so unglücklich gelegenen Schauspielhaus von Lossow und Kühne, das das Kronentor des Zwingers als Gegenüber schwer beeinträchtigt, das Künstlerhaus Albrechtstraße und die Gewerbekammer Grunaer Straße, beide von Richard Schleinitz, das Hauptstaatsarchiv Heinrich Kochs in der Neustadt sowie die Handelskammer von Lossow und Kühne in der Albrechtstraße. Dabei muß aber zum Schluß eine städtebauliche Entgleisung genannt werden, weil sie die Altstädter Elbfront unterhalb der Marienbrücke als Fremdkörper beherrscht. Es ist die 1909 als Moschee mit Minarett getarnte Zigarettenfabrik Yenidze M. Hammitzsch.

Wohl das wichtigste städtebauliche wie auch gesellschaftliche Geschehen ereignete sich in der sechs Kilometer nördlich von Dresden gelegenen

1909 gegründeten Gemeinde Hellerau am Rande der Dresdner Heide. Das Gelände, ursprünglich zu den Dorffluren Klotzsche und Rähnitz gehörig, wurde 1950 nach Dresden eingemeindet. Hier ließ Karl Schmidt für seine in Laubegast gegründeten Deutschen Werkstätten für Handwerk von Richard Riemerschmid 1910 ein neues Fabrikgebäude errichten. Das später Hellerauer Werkstätten genannte Unternehmen produzierte in einem einfachen und sachlichen Stil preiswerte Einzel- wie Serienmöbel, die in den ersten Jahren ebenfalls nach Entwürfen Riemerschmids gefertigt waren. Dieser Hellerauer Möbelstil wirkte bald bahnbrechend auch über Deutschland hinaus und löste alle historisierenden Möbelstile ab.

Für seine Mitarbeiter benötigte Schmidt entsprechende Wohnverhältnisse möglichst in Nähe des Werkes. Das war der Ausgangspunkt für die Anlage der ersten deutschen Gartenstadt. Wieder war es Riemerschmid, der in enger Verbindung zu den Forderungen des Deutschen Werkbundes und in Kenntnis englischer Gartenstädte den Bebauungsplan für Hellerau mit zunächst 340 Wohneinheiten im Umfang von 140 ha entwickelte. In Gemeinschaft mit dem geschäftsführenden Leiter Wolf Dohrn galt es, die Mietskasernen der Großstadt zu überwinden und eine Naturnähe zu erstreben, die den Bewohnern ein menschliches Lebensgefühl zurückgeben sollte.

Die Anlage der Straßen erfolgte organisch, indem sie sich dem gegebenen Gelände mit seinen Krümmungen und Höhenunterschieden anpaßten. So erhielt die Gesamtanlage eine malerische Form, die jede Nüchternheit vermied. Die Kleinwohnungen waren zunächst nur für die Mitarbeiter der Werkstätten gedacht. Sie entstanden als Einfamilienhäuser in Reihen, die alle mit einem Garten verbunden waren. Wichtig war, daß jede Bauspekulation von vornherein ausgeschlossen blieb, da als Bauherr allein die eigens dafür gegründete Baugenossenschaft zuständig war, der später die Gartenstadt-Gesellschaft folgte. Erst im Verlauf der folgenden Jahre entstanden auch größere Einfamilienhäuser in freier Bauweise. Als Architekten wirkten wiederum Riemerschmid unter anderen mit den Wohnhausgruppen am Markt, Hermann Muthesius mit Baugruppen Am Dorffrieden und Heinrich Tessenow mit Bauten am Heideweg. Künstlerisch überragend erscheinen die auf einfachste Formen reduzierten Kleinbauten Tessenows, der hier das Prinzip des Bauhauses teilweise um ein Jahrzehnt vorwegnahm und einen neuen bürgerlichen Wohnstil schuf. Charakteristisch für sein Bauwollen bleibt, daß er die Norm im einzelnen in dieser neuen Architektur wohl anstrebt, aber den künstlerischen Impuls für das Ganze doch erhält.

Sein Bauprinzip zeigt sich besonders deutlich auch in dem Hellerauer Festspielhaus mit dem davor liegenden Festplatz und den seitlichen baulichen Eingrenzungen. Das Festspielhaus ist inzwischen in die deutsche Kunstgeschichte eingegangen. An den von vier Pfeilern getragenen monumentalen Mittelbau mit dem abschließenden steilen Dreiecksgiebel, den nur ein kleines Rundfenster als lösender Akzent schmückt, hinter dem sich die Festhalle befindet, schließen sich eingeschossige Seitenflügel an, die nur von einer Reihe einfachster Fenster gegliedert werden. Es sind allein die vollendeten Proportionen, die dem schmucklosen Bau ihre Größe und Würde verleihen.

Die Gründer der Gartenstadt wollten sich nicht nur mit der Schaffung eines neuen Wohnzentrums für ihre Werktätigen begnügen, sondern sie wollten zugleich auch einen neuen geistigen Mittelpunkt mit Tessenows Festspielhaus schaffen. Wolf Dohrn gelang es, die Tanzschule Jacques Dalcroze zu gewinnen. Daneben fanden sommerliche Festspiele statt, bei denen unter anderem Werke von Paul Claudel zur Uraufführung gelangten. Dichter und Verleger hatten sich ansässig gemacht. Doch schon 1914 mit dem plötzlichen Tode Dohrns und der Rückkehr Dalcrozes bei Kriegsbeginn in seine Heimatstadt Genf war die große Zeit Helleraus beendet. Nach dem Kriege kamen Mary Wigman und Vera Kratina mit ihrer Tanzgruppe wenigstens vorübergehend nach Hellerau. Eine linke Intelligenz führte, entfernt von der Großstadt, ein eigenständiges Leben, bis auch hier der Nationalsozialismus diesem ein Ende bereitete.

Die Bildhauer und die Maler

Mit Schilling und Diez hatte die Dresdner Bildhauerschule des 19. Jahrhunderts ein Ende gefunden. Ihr Nachfolger war seit 1907 der Münchner Georg Wrba, dem bis 1930 der wesentlichste Teil der öffentlichen Aufträge zufiel. Von seinen baugebundenen Arbeiten wurden die am Italienischen Dörfchen schon genannt. Seine besondere Begabung lag im Dekorativen. Als Material für seine Bildwerke bevorzugte er die Bronze. Der Eselreiter vor dem Rathaus war bald das populärste Bildwerk der Stadt. Die nackte Gestalt der Aphrodite am Bismarckplatz erfreut seit Generationen die Studentenschaft. Es folgten die Kinder mit Tieren am Italienischen Dörfchen sowie die wohl als Diana anzusprechende reitende Frau auf dem Ausstellungsgebäude der Lennéstraße. Die eine Brunnenanlage abschließende Gruppe der Europa auf dem Stier am Königsheim-Platz in Blasewitz gehörte der Nachkriegszeit an und wurde während des zweiten Weltkrieges, wie andere Bronzewerke der Stadt, eingeschmolzen. Hervorzuheben aus dem ersten Jahrzehnt wäre noch der bronzene Kugelwerfer von Richard Fabricius von 1907, der den Sportplatz Lennéstraße beherrschte, und Selmar Werners Schillerdenkmal am Albert-Platz von 1914, das dieser in der Nachfolge Hildebrands schuf.

Wrba hat für seine liebenswürdigen dekorativen Gestaltungen keinen Nachfolger mehr gefunden. Der künstlerisch überragende, 1919 an die Akademie berufene Karl Albiker, ein Schüler Rodins und Maillols, ist nur mit der überlebensgroßen Hygieia im Innern des Hygienemuseums vertreten, deren Trümmer noch der Wiederherstellung harren. Am Hauptbau des Luftgaukommandos schuf er 1940 das Relief mit dem Ikarusthema.

War die Dresdner Malerei von 1800 bis 1850 für die deutsche Kunst ein entscheidender Faktor, so war die offizielle Dresdner Malerei am Ende des Jahrhunderts mit Ausnahmen in einem öden Akademismus steckengeblieben. Ihre letzte Stunde schlug 1891 auf der Berliner Kunstausstellung, als die Juroren, wie Robert Sterl berichtet, in Hohngelächter ausbrachen und die Dresdner Vertreter mit ihren Werken wieder nach Hause schickten. Die Wandlung nach diesen katastrophalen Zuständen vollzog sich seit 1895 mit der Berufung von Gotthardt Kuehl, der auch die junge Generation zu Worte kommen ließ. Freilichtmalerei und Impressionismus verdrängten Galerieton samt klassizistisch-nazarenischer akademischer Überlieferung. „Es hat in Dresden niemals ein erfreulicheres Kunstleben als in diesen Jahren gegeben, in denen wir Menzel, Thoma, Liebermann und die großen Franzosen in uns aufnehmen konnten“, schrieb Robert Sterl in Erinnerung an diese Jahre des Neubeginns.

Kuehl war auch ein bedeutender Organisator. Alljährlich alternierten jetzt bis zu seinem Tode große internationale und deutsche Kunstausstellungen im Gebäude der Stübel-Allee, 1905 erfolgte dann in der Vorstadt Löbtau die Gründung der Dresdner „Brücke“, die ausgehend vom Jugendstil den deutschen Expressionismus begründete. Doch niemand konnte damals ihren späteren Weltruhm voraussehen. Da es sich hier um reine Tafelmalerei ohne jede Beziehung auf die gleichzeitige Architektur handelt, sei dieser Bericht nur als Erläuterung zur Gesamtsituation angemerkt.

Bedeutende Galerien vermittelten bis 1933 das internationale Kunstgeschehen, die Galerie Arnold auf der Schloßstraße, die Galerie Richter auf der Prager Straße, die Neue Kunst Fides auf der Ferdinandstraße, seit 1924 die Galerie Kühl in der Neustadt sowie seit altersher der Sächsische Kunstverein auf der Brühlschen Terrasse. Neben den Galerien wirkten bis 1934 die Verbände der bildenden Künstler. Die Gründung der Kunstgenossenschaft war schon Mitte des 19. Jahrhunderts erfolgt. 1910 wuchs aus der schon erwähnten Zunft die über die Stadt hinaus wirkende Künstlervereinigung. Von den avantgardistischen Künstlerverbänden sind die Dresdner Sezession 1919 und die Neue Dresdner Sezession 1932 hervorzuheben. Nach dem Kriege gab es noch einmal ein überragendes Ereignis auf dem Gebiete der Bildenden Kunst mit der Internationalen Kunstausstellung 1926, auf der zum letzten Male in Dresden alle europäischen Völker sowie die Amerikaner und Japaner vertreten waren und die Dresdner junge Generation zum ersten Male sich geschlossen zeigen konnte.

Ein Ereignis war die Berufung des Schwaben Otto Gußmann an die Akademie auf den Lehrstuhl des neubegründeten Ateliers für dekorative Malerei. Gußmann leitete nach der überlebten Historienmalerei eine neue dekorative, monumentale Kunst ein, die von der Ordnung des Raumes und der Fläche ausging. Die schon erwähnte Ausmalung der Kuppel des Neuen Rathauses ist das bedeutendste und umfangreichste Werk der Monumentalmalerei der Stadt. Sie hat glücklicherweise auch den 13. Februar 1945 überstanden, während Gußmanns Deckengestaltung in der Christus-Kirche Strehlen und vor allem in der Lukas-Kirche in der Südvorstadt und im König-Georg-Gymnasium in der Johannstadt der Zerstörung anheimfielen. Leider gehören auch die etwa gleichzeitigen reizvollen dekorativen Ausmalungen des Ratskellers wie des Italienischen Dörfchens von Paul Rößler zu den Verlusten der Brandnacht, nur sein Ratsherrenstübchen blieb erhalten.

In den ersten Jahren nach dem Krieg gab es in Dresden keine bedeutenden Aufgaben für Wandgestaltungen. Gußmann malte Bildnisse, Rößler widmete sich verschiedenen Aufgaben wie der Wiederherstellung der Deckengemälde im Zwinger und der Kuppelrestaurierung in der Frauenkirche. Sein Fresken-Zyklus im Gebäude der ehemaligen Reichsbauernschaft wurde 1950 vernichtet.

1927 übernahm Otto Dix die Nachfolge Gußmanns auf dem akademischen Lehrstuhl. Er verfolgte aber ganz andere Ziele. Sein Beitrag für die Wandmalerei beschränkte sich auf ein Triptychon im Hygiene-Museum. Es stand nur drei Jahre, 1933 hackten es die Nazis wieder ab. Der zweite überragende Maler der 20er Jahre in Dresden, Oskar Kokoschka, hat sich niemals mit der Wand auseinandergesetzt. Was außer denen von Rößler nach 1933 an Wandmalereien entstand, entsprach formal wie inhaltlich dem Geist der nationalsozialistischen Auftraggeber und verschwand spätestens nach dem Ende des zweiten Weltkrieges.

Die zwanziger Jahre bis zum zweiten Weltkrieg

Der Ausbruch und der Verlauf des Weltkrieges bedeutete für Dresden, vor allem aber für sein Architekturgeschehen, nicht nur eine Zäsur, sondern das Ende einer besonders fruchtbaren Epoche. Erlweins Planung für das Königsufer der Neustadt wurde aufgeschoben, die Erweiterung über die Weintraubenstraße hinaus unter Einbeziehung der Studienanstalt geriet überhaupt in Vergessenheit. Der Neubau der Gemäldegalerie von Pusch und Kramer blieb in den Fundamenten liegen und wurde zugeschüttet. Hans Poelzigs Erweiterung des Museumsgebietes, das sich von der Ostra-Allee bis zur Elbe erstrecken sollte und eine neue Brücke vorsah, kam 1916 nicht mehr über die Planung hinaus. Ebenso konnte die Errichtung der von Hans Kühne projektierten Universität mit einem Quartier Latin in der Verlängerung der Münchener Straße auf den Räcknitz-Höhen nie mehr verwirklicht werden. Weiter wollte Poelzig den neuen Rathaus-Platz samt Umgebung einer Lösung zuführen. Das waren nur die wichtigsten Planungen, die der Krieg und seine Folgen verhinderte.

Nach über 900jähriger Herrschaft des Hauses Wettin, zuerst als Markgrafen von Meißen, dann als Herzöge und Kurfürsten, später als Könige von Sachsen, war die Republik im November 1918 im Zirkus Sarrasani ausgerufen worden. In der Rentnerstadt Dresden verarmten während der Inflationszeit mehr Bürger als an anderen Orten. In dem Industrieland Sachsen mit seiner nur bescheidenen Landwirtschaft wurde mehr gehungert als in anderen Bundesländern. Die Luxus- und Veredelungsindustrien, vor allem der Zigaretten- und Schokoladenbranche, litten besonders unter dem eingetretenen Rohstoffmangel, die Zigaretten-Industrie verlagerte sich zudem mit den gegründeten Konzernen immer mehr von Dresden nach Hamburg. Nachdem in der Mitte der zwanziger Jahre die wirtschaftlichen Verhältnisse sich gebessert hatten, brach an ihrem Ende die Weltwirtschaftskrise über Sachsen mit seiner Hauptstadt besonders schwer herein und brachte die höchsten Arbeitslosenziffern im ganzen Reich mit sich.

Hans Erlwein war 1915 im Kriege verunglückt und Hans Poelzig hatte 1916 seine Nachfolge als Stadtbaurat angetreten. Nachdem er sah, daß seine großzügigen, genialen Pläne, die wir bereits schilderten, keine Aussicht auf Realisierung finden konnten, verließ er Dresden bereits 1921. Nur ein Brunnen, erst 1926 zur Jubiläums-Gartenbauausstellung im Großen Garten errichtet, erhält in Dresden seinen Namen. 1919 kehrte auch Tessenow aus Wien jetzt an die Kunstakademie zurück. Aber auch für ihn gab es außer dem Landesschulbau von 1925 im nahen Klotzsche in Gemeinschaft mit Oskar Kramer keine Aufträge.

In der Inflationszeit selbst entstand als einziger größerer städtischer Bau hinter dem Schauspielhaus durch Erlweins Mitarbeiter Wirth das erhalten gebliebene Stadthaus Theaterstraße. Seine gekurvte Einbindung mit der Zurücksetzung der beiden oberen Geschosse, die wohl auf eine Idee Poelzigs zurückzuführen sind, brachte eine reizvolle Variante in dieses Stadtviertel.

Als neuer Stadtbaurat wirkte seit 1922 bis 1945 der in Hannover ausgebildete Schwabe Paul Wolf. Im Gegensatz zu der Wärme des temperamentvollen Süddeutschen Erlwein zeichnen sich seine Bauten durch eine sachliche Kühle aus. Sie entsprach zudem der architektonischen Entwicklung, wie sie das Bauhaus in Weimar und später in Dessau verfolgte. Wolf gestaltete die Ilgen-Kampfbahn mit dem Arnhold-Bad, baute das Gewandhaus zur Dresdner Stadtbank um und errichtete das Bürgerheim an der Pfotenhauer Straße als einen aufgegliederten, aber strengen Backsteinbau. Seine bekanntesten Bauten wurden der Packhof zwischen Devrientstraße und Elbkai, dessen Lage aber gegenüber dem Japanischen Palais sich als wenig glücklich erweist, und das Planetarium an der Stübel-Allee aus Stahlbeton. Wolfs Mitarbeiter Paul Andrae war der Schöpfer des ersten neuzeitlichen Baues eines öffentlichen Arbeitsnachweises auf der Maternistraße, der in den Jahren der Arbeitslosigkeit so vielen Dresdnern ein Ort des Schreckens war.

Von den Industriebauten dieser Jahre verdienen zwei hervorgehoben zu werden. Der repräsentative Baukomplex der Ernemann-Werke von Högg und Müller entstand 1923 an der Schandauer Straße. Sein fünfgeschossiger Turm, der über den Fabriktrakt hinauswächst, beherrscht das Stadtviertel Neustriesen. Die Kaditzer Elbbrücke verdankt ihre Entstehung dem Plan, in den südlichen Vorstädten der Neustadt ein neues Industriezentrum zu schaffen. Von der Hamburger Straße in Cotta ausgehend, begannen Wolf und Koch 1928 mit dem Bau einer Trägerbrücke nach Übigau und Mickten. Als diese nach Fertigstellung 1930 dem Verkehr übergeben wurde, waren alle weiterreichenden Planungen durch die Weltwirtschaftskrise überholt.

Der wichtigste und bedeutendste Bau des Jahrzehnts war der seit der Internationalen Hygiene-Ausstellung 1911 anstehende, durch Krieg und Inflation verhinderte, des Hygiene-Museums. Als ausführender Architekt stand Tessenow an erster Stelle. Als aber Oberbürgermeister Dr. Blüher in

Düsseldorf anläßlich einer Ausstellung Wilhelm Kreis kennenlernte, erteilte er ihm diesen Auftrag. Verärgert verließ daraufhin Tessenow sein akademisches Amt und übersiedelte nach Berlin, wo er neben Poelzig wirkte. Auch an der Hochschule übernahm Kreis seine Funktionen.

Seit 1928 schuf Kreis das Hygiene-Museum mit einem großen kubischen Mittelbau, den er gerade abschloß, und fünf Eingangsportalen zu Vestibülen, Festhalle und Ausstellungssälen. Im rechten Winkel fügte er ihm seitlich niedrige Trakte für Werkstätten und Büroräume an. Vor einem Treppenabsatz gestaltete er einen weiten Freiraum, den neuen Lingner-Platz. Den Standort des Museums wählte er so, daß es über die Hauptallee das Palais im Großen Garten als point de vue aufnimmt. 1930 konnte der Bau mit der 2. Internationalen Hygiene-Ausstellung eröffnet werden.

Seit der Einweihung von Bräters Ausstellungsgebäude an der Stübel-Allee 1896 war dieser an den Großen Garten anschließende Bau Mittelpunkt des Dresdner Ausstellungswesens. Die Internationale Hygiene-Ausstellung von 1911 und 1930 sowie die Jubiläums-Gartenbauausstellung mit der Internationalen Kunstausstellung 1926 wurden bereits erwähnt. Sie gaben jeweils Gelegenheit zu bedeutenden architektonischen Gestaltungen und auch zu Experimenten, an denen sich die angesehensten Architekten aus ganz Deutschland und auch aus dem Ausland beteiligten. Manchmal überstanden diese nur interimistisch entstandenen Bauten zwei oder drei Sommer, bis sie wieder abgerissen wurden. Den interessantesten Bau dieses Ausstellungsjahrzehnts errichtete 1928 anläßlich der Ausstellung „Mensch und technische Stadt" zum 100jährigen Jubiläum der Technischen Hochschule der Berliner Architekt Birkenholz. Er schuf das erste Kugelhaus der Welt, wie es Ledoux in seiner französischen Revolutionsarchitektur wenigstens zeichnerisch verwirklicht hatte. Die Dresdner liebten diesen sensationellen Stahlgerüstbau mit seinen Geschäften und der Aussichtsterrasse, doch die Nazis brachen ihn 1936 aus ideologischen Gründen ab.

Die Inflation, die die privaten Vermögen weitgehend hatte zerfließen lassen, verhinderte für lange Jahre, wie in anderen Städten, eine wesentliche private Bauinitiative. So war es, nachdem schon während der Kriegsjahre der Baubetrieb völlig geruht hatte, zu einer bedrückenden Wohnungsnot gekommen. Sie erforderte eine eigene Wohnungsbaupolitik, und es war zunächst Aufgabe der öffentlichen Hand, hier einzugreifen und Wohnraum zu erschwinglichen Mitteln zu schaffen. Ein zweiter Weg eröffnete sich durch die Gründung gemeinnütziger Wohnungsbaugesellschaften. Diese waren es dann auch, die in den folgenden Jahrzehnten zu wesentlichem Teil den Kleinwohnungsbau finanzierten und in den Vororten größere und kleinere Siedlungen unter städtebaulichen Gesichtspunkten anlegten. Konservative Anlagen mit ein- und zweigeschossigen Reihenhäusern wie in der Bauverein-Gartenheim-Siedlung in Gruna, in mehr oder weniger Nachfolge von Hellerau errichtet, wechselten mit Straßenzügen von fünf- und sechsgeschossigen Reihenhäusern aus Beton,

517 Siedlung Trachau zwischen Kopernikus-, Aachener- und Schützenstraße, H. Richter, 1928 ff. Damals modernster Siedlungsbau der Stadt

Aufn. D.F.D.

517

je nach der Aufgabe, die man dem Architekten stellte. Aus dem Preisausschreiben für eine Siedlung der Gewobag zwischen Kopernikus-, Aachener- und Schützenhofstraße in Trachau ging 1926 der aus Böhmen stammende modernste Architekt Dresdens, Hans Richter, als Gewinner hervor. Er hatte bis dahin vor allem Industrieanlagen gebaut. Richter schlug als einziger für die Siedlung Flachdachhäuser vor zu einer Zeit, als bei Gropius im Bauhaus ähnliche Probleme reiften. Die Gesamtanlage der 1928 begonnenen Siedlung weist eine geometrische Grundstruktur auf. Die langen Fassaden der nur dreigeschossigen Häuser mit ihren gleichgeordneten, aber in ihrer Zahl wechselnden Fenstern gliedert Richter nach Norden durch Treppenhäuser, während er nach Süden Veranden vorbaute. Durch die Wirtschaftskrise geriet auch dieser modernste Siedlungsbau der Stadt ins Stokken. Erst nach 1933 konnte der Restbau, nunmehr nach Berücksichtigung entsprechender ideologischer Vorstellungen der Nazis vor allem für die Dachkonstruktionen, vollendet werden. Richter selbst erhielt in Sachsen keine Aufträge mehr.

Mit einem ganz anderen Aufgabenkreis mag der Bericht über das architektonische Geschehen der zwanziger Jahre abgeschlossen werden. Das Palais Wackerbarth, die Ritterakademie in der Neustadt sowie das Cosel-Palais hinter der Frauenkirche wurden im Inneren wie im Äußeren wiederhergestellt. Bedeutende Restaurierungsarbeiten setzten 1925 im Inneren der Frauenkirche unter Leitung der Denkmalpflege und von Paul Rößler ein. Die tiefste Sorge bereitete aber die immer weiter fortschreitende Zerstörung des Zwingers. Es hatte sich herausgestellt, daß mit kleinen Maßnahmen keine Abhilfe mehr zu schaffen war. So ging man 1924 daran, unter Hubert Ermisch eine Generalrestaurierung zu beginnen, die 1934 vollendet war und von der man hoffte, daß der Zwinger mit ihr für die nächsten hundert Jahre gerettet sei.

Das Architekturgeschehen der Jahre nach 1930 verlief der wirtschaftlichen Not entsprechend weiter denkbar bescheiden. Das bedeutendste städtebauliche Ereignis war die verkürzte Durchführung der Erlweinschen Planung des Königsufers der Neustadt. Mit der Autobahn entstand 1935 auch die am weitesten westlich gelegene Brücke Dresdens, ein Fachwerkbinder-Bau über die Elbe bei Stetzsch. Dem politisch überaus wendigen Wilhelm Kreis gelang es weiter, die wesentlichen Bauaufträge des folgenden Jahrzehnts, auch als er längst wieder Dresden verlassen hatte, zu erhalten. Während das Luftgaukommando in Strehlen mit seinem Mittelbau, für den Albiker das Ikarus-Relief schuf, und seinen verschiedenen Teilbauten realisiert werden konnte, blieb die Erweiterung des Bühnenhauses der Semper-Oper nur Modell. Ebenso konnte zum Glück der Stadt „Dresdens künftiger Mittelpunkt, der Adolf-Hitler-Platz, mit den Bauten der Partei" nicht einmal begonnen werden, obwohl Dresden durch Erlaß von 1937 in die Reihe derjenigen deutschen Städte eingeschaltet wurde, in denen besondere städtebauliche Maßnahmen durchzuführen waren.

Aber es gab auch erfreuliche Aspekte zum Nutzen der Stadt. Die acht Innenpfeiler der Frauenkirche hatten schon infolge der Überlastung durch die Kuppel zur Zeit ihrer Erbauung den Fachleuten schwere Sorgen bereitet. 1938 zeigte sich die Kirche in ihrer Substanz so gefährdet, daß entsprechende Sicherungen umgehend durchzuführen waren. Georg Rüth gelang es, durch statische Maßnahmen wie durch Einziehung von Kuppelringankern und durch Torkretierung das Zusammenwirken von inneren und äußeren Bauteilen, das bereits durch das Setzen der Innenpfeiler gestört worden war, die Frauenkirche in ihrem Bestand wieder zu sichern.

Mit dem Beginn des zweiten Weltkrieges wurden praktisch alle Baumaßnahmen bis auf die der Wehrmacht und der Rüstungsindustrie eingestellt.

Zerstörung und Wiederaufbau

Dresden war das große Glück beschieden, bis auf einen unbedeutenden Angriff von 1943, der das Altstädter Logenhaus einäscherte, von Kriegsschäden verschont geblieben zu sein. So war im Januar 1945 die Hoffnung berechtigt, daß Dresden als einzige deutsche Großstadt in ihrer Substanz den Krieg überstehen würde. Da griffen in der Nacht vom 13. zum 14. Februar 1945 englische, am folgenden Tage amerikanische Bombengeschwader vor allem das Zentrum der linkselbischen Stadt mit den anschließenden Vororten an und zerstörten sie weitgehend. Ein zweiter Angriff im März richtete sich besonders gegen die innere Neustadt. Bei den Angriffen blieb kein Gebäude der Altstadt vom Ausbrennen verschont. Die Zerstörung betraf den alten Stadtkern innerhalb der Festung, der durch die Ringstraße begrenzt wird, er umfaßte den weiteren Ring der alten Vorstädte innerhalb des Geländes zwischen Wettiner Bahnhof, Hauptbahnhof bis Wiener Straße, schloß den Großen Garten ein und verlief weiter vom Stübel-Platz bis zum Sachsenplatz. Außerdem wurden die Vororte hinter dem Hauptbahnhof bis in die Flur von Plauen sowie die östlichen Vorstädte Johannstadt und Striesen mit Teilen der Flur Blasewitz fast total eingeäschert. Im Westen erstreckte sich der Bombenteppich bis über die Kesselsdorfer

Straße hinaus und erfaßte auch Teile der Flur Friedrichstadt. Die Neustadt wurde an diesem Tage weniger schwer heimgesucht, doch mit dem Luftangriff Anfang März fielen die Straßenzüge um den Neustädter Markt, vor allem auch mit der Großen und Kleinen Meißner Gasse, sowie die östliche Seite der Hauptstraße bis zum Albert-Platz mit den Vierteln zwischen Obergraben und Großer Klostergasse. Neben diesen Flächenzerstörungen wurden einzelne Straßenblöcke und Einzelbauten wie die Villa Rosa von Semper auf der Holzhofgasse und die Kirche in Loschwitz, aber auch das so entfernt liegende Palais im Großen Garten mit seinen Pavillons Opfer der sinnlosen Angriffe. Die Zahl von 630000 Einwohnern Dresdens im Jahre 1939 war bereits 1944 auf 567000 zurückgegangen; nach dem Angriff Ende Februar 1945 sank sie auf 369000, wobei die Innenstadt von Bewohnern fast völlig entblößt war.

Nach Beendigung der Aufräumungsarbeiten wurden im Laufe des folgenden Jahrzehnts die zerstörten und ausgebrannten Wohn- und Geschäftsgebäude der Altstadt bis über den zweiten Ring hinaus niedergelegt. Die Straßenführungen wurden ebenfalls weitgehend verändert und mit neuen Namen versehen.

Der Aufbau sah im wesentlichen eine neue linkselbische Stadt vor. Erhalten blieben hier nur die ausgebrannte Kreuzkirche und die leicht beschädigte Annenkirche. Es blieben in ihren Grundmauern ferner erhalten die Bauten der Elbfront mit dem Theaterplatz, das Opernhaus, der Zwinger, die Gemäldegalerie, das Taschenberg-Palais, die Schinkel-Wache, die Katholische Hofkirche, die Residenz und das Italienische Dörfchen. Abgerissen wurde der Maßstab-Bau Hôtel Bellevue. Es blieben erhalten der Schloßplatz mit dem Georgenbau und der anschließende Lange Gang mit dem Johanneum, der Landtag und die Bauten der Brühlschen Terrasse mit der Sekundogenitur und der Kunstakademie bis zum Albertinum, die Flügelbauten des Cosel-Palais, das Kurländer-Palais sowie die Ruinen der Frauenkirche als Mahnmal. Als Einzelbauten verblieben das ausgebombte Gewandhaus und das ausgebombte Landhaus sowie das Neue Rathaus, im Großen Garten das ausgebrannte Palais mit einigen der Pavillons. In der Neustadt überstanden den Angriff die Großbauten an der Elbfront mit dem ausgebrannten Japanischen Palais und dem Blockhaus sowie den leichter beschädigten Ministerialgebäuden, dahinter der alte Jägerhof, auf der Hauptstraße die ausgebrannte

518 Blick vom Rathausturm nach Nordwesten auf das zerstörte Dresden nach erfolgter Freilegung der Straßen 1947

Aufn. D.F.D.

518

Dreikönigskirche sowie fünf anschließende unbeschädigt gebliebene barocke Wohnhäuser auf der westlichen Seite der Straße. Letztere konnten 1981, unter ihnen das Kügelgen-Haus „Gottes Segen" und das kleine Palais Hoym, auch farbig rekonstruiert werden.

Es war das Verdienst von Hubert Ermisch, daß er bereits wenige Tage nach der Zerstörung mit den Aufräumungsarbeiten im Zwinger begann und damit den Auftakt zur Wiederherstellung der bedeutenden Kulturdenkmale schuf. 1964 stand der Zwinger vollendet. Zu gleicher Zeit mit dem Zwinger erfolgte auch die Sicherung der Katholischen Hofkirche. Zeitlich schlossen sich daran die Sicherung der Gemäldegalerie Sempers, sowie der Kreuzkirche, die im Inneren als moderner Raum eine interimistische Ausstattung erfuhr. Weiter wurden in der Altstadt wiederhergestellt das Neue Rathaus, das Albertinum, das Johanneum mit dem Langen Gang, der Georgenbau, das Landhaus, das Gewandhaus, die Schinkel-Wache, das Italienische Dörfchen, das Landtagsgebäude zum Teil, die Sekundogenitur, die Kunstakademie zum Teil sowie die seitlichen Flügel des Cosel-Palais. Nachdem das Opernhaus im Äußeren gesichert war, wurde 1977 mit der Rekonstruktion des Inneren begonnen, dessen Vollendung im Jahre 1984 geplant ist. In der Neustadt konnte das Japanische Palais bis auf Reste der Innenausstattung fertiggestellt werden, die Arbeiten am Blockhaus, die am Jägerhof und an den Ministerialgebäuden wie an einem der Torhäuser sind abgeschlossen. Von den bombengeschädigten Bauten in den Außenbezirken konnten das Äußere des Palais im Großen Garten mit einer Reihe der Kavalierhäuser, die Matthäuskirche in Friedrichstadt sowie die Lukaskirche in der Südvorstadt wieder nutzbar gemacht werden. Beide Kirchen erhielten eine moderne Ausstattung.

Nach Fertigstellung der Oper ist der Wiederaufbau der Residenz vorgesehen, die als ein neuer Mittelpunkt der Staatlichen Kunstsammlungen geplant ist. Die Räume des Grünen Gewölbes im Erdgeschoß des Westbaues dienen bereits wieder Ausstellungszwecken. Weiter sind für den Wiederaufbau das Taschenberg-Palais, das Kurländer Palais und die Kirche in Loschwitz vorgesehen.

Nach Fertigstellung dieser Bauten wird die großartige Silhouette Dresdens, wie sie die Welt seit fast 250 Jahren kennt, wiederhergestellt sein. Es fehlt dann nur noch die tragende Mitte, die über der Stadt schwebende Kuppel der Frauenkirche. Aber auch ihre Wiederherstellung steht zur Diskussion.

519

519 Blick auf die Stadt Dresden von der Aussichtsterrasse vor dem Waldschlößchen

Aufn D.F.D. 1938

520 Der Georgenbau des Schlosses, Fassade Schloßplatz, G. Frölich und G. Dunger, 1890 ff.

Torbau anstelle des alten Georgenbaues von 1534 und seiner Erneuerung nach dem Brand von 1701, in den Formen der Neurenaissance errichtet. Untergeschoß mit drei Portalen als Durchgang vom Schloßplatz zur Schloßstraße, zwei Obergeschossen, geschlossenem zweigeschossigem dreiachsigem Mittelerker, darüber ein Halbgeschoß und abschließender hoher Staffelgiebel, seitlich in den Obergeschossen kleine Rundtürme mit Kuppelbekrönung, hinter dem Giebel Turmabschluß mit Umgang, im Giebel Nische mit Reiterstandbild Georg des Bärtigen von Ch. Behrens, weiterer Schmuck am Mittelportal von dem gleichen Bildhauer, anschließend nach dem Langen Gang über dem Jagdtor von Andreas Walther III 1587/88 weiterer durch Giebelaufbau abgeschlossener Gebäudeteil. 1945 ausgebrannt, 1965 bis 1969 wiederhergestellt

Aufn. D.F.D.

521

521 Das Viktoriahaus am Ring, W. Lossow und H. Viehweger, 1891/92

Geschäftshaus mit drei Fronten zwischen Ring und Waisenhausstraße, hervorragendes Beispiel nach Ablösung der Dresdner Schule in den Formen der deutschen Renaissance in Anlehnung an das Braunschweiger Gewandhaus, Sockelgeschoß mit Schaufenstern, drei Obergeschosse, ein weiteres Halbgeschoß, Kopfbau mit dreigeschossigem Giebel nach der Hauptfront, je drei zwei- und eingeschossige Giebel nach den Straßenfronten, abschließende dreigeschossige achteckige Eckerker mit Kuppelbekrönung, darüber Dachreiter, über dem Hauptgiebel Figur des Merkur. 1945 ausgebrannt, später mit dem gesamten Viertel abgebrochen, links eine der Kleinbauten der Erlwein-Schule

Aufn. D.F.D.

522 Übergang zwischen Schloß und Hofkirche, G. Frölich, um 1897

Anstelle älteren Übergangs anläßlich der letzten Schloßrestaurierung in neobarocken Formen errichtet. 1945 ausgebrannt, Wiederherstellung vorgesehen, im Hintergrund die Altstädter Wache und die Gemäldegalerie

Aufn. D.F.D.

523 Das Landtagsgebäude (Ständehaus), P. Wallot, 1901 bis 1903

Anstelle des Palais Fürstenberg und des Palais Brühl zwischen Schloßplatz – Augustusstraße und Brühlscher Gasse sowie Terrassengasse errichtet. Untergeschoß mit zwei Obergeschossen sowie mächtigem Mittelrisalit vor Haupteingang Schloßplatz, Portal von zweigeschossigem Säulenpaar gefaßt, abschließendes Majestätswappen von Karl Groß, weiterer plastischer Schmuck u. a. von H. Hudler, hervorragende Ausstattung u. a. durch O. Gußmann, W. Kreis und R. Riemerschmidt. 1945 ausgebrannt, Inneneinrichtung völlig zerstört. Vor dem Portal Reiterstandbild König Alberts, M. Baumbach 1906, 1952 abgebrochen

Aufn. D.F.D.

Seite 432, 433:

524 Der Kaiserpalast, Pirnaischer Platz, R. Schilling und J. Gräbner, 1895

Das reichste und prunkvollste Privatgebäude, zunächst als Restaurant errichtet, später vor allem als Bankhaus verwendet, wie das Viktoria Haus nach drei Fronten zwischen Moritz-Ring und Amalienstraße, in den Formen des Neubarock, dominierende fünfachsige Front nach dem Pirnaischen Platz, mit Untergeschoß, drei Obergeschossen und einem Halbgeschoß, abgeschlossen durch einen über drei Achsen gezogenen gebrochenen Giebel mit figuraler Giebelgruppe von H. Hartmann MacLean, seitlicher Abschluß durch je einen viergeschossigen Erker mit gebrochener Kuppel, über dem Mittelbau Turmsockel mit Haube und Laterne. 1945 ausgebrannt, später mit den Gebäuden am Pirnaischen Platz abgebrochen

Aufn. Stadtarchitekt Heiden

525 Das Zentraltheater, Waisenhausstraße, W. Lossow und H. Viehweger, 1897 bis 1900

Anstelle des rokokoklassizistischen Palais Boxberg mit einer Fassade in rauschendem Neubarock errichtet, Untergeschoß mit zwei reich gegliederten Obergeschossen, sieben Achsen und zwei seitlichen Achsen sowie dominierender Bekrönung vor dem dahinter verschwindenden dritten Obergeschoß, im Untergeschoß Vestibül und Treppenanlage, im Obergeschoß Foyer. 1945 ausgebrannt, später abgebrochen

Aufn. D.F.D.

523

525

Paganini
CENTRAL-THEATER
Paganini
CENTRAL-THEATER
Paganini
Paganini

526 Das Krematorium Tolkewitz,
F. Schumacher,
1909 bis 1911

Eingangsfront mit Wasserbecken, in dem sich der Bau spiegelt zwischen den Zufahrtswegen, hinter Doppeltreppe großformiger Bau mit flankierenden, runden, abgestumpften Ecktürmen nach der Elbfront

Aufn. D.F.D.

527 Die Christuskirche in Strehlen, Ansicht von Nordosten,
R. Schilling & J. Gräbner,
1903 bis 1905

Erster moderner Kirchenbau der Stadt nach dem Historismus, Sandstein, Doppelturmfront 66 m hoch nach Westen, Ausgestaltung des Inneren vor allem durch K. Groß, A. Hudler, O. Gußmann, des Äußeren durch P. Pöppelmann. 1945 vor allem im Innern beschädigt, 1950/51 und 1980 im Inneren erneuert

Aufn. D.F.D.

527

528

529

528 Gaststätte Italienisches Dörfchen, Außenansicht nach dem Theaterplatz, H. Erlwein, 1911 bis 1913

Der zweigeschossige den Theaterplatz nach der Elbe abschließende Bau gehört zu den wichtigsten städtebaulichen Akzentsetzungen vor dem ersten Weltkrieg. Untergeschoß mit Halbgeschoß und kupfergedecktem Walmdach, vorgekragter Eingang mit vier ionischen Säulen, darüber Pilasterarchitektur mit abschließendem Dreiecksgiebel, plastischer Schmuck von G. Wrba, 1945 ausgebrannt, 1955 ff. wiederhergestellt

Aufn. D.F.D.

529 Neues Rathaus am Ring, nach Plänen von K. Roth von E. Bräter errichtet, 1905 bis 1910

Gebäudekomplex zwischen Ringstraße, Rathausplatz, Kreuzstraße, An der Kreuzkirche und Schulgasse im Übergangsstil, mit 100 m hohem Turm und zwei Dachreitern. 1945 ausgebrannt, Verluste der Dachreiter, der zeitstiligen Innenausstattungen bis auf das Treppenhaus, Wiederaufbau seit 1950, dabei Fassade nach Ringstraße vereinfacht, Festsaalflügel nach Platz modern wiederhergestellt

Aufn. D.F.D.

530
531

530 Gartenstadt Hellerau, Am Dorffrieden, H. Muthesius, 1908 ff.

Typische Einfamilien-Reihenhäuser in hygienischer und naturverbundener Atmosphäre, zunächst für die 345 Arbeiter der Deutschen Werkstätten, sämtlich mit Vorgärten versehen, die Krümmung der Straße ist zur Entwicklung eines malerischen Bildes und unter Einbindung in die Landschaft geplant, Bauherr die von W. Dohrn gegründete Gartenstadt-Gesellschaft

Aufn. D.F.D.

531 Gartenstadt Hellerau, Am Heideweg 24 und 26, H. Tessenow, 1911

Einzelhäuser im Landhausviertel umgeben von Gärten, in ihrer Einfachheit und strengen Gliederung hervorragende Beispiele bürgerlicher Architektur der Zeit

Aufn. D.F.D.

532

533

532 Gartenstadt Hellerau, das Festspielhaus, H. Tessenow, 1910 bis 1911

Architektonischer und geistiger Mittelpunkt der Gartenstadt, zunächst für die Tanzschule Jacques Dalcroze und für den modernen Kunsttanz verwendet. Vorbildlicher Bau in nobler Einfachheit mit anschließenden pavillonartigen Unterkünften für Lehrer und Schüler

Aufn. D.F.D.

533 Gartenstadt Hellerau, Deutsche Werkstätten, Eingang mit Verwaltungsbauten, H. Riemerschmidt, 1908ff.

Gründung der Gartenstadt nördlich von Dresden und der Deutschen Werkstätten durch K. Schmidt, in den Werkstätten Produktion einfacher und billiger Anbau- und Serienmöbel, die von hervorragenden Architekten, zuerst von R. Riemerschmidt, entworfen wurden. Bauten in einem neuen, sachlichen Stil ohne Nüchternheit

Aufn. D.F.D.

534 Zirkus Sarrasani, J. Heilmann und M. Littmann, 1912

In seinen Funktionen deutlich erkennbarer Rundbau. An die durch eine Flachkuppel geschlossene Arena schlossen sich vier, den Bau auflockernde viergeschossige Treppenhäuser mit gebrochenem Dach an. Der auf Eckpfeiler und vier Säulen gestellte Eingangsbau mit einem darüberliegenden Geschoß durch einen akzentsetzenden großen Dreiecksgiebel betont. Im Hintergrund der Turm der Dreikönigskirche. 1945 ausgebrannt, später abgebrochen

Aufn. D.F.D.

534

535

536

Seite 439:

535 Das Residenzkaufhaus Ecke Prager-/Waisenhausstraße von K. Hänsel (Leipzig), 1912

Der erste bedeutende Kaufhausbau Dresdens in Glas und Beton, ausgezeichnet durch geschickte Einbindung in die beiden Straßenfronten unter Verzicht auf historisierende Reminiszenzen, klare Gliederung durch Betonung der Senkrechten, Abgrenzung der Schaufenstergeschosse, Reihung von Erkervorbauten mit dekorativem Schmuck, über Gesims unter Walmdach ein weiteres Geschoß, 1945 schwer beschädigt, später mit Prager Straße abgebrochen

Aufn. Büro des Stadtarchitekten

536 Das Treppenhaus zu den Festräumen des Neuen Rathauses

Bedeutendste Treppengestaltung der Stadt im 20. Jahrhundert, eine Fortführung der Treppenhäuser des Barock bis zum Landhaus. Architektonische Gestaltung von K. Roth und E. Bräter, Malerei von O. Gußmann, Putten in Goldbronze von H. Wedemeyer und anderen 1910ff.

Aufn. D.F.D.

537

537 Der Stübelplatz mit altem Ausstellungspalast am Eingang der Stübel-Allee, A. Hausschild und E. Bräter, 1894 bis 1896 und neuem Städtischen Kunstausstellungsgebäude am Eingang der Lennéstraße, H. Erlwein und K. Hirschmann, 1914 bis 1916

Mittelbau des alten Ausstellungspalastes als langgestreckter Saalbau mit Rundbogenfenstern und Oberlichtern sowie mit bekrönender Mittelkuppel und je einem angrenzenden Eckbau mit niedrigeren Kuppeln, dahinter rechteckiger Saalbau. Neues Städtisches Kunstausstellungsgebäude in klassizistischen Formen, letzter Bau von H. Erlwein, weiß getünchter Putzbau mit rechtwinklig anschließendem Verwaltungsbau, Pavillonbau, mittlerer Pavillon mit sechs ionischen Säulen und vorgelegter Freitreppe zur rückwärtigen Empfangshalle, vierachsigen Verbindungsgängen zu den Seiten von je drei Achsen, Lichteinfall im oberen Halbgeschoß, plastischer Schmuck Dresdner Bildhauer, die das Haus bekrönende Diana, Georg Wrba, 1916, dahinter Kugelhaus. P. Birkenholz, 1928. 1945 Gebäude ausgebrannt, später abgebrochen

Aufn. D.F.D.

538 Städtischer Vieh- und Schlachthof, Ostragehege der Friedrichstadt, Vorplatz mit Restaurant und Verwaltungsbau, H. Erlwein, 1906 bis 1913

Der größte Deutsche Schlachthof seiner Zeit, über 30 stadtmäßig geordnete Bauten, die ein geschlossenes Ganzes bilden, mit einem überragenden Schornstein, Stampfbeton und Eisenbeton. 1945 teilweise schwer beschädigt, anschließend verändert wiederaufgebaut

Aufn. D.F.D., 1935

539 Der Packhof, Fassade nach der Devrientstraße, H. Erlwein, 1913

Bedeutendstes Lagerhaus am Elbkai, Betonbau, 1945 teilweise ausgebrannt, inzwischen teilweise wiederhergestellt

Aufn. D.F.D.

540 Das Planetarium Stübel-Allee, Projektierung P. Wolf, 1926

Stahlbetonbau mit Kuppel. 1945 zerstört, später abgebrochen

Aufn. D.F.D.

541 Das Deutsche Hygiene-Museum, Schauseite, W. Kreis, 1928 bis 1930

Mitteltrakt mit Eingangshalle und Vestibül im Obergeschoß, die seitlichen eingeschossigen Trakte Werkstätten und Büroräume, Stahlbetonskelettbau, korrespondierend mit dem Palais im Großen Garten. 1945 zum Teil ausgebrannt, später wiederhergestellt

Aufn. D.F.D., 1935

538
539

540

541

542 Das Ernemann-Werk (Zeiss-Ikon, heute VEB Pentacon-Werke), Schandauer Straße, E. Högg und R. Müller, 1923/24

Repräsentativer Fabrikbau im Stile der Neuen Sachlichkeit mit dominierendem, fünfgeschossigem Turm

Aufn. VEB Pentacon

543 Ältestes Siegel der Stadt aus einer Huldigungsurkunde vom 22. Juli 1309. Es zeigt die beiden ältesten wettinischen Herrschaftswappen den Meißner Löwen der Markgrafschaft Meißen und die zwei Pfähle der Landsberger Markgrafschaft. Hieraus ist um 1500 das eigentliche Dresdner Stadtwappen in den Farben Schwarz/Gold oder auch Gelb hervorgegangen.

543

544 Luftbild über die Elbe, die Neustadt, das Innere der Altstadt, links die Friedrichstadt, rechts die östlichen Vorstädte mit der Johannstadt, Striesen, Blasewitz und Loschwitz sowie der Dresdner Heide

Aufn. D.F.D.

544

CHRONIK

11. Jahrhundert Gründung der Frauenkirche, Pfarrkirche der Stadt bis 1539
12. Jahrhundert Hausmannsturm mit Burganlage
1168 um, Bau der Nikolaikirche
1206 Erste urkundliche Erwähnung von Dresden
1216 Erste urkundliche Erwähnung als Stadt, Anlage der inneren Altstadt, bis 1945 unverändert, erste Ummauerung
1230 Kreuzreliquie nach Dresden
1234 Beginn des Baues der Kreuzkapelle
1265 vor, Errichtung der Franziskanerkirche als langgestreckter Saalbau mit geradem Chorabschluß
1270 Residenz Heinrich des Erlauchten
1272 Erste Erwähnung der Franziskanerkirche mit Kloster
1285 Erste Erwähnung des Schlosses
1287 Erste urkundliche Erwähnung der steinernen Elbbrücke
1299 Erste Erwähnung der Stadtmauern
1309 Ältestes überliefertes Stadtsiegel
1315 Gemeinsames Brückenamt für Kreuzkirche und Brücke
1316 Erste Erwähnung der Frauenkirche
1319 Dresden endgültig wettinisch
1343 ff. Neubau der durch Eisgang zerstörten Elbbrücke, 24 Pfeiler, 15 Ellen breit, 800 Schritt lang, Kapelle auf der Brücke
1351 Neubau der Franziskanerkirche als 6jochige Hallenkirche
1370 etwa Errichtung der Kreuzpforte
1380 Erstes Rathaus auf dem Altmarkt
1382 ff. Erweiterung des Schlosses vom Elbtor zum Schloßturm, zwei Seitenflügel nach der Stadt, Schloßkapelle
1400 ff. Ausbau der Franziskanerkirche, Anlage der Busmannkapelle mit Bildnisbüsten aus der Parler-Schule und Heiligem Grab
1403 bis 1408 Umbau der Kreuzkirche
1403 Altendresden (rechts der Elbe) erhält Stadtrecht, noch keine Stadtbefestigung, Rathaus Nordostseite des Marktes, Dreikönigskirche als Pfarrkirche
1404 Gründung des Augustinerklosters in Altendresden
1407 Anbau einer Kapelle am Rathaus
1416 Verstärkung der Befestigungen, Errichtung des Wilschen Tores
1421 Errichtung des Blendnischengiebels der Franziskanerkirche durch Nicolaus Moller
1427 Turm des Frauentores
1453 Einrichtung des Gewandhauses am Neumarkt
1455 Dresden erhält Stapelrecht
1461 Älteste sächsische Steinmetzordnung
1464 Dresden Residenzstadt, Wohnsitz der Herzöge Ernst und Albrecht
1471 bis 1474 Errichtung des Südflügels am Schlosse
1474 Anordnung über Steinbau der Häuser und Ziegelbedachung
1477 Erweiterungsbau der alten Frauenkirche, erste Dresdner Münze
1478 Röhrtrog auf dem Markt
1485 Dresden, Residenzstadt der albertinischen Wettiner
1489 Erste Erwähnung der Ratsbaderei
1489 ff. Wettrennspiele auf dem Altmarkt
1491 Großer Stadtbrand, Bauordnung, Steinbau der Eckhäuser und der Fronten bis zum ersten Stock, Ziegeldächer
1499 Einweihung der erneuerten Kreuzkirche
1505 Lob des Humanisten Hieronymus Emser auf Dresdens schöne Lage
1513 Gründung der Dresdner Bauhütte
1513 Erste Windmühle (Holländer) hinter der Frauenkirche
1514 bis 1525 Erweiterung der Dreikönigskirche
1517 Luther predigt im Dresdner Schloß
1518 ff. Turniere auf dem Altmarkt
1519 bis 1529 Umbau der Befestigungsanlagen und Einbeziehung des Dorfes um die Frauenkirche, Errichtung des Rampischen Tores
1521 Anlage des Weißeritzmühlgrabens
1522 Öffentliche Scheffelmesse Eckhaus Scheffelgasse (bis 1733)
1524 Wolfgang Stöchel, erster Buchdrucker
1525 Auspeitschung von Bilderstürmern
1526 bis 1528 Umbau der Brücke durch Nickel von Zwickau
1527 bis 1528 Bau des Altendresdner Rathauses durch Melchior Trost
1528 Errichtung des Schössereiturmes am Schloß
1529 Zehn-Gebote-Tafel des Meisters Hans für die Kreuzkirche
1534 bis 1537 Erscheinen der Renaissanceformen in Dresden. Georgenbau des Schlosses als Wohnhaus, Georgentor, Totentanz von Christoph Walther (jetzt auf dem Neustädter Friedhof), fünf Pfeiler und fünf Bogen der Brücke zugeschüttet
1535 etwa Runderker Frauenstraße Ecke Neumarkt
1539 Einführung der Reformation in Dresden, Kreuzkirche (an Stelle der Frauenkirche) sowie Dreikönigskirche werden protestantische Pfarrkirchen
1539 etwa Modell des Schlosses
1540 Älteste Ansicht eines Dresdner Gebäudes, des Augustinerklosters
1541 ff. Anlage einer Rohrwasserleitung
1542 bis 1544 Jagdhaus im Friedewald (Moritzburg) von Hans Dehn-Rothfelser
1544 Franziskanerkirche wird Zeughaus
1545 Bauordnung mit festen Preisen für Löhne und Materialien, Verbot der Viehhaltung in der inneren Stadt
1546 bis 1550 Letzter bedeutender Umbau der Festung nach niederländisch-italienischem Muster durch Caspar Voigt von Wierandt, Errichtung von Salomonistor und Ziegeltor, Abbruch der Zwischenmauer und des Tores zum ehemaligen Dorf an der Frauenkirche, Brückenmännchen
1547 Moritz, Kurfürst von Sachsen, Sachsen erster protestantischer Staat Deutschlands
1547 bis 1556 Schloßerweiterung (Moritzbau), neuer Westbau, Hof auf das Doppelte erweitert, drei Treppentürme mit Wendelsteinen, plastischer und malerischer Schmuck, viergeschossige Laube (Hans Dehn-Rothfelser und Caspar Voigt von Wierandt), Renaissancestil, bildhauerischer Schmuck von Hans Walther
1548 Anlage der Moritzstraße, des Neumarktes und der Neuen Elbgasse (Augustusstraße)
1549 bis 1550 Erweiterung des Weichbildes und zweite Eingemeindung, bis Ende des 19. Jahrhunderts grundlegend, Vereinigung von Alt- und Neu-Dresden, Magistratssitz in der heutigen Altstadt
1550 Vermauerung des Seetores, Errichtung der Seetorbastei

1550 etwa Juan Maria da Padua in Dresden, Arbeiten an Schloß und Schloßkapelle

1551 Beginn der Sgraffito-Malerei am Schloß

1552 Vertrag von Passau, Dresden Mittelpunkt allen protestantischen kirchlichen Lebens in Deutschland

1553 Moritzmonument, erstes Denkmal in Dresden an der Hasenbergbastei, wohl von Hans Walther, älteste Ansicht der Stadt von G. Tola

1553 bis 1558 Umbau des Gewandhauses auf dem Neumarkt

1555 etwa Altar der Schloßkapelle, seit 1662 in der Schloßkapelle Torgau, von Hans Walther und einem niederländischen Meister aus dem Kreise des Cornelis Floris

1556 Dresden einzige Münzestätte Sachsens, Gründung der Schmelzhütte

1557 Neubau der Kreuzschule, Wandteppich von Seger Bombeck in Leipzig mit Ansicht von Dresden

1559 bis 1563 Weltberühmtes Zeughaus mit Geschützgießerei (jetzt Albertinum) durch Melchior Trost und Paul Buchner, nach Plänen Caspar Voigt von Wierandts

1560 Aufstellung der Kunstkammer im Schloß, Heinrich Göding Hofmaler, Sgraffitomalereien, Turnierbuch des Kurfürsten August

1563 Deckenmalereien im Steinernen Saal des Schlosses von Benedikt und Gabriele da Tola

1565 bis 1567 Kanzleihaus von Hans Irmisch

1565 ff. Buchbinder J. Krause in Dresden, Pulverturm am neuen Zeughaus. Zweite Ansicht von Dresden von H. Cleef

1568 Jägerhof in Altendresden (der Restteil des umfangreichen Bauwerkes jetzt als Museum für Volkskunst verwendet), älteste Kartenaufnahme von Dresden

1569 bis 1574 Neubau der Festungsanlagen hinter dem Schloß durch Rochus von Lynar

1569 Errichtung der Hofmühle in Plauen

1570 Vermessung der kurfürstlichen Vorwerke durch Georg Oeder

1575 bis 1579 Altar der Kreuzkirche, später in der Annenkirche, von Hans Walther (jetzt in Schandau)

1575 ff. Giovanni Maria Nosseni in Dresden

1577 Wiese vorm Ziegenschlag wird Vogelwiese (Gerokstraße)

1577 Erscheinen des „Neu Reisebüchlein" des Daniel Wintzenberger

1578 Bau der ersten Annenkirche

1578 Anlage des Kohlenbergwerkes in Potschappel

1579 bis 1584 Neuer Westturm der Kreuzkirche von Martin Richter

1582 Eckerker mit sächsisch-brandenburgischem Wappen, Schloßgasse 11

1584 Altar der alten Frauenkirche von Christoph Walther II

1585 Erste übersichtliche Karte von Meißen und der Lausitz in: Germaniae tabulae geographicae von Gerhard Mercator

1586 bis 1588 Bau des Stallhofes mit der Langen Galerie und dem Jagdtor von G. M. Nosseni, H. Irmisch und P. Buchner, erstes Ringrennen im Stallhof

1587 Erstes Inventar der Kunstkammer, Ansicht von Dresden in D. Wintzenbergers „Lobspruch der Stadt Dresden", Holzschnitt der Druckerei Gimel Bergers

1588 Bronzesäulen von Bachstädt und Specht für das Ringelstechen im Stallhof

1589 bis 1590 Neubau des Schloßportals nach der Schloßgasse von P. Buchner und Andreas Walther III

1589 bis 1592 Beendigung der Festungswerke an der Elbe, Pirnaisches Tor und Jungfernbastei (jetzt Brühlsche Terrasse) von H. C. Russwurm und P. Buchner sowie Anlage des Gondelhafens, Beginn des Baues des Lusthauses auf der Jungfernbastei durch G. M. Nosseni, 1621 weitergeführt durch Sebastian Walther

1590 Neue Bauordnung durch Paul Buchner

1590 etwa Gewandhaus auf dem Neumarkt von P. Buchner (abgebrochen 1791)

1590 bis 1591 Älteste Vermessung der Dresdner Plätze

1591 Anlage des Herzogin Gartens als erster Pomeranzengarten, Bau des Pirnaischen Tores durch P. Buchner

1592 bis 1593 Kleiner Schloßhof mit Umgang und Wendelstein von H. Irmisch und P. Buchner

1599 bis 1602 Wiedereinrichtung der alten Franziskanerkirche als Sophienkirche

1606 Altar G. M. Nossenis und Sebastian Walthers in der Sophienkirche

1609 Inventionen im Stallhof und auf dem Altmarkt

1610 Erker Schloßgasse 30 mit Bildnissen Christians II. und seiner Gemahlin von Hans Steyer

1616 Grabmal G. M. Nossenis von Sebastian Walther in der Sophienkirche, Übersiedlung des Konsistoriums Meißen nach Dresden

1617 ff. Heinrich Schütz Hofkapellmeister in Dresden

1627 Ausstattung des Riesensaales im Schloß durch W. Dilich, erste deutsche Oper „Daphne" von H. Schütz in Torgau

1632 ff. Zweite Befestigung von Altendresden, Anlage von vier Toren, darunter das Bautzner oder Schwarze Tor und das Leipziger oder Weiße Tor, durch W. Dilich, Holzmodell der Anlage

1645 Vollendung des Lusthauses auf der Jungfernbastei durch Sebastian Walther und seine Schüler, Malereien von Fabritius und Schiebling

1649 Errichtung des Türkenbrunnens auf dem Neumarkt

1650 Ansicht Dresdens von Merian

1651 Plan S. Nienborgs von Dresden und Umgebung

1660 etwa, Haus Wilsdruffer Str. 14, Stuckdecke Schloßstr. 34

1660 Neue Bauordnung. „Nicht der Stadtzirde zuwider oder dem Nachbar zum Schaden." Bauten mit dem Giebel zur Straße hören auf. Einhaltung der Baufluchten. Gegen Holzhäuser

1661 bis 1672 Schloßkapelle in Moritzburg von W. C. von Klengel

1664 bis 1667 Erstes festes Opernhaus am Schloß von W. C. von Klengel

1668 bis 1669 Ballhaus von W. C. von Klengel

1668 bis 1672 Lusthaus im Türkischen Garten von J. G. Starcke

1673 bis 1674 Schießhaus von J. G. Starcke

1674 bis 1678 Erhöhung des Schloßturmes um 16 Ellen auf 96 m durch W. C. von Klengel

1676 Anlage des Großen Gartens von J. G. Starcke und Hofgärtner M. Göttler

1677 bis 1678 Reithaus von W. C. von Klengel

1678 bis 1680 Kupferstichwerk der „Durchlauchtigsten Zusammenkunft" (Herzog August zu Sachsen-Weißenfels, Christian zu Sachsen-Merseburg, Moritz zu Sachsen-Zeitz mit Gemahlinnen) von Bürgermeister Tzschimmer

1678 bis 1683 Palais im Großen Garten von Oberlandbaumeister Johann Georg Starcke, Gartenanlagen seit 1684 von J. G. Karcher

1679 Weck: „Der Residentz- und Haupt-Vestung Dresden Beschreibung und Vorstellung" (älteste gedruckte Chronik)
1682 Neues Tor zwischen den beiden Schloßhöfen von J. G. Starcke mit figuralem Schmuck von C. M. Süssner
1683 Neue Viktoria von Süssner auf dem Türkenbrunnen nach Rückkehr Johann Georgs III. aus Wien, vierter Treppenturm in der Südostecke des Schlosses nach Vorbild der anderen von J. G. Starcke
1684 ff. Verstärkung der Befestigung von Altendresden durch W. C. von Klengel
1685 Brand von Altendresden, Bebauungsplan von W. C. von Klengel
1691 Umbau des Komödienhauses und Errichtung des Redoutenhauses durch J. G. Starcke, Ausstattung des Festsaales im Palais des Großen Gartens durch Starcke und Beyer
1692 bis 1693 Grünes Tor von W. C. von Klengel und M. C. Dietze
1692 bis 1693 Anlage der Englischen Treppe im Schloß durch J. G. Starcke und C. Beyer
1694 Regierungsantritt Augusts des Starken, Haus Große Meißner Gasse 16 von Pöppelmann
1696 Plan, am Reithaus ein „Colosseum" zu bauen – erster Zwingerplan, Haus Hauptstraße 22 von J. G. Fuchs
1696 Kleines Schauspielhaus am Zwinger von C. Beyer
1697 Erwerbung der polnischen Krone, Übertritt Augusts zur katholischen Kirche, Graf von Wackerbarth Generalintendant, 9 162 Künstler in 98 sächsischen Städten
1699 Erweiterung des Großen Gartens durch Karcher
1700 Gründung der Glasfabrik Friedrichstadt
1701 Schloßbrand, Vernichtung des Georgenbaues und des Riesensaales
1702 Gründung des Ingenieurcorps
1702 bis 1706 Verstärkung der Festungswerke von Altendresden
1703 M. C. Dietze, Entwürfe zum Neubau der Residenz
1704 Planung der Großterrasse in Moritzburg von M. C. Dietze
1705 Gründung der Malerakademie im Fraumutterhaus
1705 bis 1706 Schloßpläne von M. D. Pöppelmann
1705 bis 1708 Kirche in Loschwitz von J. Chr. Fehre
1705 Straßenbeleuchtung durch J. Ch. Naumann
1706 Gründung der Fayencemanufaktur
1706 Frieden von Altranstädt
1706 bis 1711 Taschenbergpalais von M. D. Pöppelmann
1707 Einrichtung einer Gemäldeschau im Schloß
1707 ff. Umbau des Klengel-Starckeschen Theaters zur ersten Katholischen Hofkapelle durch J. Ch. Naumann, Abbruch des Rathauses auf dem Altmarkt, Einrichtung des Laboratoriums auf der Jungfernbastei für Böttger
1708 Das Bauwesen der Stadt wird dem Militärgouverneur der Stadt unterstellt. Erfindung des Böttger-Steinzeuges
1709 Erste Zahlungsanweisung zum Zwingergartenbau mit Orangerien, Löwenapotheke von J. Fehre d. Ä., holzernes Amphitheater vor dem Schloß. Entdeckung des weißen Porzellans durch J. F. Böttger
1710 Regimentshaus am Jüdenhof von J. C. Naumann (?), Karchers Vorschläge für eine Generalbauordnung, Gründung der Porzellanmanufaktur in Meißen
1710 bis 1711 Nymphenbad mit Kaskade, erste Figuren Permosers
1711 Wichtigstes Baujahr des Zwingers, August der Starke Reichsvikar, Wohnhaus G. Bährs Seestraße 2, typisches sogenanntes Handtuch, Palais Kötteritz von D. Schatz, Kreuzgasse, Gründung der Spiegelschleife
1711 bis 1714 Mathematisch-Physikalischer Salon und Französischer Pavillon des Zwingers
1712 Palais de Saxe und British Hôtel von G. Bähr und G. Hase
1714 bis 1716 Kronentor mit Langgalerien des Zwingers
1714 Flemming-Sulkowsky-Palais von J. R. Fäsch
1714 ff. Neue Schloßbaupläne Pöppelmanns
1715 Holländisches Palais für Graf Flemming durch J. R. Fäsch, erste Arbeiten Longuelunes für August den Starken
1715 bis 1716 Die Wache vor der Frauenkirche von J. R. Fäsch mit Garnisonkirche im Obergeschoß
1716 Dinglingerhaus von George Bähr, Anlage der Lindenallee im Großen Gehege
1716 bis 1718 Wallpavillon des Zwingers
1717 Erweiterung des Holländischen Palais durch M. D. Pöppelmann
1717 ff. Wiederaufbau des Georgenbaues
1718 Schauseiten des Weißen Tores in der Neustadt von J. G. Fürstenhoff und J. R. Fäsch, Gründung des Oberlandbauamtes unter M. D. Pöppelmann
1718 bis 1719 Porzellan-Pavillon und Deutscher Pavillon des Zwingers, Opernhaus am Porzellan-Pavillon von M. D. Pöppelmann mit Innenausstattung von Galli-Bibiena, hölzerner Redoutensaal am Deutschen Pavillon
1719 Hochzeitsfeierlichkeiten zur Vermählung des Kurprinzen mit Maria Josepha von Österreich, Abschluß des Zwingers mit hölzerner Tribüne, Entwurf M. D. Pöppelmanns für Triumphbögen, Pläne M. D. Pöppelmanns für Pillnitz, Porzellanzimmer des Schlosses durch Z. Longuelune
1719 bis 1721 Palais Vitzthum-Rutowski an der Kreuzgasse von M. D. Pöppelmann
1720 Neues Bau reglement zur Zierde der Stadt, Friedrichschlößchen und obere Orangerie in Großsedlitz von M. D. Pöppelmann und J. C. Knöffel
1720 bis 1721 Orgel in der Sophienkirche von G. Silbermann
1720 bis 1724 Wasserpalais in Pillnitz von M. D. Pöppelmann
1721 Anlage der ersten „Schläge" um die Stadt
1721 ff. Aufstellung der Postmeilensäulen in Sachsen
1721 bis 1724 Ausstattung von acht Räumen des Grünen Gewölbes durch M. D. Pöppelmann und R. Leplat
1722 Erster Entwurf G. Bährs für die Frauenkirche, A. Thieles Gemälde nach dem Erweiterungsplan des Zwingers gegen die Elbe von M. D. Pöppelmann
1722 bis 1723 Bergpalais Pillnitz von M. D. Pöppelmann
1722 bis 1725 Erster Umbau des Stallgebäudes mit Redoutensaal und Theaterraum durch Fürstenhoff
1723 bis 1726 Gartenplanungen für Großsedlitz von M. D. Pöppelmann und Z. Longuelune
1723 bis 1727 Kirche in Pillnitz von M. D. Pöppelmann
1723 bis 1728 Glockenspielpavillon mit Bogengalerien des Zwingers sowie Einwölbung der Galerien vollendet
1723 bis 1729 Wackerbarthpalais (Ritterakademie) von J. C. Knöffel
1723 bis 1736 Erweiterung der Moritzburg durch Pöppelmann, Longuelune, de Bodt, Innenausstattung (Monströsensaal, Billardsaal, Großer Speisesaal) durch Leplat, Statuenschmuck von Thomae und Kirchner, Anlage der Terrasse und der Pavillons
1724 bis 1726 Schloß Übigau durch Eosander von Göthe
1724 bis 1732 Anlage der Königstraße in der Neustadt nach Plänen Pöppelmanns

1725 Idealplan Longuelunes zur Erweiterung der Schloßanlage mit französischem Garten in Pillnitz. Gegenentwurf zur Frauenkirche G. Bährs von J. C. Knöffel

1726 Grundsteinlegung zur Frauenkirche G. Bährs

1726 bis 1727 Schloßbaupläne Z. Longuelunes für Großsedlitz, Entwürfe Z. Longuelunes für das Japanische Palais

1726 bis 1730 Pläne Z. Longuelunes zur Erweiterung von Schloß Übigau

1727 Abbruch der alten Frauenkirche, Museumsprojekt Z. Longuelunes und Entwürfe für Bauten zwischen Elbe und Zwinger

1727 bis 1728 Pläne zum Japanischen Palais von Z. Longuelune, Dächer von M. D. Pöppelmann

1727 bis 1731 Erneuerung der Elbbrücke durch M. D. Pöppelmann und J. G. Fehre d.J., Sockel für das Kruzifix von Z. Longuelune

1728 Zwinger wird Sammlungsgebäude, Begründung der Antikensammlung durch Ankauf der Sammlungen Chigi und Albani, Zeughausentwurf Longuelunes für die Neustadt, de Bodt Generalintendant der Zivil- und Militärgebäude

1728 bis 1729 Kurländer Palais von J. C. Knöffel

1728 bis 1730 Matthäuskirche in der Friedrichstadt von M. D. Pöppelmann

1729 Kupferstichwerk über den Zwinger von M. D. Pöppelmann, weiterer Umbau des Stallgebäudes, Freitreppe nach dem Jüdenhof von Fürstenhoff, Wackerbarths Ruhe von J. C. Knöffel, Bebauungsplan für Neustadt-Ostra

1730 Zeithainer Lustlager

1730 ff. Entwürfe zum Gartenflügel und zur Inneneinrichtung des Japanischen Palais von Z. Longuelune, zum Mitteltrakt der Platzfassade von J. de Bodt, Entwürfe zum Pyramidengebäude (Blockhaus) von Z. Longuelune

1732 Einrichtung der Gewehrgalerie im Langen Gang

1732 Das rechtselbische Dresden Neue Königstadt (Neustadt), Kasernenbau an der Hauptstraße von J. de Bodt, Große Meißner Gasse 5 von George Bähr, Beginn der Aufstellung des Porzellans im Japanischen Palais, Aufstellung des Kruzifix auf der Brücke

1732 bis 1734 Reiterstandbild Augusts des Starken, nach Entwurf J. Vinaches von L. Wiedemann in Kupfer getrieben

1732 bis 1737 Blockhaus in der Neustadt von Z. Longuelune

1732 bis 1739 Dritte Dreikönigskirche von M. D. Pöppelmann, G. Bähr und J. G. Fehre

1733 Tod Augusts des Starken

1734 Baubeginn des Palais Brühl Augustusstraße von J. C. Knöffel, Einweihung der Frauenkirche

1736 Fertigstellung der Kuppel der Frauenkirche, Bauordnung für die Vororte, Aufstellung des Reiterdenkmals Augusts des Starken auf dem Neustädter Markt nach Plänen von Z. Longuelunes, Projekt für eine Hofkirche an Stelle des Kanzleihauses von Z. Longuelune, Erwerbung der drei Herkulanerinnen aus Wien

1737 Sophienkirche wird Evangelische Hofkirche, Übernahme des Altars der Schloßkapelle von 1662 in die Busmannkapelle, neue Entwürfe für die Inneneinrichtung des Japanischen Palais durch Z. Longuelune, Chiaveri in Dresden

1738 Weiterführung der Frauenkirche durch J. G. Schmid, Mattielli in Dresden

1738 bis 1775 Katholische Hofkirche von G. Chiaveri und Nachfolgern

1739 Abtragung des Elbtores und des alten Münzgebäudes an der Elbe, Zuschüttung von zwei Brückenpfeilern, damit Schaffung des Schloßplatzes

1739 ff. Oeser in Dresden, Anlage des Brühlschen Gartens

1740 bis 1743 Laterne der Frauenkirche von J. G. Schmid

1740 bis 1747 Umbau des Zeughauses durch J. G. Fürstenhoff, Errichtung des zweiten Obergeschosses, Giebel und Ecktürme fallen

1740 bis 1753 Erweiterung des Brühlschen Palais mit Festsaal von J. C. Knöffel

1741 bis 1745 Neues Rathaus am Altmarkt nach Plänen von J. C. Knöffel durch J. G. Fehre

1742 Brunnen Thomaes auf dem Neustädter Markt

1742 ff. Palais Mosczynska von J. H. Schwarze

1742 bis 1743 Prinz-Max-Palais von G. Chiaveri

1743 Palais Hoym, Landhausstraße, von J. C. Knöffel

1743 bis 1751 Kleinbauten Knöffels auf der Brühlschen Terrasse

1744 J. C. Knöffel Leiter des Oberlandbauamtes, Teilung des Oberlandbauamtes in Zivil- und Militärbauamt

1744 bis 1746 Coselpalais von J. C. Knöffel, zweiter Umbau des Stallgebäudes durch J. C. Knöffel zur Gemäldegalerie

1745 Frieden von Dresden im zweiten Schlesischen Kriege

1745 bis 1746 Neptunbrunnen im Marcolinipalais (Palais Brühl) von L. Mattielli

1746 Ankauf der Modenesischen Sammlung, Gemäldegalerie Brühls auf der Terrasse von J. C. Knöffel, Mingottisches Theater im Zwinger

1747 Lusthaus auf der Jungfernbastei fliegt in die Luft

1747 bis 1748 Brunnen im Brühlschen Garten von P. Coudray

1749 bis 1751 Belvedere im Brühlschen Garten von J. C. Knöffel

1750 bis 1754 Orgelwerk in der Katholischen Hofkirche von G. Silbermann

1751 ff. Neustädter Rathaus nach Plänen J. C. Knöffels und J. G. Fehres von J. C. Berger

1752 bis 1755 Vollendung der Katholischen Hofkirche durch J. H. Schwarze nach den Plänen Chiaveris, Erhöhung des Turmes, Ausbau der Kreuzkapelle

1753 Saulsches Haus von J. C. Knöffel, Seegasse

1755 Winckelmanns Erstlingsschrift, Morettisches Theater

1756 Brunnen und Hermen im Taschenbergpalais von G. Knöffler

1756 bis 1763 Seitenflügel des Taschenbergpalais von J. H. Schwarze und C. F. Exner

1758 und 1759 Niederbrennung der Vorstädte

1760 Beschießung der Stadt: Verluste: Kreuzkirche, Annenkirche, Brühlsches Belvedere, Gewandhaus, Gebäude um den Neumarkt, die Palais der Moritzstraße und der Pirnaischen Gasse, die Pirnaische und Seevorstadt

1760 Neu-Bebauungsplan I von Dresden von J. H. Schwarze

1760 bis 1762 Letztes großes Schloßbauprojekt mit erstem Plan zur Niederlegung der Altstädter Festungswerke durch F. de Cuvilliés

1760 bis 1765 Josephinenstift und Kapelle von C. F. Exner

1760 bis 1767 Reformierte Kirche von S. Locke

1762 bis 1764 Seitenflügel des Coselpalais durch J. H. Schwarze

1763 Frieden von Hubertusburg, Verlust der polnischen Krone, Sachsens Ende als Großmacht, Tod Friedrich Augusts II., des Kurfürsten Friedrich Christian und des Grafen Brühl

1764 Gründung der Dresdner Kunstakademie

1764 bis 1766 Beginn des Kreuzkirchenbaues nach Plänen von J. G. Schmid
1764 bis 1769 Annenkirche von J. G. Schmid
1764 bis 1770 Palais der Sekundogenitur Zinzendorfstraße von F. A. Krubsacius
1765 Einsturz des Turmes der Kreuzkirche
1766 Abbruch der Wache vor der Frauenkirche
1768 bis 1770 Neues Gewandhaus an der Kreuzstraße von J. F. Knöbel
1769 Weiterbau an der Kreuzkirche durch C. F. Exner und J. G. Schmid
1769 bis 1782 Fasanerie in Moritzburg von J. D. Schade mit J. G. Hauptmann (?)
1770 Deckengemälde des heiligen Benno in der Katholischen Hofkirche und im Saal des Palais Riesch von F. A. Maulbertsch
1770 bis 1776 Landhaus von F. A. Krubsacius
1776 ff. Umbau des Palais Brühl in der Friedrichstadt zum Marcolinipalais von J. D. Schade
1778 Vollendung des Außenbaues der Kreuzkirche
1780 Das Waldschlößchen für Marcolini von J. D. Schade
1781 bis 1792 Bauten im Seifersdorfer Tal
1782 bis 1784 Umbau des Japanischen Palais zur Aufnahme der Antiken, des Münzkabinetts und der Bibliothek, von C. F. Exner und J. D. Schade, die Porzellane wurden im Keller aufgestellt
1783 Prinz-Max-Palais von J. A. Giesel umgebaut
1783 bis 1795 Erste Zwingerrestauration unter J. D. Schade
1785 Gotische Ruine in Pillnitz von J. D. Schade
1787 Rundtempel in Pillnitz von C. T. Weinlig
1787 bis 1805 Letzter Ausbau der Festung in der Neustadt
1788 Turm der Kreuzkirche von G. A. Hölzer vollendet
1788 Künstliche Ruine im Garten der Sekundogenitur
1788 bis 1792 Flügelbauten in Pillnitz durch C. F. Exner nach Plänen von C. T. Weinlig
1791 Pillnitzer Konvention
1794 Aufstellung der Mengsischen Abgußsammlg. im Stallhof
1794 bis 1795 Die Reithalle von C. T. Weinlig
1800 Vollendung der Kreuzkirche
1804 Chinesischer Pavillon in Pillnitz von C. F. Schuricht
1806 Sachsen Königreich von Napoleons Gnaden
1809 Befehl Napoleons zur Schleifung der Festungswerke
1811 Planung für Umgestaltung der Stadt, einschließlich des Bautzner Platzes, der Treppe zur Terrasse sowie des Gondelhafens durch J. G. Hauptmann, Bau von Findlaters Weinberg
1814 Die Treppe zur Brühlschen Terrasse von G. F. Thormeyer, das dritte Belvedere von C. F. Schuricht, das Moreau-Denkmal von G. F. Thormeyer und G. C. Kühn
1815 Der größere Teil Sachsens, darunter der Kurkreis, die Niederlausitz und die östliche Hälfte der Oberlausitz, wird auf dem Wiener Kongreß an Preußen abgetreten
1815 ff. Niederlegung der Mauern um den Großen Garten
1815 bis 1829 Endgültige Demolierung der Festungswerke, Lösung der städtebaulichen Aufgaben durch G. F. Thormeyer
1816 ff. Anlage des Pirnaischen Platzes
1817 Einebnung der Festungswerke zwischen Schwarzem und Weißem Tor vollendet
1817 bis 1820 Abtragung der Bastion Sol und des „Ausfall", Errichtung der Calberlaschen Zuckersiederei (seit 1853 Hôtel Bellevue)
1818 Verbindung der Äußeren Rampischen Gasse (seit 1859 Pillnitzer Straße) mit der Stadt
1818 bis 1826 Neues Palais in Pillnitz von C. F. Schuricht
1820 ff. Wohnbauten in offener Bauweise und einfacher klassizistischer Formgebung auf dem ehemaligen Festungsgelände, besonders in der Neustadt, Anlage der Alleen der Neustadt, Zuschüttung des Festungsgrabens der Altstadt, Anlage des Gondelhafens
1821 Elbschiffahrtakte, Freigabe der Elbschiffahrt bis Hamburg
1822 bis 1823 Turm der Annenkirche von G. F. Thormeyer
1823 Anlage der Friedrichs- und Johannes-Allee
1824 Einebnung der Festungswerke östlich vom Schwarzen Tor vollendet
1824 bis 1828 Anlage des Packhofes
1825 Gründung des Sächsischen Altertumsvereins
1826 Anlage des Zwingerteiches, des Zwingergartens und des Antonsplatzes
1826 Grünanlagen des Antonsplatzes mit den Kaufhallen
1827 Allgemeine neue Bauordnung
1827 bis 1829 Torhäuser am Leipziger Tor von G. F. Thormeyer
1828 Gründung des Sächsischen Kunstvereins und der Technischen Bildungsanstalt, Öffnung der königl. Kunstsammlungen
1830 Revolutionäre Unruhen im September
1830 Palais Lüttichau von J. Thürmer
1830 bis 1832 Postgebäude von A. Geutebrück und J. Thürmer, Altstädter Hauptwache von F. Schinkel und J. Thürmer
1831 Polizeiverwaltung mit Baupolizei wird städtisch
1831 Sächsische Verfassung, nach § 18 gehen die Sammlungen in den Besitz des Staates über
1832 Rückgabe der Baupolizei an die Stadtbehörde
1832 Übernahme der Städteordnung
1834 Berufung G. Sempers, Überwindung des Klassizismus zugunsten der Neurenaissance
1835 Vereinigung der Vorstädte mit der Altstadt und einheitliche Gemeindeverfassung
1836 Säle für die Antiken im Untergeschoß des Japanischen Palais, Ausstattung durch G. Semper
1837 Forumplan G. Sempers, Dampfschiffahrt auf der Elbe
1837 bis 1838 Maternihospital von G. Semper, Leipziger Bahnhof
1838 bis 1841 Erstes Opernhaus von G. Semper
1839 Villa Rosa von G. Semper, Eröffnung der Eisenbahn Dresden–Leipzig
1839 bis 1840 Synagoge von G. Semper
1841 Die Orangerie von O. von Wolframsdorf
1842 Der Große Ballsaal im Residenzschloß und das vierte Belvedere von O. von Wolframsdorf
1842 bis 1869 Anlagen der Bürgerwiese von Hofgärtner K. A. Terscheck, J. Lenné und Gartendirektor G. F. Krause
1843 Denkmal für Friedrich August I. von G. Semper und E. Rietschel, Café Torniamenti auf der Brühlschen Terrasse von O. von Wolframsdorf, Cholerabrunnen von G. Semper und J. M. Seelig
1845 bis 1848 Palais Oppenheim an der Bürgerwiese von G. Semper
1846 bis 1852 Marienbrücke J. G. Lohse
1847 bis 1854 Gemäldegalerie von G. Semper, vollendet durch M. Haenel
1848 Neuordnung der städtischen Baupolizei

1849 Maiaufstand, Flucht G. Sempers und R. Wagners, Brand des Pöppelmannschen Opernhauses und der Zwingerpavillons der Stadtseite

1850 ff. Bürgerliche Wohnbauten in offener und geschlossener Bauweise im Renaissancestil der „Dresdner Schule" von G. Semper und H. Nicolai

1850 bis 1854 Schloß Albrechtsberg und Villa Stockhausen von A. Lohse

1851 Bebauungsplan für Schweizer Viertel in offener Bauweise

1852 bis 1855 Kirche Franziskus Xaverius von H. Bothen und Th. Choulant

1854 bis 1857 Wiedererrichtung des Glockenspielpavillons im Zwinger von M. Haenel und E. Hähnel

1854 bis 1857 Die Dreikönigskirche erhält einen 87,5 m hohen Turm von M. Haenel

1855 Trennung der Baupolizei und des Stadtbauamtes

1859 bis 1861 Villa Souchay (Schloß Eckberg) von C. F. Arnold

1861 bis 1863 Bebauungsplan für Terrain zwischen Forst- und Schillerstraße (Neustadt) sowie zwischen Beust- und Parkstraße (Altstadt) in offener Bauweise

1861 Einführung der Gewerbefreiheit, Anlage des Zoologischen Gartens

1864 bis 1866 Turmfront und Seitenschiffe der Sophienkirche von C. F. Arnold, Kreuzschule von C. F. Arnold

1864 bis 1866 Technische Bildungsanstalt Antonsplatz von C. Heine

1869 Brand des ersten Opernhauses G. Sempers

1870 bis 1878 Zweites Opernhaus, Plan von G. Semper, Ausführung von Manfred Semper

1871 bis 1873 Albert-Theater B. Schreiber

1872 bis 1874 Palais Kap-herr von B. Schreiber, Russische Kirche von H. von Bosse und K. Weißbach

1872 bis 1875 Technische Hochschule Hauptbau von R. Heyn

1872 bis 1876 Umbau des Stallhofes zum Johanneum von K. M. Haenel

1873 Einführung der revidierten Städteordnung

1874 Anlage des Elbkais, Börse von A. Zumpe

1874 bis 1878 Johanneskirche von G. L. Möckel

1875 bis 1877 Albertbrücke von K. Manck, Anlage des Sachsenplatzes von A. H. Richter

1876 bis 1879 Landgericht Pillnitzer Straße von A. Canzler

1878 ff. Oberpostdirektion Annenstraße von C. Zopff

1883 bis 1887 Martin-Luther-Kirche von E. Giese und P. Weidner

1884 bis 1887 Umbau des Zeughauses zum Albertinum von A. Canzler

1886 ff. Durchbruch der König-Johann-Straße vom Altmarkt nach dem Pirnaischen Platz, Anlage des Carola-Sees im Großen Garten

1889 bis 1901 Umbau der Residenz von G. Dunger und G. Frölich

1890 bis 1892 Amtsgericht Lothringer Straße von A. Roßbach

1891 f. Viktoria-Haus am Ring von W. Lossow und H. Viehweger, Markthallen Antonsplatz von W. Rettich und Th. Fischer

1891 bis 1893 Elbbrücke in Blasewitz von K. Köpke und H. M. Krüger

1891 bis 1894 Kunstakademie von K. Lipsius

1892 bis 1895 Carola-Brücke von H. Klette

1893 bis 1898 Hauptbahnhof Empfangshalle von E. Giese und P. Weidner

1894 bis 1896 Städtischer Ausstellungspalast von E. Bräter

1895 Anlage Sportplatz Lennéstraße, Kaiserpalast von R. Schilling und J. Gräbner

1896 f. Finanzministerium von O. Wankel und O. Reichelt

1897 bis 1900 Zentraltheater von W. Lossow und H. Viehweger, Wiederaufbau der Kreuzkirche durch R. Schilling und J. Gräbner, Jakobi-Kirche von J. Kröger

1898 ff. Bahnhof Neustadt, Bau der Lukaskirche von K. Weidenbach

1900 bis 1904 Gesamtministerium von G. Waldow und A. Tscharmann

1901 bis 1907 Ständehaus (Landtag) von P. Wallot

1901 bis 1908 Kunstgewerbeschule und -museum von W. Lossow, H. Viehweger und H. M. Kühne

1902 bis 1907 Landgericht Münchner Platz von O. Kramer

1903 bis 1905 Christus-Kirche Strehlen von R. Schilling und J. Gräbner

1905 bis 1910 Neues Rathaus von K. Roth und E. Bräter

1906 f. König-Georg-Gymnasium von H. Erlwein

1906 bis 1913 Städtischer Vieh- und Schlachthof von H. Erlwein

1907 bis 1910 Neubau der Augustus-Brücke als Friedrich-August-Brücke von W. Kreis und H. Klette

1908 ff. Gründung der Gartenstadt Hellerau mit den Deutschen Werkstätten

1909 ff. Krematorium von F. Schumacher

1910 f. Festspielhaus Hellerau von H. Tessenow

1910 bis 1913 Hochschulbauten von M. Dülfer

1911 Internationale Hygiene-Ausstellung

1911 bis 1913 Gaststätte Italienisches Dörfchen von H. Erlwein

1912 Zionskirche von R. Schilling und J. Gräbner, Zirkus Sarrasani von J. Heilmann und M. Littmann

1912 f. Bienertsche Hafenmühle von W. Lossow und H. M. Kühne

1912 bis 1914 Neues Schauspielhaus von W. Lossow und H. M. Kühne

1914 ff. Kunstausstellungsgebäude Lennéstraße von H. Erlwein und K. Hirschmann, Landeshauptarchiv von O. Reichelt und H. Koch

1918 Dresden Hauptstadt des Freistaates Sachsen

1921 Eingemeindung von Blasewitz, Loschwitz und Weißer Hirsch

1922 Anlage der Ilgen-Kampfbahn

1923 Planetarium von P. Wolf, Stadthaus Mitte von F. Wirth

1923 f. Ernemann-Werke von E. Högg und R. Müller

1926 Letzte Internationale Kunstausstellung

1928 bis 1930 Deutsches Hygiene-Museum von W. Kreis, Kaditzer Elbbrücke von P. Wolf und H. Koch

1930 ff. Siedlung Trachau von H. Richter

1935 f. Autobahnbrücke

1945 13./14. Februar weitgehende Zerstörung von Dresden durch anglo-amerikanische Bomber

1945 bis 1964 Sicherung und Wiederaufbau des Zwingers

1945 bis 1955 Wiederherstellung des Inneren der Kreuzkirche

1946 bis 1976 Wiederaufbau der Katholischen Hofkirche

1952 Dresden wird Bezirksstadt

1952 ff. Beginn des Wiederaufbaus des Japanischen Palais

1955 bis 1956 Wiederherstellung der Altstädter Wache

1978 bis 1984 Wiederaufbau des Opernhauses G. Sempers

1979 bis 1981 Wiederherstellung des Blockhauses und der barocken Wohnbauten der Hauptstraße, jetzt Straße der Befreiung

LITERATURVERZEICHNIS
(Auswahl)

Allgemeines

Dehio, Georg, Handbuch der deutschen Kunstdenkmäler, Bezirke Dresden, Karl-Marx-Stadt, Leipzig, Berlin 1965

Hempel, Eberhard, Geschichte der deutschen Baukunst, München 1949

Hentschel, Walter, Bibliographie zur sächsischen Kunstgeschichte, Berlin 1960 (bis einschließlich 1955)

Lembke, Carl, Städte am Wasser, Berlin 1953

Lexikon der Kunst, Bd. 1 bis 5, Leipzig 1968 ff.

Neue Deutsche Biographie, Band 1 bis 6, München 1953 ff.

Schlosser, Julius, Die Kunstliteratur, Wien 1924

Thieme-Becker, Allgemeines Lexikon der bildenden Künstler, Bd. 1 bis 37, Leipzig 1907 bis 1950

Schmitt, Otto, Reallexikon zur deutschen Kunstgeschichte, Bd. 1 bis 7. Stuttgart 1937 ff.

Sächs. Landesbibliothek, Bibliographie der Stadt Dresden, bis 1960, Band 1 bis 4, Dresden 1981

Dresdner Chroniken und Geschichte

Beschorner, Hans, Die ältesten Kartendarstellungen der Stadt und Festung Dresden, in: Dresdner Geschichtsblätter 1921

Beutel, Georg, Die Bürgerwiese in Dresden, Dresden 1938

Butte, Heinrich, Geschichte Dresdens bis zur Reformationszeit, Köln/Graz 1967

Dassdorf, Karl Wilhelm., Beschreibung der vorzüglichen Merkwürdigkeiten der Churfürstlichen Residenzstadt Dresden, 1782

Gautsch, Carl, Gründung und Entwicklung der Friedrichstadt, Dresden (1870)

Geyer, Bernhard, Das Stadtbild Alt-Dresdens, Baurecht und Baugestaltung, Berlin 1964

Hahn, Alfred, Zur Frühgeschichte Dresdens (Forschungen zur ältesten Entwicklung Dresdens, Heft 1), Leipzig 1953

Hansch, Friedrich Wilhelm, Geschichte des K.S. Ingenieur- und Pionier-Korps, Dresden 1898

Hantzsch, Adolf, Namenbuch der Straßen und Plätze Dresdens, Dresden 1905

ders., Hervorragende Persönlichkeiten in Dresden und ihre Wohnungen, Dresden 1918

Hasche, Johann Christian, Umständliche Beschreibung Dresdens, 2 Bde., Leipzig 1781 und 1783

ders., Magazin der Sächsischen Geschichte, Band 1 bis 8, Dresden 1784 bis 1791

ders., Diplomatische Geschichte Dresdens, Dresden 1817 ff.

Haug, Heinrich, Die Entstehung der Antonstadt, in: Dresdner Geschichtsblätter 1896

ders., Zur Geschichte der Wilsdruffer Vorstadt, in: Dresdner Geschichtsblätter 1902

Hilscher, P. G., und Klemm, G., Chronik der K.S. Residenzstadt Dresden, 2 Bde., Dresden 1837

Hollstein, Carl, Die Entwicklung des Stadtplanes und Entwurf eines geschichtlichen Häuserplanes vom Anfang des 18. Jahrhunderts bis zur Gegenwart, in: Dresdner Geschichtsblätter, Dresden 1936

Iccander (Crell, J. Chr.), Das fast auf dem höchsten Gipfel seiner Vollkommenheit und Glückseligkeit prangende königliche Dresden, Leipzig 1726

Irving, David, Der Untergang Dresdens, Gütersloh 1964

Keyßler, Johann George, Neueste Reisen durch Teutschland, Böhmen..., Hannover 1741

Kiessling, Hugo, Zur Entwicklung der Dresdner Stadtgebietsfläche von 1549 an, in: Dresdner Anzeiger vom 7. Juli 1929

Koepert, O., und Pusch, P., Die Dresdner Heide und ihre Umgebung, Dresden 1932

Lindau, M. B., Geschichte der Königlichen Haupt- und Residenzstadt Dresden, 2. Aufl., Dresden 1884

Michaelis, Rudolf, Die Burg Thorun und die erste Erwähnung Dresdens am 31. März 1206, in: Heimatkundliche Blätter, Dresden 1956, Heft 14/15

Müller-Benedikt, G. H., Die Chronik der Stadt Dresden, 1937

Richter, Otto, Verwaltungsgeschichte der Stadt Dresden, 1891

ders., Abriß der geschichtlichen Ortskunde von Dresden, 1898

ders., Atlas zur Geschichte Dresdens, Dresden 1898

ders., Geschichte der Stadt Dresden, Bd. 1 (Mittelalter), 1900

ders., Geschichte der Stadt Dresden 1871 bis 1902, 1903

Rühle, E. K., Die Wasserversorgung der Stadt Dresden vom 13. bis 19. Jahrhundert (Forschungen zur ältesten Entwicklung Dresdens, Heft 2), Leipzig 1954

Trautmann, Otto, Altendresden, in: Neues Archiv für Sächsische Geschichte, Bd. 46, Dresden 1925

Tzschimmer, Gabriel, Die Durchlauchtigste Zusammenkunft ... des 1678. Jahres in Dresden, Nürnberg 1680

Weck, Anton, Der Residentz- und Haupt-Vestung Dresden Beschreibung und Vorstellung, Nürnberg 1679

Weinart, Benjamin Gottfried, Topographische Geschichte der Stadt Dresden, Dresden 1778

Sächsische Geschichte

Adriani, G., Löffler, F., Schubert, F., Sächsische Köpfe im zeitgenössischen Bild, Dresden 1938

Großmann, Karl, Sachsen, 1000 Jahre deutscher Kultur, Dresden 1929

Haake, Paul, Kursachsen und Brandenburg-Preußen, Berlin 1939

Kaemmel, Otto, Sächsische Geschichte, Leipzig 1905

Kalisch, Johannes, Zur Polenpolitik Augusts des Starken 1697 bis 1700, Diss. der Universität Leipzig, 1957

Kötzschke, R., und Kretzschmar, H., Sächsische Geschichte, 2 Bde. (mit ausführlichen Literaturangaben), Dresden 1935 und Frankfurt am Main, 1965

Schlesinger, Walter, Sachsen, Stuttgart 1965

Schubert, Franz, Große Männer Sachsens, Katalog der Bildnisausstellung, Dresden 1939

Sponsel, Jean Louis, Fürstenbildnisse des Hauses Wettin, Dresden 1906

Zeitschriften und Folgen

Dresdner Geschichtsblätter, herausgegeben vom Verein für Geschichte Dresdens, Dresden 1892 ff.

Dresdner Kalender und Jahrbuch, Dresden 1909 bis 1940

Mitteilungen des Landesvereins Sächsischer Heimatschutz, Dresden 1908 bis 1941

Mitteilungen des Vereins für Geschichte Dresdens, Heft 1 ff., Dresden 1892 bis 1937

Neues Archiv für Sächsische Geschichte und Altertumskunde, Bd. 1 ff., Dresden 1880 bis 1943

Sitzungsberichte und Abhandlungen der Flora, Neue Folge, 34. bis 44. Jahrgang, Dresden 1929 bis 1940

Dresdner Kunst- und Kulturgeschichte allgemein

Doenges, Willy, Dresden, Leipzig 1908

Enderlein, Gertraud, Dresdener Gärten und Parke, Dresden 1932

Flade, Paul, Neue Sächsische Kirchengalerie: Die Ephorie Dresden, Leipzig (1906)

Forberger, Rudolf, Die Manufaktur in Sachsen, Berlin 1958

Graefe, Heinz, Dresden, Vision einer Stadt, Frankfurt am Main 1965

Grohmann, W., und Kesting, E., Dresden, Berlin 1955

Gurlitt, Cornelius, Beschreibung und Darstellung der Kunstdenkmäler Sachsens, Bd. 21 bis 24 und 26: Dresden und Umgebung, Dresden 1900 bis 1904

ders., Dresden (Sammlung „Die Kultur"), Berlin 1907

Haenel, Erich, Dresden, Berlin 1935

Haenel, E., und Kalkschmidt, E., Das alte Dresden, 2. Aufl., Leipzig 1934

Hofmann, Friedrich, Das Porzellan, Berlin 1932

Katalog, The Splendour of Dresden, Five Centuries of Art Collecting, Washington, New York, San Francisco 1978/79

Kempe, Lothar, Schlösser und Gärten um Dresden, Dresden 1957

Kleine-Natrop, Heinz-Egon, Das Heilkundige Dresden, Dresden 1964

Koch, Hugo, Sächsische Gärten, Berlin 1910

Kummer, Robert, Dresden und seine Theaterwelt, Dresden 1938

Löffler, Fritz, Dresden so wie es war, Düsseldorf 1972 ff.

ders., Die sächsischen Stadtkirchen, Berlin 1974 ff.

Müller, Georg, Dresdner Stadtpläne, in: Dresdner Kalender 1919, S. 169–175, Dresden 1919

Pietzsch, Gerhard, Sachsen als Musikland, Dresden 1938

Posse, Hans, Die Gemäldegalerie zu Dresden, Die alten Meister, Dresden (1937)

Richter, Otto, Dresden sonst und jetzt, Dresden 1905

ders., Dresdner Bilderchronik, Dresden 1906 bis 1910

Schaarschuch, Kurt, Bilddokument Dresden 1933 bis 1945, Dresden 1946 (Kriegszerstörungen)

Schmidt, Gerhard, Dresden und seine Kirchen, Berlin 1976

Schmidt, O. E., Kursächsische Streifzüge, Bd. 6, Dresden 1928

Schnoor, Hans, Dresden, 400 Jahre deutsche Musikkultur (mit umfassender Literaturangabe), Dresden (1948)

Schumann, Paul, Dresden, Leipzig 1909. 2. Aufl. 1922

Seidlitz, W. von, Die Kunst in Dresden, Dresden 1921/22

Sieber, Friedrich, Volk und volkstümliche Motivik im Festwerk des Barocks, dargestellt an Dresdner Bildquellen, Berlin 1960

Steche, Richard, Die Bauten, technischen und industriellen Anlagen von Dresden, Dresden 1878

Zeißig, Herbert, Eine deutsche Zeitung 1730 bis 1930, Zweihundert Jahre Dresdner Anzeiger, 1930

Dresden („Merian", Städte und Landschaften), Hamburg 1949

Dresdner Lehrerverein, Dresden, ein Bilderbuch, Dresden 1929

Ministerium für Volksbildung, Die Staatlichen Sammlungen in Dresden, Führer, Dresden 1932

Sachsens Kirchengalerie, Dresden, Dresden 1837

Mittelalter und Renaissance

Bachmann, Walter, Zur Geschichte der ehemaligen Kreuzpforte und des Salomonistores, in: Dresdner Geschichtsblätter 1933

ders., Das ehemalige Ziegel- oder Schifftor, in: Wissenschaftliche Beilage des Dresdner Anzeigers, 5. Januar 1934

ders., Nossenis Lusthaus auf der Jungfernbastei in Dresden, in: Neues Archiv für Sächsische Geschichte, Dresden 1936

Baer, Otto, Die Befestigungsanlagen von Altendresden, Diss. der Technischen Hochschule Dresden, 1943

Beschorner, Hans, Die Hoflößnitz bei Dresden, Dresden 1931

Bruck, Robert, Die Sophienkirche in Dresden, Dresden 1912

Gonschor, Brunhild, Gewölbestrukturen des 16. Jahrhunderts im Dresdner Schloß, in: Sächsische Heimatblätter, 22. Jahrgang, Heft 1, S. 15–24, Dresden 1976

Grashoff, Ehler W., Raumprobleme des protestantischen Kirchenbaues im 17. und 18. Jahrhundert, Berlin 1938

Günther, Klaus, Der Brakteatenfund von Dresden, in: Arbeits- und Forschungsberichte zur Sächsischen Bodendenkmalpflege 1950/51, Dresden 1952

Gurlitt, Cornelius, Das Königliche Schloß zu Dresden und seine Erbauer, in: Mitteilungen des Königlich-Sächsischen Altertumsvereins Heft 28, Dresden 1878

Haenel, Erich, Der alte Stallhof in Dresden (Geschichtliche Wanderfahrten Heft 50), Dresden 1937

Hentschel, Walter, Der Altar der Schloßkapelle zu Dresden, in: Neues Archiv für Sächsische Geschichte, Bd. 50, S. 119 ff., Dresden 1929

ders., Epitaphe in der alten Frauenkirche, in: Jahrbuch der Staatl. Kunstsammlungen Dresden, S. 101–125, Dresden 1963/64

ders., Dresdner Bildhauer des 16. und 17. Jahrhunderts, Weimar 1966

ders., Der künstlerische Schmuck des Salomonistores und sein Meister, in: Dresdner Geschichtsblätter 1935

ders., Die Breslauer und Dresdner Bildhauerfamilie Walther zwischen Spätgotik und Renaissance, in: Genealogisches Jahrbuch, Band 2, Neustadt an der Aisch 1962

Horst, Carl, Die Architektur der deutschen Renaissance, Berlin 1940

Kier, Hiltrud, Schmuckfußböden in Renaissance und Barock, (Berlin) 1976

Koch, Friedrich Georg, Studien zum Schloßbau des 16. Jahrhunderts in Mitteldeutschland, in: Beiträge zur Kunstgeschichte, eine Festgabe für H. R. Rosemann, S. 155ff., o. O. 1960
Koepert, O., Zur Geschichte des Jägerhofes, in: Mitteilungen des L. S. Heimatschutz, XI. Band, Dresden 1922
Korn, Richard, Kriegsbaumeister Graf Rochus von Lynar, Diss. der Technischen Hochschule Dresden (1905)
Läuter, Johannes, Schloß Freudenstein und sein Architekt, der kurfürstliche Baumeister Hans Irmisch, Diss. der Technischen Hochschule Dresden, Zittau 1938
Löffler, Fritz, Über die Anfänge der Monumentalmalerei in Dresden, in: Die Union, Dresden, 1. Januar 1956
ders., Konsolfiguren in der Busmann-Kapelle der ehemaligen Franziskaner-Kirche in Dresden, in: Sächsische Heimatblätter, 18. Jahrgang, Heft 6, S. 267–272, Dresden 1972
Mackowsky, Walter, Giovanni Maria Nosseni und die Renaissance in Sachsen, Berlin 1904
Matthaes, Ruth, Die ältesten Hospitäler Dresdens, in: Wissenschaftliche Zeitschrift der Technischen Hochschule Dresden, Dresden 1957
Mörtzsch, Otto, Das Augustinerkloster in Dresden-Neustadt 1541, in: Dresdner Geschichtsblätter 1917
Naumann, Rolf, Moritzburg im Friedewald, Dresden 1937
Rauda, Wolfgang, Dresden, eine mittelalterliche Kolonialgründung, Dresden 1933
ders., Die Entwicklung des Dresdner Stadtbildes in der Gotik und im Barock, in: Wissenschaftliche Zeitschrift der Technischen Hochschule Dresden 1955/56, Heft 2
Richter. Otto, Dresdens Festungswerke im Jahre 1811. Nach Aquarellen von Friedrich August Kannegießer, Dresden 1890
ders., Altmarkt 10 (Marienapotheke), in: Dresdner Geschichtsblätter 1892
ders., Der Frauenkirchhof, Dresdens älteste Begräbnisstätte, in: Dresdner Geschichtsblätter 1894
Schade, Werner, Dresdner Zeichnungen 1550–1650, Dresden 1969
Sponsel, Jean Louis, Flötner-Studien VI, in: Jahrbuch der Preußischen Kunstsammlungen, Bd. 25, S. 214ff., Berlin 1924
Voigt, Chr., Kurfürstlich-Sächsischer Wassersport, in: Neues Archiv für Sächsische Geschichte, Bd. 51, Dresden 1931
Watzdorf, Erna von, Der Dresdener Goldschmied Abraham Schwedler und sein Kreis, in: Zeitschrift für Kunstwissenschaft, Band XVI, Berlin 1962
Werner, Brunhild, Das kurfürstliche Schloß zu Dresden im 16. Jahrhundert, Diss. der Universität Leipzig, Leipzig 1970 (ungedruckt)

Barock und Rokoko

Abendroth, Gustav Adolf, Großsedlitz, Geschichte des Schlosses und Gartens, Dresden 1881
Arps-Aubert, Rudolf von, Die sächsischen Lackmöbel des 18. Jahrhunderts, in: Zeitschrift des Deutschen Vereins für Kunstwissenschaft, Berlin 1936
ders., Sächsische Barockmöbel 1700 bis 1770, Berlin 1939
Asche, Sigfried, Balthasar Permoser, Berlin 1978
ders., Das Parisurteil im Großen Garten und sein Meister, in: Wissenschaftliche Beilage des Dresdner Anzeigers VII Nr. 12, Dresden 1930
ders., Balthasar Permoser und die Skulptur des Dresdner Zwingers, Frankfurt/Main 1966
ders., Über Benjamin Thomae, in: Wissenschaftliche Zeitschrift der Technischen Hochschule Dresden, 1957
ders., Drei Bildhauerfamilien an der Elbe, Wien 1961
Bachmann, Walter, „Antons“, in: Mitteilung des Landesvereins Sächsischer Heimatschutz, Jahrgang 11 S. 173–178, Dresden 1922
ders., Oberlandbaumeister Johann Georg Starcke, in: Wissenschaftliche Beilage des Dresdner Anzeigers, Nr. 3 und 4, 1933
ders., Der ehemalige Italienische, später Türkische Garten zu Dresden, in: Sitzungsberichte und Abhandlungen der Flora 1934 und 1935, Dresden 1936
ders., Die Fasanerie in Moritzburg, in: Jahrbuch zur Pflege der Künste 2, Dresden 1954
ders., Moritzburg (Manuskript)
Baer, Otto, Die Befestigungsanlagen von Altendresden, Diss. der Technischen Hochschule Dresden, Dresden 1943
Benkert, Curt, Die Entwicklungsgeschichte des Dresdner Wohnhauses vom 16. bis Ausgang des 18. Jahrhunderts, Diss. der Technischen Hochschule Dresden, München 1914
Berckenhagen, Ekhart, Barock in Deutschlands Residenzen, Katalog der Ausstellung S. 156–190, Berlin 1966
Beutel, Georg, Das prinzliche Grundstück an der Zinzendorfstraße, in: Dresdner Geschichtsblätter 1894
Boroviczény, A. von, Graf von Brühl, Wien 1930
Bruck, Robert, Dresdens alte Rathäuser, Dresden 1910
Buchowiecki, Walther, Der Barockbau der ehemaligen Hofbibliothek in Wien, Wien 1957
Bursche, Stefan, Tafelzier des Barock, München 1974
Dähnert, Ulrich, Die Orgeln Gottfried Silbermanns in Mitteldeutschland, Leipzig 1953
ders., Der Orgel- und Instrumentenbauer Zacharias Hildebrandt, Leipzig 1962
Döring, Alfred, Die neue Königstadt, Dresden 1920
Döring, A., und Ermisch, H., M. D. Pöppelmann, Dresden 1929
Ermisch, Hubert d. Ä., Das alte Archivgebäude am Taschenberg, in: Neues Archiv für Sächsische Geschichte, Bd. IX., 1888
Ermisch, Hubert, Das Japanische Palais (Geschichtliche Wanderfahrten Heft 40), Dresden 1935
ders., Der Dresdner Zwinger, Dresden 1953
ders., und Löffler, F., Der Zwinger (mit ausführlichem Literaturverzeichnis), Berlin 1952
Fiedler, Alfred, Zur Geschichte des Kurländischen Palais und des Marcolinischen Palais, Dresden 1904
Fischer von Erlach, Johann Bernhard, Entwurf einer historischen Architektur, Wien 1721 und Leipzig 1725
Franz, H. G., Das Palais im Großen Garten, in: Zeitschrift für Kunstwissenschaft, Bd. 3, S. 75ff., Berlin 1949
ders., Dresdener Barockpalais, in: Zeitschrift für Kunst, Heft 2, S. 76ff., Leipzig 1949

ders., Zur kunstgeschichtlichen Stellung des Dresdener Zwingers, in: Forschungen und Fortschritte, Nr. 13/14 S. 157 ff., Berlin 1948
ders., Zacharias Longuelune (mit umfassender Literaturangabe), Berlin 1953
Fritzsche, Hellmuth, Bernardo Bellotto genannt Canaletto, Burg bei Magdeburg 1936
Frommhold, Hans, Spiegelschleife, Pulvermühle und Kanonenbohrwerk, drei kurfürstliche Industrieanlagen an der Weißeritz, Dresden 1929
Ganßauge, Gottfried, Schloß Pillnitz als Beispiel für den chinesischen Einfluß auf Europas Baukunst im 18. Jahrhundert, in: Neues Archiv für Sächsische Geschichte, Bd. 49, S. 59 ff., Dresden 1928
ders., Die Geschichte des Pillnitzer Schlosses, Dresden 1930
Gerlach, Wolfgang, Schloß Übigau, Dresden 1937
Grafe, Adolf, Der Garten von Großsedlitz (Geschichtliche Wanderfahrten Heft 22), Dresden 1932
Gurlitt, Cornelius, Warschauer Bauten aus der Zeit der sächsischen Könige, Berlin 1917
ders., August der Starke, Dresden 1924
Haake, Paul, Johann Friedrich von Wolfframsdorff und das Porträt de la Cour de Pologne, in: Neues Archiv für Sächs. Geschichte, Bd. 22, S. 69 ff., Dresden 1901
ders., August der Starke, Berlin 1926
ders., August der Starke im Urteil seiner Zeit und der Nachwelt, Dresden 1922
Haase, Gisela, Dresdener Möbel des 18. Jahrhunderts, Leipig 1983
Hager, Werner, Barockarchitektur, Baden-Baden 1968
Haenel, Erich, und Watzdorf, Erna von, August der Starke, Dresden 1933
Hartmann, Hans Günther, Pillnitz, Schloß, Park und Dorf, Weimar 1981
Hebeda, Josef, Weinbergschlößchen Hoflößnitz, Leipzig 1980
Heckmann, Hermann, M. D. Pöppelmann, Leben und Werk, München und Berlin 1972
ders., M. D. Pöppelmann als Zeichner, Dresden 1954
ders., Pöppelmanns nicht mehr bestehende Bauten in Dresden, in: Natur und Heimat, Heft 6, Dresden 1956
ders., M. D. Pöppelmann, Bonn 1962
ders., Unbekannte Entwürfe M. D. Pöppelmanns, in: Zeitschrift für Kunstwissenschaft, Band XVI, S. 189 ff. Berlin 1962
Hempel, Eberhard, Die Dresdner Elbfront, Berlin 1949
ders., Die Katholische Hofkirche in Dresden, Bauprogramm und Sinndeutung, in: Jahrbuch zur Pflege der Künste 3, Dresden 1955
ders., Gëtano Chiaveri, Dresden 1955
ders., Die Katholische Hofkirche zu Dresden, Berlin 1956
ders., Unbekannte Skizzen von Wolf Caspar von Klengel, Berlin 1958
ders., Der Zwinger zu Dresden, Berlin 1961
Hentschel, Walter, Die Zentralbauprojekte Augusts des Starken, Berlin 1969
ders., Die ältere Baugeschichte des Marcolini-Palais, in: Wissenschaftliche Zeitschrift der Technischen Universität Dresden, 14. Jahrgang, Dresden 1965
ders., und May, Walter, Johann Christoph Knöffel, der Architekt des Sächsischen Rokoko, Berlin 1973
ders., Das Brühlsche Palais, in: Wissenschaftliche Zeitschrift der Technischen Hochschule Dresden, 1957
ders., Villa Cara, in: Band 3 der Schriften der Medizinischen Akademie Dresden, 1963
ders., Die Sächsische Baukunst des 18. Jahrhunderts in Polen, Text und Tafelband, Berlin 1967
Heres, Gerald, Die Dresdner Sammlungen in Keyßlers „Neuesten Reisen", in: Jahrbuch Band 11 der Staatlichen Kunstsammlungen Dresden 1978/79, S. 101 bis 116, Dresden 1982
Holzhausen, Walter, Sächsische Gläser des Barock, in: Zeitschrift für Kunstwissenschaft, Bd. 8, S. 95 ff., Berlin 1954
ders., Kunstformen des Merkantilismus in Sachsen, in: Zeitschrift für bildende Kunst, Leipzig 1926
ders., Lage und Rekonstruktion der kurfürstlichen Kunstkammer zu Dresden, in: Repert. für Kunstwissenschaft, Berlin 1927
ders., Geistesgeschichtliche Voraussetzungen des Kunsthandwerks unter August dem Starken, in: Mitteilungen der Gesellschaft für vervielfältigende Kunst, Wien 1927
ders., Die Meister des Grünen Gewölbes, in: Dresdner Anzeiger, Wissenschaftliche Beilage, 1934
ders., Dresden-Prager Steinschnitt um 1600, in: Neues Archiv für Sächsische Geschichte, Bd. 55, S. 86 ff., Dresden 1934
ders., Lackarbeiten in Europa, Braunschweig 1959
ders., und Kesting, Edmund, Prachtgefäße, Geschmeide, Kabinettstücke, Goldschmiedekunst in Dresden, Tübingen 1966
Kammeyer, Hans F., Der Schloßgarten zu Dresden-Pillnitz, Berlin 1957
Keyssler, Johann Georg, Neueste Reisen durch Deutschland ..., Hannover 1751
Koitzsch, Herbert, und Richter, Wilhelm, Der Barockgarten Großsedlitz, Heidenau 1970
Köllmann, Erich, Chinoiserie, in: R.D.K., Bd. 3, S. 439 ff., Stuttgart 1954
Kozakiewicz, Stefan, Bernardo Bellotto gen. Canaletto, Recklinghausen 1972
Kränzner, Alice, Gottfried Knöffler, Diss., Leipzig 1931
Lange, Werner, Die Frauenkirche in Dresden, Berlin 1953
Langhof, Bernd, Pillnitzer und Moritzburger Pläne und Bauten J. D. Schades, in: Wiss. Zeitschrift der Techn. Universität Dresden, 13. Jahrgang, S. 47–60, 1964
Löffler, Fritz, Die farbige Ausgestaltung des Inneren der Katholischen Hofkirche, in: Unum in veritate et laetitia, S. 345 ff. und Abb. 72 ff., Leipzig 1970
ders., Der Zwinger in Dresden, Leipzig 1977
ders., Schloß und Park Pillnitz, Dresden 1951
ders., Der Dresdener Zwinger, in: Natur und Heimat, Heft 3, S. 3 ff. Berlin 1952
ders., Die Monumentalmalerei des Barock in Dresden, in: Jahrbuch zur Pflege der Künste 4, Dresden 1956
ders., 250 Jahre Dresdner Gemäldegalerie, in: Jahrbuch zur Pflege der Künste 5, Dresden 1957
ders., Der Zwinger, Ein Denkmal des Dresdner Barock, Dresden 1957
ders., Der Zwinger zu Dresden, Dresden 1981
ders., Bernardo Bellotto, Leipzig 1985

Magirius, Heinrich, Die farbige Architektur von Schloß Pillnitz, in: Denkmale in Sachsen, Weimar 1978
ders., und Seifert, Siegfried, Die Kanzel der Katholischen Hofkirche zu Dresden, in: Oesterr. Z. f. Kunst und Denkmalpflege, Jahrgang XXXIV, S. 28ff., Wien 1980
Marperger, P. J., Historie und Leben der berühmten Baumeister, 1711
Marx, Harald, Louis de Silvestre, Dresden 1976
Meinert, Günther, Die erste Katholische Hofkirche in Dresden, in: Unum in veritate et laetitia, S. 322ff. und Tafel 59ff., Leipzig 1970
ders., Zur Geschichte des kursächsischen Oberlandbauamtes im 18. Jahrhundert, in: Festschrift für Hellmut Kretzschmar, Berlin 1953
Meister, Georg, Orientalischer Kunstgärtner im Königlichen Schloß- oder Zwinger-Garten, Dresden 1702
Menzhausen, Joachim, Das Grüne Gewölbe, Leipzig 1968
ders., Dresdner Kunstkammer und Grünes Gewölbe, Leipzig 1977
ders., Johann Melchior Dinglinger und der Dresdner Barock, in: Dresdner Kunstblätter, 25. Jahrgang, S. 3ff., Dresden 1981
Mertens, Klaus, Die architektonische Gestaltung der Orgeln Silbermanns, Studienarbeit des Seminars für Geschichte der Baukunst der Technischen Hochschule Dresden, 1953
ders., Der Park zu Großsedlitz, ungedruckte Dissertation der Technischen Universität Dresden, 1961
Meyer, Rudolf, Hecken- und Gartentheater im Deutschland des XVII. und XVIII. Jahrhunderts, Emsdetten 1934
Möllering, Wilhelm, George Bähr, ein protestantischer Kirchenbaumeister des Barock, Diss. der Universität Leipzig, 1933
Mütterlein, Max, Die baugeschichtliche Entwicklung der Dresdener Hoftheater bis zum Jahre 1837, in: Beiträge zur sächsischen Kunstgeschichte, S. 63ff., Dresden 1933
Nadler, Hans, Der Dinglingersche Weinberg in Loschwitz, in: Dresdner Kunstblätter, 25. Jahrgang, S. 20ff., Dresden 1981
Nagel, W., Die alte Dresdener Augustusbrücke, Dresden 1929
Neidhardt, Hans Joachim, Schloß Pillnitz, Dresden 1974
Pevsner, Nikolaus, Die Baugeschichte des Altstädter Rathauses zu Dresden, in: Dresdner Geschichtsblätter 1928, S. 1ff.
ders., Leipziger Barock, Dresden 1928
Plaul, Rudolf, Die Stuckdecken in Sachsen, Berlin 1920
Pöppelmann, M. D., Vorstellung und Beschreibung des ... sogenannten Zwingergarten-Gebäudes ..., Dresden 1729
Rauda, Fritz, Rund um die Frauenkirche, in: Dresdner Anzeiger vom 2. und 23. September 1926
ders., Die alte Dreikönigskirche und ihre Ersatzbauten, in: Wissenschaftliche Beilage des Dresdner Anzeigers vom 26. April und 3. Mai 1932
Rauda, Wolfgang, Die Gestaltung des Schloßgeländes vom Barock bis zur Neuzeit, Dresden 1933
ders., Städtebauliche Raumordnung, Dresden S. 211–262, Berlin 1957
Reichel, Friedrich, Die Chinoiserie in Sachsen, Diss. der Universität Halle 1973
ders., Zur Gestalt des Turmzimmers im ehemaligen Dresdner Residenzschloß, in: Dresdner Kunstblätter Heft 5, 1972
ders., Die Türkenmode in der sächsischen Kunst, in: Beiträge und Berichte der Staatlichen Kunstsammlungen Dresden 1972 bis 1975, Dresden 1978
Reichert, Curt, Tschirnhausens Forschungslaboratorium für Porzellan in Dresden, in: Neues Lausitzer Magazin, Bd. 105, Görlitz 1929
Rennert, Georg, Die Postgebäude und Posthalterei 1600 bis 1900, in: Dresdner Geschichtsblätter Bd. 38, Dresden 1930
Richter, Otto, Dresdner Straßenansichten im Jahre 1678, Dresden 1892
Riemann, Gottfried, Schloß Übigau, eine Studie zur sächsischen Architektur des Spätbarock, Diplomarbeit der Humboldt-Universität Berlin, 1956
Rose, Hans, Spätbarock, München 1921
Rückert, Rainer, Meissener Porzellan 1710 bis 1810 (Ausstellung im Bayerischen Nationalmuseum München), München 1966
Rüth, Georg, Die Schäden und Sicherungsarbeiten an der Frauenkirche, in: Dresdener Jahrbuch 1940, S. 29ff.
Sadofsky, A., Die Kunstakademie zu Dresden und die Architektur im Rahmen staatlicher Kunstpflege des 18. Jahrhunderts, Diss. der Technischen Hochschule Dresden, Dresden 1920
Scholze, Hans Eberhard, Oberlandbaumeister Christoph Beyer, in: Wissenschaftliche Zeitschrift der Technischen Hochschule Dresden, Dresden 1957
ders., Johann Christoph Naumann, Diss. der Technischen Hochschule Dresden, Dresden 1957
ders., Baugeschichtliche Betrachtungen zur Entstehung der Frauenkirche und zur Gestaltung des Neumarktes in Dresden, in: Wissenschaftliche Zeitschrift der Technischen Universität Dresden, Jahrgang 18 S. 21–38, Dresden 1969
Schumann, Paul, Das Trompeterschlößchen, in: Mitteilung des Landesvereins Sächsischer Heimatschutz Jahrgang 12, S. 175–186, Dresden 1923
Sedlmayr, Hans, Die politische Bedeutung des deutschen Barocks, in: Gesamtdeutsche Vergangenheit, Festgabe für H. Ritter von Srbik, München 1938
ders., Bernhard Fischer von Erlach, Wien 1956
Sigismund, Ernst, Ein sächsischer Künstler und Soldat des 17. Jahrhunderts (W. C. v. Klengel), in: Dresdner Geschichtsblätter 1913
Sponsel, Jean Louis, Die Entstehungsgeschichte der Frauenkirche, Dresden 1893
ders., Das Reiterdenkmal Augusts des Starken und seine Modelle, in: Neues Archiv für Sächsische Geschichte, Dresden 1901
ders., Der Zwinger, die Hoffeste und die Schloßbaupläne zu Dresden, Text- und Tafelband, Dresden 1909 und 1924
Sponsel, J. L., und Haenel, Erich, Das Grüne Gewölbe zu Dresden, Bd. 1 bis 4, Leipzig 1925 bis 1932
Stübel, Moritz, Christian Ludwig von Hagedorn, Dresden 1912
ders., Der Landschaftsmaler Alexander Thiele, Lpz. 1914

Sturm, Leonard Christoph, Vollständige Anweisung alle Arten von Kirchen wohl anzugeben, Augsburg 1718
Sulze, E., Die Dreikönigskirche in Dresden-Neustadt, Dresden 1889
Sulze, Heinrich, Die Dresdener Barockgärten an der Elbe, in: Jahrbuch zur Pflege der Künste 2, Dresden 1954
ders., Das Antlitz Dresdens in der Sicht Canalettos (Bellottos), in: Jahrbuch zur Pflege der Künste 3, Dresden 1955
ders., Der Zwinger und Versailles, in: Jahrbuch zur Pflege der Künste 5, Dresden 1957
Tintelnot, Hans, Barocktheater und barocke Kunst, Berlin 1939
Walcha, Otto, Meißner Porzellan, Dresden 1974 ff.
Watzdorf, Erna von, Der Goldschmied Johann Melchior Dinglinger, Berlin 1962
Weidhaas, Hermann, Einige Mitteilungen über das Leben Jean de Bodts, in: Anschauung und Deutung, Berlin 1964
Werner, Brunhild, Die ornamentalen Ledertapeten in Schloß Moritzburg, in: Sächsische Heimatblätter Jahrgang 5, S. 211–220, Dresden 1972
Wilhelm, Rolf, Die Fassadenbildung des Dresdner Barockwohnhauses, Diss. der Universität Leipzig, Leipzig 1939
Wohlfahrt, Cordula, Dresdner Bauwerke auf Medaillen der Barockzeit, in: Jahrbuch der Staatlichen Kunstsammlungen Dresden, S. 147–162, Dresden 1969
Wolf, Paul, Die Dresdner Frauenkirche – ihre Entstehung und Erneuerung, in: Sächsische Bau- und Kunstdenkmäler, Sächsischer Heimatschutz, Dresden 1933
Yamado, Chisaburo, Die Chinamode des Spätbarock, Berlin 1935
Zimmermann, Paul, Das Prozellanzimmer im Königlichen Schloß zu Dresden, in: Dresdner Jahrbuch S. 71–82, Dresden 1905
Zumpe, Manfred, Die Brühlsche Terrasse, Seminararbeit der Technischen Hochschule Dresden, Dresden 1954
Bernardo Bellotto in Dresden und Warschau, Ausstellungskatalog der Staatlichen Kunstsammlungen, Dresden 1963
Staatliche Kunstsammlungen Dresden und VEB Staatliche Porzellan-Manufaktur Meißen, Meißen Frühzeit und Gegenwart, Johann Friedrich Böttger zum 300. Geburtstag, Ausstellungskatalog, Dresden 1982

Klassizismus

Barth, Alfred, Zur Baugeschichte der Dresdner Kreuzkirche, Dresden 1907
Becker, Wilhelm Gottlob, Das Seifersdorfer Tal (mit 40 Kupferstichen von J. A. Darnstedt), Leipzig und Dresden 1792
Beenken, H., Schöpferische Bauideen der deutschen Romantik, Mainz 1952
Däubler, Theodor, Sempers Fresken im Japanischen Palais, in: Jahrbuch zur Pflege der Künste 5, Dresden 1957
Durand, F. N. Louis, Abriß der Vorlesungen über Baukunst, Karlsruhe und Freiburg 1831
Fiebiger, Otto, Schinkel in Dresden, in: Dresdner Geschichtsblätter 1910
Geller, Hans, Franz und Ferdinand Pettrich, Dresden 1955
ders., Die farbigen Landschaftsstiche Dresdener Meisterstecher der Goethezeit. Ungedr. Forschungsarbeit der Techn. Universität Dresden, 1960
Hagedorn, Chr. L. von, Betrachtungen über die Malerei, Leipzig 1762
Haug, Heinrich, Die Demolition der Dresdener Festungswerke, in: Dresdner Geschichtsblätter 1898
Hirschfeld, C. C. L., Theorie der Gartenkunst, 5 Bde., Leipzig 1779 bis 1785
Holzhausen, Walter, Johann Christian Neuber, Dresden 1935
Honisch, Dieter, Anton Raphael Mengs und die Bildform des Frühklassizismus, (München) 1960
Justi, Carl, Winckelmann und seine Zeitgenossen, 2 Bde., Leipzig 1943 (erste Auflage 1866 bis 1872)
Kaufmann, Emil, Von Ledoux bis Le Corbusier, Wien 1933
Klopfer, Paul, Von Palladio bis Schinkel, Eßlingen 1911
ders., Weinlig und seine Zeit, Berlin (1906)
ders., Christian Traugott Weinlig und die Anfänge des Klassizismus in Sachsen, Berlin 1905
Kluge, Hansjoachim, Dresdener Friedhöfe und Grabdenkmäler der Freiheitskriege und der Romantik, Dresden 1937
Korneli, Peter, Die Anfänge der Neugotik in Sachsen, ungedruckte Dissertation der Techn. Universität Dresden, 1961
Krubsacius, Friedrich August, Betrachtungen über den wahren Geschmack der Alten in der Baukunst, in: Neuer Büchersaal der schönen Wissenschaften und freien Künste, IV, Leipzig 1747
ders., Untersuchung über den Ursprung, Wachstum und Verfall der Verzierungen in den schönen Künsten, Leipzig 1759
Kügelgen, Wilhelm von, Jugenderinnerungen eines alten Mannes, 1802 bis 1820, herausgegeben von J. Werner, Leipzig 1924
Langhof, Bernd, Pillnitzer und Moritzburger Pläne und Bauten von Johann Daniel Schade, in: Wissenschaftliche Zeitschrift der Technischen Universität Dresden, Jahrgang 13, S. 47–60, Dresden 1964
Langner, Johannes, Ledoux und die „Fabriques", Voraussetzungen der Revolutionsarchitektur im Landschaftsgarten, in: Zeitschrift für Kunstgeschichte, Band 26, München 1963
Laugier, M. A., Essai sur l'architecture, Paris 1753
Löffler, Fritz, Das Körnerhaus in Dresden, Dresden 1936
Löffler, Fritz, und Böhm, Hans, Die Kreuzkirche zu Dresden, Berlin 1976
Mengs, A. R., Gedanken über die Schönheit und den Geschmack in der Mahlerey, Zürich 1762
Rackwitz, Joseph Friedrich Freiherr von, Briefe über die Kunst, an eine Freundin, Dresden 1792 und 1795
ders., Darstellung und Geschichte des Geschmackes der vorzüglichsten Völker, Dresden und Leipzig 1796
Rötschke, Friedrich, Die Festung Dresden wird offene Stadt, Diss. der Technischen Hochschule Dresden, Dresden 1931
Rudert, Otto, Alte Dresdener Friedhöfe (Geschichtliche Wanderfahrten Heft 13), Dresden 1931
Schilde, G., Gottl. Fr. Thormeyer, ein spätklassizistischer

Architekt Sachsens, Diss. der Technischen Hochschule Dresden, München 1922
Stafski, Heinz, Unbekannte Tonmodelle von Mattielli und Knöffler. Ein Beitrag zur Entstehungsgeschichte des deutschen Klassizismus, in: Anzeigen des Germanischen National-Museums 1954 bis 1959, Nürnberg 1959
Sulzer, J. G., Allgemeine Theorie der schönen Künste, Leipzig 1771 bis 1774
Weinlig, Traugott, Briefe über Rom, 3 Bde., Dresden 1781 ff.
Wendelin, Gerhart, etc., Die Kreuzkirche zu Dresden, Berlin 1973 ff.
Wiesner, Moritz, Die Akademie der bildenden Künste zu Dresden von 1764 bis 1780, Dresden 1864
Winckelmann, Joachim, Gedanken über die Nachahmung der Griechischen Werke, Dresden 1755
ders., Abhandlung von Fähigkeiten der Empfindung des Schönen in der Kunst, Dresden 1763
Wolgast, Siegfried, Zum kulturhistorischen und kulturphilosophischen Klima Dresdens 1780 bis 1830, in: Sächsische Heimatblätter S. 76 bis 85, Dresden 1982

Das 19. und 20. Jahrhundert

Adam, Bruno, Die König-Johann-Straße in Dresden, in: Civilingenieur N. F. 35 S. 177 bis 190, 1889
Arnold, Klaus Peter, Zur Geschichte der Deutschen Werkstätten Hellerau 1898 bis 1930, in: Jahrbuch Band 11 der Staatlichen Kunstsammlungen Dresden 1978/79 S. 41 bis 70, Dresden 1982
Beenken, Hermann, Das 19. Jahrhundert in der deutschen Kunst, München 1944
Bellmann, K. und *Edel, O.*, Gartengesellschaft Hellerau 1908 bis 1958, Dresden 1958
Bouché, Fr., Die staatlichen Gärten in Dresden und seiner Umgebung, in: Festschrift, Hundert Jahre Flora Dresden, S. 189 ff., Dresden 1926
Bruck, Robert, Plastik auf Straßen und Plätzen in Dresden, in: Dresdner Kalender 1929 S. 97 bis 109
Carus, Carl Gustav, Lebenserinnerungen und Denkwürdigkeiten, Leipzig 1865 f.
Dänhardt, Walter, Festschrift aus Anlaß des hundertjährigen Bestehens der Flora, Dresden 1926
Doenges, Willy, Gotthardt Kuehl, Gedächtnis-Ausstellung im Kunstverein Dresden, Katalog, Dresden (1917)
Donath, Adolph, Kokoschka in Dresden, in: Der Kunstwanderer, S. 190 f., Leipzig 1924/25
Dresdner Architekturalbum, Bauten und Entwürfe, Dresden o. J. (vor 1877)
Friedrich, Glaubrecht, Der Architekt Woldemar Herrmann, Diplomarbeit der Karl-Marx-Universität Leipzig, Leipzig 1959
Georg, Kronprinz, Herzog zu Sachsen, Geschichte der Kgl. Villa Wachwitz (auch Kgl. Weinberg genannt), Wachwitz 1907
Groß, Karl, Die Künstlervereinigung „Zunft“ in Dresden, in: Dekorative Kunst, Jahrgang 14 Seite 433 bis 438, München 1911
Großmann, Karl, Die Albrechtsschlösser bei Dresden (Geschichtliche Wanderfahrten Heft 6), Dresden 1930
Gurlitt, Cornelius, Hans Erlwein, das Italienische Dörfchen in Dresden, Berlin 1913
ders., Das Ständehaus und Paul Wallot, in: 100 Jahre Sächsischer Kunstverein, S. 121–126, Dresden 1928
Haußwald, Günter, Die Bauten der Staatstheater in Dresden, Dresden 1948
Heidemann, Die baulichen Anlagen auf der Albrechtsburg bei Dresden, in: Zeitschrift für Bauwesen, 6. Jahrgang, S. 95 ff., Berlin 1856
Helas, Helmar, Der Historismus in Dresden, Diss. der Universität Leipzig 1977
Hirschmann, Carl, Technische Bauten in Dresden von Hans Erlwein, in: Industriebau Jahrgang 3, S. 197 bis 220, 1912
Kannegießer, August, Dresdner Festungswerke im Jahr 1811, Dresden 1890
Koch, F., Adolf Lohse, in: Deutsche Bauzeitung, 2. Jahrgang, Berlin 1868
Köhler, Julius, Der Bau des Sächs.-Schles. Bahnhofs in Dresden, Berlin 1848
Kramer, Oskar, Die Baukunst, in: Hundert Jahre Sächsischer Kunstverein 1828 bis 1928, Dresden 1928
Kreis, Wilhelm, Das Deutsche Hygiene-Museum in Dresden, in: Baugilde, Jahrgang 12 S. 1048 bis 1064, 1930
ders., Das Luftgaukommando in Dresden, in: Monatshefte für Baukunst und Städtebau, Jahrgang 24 S. 89 bis 96, 1940
Mai, Hartmut, Die Christuskirche in Strehlen, Dresden 1981
ders., Neorenaissance in der deutschen Architektur des 19. Jahrhunderts, Dresden 1981
Milde, Kurt, Hans Richters Siedlung in Dresden-Trachau, in: Wissenschaftliche Zeitschrift der Techn. Universität Dresden, 19. Jahrgang, S. 771–775 mit 6 Abb. 1970
Müller, Walter, Die Bildhauerei, in: Hundert Jahre Sächsischer Kunstverein 1828 bis 1928, Dresden 1928
Mütterlein, Max, G. Semper und dessen Monumentalbauten am Dresdener Theaterplatz, in: Beiträge zur sächsischen Kunstgeschichte, Dresden 1913
Pampel, W., Die städtebauliche Entwicklung Dresdens von 1830 bis 1905, Diss. der Technischen Universität Dresden 1964
Rehder, G., Wilhelm Kreis Architekt in dieser Zeit, Essen 1953
ders., Das Krematorium in Dresden, in: Profanbau, 8. Jahrgang S. 525 bis 542, 1912
Reuther, Oskar, Die Hochbauabteilung, in: Ein Jahrhundert Technische Hochschule 1828 bis 1928, Dresden 1928
Richter, Ludwig, Lebenserinnerungen eines deutschen Malers, mit Anmerkungen herausgegeben von E. Marx, Leipzig 1944
Richter, I. G. A., Dresden in der Mitte des 19. Jahrhunderts, 48 farbige Radierungen, herausgegeben von H. Knobloch, Leipzig 1975
Richter, Otto, Dresden einst und jetzt, Dresden 1905
Richter, Walter, Gemälde zwischen Sein und Schein (Dresdener Theatervorhänge), in: Dresdener Jahrbuch 1942, S. 48 ff.
Rietschel, Ernst, Erinnerungen aus meinem Leben, mit

einem Nachwort, herausgegeben von Ernst Rietschel, Dresden 1954
Rohbock, L., und Koehler, C., Das Königreich Sachsen in malerischen Original-Ansichten, Bd. 1, Darmstadt 1862
Schilde, Gero, Gottlob Friedrich Thormeyer, ein spätklassizistischer Architekt, Diss. der Technischen Hochschule Dresden, Dresden 1922
Schmidt, Eva, Die Giebelgruppe des Bautzner Stadttheaters, ein Meisterwerk Ernst Rietschels, in: Jahrbuch zur Pflege der Künste 4, Dresden 1956
Schumacher, Fritz, Strömungen in der deutschen Baukunst seit 1800, Leipzig 1935
ders., Stufen des Lebens, Erinnerungen eines Baumeisters, Stuttgart 1935
Schumann, Paul, Führer durch die Architektur Dresdens aus Anlaß der Deutschen Bauausstellung, Dresden 1900
ders., Der Altmarkt zu Dresden mit seinen neugestalteten Bauten, in: Mitteilungen des Landesverbandes Sächsischer Heimatschutz, Jahrgang 7, S. 74–81, Dresden 1918
ders., Städtische Bauten Dresdens in den Kriegsjahren, in: Dresdner Kalender 1920, S. 87–104, Dresden 1920
ders., Gedenkschrift zur Einweihung des Neuen Rathauses in Dresden (Dresden 1910)
Semper, Gottfried, Das Königliche Hoftheater zu Dresden, Braunschweig 1849
ders., Der Stil, Frankfurt a. M. 1860
Stegmann, H., Frederic de Villers und sein Baumeister W. Hermann, in: Dresdner Geschichtsblätter, 1929
Stiegler, Karl, Der Dresdner Hauptbahnhof, in: Sächsische Heimatblätter, 17. Jahrgang, S. 114ff., Dresden 1971
Sulze, Heinrich, Die Bürgerwiese in Dresden, in: Jahrbuch zur Pflege der Künste 4, Dresden 1956
Uslar, W. von, Hundert Jahre städtische Grünanlagen in Dresden, in: Festschrift, Hundert Jahre Flora Dresden, Dresden 1926
Weichold, Arthur, Die zerstörten historischen Gebäude der Technischen Hochschule Dresden, in: 125 Jahre Technische Hochschule Dresden, Dresden 1953
Weiß, G., Heinrich Tessenow, Essen 1976
Wimmer, E., und Richter, H. A., Die Hochbauten des 19. Jahrhunderts, in: Die Bauten, Technische und industrielle Anlagen Dresdens, S. 129ff., Dresden 1878
Wolf, Paul, Die Neugestaltung des Dresdner Königsufers, in: Deutsche Bauzeitung, 67. Jahrgang S. 984 bis 991, 1933
Zoege von Manteuffel, Klaus, Gottfried Semper, Dissertation, Freiburg i. Br. 1952
ders., Der Dresdner Theaterplatz von Gottfried Semper, in: Jahrbuch zur Pflege der Künste 4, S. 105–120, Dresden 1956
Gartenstadt Hellerau, Hellerau 1911
Sächsischer Kunstverein: Kunst in Sachsen vor 100 Jahren, Vorwort von Hans Posse, Kurt Zoege von Manteuffel, Walter Müller, Ausstellungskatalog, Dresden 1928
Gottfried Semper zum 100. Todestag, Katalog zur Ausstellung mit 649 Abbildungen im Albertinum, Dresden 1979

Zerstörung und Wiederaufbau nach 1945

Conert, Herbert, Gedanken über den Wiederaufbau Dresdens, Dresden 1947
Hempel, Eberhard, Die Bauten der Technischen Hochschule zu Dresden einst und jetzt, in: Wissenschaftliche Zeitschrift der Technischen Hochschule Dresden 1951/52, Heft 1
Hempel, Oswin, Vorschlag für die Rekonstruktion des historischen Viertels um die Frauenkirche, in: Deutsche Architektur, Heft 4, Berlin 1955
Hentschel, Walter, Zum Wiederaufbau Dresdens, Aufgaben und Leistungen der Denkmalpflege, in: Österreichische Zeitschrift für Denkmalpflege, 5. Jahrgang, S. 89 bis 98, Wien 1951
Hentschel, Walter, Denkmale Sächsischer Kunst, die Verluste des zweiten Weltkrieges, Berlin 1973
Löffler, Fritz, Dresden, in: Schicksale deutscher Baudenkmale im zweiten Weltkrieg in der DDR, Bd. 2, S. 372–442 mit 380 Abb., Berlin 1978
Mackowsky, Walter, Erhaltenswerte bürgerliche Baudenkmäler in Dresden, Dresden 1913
Magirius, Heinrich, Aufgaben und Ziele der Denkmalpflege beim Wiederaufbau der Dresdner Oper, in: Sächsische Heimatblätter, 26. Jahrgang, Heft 5, S. 193ff., Dresden 1980
ders., Gottfried Sempers Zweites Dresdner Hoftheater, Baugeschichte und Wiederaufbau, Leipig 1985
Nadler, Hans, Gegenwärtige Aufgaben der Denkmalpflege in Dresden, in: Natur und Heimat, Heft 2, S. 39ff., Berlin 1953
Rauda, Wolfgang, Bauliches Gestalten im alten und neuen Dresden, in: Wissenschaftliche Zeitschrift der Technischen Hochschule Dresden 1952/53, Heft 6
ders., Raum- und Formprobleme im alten und neuen Dresden, in: Jahrbuch zur Pflege der Künste 4, Dresden 1956
ders., Dresden, ein städtebauliches Kunstwerk, in: Deutsche Bauzeitschrift, Heft 8, Gütersloh 1956
ders., 750 Jahre Dresden, Sinndeutung und Raumgestalt im Spiegel städtebaulicher Ordnungsprinzipien, in: Die Bauverwaltung, Düsseldorf 1956, Heft 5
ders., Lebendige städtebauliche Raumbildung, Berlin 1957
Reuther, Hans, Dresden zehn Jahre nach der Zerstörung, in: Deutsche Kunst und Denkmalpflege, Heft 1, München 1955
Sulze, Heinrich, Der Altmarkt in Dresden, seine Vergangenheit, Gegenwart und Zukunft, in: Die Union, Dresden, 15. November 1952
Volk, Waltraud, Dresden, Historische Straßen und Plätze heute, Berlin (1975)
Westphal, Dorothea: I Monumenti de Dresda e la guerra, in: La vie del mondo, Anno XIII, S. 1293–1308, Milano 1951
Denkmal im Stadtteil Dresden-Süd, Dresden 1981
Denkmale in Sachsen, ihre Erhaltung und Pflege, Weimar 1978
Technische Universität Dresden, Gebäude und Namen, Dresden 1978
Der Stadtbezirk Nord der Stadt Dresden, 1983

FACHAUSDRÜCKE

Aha. Abgrenzung einer Gartenanlage, die den Blick nicht behindert. Ahamauer in Verbindung mit einem Grenzgraben als Stützmauer für das Erdreich

Akanthus. Distelartige Pflanze, Blattform als Ornament verwendet

Akroterien. Senkrechte Aufsätze als Verzierung auf Tempelgiebeln, ursprünglich konstruktiv bedingt

Altan. Balkonartiger Vorbau

Apotheose. Verherrlichende Darstellung einer Persönlichkeit

Architrav. Über einer Säulenstellung liegender Balken

Archivolte. Bogen einer Arkade oder eines Portales sowie dessen Leibung

Arkade. Von Säulen oder Pfeilern getragene offene Bogenreihung

Attika. Niedrige, geschlossene Wand über dem Hauptgesims eines Bauwerkes, mit dem Zwecke, das Dach zu verdecken

Auskragung. Vorspringen eines Bauteiles ohne senkrechte Unterstützung

Balustrade. Brüstung mit Freistützen

Bandelwerk. Ornamentik in Form aufgelegter Bänder

Basis. Fuß einer Säule oder eines Pfeilers

Belvedere, Architektonisch gestalteter Aussichtspunkt

Bienséance. Gesetz der Bienséance: Forderung, daß in der Architektur Grundriß und Aufriß, Proportionen und Einzelteile der Gebäude der Natur, dem Zwecke, den Bedürfnissen, der Sitte und Gewohnheit zu entsprechen haben

Bogenformen. Rundbogen, Flach-, Stich- oder Segmentbogen, Spitzbogen, Tudorbogen (in der englischen Spätgotik), Korbbogen

Bossen. Rohform eines Steines vor Herausarbeitung des plastischen Werkes

Broderieparterre. In der französischen Gartenbaukunst neben Wasser- und Grasparterre Broderie-(Stickerei-) Parterre, aus kleingeschlagenen farbigen Steinsorten und niedrigen Gewächsen zusammengesetzte Schmuckanlage, meist mit Buchsbaumeinfassung

Dachformen. Mansarddach: Gebrochenes Dach mit ausgebautem Geschoß. Seit dem 18. Jahrhundert in Dresden als Ersatz des deutschen Steildaches, französischer Herkunft (Mansart). Walmdach (Schopfdach): Vom Satteldach unterschieden durch weitere Dachflächen an Stelle der Giebel (Walme). Nur zum Teil abgewalmte Giebelseiten heißen Halb- oder Krüppelwalme. Zeltdach: Über annähernd quadratischer Grundfläche errichtetes pyramiden- oder zeltförmiges Dach, beliebte Dachform des Klassizismus

Dachreiter. Meist in Holzkonstruktion auf den First einer Kirche oder eines profanen Bauwerkes (Rathaus) gesetzt, zuerst bei Bettelordenskirchen des 13. Jahrhunderts, in Dresden Franziskanerkirche

Docke (Togge). Ausgebauchte hölzerne oder steinerne Stütze einer Brüstung (Balustrade)

Ehrenhof. Der Raum zwischen den vorgeschobenen Seitenflügeln eines Barockpalais, oft in Verbindung mit Orthostaten durch kunstvolles Gitterwerk abgeschlossen

Exedra. Austritt

Fresko. Wandmalerei auf feuchtem Putz

Fries. Streifenartiges Feld zum Abschluß oder zum Schmucke einer Wand, Ornament- oder Figurenfries

Fronton. Aufsatz in der Dachzone über der Mittelachse oder den Seiten eines repräsentativen Baues an Stelle eines Giebels mit Armaturen- und Trophäenschmuck. Beliebte Dekorationsform bei Longuelune und Knöffel

Gaupe. Dachhäuschen

Glacis. Vor dem Hindernisgraben einer Befestigung hergestellte Erdanschüttung

Grisaille. Malerei grau in grau

Groteske. Ornamentmotiv der Renaissance und des Klassizismus. Aus verschiedensten Elementen zusammengesetzt nach Vorbild der in den unterirdischen Grabanlagen („Grotten") in Pompeji usw. gefundenen Gemälden

Gurtbogen. Gurtförmiger Verstärkungsbogen eines Tonnengewölbes

Hohlkehle. Konkav gebogenes Bauglied an Gesims oder Säulenbasis

Kannelierung. Riffelung einer Säule oder eines Pilasters in Längsrichtung

Kapitell, Kapitäl. Hauptartiger oberer Abschluß eines Pfeilers, einer Säule oder eines Pilasters

Kartusche. Schildartiges Ornament, meist mit Wappen oder Inschrift

Konsole. Aus einer Mauer vorstehender Tragstein

Kragstein. Aus einer Mauer vorstehender Stein zum Tragen von Baugliedern

Laterne. Türmchenartiger Kuppelaufsatz für die Lichtzufuhr

Lisenen. Hervortretende senkrechte Streifen, die die Wand gliedern, ein Hauptmotiv des Dresdner Barock, eingeführt durch Longuelune

Mäander. Ornamentschmuck der Antike und des Klassizismus, ein rechtwinklig gebrochenes Ornamentband, so genannt nach einem stark gewundenen Fluß in Kleinasien

Maillespiel. Beliebtes Spiel der höfischen Gesellschaft des 18. Jahrhunderts auf der Maillebahn, französischen Ursprungs. Hölzerne Kugeln wurden mit langstieligen Hämmern auf einer Sandbahn vorwärtsgeschlagen

Manierismus. Stil zwischen Spätrenaissance und Frühbarock, der sich durch eine subjektive, antiklassische Haltung auszeichnet

Medaillon. Medaillenförmige Schmuckform der Architektur

Metopen und Triglyphen. Im Architrav des griechischen Tempels abwechselnde Schmuckglieder in quadratischer Form. Metope, mit Reliefs geschmückt, beliebtes Motiv des Klassizismus. Triglyphe (Dreischlitze): Block mit drei durch Stege voneinander getrennten senkrechten Rinnen

Mezzanin. Halb- oder Zwischengeschoß

Obelisk. Vierkantiger, schlanker, nach oben verjüngter Steinpfeiler mit pyramidenförmiger Spitze; Giebelschmuck des Manierismus, in Dresden oft als symbolische Architekturform für die Herrschaft Augusts des Starken benutzt

Ochsenauge. Runde oder ovale Fensteröffnung, vor allem im Dachgeschoß, Motiv des Barock (œil de bœuf)

Orientierung = Ostung. Ausrichtung der christlichen Kirchen nach dem Aufgang der Sonne; nicht streng durchgeführt

Orthostaten. Aufrecht und gesondert stehende rechteckige Pfeilerblöcke, im Barock oft als Torpfeiler und Träger des kostbaren Gitterwerkes der schmiedeeisernen Portale verwendet

Palmette. Ornament in Form von Palmblättern

Pilaster. In der Art von Säulen gegliederter Wandpfeiler

Plafond. Decke

Point de vue. Abschluß einer Allee oder Achse mit einem das Auge festhaltenden Punkt (Pavillon, Denkmal, Obelisk usw.), wichtiges Element der französischen und deutschen Barockarchitektur

Polychromie. Vielfarbigkeit

Portikus. Monumental ausgestalteter Portalvorbau

Prostylos. Griechische Tempelform mit Säulenvorhalle an der vorderen Schmalseite des Bauwerkes. Beliebte Form des Klassizismus für profane Zwecke (Wachen, Torhäuser usw.)

Quadriga. Viergespann

Risalit. Aus der Fluchtlinie vorspringender Gebäudeteil, Mittelrisalit, Seitenrisalit, Eckrisalit; beliebte Gliederung im Barock, vor allem bei monumentalen Bauten

Rocaille. Muschelwerk, Ornamentmotiv des Rokoko

Rollwerk. Ornament mit Bändern, deren Enden sich einrollen. An Giebelschrägen übersteigert heißt es Schweifwerk. Ornamentmotive des 17. Jahrhunderts (Manierismus)

Rustika. Mauerwerk mit hervorgehobenen Quadern, deren Oberfläche nur roh behauen ist. Im Barock entsprechend dem Gesetz der Bienséance für das Sockelgeschoß bevorzugt, meist ersetzt durch Putzquaderung, auch für Eckeinfassung verwendet

Säulenordnung. Dorische Säule: älteste Form der griechischen Säulenordnung, Säule ohne Basis mit einfachem Wulst als Kapitell, im Klassizismus bevorzugte Form. Ionische Säule: Säule mit zwei großen, nach den Seiten ausladenden Voluten am Kapitell. Korinthische Säule: reiches Kapitell mit Reihen von Akanthusblättern. Säule mit Kompositkapitell: aus ionischen und korinthischen Einzelteilen zusammengesetzt, beliebte Form des Barock. Toskanische Säule: Abart der dorischen Säule, in der Renaissance (Nosseni, Buchner) bevorzugt

Schlußstein. Hervorgehobener Stein im Kreuzungspunkt zweier Gewölberippen oder im Scheitelpunkt eines Bogens, oft mit reichem plastischem Schmuck

Sgraffito. Wandmalerei auf verschiedenfarbigem Putz, auf dem die Zeichnung mit dem Griffel eingeritzt wird und sich in der Farbe der unteren Schicht abhebt. Verwendet vor allem an den Dresdner Außenbauten der Renaissance, aber auch bei Semper

Sohlbank. Unterster Teil eines Fenstergewändes

Spiegel. Meist zwischen den Fenstern der Fassade eines Gebäudes zu Schmuckzwecken aufgesetzte oder eingelassene rechteckige Putzform; beliebtes Motiv der Schule Pöppelmanns und Languelunes

Supraporte. Das in dem Feld über der Tür angebrachte Gemälde; charakteristische Dekoration in Festsälen und Wohnräumen des Barock und Rokoko

Stuckmarmor Marmorimitation durch aufgetragenen Stuck, der durch besondere Bearbeitung und Politur eine glänzende Oberfläche erhält; italienische Erfindung. In Dresden seit Starckes Palais im Großen Garten verwendet

Tambour. Zylinderförmiger Bau zwischen Kuppel und Kuppelträger

Tektonik. In der Baukunst das Zusammenfügen starrer Teile zu einem organischen Ganzen

Tonnengewölbe. Gewölbe, das im Querschnitt einen Halbkreis zeigt

Trakt. Flügel eines Gebäudes

Trompe. Überbrückung von Winkeln rechteckiger Räume in Form eines halben Trompetenrohres zur Überführung der Mauern in einen runden oder ovalen Kuppelraum

Türsturz. Abdeckung einer Türöffnung (Balken, scheitrechter Bogen)

Vedute. Darstellung einer Landschaft oder Stadt unter dem Gesichtspunkt der Richtigkeit. In Dresden seit A. Thiele und B. Belotto bis Mitte des 19. Jahrhunderts beliebt

Verkröpfung (eines Gesimses). Herumführen eines Gesimses um einen Mauervorsprung bei gleichbleibender Ausladung

Volute. Ornament in Form einer Spirale, Motiv der Renaissance und des Barock

Vorlage und Rücklage. Leicht vorspringender oder zurückgesetzter Gebäudeteil zur Gliederung einer Fassade (vgl. Risalit)

Welsche Haube. Mehrfach geschweifte Turmhaube mit laternenähnlichem Zwischenstück

Zopfstil. Versteifung der geschwungenen Formen des Rokoko. Stil der Innenarchitektur, in Dresden nach dem Siebenjährigen Krieg vorherrschender Stil, auch Frühklassizismus genannt

Zwerchgiebel. Quer zur Richtung des Daches ausgebauter Giebel zur Betonung der Vertikalen, beliebte Form der deutschen Renaissance

Zwickel. In der Baukunst dreieckige Fläche zwischen zwei sich begegnenden Bögen

PERSONENREGISTER

Die Kursivziffern beziehen sich auf die Abbildungen

ORTS-, STRASSEN- UND SACHREGISTER

Die Kursivziffern beziehen sich auf die Abbildungen

Die in der zweiten Hälfte des 19. Jahrhunderts im Stadtinnern erfolgte Umbenennung der Gassen in Straßen, die nur dem Geltungsbedürfnis ihrer Bewohner entsprang, blieb unberücksichtigt. Der Straßenbenennung sind die dem Bande beigefügten Hesslerschen Stadtpläne von 1849 und 1852 zugrunde gelegt. Diese zeigen den Zustand vor den Eingriffen der Gründerzeit in das Stadtbild und vermitteln einen klaren und vollständigen Überblick über die baugeschichtlichen Leistungen sowohl des 18. als auch der ersten Hälfte des 19. Jahrhunderts, die den Ruhm der Stadt ausmachen. Die Umbenennungen nach 1945 sind in Klammern hinzugefügt. Die angegebenen Hausnummern entsprechen den letzten amtlichen Adreßbüchern, sie sind nicht mit den Nummern der Hesslerschen Pläne identisch. Sie zählen von dem Altmarkt, in Neustadt von dem Neustädter Markt nächstliegenden Teile aus, die geraden Nummern liegen rechts, die ungeraden links. Die Bemerkung „1945 zerstört" sagt aus, daß ein Gebäude, durch Brand- und Bombeneinwirkung vollständig vernichtet oder teilbeschädigt, im Laufe der folgenden Jahre abgetragen oder gesprengt wurde.

7. wenig veränderte Auflage 1984

Lizenz-Nr. 460 · 350/20/84 · LSV-Nr. 8126
D 84/83 · Redaktionsschluß Juli 1983
Abb. 2 ZLB/L 0505/80,
Abb. 17 ZLB/L 0004/74,
Abb. 183 ZLB/L 0435/71, Abb. 543 ZLB/L 0673/71
Gestaltung: Walter Schiller, Altenburg
Printed in the German Democratic Republic
Gesamtherstellung: INTERDRUCK
Graphischer Großbetrieb Leipzig,
Betrieb der ausgezeichneten Qualitätsarbeit, III/18/97
Reproduktion: (140) Druckerei Neues Deutschland
Vertrieb für die Bundesrepublik und
das westliche Ausland
Verlag Wolfgang Weidlich, Frankfurt am Main
ISBN 3 8035 1123 2